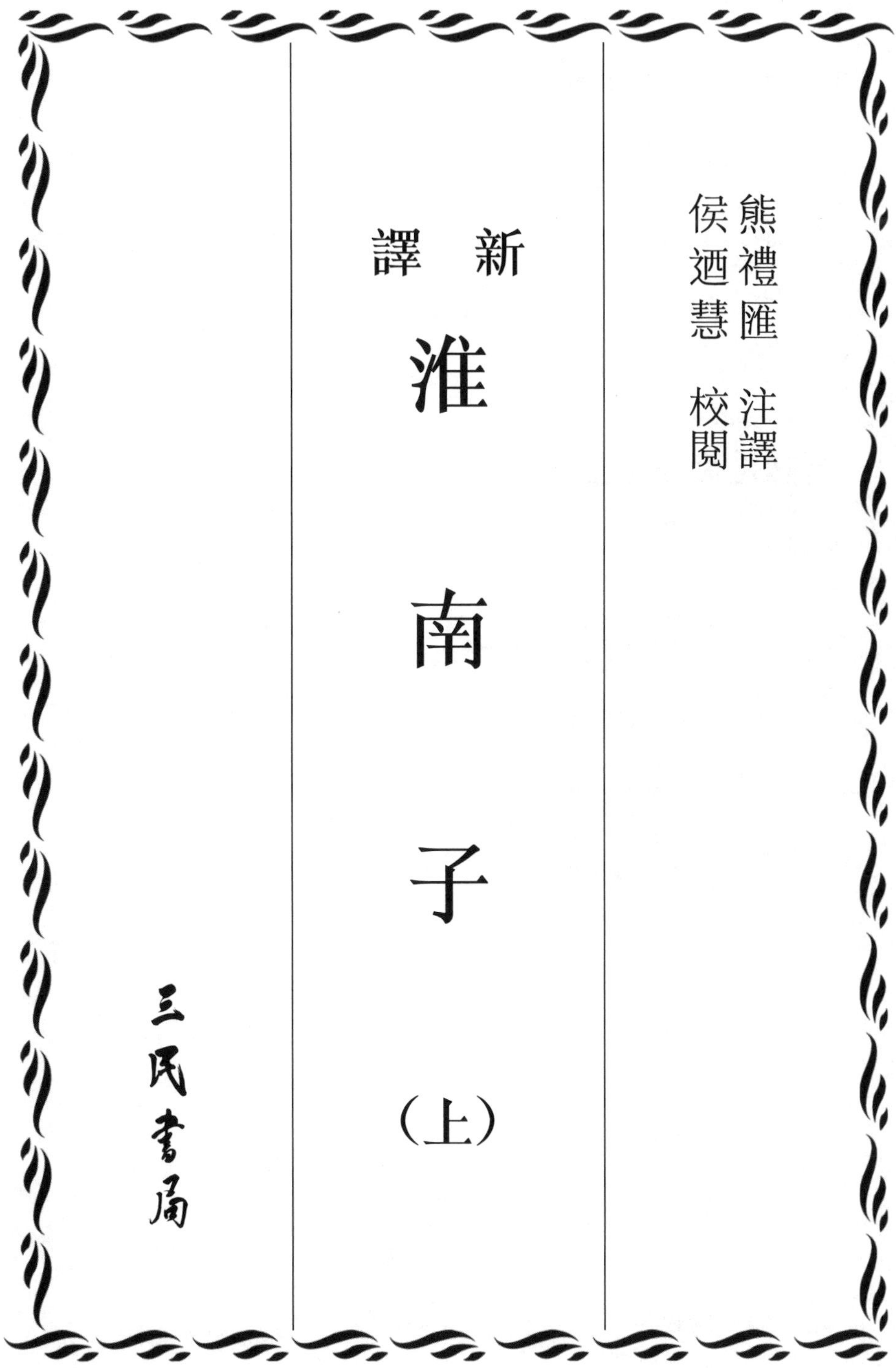

新譯淮南子（上）

熊禮匯 注譯
侯迺慧 校閱

三民書局

國家圖書館出版品預行編目資料

新譯淮南子／熊禮匯注譯,侯迺慧校閱. ——二版四刷. ——臺北市：三民，2021
面；　公分. ——(古籍今注新譯叢書)

ISBN 978-957-14-5665-2（上冊:平裝）
1. 淮南子 2. 注釋

122.21　　101005856

古籍今注新譯叢書

新譯淮南子（上）

注譯者　熊禮匯
校閱者　侯迺慧

發行人　劉振強
出版者　三民書局股份有限公司
地　址　臺北市復興北路 386 號（復北門市）
　　　　臺北市重慶南路一段 61 號（重南門市）
電　話　(02)25006600
網　址　三民網路書店 https://www.sanmin.com.tw

出版日期　初版一刷 1997 年 2 月
　　　　　二版一刷 2012 年 4 月
　　　　　二版四刷 2021 年 12 月
書籍編號　S031000
ISBN　978-957-14-5665-2

三民書局

刊印古籍今注新譯叢書緣起

劉振強

人類歷史發展，每至偏執一端，往而不返的關頭，總有一股新興的反本運動繼起，要求回顧過往的源頭，從中汲取新生的創造力量。孔子所謂的述而不作，溫故知新，以及西方文藝復興所強調的再生精神，都體現了創造源頭這股日新不竭的力量。古典之所以重要，古籍之所以不可不讀，正在這層尋本與啟示的意義上。處於現代世界而倡言讀古書，並不是迷信傳統，更不是故步自封；而是當我們愈懂得聆聽來自根源的聲音，我們就愈懂得如何向歷史追問，也就愈能夠清醒正對當世的苦厄。要擴大心量，冥契古今心靈，會通宇宙精神，不能不由學會讀古書這一層根本的工夫做起。

基於這樣的想法，本局自草創以來，即懷著注譯傳統重要典籍的理想，由第一部的四書做起，希望藉由文字障礙的掃除，幫助有心的讀者，打開禁錮於古老話語中的豐沛寶藏。我們工作的原則是「兼取諸家，直注明解」。一方面熔鑄眾說，擇善而從；一方面也力求明白可喻，達到學術普及化的要求。叢書自陸續出刊以來，頗受各界的喜愛，使我們得到很大的鼓勵，也有信心繼續推廣這項工作。隨著海峽兩岸的交流，我們注譯的成員，也由臺灣各大學的教授，擴及大陸各有專長的學者。陣容的充實，使我們有更多的資源，整理更多樣化的古籍。兼採經、史、子、集四部的要典，重拾對通才器識的重視，將是我們進一步工作的目標。

古籍的注譯，固然是一件繁難的工作，但其實也只是整個工作的開端而已，最後的完成與意義的賦予，全賴讀者的閱讀與自得自證。我們期望這項工作能有助於為世界文化的未來匯流，注入一股源頭活水；也希望各界博雅君子不吝指正，讓我們的步伐能夠更堅穩地走下去。

新譯淮南子 目次

下冊

附錄

導讀

《淮南子》即《淮南王書》。在漢代還沒有人稱它為子書，揚雄、劉向、高誘等人只稱它為《淮南》。《漢書・淮南王傳》稱它為《內書》，而《漢書・藝文志》則以《淮南內》著錄其中。至《西京雜記》，才說它「號為《淮南子》，一曰《劉安子》」（卷三）。於是《隋書・經籍志》就以《淮南子》為名著錄其書。而它本名《鴻烈》，或稱《淮南鴻烈》。高誘釋謂「號曰《鴻烈》。鴻，大也；烈，明也，以為大明道之言也」（〈淮南子敘目〉）。《鴻烈》所明之道如何？是讀《淮南子》的人所關心的首要問題。本文即將《鴻烈》所明之道及相關之事，略述如次。

一、《淮南子》的作者、寫作背景和總體結構

㈠《淮南子》的作者

《淮南子》是由淮南王劉安組織他的一些門客編寫出來的。或如高誘所說，劉安「遂與蘇飛、李尚、左吳、田由、雷被、毛被、伍被、晉昌等八人，及諸儒大山、小山之徒，共講論道德、總統仁義，而著此書」（同上）。「八公」「及諸儒大山、小山之徒」是該書的主要撰寫人員，劉安為全書主編。或如梁啟超所說：「劉安博學能文，其書雖由蘇飛輩分纂，然宗旨及體例，計必先行規定，然後從事；或安自總

其成，亦未可知。」（《漢書藝文志諸子略考釋》）

「八公」「及諸儒大山、小山之徒」，為劉安之臣僚、門客，能文善辯自為其共同特點。具體材料，今存不多，考證繁瑣，故於此處略而不談。下面著重說說劉安的情況。

劉安是劉邦幼子劉長的大兒子，十六歲襲封淮南王。其「為人好書，鼓琴，不喜弋獵狗馬馳騁，亦欲以行陰德拊循百姓，流名譽。招致賓客方術之士數千人」（《漢書》本傳）。劉安善為文辭，文帝嘗命其作〈離騷賦〉（即〈離騷傳〉），「自旦受詔，日早食已。上愛而祕之」（高誘〈敘目〉）。這篇文章後來被太史公採入〈屈原列傳〉（自首句至「雖與日月爭光可也」皆是），在《史記》中，所用劉安文亦屬上乘之作。劉安為西漢前期詩賦大家，《漢書・藝文志》著錄「淮南王賦八十二篇」、「淮南歌詩四篇」、「淮南君臣賦四十四篇」。除文學創作外，劉安還主編或撰寫了涉及其他學科的一些著作，諸如《淮南外》、《中篇》、《淮南雜子星》、《淮南萬畢術》、《淮南變化術》、《莊子略要》、《莊子後解》，以及〈頌德〉、〈長安都國頌〉等文。可惜的是上述著作和文章，除《淮南子》外，餘皆不存（《古文苑》收有劉安〈屏風賦〉，真偽待辨），但從這些記述也可想見劉安文才的富贍和學識的淵博。

說到劉安的家世，可以說是三代銜冤。

劉安之父劉長，是趙王張敖獻給劉邦的美女所生之子。趙相貫高謀殺劉邦事發，趙王等一干人被關進牢中，美人未能幸免，劉長便出生在獄中。美人之弟趙兼託辟陽侯審食其將其事報告呂后，呂后妒而不報劉邦。美人恚恨自殺，劉邦方命呂后收養劉長。大約在他兩歲時，封他為淮南王。文帝即位，劉長年約十九，常直呼文帝「大兄」。劉長「有材力，力扛鼎」，而母死之恨一日不忘，竟以「金錐」擊殺辟陽侯審食其。「當是時，自薄太后及太子、諸大臣皆憚厲王，以此歸國益恣」（《漢書》本傳），於是引起文帝的猜忌。文帝即位六年（西元前一七四年），就以謀反罪將他流放蜀地，劉長剛烈，途中絕食而死。劉長死後，民間有歌謠說：「一尺布，尚可縫；一斗粟，尚可舂，兄弟二人不相容。」迫於輿論，文帝追尊謚其為厲王。

劉長死後十年，阜陵侯劉安得封淮南王。景帝三年（西元前一五四年），吳楚七國反，劉安未曾與亂。武帝即位，劉安對他懷有希望，初入朝即獻所作《鴻烈》。《漢書》本傳謂「時武帝方好藝文，以安屬為諸父，辯博善為文辭，甚尊重之。每為報書及賜，常召司馬相如等視草乃遣。初，安入朝，獻所作《內篇》，新出，上愛祕之」。可是，好景不常，隨著武帝對諸侯王防範、制約、削弱措施的強化，武帝對劉安廣集賓客的疑懼不斷加深，朝廷一步一步構陷劉安，終以「謀反」罪名逼得劉安自剄，而其「王后荼、太子遷諸所與謀反者皆族」、「國除為九江郡」（《史記》本傳）。劉長、劉安、劉遷被誅，淮南國除，是文帝、景帝、武帝為築固中央集權，持續奉行削藩政策的必然結果。劉安能在《淮南子》中細論帝王之術，未必會明白他們三代被殺乃「勢」所致。

㈡《淮南子》的寫作背景

要弄清《淮南子》的寫作背景，必須了解武帝即位前歷代帝王遵循的政治路線，和為政治路線服務的思想主張。

在武帝即位前六十餘年中，歷代帝王大體上都執行了一條與民休息、無為而治的政治路線。這條路線最早是由高祖劉邦制定的。

劉邦一貫鄙薄儒生、絀斥儒學。當他平定天下，陸賈在他面前稱《詩》、《書》以論事時，他曾大罵對方，說「乃公居馬上而得之，安事《詩》、《書》」。後來他要陸賈「試為我著秦所以失天下、吾所以得天下者何，及古成敗之國」，也不過是試一試，看他的主張是否合自己的心意。史載「陸生乃粗述存亡之徵，凡著十二篇，每奏一篇，高帝未嘗不稱善，左右呼之萬歲，號其書曰《新語》」（《史記‧陸賈列傳》），陸賈成功了，他的主張不但合劉邦之心，還得到了包括蕭何、曹參、王陵、陳平等在內的左右大臣的支持。那麼《新語》講些什麼呢？它講的不是純儒之道，而是以黃老道學為指導思想，講君主如何無為而治。所謂「夫道莫大於無為，行莫大於謹敬」、「故無為也，乃無（不）為也」（〈無為〉）。還舉例說虞舜、周公「寂若無治國之意，漠若無憂民之心」、而「天下治」。秦始皇則「事逾煩天下逾亂，法逾滋而姦逾熾，兵馬益設而敵人逾多，秦非不欲為治，然失之者，乃舉措暴眾、用刑太極故也」（同上）。還說君主當「握道而治，據德而行，席仁而立，杖義而彊，虛無寂寞，通動無量」（〈道基〉），又說「聖人不必同道」、「萬端異路，千法異形，聖人因其勢而調之」（〈思務〉）。「故制事者因其則，服藥者因其良。書不必起仲尼之門，藥不必出扁鵲之方。合之者善，可以為法，因世而權行」（〈術事〉），這不正是司馬談所說的「因陰陽之大順，采儒、墨之善，撮名、法之要。與時遷移，應物變化」（《史記・太史公自序》）的「道家」，實即黃老道學的治國之術嗎？因此，劉邦和左右大臣對《新語》的肯定，實際上是對與民休息、無為而治政治路線的肯定。

班固說：「漢興，掃除煩苛，與民休息，至於孝文，加之以恭儉，孝景遵業，五六十載之間，至於移風易俗，黎民醇厚。周云成康，漢言文景，美矣。」（《漢書・景帝紀》）漢興六十餘年，經濟發展、人丁興旺、國力強盛，出現了「文景之治」那樣的盛世景象，是自高祖以來幾代帝王實行與民休息、無為而治政治路線的結果。而他們能做到無為而治，又與蕭何、曹參、陳平三位丞相和竇太后堅持遵循黃老之學的治國之道分不開。

蕭何服膺黃老之學，不僅以之束身修德，還能將其用於政事。他所主持制定的各種法令制度，皆能去秦政苛虐之弊、順民之情。《漢書・刑法志》言「蕭何攈摭秦法，取其宜於時者，作律九章」，《史記・蕭相國世家》言其「因民之疾，奉法順流，與之更要」，大體是不錯的。曹參相惠帝之前，嘗為齊丞相，「聞膠西有蓋公，善治黃老言。使人厚幣請之。既見蓋公，蓋公為言治道，貴清靜而民自定，推此類具言之。參於是避正堂，舍蓋公焉。其治要用黃老術，故相齊九年，齊國安集，大稱賢相」（《史記》本傳）。

曹參相惠帝一如相齊王時，「舉事無所變更，一遵蕭何約束」。嘗與惠帝言：「高帝與蕭何定天下，法令既明，今陛下垂拱，參等守職勿失，不亦可乎？」惠帝曰：「善！君休矣。」當時百姓作歌，稱「蕭何為法，顜若畫一，曹參代之，守而勿失，載其清靜，民以寧一」。故太史公謂「參為漢相國，清靜極言合道。然百姓離秦之酷後，參與休息無為，故天下俱稱其美矣」（《史記》本傳），又謂「孝惠帝、高后之時，黎民得離戰國之苦，君臣俱欲休息乎無為，故惠帝垂拱，高后女主稱制，政不出房戶，天下晏然，刑罰罕用，罪人是希。民務稼穡，衣食滋殖」（《史記・呂后本紀》）。剔除文中的誇張成分，太史公所說無為而治在惠帝、高后時所收到的社會效益是可信的。陳平相惠帝、文帝均用黃老之術，無為而為。為惠帝右相時，呂后立諸呂為王，陳平偽聽之，及呂后崩，平與太尉勃合謀，卒誅諸呂，立文帝。為文帝左相時，一日文帝問右相周勃「天下一歲決獄幾何，勃謝曰不知。問天下一歲錢穀出入幾何，勃又謝曰不知，汗出沾背，愧不能對。於是上亦問左丞相平，平曰有主者。上曰主者謂誰？平曰：陛下即問決獄，責廷尉；問錢穀，責治粟、內史。上曰：苟各有主者，而君所主者何事也？平謝曰：主臣。陛下不知其駑下，使待罪宰相。宰相者，上佐天子，理陰陽，順四時，下育萬物之宜，外鎮撫四夷諸侯，內親附百姓，使卿大夫各得任其職焉。孝文帝乃稱善」、「陳丞相平，少時本好黃帝老子之術」（《史記》本傳），其本黃老以治政對惠、文兩代帝王均有影響。從文帝開始，經過景帝，直到武帝即位之初，漢家都能堅持與民休息、無為而治的政治路線，竇太后起了很重要的維繫作用。竇氏為文帝后、景帝母，可以說是一位忠實維護文帝路線、督導景帝、武帝實行文帝既定路線即以黃老之術治國的政治家。《史記》說「竇太后好黃帝、老子言，帝（景帝）及太子、諸竇，不得不讀黃帝、老子，尊其術」（〈外戚世家〉），其實，她不只是要他們讀黃帝、老子書，而且要他們用黃老之術治國，如有違反，她就干預。比如武帝初即位，以儒者趙綰為御史大夫、王臧為郎中令，趙綰請立明堂以朝諸侯，且薦其師申公來朝。竇太后大怒，「陰求得趙綰、王臧姦利事以讓上（指武帝），上廢明堂事，諸所興為皆廢，下綰、臧吏，皆自殺」（《資治通鑑・漢紀九》）。不但如此，欲倡儒術的丞相竇嬰、太尉田蚡也被免職，「申公亦以疾歸」（同上）。而這件事就發生在劉安向武帝上《內篇》（即《淮南子》）的那一年。

綜觀漢代前期的思想界，不少思想家的著述似乎都在回答劉邦對陸賈的提問：秦何以亡？漢何以興？又何以長治久安？陸賈的《新語》、賈山的《至言》、賈誼的《新書》、司馬談的《論六家要指》以及司馬遷的《史記》，無一例外。而這時黃老道學家（如蓋公等）傳播黃老道學，和社會上出現的許多黃老道學著作，從大的方面講，也是在回答劉邦的問題。《漢書・藝文志》著錄道家著作三十七種，其中大部分是黃老（託名黃老）著作。班固說：「道家者流，蓋出於史官。歷記成敗存亡禍福古今之道，然後知秉要執本，清虛以自守，卑弱以自持，此君人南面之術也。」此言頗能道出漢代前期許多黃老著作的實質。一九七三年十二月長沙馬王堆漢墓出土的「黃老帛書」（內有《老子》甲卷本、乙卷本。乙卷本前抄有《經法》、《十六經》、《稱》及《道原》四篇古佚書。學者認為四篇古佚書即《漢書・藝文志》所錄之《黃帝四經》），便生動地反映出西漢前期黃老道學著作流傳的情況。當時流傳的還有《文子》等書。應該說，黃老道學著作的大量出現、傳播，既受到了歷代帝王無為而治的鼓舞，同時也為他們的無為而治提供了理論武器和治政之術。

從上面介紹的情況可以看出，從高祖到武帝即位之初，幾代帝王、賢相名臣都堅持了一條與民休息、無為而治的政治路線，並且獲得了成功。而在執行這條路線的過程中，執行者和反對者之間有過較量。君臣們應用黃老之術治身治國的過程，也是黃老道學不斷修正、完善的過程。漢初流行的黃老道學不可能完全適應景帝以後的情況，它需要結合半個多世紀的實踐經驗加以總結，這樣《淮南子》便應運而生了。

(三)《淮南子》的成書時間和作者的寫作動機

關於《淮南子》的成書時間，論者多言其大概。或謂「劉安招致賓客，大事著作，正在他二十七歲到四十歲之間這段年齡裡面」（徐復觀《兩漢思想史》第二章），或謂「當在景、武之間」（吳光《黃老之學通論》第六章），或謂「查劉安入朝在建元二年，把這一年定為《淮南子》成書的年代是恰當的。當時劉安四十歲，他在自己封地上經營了幾十年，思想比較成熟，而且在學識上、資歷上具備了召集眾多賓客撰寫長篇的條件。從客觀條件看，自平息七國叛亂到建元二年這十多年間較為平靜，《淮南子》的寫作時間大約就是在這一時期的後半段，完成於劉安入朝前夕」（牟鐘鑑《呂氏春秋與淮南子思想研究》第二部分第一節）。

我認為《淮南子》的寫作時間是可以從書中所提供的材料考察出來的。《淮南子》〈齊俗〉中「夫雕琢刻鏤，傷農事者也；錦繡纂組，害女工者也。農事廢，女工傷，則飢之本而寒之原也。夫飢寒並至，能不犯法干誅者，古今之未聞也」一段文字，抄自景帝二年（西年前一五五年）夏四月所頒發的一道詔令。這說明《淮南子》，至少其中的〈齊俗〉寫作時間不會早於景帝二年夏四月。景帝於後元三年（西元前一四一年）正月甲子日崩於未央宮，太子劉徹是日即皇帝位。而《淮南子》〈覽冥〉言「逮至當今之時，天子在上位，持以道德，輔以仁義」云云，高誘注謂「天子，漢孝武皇帝」。據此，《淮南子》，至少〈覽冥〉的寫作時間不會早於後元三年正月。又卷二〈俶真〉說「若夫墨、楊、申、商之於治道，猶蓋之一橑，而輪之一輻，有之可以備數，無之未有害於用也。己自以為獨擅之，不通於天地之情也」，〈覽冥〉說「今若夫申、韓、商鞅之為治也，捽拔其根，蕪棄其本，而不窮究其所由生。何以至此也？鑿五刑，為刻削，乃背道德之本，而爭於錐刀之末，斬艾百姓，殫盡太半，而忻忻然常自以為治，是猶抱薪而救火、鑿竇而止水」，〈泰族〉說「今商鞅之啟塞、申子之三符、韓非之〈孤憤〉、張儀、蘇秦之從橫，皆掇取之權、一切之術也，非治之大本、事之恆常、可博聞而世傳者也」，書中一再貶斥申、韓、商鞅、張、蘇等人的主張，實是對武帝一項政令的讚許。史載建元元年「冬十月，詔丞相、御史、列侯、中二千石、二千石諸侯相，舉賢良方正直言極諫之士，丞相綰奏：所舉賢良或治申商韓非蘇秦張儀之言，亂國政，請皆罷。奏可」（《漢書・武帝紀》），據此，則《淮南子》，至少〈俶真〉、〈覽冥〉、〈泰族〉的寫作時間不會早於建元元年冬十月。劉安進京獻《淮南子》是在建元二年冬十月，自然書成於建元二年冬十月之前。因此，我認為《淮南子》的構思始於後元三年劉徹即位後，而正式動筆編寫則始於建元元年（西元前一四〇年）冬十月以後，在該年年底殺青。大約寫了十一個月。

這裡有兩個問題：一是劉安等人能否在如此短的時間內完成書稿，二是劉安為何要在如此短的時間內寫出本書。關於前者，答案是肯定的。《淮南子》是劉安主編，由眾多作者編寫成的一本書，它是集黃老道學之大成，書中的許多觀點、材料乃至語句都是取自當時廣為傳播的黃老著作，劉安和他的寫作班子根據那些思想資料，聯繫漢代的實踐經驗作一些發揮在短期內編寫成一本書是不難的。何況他們人手眾多，都是一些文思敏捷、善為文辭的快手！關於後者，則牽涉到劉安寫《淮南子》的動機問題。

有人以為劉安修《鴻烈》以明道是為了和武帝崇儒對抗，並說這種思想上的對抗是和他後來政治上的謀反一脈相連的。此說大謬。前已言及，《淮南子》出現以前，黃老道學一直是在統治階層中佔統治地位的思想，就在《淮南子》成書的第二年，竇太后還嚴懲了敢於背離黃老之學的丞相、太尉等人。竇太后歿於建元六年夏五月，直到元光元年（西元前一三四年）夏五月，武帝召集賢良對策，方有董仲舒、公孫弘出來倡言儒術，董氏建議「罷黜百家，獨尊儒術」而為武帝所採納。再者，也不能簡單地說《淮南子》就是反儒，相反地，倒是包容不少儒術在內，它是「采儒、墨之善」而用之。至於有人把劉安進《鴻烈》而武帝未用其術，說成是他後來「謀反」之因，更是無稽之談。一則二者絕無內在聯繫，二則「謀反」本是冤案。那麼劉安為何要在武帝即位之初寫這麼一本巨著呢？答案只有一個，就是要通過總結前代帝王用黃老之術治國的經驗，為新登基的年輕皇帝（劉徹十六歲登基）提供治身治國的方略，希望他繼續實行前代帝王恪守的政治路線。可以說，劉安的寫作動機，和竇太后督導劉徹讀黃老書而尊其術的願望是一致的。都是希望武帝能以黃老之術治身治國。所以書一寫好，他就將它獻給武帝。迫於景、武二代交替時的政治思想情勢，武帝見書，且「愛祕之」，對劉安亦禮遇有加。但武帝並不像他的前輩那樣篤信黃老道學，至多視其為百家之一言。不然，他就不會在收讀《淮南子》數年之後，還要對賢良文學之士說「欲聞大道之要、至論之極」（《漢書・武帝紀》），和提出「何行而可以章先帝之洪業休德、上參堯舜、下配三王」（《漢書・董仲舒傳》）的問題了。當然，這是後話。就劉安而言，作《鴻烈》的目的還是指望武帝能用其術，結果事與願違。這只說明他對經過文景之治以後，漢代社會必將有一個大發展，和這種大發展必將促使舊的政治思想發生變化以致為新的政治思想所替代這種大趨勢認識不深。

(四)《淮南子》的總體結構

《淮南子》有二十一卷。最後一卷〈要略〉是全書的序言，扼要地介紹了書的主旨、二十卷的內容、寫法以及各卷之間的聯繫。從〈要略〉可以看出，劉安組織蘇飛等人寫書，事先是有總體構想的。很可能各篇的立意、所要解決的問題以至表述方法都有謀劃，然後分頭執筆，最後由劉安加以潤色、定稿。梁啟超說：「觀〈要略〉所提挈各篇要點及排列次第，蓋匠心經營，極有倫脊，非漫然獺祭而已。」（《漢書藝文志諸子略考釋》）是不錯的。

二十篇中，〈原道〉為首。〈原道〉闡述道的本質特徵，說明道為天地萬物之本。此篇為全書發明立言之本。〈俶真〉講天地萬物始於同一本原，因而皆具本原之性，而君主修身治世不能離本。〈天文〉講天地的由來、天體的運行規律，以及如何依據天象特徵以定歲時。〈墬形〉講赤縣神州的地理特徵、物產，以及不同的地理環境對人性、民俗的不同影響。〈時則〉講四時十二月的寒暑變化、動植物的生長規律以及天子治國每月應該施行的政令。〈覽冥〉羅列眾多物類相感的現象，探討這些現象產生的原因。〈精神〉講人保養精神的重要意義和如何保養其精神。〈本經〉講治國當去仁義禮樂而用道德，和聖人如何體道以治國。〈主術〉詳說君主治國的策略和方法。〈繆稱〉可謂道德仁義之散論，論其特點和彼此間的關係。〈齊俗〉論各地禮俗的獨特意義及相等的存在價值。〈道應〉以「已然之事」印證黃老道論之言。〈氾論〉以道為準，氾論「世曲（世上瑣事）」。〈詮言〉以人事為例，解說何謂君主治國之根本。〈兵略〉論軍事問題。〈說山〉以道論為指導思想，解說眾多自然現象和社會現象。〈說林〉重在揭示萬事萬物之理，而以道論為歸。〈人間〉通過分析眾多人間之事，說明禍與福、利與害、得與失之間相互轉化的道理。〈脩務〉論「無為」特徵和求學之事。〈泰族〉講君主修身治政之術。或謂此為全書之總結。從各篇內容可以看出，《淮南子》涉及知識面極廣，可謂漢初文化思想之百科全書。前人稱其為雜家著作，實如高誘所言：「其旨近《老子》，淡泊無為，蹈虛守靜，出入經道。言其大也，則燾天載地，說其細也，則淪於無垠，及古今治亂存亡禍福，世間詭異瓌奇之事。其義也著，其文也富，物事之類，無事不載，然其大較歸之於道。」（〈敘目〉）

為什麼書中涉及這麼多門類的知識呢？是因為本書的主題就是講本於黃老道學的帝王之道。「聖人承天之明，正日月之行，錄星辰之度，因天地之利，等高下之宜，設山川之便，平四海，分九州，同好惡，一風俗」（陸賈《新語・明誡》），舉凡天道、地道、人道不可不知，不然何以法天地、體道德？本書各篇所言都圍繞同一主題，篇篇皆有用意。如設〈天文〉為的是使君主「知逆順之變、避忌諱之殃、順時運之應、法五神之常，使人有以仰天承順，而不亂其常者也」，設〈時則〉為的是「使君人者所以從事」。從全書結構來看，〈主術〉以前為一大截，總論道的特點而及天道、地道、人道和帝王之術，後一截則分論眾多具體問題。最後由〈泰族〉對全書作出總結。至於各篇的排列順序亦有講究，直如〈要略〉所言：

故言道（〈原道〉）而不明終始（〈俶真〉），則不知所倣依；言終始而不明天地（〈天文〉和〈墬形〉）四時（〈時則〉），則不知所避諱；言天地四時而不引譬援類（〈覽冥〉），則不知精微；言至精而不原人之神氣（〈精神〉），則不知養生之機；原人情而不言大聖之德（〈本經〉），則不知五行之差；言帝道而不言君事（〈主術〉），則不知小大之衰；言君事而不為稱喻（〈繆稱〉），則不知動靜之宜；言稱喻而不言俗變（〈齊俗〉），則不知合同大指；已言俗變而不言往事（〈道應〉），則不知道德之應；知道德而不知世曲（〈氾論〉），則無以耦萬方；知氾論而不知詮言（〈詮言〉），則無以從容；通書文而不知兵指（〈兵略〉），則無以應卒；已知大略而不知譬喻（〈說山〉和〈說林〉），則無以推明事；知公道而不知人間（〈人間〉），則無以應禍福；知人間而不知脩務（〈脩務〉），則無以使學者勸力。欲強省其辭，覽總其要，弗曲行區入，則不足以窮道德之意（〈泰族〉）。

《淮南子》各篇之間的聯繫未必如此緊密，各篇內容未必如此單一，但文中把各篇內容納入一個完整的知識系統，理出它們之間整然不亂的秩序，並指明這樣來結構其書的目的是究天地之理、接人間之事、備帝王之道，對我們從整體上把握全書的立意和構架形式是有幫助的。

二、《淮南子》所說之「道」和道論的實質

「道」是黃老道學最重要的哲學概念。《淮南子》說天地之理、人間之事、帝王之道，既以「道」為出發點，又以「道」為歸宿。「道」是全書立論的理論核心，故書中言及「道」者甚多。略事歸納，《淮南子》所講的「道」有下面一些特性。

㈠「道」無處不在，無所不包，存在於天地萬物之中

書中說：

夫道者，覆天載地，廓四方，柝八極；高不可際，深不可測；包裹天地，稟授無形。原流泉浡，沖而徐盈；混混滑滑，濁而徐清。故植之而塞於天地，橫之而彌於四海，施之無窮而無所朝夕。舒之幎於六合，卷之不盈於一握。……山以之高，淵以之深，獸以之走，鳥以之飛，日月以之明，星歷以之行，麟以之游，鳳以之翔。（〈原道〉）

道至高無上，至深無下，平乎準，直乎繩，圓乎規，方乎矩，包裹宇宙而無表裡，洞同覆載而無所礙。（〈繆稱〉）

「道」又稱為「一」，為萬物之本，為「物物者」，因此它存在於一切時間、空間、一切事物之中。所謂「一之理，施四海；一之解，際天地」（〈原道〉）。「所謂一者，無匹合於天下者也。卓然獨立，塊然幽處，上通九天，下貫九野，員不中規，方不中矩，大渾而為一，葉累而無根」（同上）。

㈡「道」無形無象，不可度量，不可言說

書中說：

虛無者，道之所居也。（〈精神〉）

所謂無形者，一之謂也。……是故視之不見其形，聽之不聞其聲，循之不得其身。……若無而有，若亡

而存。(〈原道〉)

道之有篇章形埒者,非至者也;嘗之而無味,視之而無形,不可傳於人。(〈繆稱〉)

無始曰:「道不可聞,聞而非也;道不可見,見而非也;道不可言,言而非也。孰知形形之不形者乎?」(〈道應〉)

凡物有朕,唯道無朕。所以無朕者,以其無常形勢也。(〈兵略〉)

樸,至大者無形狀,道,至眇者無度量。(〈齊俗〉)

無形無象既是對「道」作為萬物本體的形態的形容,所謂「大道無形」(〈詮言〉)、「夫無形者,物之大祖也」(〈原道〉)。高誘注〈原道〉即謂「無形,道也」,也是對作為萬物生長規律的「道」作用於萬物的方式的形容。「不可度量」是指「道」的無所不能而言,如「道」之「約而能張,幽而能明,弱而能強,柔而能剛」、「舒之天下而不窕,內之尋常而不塞」(〈氾論〉)等,所謂「所貴道者,貴其無形也。無形則不可劫迫也,不可量度也,不可巧詐也,不可規慮也」(〈兵略〉)、「不可言傳」,則兼指二者而言。

㈢道生萬物,而有「神明」之功

書中說:

太一者,牢籠天地,彈壓山川,含吐陰陽,伸曳四時,紀綱八極,經緯六合。覆露照導,普氾無私。蠉飛蠕動,莫不仰德而生。(〈本經〉)

道者,一立而萬物生矣。

萬物之總,皆閱一孔;百事之根,皆出一門。(〈原道〉)

夫天之所覆、地之所載、六合所包、陰陽所呴、雨露所濡、道德所扶，此皆生於一父母而閱一和也。今夫萬物之疏躍枝舉，百事之莖葉條蘖，皆本於一根，而條循千萬也。若此，則有所受之矣，而非所授者。所授者無受也，而無不授焉。無不授也者，譬若周雲之蘢蓯，遼巢彭薄而為雨，沉溺萬物而不與為溼焉。（〈俶真〉）

文中講萬物同生於道，道為「授者」，萬物為「受者」。道如何生萬物，〈天文〉中說：「道始於一，一而不生，故分而為陰陽，陰陽合和而萬物生。」道生萬物並非有意而為，所謂「太上之道，生萬物而不有，成化像而弗宰。跂行喙息，蠉飛蝡動，待而後生，莫之知德；待之後死，莫之能怨」（〈原道〉）。道之生物亦如道之作用於物，「非有為於物也，物以有為於己也」、「非道之所為也，道之所施也」（〈俶真〉），所謂「夫道，有形者皆生焉」、「其生物也，莫見其所養而物長」、「此之謂神明」（〈泰族〉）。那麼道生萬物後到哪裡去了呢？「物物者，亡乎萬物之中」（〈詮言〉）。而且萬物消亡，道仍存在，也就是說，道具有不生不死的特性，所謂「夫生生者不死，而化物者不化」（〈俶真〉）、「故生生者未嘗死也，其所生則死矣；化物者未嘗化也，其所化則化矣」（〈精神〉）。

(四)「無為者，道之宗」

書中講「道」的無為常常兼及「德」。無為為道的特性，亦為「德」的特性。因為「德」為「道」之殊稱，相對而言有分別，統而言之則合而為一，〈覽冥〉謂「道之與德，若韋之與革，遠之則邇，近之則疏」。本書有分言道德者，如〈繆稱〉說「道者，物之所導也；德者，性之所扶也」，是把物所共同遵循的規律稱為道，而把個別事物遵循共同規律而具有的特殊性稱為德。而〈原道〉謂「無為為之而合於道，無為言之而通乎德」，〈齊俗〉謂「率性而行謂之道，得其天性謂之德」，雖是分言道德，而所說特點卻是二者兼具。就像《老子》「聖人處無為之事、行不言之教」（第二章）、《管子》「必知不言、無為之事，然後知道之紀」（〈心術上〉），都是兼合二者而言一樣。所以書中說道的特點，盡可理解為德的特點，只是在某些地方有些差別。

《淮南子》說「無為者，道之宗」（〈主術〉）、「至道無為」（〈俶真〉）、「無為者，道之體也」（〈詮言〉），還說「清靜者，德之至也；而柔弱者，道之要也」（〈原道〉），說明無為是道的本質屬性（「清靜」、「柔弱」以及前言之「無形」等皆為「無為」之表現形式）。

和其他黃老著作一樣，《淮南子》的道論是它所倡導的君人南面之術的理論基礎。它強調道的無所不在、無所不能，而又無形、無為、清靜、柔弱，具有化育萬物的神明之功。強調「虛無者道之舍，平易者道之素」、「無為者道之宗」，都是為君主「體道」、「得道之柄」指引路徑。〈齊俗〉謂「道德之論，譬猶日月也，江南河北，不能易其指；馳騖千里，不能改其處。趨舍禮俗，猶室宅之居也，東家謂之西家，西家謂之東家，雖皋陶為之理，不能定其處」，〈氾論〉謂「聖人所由曰道，所為曰事。道猶金石，一調不更；事猶琴瑟，每絃改調。故法制禮義者，治之具也，而非所以為治也」，道論是君主治國的根本原則，是高於其他治國之術的治國之道。「事不本於道德者，不可以為儀」（〈泰族〉），故聖人須「與道為際，與德為鄰」（〈精神〉）。這大概就是《淮南子》所持道論的最後結論。

三、《淮南子》的宇宙觀

「道」是宇宙、天地、萬物的本原，這是《淮南子》的基本觀點。那麼「道」如何形成宇宙、天地、萬物呢？書中好幾處說到此事。如〈天文〉說：

天墜未形，馮馮翼翼，洞洞灟灟，故曰太始。太始生虛霩，虛霩生宇宙，宇宙生元氣，元氣有涯垠。清陽者薄靡而為天，重濁者凝滯而為地。清妙之合摶易，重濁之凝竭難，故天先成而地後定。天地之襲精為陰陽，陰陽之專精為四時，四時之散精為萬物。積陽之熱氣久者生火，火氣之精者為日；積陰之寒氣久者為水，水氣之精者為月。日月之淫氣精者為星辰。天受日月星辰，地受水潦塵埃。

這段話講宇宙天地的由來。說在天地形成以前，存在著一個馮馮翼翼、洞洞灟灟的太始階段，太始生虛霩，虛霩仍是無形無貌的混沌之狀，馮翼洞灟、虛霩自然都是道的原初形態。經過漫長的時期，無形無貌、混混沌沌的原初之道便產生了宇宙。而「宇宙生元氣」，元氣有清陽、重濁之分，清陽者形成天，重濁者形成地。下面說「天地之襲精為陰陽，陰陽之專精為四時，四時之散精為萬物」，自然仍是「道」在起作用。〈天文〉還說到「道」經過「氣化」階段而生萬物的過程：

道始於一，一而不生，故分而為陰陽，陰陽合和而萬物生。故曰：「一生二，二生三，三生萬物。」

這段話講道如何化生萬物，有兩點值得注意。一是它把老子講的「道生一」改為「道始於一」，表明道就是那渾然一體、無匹合於天下的「一」，在它之前再沒有更具本原性質的東西了。這是對老子思想的重大改造，這個前提一確立，那老子提供的命題「一生二，二生三，三生萬物」就以唯物論為基石了。「一」為物質性的道，「二」指陰陽二氣，「三」指陰陽合和之氣。去掉了籠罩在道生萬物這個命題上的超自然的玄妙氛圍。二是它說明道生萬物，須經過「分而為陰陽」的氣化階段，而且只有「陰陽合和」方能生物。所謂「合和」就是陰陽相互協調，由對立而達到統一，所謂「至陰飂飂，至陽赫赫，兩者交接成和，而萬物生焉」（〈覽冥〉）、「陽生於陰，陰生於陽，陰陽相錯，四維乃通。或死或生，萬物乃成」、

「是故天不發其陰，則萬物不生；地不發其陽，則萬物不成」（〈天文〉）、「眾雄而無雌，又何化之所能造乎」（〈覽冥〉）。又〈本經〉謂「天地之合和，陰陽之陶化萬物，皆乘一氣者也」，「氣化」而又成為合和之氣，是道生萬物的中間環節，作者對這個環節的描述固然有許多不科學、不完備之處，但它卻為後來的哲學家（包括王充）的氣生宇宙論提供了重要的思想資料。

認為宇宙天地萬物皆生於道（或謂「一」），宇宙產生之前，道處於渾沌無形的狀態，強調道通過派生陰陽二氣而生物，是《淮南子》宇宙觀的基本觀點。它在〈精神〉中如是說：

古未有天地之時，惟像無形。窈窈冥冥，芒芠漠閔，澒濛鴻洞，莫知其門。有二神混生，經天營地，孔乎莫知其所終極，滔乎莫知其所止息。於是乃別為陰陽，離為八極，剛柔相成，萬物乃形。

在〈詮言〉中講鳥、魚、獸的由來亦如是說：

洞同天地，渾沌為樸，未造而成物，謂之太一。同出於一，所為各異，有鳥有魚有獸，謂之分物。方以類別，物以群分，性命不同，皆形於有。隔而不通，分而為萬，莫能反宗。

「太一」就是「一」，就是道。「洞同天地，渾沌為樸，未造而成物」就是〈天文〉說的「馮馮翼翼，洞洞灟灟」、〈精神〉說的「惟像無形。窈窈冥冥，芒芠漠閔，澒濛鴻洞」那樣的境界。

如果說上面的引文偏於說明道如何構成宇宙萬物，那麼〈俶真〉中的一段話，則對宇宙演化的幾個階段作了明確的劃分，和前面幾段文字以天地有無為界作論不同。〈俶真〉是以萬物產生後為起點，由近及遠上溯，把宇宙演化分為「有有者，有無者，有未始有有無者，有未始有夫未始有有無者」三個階段。其中「有有者，言萬物摻落，根莖枝葉，青蔥苓蘢，萑扈炫煌，蠉飛蝡動，蚑行噲息，可切循把握而有數量。有無者，視之不見其形，聽之不聞其聲，捫之不可得也，望之不可極也，儲與扈冶，浩浩瀚瀚，不可隱儀揆度而通光耀者」，這裡「有有者，有無者」是一個階段。「有」指宇宙內「可切循把握而有數量」之動物、植物；「無」指這些實有之物得以生存「浩浩瀚瀚，不可隱儀揆度而通光耀」之宇宙空間，它相對「有」而言，又與「有」同存於一時，下句「有未始有有無者」中「有無」連言也說明了這一點。「有未始有有無者」是比「有有無者」更早的階段，其特點是「包裹天地，陶冶萬物，大通混冥，深閎廣大，不可為外，析豪剖芒，不可為內，無環堵之宇而生有無之根」。這時「道」已派生陰陽二氣，它們「包裹天地，陶冶萬物」，已在孕育萬物「而生有無之根」。比這階段更早的是「有未始有夫未始有有無者」，此時「天地未剖，陰陽未判，四時未分，萬物未生，汪然平靜，寂然清澄，莫見其形」，這就是〈天文〉講的「天地未形」以前的階段、〈精神〉講的「古未有天地之時」、〈詮言〉講的太一之道所處的原始無前的時期。所謂「汪然平靜，寂然清澄，莫見其形」正是道的特徵。

在敘說宇宙演化的三階段時，作者還提出一個小三階段，謂「有始者，有未始有有始者，有未始有夫未始有有始者」。這個小三階段描述的是自天地形成到萬物欲生而未生成這個時期宇宙萬物演化的過程，可以看作是對前面所說第二階段即「有未始有有無者」的細緻劃分。文謂「有始者，繁憤未發，萌兆牙蘖，未有形埒，無無蝡蝡，將欲生興，而未成物類」，物類的產生是一個漸進過程，此時是開始孕育，「將欲生興，而未成物類」，既然「欲生興」就離「成物類」不遠了。一成物類就進入「有有者，有無者」的階段了。「有未始有有始者」，此時「天氣始下，地氣始上，陰陽錯合，相與優游競暢於宇宙之間，被德含和，繽紛蘢蓯，欲與物接而未成兆朕」，這時天地已成，陰陽已判，且陰陽二氣錯合、快要生物但還未顯出朕兆。比這更早的階段就是「有未始有夫未始有有始者」，此時「天含和而未降，地懷氣而未揚，虛無寂寞，蕭條霄霓，無有彷彿，氣遂而大通冥冥者也」，此乃天地初分，陰陽二氣尚未相接，天地宇宙之間，虛無寂寞，無形無像，元氣雖成而與冥冥之道相通。合而言之，這個小三階段敘說天地初分、陰陽二氣未接，到二氣合和、具備生物態勢，直到「將欲生興，而未成物類」，正是對前面所說宇宙演化中「有未始有有無者」階段的描述。這種描述未必合乎事物發展的真實情況，但以道為本原、道通過派生陰陽二氣而形成萬物的宇宙生成論是被作者講清楚了的。

既然宇宙萬物皆生於道，而道生物又是無為而為，因此作者認為物類之間存在「氣感相應」。文中所說的例子，諸如「東風至而酒湛溢，蠶咡絲而商弦絕」、「今夫調瑟者，叩宮宮應，彈角角動，此同聲相和者也」（〈覽冥〉），是存在的，其因或如其言。而「行者思於道，而居者夢於牀；慈母吟於燕，適子懷於荊」（〈說林〉），則具偶然性，其因亦未必如其所言。在說到天設日月、列星辰、調陰陽、張四時，生物、殺物皆無為而為時，講「陰陽四時，非生萬物也；雨露時降，非養草木也；神明接，陰陽和，而萬物生矣」（〈泰族〉），不把天當作有意志的神。但在涉及天人關係時，有些說法，如謂「天之與人，有以相通也。故國危亡而天文變，世惑亂而虹蜺見」（同上）、「人主之情，上通於天，故誅暴則多飄風，枉法令則多蟲螟，殺不辜則國赤地，令不收則多淫雨」（〈天文〉），則陷入到天人感應論的泥淖中。文中甚至用天象來比附人的生理結構，謂「跂行喙息，莫貴於人。孔竅肢體，皆通於天。天有九重，人亦有九竅；天有四時以制十二月，人亦有四肢以使十二節；天有十二月以制三百六十日，人亦有十二肢以使三百六十節。故舉事而不順天者，逆其生者也」（同上）。雖然作者這樣說是欲勸勉君主不可違背天道行事，但簡單地將天象和人事聯繫在一起，則顯得貌似神祕而實荒謬。

四、《淮南子》的歷史觀

《淮南子》闡說帝王之道，主要是通過探究天地之理、敘說人間之事完成的。探究天地之理，往往反映出作者的宇宙觀、自然觀；敘說人間之事，一些說法則反映出他們的社會歷史觀。文中涉及社會歷史觀的論述不少，但彼此缺乏聯繫者多，有的甚至互有牴牾處。略事歸納，作者把人類歷史分為「混冥」之世、伏羲氏之世、神農黃帝之世、堯舜禹之世、夏桀商紂之世、周室衰落之世、晚世末世以及今時。

混冥之世被作者稱為合道的時代，所謂「古之人有處混冥之中，神氣不蕩於外，萬物恬漠以愉靜，攙搶衡杓之氣莫不彌靡，而不能為害。當此之時，萬民猖狂，不知東西，含哺而游，鼓腹而熙，交被天和，食於地德，不以曲故，是非相尤，茫茫沆沆，是謂大治」（〈俶真〉）。這可能是人類甫從道出的史前時期，人們「甘瞑於溷澖之域，而徙倚於汗漫之宇」、「聖人呼吸陰陽之氣，而群生莫不顒顒然，仰其德以和順。當此之時，莫之領理，決離隱密而自成，渾渾蒼蒼，純樸未散，旁薄為一，而萬物大優，是故雖有羿之知而無所用之」（同上）。

第二階段是伏羲氏之世。就合道、維護道的純樸而言，此一階段略遜於前，「至伏羲氏，其道昧昧芒芒然，含德懷和，被施頗烈，而知乃始昧昧楙楙，皆欲離其童蒙之心，而覺視於天地之間，是故其德煩而不能一」（同上）。〈覽冥〉還說到伏羲氏之世，「女媧鍊五色石以補蒼天，斷鼇足以立四極，殺黑龍以濟冀州，積蘆灰以止淫水」，使得人類得以性返於道，得其天和事，而言其「不彰其功，不揚其聲，隱真人之道，以從天地之固然」。而伏羲氏的成功在於「道德上通，而智故消滅也」。

第三階段是神農黃帝之世。〈俶真〉謂「乃至神農、黃帝，剖判大宗，竅領天地，襲九竅，重九埶，提挈陰陽，嫥捖剛柔，枝解葉貫，萬物百族，使各有經紀條貫。於此萬民睢睢盱盱然，莫不竦身而載聽視，是故治而不能和下」，這是將神農氏和黃帝並提。〈原道〉則將神農氏和伏羲氏並提，謂「泰古二皇，得道之柄，立於中央，神與化游，以撫四方」（高誘注謂「二皇，伏羲、神農也」）。而且〈主術〉和〈覽冥〉、〈本經〉還分別說到神農氏、黃帝所治之世的美好情況。作者將神農黃帝之世視為至德之世是沒有疑問的。

第四階段是堯舜禹之世。書中說這個時代，多災多難，但堯舜禹都能為民除害，使民得以安生。〈本經〉謂「逮至堯之時，十日竝出，焦禾稼，殺草木，而民無所食。猰貐、鑿齒、九嬰、大風、封豨、脩蛇皆為民害。堯乃使羿誅鑿齒於疇華之野，殺九嬰於凶水之上，繳大風於青丘之澤，上射十日而下殺猰貐，斷脩蛇於洞庭，禽封豨於桑林，萬民皆喜」、「舜之時，共工振滔洪水，以薄空桑，龍門未開，呂梁未發，江、淮通流，四海溟涬，民皆上丘陵，赴樹木。舜乃使禹疏三江、五湖，闢伊闕，導廛、澗，平通溝陸，流注東海，鴻水漏，九州乾，萬民皆寧其性」。〈俶真〉稱「唐虞之時」為「至德之世」，反映出作者對堯舜禹之世的看法。

第五階段是夏桀、商紂之世。此為離道失德之亂世，自不待言，即所謂「至德滅而不揚，帝道揜而不興」（〈覽冥〉）。

第六階段是「周室衰而王道廢」的時期。〈俶真〉說：「施及周室，澆淳散樸，離道以偽，儉德以行，而巧故萌生。周室衰而王道廢，儒墨乃始列道而議，分徒而訟。」「於是萬民乃始慲觟離跂，各欲行其知偽，以求鑿枘於世而錯擇名利，是故百姓曼衍於淫荒之陂，而失其大宗之本。」

第七階段相當於今之所謂戰國時代，書中稱之為「晚世」、「末世」、「衰世」。〈覽冥〉說：「晚世之時，七國異族」、「縱橫間之，舉兵而相角；攻城濫殺，覆高危安」、「所謂兼國有地者，伏尸數十萬，破車以千百數，傷弓弩矛戟矢石之創者扶舉於路。故世至於枕人頭、食人肉、菹人肝、飲人血，甘之於芻豢」。

第八階段是當今之時。〈覽冥〉謂「逮至當今之時，天子在上位，持以道德，輔以仁義；近者獻其智，遠者懷其德。拱揖指麾而四海賓服，……天下混而為一，子孫相代，此五帝之所以迎天德也」。〈齊俗〉更是明言今時即「劉氏持政」之時。

首先，《淮南子》將人類歷史分為若干階段，同時又把它分為「太清之治」和「衰世」兩大段。「太清之治」的最大特點就是聖人治身治政合於道、民性安適合於道、自然之物循性而動合於道。衰世則相反。《淮南子》視夏桀以前為太清之治，自夏桀以後為衰世。雖然他說了本朝的好話，但他批評「當今之時」也很嚴厲。如言「當世德益衰，民俗益薄」、「逮至當今之世，忍訽而輕辱，貪得而寡羞，欲以神農之道治之，則其亂必矣」（〈氾論〉），可見今世亦屬「衰世」。如此看來，作者認為歷史的發展是一代不如一代。但是他的讚美「混冥之世」、「至德之世」，並不是像老、莊那樣主張社會回到原始曚昧的階段。相反地，他揭陳衰世之弊，是為了根治社會，促使社會進步，因此不能簡單地說他的歷史觀是倒退的歷史觀。

第二，《淮南子》判斷一個時代是治世還是衰世的標準有三點：一是君主是否以道治政。能得道之柄，無為為之則天下治，否則則亂政而世衰。二是君主是否反性去欲、不以天下之利為一己之利。作者說「堯之有天下也，非貪萬民之富而安人主之位也，以為百姓力征，強凌弱，眾暴寡，於是堯乃身服節儉之行，而明相愛之仁，以和輯之」、「衰世則不然。一日而有天下之富、處人主之勢，則竭百姓之力，以奉耳目之欲。志專在於宮室臺榭、陂池苑囿、猛獸熊羆、玩好珍怪。是故貧民糟糠不接於口，而虎狼熊羆厭芻豢；百姓短褐不完，而宮室衣錦鏽。人主急茲無用之功，百姓黎民顦顇於天下，是故使天下不安其性」（〈主術〉）。三是民風是否純樸、民性是否淳厚，民生是否有保障。至德之世，「田者不侵畔，漁者不爭隈，道不拾遺，市不豫賈，城郭不關，邑無盜賊，鄙旅之人，相讓以財，狗彘吐菽粟於路而無忿爭之心」（〈覽冥〉），民眾「機械詐偽莫藏於心」（〈本經〉）；衰世則「人眾財寡，事力勞而養不足，於是忿爭生，是以貴仁。仁鄙不齊，比周朋黨，設詐諝，懷機械巧故之心，而性失矣，是以貴義」（〈本經〉），至於像〈齊俗〉說的那種貧富嚴重對立的社會自是衰世、末世。

第三，《淮南子》認為世道的「治」、「衰」關鍵在於君主，所謂「君，根本也」（〈繆稱〉）。對這種看法，不能簡單地視為英雄史觀。因為在封建社會以至奴隸社會，君主對世道的治亂影響極大，而本書的主題是說帝王之道，所以論歷史而重視帝王作用可以理解。再者，書中論及君主的作用，十分強調用眾人之力、集眾人之智，而且指出君主作用的發揮與時勢有密切關係。在論及夏桀、殷紂時，作者感歎地說：「當此之時，豈獨無聖人哉？然而不能通其道者，不遇其世」。「由此觀之，體道者不專在於我，亦有繫於世矣」（〈俶真〉），又謂「湯、武之王也，遇桀、紂之暴也。桀、紂非以湯、武之賢暴也，湯、武遭桀、紂之暴而王也。故雖賢王，必待遇。遇者，能遭於時而得之也，非智能所求而成也」（〈詮言〉），又謂「故聖人雖有其志，不遇其世，僅足以容身，何功名之可致也」（〈人間〉），都說明君主之賢，只有遇到了適宜的時世才能推動歷史前進，含有時勢造英雄之意。

第四，《淮南子》對人類歷史上物質文明的進步是肯定的，對伴隨物質文明進步而出現的對大自然的破壞是否定的。從某種意義上說，書中提供了反映漢代人環保意識的思想資料。前者如〈氾論〉說：「古者民澤處而復穴，冬日則不勝霜雪霧露，夏日則不勝暑熱蟁蝱，聖人乃作為之，築土構木，以為室屋，上棟下宇，以蔽風雨，以避寒暑，而百姓安之。」「古者剡耜而耕，摩蜃而耨，木鉤而樵，抱甀而汲，民勞而利薄。後世為之耒耜耰鉏，斧柯而樵，桔皋而汲，民逸而利多焉」，後者如〈本經〉批評衰世「鐫山石，鍥金玉，擿蚌蜃，消銅鐵，而萬物不滋。刳胎殺夭，麒麟不游；覆巢毀卵，鳳皇不翔。鑽燧取火，構木為臺，焚林而田，竭澤而漁，人械不足，畜藏有餘。而萬物不繁兆，萌牙、卵、胎而不成者，處之太半矣」。

第五、《淮南子》認為社會歷史是發展的，因而主張治政須順應形勢不斷改革。說「殷變夏，周變殷，春秋變周，三代之禮不同，何古之從」、「故聖人法與時變，禮與俗化，衣服器械各便其用，法度制令各因其宜。故變古未可非，而循俗未足多也」（〈氾論〉），還舉例說改革之必要，謂「古之所為不可更，則推車至今無蟬匷」（〈說林〉）。此外，作者對待一朝一君並不認為一好俱好，一壞皆壞，說是「桀有得事，堯有遺道」，並言「亡國之法有可隨者，治國之俗有可非者」（〈說山〉）、「先王之制，不宜則廢之；

末世之事，善則著之」（〈氾論〉），可見其歷史觀是很開明的。

五、《淮南子》的「無為」說

中國古代的思想家，多把無為視為君主高明的南面之術。老子說「聖人處無為之事，行不言之教」（《老子》第二章）、「為無為則無不治」（同上第三章）、「不言之教、無為之益，天下希及之」（同上第四十三章），孔子說「為政以德（鄭玄注謂『德者，無為也』），居其所而眾星拱之」（《論語·為政》），又謂「無為而治者，其舜也與！夫何為哉？恭己正南面而已矣」（《論語·衛靈公》）。孔、老都講無為，但《淮南子》的無為說主要是利用老子提供的思想資料，對它加以改造，賦予它更具進取精神的積極意義。本來早期黃老道學已對老子的無為說作了改造，《淮南子》作為黃老道學的集大成者，其無為說較之早期黃老道學的無為說更系統、更深刻、更具時代色彩。

(一)「無為」說的理論基礎

《淮南子》講帝王之道是以道論為理論基礎的，無為說是帝王之道的核心內容，其理論基礎當然離不開黃老道學的道論。

黃老學者認為，道為萬物之本，萬物的生長衰殺都是道在起作用。帝王治國要合於天道、地道、人道，也就是要本於道，「體道」而行、「依道」而治。所謂「帝者體太一」（〈本經〉）、「執道之柄，而游於無窮之地」（〈原道〉）、「無為者，道之宗。故得道之宗，應物無窮」（〈主術〉）、「帝者誠能稟道，合至和，則禽獸草木莫不被其澤矣，而況兆民乎」（〈氾論〉），還說「故聖王執一而勿失，萬物之情測矣，四夷九州服矣。夫一者至貴，無適於天下。聖人託於無適，故民命繫矣」（〈齊俗〉）、「夫無為則得於一也。

一也者，萬物之本也，無敵之道也」（〈詮言〉）。

帝王（或謂聖人）怎樣才能「得道之柄」、「執一而勿失」呢？那便是按道的特性行事。而道的本質屬性是無為而為，所謂「無為者，道之宗」、「無為者，道之體也」。文中還一再說道作用於物是無為而為，「莫見其為者，而功既成矣」（〈原道〉）、「莫見其為者，滅而無形」、「其動無形，變化若神；其行無跡，常後而先」（同上）、「道出一原，通九門，散六衢，設於無垓坫之宇，寂漠以虛無；非有為於物也，物以有為於己也。是故舉事而順於道者，非道之所為也，道之所施也」（〈俶真〉），並且提出「至言去言，至為無為」（〈道應〉）。既然道的生殺萬物是無為而為，所以作者的結論是「無為為之而合於道，無為言之而通乎德」、「夫無為則得於一也」、「故能有天下者，必無以天下為也」（〈俶真〉），聖人「閒居而樂，無為而治」、「是故聖人內修其本，而不外飾其末；保其精神，偃其智故；漠然無為而無不為也，澹然無治也而無不治也」（〈原道〉）。

(二)「無為」為「人主之術」

「無為」可以為各種人所用，也可以用到許多事情上，但《淮南子》講的「無為」是帝王治國的一種策略和手段，所謂「人主之術」。可以簡稱為君道無為。〈主術〉說：

> 人主之術，處無為之事，而行不言之教；清靜而不動，一度而不搖；因循而任下，責成而不勞。
>
> 君人之道，其猶零星之尸也，儼然玄默，而吉祥受福。
>
> 是故君人者，無為而有守也，有守而無好也。
>
> 有道之主，滅想去意，清虛以待；不伐之言，不奪之事；循名責實，官使有司。任而弗詔，責而弗教。以不知為道，以奈何為寶。

〈詮言〉則謂「君道者，非所以為也，所以無為也」。作者講君道無為是和有為聯繫在一起的，所謂「為出於不為」（〈說林〉）、「人無為則治，有為則傷。無為而治者，載無也，為者不能無為也。不能無為者，不能有為也」（〈說山〉）。因此，君道無為的實質是要君主通過無為而有為、而大有為。如何做到這一點呢？君臣異道，主道員，臣道方。所謂「主道員者，運轉而無端，化育如神，虛無因循，常後而不先也。臣道方者，論是而處當，為事先倡，守職分明，以立成功也。是故君臣異道則治，同道則亂，各得其宜，處其當，則上下有以相使也」（〈主術〉），又謂「人主靜漠而不躁，百官得脩焉」（同上）。原來，君道無為是要臣下有為，無為是君主駕馭臣下的一種策略，所謂「無為制有為，術也」（〈詮言〉）。

(三)君主如何「無為」

君主如何無為？《淮南子》說到下列幾個要點：

「因物之所為」。因是因循、順應，文中講「無為」，十分強調「因」的作用。〈原道〉中說：「是故天下之事，不可為也，因其自然而推之；萬物之變，不可究也，秉其要趣而歸之」、「循道理之數，因天地之自然，則六合不足均也」，這是講因順事物的自然規律而為。〈主術〉講到因勢而為、因「道理之數」、「自然之性」而為，「禹決江疏河，以為天下興利，而不能使水西流。稷辟土墾草，以為百姓力農，然不能使禾冬生。豈其人事不至哉？其勢不可也。夫推不可為之勢，而不修道理之數，雖神聖人不能以成其功，而況當世之主乎」、「是故聖人之舉事也，豈能拂道理之數、詭自然之性、以曲為直、以屈為伸哉？未嘗不因其資而用之也」。〈繆稱〉講到因時而為，「聖人之舉事也，進退不失時，若夏就絺綌、上車授綏之謂也」。〈泰族〉講到須因民之性而為，「聖人之治天下，非易民性也，拊循其所有而滌蕩之，故因則大，作則細矣」、「能因，則無敵於天下矣」。《淮南子》講的「因」還有因而用之之意，所謂「乘時因勢」（〈本經〉）、「君人者，不下廟堂之上而知四海之外者，因物以識物、因人而知人也」皆是。

「常後而不先」。〈原道〉說「所謂無為者，不先物為也」、「是故聖人守清道而抱雌節，因循應變，常後而不先」，這表明文中講的「常後而不先」是和「因物之所為」分不開的。文中分析後和先的特點和它們的辯證關係時說：「先唱者，窮之路也；後動者，達之原也。」因為「先者難為知，而後者易為攻也。先者上高，則後者攀之；先者踰下，則後者蹶之；先者隤陷，則後者以謀；先者敗績，則後者違之。由此觀之，先者，則後者之弓矢質的也。猶錞之與刃，刃犯難而錞無患者，何也？以其託於後位也」（〈原道〉）、「得在時，不在爭；……土處下，不爭高，故安而不危；水下流，不爭先，故疾而不遲」（同上）。作者認為後和先是相互轉化的，先者易損而處於被動局面，後者居上而居於主動地位，所謂「聖人不為物先，而常制之其類，若積薪樵，後者在上」（〈繆稱〉）。同時，文中還對「後」的屬性作了規定，言「所謂後者，非謂其底滯而不發，凝竭而不流，貴其周於數而合於時也。夫執道理以耦變，先亦制後，後亦制先」（〈原道〉），所謂「周於數」、「合於時」，自是「因物之所為」的一種說法。見得後而不先實是依順事物規律、時勢，使自己永遠處於主動地位的一種治政之方。

「柔弱以靜」。也是本於道，因為「柔弱者，道之要也」。它和因物之所為、後而不先同為無為之要義，所謂「聖人守清道而抱雌節，因循應變，常後而不先，柔弱以靜，舒安以定，攻大礦堅，莫能與之爭」（〈原道〉）。而說「漠然無為而無不為」，亦以漠然之靜以狀「無為」之容。文中用水作喻細說柔弱之能動作用，謂「天下之物，莫柔弱於水」，然而就因其柔弱而成其「至德」，所謂「水所以能成其至德於天下者，以其淖溺潤滑也。故老聃之言曰：『天下至柔，馳騁天下之至堅。出於無有，入於無間。吾是以知無為之有益。』還用比喻說明柔弱之生命力勝過堅強，謂「舌之與齒，孰先礲也？錞之與刃，孰先弊也？繩之與矢，孰先直也」（〈說林〉）。又從剛與柔、強與弱的比較說柔弱之可貴，謂「欲剛者，必以柔守之；欲強者，必以弱保之。積於柔則剛，積於弱則強」、「故兵強則滅，木強則折，革固則裂，齒堅於舌而先之敝。是故柔弱者，生之榦也；而堅強者，死之徒也」（〈原道〉）。不但「弱而能強，柔而能剛」(同上),而且柔弱能制伏剛強,靜漠能制伏躁動,所謂「物未有不以動而制者也。是故聖人貴靜,靜則能應躁,後則能應先」(〈兵略〉)。在說到君道柔弱以靜的作用時,則謂「人主之聽治也,虛心而弱志,清明而不闇,是故群臣輻湊並進,無愚智、賢不肖,莫不盡其能者,則君得所以制臣,臣得所以事君,治國之道明矣」(〈主術〉),可見君主「弱志」是為了君能制臣和臣能事君。又謂「君人之道,處靜以修身,儉約以率下。靜則下不擾矣,儉則民不怨矣。下擾則政亂,民怨則德薄。政亂則賢者不為謀,德薄則勇者不為死」(同上),可見君主「處靜」是要防止「下擾則政亂」,是為了調動賢者、勇者為國效力的積極性。又謂「患禍之所由來者,萬端無方。是故聖人深居以避辱,靜安以待時」(〈人間〉),可見君主「深居」、「靜安」是「避辱」、「待時」的手段。總之,柔弱以靜是君主以無為方式治國而成就大業的一種重要手段,所謂「人主之居也,如日月之明也,天下之所同側目而視、側耳而聽、延頸舉踵而望也。是故非澹漠無以明德,非寧靜無以致遠」(〈主術〉),所謂「能成霸王者,必得勝者也。……能得人心者,必自得者也。能自得者,必柔弱也」(〈詮言〉)。而柔弱以靜的表現形式則如〈原道〉所說:「故得道者,志弱而事強,心虛而應當。所謂志弱而事強者,柔毳安靜,藏於不敢,行於不能,恬然無慮,動不失時,與萬物回周旋轉,不為先唱,感而應之。……行柔而剛,用弱而強,轉化推移,得一之道,而以少正多」。

「乘眾人之智」。君主無為必乘眾人之智、用眾人之力,方能有為。因為「任一人之力者,則烏獲不足恃,乘眾人之智者,則天下不足有也」、「乘眾人之智,則無不任也;用眾人之力,則無不勝也」(〈主術〉)。君主如何「乘眾人之智」,除起用賢才外,君主特別要做到:一是「依道廢智」、「揜明於不形」、「藏跡於無為」,所謂「以智為治者,難以持國,唯通於太和而持自然之應者,為能有之」(〈覽冥〉)。「故為治者,智不與焉」(〈主術〉)、「身不與事,若天若地,何不覆載」。「故聖人不以行求名,不以智見譽。法脩自然,己無所與」(〈詮言〉)、「人主之術……不為醜美好憎,不為賞罰怒喜;名各自名,類各自類，事猶自然，莫出於己」、「人莫得自恣，則道勝，道勝而理達矣，故反於無為。無為者，非謂其凝滯而不動也，以言其莫從己出也」（〈主術〉），還說「聖人不為名尸，不為謀府，不為事任，不為智主。藏無形，行無跡，遊無朕。不為福先，不為禍始。保於虛無，動於不得已」（〈詮言〉）。總之「聖人在位懷道而不言」，不對具體事參與意見，所謂「聖人之舉事，不加憂焉，察其所以而已矣」（〈人間〉）。二是「因循而任下，責成而不勞」，講的是君主不專其能而充分發揮臣下的作用。一則君主絕對不能越俎代庖，所謂「處尊位者如尸，守官者如祝宰。尸雖能剝狗燒彘，弗為也，弗能無虧；俎豆之列次，黍稷之先後，雖知弗教也，弗能無害」（〈詮言〉）、「水下流而廣大，君下臣而聰明。君不與臣爭功，而治道通矣」（〈繆稱〉）。二則對臣下應是「上操其名以責其實，臣守其業以效其功」（〈主術〉）。此外，文中說君主如何無為還講到須「反性」、「節欲」、「全身」之事，而總的要求是：「與天地合德，與日月合明，與鬼神合靈，與四時合信」、「懷天氣，抱天心，執中含和，不下廟堂而衍四海，變習易俗，民化而遷善，若性諸己，能以神化也」，做到「聖主在上，廓然無形，寂然無聲，官府若無事，朝廷若無人，無隱士，無軼民，無勞役，無冤刑，四海之內莫不仰上之德，象主之指，夷狄之國重譯而至，非戶辯而家說之也，推其誠心，施之天下而已矣」（〈泰族〉）。上述說法多來自《呂氏春秋》、《文子》和《新語》等書，講「無為」而最具創新意識的是〈脩務〉中的幾段話：

或曰：「無為者，寂然無聲，漠然不動，引之不來，推之不往。如此者，乃得道之像。」吾以為不然。若吾所謂「無為」者，私志不得入公道，嗜欲不得枉正術，循理而舉事，因資而立功，推自然之勢，而曲故不得容者。故事成而身弗伐，功立而名弗有。非謂其感而不應、故而不動者。若夫以火熯井、以罋灌山，此用己而背自然，故謂之有為。若夫水之用舟、沙之用鳩、泥之用輴、山之用蔂，夏瀆而冬陂，因高為臺，因下為池，此非吾所謂為之。

結合〈詮言〉講的「何謂無為？智者不以位為事，勇者不以位為暴，仁者不以位為惠，可謂無為矣」，《淮南子》實際上說到兩種無為：一是寂然漠然、「感而不應，迫而不動」的無為，一是「私志不得入公道、嗜欲不得枉正術、循理而舉事」，即按事物規律辦事、「不出於己」，不以位為事，功成而不誇耀的無為。前者即〈要略〉講的「塞而無為」，後者則是「通而無為」。作者講的君道無為正是「通而無為」。

六、《淮南子》的政治思想

前面講的君道無為和如何通過無為而出現理想的社會局面，本已涉及《淮南子》的政治思想，此外還有下面一些看法值得注意。

㈠君主要牢牢掌握「權勢」

《淮南子》講君道無為，是以君主居君人之位為前提的，「是故君人者，無為而有守也，有守而無好也」（〈主術〉）、「故閒居而樂，無為而治。聖人守其所以有，不求其所未得。求其所未得，則所有者亡矣；脩其所已有，則所欲者至」（〈詮言〉）。所謂「有守」固然包括人之天性在內，但對君主而言，權勢自為其所特有，必為其持守之「所有」。為什麼君主要持守權勢，因為只有如此始能推行政令，移風易俗，「權勢之柄，其以移風易俗，易矣。堯為匹夫，不能仁化一里；桀在上位，令行禁止。由此觀之，賢不足以為治，而勢可以易俗，明矣」、「舜之耕陶也，不能利其里；南面王，則德施乎四海。仁非能益也，處便而勢利也」（〈俶真〉），作者對君權的巨大作用認識可謂深矣！他又說：「權勢者，人主之車輿；爵祿者，人臣之轡銜也。是故人主處權勢之要，而持爵祿之柄；審緩急之度，而適取予之節，是以天下盡力而不倦。夫臣主之相與也，非有父子之厚、骨肉之親也，而竭力殊死、不辭其軀者，何也？勢有使之然也」，這是說君權在握方能使「天下盡力而不倦」、臣下「竭力殊死」。又謂「權勢者，人主之車輿也；大臣者，人主之駟馬也。體離車輿之安，而手失駟馬之心，而能不危者，古今未有也。是故輿馬不調，王良不足以取道；君臣不和，唐、虞不能以為治。執術而御之，則管、晏之智盡矣；明分以示之，則蹠、蹻之姦止矣」，這是講君主如何用權勢控制臣下，強調的是「執術而御之」、「明分以示之」。而謂「攝權勢之柄，其於化民易矣。衛君役子路，權重也；景、桓臣管、晏，位尊也。怯服勇而愚制智，其所託勢者勝也。故枝不得大於幹，末不得強於本，言輕重大小有以相制也。若五指之屬於臂，搏援攫捷，莫不如志，言以小屬於大也。是故得勢之利者，所持甚小，所任甚大；所守甚約，所制甚廣，是故十圍之木，持千鈞之屋；五寸之鍵，制開闔之門。豈其材之巨小足哉？所居要也」（〈主術〉），則與賈誼〈治安策〉所謂「令海內之勢，如身之使臂、臂之使指，莫不制從。諸侯之君，不敢有異心，輻輳並進，而歸命天子」義近。雖未倡言「欲天下之治安，莫若眾建諸侯而少其力」，但作者在武帝初即位時，主張君主牢牢掌握權勢，他們有鞏固中央集權的願望應該是不容置疑的。

(二)「持以道德，輔以仁義」，「論世而立法」

司馬談說黃老道學「采儒墨之善，撮名法之要」，《淮南子》的政治思想也可用這兩句話來加以概括。〈俶真〉謂「以道為竿，以德為綸，禮樂為鉤，仁義為餌，投之於江，浮之於海，萬物紛紛，孰非其有」，很形象地說明了君主兼用道德仁義以治國的思想。而〈泰族〉謂「無法不可以為治也」，則說明法治思想是《淮南子》政治思想中的一個重要內容。

作者認為道德為治政之本，其他不過是方法、手段。所謂「聖王執一而勿失，萬物之情測矣，四夷九州服矣。夫一者至貴，無適於天下。聖人託於無適，故民命繫矣」，又謂「事不本於道德者，不可以為儀」、「夫釋大道而任小數，無以異於使蟹捕鼠、蟾蠩捕蚤，不足以禁姦塞邪，亂乃逾滋」（〈原道〉），而「仁者所以救爭也，義者所以救失也，禮者所以救淫也，樂者所以救憂也」、「是故仁義禮樂者，可以救敗，而非通治之至也」（〈本經〉）、「世之明事者，多離道德之本，曰禮義足以治天下，此未可與言術也。所謂禮義者，五帝三王之法籍風俗，一世之跡也。譬如芻狗土龍之始成，文以青黃，絹以綺繡，纏以朱絲，尸祝袀袨，大夫端冕，以送迎之。及其已用之後，則壤土草薊而已，夫有孰貴之」（〈齊俗〉），顯然仁義只是臨時應急的措施。「仁義之不能大於道德也，仁義在道德之包」（〈說山〉），在對道德仁義的作用進行比較時，文中說：「道者，物之所導也；德者，性之所扶也；仁者，積恩之見證也；義者，比於人心而合於眾適者也。故道滅而德用，德衰而仁義生。故上世體道而不德，中世守德而弗懷也，末世繩繩乎唯恐失仁義」（〈繆稱〉）、「率性而行謂之道，得其天性謂之德。德失然後貴仁，道失然後貴義。是故仁義立而道德遷矣，禮樂飾則純樸散矣，是非形則百姓眩矣，珠玉尊則天下爭矣。凡此四者，衰世之造也，末世之用也」（〈齊俗〉）、「是故知神明然後知道德之不足為也，知道德然後知仁義之不足行也，知仁義然後知禮樂之不足脩也。今背其本而求其末，釋其要而索之於詳，未可與言至也」（〈本經〉），道德之用大於仁義，仁義立則道德廢，這是一個結論。同時書中還說：「國之所以存者，仁義是也；人之所以生者，行善是也。國無義，雖大必亡；人無善志，雖勇必傷」，作者把國之存亡繫於仁義之上是有前提的，一則說「義者，循理而行宜也；禮者，體情制文者也」（〈齊俗〉），或謂「禮因人情而為之節文，而仁發恲以見容。禮不過實、仁不溢恩也」（同上），說明君主「知義」須「知宜」，「知禮」須「知體」。二則講仁義禮樂的施用一定要合於時，〈人間〉說仁義「世或用之而身死國亡者，不周於時也」，並謂「昔徐偃王好行仁義」終為楚莊王所滅，即為「知仁義而不知世變者也」。三則講仁義之用須體現在許多方面，謂「知者不妄為，勇者不妄發。擇善而為之，計義而行之，故事成而功足賴也，身死而名足稱也。雖有知能必以仁義為之本然後可立也」，並謂實行法治當以仁義為本。

《淮南子》的法治思想是和君道無為聯繫在一起的，文中說「治國，太上養化，其次正法」、「利賞而勸善，畏刑而不為非，法令正於上而百姓服於下，此治之末也」（〈泰族〉）、「刑罰不足以移風，殺戮不足以禁姦，唯神化為貴。至精為神」、「故太上神化，其次使不得為非，其次賞賢而罰暴」（〈主術〉），所謂「神化」正是無為而為之奇效。但作者又說「法籍禮義者，所以禁君使無擅斷也。人莫得自恣，則道勝，道勝而理達矣，故反於無為」（同上），這是講立法可以促使君主反於無為。上面的話大體能反映作者對法治和無為而治兩者之間關係的看法。說到法治的重要則謂「所謂亡國，非無君也，無法也；……有法者而不用，與無法等」（〈主術〉）、「無法不可以為治也」（〈泰族〉）、「言事者必究於法」、「法者，天下之度量，而人主之準繩也」（〈主術〉）。作者認為「法生於義，義生於眾適，眾適合於人心，此治之要也」（同上）、「法度者，所以論民俗而節緩急也」（〈氾論〉），因而「心不知治亂之源者，不可令制法」、「知法治所由生，則應時而變；不知法治之源，雖循古，終亂。今世之法籍與時變，禮義與俗易，為學者循先襲業，據籍守舊，以為非此不治，是猶持方枘而周員鑿也，欲得宜適致固焉，則難矣」（同上）、「聖人論世而立法，隨時而舉事」、「七十餘聖，法度不同，非務相反也，時世異也，是故不法其已成之法，而法其所以為法。所以為法者，與化推移者也。夫能與化推移者，至貴在焉爾」（〈齊俗〉），由此可見《淮南子》所提倡的立法原則。書中講法治還有一個重要觀點，就是反對刻削之法，要以仁義為本，所謂「峭法刻誅者，非霸王之業也；箠策繁用者，非致遠之術也」、「夫聖人者……除刻削之法、去煩苛之事」，並說申、韓、商鞅之法，「鑿五刑，為刻削，乃背道德之本，而爭於錐刀之末，斬艾百姓，殫盡太半」而欲以為治，「是猶抱薪而救火、鑿竇而止水」（〈覽冥〉）。主張法治須體現仁義精神，謂「法之生也，以輔仁義。今重法而棄仁義，是貴其冠履而忘其頭足也」、「治之所以為本者，仁義也」、「所以為末者，法度也。……本末，一體也；其兩愛之，性也」（〈泰族〉），這實際上是對文帝立法尚寬大、廢肉刑的一種肯定。此外，書中一再說到君主執法應當出於公心，而最好是不參與賞罰予奪，所謂「人主之於用法，無私好憎，故可以為命」（〈主術〉）、「明主之賞罰，非以為己也，以為國也。適於己而無功於國者，不施賞焉；逆於己便於國者，不加罰焉」（〈繆稱〉），並且說「人主之立法，先自為檢式儀表，故令行於天下」（〈主術〉）。

㈢本於道論的軍事思想

戰爭是政治的繼續。軍事思想是政治思想的一個重要內容，故書中專設〈兵略〉一章以論兵。書中說人類最初是因為物質匱乏、分配不均，出現爭的局面，而「貪昧饕餮之人，殘賊天下，萬人搔動，莫寧其所」，聖人勃然而起「乃討強暴、平亂世」，於是便有了戰爭。「古之用兵者，非利土壤之廣而貪金玉之略，將以存亡繼絕、平天下之亂，而除萬民之害也」、「兵者，所以禁暴討亂也」，作者將戰爭的作用歸之於「禁暴討亂」，是對正義戰爭的肯定。故又提出「義兵」之說，言義兵不可戰勝，所謂「義兵之至也，至於不戰而止」。而所謂「義兵」即「因民之欲，……而為之去殘除賊」、「因民而慮，天下為鬭」。

其次，作者認為政治的好壞是決定戰爭勝負的關鍵，「兵之勝敗，本在於政。政勝其民，下附其上，則兵強矣。民勝其政，下畔其上，則兵弱矣」。其他因素，諸如地廣人眾、堅甲利兵、高城深池、嚴令繁刑都受到政治好壞的制約，故書中說：「為存政者，雖小必存；為亡政者，雖大必亡」、「脩政於境內而遠方慕其德，制勝於未戰而諸侯服其威，內政治也」，並把政通人和、君德流布，「脩政廟堂之上而折衝千里之外，拱揖指撝而天下響應」，視為「用兵之上」，並謂「用兵者先為不可勝，以待敵之可勝也；治國者先為不可奪，以待敵之可奪也」（〈詮言〉）。

第三，《淮南子》以道論為本論用兵之術，主張「體因循之道，操持後之論」。作者講用兵得道的重要，謂「兵失道而弱，得道而強」、「良將之所以必勝者，恆有不原之智、不道之道」、「神莫貴於天，勢莫便於地，動莫急於時，用莫利於人。凡此四者，兵之幹植也，然必待道而後行，可一用也」。而講體道用兵之術「操持後之論」，一是以無形制有形，所謂「制刑（形）而無刑，故功可成；物物而不物，故勝而不屈」，「無刑」指動於無形，「唯無形者無可奈也。是故聖人藏於無原，故其情不可得而觀；運於無形，故其陳不可得而經」、「所貴道者，貴其無形也，無形則不可劫迫也，不可量度也，不可巧詐也，不可規慮也」。二是以靜制躁（動），書中說「兵靜則固」，「無為而應變」，說「物未有不以動而制者也」、「敵先我動，則是見其形也；彼躁我靜，則是罷其力也」，可見其「靜」並非止而不動，而是蓄勢以待時，是為了穩操勝券的動。

第四，《淮南子》論兵十分重視將領和兵民的作用。論將謂「將失道而拙，得道而工」、「進不求名、退不避罪，唯民是保，利合於主，國之寶也，上將之道也」、「將必與卒同甘苦、俟飢寒」。「古之善將者，必以其身先之」，論將與君主、民眾、士兵的關係，應該說是比較正確的。論兵民在戰爭中的作用，則謂「乘民之力，而為去殘除賊」、「將以民為體，民以將為心」、「眾之所助，雖弱必強；眾之所去，雖大必亡」，應該說作者是看到了兵民在戰爭中的巨大作用的。

此外，〈兵略〉還說到一些具體的戰術，如謂「兵有三勢，有二權」、「用兵之道，示之以柔而迎之以剛，示之以弱而乘之以強」、「兵不必勝，不苟接刃；攻不必取，不為苟發」等等，一些原則、戰術至今仍可為人所用。

《淮南子》的政治思想，內容十分豐富。除上面說到的以外，還有民本思想（〈主術〉即謂「民者，國之本也」）、治政用賢的思想（〈主術〉即謂「所任者得其人，則國家治」）以及因時變法的思想等等。限於篇幅，這裡不再細論。

七、《淮南子》的知行論

《淮南子》講的「無為」是要「因物之所為」、「循理而舉事」，所以要「無為」，首先就要對「物之所為」和萬物之理有正確的認識。而且正確的認識十分寶貴，所謂「得萬人之兵，不如聞一言之當。得隋侯之珠，不若得事之所由。得咼氏之璧，不若得事之所適」（〈說山〉），這樣便有了《淮南子》的知行論。其知行論有一些基本觀點，值得我們注意。

㈠人具有認識客觀世界的能動性

〈脩務〉中說：「蘇援世事、分別白黑」、「窮道本末，究事之情」、「如此者，人才之所能逮」。人發揮認識器官的作用，「目見其形，耳聽其聲，口言其誠，而心致之精，則萬物之化咸有極矣」（〈繆稱〉）。書中還說到人如何認識客觀世界的方法，謂「欲知天道察其數，欲知地道物其樹，欲知人道從其欲」（同上）、「天地之大，可以矩表識也；星月之行，可以歷推得也；雷霆之聲，可以鼓鐘寫也；風雨之變，可以音律知也」（〈本經〉）。

㈡通過學習認識世界

人有認識世界的能動性，世界可以認識，但人必須通過學習、實踐才能發揮認識世界的能動性。〈脩務〉說如果一個人與人世隔絕，「獨守專室而不出門戶，使其性雖不愚，然其知者必寡矣」、「今無五聖之天奉、四俊之才難，欲棄學而循性，是謂猶釋船而欲蹍水也」。並說：「知人無務，不若愚而好學」、「知者之所短，不若愚者之所脩；賢者之所不足，不若眾人之所有餘。何以知其然？夫宋畫吳治，刻刑鏤法，亂脩曲出，其為微妙，堯、舜之聖不能及。蔡之幼女、衛之稚質，梱纂組，雜奇彩，抑墨質，揚赤文，禹、湯之智不能逮」，可見學之重要。

三弄清事物現象和本質之間的關係

《淮南子》注意到事物本質不同而表象相似的問題，「或類之而非，或不類之而是；或若然而不然者，或若不然而然者」（〈人間〉）。也注意到同一事物，表象和本質不一的問題，「夫事之所以難知者，以其竄端匿跡，立私於公，倚邪於正，而以務惑人之心者也。若使人之所懷於內者，與所見於外者，若合符節，則天下無亡國敗家矣」（同上）。由此引出作者對名實關係的看法，說明事物中有名異實同者，有名同實異者，「或謂冢，或謂隴；或謂笠，或謂簦，名異實同也。頭蝨與空木之瑟，名同實異也」（〈說林〉）。而重要的是認識事物要求實而驗名，才能弄清事物的本質。書中舉例說：「東家母死，其子哭之不哀。西家子見之，歸謂其母曰：『社何憂？速死，吾必悲哭社。』夫欲其母之死者，雖死亦不能悲哭矣」（〈說山〉）。

四主觀認識往往具有片面性

〈齊俗〉中說：「天下是非無所定，世各是其所是而非其所非，所謂是與非各異，皆自是而非人。由此觀之，事有合於己者，而未始有是也；有忤於心者，而未始有非也。故求是者，非求道理也，求合於己者也；去非者，非批邪施也，去忤於心者也。忤於我，未必不合於人也；合於我，未必不非於俗也。至是之是無非，至非之非無是，此真是非也」，人欲求「真是非」，就不可以「合於己」為準。因為求「合於己」就不能反映出真知的客觀性，只能得到「自是而非人」的「隅曲」之見。為了幫助人正確認識事物，書中提出了觀察角度的問題，謂「親母為其子治扢禿，而血流至耳，見者以為其愛之至也；使在於繼母，則過者以為嫉也。事之情一也，所從觀者異也。從城上視牛如羊，視羊如豚，所居高也。窺面於盤水則員，於杯則隋。面形不變其故，有所員、有所隋者，所自窺之異也」（同上）；提出了觀察事物須精神專注的問題，謂「目察秋豪之末，耳不聞雷霆之音；耳調玉石之聲，目不見太山之高」（〈俶真〉）、「逐獸者目不見太山，嗜欲在外，則明所蔽矣」（〈說林〉）；提出了認識事物可以類推和「類不可必推」的問題，前者如謂「見象牙乃知其大於牛，見虎尾乃知其大於狸，一節見而百節知也」，後者如謂「人食礜石而死，蠶食之而不飢；魚食巴菽而死，鼠食之而肥。類不可必推」（同上）。

(五)對立物之間可以相互依存、相互轉化

〈精神〉說「萬物背陰而抱陽」，說明萬物中都存在著陰陽相互依存的現象。書中還說到事物之間相互依存的關係，如謂「山有猛獸，林木為之不斬；園有螫蟲，藜藿為之不採」（〈說山〉）。還說到相互對立之物在一定條件下可以相成，如謂「水火相憎，鏏在其間，五味以和。骨肉相愛，讒賊間之，而父子相危」（〈說林〉）。書中還用「同異」說明事物相成必須有兩種性質不同的事物存在方能進行，如謂「事固有相待而成者。俩人俱溺，不能相拯，一人處陸則可矣。故同不可相治，必待異而後成」（〈說山〉）、「同莫足以相治也，故以異為奇。……故靜為躁奇，治為亂奇，飽為饑奇，佚為勞奇。奇正之相應，若水、火、金、木之代為雌雄也」（〈兵略〉）。此外，書中還說到對立物的相互轉化雖然很普遍（如禍福、亡得、成敗、利害等均可相互轉化），但都有一個由量變到質變的過程，如謂「天地之道，極則反，盈則損。五色雖朗，有時而渝；茂木豐草，有時而落。物有隆殺，不得自若」（〈泰族〉），又舉例謂「積羽沉舟、群輕折軸，故君子禁於微。壹快不足以成善，積快而為德；壹恨不足以成非，積恨而成惡」（〈繆稱〉）。

㈥防患於未然的禍福觀

基於對立的矛盾可以相互轉化，《淮南子》認為「禍中有福也」（〈說林〉），而福亦可為禍。雖然作者說出了禍福相轉的一些原因，但他總感到禍福相轉殊難預測，所謂「福之為禍，禍之為福，化不可極，深不可測」。「夫禍之來也，人自生之；福之來也，人自成之。禍與福同門，利與害為鄰，非神聖人，莫之能分」（〈人間〉）。《淮南子》的禍福論為君主治政而設，但作者這種濃重的憂患意識多少反映出了作為侯王的劉安，由於中央嚴加管束而動輒得咎致禍所產生的憂慮心情。有時，作者就把禍福相轉說成是因果報應、是命中注定，所謂「仁鄙在時不在行，利害在命不在智」（〈齊俗〉）、「夫有陰德者必有陽報，有隱行者必有昭名」（〈人間〉）。作者在〈人間〉中列舉了眾多如同「欲福者或為禍，欲利者或離害」的例子，總的看法是「患禍之所由來者，萬端無方」（同上）、「事或不可前規，物或不可豫慮，卒然不戒而至」（〈說山〉）。「故利害之反，禍福之接，不可不審也」（〈氾論〉）。針對這種情況，作者提出了他的避禍求福之術，簡言之就是防患於未然，所謂「聖人常治無患之患，故無患也」、「今不務使患無生，患生而救之，雖有聖知，弗能為謀耳」（〈人間〉）。細言之則有三點，一是「動不失時」，行而合義。書中說「（狂譎、段干木）所行同也，而利害異者，時使然也。故聖人雖有其志，不遇其世，僅足以容身，何功名之可致也」，又謂「（公孫鞅）功非不大也，然而累足無所踐者，不義之故也」（〈人間〉）。二是積愛成福，知足不辱。〈人間〉謂「積愛成福，積怨成禍」、「山致其高而雲雨起焉，水致其深而蛟龍生焉，君子致其道而福祿歸焉」、「樹黍者不獲稷，樹怨者無報德」。書中舉智伯之敗為例，謂其乃「不知足之禍也」。〈氾論〉亦謂人應「適情辭餘，無所誘惑」、「今人所以犯囹圄之罪，而陷於刑戮之患者，由嗜慾無厭，不循度量之故也」，〈繆稱〉則謂「福生於無為，患生於多欲；害生於弗備，穢生於弗耨」、「福由己發，禍由己生。聖人不求譽，不辟誹，正身直行，眾邪自息」、「利則為害始，福則為禍先。唯不求利者為無害，唯不求福者為無禍」（〈詮言〉）。三是敬小慎微。作者認為「福之萌也綿綿，禍之生也介介。禍福之始萌微，故民嫚之，唯聖人見其始而知其終」。作者講敬小慎微，主要是從防備著眼，所謂「聖人敬小慎微，動不失時，百射重戒，禍乃不滋。計福勿及，慮禍過之」（〈人間〉）、「慮患未生，備禍未發，戒過慎微，不敢縱其欲也」（〈主術〉）。但也有發現禍患徵兆而將其消滅在萌芽狀態之意，如謂「禍生而不早滅，若火之得燥，水之得溼，浸而益大」（〈人間〉）。無論從防備著眼，還是把禍患消滅在萌芽狀態，都是為了「使患無生」，於是書中說：「人皆務於救患之備，而莫能知使患無生。……是故聖人者常從事於無形之外，而不留思盡慮於成事之內，是故患禍弗能傷也」（同上）。

《淮南子》的知行觀有許多合理的見解，比如它論及鬼神的由來和人們為何迷信鬼神時，就表現出作者的無神論傾向，表明他們的認識論有相當的深度。對許多自然現象、生活現象以及社會歷史現象的分析，也頗能映現出作者們理性思維的能力。

八、《淮南子》的養生說

《淮南子》講人的生命的由來、形神的關係、人性的特點和養生之術，都是以道論為理論基礎的。

㈠生命的由來

萬物皆本於道，人的生命亦不例外，「夫性命者，與形俱出其宗，形備而性命成，性命成而好憎生矣」（〈原道〉）。〈精神〉說當道派生陰陽二氣化生萬物時，「煩氣為蟲，精氣為人。是故精神，天之有也；而骨骸者，地之有也」、「我亦物也」、「吾處於天下也，亦為一物矣」、「吾生之比於有形之類，猶吾死之淪於無形之中也」。人生於道而歸於道，和萬物的情形相同，〈詮言〉亦謂「稽古太初，人生於無，形於有」。而說到人的精神和形體的由來時，則既有比較合於實際的描述、又存在著硬拿天象以作比附的現象，如謂「夫精神者，所受於天也；而形體者，所稟於地也。故曰：『一生二，二生三，三生萬物。萬物背陰而抱陽，沖氣以為和。』故曰一月而膏，二月而胅，三月而胎，四月而肌，五月而筋，六月而骨，七月而成，八月而動，九月而躁，十月而生。形體以成，五藏乃形。是故肺主目，腎主鼻，膽主口，肝主耳。……故頭之圓也象天，足之方也象地。天有四時、五行、九解、三百六十日，人亦有四支、五藏、九竅、三百六十節。天有風雨寒暑，人亦有取與喜怒。故膽為雲，肺為氣，脾為風，腎為雨，肝為雷，以與天地相參也，而心為之主。是故耳目者，日月也；血氣者，風雨也」（〈精神〉）。

㈡形、氣、神的關係

《淮南子》認為人的生命體由形、氣、神所構成，三者有著相互依賴、相互制約的關係，都應處於適宜的地位，人才能有旺盛的生命力。〈原道〉謂「形神氣志，各居其宜，以隨天地之所為。夫形者，生之舍也；氣者，生之充也；神者，生之制也。一失位，則二者傷矣」，「故夫形者非其所安也而處之則廢，氣不當其所充而用之則泄，神非其所宜而行之則昧。此三者，不可不慎守也」、「今人之所以眭然能視，瞀然能聽，形體能抗，而百節可屈伸，察能分白黑、視醜美，而知能別同異、明是非者，何也？氣為之充，而神為之使也」，可見生命體的活動是形、神、氣三者共同發揮作用的結果，其中「神」起著支配作用，〈原道〉即謂「以神為主者，形從而利；以形為制者，神從而害」，〈詮言〉則謂「神貴於形也。故神制則形從，形勝則神窮」，並舉例說人「其行也足蹪趎坎、頭抵植木而不自知也，招之而不能見也，呼之而不能聞也，耳目非去之也，然而不能應者何也？神失其守也」，又說狂者「終身運枯形於連嶁列埒之門，而蹪坎於汙壑穽陷之中，雖生俱與人鈞，然而不免為人戮笑者，形神相失也」。要說明的是，《淮南子》有時說神形關係即以心形言之，如謂「夫心者五藏之主也，所以制使四支、流行血氣、馳騁於是非之境，而出入於百事之門戶者也」。這裡的「心」實指「神」。作者認為，精神主要是通過人的器官「心」支配其他器官的行動，所謂「心有所至，而神喟然在之」，有時又說「心者形之主也，而神者心之寶也」（〈精神〉）。雖未把神、心視為一物，但講神（或謂有神之心）為形之主的意思是明顯的。此外，書中講到有「形不虧，神將有所遠徙」（如狂者）（同上）的情況，有「形苑而神壯」或「神盡而形有餘」、「皆不得形神俱沒」（〈俶真〉）的情況，有「形勞則神亂」（〈說山〉）的情況，有「形有靡而神未嘗化」（〈精神〉）的情況。這樣神形可以分開，便給精神永存、靈魂不死的說法留下了後路。

㈢人性的特點

《淮南子》說人之性，常以「性命」言之（如〈俶真〉謂「誠達於性命之情，而仁義固附矣」），或以「情」稱之（如〈繆稱〉謂「情勝欲者昌，欲勝情者亡」）。認為人之性與人之形同從道出，「夫性命者與形俱出其宗，形備而性命成，性命成而好憎生焉」。人之性實即分散於人的形體內的道，和德相近，故〈繆稱〉謂「德者，性之所扶也」。既然人性本於道德，自然它就具有道德的屬性，而「清靜者，德之至也；而柔弱者，道之要也」、「虛無者道之舍，平易者道之素」，所以作者將「靜」作為人之天性，謂「人生而靜，天之性也」（〈原道〉）、「古之聖人，其和愉寧靜，性也」（〈俶真〉）、「凡人之性，樂恬而憎憫，樂佚而憎勞」（〈詮言〉）、「人性安靜，……夫唯易且靜，形物之性也」（同上）、「清淨恬愉，人之性也」（〈人間〉），這是就人類的天然本性而言。《淮南子》認為人性是可損可益，即由後天所變易的，書中至少說到人性會受到三方面的影響：一是地理氣候環境的影響。這和認為地理環境對人的壽夭、疾病有影響一樣，作者說人之性也因人所處之自然環境而變化，「衍氣多仁，陵氣多貪；輕土多利，重土多遲」、「平土之人慧」、「西方高土，……其人勇敢不仁」、「北方幽晦不明，……其人惷愚而壽」、「中央四達，……其人慧聖而好治」（〈墬形〉）。其二是通過教導、通過學習使人之性合於道。言教導者如謂「然後脩朝聘以明貴賤，鄉飲習射以明長幼；時搜振旅以習用兵，入學庠序以脩人倫。此皆人之所有於性，而聖人之所匠成也」，又謂「人之性有仁義之資，非聖人為之法度而教導之，則不可使鄉方」（〈泰族〉）。言學習者如謂「身正性善，發憤而成仁，惆凭而為義，性命可說，不待學問而合於道者，堯、舜、文王也。沉湎耽荒、不可教以道、不可喻以德、嚴父弗能正、賢師不能化者，丹朱、商均也。……夫上不及堯、舜，下不及商均，……此教訓之所諭也」，這段話實將人之性分為上中下三品，言人之性可以通過學而合於道者實指其性「上不及堯、舜，下不及商均」之人，但也說到「聖人之學也，欲以返性於初，而游心於虛也；達人之學也，欲以通性於遼廓，而覺於寂漠也。若夫俗世之學也則不然，擢德攓性，內愁五藏，外勞耳目，乃始招蟯振繾物之豪芒，搖消掉捎仁義禮樂，暴行越智於天下，以招號名聲於世」（〈俶真〉）。雖然聖人、達人和俗世之人學的動機、所達到的境界不一樣，但通過學習能使人之性得以改變是無疑的。三是嗜欲亂性。《淮南子》一方面把人對飲食男女的需要和情感的流露當作人性，並肯定其存在的合理性，如謂「民有好色之性」、「有飲食之性」、「有喜樂之性」、「有悲哀之性」（〈泰族〉）、「喜怒哀樂，有感而自然者也。故哭之發於口，涕之出於目，此皆憤於中而形於外者也，譬若水之下流、煙之上尋也，夫有孰推之者」（〈齊俗〉）。〈本經〉也把「心和欲得則樂」、「心有憂喪則悲」、「有侵犯則怒」當作正常的「人之性」，但作者又說：「夫喜怒者，道之邪也；憂樂者，德之失也；好憎者，心之過也；嗜欲者，性之累也」（〈原道〉）、「水之性清，而土汩之；人性安靜，而嗜欲亂之」（〈俶真〉）、「人性欲平，嗜欲害之」（〈齊俗〉）、「聖人勝心，眾人勝欲。君子行正氣，小人行邪氣。……邪與正相傷，欲與性相害，不可兩立，一置一廢」（〈詮言〉）。作者把正常的情感抒發、生理、生活的需要和「沉湎耽荒」一類的「嗜欲」混同在一起，同視為擾亂人性的因素，不近情理。但他將「嗜欲」列為亂性之大敵是有道理的。而謂「縱欲而失性，動未嘗正也，以治身則危，以治國則亂，以入軍則破」（〈齊俗〉），更是對許多君主國破身亡經驗的總結。此外，書中還說到習俗能改變人的本性，所謂「人之性無邪，久湛於俗則易。易而忘本，合於若性」(同上)。

(四)養生貴在養神

〈詮言〉謂「能有天下者，必不失其國；能有其國者，必不喪其家；能治其家者，必不遺其身；能脩其身者，必不忘其心；能原其心者，必不虧其性；能全其性者，必不惑於道」。又〈原道〉謂「天下之要，不在於彼而在於我，不在於人而在於身。身得，則萬物備矣」。「夫天下者亦吾有也，吾亦天下之有也。天下之與我，豈有間哉！夫有天下者，豈必攝權持勢，操殺生之柄而以行其號令邪？吾所謂有天下者，非謂此也，自得而已。自得，則天下亦得我矣。吾與天下相得，則常相有，己又焉有不得容其間者乎？所謂自得者，全其身者也。全其身，則與道為一矣」，「吾所謂得者，性命之情，處其所安也」，兩段話說明《淮南子》的養生論是為君主全其身、全其性、與道為一而能有其國、有天下而發的。但它講的養生方法於一般人也有啟迪作用。如何全其身？或謂如何養生？因為神為形之主，故作者提出「治身，太上養神，其次養形；……神清志平，百節皆寧，養性之本也」(〈泰族〉)，並言「神清者，嗜欲弗能亂。精神已越於外，而事復返之，是失之於本，而求之於末也」(〈俶真〉)，還說「精神澹然無極，不與物散，而天下自服」(〈精神〉)。因為人性和愉寧靜，故作者講如何「全性保真」，即謂「靜漠恬澹，所以養性也；和愉虛無，所以養德也。外不滑內，則性得其宜；性不動和，則德安其位。養生以經世，抱得以終年，可謂能體道矣」(〈俶真〉)，又謂「達於道者，反於清淨；究於物者，終於無為。以恬養性，以漠處神，則入於天門」(〈原道〉)。因為嗜欲亂性耗神，故作者提出去嗜欲以養生，謂「五色亂目，使目不明；五聲譁耳，使耳不聰；五味亂口，使口厲爽；趨舍滑心，使行飛揚。此四者，天下之所養性也，然皆人累也。故曰：嗜欲者使人之氣越，而好憎者使人之心勞，弗疾去，則志氣日耗」(〈精神〉)，又謂「貪饕多欲之人，顛冥於勢利，誘慕於名位，冀以過人之智，植高於世，則精神日以耗而彌遠，久淫而不還，形閉中距，則神無由入矣。是以天下時有盲妄自失之患，此膏燭之類也，火逾然而消逾亟。夫精神氣志者，靜而日充以壯，躁而日耗以老。是故聖人將養其神，和弱其氣，平夷其形，而與道沉浮俛仰」（〈原道〉）。還告訴人們如何「適情辭餘」以去嗜欲，謂「聖人食足以接氣，衣足以蓋形，適情不求餘」（〈精神〉）、「至人，量腹而食，度形而衣；容身而游，適情而行；餘天下而不貪，委萬物而不利；……豈為貧富肥臞哉」（同上）、「聖人量腹而食，度形而衣，節於己而已，貪汙之心奚由生哉！故能有天下者，必無以天下為也；能有名譽者，必無以趨行求者也。聖人有所於達，達則嗜欲之心外矣」（〈俶真〉）。書中說到神不可外越時，也講不可「形勞」，謂「形勞而不休則蹶，精用而不已則竭，是故聖人貴而尊之，不敢越也」（〈精神〉）、「夫天地之道至紘以大，尚猶節其章光、愛其神明，人之耳目曷能久熏勞而不息乎？精神何能久馳騁而不既乎」（同上）。此外，還說到人要善於求得心性的平衡，能自得其樂，說在惡劣的境遇中，「聖人處之，不為愁悴怨懟，而不失其所以自樂也。是何也？則內有以通於天機，而不以貴賤貧富勞逸失其自德者也」（〈原道〉）。並告誡人們喜怒憂怖不可過分，謂「人大怒破陰，大喜墜陽；大憂內崩，大怖生狂。除穢去累，莫若未始出其宗，乃為大通」（〈精神〉）。總之，《淮南子》的養生之術，主要是「使人愛養其精神、撫靜其魂魄，不以物易己，而堅守虛無之宅者也」（〈要略〉）。

九、《淮南子》的美學思想

在美學史上，《淮南子》的美學思想起著承上啟下的作用，它繼承了先秦美學的一些觀念，吸收了漢代前期美學方面的成果，而對魏晉南北朝的美學思潮有導源之功。舉要而言，《淮南子》說美，涉及下面幾個問題。

㈠論美的幾個基本特性

《淮南子》既以道為萬物之本，自然美亦為道所生。作者說：「夫無形者，物之大祖也；無音者，聲之大宗也。其子為光，其孫為水，皆生於無形乎」、「無形而有形生焉，無聲而五音鳴焉，無味而五味形焉，無色而五色成焉」（〈原道〉）、「故蕭條者，形之君；而寂寞者，音之主也」（〈齊俗〉）、「視於無形，則得其所見矣。聽於無聲，則得其所聞矣。至味不慊，至言不文，至樂不笑，至音不叫」（〈說林〉）、「無形」就是道。無形之道生有形或無形之美。「道者一立而萬物生矣」，說到美，亦可謂「道者一立而美生矣」。所以說道論是《淮南子》美學思想的奠基石。

在論及美的特性時，作者說到美具有客觀性。如說天地之間客觀存在的物產之美，則謂「東方之美者，有醫毋閭之珣玗琪焉。東南方之美者，有會稽之竹箭焉。南方之美者，有梁山之犀象焉。西南方之美者，有華山之金石焉。西方之美者，有霍山之珠玉焉。西北方之美者，有昆侖之球琳、琅玕焉。北方之美者，有幽都之筋角焉。東北方之美者，有斥山之文皮焉。中央之美者，有岱嶽以生五穀桑麻，魚鹽出焉」（〈墬形〉）。又說美的價值是一種客觀存在，不會因為環境而改變，謂「琬琰之玉，在洿泥之中，雖廉者弗釋；弊箄甑瓾，在裀茵之上，雖貪者不搏。美之所在，雖汙辱，世不能賤；惡之所在，雖高隆，世不能貴」（〈說山〉）。還舉例說：「曼頰皓齒，形夸骨佳，不待脂粉芳澤而性（指姿容）可說者，西施、陽文也。啳睽哆噅，籧篨戚施，雖粉白黛黑弗能為美者，嫫母、仳倠也」（〈脩務〉），也是講美的客觀性不會因為人為的因素而改變。

第二，作者認為美具有多樣性。如謂「蹠越者，或以舟，或以車，雖異路，所極一也。佳人不同體，美人不同面，而皆說於目。梨、橘、棗、栗不同味，而皆調於口」（〈說林〉）、「西施、毛嬙，狀貌不可同，世稱其好，美鈞也。堯、舜、禹、湯，法籍殊類，得民心一也」（同上）、「故美人者非必西施之種，通士者不必孔、墨之類」（〈脩務〉），又謂「故秦、楚、燕、魏之謌也，異轉而皆樂；九夷八狄之哭也，殊聲而皆悲；一也」（同上）。作者認為同樣是美，但具有美的質素的事物，其表現形式是多種多樣、無比豐富的。

第三，作者認為美具有相對性。書中說「嫫母有所美，西施有所醜」（〈說山〉），表示世界上不存在絕對完滿的美，也不存在絕對無美之醜。因此作者提出「小惡不足妨大美」的觀點，論物則謂「夫夏后世之璜，不能無考；明月之珠，不能無纇；然而天下寶之者，何也？其小惡不足妨大美也」（〈氾論〉），論人則謂「周公有殺弟之累，齊桓有爭國之名，然而周公以義補缺，桓公以功滅醜，而皆為賢。今以人之小過揜其大美，則天下無聖王賢相矣。故目中有疵，不害於視，不可灼也；喉中有病，無害於息，不可鑿也」（同上）。並由此推言「自古及今，五帝三王未有能全其行者也」（同上）。這和承認美具有相對性有關，作者認為審美主體不同，對同一事物的美惡感受會不一樣，如謂「廣廈闊屋，連闥通房，人之所安也，鳥入之而憂。高山險阻，深林叢薄，虎豹之所樂也，人入之而畏。川谷通原，積水重泉，黿鼉之所便也，人入之而死。〈咸池〉、〈承雲〉、〈九韶〉、〈六英〉，人之所樂也，鳥獸聞之而驚。……形殊性詭，所以為樂者乃所以為哀，所以為安者乃所以為危也」（〈齊俗〉）。〈精神〉還說「性合於道」的「真人」便「視珍寶珠玉猶礫石也，視至尊窮寵猶行客也，視毛嬙、西施猶倛魄也」，謂「越人得髯蛇，以為上肴，中國得而棄之無用」，都很生動地說明了審美主體的審美標準不同，對同一事物美的價值就會有不同的判斷。

（二）論幾種審美境界

《淮南子》「所以紀綱道德、經緯人事、上考之天、下揆之地、中通諸理」以論帝王之道。而於君主治身治政之術言之尤詳，其大要不離體道二字。書中說最能體道而能與道為一者當推真人、至人、聖人。作者對他們與道為一的描述，實則反映出他對與宇宙本體融合這樣一種審美境界的追求。如說：

所謂真人者，性合於道也。……同精於太清之本，而游於忽區之旁。有精而不使，有神而不行，契大渾之樸，而立至清之中。是故其寢不夢，其智不萌，其魄不抑，其魂不騰。反覆終始，不知其端緒，甘暝於太宵之宅，而覺視於昭昭之宇，休息於無委曲之隅，而游敖於無形埒之野。……終始若環，莫得其倫。此精神之所以能登假於道也。是真人之所游也。（〈精神〉）

夫至人倚不拔之柱、行不關之塗、稟不竭之府、學不死之師，無往而不遂，無至而不通。生不足以挂志，死不足以幽神，……若此人者，抱素守精，蟬蛻蛇解，游於太清；輕舉獨往，忽然入冥。鳳凰不能與之儷，而況斥鷃乎！（同上）

是故聖人內修道術，而不外飾仁義，不知耳目之宜，而游於精神之和。若然者，下揆三泉，上尋九天，橫廓六合，揲貫萬物，此聖人之游也。若夫真人，則動溶於至虛，而游於滅亡之野，騎蜚廉而從敦圄，馳於外方，休乎內宇，燭十日而使風雨，臣雷公，役夸父，妾宓妃，妻織女，天地之間，何足以留其志！（〈俶真〉）

《淮南子》講的真人、至人、聖人，就合於道而言，真人最不可及，「能及其所生，若未有形，謂之真人。真人者，未始分於太一者也」（〈詮言〉）。實則真人、至人、聖人都是作者理想中的君主，作者認為他們與道為一，使「精神登假於道」或謂「游於精神之和」，而獲得精神的自由解放，是一種很高的審美境界。從上述引文可以看出，作者是將真人、至人、聖人與道為一藝術化了。他以審美的眼光來看帝王之道，便使他所追求的與宇宙本體相融合的審美境界具有特殊的涵義。

《淮南子》追求的第二種審美境界是雄渾、博大之美的境界。《淮南子》包裹宇宙，牢籠天地，總覽山川，滶滌萬物，本身就頗具雄渾博大之美。而在理論闡述中，則對雄渾博大之美的境界作了充分的肯定。比如書中論學就涉及於此，謂「凡人之所以生者，衣與食也。今囚之冥室之中，雖養之以芻豢，衣之以綺繡，不能樂也，以目之無見、耳之無聞。穿隙穴，見雨零，則快然而笑，況開戶發牖，從冥冥見炤炤乎！從冥冥見炤炤，猶尚肆然而喜，又況出室坐堂、見日月光乎！見日月光，曠然而樂，又況登泰山，履石封，以望八荒，視天都若蓋，江、河若帶，萬物在其間者乎？其為樂豈不大哉」（〈泰族〉），又說「觀六藝之廣崇，窮道德之淵深」，而「達乎無上，至乎無下，運乎無極，翔乎無形，廣於四海，崇於太山，富於江、河，曠然而通，昭然而明，天地之間，無所繫戾，其所以監觀，豈不大哉」（同上），作者對天地間雄渾博大之美的境界嚮往之心、賞愛之情溢乎言表，論者以為「《淮南子》著力所歌頌者，卻是大自然的雄渾博大之美。這在本質上，體現了漢代統一中國、領有天下後的一種外向的而非『內省』的、進取的而非消極的宏偉氣魄和自豪，因而使《淮南子》的美在客觀的思想，具有一種嶄新的時代和歷史的特點」（敏澤《中國美學思想史》第十三章）。《淮南子》作者對博大壯闊之美的追求還常表現在他的認識論中，如謂「夫牛蹏之涔，無尺之鯉；塊阜之山，無丈之材。所以然者何也？皆其營宇狹小而不能容巨大也，又況乎以無之者邪！此其為山淵之勢亦遠矣」（〈俶真〉），又謂「夫天地不包一物，陰陽不生一類。海不讓水潦以成其大，山不讓土石以成其高。夫守一隅而遺萬方，取一物而棄其餘，則所得者鮮，而所治者淺矣」（〈泰族〉）。在批評「不知時世之用」時亦謂「此見隅曲之一指，而不知八極之廣大也」（〈氾論〉）。所以說《淮南子》追求雄渾博大的審美境界，反映了漢人視野開闊、胸懷博大的文化心理是有道理的。

《淮南子》追求的第三種審美境界是純樸自然之美的境界。這也是建立在道論的基礎上的，因為道即「渾渾蒼蒼，純樸未散，旁薄為一」（〈俶真〉）、「所謂天者，純粹樸素，質直皓白，未始有與雜糅者也」、「循天者，與道游者也」（〈原道〉）、「故達於道者，不以人易天」（同上），當「因天地之自然」、「萬物固以自然，聖人又何事焉」（同上）。還說「率性而行謂之道，得其天性謂之德。……仁義立而道德遷矣，禮樂飾則純樸散矣」（〈齊俗〉），這是從理論上說明純樸自然之美的可貴。純樸自然之美是道的神明之工創造出來的，不假人力，而其美亦非人工所及，「故神明之事，不可以智巧為也，不可以筋力致也。天地所包、陰陽所嘔、雨露所濡，化生萬殊。翡翠玳瑁，瑤碧玉珠，文彩明朗，潤澤若濡，摩而不玩，久而不渝。奚仲不能旅，魯般不能造。此之謂大巧」（〈泰族〉）。〈主術〉謂人主「不為醜美好憎，不為賞罰怒喜；名各自名，類各自類，事猶自然」，也含有肯定自然之美的意思。而謂「求美則不得美，不求美則美矣；求醜則不得醜，求不醜則有醜矣。不求美又不求醜，則無美無醜矣，是謂玄同」（〈說山〉），則有兩層意思，一說自然的美和醜是一種客觀存在，非人力之「求」所能致；二說審美主體當在頭腦中消除美醜的差別，不刻意求美也不求醜，進入無美無醜的「玄同」境界，便能發現自然之美。

㈢文質論和形神說

先說文質論。這和重視純樸自然之美一致，《淮南子》認為質地美是一種自然純樸之美，它對美之為美起著決定性的作用，所謂「白玉不琢，美珠不文，質有餘也」（〈說林〉）、「石生而堅，蘭生而芳，少有其質，長而愈明」（同上）。基於此，又提出「必有其質，乃為之文」（〈本經〉），這個命題的哲學基礎便是道論所說的「因物之所為」、「物有以自然，而後人事有治也」，所謂「因其可」、「因其然」（〈泰族〉）。這個質不但指一物之本質特性，還包括事物的規律、人類的特性以及人、物之實情，如〈本經〉就說到古聖人在上，政通人樂「無所發貺，故聖人為之作樂以和節之」，即先有質而後文之。末世之政不然，民不聊生，「愚夫惷婦皆有流連之心、悽愴之志。乃始為之撞大鐘、擊鳴鼓、吹竽笙、彈琴瑟，失樂之本矣」，即不顧民情而文之，自不可取。〈泰族〉還說到民「有喜樂之性，故有鐘、鼓、筦、絃之音；有悲哀之性，故有衰經哭踊之節。故先王之制法也，因民之所好，而為之節文者也」，這裡民之性即為質。而前面所引「啳睽哆噅，籧蒢戚施，雖粉白黛黑弗能為美者，嫫母、仳倠也」，則說明不待質而文不能為美。但作者也不否定文飾美、形式美的作用，如謂「百圍之木，斬而為犧尊，鏤之以剞劂，雜之以青黃，華藻鎛鮮，龍蛇虎豹，曲成文章，然其斷在溝中。壹比犧尊、溝中之斷，則醜美有間矣」（〈俶真〉），還說「清醠之美，始於耒耜；黼黻之美，在於杼軸」（〈說林〉），說明美離不開人工的修飾，含有生產勞動創造美的意思。在文質關係上，作者還有文質均善方能為美的觀念，如果質地美而外飾醜陋仍不能為美，如謂「今夫毛嬙、西施，天下之美人，若使之銜腐鼠、蒙蝟皮、衣豹裘、帶死蛇，則布衣韋帶之人，過者莫不左右睥睨而掩鼻。嘗試使之施芳澤、正娥眉、設笄珥、衣阿錫、曳齊紈、粉白黛黑、佩玉環、揄步、雜芷若、籠蒙目、冶由笑、目流眺、口曾撓、奇牙出、䣛酺搖，則雖王公大人、有嚴志頡頏之行者，無不憚悇癢心而悅其色矣」（〈脩務〉）。另一方面，作者又認為文質兼具很難做到，轉而斥文飾而重質，如謂「飾其外者傷其內，扶其情者害其神，見其文者蔽其質。無須臾忘其為賢者必困於性；百步之中不忘其為容者，必累其形。故羽翼美者傷骨骸，枝葉美者傷根荄。能兩美者，天下無之也」（〈詮言〉），又謂「錦繡登廟，貴文也；圭璋在前，尚質也。文不勝質，之謂君子」（〈繆稱〉）。

再講形神說。《淮南子》美學中的形神說是和它的生命觀相一致的。作者認為人的生命體是由形、神、氣志三大因素構成的，而形為生之舍，神為生之制。形神中又是形以神為主，「形有摩而神未嘗化」、「神將有所遠徙」。基於此，書中說「神與化游」、「神託於秋豪之末，而大於宇宙之總」（〈原道〉）、「志與心變，神與形化」、「身處江海之上，而神游魏闕之下」（〈俶真〉）、「夫目視鴻鵠之飛，耳聽琴瑟之聲，而心在雁門之間。一身之中，神之分離，剖判六合之內，一舉而千萬里」，這些話已涉及藝術創作、欣賞中想像力的發揮問題，表明藝術創作、欣賞中想像力的發揮是一種精神活動。精神通於道，所以人的想像力能無所不可入。在說到藝術創作時，作者提出了「君形者」的概念，所謂「君形者」就是對「形」起主宰作用的「神」。作者說畫人若人無君形者，便只能得其形似而不能傳其神，自然不能打動人，所謂「畫西施之面，美而不可說；規孟賁之目，大而不可畏，君形者亡焉」（〈說山〉）；說歌唱者內無真切感受而效法他人歌唱的樣子，也是無「君形者」，其唱必為人所笑，所謂「昔雍門子以哭（哭，猶歌也）見於孟嘗君，已而陳辭通意，撫心發聲，孟嘗君為之增欷歍唈，流涕狼戾不可止。精神形於內，而外諭哀於人心，此不傳之道。使俗人不得其君形者而效其容，必為人笑」（〈覽冥〉）；說秦樂無君形者也不能成功，所謂「使倡吹竽，使工厭竅，雖中節而不可聽，無其君形者也」（〈說林〉），但和氏合作吹竽，沒有共同的「神」指揮他們的演奏活動，至多只能做到演奏形式上的和諧，因而不能完全成功。作者用「君形者」的概念解說藝術雖然顯得有些簡單化，但這個概念的提出卻對魏晉美學中的形神論、傳神寫照說以至後來的氣韻、神韻說提供了理論來源。

(四)論藝術創作和藝術鑑賞

《淮南子》論藝術創作，所說「文情理通」（〈繆稱〉）的觀點，是和「必有其質，乃為之文」的說法一致的。認為藝術創作應該是「有充於內，而成像於外」（〈主術〉）、「憤於中而形於外」、「情發於中而聲應於外」，所謂「文者所以接物也；情，繫於中而欲發於外者也。以文滅情，則失情；以情滅文，則失文。文情理通，則鳳麟極矣」、「且喜怒哀樂，有感而自然者也。故哭之發於口，涕之出於目，此皆憤於中而形於外者也，譬若水之下流、煙之上尋也，夫有孰推之者？故強哭者雖病不哀，強親者雖笑不和。情發於中而聲應於外」（〈齊俗〉）。這是說藝術創作要能成功，首先創作者心中要有「情（實）」充於內，其次這種「情」的抒發是一種自然而然地流露。〈詮言〉講「不得已而歌者，不事為悲；不得已而舞者，不務為麗」，則把自然流露形容為「不得已」而為之。此說似為韓愈「人之於言也亦然，有不得已者而後言」（〈送孟東野序〉）、蘇軾「夫昔之為文者，非能為之為工，乃不能不為之為工也」（〈江行唱和集序〉）之先聲。關於藝術創作，作者還提出了「中有本主」的說法，所謂「今不知道者，見柔懦者侵，則務為剛毅；見剛毅者亡，則務為柔懦。此無本主於中，而見聞舛馳於外者也，故終身而無所定趨。譬猶不知音者之歌也，濁之則鬱而無轉，清之則燋而不調。及至韓娥、秦青、薛談之謳，侯同、曼聲之歌，憤於志，積於內，盈而發音，則莫不比於律而和於人心。何則？中有本主以定清濁，不受於外而自為儀表也」（〈氾論〉），又同篇謂「師曠之施瑟柱也，所推移上下者，無寸尺之度，而靡不中音。……有本主於中而以知榘彠之所周者也」，可見「中有本主」之「本」，指的是創作者對藝術創作規律的準確把握和對藝術創作技巧的精通，這種把握和精通形成一種精神力量，支配人的創作活動而不會受到外在因素的影響。〈齊俗〉說：「若夫規矩鉤繩者，此巧之具也，而非所以為巧也。故瑟無絃，雖師文不能以成曲；徒絃，則不能悲。故絃，悲之具也，而非所以為悲也。若夫工匠之為連鐖、運開，陰閉、眩錯，入於冥冥之眇，神調之極，游乎心手之閒，而莫與物為際者，父不能以教子。瞽師之放意相物，寫神愈舞，而形乎絃者，兄不能以喻弟。今夫為平者準也，為直者繩也。若夫不在於繩準之中，可以平、直者，此不共之術也。故叩宮而宮應，彈角而角動，此同音之相應也。其於五音無所比，而二十五絃皆應，此不傳之道也。」這段話說創作者對於藝術技巧的精通當如工匠之為連鐖、運開，……入於冥冥之渺，神調之極，遊乎心手之間，當如瞽師放意相物、寫神愈舞而形乎絃者，既在法度之中而又出於法度之外，臻於出神入化的境地。作者雖說對藝術技巧的精通「父不能以教子」、「兄不能以喻弟」，但他又說經過長久的藝術實踐可以達到這種境界，如謂「今夫盲者，目不能別晝夜、分黑白，然而搏琴撫弦，參彈復徽，攫援摽拂，手若蔑蒙，不失一弦。使未嘗鼓琴者，雖有離朱之明、攫掇之捷，猶不能屈伸其指。何則？服習積貫之所致」（〈脩務〉）。

說到藝術鑑賞，《淮南子》認為好的鑑賞家是很難得的。〈脩務〉說「邯鄲師有出新曲者，託之李奇，諸人皆爭學之。後知其非也，而皆棄其曲。此未始知音者也。鄙人有得玉璞者，喜其狀，以為寶而藏之。以示人，人以為石也，因而棄之。此未始知玉者也。故有符於中，則貴是而同今古；無以聽其說，則所從來者遠而貴之耳。此和氏之所以泣血於荊山之下」，同篇嘗謂「以徵為羽，非絃之罪；以甘為苦，非味之過」，通過這唱歎有聲的文字，作者深感知音難得的心情觸然可感。作者認為藝術的價值只有「知音者」方能認識，它的美與不美，只有「知音者」才能辨別得出，正如「孿子之相似者，唯其母能知之；玉石之相類者，唯良工能識之；書傳之微者，唯聖人能論之」（同上）一樣，所以師曠與晉平公論「鐘音不調」，便說「使後世無知音者則已，若有知音者，必知鐘之不調」（同上）。〈泰族〉也說：「三代之法不亡，而世不治者，無三代之智也。六律具存，而莫能聽者，無師曠之耳也。故法雖在，必待聖而後治；律雖具，必待耳而後聽」，這是說要有能辨別音律的耳朵才能識音。下面還說到「聖人見是非，若白墨之於目辨，清濁之於耳聽，眾人則不然，中無主以受之。譬若遺腹子之上隴，以禮哭泣之，而無所歸心」（〈脩務〉），這「中無主以受之」，和前面講的「有符於中，則貴是而同今古」，以及「律雖具，必待耳而後聽」，實已涉及鑑賞者作為審美主體的主觀修養問題。

作者論藝術鑑賞還說到審美主體情感不同、心態不一會有不同的審美感受。所謂「夫歌〈采菱〉、發〈陽阿〉，鄙人聽之，不若〈延路〉以和。非歌者拙也，聽者異也」（〈人間〉）、「申喜聞乞人之歌而悲，出而視之，其母也。艾陵之戰也，夫差曰：『夷聲陽，句吳其庶乎！』同是聲，而取信焉異，有諸情也。故心哀而歌不樂，心樂而哭不哀。閔子騫三年之喪畢，援琴而彈。夫子曰：『絃則是也，其聲非也。』」（〈繆稱〉），審美主體的主觀情緒直接作用於審美對象，這樣是不能正確領略藝術之美的。因此作者提出了鑑賞者須排除主觀情緒而以虛心審美的看法，所謂「載哀者聞歌聲而泣，載樂者見哭者而笑。哀可樂、笑可哀者，載使然也。是故貴虛」（〈齊俗〉），去「載」致「虛」以審美，其說甚是。此外，作者還探討了藝術何以能征服人心的原因，認為主要是藝術（文中主要指音樂）所表達的情感在起作用，如謂「歌、哭，眾人之所能為也；一發聲，入人耳，感人心，情之至者也」（〈繆稱〉）、「故哀樂之襲人情也深矣」（同上），又謂「榮啟期一彈，而孔子三日樂，感於和。鄒忌一徽，而威王終夕悲，感於憂。動諸琴瑟，形諸音聲，而能使人為之哀樂。縣法設賞，而不能移風易俗者，其誠心弗施也。甯戚商歌車下，桓公喟然而寤，至精入人深矣」（〈主術〉）、「今夫雅、頌之聲，皆發於詞、本於情，故君臣以睦、父子以親。故〈韶〉、〈夏〉之樂也，聲浸乎金石、潤乎草木」（〈泰族〉），句中「誠心」、「至精」均指真摯的情感而言。

十、《淮南子》的文學特色

《淮南子》是一本具有濃厚文學色彩的論說文。它借助形象說理，能引人入勝。就思想而言，它是秦漢黃老道學之集大成者；就文學成就而言，則為西漢前期散文之代表作。梁啟超說：「《淮南鴻烈》為西漢道家言之淵府，其書博大而有條貫，漢人著述中第一流也」（《中國近三百年學術史》），誠非虛言。西漢前期散文直承先秦散文而來，使得荊楚文風發揚光大，《淮南子》亦不例外。高似孫說：「《淮南》之奇出於〈離騷〉，《淮南》之放得於莊、列，《淮南》之議論錯於不韋之流」（〈子略〉），王夫之則謂該書「雜之以辯士之游詞」（《讀通鑑論・武帝》），劉熙載亦謂「賈長沙、太史公、淮南子三家文，皆有先秦遺意」，又謂其「連類喻義，本諸《易》與《莊子》，而奇偉宏富，又能自用其才，雖使與先秦諸子同時，亦足成一家之作」（《藝概・文概》）。

《淮南子》的文學特色固然受到先秦散文、特別是荊楚文風的影響，但它畢竟是漢代之文，是劉安等人「自用其才」而成的作品，因而它的文學特性既有西漢前期散文的共性，又有著鮮明的個性色彩。

歷代論《淮南子》者，都注意到它的奇偉怪特之處。王充稱「其書深冥奇怪」，為「怪奇之文」（《論衡・道虛》），劉開把「《淮南》之瑰瑋」和「《呂覽》之賅洽」並論（〈與阮芸臺宮保論文書〉），劉熙載言其「奇偉宏富」，還有人稱其「奇妙」、「奇蔚」、「奇詭」，直以「奇文」呼之。其實，用「瑰瑋」、「奇偉」來概括《淮南子》散文藝術美的主要特徵是比較恰當的。但《淮南子》何以具有瑰瑋之美和如何表現出瑰瑋之美，則需要說明。

研究《淮南子》的寫作特點，或探索其散文美的成因，書中有幾段話不可忽視。一是〈要略〉所言：「夫道論至深，故多為之辭以抒其情；萬物至眾，故博為之說以通其意」、「今學者無聖人之才，而不為詳說，則終身顛頓乎混溟之中，而不知覺寤乎昭明之術矣」、「懼為人之惛惛然弗能知也，故多為之辭、博為之說；又恐人之離本就末也，故言道而不言事，則無以與世浮沉；言事而不言道，則無以與化游息」。二是〈精神〉論養神之方所言：「眾人以為虛言，吾將舉類而實之。」這分明告訴我們：《淮南子》講說道論不單是提出一些論點，大量的筆墨是用來闡釋這些論點。闡釋的方法乃是援引各門類之事而「多為之辭」、「博為之說」，使人明白無誤。而對於一些難以理解的說法則「舉類而實之」，使人信服無疑。這種說理的方法便帶來了足以形成瑰瑋之美的兩大因素，就是內容的博大宏富、萬象崢嶸，和修辭上的連類喻義、鋪陳排比。

先說前者。《淮南子》講的道論是以帝王之道為中心內容的。為了講清帝王之道，舉凡哲學、政治、歷史、天文、地理、軍事、生物、衛生以及物理等學科都曾論及，真是講論道德，總統仁義，牢籠天地，博極古今。「篇中文章無所不有」（高似孫語），直如黃震所言：「《淮南鴻烈》者，淮南王劉安以文辨致天下方術之士，會粹諸子，旁搜異聞以成之。凡陰陽造化、天文、地理、四夷百蠻之遠、昆蟲草木之細、瓌奇詭異，足以駭人耳目者，無不森然羅列其間，蓋天下類書之博者也。」（《黃氏日鈔》）此言其宏富博大。而文中所述之事，諸如道生宇宙、天地初成、日升月落，女媧補天、大禹治水、羿射十日、馮夷、大丙「乘雷車，六雲蜺，游微霧，騖忽怳，歷遠彌高以極往，經霜雪而無跡，照日光而無景，抮扶搖抱羊角而上，經紀山川，蹈騰昆侖，排閶闔，淪天門」（〈原道〉）、「禹乃使太章步自東極，至於西極，二億三萬三千五百里七十五步；使豎亥步自北極，至於南極，二億三萬三千五百里七十五步。……禹乃以息土填洪水以為名山。掘昆侖虛以下地，中有增城九重，其高萬一千里百一十四步二尺六寸，上有木禾，其脩五尋」（〈墜形〉）等等，真是奇特之至。

再說後者。《淮南子》修辭慣於連類喻義、鋪張排比，是由作者特有的習性、文學素養以及藝術趣味所決定的。主編劉安「博辯善為文辭」（《漢書》本傳），他的幾千門客多具戰國游士恣肆高談之風，所謂「淮南王安好書，所招致率多浮辯」（《漢書・河間獻王傳》）。由這些具有好辯習性的人來寫《淮南子》，書中自然會「雜之以辯士之游辭」，行文動輒連類喻義，驅策故事、寓言以明其理。再者，《淮南子》成書之時正是漢賦興盛之時，劉安和一些撰稿人本是作賦高手，而「辭人之賦麗以淫」（揚雄《法言・吾子》）、「賦者貴能分賦物理，敷演無方」（成功綏〈天地賦序〉），其「極聲貌以窮文」（劉勰《文心雕龍・詮賦》），以體物為工。大量作賦使他們形成一種愛好鋪陳的藝術趣味，因此當他們描寫虛無難測的「道」，和宇宙天地山川人事以及種種物象時，便很自然地採用辭賦的作法，於是鋪陳之文、排比之句、宏麗之詞、新奇之字便在書中大量出現。試讀〈原道〉中的一段文字：

> 天下之物，莫柔弱於水。然而大不可極，深不可測；脩極於無窮，遠淪於無涯，息耗減益，通於不訾；上天則為雨露，下地則為潤澤，萬物弗得不生，百事不得不成，大包群生，而無私好；澤及蚑蟯，而不求報，富贍天下而不既，德施百姓而不費；行而不可得窮極也，微而不可得而把握也；擊之無創，刺之不傷，斬之不斷，焚之不然，淖溺流遁，錯繆相紛而不可靡散，利貫金石，強濟天下，動溶無形之域，而翱翔忽芒之上；邅回川谷之間，而滔騰大荒之野；有餘、不足，與天地取與，稟授萬物而無所前後。是故無所私而無所公，靡濫振蕩，與天地鴻洞；無所左而無所右，蟠委錯紾，與萬物終始。是謂至德。

此段寫水柔弱之「至德」，極鋪排之能事，宏麗之至，可以算作一篇〈水賦〉。《淮南子》論道敘事狀物之辭賦化，於此可見一斑。

內容上的博大宏富、萬象崢嶸，和修辭上的連類喻義、鋪陳排比，造成了《淮南子》的瑰瑋之美，同時還帶來了下面一些藝術特色。

一是氣勢彈壓山川。游士騁說和辭賦之作都重氣勢，《淮南子》的寫作既然受到游士高談之風和辭賦的影響，因而頗具氣勢之美。《淮南子》的氣勢美，可以說是氣盛勢壯，直如其所言之「道」，能「牢籠天地，彈壓山川」，有一種使人驚愕、歎服的力量。這種氣勢美的形成，與書中所用的題材有關。書中寫道生宇宙、天地，動輒「天地之間」、「四海之內」、「八紘之外」，或是「天地未形」之時，五帝三王之治，自非有氣無力之文所能言。而在處理題材時，作者善於描寫巨大的形象、表現壯闊的境界，更促成了氣勢之壯，比如〈原道〉寫一得道之人所獲得的精神上的自由解放：

大丈夫恬然無思，澹然無慮，以天為蓋，以地為輿，四時為馬，陰陽為御，乘雲陵霄，與造化者俱，縱志舒節，以馳大區。可以步而步，可以驟而驟。令雨師灑道，使風伯掃塵，電以為鞭策，雷以為車輪，上游於霄窕之野，下出於無垠鄂之門。劉覽徧照，復守以全；經營四隅，還反於樞。

「大丈夫」形象巨大，遊處境界壯闊，描敘中顯露出恢宏的氣勢，能使讀者心胸豁然開朗。氣勢美的形成還與行文中譬喻連類而下有關，比如〈齊俗〉說「仁鄙不在時不在行，利害在命不在智」，即連下五喻（一組比喻含二事），〈脩務〉說「兩末之端議」不可用，亦連下四喻。眾多譬喻接踵而出，往往使得文章震動有勢。此外，一些句法的應用也對氣勢美的形成有促進作用。《淮南子》喜歡用排比句，有以單句作排比者，有以複句作排比者，有以段落作排比者。單句排比有的達到八句之多（如〈齊俗〉之「柱不可以摘齒」段），其勢猶如江流波峰迭起，不可阻遏。《淮南子》又愛用長句子，有的一句長達百餘字

（如前引〈精神〉「所謂真人者」一段、「至人倚不拔之柱」一段，〈脩務〉「今夫毛嬙、西施」一段），長句子，容量大，一個形象接一個形象，一個概念連一個概念，作者寫時是一氣貫注，讀者讀時亦不能中途停住，只能隨勢而下。在長句中，作者還用到頂針句式，下句和上句首尾詞同，彼此鉤連，使得文氣更為緊健有力。

二是奇譬妙喻雲集。《淮南子》說道常「舉類而實之」，帶來了文中事例多的特點。而許多事例的展現都是通過譬喻手法完成的。文中譬喻不但多得俯拾即是，而且用得恰切，顯得生動、新穎，極富表現力。〈齊俗〉說「通於道者如車軸，不運於己，而與轂致千里，轉無窮之原也。不通於道者，若迷惑，告以東西南北，所居聆聆，一曲而辟，忽然不得，復迷惑也。故終身隸於人，辟若絻之見風也」，又〈說林〉謂「夫隨一隅之跡，而不知因天地以游，惑莫大焉。雖時有所合，然而不足貴也。譬若旱歲之土龍、疾疫之芻狗，是時為帝者也」、「善用人者，若蚈之足，眾而不相害；若唇之與齒，堅柔相摩而不相敗」、「輻之入轂，各值其鑿，不得相通，猶人臣各守其職，不得相干」、「君子之居民上，若以腐索御奔馬；若履薄冰，蛟在其下；若入林而遇乳虎」，皆能以淺顯生動的比喻說明比較難懂或難以闡述的道理。又如〈俶真〉說聖人有為須逢其時，謂「身蹈於濁世之中，而責道之不行也，是猶兩絆騏驥，而求其致千里也。置猨檻中，則與豚同，非不巧捷也，無所肆其能也」，〈人間〉說法當因時而變，謂「今取帝王之道而施之五霸之世，是由乘驥逐人於榛薄，而蓑笠盤旋也」，說「無功而大利者後將為害」、「譬若緣高木而望四方也，雖愉樂哉，然而疾風至，未嘗不恐也」，一個比喻，省卻多少言語！《淮南子》引譬設喻往往不用比詞，如〈說山〉謂「升之不能大於石也，升在石之中；夜之不能脩於歲也，夜在歲之中；仁義之不能大於道德也，仁義在道德之包」，〈說林〉謂「聖人處於陰，眾人處於陽；聖人行於水，眾人行於霜」，由這種形式發展下來，於是文中便有了詳言事例以說理的寫法。說到譬喻的新奇，可看下面二例：〈齊俗〉講堯治天下，使萬民各安其性，「譬若播棊丸於地，員者走澤，方者處高，各從其所安，夫有何上下焉？若風之過簫，忽然感之，各以清濁應矣」，好似信手拈來，卻用得精切。又〈繆稱〉說「小人在上位，如寢關、曝纊（曝繭，蛹動搖不休，死乃止也），不得須臾寧」，真虧作者想得出！

三是揣情摹事入微。《淮南子》以論說為主，但在「言道」、「言事」時，敘事寫人亦在在有之。作者寫人敘事往往揣情摹事入微，能刻畫出生動的人物形象。〈人間〉寫到這麼兩則故事：

> 魯人有為父報讎於齊者，刳其腹而見其心，坐而正冠，起而更衣，徐行而出門，上車而步馬，顏色不變。其御而驅，撫而止之曰：「今日為父報讎以出死，非為生也。今事已成矣，又何去之！」追者曰：「此有節行之人，不可殺也。」解圍而去之。
>
> 秦牛缺徑於山中而遇盜，奪之車馬，解其橐笥，拖其衣被。盜還反顧之，無懼色憂志，驩然有以自得也。盜遂問之曰：「吾奪子財貨，劫子以刀，而志不動，何也？」秦牛缺曰：「車馬所以載身也，衣服所以掩形也。聖人不以所養害其養。」盜相視而笑曰：「夫不以欲傷生、不以利累形者，世之聖人也。以此而見王者，必且以我為事也。」還反殺之。

前者寫魯人殺死讎人後神態的從容不迫，用動作和言語加以表現，其中「坐而正冠，起而更衣，徐行而出門，上車而步馬，顏色不變」，固屬動作描寫，能顯出人物內心的平穩不躁。但最引人注目的是「撫而止之」的細節描寫，它不但引發出足以揭示人物內心世界的言語，還使人對前言「坐而正冠」云云，更有一種細微的感受。後者描繪出一個迂腐之至、所謂「能以知知矣，而未能以知不知也；能勇於敢，而未能勇於不敢」的人物形象。他的特性也是通過神態描寫、對話描寫表現出來的。先寫其「驩然有以自得」的神態，再出於他的「得道」高論，而將這些都置於遇盜的典型環境中，使讀者覺得人物的言行滑稽可笑，而欣然接受作者的議論。《淮南子》中類似這樣的文字很多，像〈道應〉中公孫龍用「善呼者」的故事、楚將子發起用偷兒以敗齊師的故事，簡直就像今日之小小說。不但敘事有波瀾，還有一點小情節，而精彩的是有生動的細節描寫。大概就因為作者揣情摹事往往入微的緣故吧，《淮南子》所寫到的寓言、故事至今仍流傳很廣。

四是語詞新特宏麗。說到《淮南子》的語詞美，前人多以奇詭、宏放、富麗、峭拔、鮮貴稱之。這些特點的形成與它行文的辭賦化和受到楚辭的影響很有關係。這裡不作細論。讀《淮南子》，我們有一種直感，就是文中對偶句特別多，作者信口即成對偶，如謂「子囊北而全楚，北不可以為庸；弦高誕而存鄭，誕不可以為常」（〈泰族〉），即為絕對。文中對偶句雖然不拘字數，三言、四言、五言作對均有，而為了滿足偶句整齊美、聲韻美的要求，作者在語詞的搭配上十分注意其凝煉和富有表現力。如〈覽冥〉說女媧補天事：「往古之時，四極廢，九州裂，天不兼覆，地不周載。火爁炎而不滅，水浩洋而不息。猛獸食顓民，鷙鳥攫老弱。於是女媧鍊五色石以補蒼天，斷鼇足以立四極，殺黑龍以濟冀州，積蘆灰以止淫水。蒼天補，四極正，淫水涸，冀州平，狡蟲死，顓民生。背方州，抱圓天，和春，煬夏，殺秋，約冬。枕方寢繩。陰陽之所壅沉不通者，竅理之；逆氣戾物、傷民厚積者，絕止之。」文中參差不一的對偶句，加上用韻，很好地表現了女媧補天平地、除水滅蟲、改造自然而活萬民的英雄業績。說她調燮陰陽、理順四時，所用「和春，陽夏，殺秋，約冬。枕方寢繩」五句中六個動詞就用得新奇而妥帖，顯得凝煉而有表現力。《淮南子》語詞的新特，往往由作者自鑄偉辭所致，如其形容道的力量，即謂其「牢籠天地，彈壓山川（高誘注謂『彈山川，令出雲雨，復能壓止之也』），含吐陰陽，伸曳四時，紀綱八極，經緯六合」（〈本經〉）云云，句中「牢寵」、「彈壓」、「伸曳」如此用法全為作者所首創，新奇巧妙之至。如他〈本經〉中「鴻水漏，九州乾」，「漏」、「乾」二字雖極平常，但用得好，一漏一乾，因果關係顯然。而像「蘋樹根於水，木樹根於土；鳥排虛而飛，獸蹠實而走；蛟龍水居，虎豹山處」（〈原道〉），「無一語不鮮貴」（汪無際語）；而像「草木之發若蒸氣，禽獸之歸若流泉，飛鳥之歸若煙雲」（〈主術〉），則顯出《淮南子》語詞的生動靈妙。此外，作者用字十分準確，用一字即能起到一字甚至許多字的作用。〈主術〉謂「皋陶瘖而為大理，天下無虐刑，有貴於言者也；師曠瞽而為太宰，晉無亂政，有貴於見者也」，這「瘖」、「瞽」二字就用得準確，不能用他字來更替，它們正為下言「有貴於言者」、「有貴於見者」之本。又〈道應〉寫「善呼者」見公孫龍而謂「有客衣褐帶索而見曰：『臣能呼。』」，特點出「能」字，不單能為下寫其施展善呼之能預作伏筆，還能巧傳其自薦之神態，亦不可移易。

總的來說，在全書二十一篇專題論文中，除〈天文〉、〈墜形〉、〈時則〉等篇偏於敘說為主外，其他皆以論說為主。而論說的方法多種多樣，有的渾若元氣，混沌一片，使人不知其首尾起結。有的則綱舉目張，層次清晰。像〈原道〉、〈俶真〉、〈精神〉、〈主術〉、〈齊俗〉、〈覽冥〉諸篇，大氣磅礴，有起筆宏宕者，有硬轉硬接者，有內轉外接如山斷雲連者，奇峭峻拔，真為巨麗宏放之文。像〈氾論〉、〈詮言〉、〈人間〉諸篇，所說事理內容散漫而總歸於道，起結自由，難以定規論之。〈道應〉論道，一事一議。〈說山〉、〈說林〉，三言兩語即說一理，甚或一句言一理，幾為格言、警句之集錦。〈繆稱〉「斷短為節，以應小具」，故多短章零節，無長言繁稱，也是嘉言雨集，妙義雲來。〈脩務〉為一駁論文，語具鋒芒，句多反詰。〈泰族〉平實，文勢舒緩。二十一篇各具特色。此外，還要指出的是，在諸多長篇中，有著許多結構完整的小品，或者說不少長篇係由若干小品綴聯而成。〈道應〉一事一議，五十六則皆為小品，自不待言；即如〈原道〉、〈俶真〉、〈覽冥〉、〈人間〉、〈脩務〉、〈要略〉中也有許多章法嚴整的小品佳篇。讀者細讀，自能領略其妙。

由於全書出自眾手，加上作者們過於致力於「多為之辭」、「博為之說」和「舉類以實之」，《淮南子》存在著踳駁之病。表現在文意重複者多，說理邏輯性不強，用事擇焉而不精，致使一事一理在書中多次出現。而表述時又欠剪裁、熔鑄，顯得龐雜，而有漫然不收之弊。雖然如此，《淮南子》作為西漢前期散文的代表作卻無可懷疑，它對魏晉文章、唐宋古文的影響不可低估。

十一、《淮南子》和幾種重要典籍的關係

《淮南子》總合百家，舉凡儒、法、陰陽、墨家的思想資料都有所吸收。而採摭宏富，徵引材料遍及《老子》、《莊子》、《論語》、《詩》、《書》、《禮》、《樂》、《易》、《墨子》、《子思子》、《公孫子》、《孟子》、《荀子》、《商君書》、《列子》、《尸子》、《管子》、《慎子》、《孫子》、《韓非子》、《晏子春秋》、《春秋》暨《公羊》、《穀梁》、《左氏》三傳、《戰國策》、《禮記》中〈檀弓〉、〈王制〉、〈樂記〉等篇、《尚書大傳》、《楚辭・天問》，以及漢人的一些著作。這些典籍對《淮南子》的思想觀點、全書的內容安排以及文風都有很大的影響。下面主要說說《淮南子》和《呂氏春秋》、《黃帝四經》、《文子》的關係。

先說和《呂氏春秋》的關係。《呂氏春秋》是呂不韋為秦王政統一天下，和在天下統一後治理國家所提供的治政之綱，講的是以黃老道學為理論基礎的帝王之術。高誘謂「此書所尚，以道德為標的，以無為為綱紀，以忠義為品式，以公方為檢格」（〈呂氏春秋序〉）。《呂氏春秋》對《淮南子》的影響主要表現在兩方面：

一是編書的目的、宗旨和方法。劉安組織門客編寫《淮南子》而為漢武帝提供治身治政的帝王之術，顯然是受到呂不韋組織賓客編寫《呂氏春秋》的啟發，〈要略〉言「夫作為書論者，所以紀綱道德、經緯人事、上考之天、下揆之地、中通諸理，……故著二十篇」、「凡屬書者，所以窺道開塞，庶後世使知舉錯取舍之宜適，外與物接而不眩，內有以處神養氣、宴煬至和，而己自樂，所受乎天地者也」，這與《呂氏春秋・序意》所謂「凡十二紀者，所以紀治亂存亡也，所以知壽夭吉凶也。上揆之天，下驗之地，中審之人，若此則是非、可不可無所遁矣」，有何區別？兩書同以黃老道學為立言之本（〈序意〉謂「文信侯嘗得學黃帝之所以誨顓頊矣」），通過究天地之理、接人間之事以備帝王之道，故《呂氏春秋》得「備

天地萬物、古今之事」（《史記・呂不韋列傳》），而《淮南子》則「觀天地之象、通古今之事」（〈要略〉）。

二是思想觀念上的影響。《呂氏春秋》對《淮南子》思想觀念的影響是多方面的。在宇宙觀方面，前者說宇宙天地萬物本於太一，「萬物所出，造於太一，化於陰陽」、「太一出兩儀，兩儀出陰陽，陰陽變化，一上一下，合而成章」（〈太樂〉），又說「道也者，至精也，不可為形，不可為名，強為之名，謂之太一」、「道也者，視之不見，聽之不聞，不可為狀」（同上）；後者亦謂「道始於一，一而不生，故分而為陰陽，陰陽合和而萬物生」（〈天文〉）。謂道「忽兮怳兮，不可為象兮；……幽兮冥兮，應無形兮」、「所謂無形者，一之謂也」（〈原道〉）。在「無為」說方面，前者以本於道、法天地為理論基礎，謂「一也齊者至貴，……聖王法之以令其性，以定其正，以出號令」（〈圜道〉）、「故知知一則若天地然，則何事之不勝，何物之不應」（〈論人〉），又說「法天地」（〈序意〉）、「無為之道曰勝（任）天」（〈先己〉）；後者亦謂「聖王執一而勿失，……夫一者至貴，無適（敵）於天下。聖人託於無適，故民命繫矣」（〈齊俗〉），又說「循天者，與道游者也」（〈原道〉）。前者講君主無為，臣道有為，所謂「君也者處虛，……能執無為，故能使眾為也。無智、無能、無為，此君之所執也」（〈分職〉）、「主執圜，臣處方，方圜不易，其國乃昌」（〈圜己〉）；講無為貴因，謂「三代所寶莫如因，因則無敵」（〈貴因〉）、「古之王者，其所為少，其所因多。因者，君術也；為者，臣道也」（〈任數〉）。前者講無為當後而不先，謂「凡主有識，言不欲先，人唱我和，人先我隨」（〈審應〉）。在政治思想方面，前者認為起用賢才與否關係到國家的安危，謂「得賢人，國無不安，名無不榮；失賢人，國無不危，名無不辱」（〈求人〉）。又以民為邦本，言「宗廟之本在於民」（〈務本〉）。這些思想在《淮南子》中都有反映。而像前者所說「有道之主，因而不為，責而不詔。去想去意，靜虛以待。不伐之言，不奪之事，督名審實，官復自司。以不知為道，以奈何為寶」（〈知度〉），幾乎全文寫進了〈主術〉。此外，後者〈時則〉的內容基本上是將前十二紀紀首之言歸攏編排而成。而〈天文〉中有些觀念取自前者〈音律〉、〈有始〉。〈墬形〉中有些觀念取自〈有始〉。

〈兵略〉有些觀念取自前者論兵的八篇文章。至於後者從前者引用的傳說、故事、寓言以至現成言語那就更多了。要說明的是，《淮南子》的思想觀念固然受到《呂氏春秋》的影響，但它畢竟總結了西漢前期以黃老之道治國的經驗，也吸收了那個時期自然科學等方面的成果，因而後者無論在思想的深度、解說的透徹，還是結構的嚴整方面都有超出前者的地方。當然在對有些問題的看法上也有倒退的情況。

再說和《黃帝四經》的關係。在一九七三年長沙馬王堆三號漢墓出土的帛書中，有一份黃老帛書，在《老子》乙本（〈道德〉）卷前抄有四篇古佚書，名為《道原》、《經法》、《稱》和《十六經》。論者以為四篇古佚書即《漢書・藝文志》所著錄之《黃帝四經》，為秦漢之際所成黃老道學之代表作。《黃帝四經》在西漢前期廣為流傳是沒有疑問的，《淮南子》的作者熟悉它們並在寫作時受到了影響。受影響最大的仍在思想觀念方面。四篇古佚書均以道為萬物之本原，而以道為指導思想論治政之術和如何處理具體事宜。《經法・名理》謂「道者，神明之原也。神明者，處於度之內而見於度之外者也」，又《經法・道法》謂道「虛無刑（形），其裻（寂）冥冥，萬物之所以生，……故同出冥冥，或以死，或以生，或以敗，或以成。禍福同道，莫知其所從生」，又謂「道生法」，還說道「絕而復屬，亡而復存，孰知其神。死而復生，以禍為福，孰知其極」（同上）。《道原》論道更細，謂「恆無之初，迵同大虛。虛同為一，恆一而止。濕濕夢夢，未有明晦。神微周盈，精靜不巸（熙）。古（故）未有以，萬物莫以。古無有刑，大迵無名。天弗能覆，地弗能載」，言「道」「一者其號也，虛其舍也，無為其素也，和其用也」，其「高而不可察」、「深而不可測」、「顯明弗能為名，廣大弗能為刑，獨立不偶，萬物莫之能令」，其「小以成（小），大以成大。盈四海之內，又包其外。在陰不腐，在陽不焦」、「萬物得之以生，百事得之以成」。這些論述「道」的特徵、功能的話，尤其是《道原》的許多說法，在《淮南子》中都能找得到。同時，四篇古佚書所表述的政治思想，如說君主治國當循天道、地道、人道，謂「故王天下者不以幸治國，治國固有前道，上知天時，下知地利，中知人事」（《十六經・前道》）、「不險則不可平，不諶則不可正。

觀天於上，視地於下，而稽之男女。夫天有（恆）榦，地有恆常」（《十六經．成法》）、「王天下者之道，有天焉，有人焉，又（有）地焉。參（三）者參用之，（故王）而有天下矣」（《經法．六分》）；如說君主治政先從治身做起，謂「始在於身，中有正度，後及外人。外內交綏（接），乃正於事之所成」（《十六經．成法》）；如說以道、以法、以德治國，謂「道生法。法者，引得失以繩，而明曲直者也。故執道者生法而弗敢犯也，法立而弗敢廢」（《經法．道法》）、「法度者，正（政）之至也。而以法度治者，不可亂也。……無父之行，不得子之用；無母之德，不盡民之力；父母之行備，則天地之德也」（《經法．君正》）、「先德後刑順於天」（《十六經．觀》）；如說君主宜愛民，毋擾民，謂「為人主者，毋亂民功；毋逆天時，然則五穀溜孰，民乃蕃茲」（同上）、「吾畏天，愛（地），親民，……吾愛民而民不亡，吾愛地而地不兄（荒）」（《十六經．立命》），又謂「號令闔於民心，則民聽令。兼愛無私，則民親上」（《經法．君正》）；如說君主當守雌節、貴因、貴後、貴柔，謂「先而不凶者，是恆備雌節存也。後（而不吉者，是）恆備雄節存也。先亦不凶，後亦不凶，是恆備雌節存也。先亦不吉，後亦不吉，是恆備雄節存也」（《十六經．雌雄節》），又謂「常後而不失（先）」（《十六經．順道》）、「守弱節而堅之，胥雄節之窮而因之」（同上）。這些觀念也為《淮南子》所吸收。《淮南子》的作者在編書時，篇目安排以至名稱（首篇〈原道〉和《道原》只是語詞的顛倒）都可能受到《黃帝四經》的啟發。〈稱〉以語錄體形式對「今之曲直」「以稱斷之」，似乎對〈說山〉、〈說林〉的寫法也有影響。甚至語句相同相似者（如《十六經》「萬物之多，皆閱一空」之於〈原道〉「萬物之總，皆閱一孔」）也不少。

最後說說和《文子》的關係。自柳宗元〈辨文子〉出，歷來對《文子》的真偽就有爭議。直到西元一九七三年在河北定縣四十號漢墓發現了《文子》殘簡（西元一九八一年前已整理出與今本《文子》文字相同者六章），偽書之說方不攻自破。《文子》至遲在西漢初年就已廣為流傳，枚乘〈上書諫吳王〉「夫銖銖而稱之，至石必差；寸寸而度之，至丈必過。石稱丈量，徑而寡失」，即本於《文子．上仁》（李善注《文選》即主此說）；賈誼〈過秦論〉「蓋用《文子・上禮》云：『所以亡社稷、身死人手、為天下笑者，未嘗非欲也。』」（見《管錐篇》八九二頁所引俞玉《書齋夜話》卷四語）。論者以為《文子》乃西漢初年依託文種（姓文名種字禽或子禽，本為楚之郢人，在楚平王時為宛令，後與范蠡輔佐句踐滅吳，為句踐所殺）立言之黃老著作（一說成書於戰國後期），孫星衍說：「黃老之學存於《文子》，西漢用以治世，當時諸臣皆能稱道其說，故其書最顯。」（〈問字堂集・文子序〉），誠為卓識之言。劉安和《淮南子》其他作者熟悉《文子》、重視《文子》是很自然的事。

於是便有了這樣的現象，《文子》十分之九的語句都出現在《淮南子》中，如畢沅所說：「今《道藏》中《文子》十二篇，淮南王書採之殆盡，間有增省一二字、移易一二語以成文者，類皆當時賓客所為，而淮南王又不暇深考與！」（〈呂氏春秋新校正序〉）。關於《淮南子》襲用《文子》的情況，特借熊鐵基先生的話加以說明，熊氏謂「《文子・道原》的內容，《淮南子・原道》基本上照抄了，或是整段整段地抄，或是抄一段之後加些事例和說明，或是顛倒前後順序，或是詞句上有些改動，不過，詞句的改動一般是更加醒目一些」、「《文子・精誠》的思想是一個完整的體系，以『精誠』為中心，講道之施行，在理論上講得比較充分。《淮南子》則將其所講原理原則，分別寫入了〈泰族〉、〈覽冥〉、〈俶真〉、〈主術〉、〈繆稱〉、〈脩務〉等篇。例如〈精誠〉的第一、二段，就成為〈泰族〉的開頭。講仁義立而道德廢的第六、七、八段，寫入了〈俶真〉。第九段至第十二段，講『懷自然，保至真，抱道推誠』，是〈主術〉的基本思想。第十五至十七段被寫入〈繆稱〉。第十九至二十一段講無為和有為的關係，正是〈脩務〉所據以大加闡述的基本內容」、「根據〈九守〉，《淮南子》寫成〈精神〉」、「《文子》的第四篇是〈符言〉。這一篇的主要內容被寫在《淮南子・詮言》中」、「〈微明〉可以說是《淮南子・道應》的張本」（引文均見熊氏《秦漢新道家略論稿・對文子的初步探討》）。除熊氏所言之外，《文子》各篇散見於《淮南子》各篇之觀點、語句甚多。《淮南子》襲用《文子》，有擴充，有省略，有改動，更多的是援用其文而增益事例，以作發揮。孫星衍嘗舉例而說《淮南》變《文子》之言而用之，多有淺劣鄙訛之處，並謂此「由當時賓客迫於成書，不及修辭達意」（同上）所致。孫氏所言固然存在，但《淮南子》博採眾書，仍自有其理論體系和獨特的結構形式，取《文子》，取《呂氏春秋》及其他典籍之語，皆為其所用，並非簡單地抄錄、堆砌。另外，儘管引用先秦著作和時人著述之語，但全書語言風格是統一的。

《淮南子》的刻本（包括作注者）有一百六十多種。最早為它作注的是東漢的許慎和高誘。比較好的集注本是劉文典的《淮南鴻烈集解》，該書以清代較為流行的莊逵吉校本為底本，採集王念孫等二十餘家之說，又引多種類書為佐證。我作校注亦以莊本為底本，於劉氏所集眾家之解參酌用之，而於楊樹達《淮南子證聞》、吳承仕《淮南舊注校理》、馬宗霍《淮南舊注參正》等多種著述取用較多。考慮到許慎、高誘之注向為字典、詞典釋字、釋詞所用，我作注亦多存錄，而於不合原文之意者，則棄而不錄。我在注中把許、高二家注均稱為「舊注」，其實，〈原道〉、〈俶真〉、〈天文〉、〈墬形〉、〈時則〉、〈覽冥〉、〈精神〉、〈本經〉、〈主術〉、〈氾論〉、〈說山〉、〈說林〉、〈脩務〉等十三篇為高誘注，餘為許慎注。

我寫《新譯淮南子》歷時三年。縱然字斟句酌，費心揣摩，無奈學殖譾陋，校注譯中謬誤定當不少。讀者有以教我，則幸甚！

熊禮匯

一九九六年九月十七日
於武漢大學中文系

卷一

原道

【題解】原，是「本」、「根」的意思。「原道」意謂本於「道」，或謂以「道」為本。此篇以老子道論為立言之本，故用「原道」名篇。或有以「原道訓」名篇，「訓」含解說之義，「原道訓」就是「原道」之理的闡說。姚範疑「訓」為高誘所加，用以自名其注解，不屬原篇名所有，也是一說。

「道」（或稱一）是黃老道學的重要哲學概念，它既是宇宙萬物的本原，又是「聖人」、「至人」和賢者治國、修身的效法對象。〈原道〉用生動的筆觸描述了道的特點。

夫道❶者，覆❷天載❸地，廓❹四方❺，柝❻八極❼；高不可際❽，深不可測❾；包裹天地，稟授❿無形⓫。原⓬流泉浡⓭，沖⓮而徐盈⓯；混混⓰滑滑⓱，濁而徐清。故植⓲之而塞⓳於天地，橫之而彌⓴於四海㉑，施之無窮而無所朝夕㉒。舒㉓之幎㉔於六合㉕，卷之不盈於一握㉖。約而能張，幽而能明㉗，弱而能強，柔而能剛。橫㉘

四維㉙而含陰陽，紘㉚宇宙㉛而章㉜三光㉝。甚淖㉞而滒㉟，甚纖㊱而微。山以㊲之高，淵以之深，獸以之走㊳，鳥以之飛，日月以之明，星歷㊴以之行，麟㊵以之游㊶，鳳以之翔㊷。

【章　旨】這一章說明「道」的特性，言其無所不包、無所不在、無所不能，不斷地運動變化而使人莫測高深。

【注　釋】❶道　這裡指宇宙本體、萬物本原而言。是一種陰陽混沌未分、處於原始狀態的實體。❷覆　覆蓋。❸載　承載。《莊子・天地》：「夫道，覆載萬物者也，洋洋乎大哉！」❹廓　張；擴展。❺四方　指東、西、南、北四方。❻柝　通「拓」。開拓；擴張。❼八極　指東、西、南、北、東南、東北、西南、西北八方極遠處。本書〈墬形〉言天地間有九州，九州之外有八殥，八殥之外有八紘，八紘之外有八極。❽際　接。高誘訓為「至」，而《爾雅・釋詁》、《小爾雅・廣言》並云：「際，接也。」故馬宗霍以為「高不可際，蓋謂高不可接耳。高氏訓際為至，案遠可言至，高則似以訓接為長」（《淮南舊注參正》）。❾測　量水深淺。一訓為「盡」。❿稟授　賦予。⓫無形　指「道」的本體而言。萬物原於「道」，而「道」所賦予萬物者，並無形跡可尋，故稱「無形」。⓬原　泉源。⓭浡　急速而強力地湧出。⓮沖　虛空。⓯盈　滿。以上之文字，可參看《管子・心術下》：「道在天地之間也，其大無外，其小無內。」⓰混混　意同「渾渾」、「滾滾」。水奔流的樣子。《孟子・離婁》：「原泉混混，不舍晝夜。」⓱滑滑　意同「汩汩」。水流迅疾的樣子。⓲植　豎立。⓳塞　充滿。⓴彌　滿；遍。引申為包羅、覆蓋。㉑四海　古以中國四周為海，故四海亦指極遠之地。㉒施之無窮句　施，同「弛」。意謂引申、延續。舊注訓為「用」。無窮，指時間。無所朝夕，謂不可以朝夕計算。係延伸以說明句中「無窮」之義。㉓舒　展開。㉔幎　覆蓋；籠罩。㉕六合　上下和四方稱六合。一說「孟春與孟秋為合，仲春與仲秋為合，季春與季秋為合，孟夏與孟冬為合，仲夏與仲冬為合，季夏與季冬為合，故曰六合」。㉖一握　如言一把。㉗約而能張二句　言「道」同時能小能大、同時能暗能明。約，捆縛。張，張開；擴張。幽，昧；暗。㉘橫　同「桄」。桄，為車、船、梯、床等器物上的橫木。這裡作動詞用，有維繫、支撐之意。㉙四維　四隅；四角。東西南北為四方，四方之隅稱四維。㉚紘　網繩。作動詞用，有維繫、包舉之意。㉛宇宙　四方上下稱宇，古往今來稱宙。㉜章　顯著。㉝三光　指日、月、星。㉞淖　本指泥沼。此處有柔和之意。㉟滒　本指多汁而稠的粥。此處有柔軟之意。㊱纖　細小。㊲以　用；因。㊳走　奔跑。㊴星歷　星辰。㊵麟　麒麟。傳說中的獸名，一說指大牡鹿。㊶游　出現。㊷翔　張翅滑行而不必鼓動翅膀。

【語　譯】道，覆蓋著天，承載著地，擴展開來遍及四面八方極遠處；它高得不能接近，深得不可測量；它包裹著天地，賦予萬物而沒有形跡；它像泉水從發源處湧流出來，將一些虛空的地方慢慢灌滿；急流滾滾，由渾濁而慢慢地變得清澈。所以把道豎立起來，就可充滿天地之間，橫放著便能布滿四海，它延續的時間沒有窮盡，不能夠用朝夕來計算。它舒展開來能籠罩上下四方，捲起來卻不滿一把。捆縛起來能夠張開，處於幽暗中能顯得明亮，弱小的時候能強大，柔軟的時候能夠堅硬。它維繫著大地四角而包含著陰陽，它包舉宇宙而使日月星辰發出光芒。它十分柔和而黏稠，又十分纖小而細微。山嶽因為有它而高峻，淵潭因為有它而深邃，群獸因為有它而奔跑，鳥雀因為有它而飛動，日月因為有它而光明，星辰因為有它而運行，麒麟因為有它而出現，鳳凰因為有它而翱翔。

泰古❶二皇❷，得道之柄❸，立於中央❹，神與化游❺，以撫❻四方。是故能天運地滯❼，輪轉而無廢❽，水流而不止，與萬物終始。風興雲蒸，事無不應❾。雷聲❿雨降，並應無窮⓫。鬼出神入⓬，龍興鸞集，鈞⓭旋轂⓮轉，周而復帀⓯；已彫⓰已琢⓱，還反於樸⓲。無為為之而合於道，無為言之而通乎德⓳，恬愉⓴無矜㉑而得於和㉒，有萬不同㉓而便㉔於性㉕。神託於秋豪㉖之末㉗，而大於㉘宇宙之總。其德覆㉙天地而和㉚陰陽，節㉛四時而調五行㉜。呴諭㉝覆育㉞，萬物群生，潤於草木，浸㉟於金石；禽獸碩㊱大，豪毛潤澤，羽翼奮也㊲，角觡㊳生也；獸胎不贕㊴，鳥卵不毈㊵；父無喪子之憂，兄無哭弟之哀㊶；童子不孤㊷，婦人不孀㊸；虹蜺㊹不出，賊星㊺不行，含德之所致也。

【章旨】這一章說「泰古二皇」如何掌握「道」的根本特點，用它來治理天下，以及由此所取得的巨大成效。

【注釋】❶泰古 即「太古」。指遠古、上古。唐、虞以前稱太古。❷二皇 指伏羲、神農兩位帝王。本有太古三皇之說，因文中言「道」，指說陰陽，故不言三。❸道之柄 指無為無不為而言。柄，根本。❹中央 中心位置。❺神與化游 言其精神與造化相交。即其所思與大自然生成萬物的規律一致。化，造化。大自然生成萬物的功能。游，交往。❻撫 同「憮」。覆蓋。舊注訓為「安」，非。❼滯 意同「纏」。盤繞。舊注訓為「止」。❽廢 休。停止。❾應 該當。❿聲 鳴。作動詞用。⓫窮 已；盡。⓬神入 原作「電入」。「電」為霆，屬雷，與上文「雷」重而與文中「鬼」非屬同類，李善注《文選・漏銘》引《淮南子》即作「神入」，故改「電」為「神」。⓭鈞 陶鈞；製作陶器所用的轉輪。⓮轂 車輪中心的圓木。上有幅條與車圈相接。⓯帀 同「匝」。周；圈。⓰彫 同「雕」。刻畫。⓱琢 雕刻玉石。⓲樸 本真；本性。⓳無為為之二句 舊注謂「言二三（王）之化，無為為之也，而自合於道也；無所為言之，而適自通於德也」。無為為之，即「無為」。「無為」為黃老學派的帝王之術，《淮南子》「以無為為綱紀」，言「無為」處甚多。詳見〈主術〉、〈脩務〉等篇。無為言之，即「不言」。德與道互通，都有虛無、無形、不言、無為無不為的特點。合言之兩者同體而無區別。《管子》即言「以無為之謂道，舍之之謂德，故道之與德無間，故言之者不別也」（〈心術上〉）。⓴恬愉 安逸、快樂，無所愛憎。㉑無矜 不誇耀；不自大。㉒和 和順。㉓萬不同 萬事不同。㉔便 有利。㉕性 天性；本性。㉖秋豪 即秋毫。鳥獸秋天新生的茸茸細毛。㉗末 此處指細毛尖端。㉘於 原本無此字，依俞樾校補。㉙覆 原本作「優」，《群書治要》、《太平御覽》引文皆作「覆」。作「覆」始與上文「覆天載地」相通，故改。㉚和 調和。㉛節 調節。㉜五行 指金、木、水、火、土。㉝呴諭 同「呴俞」。意如溫恤、愛撫。㉞覆育 本指天地的庇護化育。此處指二皇對萬物的保護使之成長。㉟浸 浸育；潤澤滋長。㊱碩 大。㊲羽翼

奮也　謂翅膀長硬。奮，壯。㊳角觡　鹿角為角，麋角為觡。㊴殰　獸胎壞死不能成獸。㊵毈　卵敗壞孵不出禽鳥。㊶無哭弟之哀　言無人夭折。㊷孤　幼年死去父親為孤。㊸孀　丈夫死了的婦人為孀。㊹虹蜺　由於陽光與水氣相映，出現在空中的彩暈。色鮮盛者為虹，色暗者為蜺。㊺賊星　妖星。《史記・天官書》：「賊星出正南南方之野，星去地可六丈，大而赤，數動有光。」裴駰《集解》引孟康曰：「形如彗，九尺，太白之精。」一說「五星逆行，謂之賊星」（《太平御覽》卷七七所引許注）。

【語　譯】 遠古時代的兩位帝王，掌握了道的根本原則，而居於天下正中；他們的精神與造化同在，覆蓋著天下。因此能使天地運行，像車輪轉動永不休止，像水在流動永不停息，和萬物同始同終。風起雲湧，沒有哪個事物不是應當出現的；雷聲一響，雨就下來，相互呼應的事沒有窮盡；又像鬼出神入，神龍躍起而鸞鳥停留在樹上；如同陶鈞旋動、車轂轉動，環繞了一圈又一圈；經過雕琢以後，又返回本性。不做什麼而與道相合，不說什麼而與德相通，心中安適、從不自大而能和順，萬事不同而無主宰的欲望因而有利於保養天性。精神雖然寄託在像秋毫尖端那樣細微的地方，卻能比宇宙的總合還要大。他們的「德」能覆蓋天地且調和陰陽，能調節四時並調理五行。能愛撫、保護萬物，使它們生長，潤澤草木，浸育金石；使禽獸長得碩大，毫毛得到潤澤，翅膀健壯，角骼生長；使獸胎沒有壞死的，鳥蛋沒有孵不出鳥的。使父親沒有死去兒子的憂愁，兄長沒有為弟弟夭折而哭的悲哀；使小孩子沒有失去父親的，婦人沒有失去丈夫的；使天空中不出現虹蜺，也沒有妖星運行；這些都是兩位帝王懷「德」所造成的。

夫太上❶之道，生萬物而不有❷，成化像❸而弗宰❹。跂行喙息❺，蠉飛蝡動❻，待❼而後生，莫之知德❽；待之後死，莫之能怨；得以利者不能譽，用而敗者不能非。收聚畜積而不加富，布施❾稟授❿而不益⓫貧。旋緜⓬而不可究，纖微而不可勤⑬；累⑭之而不高，墮之而不下；益之而不眾，損之而不寡；斲⑮之而不薄，殺之而不殘，鑿⑯之而不深，填之而不淺。忽⑰兮怳⑱兮，不可為象⑲兮；怳兮忽兮，用不屈⑳兮；幽兮冥㉑兮，應㉒無形兮；遂㉓兮洞㉔兮，不虛動兮；與剛柔卷舒㉕兮，與陰陽俛仰㉖兮。

【章旨】這一章說「太上之道」的特性：它能化生萬物，但它化生萬物是一種沒有目的、沒有意識的活動；它量大無限，無法增減，纖細微妙，不可窮究；它無形無像卻能運動、感應，剛柔變化、陰陽升降。

【注釋】❶太上　最上。❷不有　不佔為己有。❸化像　萬像。指自然界的一切事物、景象。❹宰　主宰。❺跂行喙息　泛指人和一切動物。跂行，指有腳而行者。喙息，指有口能呼吸者。❻蠉飛蝡動　指昆蟲類。蠉飛，昆蟲飛翔。蝡動，昆蟲爬行。蝡，同「蠕」。❼待　等待。引申為依靠。❽德　恩德。作動詞用。❾布施　把財物施捨給人。❿稟授　將穀物賜予人。⓫益　更加。⓬旋緜　言「道」至為微渺。旋，小。緜，薄。原本作「旋縣」，依王念孫校改。⓭勤　盡。勤之本義為「勞」，勞之古文從「悉」，悉訓為「詳盡」，故勤訓為「盡」。⓮累　堆疊。一說累本為「絫」，增加。⓯斲　「斵」的俗字。砍；削。⓰鑿　用鑿子挖通。⓱忽　模糊不清的樣子。⓲怳　意同「忽」。忽、怳都是形容「道」的沒有形象。⓳象　形貌。⑳屈　竭；盡。㉑冥　昏暗。㉒應　感應。㉓遂　同「邃」。深。㉔洞　深。㉕卷舒　屈伸；收攏展開。㉖俛仰　本指低頭、抬頭。此處有升降意。

【語譯】至高無上的道，產生萬物卻不佔為己有，形成許許多多的物象卻不主宰它們。所有用腳走路、用嘴呼吸的人和動物，以及能飛會爬的昆蟲，都是依靠道而產生，但誰也不知道感謝它的恩德。它們都因為道而死去，但誰也不能怨恨它。因為道而獲得好處的不能讚美它，因為道而遭到失敗的不能責怪它。將它收聚積蓄，它並不因此更加多；拿它去送給別人，它也並不因此更少一些。它細小緜薄，不可窮究；它纖細微渺，不可窮盡。堆疊起來不會變高；掉下一些也不會變低。增加一些不會變多，減少一些也不會變少。削去一些不會變薄，割去一塊也不會殘缺。鑿挖下去不會加深，填塞起來不會變淺。恍恍惚惚，不能變成固定的形像；惚惚恍恍，它的作用卻不可窮竭；幽昧昏暗，有感應卻不見形狀；深遠莫測，它的感應變動是確實存在的，它伴隨剛柔或屈或伸，它與陰陽一起同升同降。

昔者馮夷、大丙[1]之御也，乘雷車[2]，六雲蜺[3]，游微霧，鶩忽怳[4]，歷遠彌[5]高以極往[6]，經霜雪而無跡，照日光而無景[7]，抮扶搖抱羊角而上[8]，經紀[9]山川，蹈騰[10]昆侖[11]，排閶闔[12]，淪[13]天門[14]。末世[15]之御，雖有輕車良馬、勁策[16]利鍛[17]，不能與之爭先。是故大丈夫[18]恬然[19]無思，澹然[20]無慮，以天為蓋[21]，以地為輿[22]，四時為馬，陰陽為御[23]，乘雲陵[24]霄[25]，與造化者俱[26]，縱志舒節[27]，以馳大區[28]。可以步而步[29]，可以驟而驟[30]。令雨師[31]灑道，使風伯[32]埽塵，電以為鞭策[33]，雷以為車輪[34]，上游於霄雿[35]之野，下出於無垠鄂[36]之門。劉覽[37]偏[38]照，復守以全；經營[39]四隅[40]，還反於樞[41]。故以天為蓋，則無不覆也；以地為輿，則無不載也；四時為馬，則無不使也；陰陽為御，則無不備[42]也。是故疾而不搖，遠而不勞，四支[43]不勤[44]，聰明不損[45]，而知八紘九野[46]之形埒[47]者，何也？執道[48]之柄，而游於無窮之地也㊾。是故天下之事，不可為㊿也，因(51)其自然而推(52)之；萬物之變，不可究也，秉其要趣而歸之(53)。

【章旨】這一章藉馮夷、大丙駕車出遊的故事，說明「大丈夫」的為人處事須與「道」合的道理。在形象地描述「大丈夫」如何與「道」相合後，歸納出幾個意見，即「執道之柄，而游於無窮之地」、「天下之事，不可為也，因其自然而推之；萬物之變，不可究也，秉其要趣而歸之」。

【注釋】❶馮夷大丙　二神名。馮夷，一作「馮遲」，河伯。大丙，一作「大白」、「大內」、「大豆」，水神。又兩者均為古之善御者。《呂氏春秋．聽言》：「造父始習於大豆。」舊注則說二人「皆古之得道能御陰陽者」。❷雷車　以雷為車。原本作「雲車」，「雲」與下文重，且《太平御覽》引《淮南子》正作「乘雷車」，故改。❸六雲蜺　以雲蜺（雲和虹）為六馬。原作「入雲蜺」，依王念孫校改。❹鶩忽怳　急馳於恍恍忽忽的太空。鶩，急馳。忽怳，原作「怳忽」，依王念孫校改。❺彌　遍。❻往　行。❼景　同「影」。❽抮扶搖句　原作「扶搖抮抱羊角而上」，依俞樾校改。羊角，指風曲而上行者。俗稱旋風。《莊子．逍遙遊》：「摶扶搖羊角而上者九萬里。」抮，旋轉。扶搖，指上行風。《莊子．逍遙遊》：「摶扶搖而上者九萬里。」❾經紀　通行。吳承仕訓「紀」為「道」。❿蹈騰　騰躍而上。蹈，遠騰的樣子。⓫昆侖　山名。位於西藏、新疆之間。⓬排閶闔　推開升天之門。⓭淪　進入。⓮天門　天帝所居紫微宮的門。⓯末世　近於衰亡的時期。⓰策　馬鞭。⓱錣　馬鞭末端的針刺。原文作「鍛」，非。⓲大丈夫　舊注謂「喻體道者也」。⓳恬然　心神安適的樣子。⓴澹然　安然。澹，意同「憺」。安。㉑蓋　車蓋。㉒輿　車箱。指車。㉓御　騶御。主駕車馬之吏，即駕車者。一作「騶」，楊樹達以為非。㉔陵　同「淩」。登。㉕霄　飛雲。或當為「霧」，本書〈脩務〉即云「乘雲陵霧」。㉖俱　在一起。他書注此句多作「與造化逍遙」。㉗節　節度；節制調度。㉘大區　大虛。指天。區，猶「虛」。《太玄．玄攡》「回行九區」，范望注云：「區，虛也。」㉙步　緩行。㉚驟　奔馳。㉛雨師　司雨之神。一說指二十八宿之畢宿，一說指屏翳，一說指共工之子玄冥。㉜風伯　司風之神。一說指二十八宿之箕宿，一說指飛廉。㉝電以為鞭策　舊注謂「電，激（擊）氣也，故以為鞭策」。㉞雷以為車輪　舊注謂「雷，轉氣也，故以為車輪」。㉟霄霓　虛無寂寞。或釋為「逍遙」。㊱無垠鄂　沒有邊際。舊注言「無形之貌也」。原本無「鄂」字，依王念孫校補。垠鄂，同「垠鍔」。端崖。㊲劉覽　即瀏覽、流覽。泛覽之意。㊳徧　同「遍」。原本作「偏」，依劉家立《淮南集證》改。馬宗霍則以為「偏」有「遠」意，劉氏所改「未必是」。㊴經營　同旋往來。㊵四隅　四方；四旁。㊶樞　中。舊注言「本也」。本，猶「中」也。《禮記・中庸》：「中也者，天下之大本也。」㊷無不備　舊注云：「陰陽次敘，以成萬物，無所缺也，故曰無不備。」㊸四支　即四肢。人體的上下肢。㊹不勤　即不勞意。勤，原文為「動」，依王念孫校改。㊺損　減少。㊻九野　地之八方加上中央合稱九野。㊼形埒　界域。㊽道　原文下有「要」字，依俞樾校刪。㊾也　原文無此字，依俞樾校補。㊿為　治；處理事情。(51)因　因循；順應。「因」是《淮南子》提倡無為政治的重要觀念，本於《呂氏春秋》的「貴因」論。《管子・心術上》亦云：「無為之道，因也。因也者，無益無損也。以其形因為之名，此因之術也。」(52)推　舊注謂「求也，舉也」。(53)秉其要趣句　原文作「秉其要歸之趣」，依王念孫校改。王氏謂此句「言執其要道而萬變皆歸也」。要趣，要道。

【語　譯】從前馮夷、大丙駕馭車馬，以雷為車、以雲蜺為六馬，行走在薄薄的霧氣中，奔馳在恍恍忽忽的太空。遠方高處都盡力走遍，馳過霜雪而不留下痕跡，日光照耀而沒有影子。隨著扶搖、羊角般的大風旋轉而上，翻山渡水，騰躍到崑崙山上。推開升天的大門，進入天帝所居的紫微宮的宮門。在衰世裡駕車的人，即使有輕便的車、良好的馬、強勁的鞭子、銳利的馬錣，也不能和他們爭先。因此，大丈夫內心安適無所思索，內心安靜無所憂慮。他用天作車蓋，用地作車箱，用四時作馬匹，用陰陽作車夫，乘雲駕霧，和天地在一起。放開心志，舒緩節度，而驅馬馳入太空。可以慢行就慢行，可以奔馳就奔馳。命令雨師清除道路，讓風神掃去塵土。把電當作馬鞭，以雷作為車輪，上則到虛無寂寞的地方遨遊，下則從沒有邊際的門中出來，雖然廣泛地觀覽、普遍地察看，還能堅持他本性的完整；雖然往來四方，還能返回中間。所以用天作車蓋，就沒有什麼覆蓋不到的；用地作車箱，就沒有什麼裝載不了的；用四時為馬，就沒有什麼不可驅使；用陰陽作駕車的人，就沒有什麼不具備。因此跑得快而不會搖晃，跑得遠而不會疲勞。四肢不勞苦，耳目的聰明不會減損，卻能知道八紘、九野的界域，這是什麼原因呢？就是因為掌握了「道」的根本而漫遊於無窮無盡的地方。所以，天下的事情，是不能以人為的方法處理的，要順應自然的趨勢去做；萬物的變化，是不可窮究的，只有把握住「道」的要領歸因於它。

夫鏡水之與形接也，不設智故，而方圓曲直弗能逃也❶。是故響不肆應❷，而景❸不一設❹，叫呼❺彷佛❻，黬然❼自得。人生而靜，天之性也。感而後動，性之容❽也。物❾至而神應，知❿之動也。知與物接⓫，而好憎生焉。好憎成形⓬，而知誘⓭於外，不能反己⓮，而天理⓯滅⓰矣。故達於道者，不以人⓱易天⓲，外與物化，而內不失其情⓳。至無而供其求，時騁而要⓴其宿㉑。小大脩短，各有其具㉒，萬物之至，騰踴肴亂而不失其數㉓。是以處上而民弗重㉔，居前而眾弗害㉕，天下歸之，姦邪畏之。以其無爭於萬物也，故莫能㉖與之爭。

【章旨】這一章用鏡水映物不施機巧而萬物萬態無不映現的生活現象，說明無為無不為本是一種客觀存在的事實。再就勢立論，說到人的天性是靜、人的知覺的活動是天性在起作用。人的知覺和外物接觸，精神到處馳騁，難免受到引誘，所以最重要的是要回復到靜的本性。那樣，如果是處上位者，就會得到人民的擁護。

【注釋】❶夫鏡水之與三句　舊注謂「智故，巧飾也。鏡水不施巧飾之形，人之形好醜以實應之，故曰方圓曲直不能逃也」。智故，智慧機巧。故有巧、詐、謀諸義，此處當訓為「巧」。❷肆應　各方響應。❸景　同「影」。指影像。❹設　設置。❺叫呼　指響聲。❻彷佛　指影像。❼黬然　忘而息的樣子，與「自得」義近。原文作「默然」，依王念孫校改。黬，通「憨」。❽容　即「搈」之假字，動的意思。原文作「害」，依俞樾校改。❾物　事物。❿知　知覺。⓫接　舊注謂「交也；情欲也」。

⓬形　見。即「現」。⓭誘　惑。⓮反己　指回復到靜的本性。⓯天理　天性。指人主靜的固有性理。⓰滅　此處為衰滅之意。⓱人　指人事。⓲天　天性。⓳外與物化二句　舊注謂「言通道之人，雖外貌與物化，內不失其無欲之本情也」。情，性情。⓴要　會集。㉑宿　歸宿。㉒具　備。㉓數　此處指萬物各自具備的內在規律。㉔弗重　不感到沉重。㉕弗害　不感到危害。㉖莫能　原文作「莫敢」，依王念孫校改。

【語　譯】鏡子、水與各種形體相遇時，它們並不施用智慧機巧，事物的方圓曲直都無可逃避地被映照出來。所以回音對聲響的回應不是任意而為的，而影子因形體而出現也不施用一點機巧，回音叫呼如同響聲，影像與形體相彷彿，一切都顯得憨然自得，無所用心。人生來是靜的，靜是人的天性。有了感覺以後的活動，就是人的天性在動。事物出現，精神上有了反應，這是人的知覺的活動。人的知覺和事物接觸，愛好、憎惡的情感就產生了。愛好、憎惡的感情體現在人的行動上，而人的知覺又受到外來事物的誘惑，而不能返回到人的本性，那就會使人的天性衰滅。所以通達「道」的人，決不會用人事來改變天性。對外可以隨著事物的變化而變化，但是內在卻不失去他的本性。他什麼都沒有卻能提供所有的需求，時時精神馳騁，卻能會集萬物的歸宿。大小長短，各自都預備得齊全。萬事萬物出現，無論它們如何翻騰跳躍紛亂不已，他都不會違背它們各自的內部規律。因此，他雖然處於上位，而人民感覺不到他是沉重的負擔；雖然置身於前面，而人民不認為他會對自己產生危害。天下的人民歸順他，姦邪之徒畏懼他。因為他不與萬物相爭，所以也沒有人能與他相爭。

夫臨江而釣，曠日❶而不能盈羅❷，雖有鉤箴❸芒距❹、微綸❺芳餌，加之以詹何、娟嬛❻之數❼，猶不能與網罟❽爭得也。射者扜❾烏號之弓❿、彎棊衛之箭⓫，重⓬之羿⓭、逢蒙子⓮之巧，以要⓯飛鳥，猶不能與羅者⓰競多。何則？以所持之小也。張天下以為之籠，因江海以為之罛[17]，又何亡魚失鳥之有乎？故矢不若繳[18]，繳不若網[19]，網不若無形之像[20]。

夫釋大道而任小數[21]，無以異於使蟹捕鼠[22]、蟾蠩[23]捕蚤，不足以禁姦塞邪，亂乃逾滋[24]。昔者夏鯀[25]作九仞[26]之城，諸侯背之，海外有狡心。禹[27]知天下之叛也，乃壞城平池、散財物、焚甲兵、施之以德，海外賓伏[28]，四夷[29]納職[30]，合諸侯於塗山[31]，執玉帛[32]者萬國。故機械之心[33]藏於胸中，則純白不粹[34]，神德[35]不全，在身者不知，何遠之所能懷[36]！是故革堅[37]則兵利[38]，城成則衝[39]生，若以湯[40]沃[41]沸，亂乃逾甚。是故鞭噬狗[42]、策蹏馬[43]，而欲教之，雖尹儒[44]、造父[45]弗能化。欲害[46]之心亡於中，則飢虎可尾[47]，何況狗馬之類乎！故體道[48]者逸而不窮，任數者勞而無功。

【章　旨】這一章包含兩層意思：一以釣魚、射鳥為喻，說明欲有大的成功，必須所持者大；二以夏鯀與禹作比較，說明帝王「任小數」則遭到失敗，而「體道者逸而不窮」，能獲得大的成就。兩層意思，關聯密切，前言所持者大、所獲亦大，與後言體大道則無往不勝，實為一理。

【注　釋】❶曠日　空廢時日。此處意謂一整天。❷羅　同「籮」。竹製的籮筐。❸鉤箴　即鉤針。尖銳如針的鉤。箴，同「鍼」。針。❹芒距　鉤箴之爪。俗稱「倒鉤須」。❺綸　釣絲。❻詹何娟嬛　均為古時善於釣魚的人。娟嬛，同「蜎蠉」。舊注謂「白公時人」。❼數　技術。❽罟　網。❾扜　張；引；拉。原文作「扞」，依王引之校改。❿烏號之弓　用桑柘木做的弓。桑柘木弓名為烏號弓，其說甚多，《風俗通》云：「柘桑之林，枝條暢茂，烏登其上，下垂著地。烏適飛去，從後撥殺，取以為弓，因名烏號耳。」⑪棊衛之箭　用衛竹做的箭。棊，箭莖。衛，同「⿱竹衛」。細竹名。肌薄而堅，做箭的上好材料。⑫重加上。⑬羿　古代傳說中的善射者。一說他為夏代有窮氏的國君，一說他為弓箭的發明者，一說他為帝嚳的射官。羿臂長，學射於吉甫。⑭逢蒙子　古代善射者。羿的學生。《孟子・離婁下》：「逢蒙學射於羿，盡羿之道，思天下惟羿為愈己，於是殺羿。」⑮要　通「邀」。攔截。舊注訓為「取」。⑯羅者　張網捕鳥的人。羅，捕鳥的網。⑰罛　魚網。原文作「罟」，依王念孫校改。⑱繳　本為射鳥時繫在箭上的生絲繩，後把繫有絲繩的箭稱繳。⑲網　原文無此字及下句「網不若」三字，依王念孫校補。⑳無形之像　此就上文而言，指沒有形像的籠、網。㉑小數　猶言小技巧。㉒使蟹捕鼠　舊注謂「以艾灼蟹匡（案：蟹背有匡）上，內置穴中，乃熱走窮穴，適能禽（同擒）一鼠也」。㉓蟾蠩　即蟾蜍。俗稱蛤蟆。㉔逾滋　愈益；更加。句中含更加嚴重之意。㉕鯀　號崇伯。古代傳說中原始時代的部落首領，堯命令他治水，九年未成，被舜殺死在羽山。㉖九仞　原文作「三仞」，依王念孫校改。天子之城高九仞，子男城高三仞。八尺為仞。㉗禹　鯀之子。又稱大禹、戎禹、夏禹。名文命，傳說中夏后氏的部落領袖，以治水之功，繼舜為帝。㉘賓伏　歸順；臣服。賓，服。㉙四夷　指海外各國。㉚納職　納貢。上交賦稅。職，謂賦稅。㉛塗山　當塗山。在今安徽省懷遠縣東南。禹合諸侯於塗山之事見《左傳・哀公七年》。㉜玉帛　瑞玉和絲帛。玉，指圭。帝王、諸侯參與祭祀、朝會活動時手持的一種玉器。帛，玄纁（音熏）。一種有玄（黑色）有纁（淺紅色）的幣帛，古代作為饋贈或祭祀用的禮物。㉝機械之心　指巧詐之心。㉞純白不粹　謂純白之道不純。粹，純粹。㉟神德　指精神專一之德。㊱懷　招來。亦可訓為安撫。㊲革堅　指皮製的甲胄堅牢。㊳兵利　指兵器鋒利。㊴衝　古代用來衝撞城牆的戰車。㊵湯　熱水。㊶沃　澆水。㊷噬狗　善於咬人的惡狗。㊸蹏馬　善於奔跑的馬。蹏，同「蹄」。㊹尹儒　原文作「伊尹」，伊尹為商湯賢臣，未聞其善御事。而「尹儒學御，三年，夢受秋駕於其師」（《呂氏春秋・博志》），故依俞樾校改。㊺造父　周代善御者。因獻駿馬給穆王，得趙城為封地，因此而為趙氏。㊻害　原文作「寅」。㊼尾　作動詞用。此處是踩虎尾的意思。踩虎尾為極危之事，故《書・君牙》云：「心之憂危，若蹈虎尾，涉於春冰。」㊽體道　用「道」指導實踐。

【語　譯】到江邊釣魚，釣一整天，魚卻裝不滿一簍筐。即使有鉤尖如針、鈎爪鋒利的釣鉤，有很細的釣線和很香的釣餌，加上詹何、娟嬛那樣高明的釣魚技術，還是不能和用網捕魚的人競爭誰得到的魚多。射鳥的人拉開烏號弓，拉開衛竹箭，加上羿和逢蒙子那樣的射箭技巧，來迎射空中的飛鳥，還是不能和用網捕鳥的人比賽誰獲得的鳥多。那麼這是為什麼呢？是因為他們拿的工具太小。張開天下來作為籠子，借長江、大海來作網，又哪裡會有魚鳥逃失的情況出現呢？所以說用箭不如用繳，用繳不如用網，用網不如用沒有形像的「大籠」、「大網」。

放棄「大道」而使用小技巧，這與用螃蟹捕捉老鼠和用蛤蟆捕捉跳蚤沒有什麼不同，是不能禁止、遏阻姦邪之徒出現的，相反地，亂子還會鬧得更大。從前夏鯀起造高達九仞的城郭，國內諸侯都背叛了他，海外各國也都有了狡猾之心。禹知道天下會出現叛亂，就毀掉城郭，填平護城河，散發財物，焚燒鎧甲、兵器，普遍地施用恩德，於是海外歸順，四方的國家都來交納賦稅。禹和天下諸侯在塗山會盟，成千上萬的諸侯國國君都手持玉圭、帶著染有黑色、淺紅色的幣帛作為禮物來出席大會。所以胸懷機詐的人，他的純白之道不純粹，精神專一之德不完整，連自身所應具備的東西都不了解，又怎麼能招來遠方的人士呢！所以甲冑堅牢就會出現鋒利的兵器，城牆修好了就會出現衝撞城牆的戰車，如果用熱水來澆開水，亂子就會更加嚴重。所以，鞭打善於咬人的惡狗、捶打善於奔跑的駿馬，而打算這樣來調教牠們，就是尹儒、造父也不能將牠們馴服。心中沒有打算害人的心思，那麼餓虎的尾巴也可以踩踏，更何況對付狗馬一類的動物呢！所以用「道」指導實踐的人往往安逸而不會處於困境，使用小技巧的人常常是十分勞累卻辦不好事情。

夫峭法❶刻誅❷者，非霸王之業也；箠❸策繁用者，非致遠之御❹也。離朱❺之明，察箴末於百步之外，不能見淵中之魚。師曠❻之聰❼，合八風❽之調，而不能聽十里之外。故任一人之能，不足以治三畝之宅也；循❾道理之數，因天地之自然，則六合不足均❿也。是故禹之決瀆⓫也，因水以為師⓬；神農⓭之播穀也，因苗以為教[14]。

夫蘋[15]樹[16]根於水，木樹根於土；鳥排虛[17]而飛，獸蹠實而走[18]；蛟龍水居，虎豹山處，天地之性也。兩木相摩而然[19]，金火相守而流[20]，員者[21]常轉，窾者[22]主浮，自然之勢也。是故春風至則甘雨[23]降，生育[24]萬物，羽者嫗伏[25]，毛者孕育，草木榮華[26]，鳥獸卵胎，莫見其為者，而功既[27]成矣。秋風下霜，倒生[28]挫傷[29]；鷹雕搏鷙[30]，昆蟲蟄[31]藏；草木注根[32]，魚鼈湊淵，莫見其為者，滅而無形。木處榛巢[33]，水居窟穴；禽獸有艽[34]，人民有室；陸處宜牛馬，舟行宜多水；匈奴[35]出穢裘，干[36]越生葛絺[37]。各生所急以備燥溼，各因所處以禦寒暑。並得其宜，物便其所。由此觀之，萬物固以自然，聖人[38]又何事[39]焉！

九疑[40]之南，陸事寡而水事眾[41]，於是民人劗[42]髮文身[43]，以像鱗蟲[44]；短綣[45]不絝[46]，以便涉游[47]；短袂[48]攘[49]卷，以便刺舟[50]，因之也。鴈門[51]之北，狄不穀食[52]；賤長貴壯，各[53]尚氣力；人不弛[54]弓，馬不解勒，便[55]之也。故禹之[56]裸國[57]，解衣而入，衣帶[58]而出，因之也。今夫徙樹者，失[59]其陰陽之性，則莫不枯槁。故橘樹之江北則化而為橙[60]，鴝鵒[61]不過濟[62]，貈[63]渡汶[64]而死，形性不可易，勢居不可移也。是故達於道者，反[65]於清淨；究於物者，終於無為[66]。以恬養性，以漠[67]處神，則入於天門[68]。

【章　旨】這一章列舉各種例子，說明萬事萬物（包括人類）的活動、變化，都是本其天性、因勢而為，藉以證明「峭法刻誅者，非霸王之業」，而強調「無為」的合理性。這裡講的「無為」，並非不用思慮、不用四肢，全然不動，而是因循事物的特性（天性及所處形勢等）而為之，所謂「因天地之自然」，所謂「萬物固以自然，聖人又何事焉」，便是此意。另一方面，聖人處事既貴「因」，還要能回復到天性，即所謂「達於道者，反於清淨；究於物者，終於無為」。

【注　釋】❶峭法　嚴酷的刑法。❷刻誅　謂懲罰苛刻。❸箠　馬鞭。❹御　原文作「術」，依王念孫校改。❺離朱　即離婁。傳說中視力極好的人。《孟子・離婁上》趙岐注：「離婁者，古之明目者，蓋以為黃帝之時人也。黃帝亡其玄珠，使離朱索之。離朱即離婁也，能視於百步之外，見秋毫之末。」❻師曠　字子野。春秋時期晉平公的太師（樂官之長），古代著名音樂家。生而目盲，善辨音聲。❼聰　此處指能夠審音的耳力。❽八風　東北曰炎風，東方曰條風，東南曰景風，南方曰巨風，西南曰涼風，西方曰飂風，西北曰麗風，北方曰寒風，合稱八風。❾循　原文作「脩」，依王念孫校改。❿均　平。這裡有治理得好的意思。⓫瀆　河流；大川。《韓非子・五蠹》：「天下大水而鯀禹決瀆。」⓬師　師法；效法。⓭神農　傳說中的古帝名。少典之子，又稱炎帝、烈山氏，相傳他是古代最早教民為耒、耜以興農業的人，又嘗百草為藥以治民疾病。⓮教　傳授知識技能。⓯蘋　浮萍。大萍為蘋。原文作「萍」，依王念孫校改。⓰樹　種植。⓱虛　空。⓲蹠實而走　即踐地而跑。蹠，蹈；踐。⓳然　同「燃」。⓴流　釋。這裡指銷鎔。[21]員者　指圓的東西。[22]竅者　指中空的東西。[23]甘雨　及時雨。[24]生育　生長。[25]嫗伏　指鳥類伏卵使之孵化。[26]榮華　草木的花。榮，草本植物之花。華，木本植物之花。[27]既　已經。[28]倒生　指草木。草木之首（即根）置於土中，自下而上生長枝葉，故稱倒生。[29]挫傷　指枯敗凋落。[30]搏鷙　捕捉；抓取。搏，抓。鷙，同「摯」。抓。[31]蟄　昆蟲伏藏。[32]注根　謂根緊紮土中。注，注入。[33]榛巢　即橧巢。與下句「窟穴」對文。為古人用柴薪所構築的鳥巢形住所。又指鳥巢。[34]艽　禽獸窩中的墊草。原文作「芄」，依王念孫校改。[35]匈奴　我國古代北方的少數民族。有鬼方、混夷、獫狁、山戎、北胡之稱。秦漢時稱匈奴。[36]干　國名。指春秋時代的吳國。原文作「于」，依王念孫校改。㊲葛絺　用葛的纖維織的布。絺，細葛布。吳、越自古產葛布。㊳聖人　對帝王的尊稱。㊴事　治。指處理事情。㊵九疑　山名。位於今湖南省寧遠縣南。㊶眾　一作「多」。㊷劗　剪；斷。原文作「被」，依王引之校改。㊸文身　在身體上刺畫花紋或圖案。㊹鱗蟲　有鱗甲的動物。蟲為動物的通稱。古以龍為鱗蟲之精者，故「南人文身，刻畫其體，內默其中，為蛟龍之狀，以入水，蛟龍不害也」（舊注）。㊺短綣　即短褲。綣，同「幝」、「褌」。內衣、褲。㊻絝　套褲。㊼涉游　涉水；游泳。㊽袂　袖子。㊾攘　挽起。㊿刺舟　撐船。(51)雁門　山名。一名句注山，位於今山西省代縣西北。兩山對峙，雁出其間，故名。(52)狄不穀食　狄，我國古代北部的一個民族。也稱為翟。翟，以肉酪為食，故言「不穀食」。(53)各　原文為「俗」，依王念孫校改。(54)弛　捨；棄。(55)便　習慣。(56)之　往；至。(57)裸國　傳說中古代西方國名。《呂氏春秋・貴因》：「禹之裸國，裸入衣出，因也。」(58)衣帶　指著衣繫帶。(59)失　易；改變。(60)橙　原文為「枳」，依王念孫校改。案：《考工記》「橘踰淮而北為枳」，與「橘樹之江北」本不同。潘岳〈為賈謐贈陸機詩〉「在南稱甘，度北則橙」，李善注引《淮南子》即曰「江南橘樹之江北化而為橙」。(61)鴝鵒　鳥名。俗稱八哥。(62)濟　水名。古四瀆之一，源於河南省濟源縣王屋山，現僅存上游，下游為黃河所奪。(63)貈　同「貉」。獸名，俗稱狗獾。形似狐，好睡。(64)汶　水名。源出山東省臨朐縣南沂山，注入濰水。(65)反　舊注謂「本也。天本授人清淨之性，故曰反也」。(66)無為　舊注謂「不為物為也」。(67)漠　寂寞無聲，不關心的樣子。(68)天門　意謂自然境界之門。

【語譯】 刑法苛刻、嚴酷，並不是建立霸業、稱王天下的辦法；不斷用鞭子抽打馬匹，也不是能夠跑得很遠的駕車方法。離朱的視力那樣好，能看清百步以外針尖一樣細微的東西，卻看不見深淵中的魚兒。師曠審音的聽力那樣好，能夠調和八方風聲的音調，卻聽不出十里以外的聲音。所以光憑一個人的能力，連三畝屋宅也管不好。但如遵循道理的規律，順從天地的自然原則，那麼天地四面八方都能治理得恰到好處。因此夏禹挖河治水，是用水的自然流勢作為師法的對象；神農種植穀子，是用禾苗生長的規律作指導來傳授農業生產知識的。

蘋的根生在水中，樹木的根長在土中；鳥兒在空中展翅飛翔，野獸在地上奔跑；蛟龍住在水底，虎豹生活在山上，這些都是天地生成的本性。兩塊木頭相互摩擦就會產生火，金屬放在火中燒就會熔化成液體而能流動；圓的東西常能轉動，中空的東西總能在水上漂浮起來，這些都是它們所具有的自然形勢所造成的。因此，春風一到來就會降下及時雨，滋潤萬物生長；使禽鳥孵卵、獸類懷胎生育。草木開花、鳥獸孵卵懷胎，看不見有誰有意而為，而事情卻已經完成了。秋風到來，就下霜了，各類植物的花葉紛紛凋謝；鷹雕奮力攫取食物；昆蟲伏藏；草木的根紮入土中，魚鱉都聚集在水底；也看不見有誰有意而為，卻都消失了而見不到它們的形體。生活在樹林中的住在窩裡，生活在水中的住在洞穴裡；禽獸的住處有墊窩的草，人類的住所有內室；生活在陸地上適宜使用牛馬，生活在多水的地區適宜用船代步；北方的匈奴出產汙穢的皮衣，南方的吳、越出產精細的葛布；各自出產當地人們生活所急需的物品，用來防燥防溼；各地人民都因所處環境的不同，用相應的物品來抵禦寒冷和炎熱，使大家都能適應各自的處境，而各種物品都找到了發揮作用的地方。從這些情況看來，萬物本來是按照各自的自然規律活動變化的，聖人又為什麼要人為地去做一些事情呢！

在九疑山的南面，陸地上的事情少，而水上的活動多，在這種情況下，當地的人剪斷頭髮，在身體上刻畫一些花紋，使自己和水中的鱗甲動物相像；褲子很短，而且不穿套褲，以便於涉水和游泳；他們把短袖子捲到臂上，以便於撐船，這都是根據水上活動的需要所採用的措施。在雁門山以北，狄人吃的不是糧食；他們賤視年長的而看重健壯的人，各自都崇尚有力氣的人；人們手中離不開弓箭，馬也很少解除帶嚼子的籠頭，這都是習慣形成的。所以夏禹進入裸國，是脫光了衣裳進去的，出來時又穿上衣裳、繫好了帶子，這也是順應當地的習俗。現在移植樹木的人，使樹木改變了喜暖喜寒的特性，那樹木沒有不枯槁的。所以橘樹種到長江以北就會變成橙子，八哥鳥不能在濟水以北生活，狗獾過了汶水就會死去，這都是因為事物的本性不可改變、所處的地理環境不能更換的緣故。因此，通達「大道」的人，能回復清淨的本性；那些探究事物規律的人，探究的結果總是歸結到「無為」。如果能用恬靜來養性，用寂寞無為來安處精神就能進入自然的境界。

所謂天者，純粹樸素，質直❶皓白，未始有與雜糅❷者也。所謂人者，偶睉❸

智故，曲巧偽詐，所以俛仰於世人❹而與俗交者也。故牛歧蹏而戴角，馬被髦而全足者，天也。絡馬之口、穿牛之鼻者，人也❺。循天者，與道游者也。隨人者，與俗交者也。夫井魚不可與語大海❻，拘於隘❼也；夏蟲不可與語寒雪❽，篤於時也❾；曲士❿不可與語至道⓫，拘於俗、束於教也。故聖人不以人滑天⓬，不以欲亂情⓭；不謀而當、不言而信、不慮而得、不為而成，精⓮通於靈府⓯，與造化者為人⓰。

【章旨】這一章說明「天（天然）」、「人（人為）」的不同特點，以及為「聖人」者如何處理好二者關係的態度。所說道理、所舉事例，皆本於《莊子・秋水》，只是略有發揮。中言「天」乃「純粹樸素，質直皓白，未始有與雜糅」，而「人」乃「偶睉智故，曲巧偽詐，所以俛仰於世人而與俗交」。為「聖人（指帝王）」者須「循天」「與道游」，而不可「隨人」「與俗交」。

【注釋】❶質直　樸實正直。❷糅　錯雜。❸偶睉　馬宗霍謂猶「隅差」，「隅則不正，差則不齊，蓋以狀人情之變耳」。❹世人　指世間一般人。❺牛歧蹏而戴角五句　本於《莊子・秋水》：「牛馬四足，是謂天；落馬首，穿牛鼻，是謂人。」歧蹏，指牛蹄分岔。戴，頭上頂著。被，覆蓋。髦，即「毛」。鳥獸之毛稱髦。全足，指馬蹄無分岔。❻海　原文無此字，依俞樾校補。❼隘　狹小。❽雪　原文無此字，依俞樾校補。❾篤於時也　受到時間限制。篤，固；拘限。夏蟲（蟬蜩之類）只能生活在夏天，到冬天早已死去，自然見不到冰，故言。❿曲士　曲知之士；曲見之士。即見識淺陋之人。曲，偏而不全。一說曲士指鄉曲之士，即鄉下先生。⓫至道　最高的「道」，與「大道」近。⓬不以人滑天　本於《莊子・秋水》：「無以人滅天。」滑，通「汩」。亂。擾亂。天，身。⓭情　指事物的本性。⓮精　指精神。與「形」相對。《莊子・刻意》：「形勞而不休則弊，精用而不已則勞。」⓯靈府　精神之宅。謂心靈深處。⓰與造化者為人　本於《莊子・大宗師》：「彼方且與造物者為人。」為人，為偶。人，偶。

【語譯】所謂的「天然」，是純粹的、樸素的，它樸實、正直、雪白，未曾和他物相混雜。所謂的人為，卻為人不一、富於變化，曲折取巧、虛偽狡詐，用這些手段來和世間的人周旋、應付，而與一般人交往。所以牛蹄是開岔的，而頭上長著角，馬身上長著毛而蹄子卻沒有開岔，這都是自然形成的。將馬的口用籠頭罩住，把牛的鼻子穿起來，這都是人為的限制。遵循自然法則的人，就能和「道」一起行進。而照人為的辦法做事的人，只能和世俗之人交往。井裡的魚，不能和牠談論大海的事，是因為牠受到住所狹小的拘限；夏天的昆蟲，不能和牠談論寒冷的雪，是因為牠受到時間限制的緣故；見識淺薄的人，不能和他談論「大道」之理，是因為他受到世俗觀念和所受教育的束縛。所以聖人不用人為的行動來擾亂自身，也不用自己的欲望去擾亂事物的本性；不必謀劃而很恰當，不說話而能使人相信，不加思慮而能有收穫，不人為地採取行動而能使事情成功，他們的精神與心靈相通，而與化生萬物的大自然為伴。

夫善游者溺❶，善騎者墮，各以其所好❷，反自為禍❸。是故好事❹者未嘗不中❺，爭利者未嘗不窮也。昔共工❻之力，觸不周❼之山，使地東南傾。與高辛❽爭為帝，遂潛於淵，宗族❾殘滅，繼嗣❿絕祀。越王翳⓫逃山穴，越人熏而出之，遂不得已⓬。由此觀之，得在時，不在爭；治在道，不在聖⓭；土處下，不爭高，故安而不危；水下流，不爭先，故疾而不遲⓮。

昔舜⓯耕於歷山⓰，朞年⓱，而田者⓲爭處墝埆⓳，以封畔⓴肥饒相讓；釣於河濱㉑，朞年，而漁者爭處湍瀨㉒，以曲隈㉓深潭㉔相予。當此之時，口不設言㉕，手不指麾㉖，執玄德㉗於心，而化馳㉘若神。使舜無其志㉙，雖口辯㉚而戶說之，不能化一人。是故不道之道㉛，莽㉜乎大哉！夫能理三苗㉝、朝羽民㉞、徙㉟裸國、納肅慎㊱，未發號施令而移風易俗者，其唯心行㊲者乎！法度刑罰，何足以致之也？是故聖人內修其本，而不外飾其末；保其精神，偃㊳其智故；漠然無為而無不為㊴也，澹然無治也而無不治也。所謂無為者，不先物為㊵也；所謂無不為者，因物㊶之所為。所謂無治者，不易自然也；所謂無不治者，因物之相然㊷也。萬物有所生，而獨知守其根㊸；百事有所出，而獨知守其門㊹。故窮無窮、極無極，照物而不眩㊺，響應而不乏，此之謂天解㊻。

【章　旨】這一章用兩類不同的事例說明「得在時，不在爭；治在道，不在聖」的道理，肯定「聖人」的「內修其本，而不外飾其末；保其精神，偃其智故；漠然無為而無不為也，澹然無治也而無不治也」。並解釋了幾個重要的概念：「所謂無為者，不先物為也；所謂無不為者，因物之所為。所謂無治者，不易自然也；所謂無不治者，因物之相然也。」

【注　釋】❶溺　淹沒。❷好　精；巧。❸禍　危害。❹好事　舊注謂「好為情欲之事」。❺中　為外物所傷。❻共工　古代的天神、水神。《山海經・海內經》言其為古諸侯，為炎帝之後，姜姓。屈原〈天問〉王逸注謂其名為康回。本書〈天文〉言其「與顓頊爭為帝，怒而觸不周之山，天柱折，地維絕。天傾西北」云云。❼不周　古代傳說中的山名。一說在崑崙山西北，一說位於「西北之極」。❽高辛　古代部落首領帝嚳之號。傳說為黃帝的曾孫、堯的父親。商稱其為高祖。❾宗族　父系的親屬。❿繼嗣　傳宗接代的人。吳承仕以為當為「斷嗣」。⓫翳　越王太子名。當立為王，讓而不得，逃入巫山穴中，越人以煙火熏之，不得已而為王。⓬已　舊注謂「止也」。指讓王位事言。⓭治在道二句　舊注謂「雖聖不得為，故曰在道，孔子是也」。聖，聰明。意同《老子》「絕聖棄智」之「聖」。⓮遲　緩慢。⓯舜　古帝名。即虞舜。名重華，繼堯為帝。⓰歷山　傳為舜耕之地的歷山甚多，諸如山東省濟南市的舜耕山（一名千佛山）、河南省范縣東南的雷澤之地、河北省涿鹿縣的潘城等。⓱朞年　即週年。朞，週。⓲田者　種田的人。⓳墝埆　土地貧瘠。⓴封畔　界域。封、畔皆有界意。原文作「封壤」，依王念孫校改。㉑河濱　黃河之濱。㉒湍瀨　水淺流急而少魚之處。㉓曲隈　水流的崖岸彎曲。㉔深潭　係指回流多魚之處。㉕口不設言　謂舜以德化人，不須言講。即《老子》「行不言之教」。舊注謂「口不設不信之言」，非。㉖手不指麾　蓋謂不假施為而人自歸。又即《老子》「聖人處無為之事」。舊注謂「不妄有所規儗」，亦非。麾，指揮。㉗玄德　深遠的「德」。《老子》：「生而不有，為而不恃，長而不宰，是謂玄德。」㉘化馳　指教化的推行。㉙志　舊注謂「志，王天下之志也。一曰：人心之志」。㉚辯　有口才。㉛不道之道　舊注謂「道不可道，故曰不道之道」。㉜莽　莽莽。與「茫茫」義同。廣大的樣子。㉝三苗　古代部族名。原先生活在洞庭湖、彭蠡湖一帶，後來舜建議堯遷三苗於三危。㉞朝羽民　謂使羽民國來朝。羽民，傳說中的古國名，「其為人長頭，身生羽」（《山海經‧海外南經》）。㉟徙　化。㊱肅慎　古民族名。生活在北方，一說生活在黑龍江、松花江流域。㊲心行　指以心行「德」。㊳偃　止息。㊴無不為　舊注謂「能無為，故物無不為之化」。㊵不先物為　不先物而為。《淮南子》講「無為」主因循，故有此說。而此說實本於《呂氏春秋‧審應覽》。㊶因物　順物之性。㊷相然　相宜。㊸根　本。㊹門　舊注謂「禁要也」。㊺眩　迷惑。㊻天解　自然而化。即上句所言「漠然無為而無不為也，澹然無治也而無不治也」。

【語　譯】擅長游泳的人往往會被淹死，很會騎馬的人往往會從馬上掉下來摔傷，各人因為他所具備的特長，反而給自己造成危害。所以喜歡多事的人沒有不受到傷害的，喜歡爭奪利益的人沒有不遭受困苦的。從前共工力氣很大，用頭撞不周山，使大地向東南傾斜。他和高辛氏爭奪帝位，終於失敗後潛入深淵，整個宗族都被殺光了，連傳宗接代、用來祭祖的人都沒有了。越王太子翳不願做帝王，逃進山洞，越國的人用煙火把他從洞中熏了出來，這才不得已做了越王。從這些情況看來，得到帝位在於時機適當，不在於爭奪；國家治理得好在於遵循「大道」，不在於才智的傑出。泥土位於下面，不與誰爭高，所以它安穩而沒有危險；水往下流，不和誰爭先，所以它流得快而不遲滯。

從前虞舜在歷山種地，過了一年，種田的人都爭著去種貧瘠的土地，而將肥沃的田土讓給他人；虞舜在黃河邊釣魚，過了一年，捕魚的人都爭著到水流湍急、魚兒很少的地方去垂釣，卻把水岸曲折、有回流、魚兒多的地方讓給他人。在這個時候，舜並沒有用言語教育人們，也沒有用手指揮人們，他只是心中懷抱著深遠的「德」，而教化的推行如同神助一般。假使舜沒有心懷自然之「德」，即使他口才很好而一家一戶去說服，也不能教化一人。所以那不可言說的「道」，它的威力真是廣大無邊啊！能夠治服三苗，使羽民國來朝見，使裸國改變風俗，使肅慎來交納貢賦，虞舜從來沒有發號施令卻能改變風俗，這恐怕是用心行「德」的結果吧！靠著法律刑罰，哪裡能夠出現這些情況呢？所以做帝王的內心要整治好他的根本，而不必在外面對一些末節之事加以修飾；保全他的精神，去掉他的智巧；靜寂無聲好像不做什麼事情，沒有什麼事情做不成功，靜而不動好像什麼事也不處理，而沒有什麼事處理得不好。這裡所說的好像不做什麼，講的是不在事物出現之前先去行動；所說的沒有什麼事情做不成功，講的是按照事物發展的趨勢去行動。所說的好像不處理什麼事情，講的是不改變自然；所說的沒有什麼事情處理得不好，講的是順應事物自然而然的特點去行動。萬物有一個產生的根源，而只知道守住那個根；百事都出自於一個門戶，而只知道守住那道門，所以就能窮究無窮無盡事物的道理，對事物認識得十分清楚而不會受到迷惑，解決問題迅速得如同隨聲響應而不感到因難，這就叫做自然而化。

故得道者，志弱而事強❶，心虛而應❷當❸。所謂志弱而事強者，柔毳❹安靜，藏於不敢❺，行於不能，恬然無慮，動不失時，與萬物回周旋轉❻，不為先唱❼，感[8]而應[9]之。是故貴者必以賤為號，而高者必以下為基[10]。託小以包大，在中以制外，行柔而剛，用弱而強，轉化推移，得一[11]之道，而[12]以少正多。所謂其事強者，遭變應卒[13]，排患扞[14]難，力無不勝，敵無不凌，應化揆[15]時，莫能害之。是故欲剛者，必以柔守之；欲強者，必以弱保之。積於柔則剛，積於弱則強，觀其所積，以知禍福之鄉[16]。強勝不若己者，至於若己者而同[17]。柔勝出於己者，其力不可量。故兵強則滅，木強則折，革固則裂，齒堅於舌而先之敝[18]。是故柔弱者，生之榦[19]也；而堅強者，死之徒也[20]。先唱者，窮之路也；後動者，達之原[21]也。

何以知其然也？凡人中壽[22]七十歲，然而趨捨指湊[23]，日以月悔[24]也，以至於死。故蘧伯玉[25]年五十，而有四十九年非。何者？先者難為知[26]，而後者易為攻[27]也。先者上高，則後者攀之；先者踰下，則後者蹍[28]之；先者隤陷[29]，則後者以謀；先者敗績[30]，則後者違之。由此觀之，先者，則後者之弓矢質的[31]也。猶錞[32]之與刃，刃犯難[33]而錞無患者，何也？以其託於後位也。此俗世庸[34]民之所公[35]見也，而賢知者弗能避，有所屏蔽[36]也。所謂後者，非謂其底滯[37]而不發，凝竭[38]而不流[39]，貴其周[40]於數[41]而合於時[42]也。夫執道理以耦變[43]，先亦制後，後亦制先。

是何則？不失其所以制人，人不能制也。

時之反側，間不容息㊹，先之則太過，後之則不逮。夫日回㊺而月周㊻，時不與人游㊼，故聖人不貴尺之璧，而重寸之陰，時難得而易失也。禹之趨時也，履遺而弗取，冠挂而弗顧㊽，非爭其先也，而爭其得時也。是故聖人守清道㊾而抱雌節㊿，因循應變，常後而不先，柔弱以靜，舒(51)安以(52)定，攻大礳(53)堅，莫能與之爭。

【章旨】這一章說明守柔抱雌、不與物爭先的道理，主要觀點本於《老子》的「柔弱勝剛強」、「守柔日強」、「夫唯不爭，故天下莫能與之爭」等，但又有新的發揮。如對剛柔、強弱轉化，尤其是對「積於柔則剛」「積於弱則強」的論述很具特色。而對後而不先的解釋，說到「所謂後者，非謂其底滯而不發，凝竭而不流，貴其周於數而合於時也」，以及據此提出的「得時」、「待時」觀念，都是有創造性的。

【注釋】❶事強　謂做事沒有不成功的。舊注謂「強，無不勝也」。❷應　應事。❸當　切當。❹毳　鳥獸的細毛。❺不敢　與下句中「不能」皆言「志弱」，俞樾校改為「不取」，非。❻回周旋轉　即回旋周轉。❼唱　同「倡」。帶頭；倡導。❽感　動。❾應　應和。❿是故貴者二句　出自《老子》第三十九章。原文續有「是以侯王自稱孤、寡、不穀。此非以賤為本邪？非乎」二句。號，稱號。⓫一　「道」是無限的，又是有獨無偶的，而其原始狀態又渾然一體，故將其稱為「一」，或為「太一」。⓬而　意亦同「能」。⓭卒　突然。⓮扞　抵禦。⓯揆　度量；考察。⓰鄉　方向。⓱同　相等。⓲敝　壞。⓳榦　本質。⓴堅強者二句　出自《老子》第七十六章：「故堅強者死之徒，柔弱者生之徒。」徒，眾；同一類的人。㉑原　同「源」。㉒中壽　中等年壽。相對於上壽而言。㉓指湊　舊注謂「指，所之也；湊，所合也。指湊，猶言行止也」。㉔日以月悔　言每日每月皆悔前日前月之非。以，通「與」。㉕蘧伯玉　衛國大夫，名瑗。《莊子．則陽》謂「蘧伯玉行年六十而六十化，未嘗不始於是之，而卒詘之以非也；或未知今之所謂是之非五十九非也」。㉖知　同「智」。㉗攻　同「功」。㉘躧　踩；踏。原文為「蹷」，依王念孫校改。㉙隤陷　跌倒陷落。隤，蹪。㉚敗績　事業敗壞。㉛質的　箭靶。㉜錞　矛、戟末端的平底金屬套。㉝犯難　冒險、遭難。㉞庸　舊注謂「眾也」。㉟公　舊注謂「詳也」。㊱有所屏蔽　原文無此四字，依王念孫校補。㊲底滯　閉塞；停滯。底，止。㊳竭　遏止。原文為「結」，依王念孫校改。㊴流　行。㊵周　調節。㊶數　術。指方法。㊷合於時　舊注謂「時行則行，時止則止也」。㊸耦變　雙變。指兩方都可以變化。耦，一訓為「通」。㊹間不容息　猶言間不容呼吸。一呼一吸為息。㊺日回　指太陽運行。回，轉。㊻月周　指月亮循環運行。㊼時不與人游　馬宗霍說：「言時光瞬息即逝，不與人少作周旋也。」㊽冠挂而弗顧　舊注謂「冠有所挂著，去不暇顧視」。㊾清道　清靜之道。㊿雌節　柔弱的節操。《老子》：「知其雄，守其雌，為天下溪。」(51)舒　詳。安詳。(52)以　猶「而」字。(53)礲　同「磨」。磨碎。

【語　譯】所以把握了道的人，意志雖柔弱而做事卻沒有不獲勝的，心中雖虛空而處理事情卻無往不宜。所說的意志柔弱而做事沒有不獲勝的人，他們為人柔弱安靜，無論出處行止都顯出不敢、不能的特點；靜靜的沒有什麼思慮，行動起來卻不錯失適當的時機；隨著萬物回旋周轉，而不在事物變化之前加以倡導，只是受到外物的觸動，才去回應。因此，尊貴的人一定要用低賤的名號來稱呼自己，而高的物體一定要用下面的東西來作基礎。寄身在小的位置而能包容大的東西，居於中間而能制約外面，行事柔軟而能夠堅硬，做事懦弱而能夠剛強，隨物轉化推移，把握了「一」這個大道就能用少數統領多數。所說的做事沒有不獲勝的，講的是遇到突然的變化能夠應付，能排除禍患、抵禦災難；再大的力量沒有不能戰勝的；再強的敵手，沒有不能壓倒的；應付變化、審度時勢，沒有人能夠傷害他。因此，要想堅硬，一定要用柔軟來守住它；要想剛強，一定要用懦弱來守住它。柔軟積累多了就成了堅硬，懦弱積累多了就成了剛強。觀察所積累的東西是什麼，就能判明禍福的趨向。剛強能戰勝不如自己的一方，至於像自己一樣的對象，那自己只能和它處於同等地位。柔弱卻可以勝過超出自己的對手，它的力量不可估量。所以兵力強大的軍隊往往會被消滅，樹木強硬就容易斷折，皮革堅固就容易破裂，牙齒比舌頭堅硬卻比舌頭先壞。因此，柔弱是生存的本質，而堅強屬於死亡一類。先於事物變化而加以倡導，是把人引向困境的道路；後於事物變化而行動，是使人通達無阻的根源。

怎麼知道是這樣的呢？一般來說，人活到中等年壽是七十歲，但是他在趨捨行止的時候，總是每一天都為前一天的不對而後悔，每一月為前一月的不對而後悔，一直悔恨到死。所以蘧伯玉活到五十歲，就有四十九年的不對。這是為什麼呢？是因為在先的人很難周全地施用智才，而在後的人做事就容易成功。在先的人上到高處，那麼後面的人就可拉住他上去；在先的人跳到下面，那後面的人就可踏著他的腳跡跳下去；在先的人摔倒了，後面的人就要謀劃新的出路；在先的人事業失敗了，後面的人就不再循他的後路走。從這些事情看來，在先的人就像是後面人挽弓射箭的靶子。兩者的關係如同矛戟的鋒刃和柄端金屬套一樣，鋒刃總是遭難，柄端金屬套卻無災無禍，這是什麼原因呢？就是因為它寄身在後面的位置上。這些是世上許多平庸人看得很清楚的事，可是有才有德的人卻不能避免作鋒刃之事，這是他們思想上有所屏障遮蔽的緣故。這裡所說的後面，並不是講它被阻塞住不能動，也不是講它凝成一團而不能前行，可貴的是它能調節方法而合於時勢。掌握道理可以使雙方產生變化，在先的也可以制約在後的，在後的也可以制約在先的。這是為什麼呢？是因為他沒有失去制約人的能力，別人就不能制約他。

時間過得極快，如同一反一側之間連一次呼吸都不能完成。在它之先行動就會超出太多，在它之後行動，那又會趕不上。日月不停地運轉，時間不會隨人周旋。所以聖人並不把一尺多長的玉璧看得很珍貴，卻很重視一寸長的光陰，這是因為時間難以得到而容易失去。夏禹為了趕時間，鞋子掉了而不撿起來，帽子被勾住了也不回頭去看一下，並不是為了爭先，而是為了爭得時機。因此，聖人堅持的是清靜的道、懷抱著柔弱的節操，用因循的方法應付事物的變化，常常居於後面而不爭先，柔弱而清靜，安詳而平定；再強大的東西也能攻破，再堅固的東西也能磨碎，沒有誰能和他抗爭。

天下之物，莫柔弱於水。然而大不可極，深不可測；修極於無窮，遠淪❶於無涯，息❷耗❸減益❹，通於不訾❺；上天則為雨露，下地則為潤澤，萬物弗得不生，百事不得不成，大包群生，而無私好⑥；澤及蚑蟯⑦，而不求報，富贍⑧天下而不既⑨，德施百姓而不費⑩；行而不可得窮極也，微而不可得把握也；擊之無創，刺之不傷，斬之不斷，焚之不然，淖溺⑪流遁⑫，錯繆⑬相紛而不可靡散⑭，利貫⑮金石，強濟⑯天下，動溶⑰無形之域，而翱翔忽芒⑱之上；邅回⑲川谷之間，而滔騰⑳大荒之野㉑；有餘、不足，與天地取與，稟㉒授萬物而無所前後。是故無所私而無所公，靡濫㉓振蕩，與天地鴻洞㉔；無所左而無所右，蟠委㉕錯紾㉖，與萬物終始㉗。是謂至德㉘。

夫水所以能成其至德於天下者，以其淖溺潤滑也。故老聃之言曰：「天下至柔，馳騁天下之至堅。出於無有，入於無間。吾是以知無為之有益。」㉙夫無形者，物之大祖㉚也；無音者，聲之大宗也。其子為光，其孫為水㉛，皆生於無形乎！夫光可見而不可握，水可循而不可毀。故有像之類，莫尊於水。出生㉜入死㉝，自無蹠有，自有蹠㉞無，而以衰賤矣。

【章　旨】這一章分兩層意思：一講水的至為柔弱，卻具有種種功用、特質和品性。不單是大、深、修、遠，行而不可極、微而不可把握、擊不傷、斬不斷、焚不燃，還能滋潤萬物、德施百姓、富贍天下而不求報。作者將這些統稱之為「至德」。二講水能成其「至德」的原因，在於「淖溺潤滑」，藉以證明老子說的至柔「馳騁天下之至堅。出於無有，入於無間。吾是以知無為之有益」。總之，全章說水，主要是講「至德」，而講「至德」，強調的是「柔弱」、「無為」的可貴。

【注釋】❶淪　湮沒。❷息　增長。❸耗　減損。❹益　增加。❺訾　通「貲」。計算；估量。❻無私好　原文為「無好憎」，依王引之校改。❼蚑蟯　泛指爬行蠕動的蟲類。蚑，長蚑。一名蠨蛸，身小足長。蟯，寄生於人體大腸內的蟲子，體圓色白。❽富贍　猶言富足。❾既　盡；完了。❿不費　意謂沒有消耗什麼。舊注言「不以為己財費也」，非。⓫淖溺　柔軟。⓬流遁　流逸；奔流。⓭錯繆　錯雜。⓮靡散　碎散。即分散開來。⓯貫　穿過。⓰濟　通達。⓱動溶　搖蕩。溶，與「搈」同音通用。⓲翱翔忽芒　本於賈誼〈鵩鳥賦〉：「寥廓忽荒兮，與道翱翔。」忽芒，無形的樣子。原文為「忽區」，依王引之校改。⓳邅回　徘徊。⓴滔騰　激蕩奔騰。㉑大荒之野　《山海經‧大荒西經》：「大荒之中，有山名曰大荒之山，日月所入。有人焉三面，是顓頊之子，……是謂大荒之野。」大荒，極遼闊邊遠的地域。㉒稟　原文無此字，依俞樾校補。㉓靡濫　流散；分散。㉔鴻洞　連續；融通。舊注訓為「大通」。㉕蟠委　屈曲。蟠、委均有曲折意。㉖錯紾　交結。舊注訓「紾」為轉。㉗終始　原文為「始終」，依王念孫校改。㉘至德　至極之德。即大德或曰最高的德。此「德」非儒家倫理道德之「德」，而為老子「萬物尊道而貴德」之「德」。㉙老聃之言六句　見於《老子》第四十三章。張舜徽釋此數句言：「水之為物至柔，及其積厚勢重，可以潰決隄防，漂沒城邑。泛濫所至，無隙不入，可以知其威力之大。老子有見及此，因悟柔弱可勝剛強，為人君者，宜去健羨，黜聰明，任人而不任智，而收無為之效。」（《老子疏證》卷上）㉚大祖　與下句「大宗」均指物之本原而言。大祖，本指每一朝代的始封之君。大宗，周代宗法以始祖嫡長子為大宗。㉛其子為光二句　舊注謂「光無形，道所貴也。觀（親）之，故子為光也。水形而不可毀，差之，故孫為水」。㉜出生　從生道出去。舊注謂「出生道，謂去清淨也」。㉝入死　進入死道。舊注謂「入死道，謂匿情欲也」。㉞蹠　適；至。

【語　譯】在天下萬物中，沒有比水更柔弱的了。但是它卻大得找不到極限，深得找不到盡頭，長得無窮無盡，遠得沒有邊際。它的增長損耗、減少增多，都達到了無法估量的境地。上到天上就成了雨露，下到地上就滋潤草木。萬物得不到它就不能生存，百事得不到它也辦不成功。它給各種生物帶來好處卻沒有私自的喜好。恩澤加到爬行蠕動的蟲子身上，而不要求報答。使天下富足而不會用盡，恩德加在百姓身上也感覺不到耗費了多少。水的流行是不能窮究它的極限的，它的細微是無法用手把握的。打擊它不會留下傷口，刺殺它不會受到損害。砍它砍不斷，燒它燒不燃。它柔軟容易奔流，錯雜紛亂，而不能使它碎散。它鋒利得可以穿透金屬和石頭，它的力量強大得可以通達天下。它在無形的區域內搖蕩，又翱翔在忽荒之上。在川谷之間徘徊，又在大荒之野激蕩。有餘或不足都給予天地或取於天地，給予萬物不分誰前誰後。因此，它說不上為私還是為公，流散振蕩，和天地融通。說不上是向左還是向右，屈曲交結，和萬物同始同終。這就稱為最高的德。

水之所以能在天下形成最高的德，是因為它柔軟潤滑的緣故。所以老聃說過這樣的話：「天下最柔軟的東西，能在最堅固的東西中馳騁。它從沒有力量的狀態中出來，卻能進入沒有間隙的地方，我因此而明白無為是有益的。」無形是萬物的老祖宗，無音是聲音的老祖宗。無形的兒子是光，它的孫子是水，光和水都是無形所產生的呀！光可以見得到卻不能用手握住，水可以撫摩卻不能毀滅。所以在有形象的東西中，沒有比水更尊貴的了。它從生道出來而進入死道，實際上就是從無到有，若從有到無，那它就會衰亡而處於卑賤的地位了。

是故清靜者，德之至也；而柔弱者，道之要❶也。虛無恬愉❷者，萬物之用也；肅然❸應感，殷然❹反本，則淪於無形矣。所謂無形者，一❺之謂也。所謂一者，無匹合於天下者也。卓然❻獨立，塊然❼幽處❽，上通九天❾，下貫九野❿，員不中規⓫，方不中矩⓬，大渾⓭而為一，葉累⓮而無根⓯，懷囊⓰天地，為道關門⓱，穆忞⓲隱閔⓳，純德獨存，布施而不既，用之而不勤⓴。是故視之不見其形，聽之不聞其聲，循㉑之不得其身。無形㉒而有形㉓生焉，無聲而五音㉔鳴焉，無味而五味㉕形㉖焉，無色而五色㉗成焉。是故有生於無，實㉘出於虛，天下為之圈㉙，則名實同居。音之數不過五，而五音之變㉚不可勝聽也。味之和不過五，而五味之化不可勝嘗也。色之數不過五，而五色之變不可勝觀㉛也。故音者，宮立而五音形㉜矣；味者，甘立而五味亭㉝矣；色者，白立而五色成㉞矣；道者，一立而萬物生㉟矣。

是故一之理㊱，施四海；一之解㊲，際㊳天地。其全也，純兮若樸㊴；其散也，混兮若濁。濁而徐清，沖而徐盈，澹㊵兮其若深淵，汎㊶兮其若浮雲，若無而有，若亡而存。萬物之總㊷，皆閱㊸一孔；百事之根，皆出一門㊹。其動無形，變化若神；其行無跡，常後而先。

是故至人㊺之治㊻也，掩其聰明，滅其文章㊼，依道廢智，與民同出於公㊽。約其所守，寡其所求，去其誘慕㊾，除其嗜欲㊿，損(51)其思慮。約其所守則察(52)，寡其所求則得。夫任耳目以聽視者，勞形而不明；以知慮為治者，苦心而無功。是故聖人一度(53)循軌(54)，不變其宜，不易其常，放(55)準循繩，曲(56)因其當。

【章旨】這一章論述了「一」的特點和「至人之治」的方法。一般來說，《淮南子》講的「道」、「德」和「一」，三名實為一物。但本章說「道」和「一」的關係較細，既說「一」「為道關門」，又說「道者，一立而萬物生矣」。說「一」的特點，如謂其「無形」、「無匹合於天下」、上下貫通、用之無窮、化生天地萬物、動無形、行無跡、常後而先等等，皆與「道」的屬性相同。說「至人之治」的方法，則主要是講如何「無為」和「有為」之弊。

【注　釋】❶要　要領；綱要。❷恬愉　安樂而無所好憎。❸肅然　恭謹的樣子。❹殷然　一本作「毅然」。❺一　即「道」。稱「道」為「一」，如韓非所說：「道不同於萬物，德不同於陰陽，衡不同於輕重，繩不同於出入，和不同於燥溼，君不同於群臣，凡此六者，道之出也，道無雙，故曰一。」(《韓非子・揚權》)❻卓然　特異的樣子。❼塊然　孤獨的樣子。❽幽處　沉靜而處。原文作「獨處」，與上句「獨立」重複，依劉文典校改。❾九天　天之中央及八方。亦稱九野。《呂氏春秋・有始》言「天有九野，中央曰鈞天，東方曰蒼天，東北曰變天，北方曰玄天，西北曰幽天，西方曰顥天，西南曰朱天，南方曰炎天，東南曰陽天」。❿九野　此謂九州之野。即九州之地。⓫規　畫圓形的工具。即圓規。⓬矩　畫直角或方形的工具。⓭大渾　大同。⓮葉累　積累。葉，聚；積。⓯無根　舊注謂「言微妙也」。⓰懷囊　猶言懷抱、包容。⓱闢門　猶言門戶。闢，門門。一本作「開門」。⓲穆忞　杳然無形的樣子。⓳隱閔　不著形跡。⓴勤　盡。與上句「既」字義同。舊注謂「勞也」，非。㉑循　撫摩。㉒無形　指「道」。㉓有形　指萬物。㉔五音　古樂五聲音階名。即宮、商、角、徵、羽。㉕五味　即酸、苦、甘、辛、鹹五種味道。㉖形　一本作「和」。㉗五色　即青、黃、赤、白、黑五種色彩。㉘實　舊注謂「有形生於無形（人也）。實，財也」。㉙圈　圈牢；飼養家畜的畜欄。舊注訓為「陬」，非。楊樹達說「此與上文『張天下以為之籠』語意相同」。㉚變　舊注謂「更相生也」。㉛觀　諦視。即觀賞。舊注謂「常事曰視，非常曰觀」。㉜形　舊注謂「正也」。宮在中央，為聲之主，故言。㉝亭　定。《文子・道原》即作「定」。甘為中央味，故言。㉞成　形成；完成。白者，可任意染成他色，故言。㉟生　產生。此處雖將「一」作為「道」的關鍵看待，實際上二者同為一物。㊱理　即「道」。㊲解　分散。舊注訓為「達」。㊳際　盡。舊注訓為「機」。吳承仕言此訓於古無徵，疑「機」當為「幾」。馬宗霍以為機，引申為「樞機」。今從吳說。㊴樸　未加工的木材。舊注訓為「玉璞」，不妥。㊵澹　定而不動；安靜。㊶汎　漂浮。㊷總　聚合。㊸閱　匯集。《說文・門部》：「閱，具數於門中也。」㊹門　指「道」之門。㊺至人　至道之人。掌握「大道」之人，實指道家理想中的帝王。㊻治　指治理天下。㊼文章　指文飾。《考工記》：「畫繪之事，青與赤謂之文，赤與白謂之章。」㊽公　正。㊾誘慕　引誘、羨慕。指嚮往榮勢。㊿嗜欲　情欲；欲望。(51)捐　去；除。原文為「損」，依王念孫校改。(52)察　舊注謂「不煩擾也」。

❺❸一度　統一法度。一，齊。❺❹軌　法規。❺❺放　依照。❺❻曲　曲折周到。

【語　譯】所以清靜是「德」的最高境界，而柔弱是「道」的要領。虛無而無所好憎，正是萬物能為人所用的原因。很恭謹地對感覺作出反應，很殷切地返回根本，那就淪沒到無形之中了。所講的無形，就是「一」的稱呼。所講的「一」是指它在天下沒有同類存在。它姿態特異、獨自挺立，孤獨而沉靜地停在那裡。向上通達九天，向下貫穿九野。它是圓的，但又不合圓規的標準，它是方的，但又不合角尺的標準。它們基本相同，混為一體，積累在一起而沒有生根。懷抱著天和地，成為道的門戶。它杳然無形不著形跡，只有純粹的「德」存在：它施予萬物而不會完結，它為人所用而不會窮盡。所以看它見不到它的形象，要聽聽不見它的聲音，要撫摩它卻摸不著它的身體。無形卻能產生有形的萬物，沒有聲響卻能使五音鳴響，沒有味道卻能形成五味，沒有顏色卻能形成五色。所以「有」是由「無」產生的，「實」是從「虛」中產生出來的。把天下作為一個圈欄看待，那事物的名號和實際是同處一體的。音階的數量不會超過宮、商、角、徵、羽五種，而五音變化生出的音律卻使人聽不完，用來調和的滋味不會超過甘、酸、鹹、辛、苦五種，而五種味道調和出來的美味卻使人品嘗不盡，顏色的數量不會超過青、赤、白、黑、黃五種，而五色變化產生的色彩卻使人觀賞不盡。所以在音樂中，宮聲成立那麼五音就形成了；在味道中，甘味成立那麼五味就確定了；在顏色中，白色成立那麼五色就出現了；在道中，「一」一成立那麼萬物就產生了。

因此「一」這個道可以散布到四海，「一」分散開來，可以把天地之間塞盡。它純粹得就像未經加工的木材。它散開時，渾渾的像混濁的水，混濁的水慢慢變清，空虛處慢慢被裝滿了。靜靜的不動就像一口深潭，漂浮著就像空中的浮雲。像沒有而又實在有，像不存在而又存在。萬物聚合雖多，但都匯聚在一孔之中；百樣事物的根柢都出自一門之中。它動起來見不到形體，變化起來像神靈一樣；它運行時不留下痕跡，常常居後而得以領先。

所以掌握大道的人治理天下，塞住他的耳朵不去聽，遮住眼睛不去看，滅掉他的文飾，依順大道、廢棄智慧，和民眾同樣出於公正。能使自己堅守的東西簡約不繁，能使自己的要求減少。能去掉對榮耀、權勢的嚮往之心，除掉種種欲望，放棄他的思慮。能使堅守的東西簡約不繁就不會有煩擾，減少要求就能有所得。憑著耳朵聽、眼睛看來辦事，身體會很勞累，事物卻聽不明白、看不明晰。用智慧思慮來治理國家，內心很苦卻不能取得成績。所以聖人治理天下，要統一法度，遵循原則，不變更適宜的方法，不改換固定的常規，依照準繩，曲折周到地採用適當的辦法。

夫喜怒者，道之邪也[1]；憂樂者，德之失也[2]；好憎者，心之過也[3]；嗜欲者，性之累也[4]。人大怒破陰[5]，大喜墜陽[6]；薄氣[7]發瘖[8]，驚怖為狂；憂悲多恚[9]，病乃成積；好憎繁多，禍乃相隨。故心不憂樂，德之至也；性[10]而不變，靜之至也；嗜欲不載[11]，虛之至也；無所好[12]憎，平之至也；不與物殺[13]，粹之至也。能此五者，則通於神明[14]。通於神明者，得其內者也。是故以中[15]制外[16]，百事不廢，中能得之，則外能牧[17]之。中之得，則五藏寧[18]，思慮平[19]；筋力勁強，耳目聰明，疏達而不悖[20]，堅強而不鞼[21]，無所大過而無所不逮，處小而不逼，處大而不窕[22]；其魂不躁[23]，其神不嬈[24]；湫漻[25]寂寞，為天下梟[26]。

大道坦坦[27]，去身不遠；求之近者，往而復反。感則能應，迫則能動[28]；沕穆[29]無窮，變無形像；優游[30]委縱，如響之與景[31]；登高臨下，無失所秉；履危行險，無忘玄伏㉜。能存之此，其德不虧，萬物紛糅㉝，與之轉化，以聽㉞天下，若背風而馳㉟，是謂至德。至德則樂矣。古之人有居巖穴而神不遺者，末世有勢㊱為萬乘㊲而日憂悲者。由此觀之，聖亡㊳乎治人，而在於得道；樂亡乎富貴而在於德㊴和。知大己而小天下，則幾㊵於道矣。

【章旨】這一章講人的道、德、心、性是不能允許喜怒、憂樂、好憎、嗜欲存在的。去掉這些，才能通於神明，才能「以中制外，百事不廢」，才能「不悖」、「不贛」，「無所大過而無所不逮」，而成為天下之雄。同時，此章還說到如何體合大道以獲得「至德」。說大道離人不遠，容易求得，問題是要適應道的特徵，無論在何種情況下都要秉持大道。用道來治天下，就會像乘風前進，快而容易。這樣做就有了「至德」，也就有了快樂。快樂既與「得道」、「德和」相通，那「治人」、「富貴」自不可取，所以文中對此加以否定，而說「知大己而小天下」是近於大道的行為。

【注釋】❶喜怒者二句 舊注謂「道貴平和，故喜怒為邪也」。邪，偏邪；歪斜。❷憂樂者二句 舊注謂「德尚恬和，故憂悲（樂）為失」。憂樂，原文為「憂悲」，依俞樾校改。失，喪失。❸好憎者二句 舊注謂「心當專一，中扃外閉，反有所好憎，故曰過」。過，過失。❹嗜欲者二句 舊注謂「性當清靜以奉天素，而反嗜欲，故為之累也」。累，牽累。❺大怒破陰 舊注謂「怒者，陰氣也。陰為堅冰，積陰相薄，故破陰」。陰，陰氣。❻大喜墜陽 舊注謂「喜者陽氣，陽氣升於上，積陽相薄，故曰墜陽也」。陽，陽氣。❼薄氣 猶言陰陽逼迫之氣。❽瘖 啞。❾恚 怒；恨。❿性 原文為「通」，依劉文典校改。⓫載 生。⓬好 一本作「愛」。⓭殽 亂。原文為「散」，依王引之校改。⓮神明 神祇。⓯中 指心。⓰外 指情欲。⓱牧 養。原文為「收」，依王念孫校改。⓲五藏寧 舊注謂「各得其所」。五藏，即「五臟」。指脾、肺、腎、肝、心。⓳思慮平 舊注謂「不妄喜怒」。平，安定。⓴悖 謬誤。㉑贛 通「劌」。折。㉒窕 有空隙。《荀子・賦》：「充盈大宇而不窕。」㉓躁 煩躁。舊注訓為「狡」，狡憤，即煩躁不安。㉔不嬈 指精神安定。嬈，煩擾。㉕湫漻 清寂。㉖梟 本為一兇猛鳥名。此處指梟雄，即雄豪之輩。㉗坦坦　寬平之狀。㉘感則能應二句　原文為「迫則能應，感則能動」，依王念孫校改。迫，迫近。㉙沕穆　深微的樣子。原文為「物穆」，依王念孫校改。㉚優游　悠閒自得的樣子。㉛如響之與景　謂響應聲，影應形。景，即「影」。㉜玄伏　即守道。玄，指道。伏，通「服」。韋昭注《國語・吳語》訓「服」為「執」，執即守也。馬宗霍言舊注「連『玄伏』二字而以『道也』釋之，似失之簡」有理，故依其說。㉝紛糅　紛亂混雜。㉞聽　治理。㉟背風而馳　背對著風（即順著風向）驅馬前進。㊱勢　勢力；權力。㊲萬乘　指代帝王。周制，天子地方千里，出兵車萬乘，諸侯地方百里，出兵車千乘，故以萬乘指代帝王。㊳亡　不在。㊴德　同「得」。㊵幾　接近。

【語　譯】喜悅和憤怒是道偏邪的表現，憂傷和快樂是德喪失的表現，愛好和憎惡是心的過錯，嗜好和欲望是人性的牽累。人大怒就會破壞陰氣，人大喜就會失去陽氣。陰陽逼迫之氣會使人喑啞，使人驚駭恐怖成為瘋子。憂愁悲傷和怒氣很盛，疾病就積成了。愛好和憎惡很多，禍害也就隨著產生了。所以心裡不憂愁也不快樂，是德的最高境界；保持本性而不發生變更，是靜的最高境界；嗜好和欲望從不產生，是虛的最高境界；沒有什麼愛好和憎惡，是平靜安定的最高境界；不和外物相雜，是純粹的最高境界。能做到這五點，那就和神祇相通了。能與神祇相通，那麼他的內心修養就到家了。因此他就能用內心來制約欲望，使各種事情都不會辨壞。內心的修養到家了，那遇事也就能處理得好。內心修養到家了，那五臟就能安寧，思慮就能平靜；筋力強勁，耳聰目明；遇事通達而不出現謬誤，堅強而不會出現挫折，沒有太過度的，也沒有達不到的。置身於小的境地沒有狹窄的感覺，置身於大的境地也感覺不到有空隙存在。他的靈魂從不煩躁不安，他的精神也從不感到煩擾，而是清靜寂寞，使他成為天下的雄傑。

大道平坦寬闊，和人的身體離得不遠，到身邊近處去尋求，即使它到別處去了也還會返回身邊。搖動一下它就會產生反應，接近一下它就會動；深微得沒有窮盡，變化起來無形無像；很悠閒自在地任意操縱它，它的反應就如同響回應聲、影回應形一般。無論登上高處還是到下面，都不失去手中所掌握的道；就是踏入危境進入險區，也不要忘記守住那個道；能像這樣保存道，那麼他的德就不會欠缺。縱然萬物紛亂錯雜，都能和它們一道轉移變化，用它來治理天下，就像順著風向驅馬前進一樣，這樣就可稱為最高的德。具備最高的德的人是很快樂的。古代的人有住在巖洞裡而並沒有喪失精神的，在臨近衰亡的時期，有擁有帝王權勢而每天憂愁悲傷的。從這些情況看來，一個人的聖明不在於治理民眾而在於掌握道，一個人的快樂不在於富貴而在於得到恬和之心。懂得重視自己而輕視天下，那麼他和道就很接近了。

所謂樂者，豈必處京臺❶、章華❷，遊雲夢❸，陟高丘❹，耳聽〈九韶〉❺、〈六瑩〉❻，口味煎熬❼芬芳，馳騁夷道❽，釣射鷫鸘❾之謂樂乎？吾所謂樂者，人得其得❿者也。夫得其得者，不以奢為樂，不以廉⓫為悲，與陰俱閉⓬，與陽俱開⓭。故子夏⓮心戰而臞⓯，道勝而肥⓰。聖人不以身役物，不以欲滑和⓱。是故其為懽不忻忻⓲，其為悲不惙惙⓳。萬方百變，消搖⓴而無所定，吾獨懷㉑慷慨，遺物而與道同出，是故有以自得之㉒也。喬木㉓之下，空穴之中，足以適情。無以自得也，雖以天下為家、萬民為臣妾㉔，不足以養生也。能至於無樂者，則無不樂，無不樂則至樂㉕極㉖矣。

夫建㉗鍾鼓，列管弦㉘，席㉙旃茵㉚，傅旄象㉛，耳聽朝歌㉜北鄙㉝靡靡㉞之樂，齊㉟靡曼㊱之色，陳酒行觴㊲，夜以繼日，強弩弋㊳高鳥，走犬逐狡兔，此其為樂也，炎炎㊴赫赫㊵，怵然㊶若有所誘慕。解車休馬，罷酒徹樂㊷，而心忽然若有所喪，悵然㊸若有所亡也。是何則？不以內樂外，而以外樂內；樂作㊹而喜，曲終而悲；悲喜轉而相生，精神亂營㊺，不得須臾平。察其所以，不得其形㊻，而日以傷生，失其得者也。是故內不得於中，稟授於外而以自飾也；不浸於肌膚，不浹㊼於骨髓，不留於心志，不滯於五藏。故從外入者，無主於中，不止。從中出者，無應於外，不行。故聽善言便計㊽，雖愚者知說㊾之；稱至德高行，雖不肖者㊿知慕之。說之者眾而用之者鮮(51)，慕之者多而行之者寡。所以然者，何也？不能反諸性也。夫內不開於中而強(52)學問者，入(53)於耳而不著於心，此何以異於聾者之歌(54)也？效人為之而無以自樂也，聲出於口則越(55)而散矣。夫心者，五藏之主也，所以制使四支、流行血氣、馳騁於是非之境、而出入於百事之門戶者也。是故不得於心而有經(56)天下之氣(57)，是猶無耳而欲調鍾鼓、無目而欲喜文章也，亦必不勝其任矣。

【章 旨】這一章講什麼是快樂，以及如何得到這種快樂。人的快樂不在於衣食的美好和遊玩弋釣的快活，而在於「自得」。能「自得」，就不會為追求官能的滿足、欲望的實現而奮鬥，因為那樣反而傷身害性，得不到快樂。只有悲歡適度、不為外物所役，能以「無樂」為樂，那才是最大的快樂。要得到這種快樂，關鍵是求得內心的充實，因為心是人一切行動的主宰，內心充實，以內樂外，就能真樂久樂。若心不充實，不能堅守本性，而以外樂內，就只能「樂作而喜，曲終而悲」，不能得到真正的快樂。快樂尚不能得，就更談不上去辨別是非和治理天下了。

【注釋】❶京臺　即強臺。楚臺名。《戰國策・魏策》：「楚王登強臺而望崩山。」❷章華　楚臺名。楚靈王造，遺址位於今湖北省潛江縣西南。❸雲夢　楚國大澤名。其水面相當於今武漢市以西、湖北省安陸縣、江陵縣以南、湖南省益陽縣、湘陰縣以北的地區。宋玉〈高唐賦〉、司馬相如〈子虛賦〉均寫到楚王遊雲夢之樂事。❹陟高丘　登上高丘。高丘，楚山名。〈離騷〉王逸注：「楚有高丘之山。」又宋玉〈高唐賦〉：「巫山之陽，高丘之阻。」原文為「沙丘」且無「陟」字。沙丘為紂臺名，高丘與上文雲夢、下文瀟湘均為楚地，故依莊逵吉、劉文典、蔣禮鴻校改。❺九韶　傳說中虞舜命質所作之樂。即〈簫韶〉。以其九成（音樂奏完一曲為一成）又稱〈九招〉。❻六瑩　傳說中的樂歌名。一說為帝嚳高辛氏之樂歌，一說為顓頊高陽氏之樂歌。❼煎熬　此處泛指食物的烹調方法。❽夷道　平坦的路。❾鷫鷞　水鳥名。長頸綠身，其形似雁。❿得通「德」。指人的天性。⓫廉　儉約。⓬閉　閉合。陰氣主斂、主合、主靜，故言。⓭開　開放。陽氣主散、主開、主動，故言。⓮子夏　名商。孔子的學生。⓯臞　消瘦。⓰道勝而肥　事出於《韓非子・喻老》。本書〈精神〉引之，曰：「子夏見曾子，一臞一肥，曾子問其故，曰：『出見富貴之樂而欲之，入見先王之道又說之，兩者心戰，故臞。先王之道勝，故肥。』」道勝，原文為「得道」，依王念孫校改。⓱滑和　舊注謂「不以情欲亂中和之道也」。滑，亂。⓲忻忻　欣喜得意的樣子。⓳惙惙　憂鬱的樣子。⓴消搖　與「逍遙」同。悠閒自如的樣子。㉑懷　原文無此字，依劉文典校補。㉒自得之　舊注謂「自得其天性也」。㉓喬木　高樹。㉔臣妾　奴隸。男稱臣，女稱妾。㉕至樂　極樂。舊注謂「至德之樂」。原文為「至極」，《文子・九守》作「至樂」，故依王念孫校改。㉖極　至。原文作「樂」，依王念孫校改。㉗建　設立。㉘管弦　管絃樂器。管類如簫、笛等；絃類如琴、瑟等。㉙席　供坐臥所用的鋪墊用具。這裡作動詞用。㉚旃茵　氈子做成的坐墊。旃，通「氈」。㉛傅旄象　指竿頂用旄牛尾裝飾、竿子用象牙裝飾的旗幟。傅，著；附著。旄象，旄牛尾和象牙。㉜朝歌　商紂王的都城。故址在今河南省淇縣。㉝北鄙　猶言北郊。㉞靡靡　柔弱的樂聲。《史記・殷本紀》：「(紂)使師涓作新淫聲，北裡之舞，靡靡之樂。」㉟齊　排列。㊱靡曼　美色。指女色言。㊲行觴　行酒。依次敬酒。觴，喝酒的酒具。㊳弋　以繩繫箭射鳥。㊴炎炎　強烈的火光。形容聲勢顯赫。㊵赫赫　顯赫盛大的樣子。㊶怵然　怵，同「訹」。利誘。舊注訓為「惕然」，非。㊷徹樂　結束音樂的演奏。徹，通「撤」。除去。㊸悵然　失意的樣子。㊹樂作　一本作「奏樂」。作，開始。㊺營　迷惑。㊻不得其形　舊注謂「不得樂之形也」。㊼浹　通；透。㊽便計　巧妙的計謀。一解為便利的計畫。㊾說　喜歡。㊿不肖者　不正派的人。(51)鮮　少。(52)強　勉強。(53)入　原文上有「不」字，為衍文，依俞樾校刪。(54)歌　歌唱。(55)越　離；散。(56)經　理。治理。(57)氣　氣概。

【語譯】所謂快樂，難道一定要置身於京臺、章華臺，要在雲夢澤漫遊，要登上高丘，要耳聽〈九韶〉、〈六瑩〉的樂歌，要吃著精心烹調出來的美味，要在平坦的道路上馳騁，要用箭射擊鷫鷞那樣才算快樂嗎？我所講的快樂，是人能夠得到他的天性。能得到自己天性的人，不把生活奢侈當作快樂，也不把生活節儉當作悲傷的事；他能隨同陰氣一道閉合，能和陽氣一道開放。所以子夏心裡掙扎激烈而使他都變瘦了，當先王之道戰勝了富貴之樂以後，他又長胖了。聖人不會拿自己的身體去受外物的役使，不會讓欲望來攪亂心性的恬和。因此當他高興的時候，並不顯得欣喜得意；當他悲傷的時候，並不顯得憂鬱。儘管外物用種種方法千變萬化，悠閒自得而沒有安定的時候，我只懷著慷慨的意氣遺棄外物而和道一同出來，所以我就能得到自己的天性。在高高的樹下，在空空的洞裡，完全能適合人的情性。那些不能得到天性的人，雖然把天下當作自家，把萬民當作自己的奴隸，也不能夠保養自己的性命。能夠進入沒有快樂的境界，那就沒有什麼不快樂的；沒有什麼不快樂，那最大的快樂就來了。

有一種人在堂上設置鐘鼓，陳列著管絃樂隊，坐在毛氈墊子上，堂外豎著用旄牛尾和象牙裝飾的旗幟，耳朵裡聽著朝歌北郊那樣柔弱的樂曲，身邊立著一群豔冶的美女，擺上酒宴依次敬酒，夜以繼日，不稍停息，有時他們用強弓去射高飛的鳥，帶著善跑的狗去追逐狡猾的兔子，他們這樣的快樂，真是顯赫盛大，好像真被心裡嚮往的快樂吸引住了。可是，當他們解掉車駕、放開馬匹，結束酒宴、撤除音樂，心中就忽然好像丟失了什麼，很不痛快。那麼這是什麼原因呢？這是因為他們不用內心的快樂使外在也快樂，而是用外面的快樂來使內心快樂，所以當樂曲一開始他們就感到高興，當樂曲一結束，他們就感到悲哀。由喜到悲，由悲到喜，這樣轉換相生，精神就會惑亂，一會兒也不能平靜。考察他們之所以會這樣的原因，在於他們未能掌握真正快樂的表現形式，而一天一天地傷害自己的生命，失去了天性。所以對內沒有在心中保住天性，而用外表的快樂來自我掩飾，那樣的快樂不能浸潤肌膚，不能透入骨髓，不能留在心中，也不能停在五臟。所以從外面進入的東西，內心沒有把握住它的實質的，它就不能在心裡留住。而從內心出去的東西，不與外物相應和的，也不能暢行無阻。所以聽到好話和巧妙的計謀，即使很愚笨的人也知道高興；讚美別人的高尚道德和品行，即使是不正派的人也知道羨慕。聽到美言巧計而高興的人很多，而使用美言巧計的人卻很少；對高尚道德、品行的人羨慕的很多，可是照著實行的人卻很少。之所以會這樣是為什麼呢？是他們不能將外在的高興、羨慕返回到他們的心性中去。那些在內不敞開心而勉強在外向人學習請教的人，話傳進耳朵卻不能記在心上，這和聾子唱歌有什麼不同呢？仿效他人那樣做卻不能使自己獲得快樂，聲音從口中出來，就分離散開了。心這個東西，是五臟的主宰者，它能制約、使喚四肢，使血氣流行，而能在是非境內馳騁，在各種事物的門戶中出出進進。所以不能在內心找到寄託而懷有治理天下的氣概，這就如同沒有聽力而想調整鐘鼓的音調，如同沒有視力而喜歡華美的花紋，也一定是不能勝任的。

故天下神器，不可為也❶，為者敗之，執❷者失之。夫許由❸小天下而不以己易❹堯者，志遺於天下也。所以然者，何也？因天下而為天下也。天下之要❺，不在於彼❻而在於我❼，不在於人而在於身❽。身得，則萬物備矣❾。徹於心術❿之論，則嗜欲好憎外矣。是故無所喜而無所怒，無所樂而無所苦。萬物玄同⓫，無非無是，化育玄燿⓬，生而如死⓭。夫天下者亦吾有也，吾亦天下之有也。天下之與我，豈有間⓮哉？

夫有天下者，豈必攝權⓯持勢，操殺生之柄⓰而以行其號令邪？吾所謂有天下者，非謂此也，自得⓱而已。自得，則天下亦得我矣。吾與天下相得，則常相有，己又焉有不得容其間者乎？

所謂自得者，全其身者也。全其身，則與道為一矣。故雖游於江潯[18]海裔[19]，馳要褭[20]、建翠蓋[21]，目觀〈掉羽〉[22]、〈武象〉[23]之樂，耳聽滔朗[24]奇麗激抮[25]之音，揚鄭、衛之浩樂[26]，結[27]〈激楚〉[28]之遺風[29]，射沼濱[30]之高鳥，逐苑囿[31]之走獸，此齊民[32]之所以淫泆[33]流湎[34]。聖人處之，不足以營其精神、亂其氣志、使心怵然失其情性。處窮僻[35]之鄉，側[36]谿谷之間，隱於榛薄[37]之中，環堵[38]之室，茨[39]之以生茅[40]，蓬戶[41]瓮牖[42]，揉桑為樞[43]，上漏下溼，潤浸北房[44]，雪霜滾灖[45]，浸潭[46]苽蔣[47]，逍遙於廣澤之中，而仿洋[48]於山岬[49]之旁，此齊民之所為形植[50]黎黑[51]，憂悲而不得志也。聖人處之，不為愁悴怨懟[52]，而不失其所以自樂也。是何也？則內有以通於天機[53]，而不以貴賤貧富勞逸失其自德[54]者也。故夫烏之啞啞、鵲之唶唶[55]，豈嘗為寒暑燥溼變其聲哉？

【章　旨】這一章講治理天下的道理，是對老子無為、不違（即不違反天下人民的本願）而為思想的發揮。文中對強力而「為」、強力而「執」和「必攝權持勢，操殺生之柄而以行其號令」的統治方法作了否定，而提出「有天下者」的「自得」之理。所謂「自得」，講的是帝王自得其清靜的天性，它與「無為」之「道」相通。能「自得者」，既能「與天下相得」，彼此無「間」。又能在令人歡快之時不「營其精神，亂其氣志」，在令人憂悲的境遇中「不為愁悴怨懟」而「自樂」。

【注 釋】❶故天下神器二句　出自《老子》第二十九章。舊注謂「人為天下之神物也，神物好安靜，不可以為有治」。神器，神物。指天下之人。為，治。這裡有強力統治之意。❷執　持。這裡有強力控制之意。❸許由　上古隱士，陽城人。傳說他隱居箕山，堯讓天下與他，不受，逃耕於箕山下。後來堯又召他為九州長，他不願為官，認為此話玷汙了他的耳朵，特意到潁水邊去洗耳。❹易　換。❺天下之要　指治理天下的關鍵。要，關鍵。❻彼　舊注謂「堯也」。❼我　舊注謂「許由」。❽身　原文上有「我」字，《文子・九守》無，故依王念孫校刪。❾萬物備矣　道家認為，人為萬物之一種，與萬物同具清靜無為的天性，故言人能自得其天性，萬物皆備於我。❿心術　使用心思的方法。一說心之所能為心術。本書〈人間〉：「發一端，散無竟，周八極，總一筦，謂之心；見本而知末，觀指而睹歸，執一而應萬，握要而治詳，謂之術。」又〈詮言〉：「治心術，則不妄喜怒。」道家的心術之論實與為君之道相通。⓫玄同　混同。原文下有「也」字，依王念孫校刪。《老子》第五十六章：「塞其兌，閉其門，挫其銳，解其紛，和其光，同其塵，是謂玄同。」⓬玄燿　沉靜地顯示出來。⓭生而如死　言無所欲。⓮有間　即有差別。間，間隙。⓯攝權　執持權柄。⓰柄　器物的手把稱柄。比喻權力。⓱自得　舊注謂「自得其天性也，一曰：不失其身也」。⓲江潯　江邊之地。⓳海裔　海邊。⓴要褭　古代良馬名。《呂氏春秋・離俗》：「飛兔、要褭，古之駿馬也。」注云：「飛兔、要褭，皆馬名也，日行萬里。」㉑翠蓋　用翠鳥羽毛裝飾的車蓋。㉒掉羽　古代羽舞。楊樹達說「掉」讀為「翟」，翟為山雉尾長者，其羽可持而舞。㉓武象　古樂名。傳為周武王所用。㉔滔朗　激盪響亮。㉕激抮　激揚旋轉。㉖鄭衛之浩樂　舊注謂「鄭聲：鄭會晉平公，說新聲，使師延為桑間、濮上之樂。濮在衛地，故曰鄭衛之浩樂也」。鄭衛新聲，實為當時興起的俗樂。浩樂，一作「皓樂」，善唱。㉗結　盤旋。㉘激楚　古代舞曲名。㉙遺風　餘聲。㉚沼濱　江水支流之濱。沼，即「沱」。江水支流。㉛苑囿　帝王畜養禽獸的圈地。畜禽獸處，大的稱苑，小的稱囿。一說養鳥獸處為苑，苑有垣稱囿。㉜齊民　平民。齊於凡民，一說地位相等，無有貴賤，謂之齊民。㉝淫泆　放蕩縱欲。㉞流湎　放縱。㉟窮僻　荒遠偏僻。㊱側　伏。㊲榛薄　叢雜的草木。樹木叢生為榛，深草為薄。㊳環堵　房屋的四面圍牆。古多以長高各一丈為一堵。㊴茨　覆蓋。㊵生茅　活茅草。實指剛砍來的茅草。㊶蓬戶　用蓬草編成的門。㊷瓮牖　以破甕之口做成的窗戶。㊸揉桑為樞　指彎曲桑條以做門軸。樞，門上的轉軸。㊹北房　背陽幽暗之堂。㊺滾灖　雪霜流動的樣子。㊻浸潭　滋潤旁延。㊼苽蔣　即菰，俗稱茭白。苽為其實。㊽仿洋　同「仿佯」。遊蕩；徘徊。仿，通「彷」。㊾岬　山旁。原文為「峽」，依王念孫校改。㊿形植　即形體。馬宗霍訓「植」為「多」，亦為一說。51黎黑　黑色。黎，黑。52懟　怨恨。53天機　天的奧祕。54自德　即「自得」。「德」與「得」通。原文為「志德」，依楊樹達校改。55唶唶　鳥的鳴叫聲。

【語譯】所以，天下人民是一種神物，是不能用強力統治的，用強力統治一定會遭到失敗，用強力控制也一定會失去天下人民。許由輕視天下而不用自己來替換堯，是因為他在心中遺棄了天下。他之所以會這樣，原因是什麼呢？是他要依順天下的特點來對待天下。天下之道的關鍵不在他人手中，而是在我手中；不在別人身上，而是在我身上，我身上具備了自己的天性，那麼萬物也就為我所具備了。能透徹了解心思活動的道理，那麼嗜好、欲望、喜愛、憎惡就不會放在心上了。因此他就能沒有什麼喜歡，也沒有什麼惱怒；沒有什麼快樂，也沒有什麼痛苦，和萬物混同在一起，沒有什麼非，也沒有什麼是，自然生成和長育萬物，一切都靜靜地顯示出來，活著像死了一樣。天下是我所具有的，我也是屬於天下所有的，天下和我之間難道還有差別嗎？

擁有天下的人，難道一定要掌握權力威勢、控制生殺的權柄以執行他的號令麼？我所講的擁有天下，不是講的這種情況，只不過是他能保住自己的天性罷了。能夠保住自己的天性，那麼天下也就得到我了。我和天下相互得到對方，那麼就會經常相互為對方所具有，自己又哪裡會有不能容於天下的道理呢？

所講的保住自己的天性，就是要保全自身。能保全自身，那就能夠與道合為一體了。所以，雖然在江岸海邊遊玩，駕著日行萬里的要褭馬奔馳，車上設有用翠鳥羽毛裝飾的車蓋，眼睛看著〈掉羽〉、〈武象〉這樣的歌舞，耳朵聽著激揚、振蕩、奇麗、旋轉的音樂，鄭、衛歌女的美妙歌音在飄揚，〈激楚〉舞曲的餘聲在迴蕩，到江水支流之濱去射那高飛的鳥，到苑囿中去追捕奔跑的野獸，這些都是容易引起一般平民縱欲放蕩的事情，可是聖人在這種情況下，卻不能夠迷惑他的精神，擾亂他的氣志，使心為外物所引誘而丟失他的情性。住在荒遠偏僻的地區，隱居在溪流、山谷之間、叢木深草之中；房屋四面的牆壁都只有一丈見方，屋上蓋著剛砍來的茅草，用蓬草編門，用破甕做窗，彎曲桑木來做門的轉軸；上面漏雨，下面潮溼，雨水將北房都淹了，雪霜紛飛，把茭白全都浸溼了；在大水窪邊漫步，在高山之旁徘徊，這些都是使一般平民面目黎黑、憂愁悲傷而感到很不得意的事情；可是聖人處在這種情況下，卻不會發愁、不會憔悴、不會埋怨、不會怨恨，而不會失去他自得快樂的心情。這是什麼道理呢？這是他內心有和天的奧祕相通的地方，而不會因為尊貴低賤、貧窮富裕、辛勞安逸而改變他能自得天性的特點。所以烏鴉啞啞叫、喜鵲唶唶叫，哪裡曾經因為寒冷、炎熱、乾燥、潮溼而改變過牠們的叫聲呢？

是故夫得道已定，而不待萬物之推移❶也，非以一時之變化而定吾所以自得也。吾所謂得者，性命之情❷，處其所安也。夫性命者，與形❸俱出其宗❹，形備而性命成，性命成而好憎生矣。故士有一定之論❺，女有不易之行❻，規矩不能方圓❼，鉤繩❽不能曲直。天地之永❾，登丘不可為脩❿，居卑不可為短。是故得道者，窮而不懾⓫，達而不榮；處高而不機⓬，持盈而不傾；新而不朗⓭，久而不渝⓮；入火不焦，入水不濡⓯。是故不待勢而尊，不待財而富，不待力而強；平虛下流⓰，與化⓱翱翔⓲。若然者，藏金於山⓳，藏珠於淵，不利貨財⓴，不貪勢名㉑。是故不以康㉒為樂，不以慊㉓為悲，不以貴為安，不以賤為危，形神氣志，各居其宜，以隨天地之所為。

【章旨】這一章承上章所講的「自得」、「全身」、「與道為一」的觀點，進一步論述「得道」與「自得」的關係，說明「自得」之「得」就是使「性命之情，處其所安」。而「得道者」具有「窮而不懾」、「入火不焦」、「不待勢而尊」、「不以貴為安」等種種異乎常人的特點。這些特點歸結到一點就是「與化翱翔」，或曰「形神氣志，各居其宜，以隨天地之所為」。

【注釋】❶推移　變遷；轉易。❷性命之情　是指生命所有的好惡喜怒哀樂。性命，即生命。本來性、命是兩回事，「性者天生之質，若剛柔遲速之別；命者人所稟受，若貴賤夭壽之屬是也」（《易．乾》疏），後來將生命也稱為性命。❸形　指形體。此處所說與《荀子．天論》「形具而神生」相同。❹宗　本。❺一定之論　舊注謂「士有同志，同德也，至其交接，有一會而交定，故曰有一定之論也」。❻不易之行　舊注謂「貞女專一，亦無二心，雖有偏喪，不復更醮，故曰有不易之行也」。❼規矩不能方圓　是說士的「一定」、女的「不易之行」即使用規矩也不能將它們改變為方為圓。方圓，作動詞用。規矩，本為校正圓方的工具。❽鉤繩　正曲直的工具。鉤正曲，繩正直。❾永　長。❿脩　高；長。⓫懾　害怕；恐懼。⓬機　殆；危。⓭朗　明亮。作動詞用。⓮渝　改變。⓯濡　溼潤。⓰平虛下流　謂平意虛心地處於下位。下流，帛書甲本《老子》有「大邦者，下流也」一句，張舜徽疏證其文言：「《老子》所云『大邦者下流』，乃取譬於江海。江海處下，故百川納之；大邦處下，則天下歸之。」《淮南子》所用「下流」正與《老子》此處用法相同。⓱化　指造化。⓲翱翔　這裡有俯仰的意思。⓳藏金於山　舊注謂「舜藏金於（嶄）巖之山，藏珠於五湖之淵，以塞貪淫之欲也」。案：此句本於《莊子．天地》。⓴貨財　錢財。貨，錢；貨幣。㉑勢名　舊注謂「爵號之名也」。㉒康　平安；安樂。㉓慊　約；儉。

【語譯】所以，掌握道的情勢已經定下來，那就不必依靠萬物的轉易變遷了，因為不能用一時的變化，來決定我自得天性的原因。我所講的「得」，是講生命的好、惡、喜、怒、哀、樂，都能放置到它們感到安適的地方。生命這個東西，和形體同時出自於一個本體，形體完備而生命也就形成了，生命形成而喜好、憎惡也就產生了。所以士人因志同道合，一會面交往就定了，女子具有節操不變的品行，這種士人交往和女子品行的不可改變，即使用規矩也不能使它成圓成方，用鉤繩也不能使它成曲成直。就像天地的長度一樣，登上土山不會使它長，位於低處不會使它短。所以掌握了道的人，即使窮賤也不會害怕，官位顯達也不感到榮幸。處於高位而沒有危險，拿著很滿的東西而不會傾覆，雖然很新並不顯得明亮，雖然經時很久而不會改變，進入火中不會被燒焦，進入水中不會被沾溼。所以他不依靠權勢而能顯得尊貴，不依靠財產而能富裕，不依靠力量而能強大，平意虛心地處於下位，隨同造化一同翱翔。像這樣的話，就會把金子藏進山中，把珠寶藏進深潭，不追求錢財之利，不貪圖勢位之名。所以不會因為安樂而感到快樂，不會因為生活儉約而感到悲傷，不會因為身分高貴而感到安全，不會因為地位低賤而感到危險，而使他的形體、精神、氣志各自處於合適的境地，而照天地的活動規律去做。

夫形者，生之舍❶也；氣者，生之充❷也；神者，生之制❸也。一失位❹，則二❺者傷矣。是故聖人使人各處其位、守其職，而不得相干❻也。故夫形者非其所安也而處之則廢，氣不當其所充而用之則泄，神非其所宜而行之則昧❼。此三者，不可不慎守也。

夫舉天下萬物，蚑蟯貞蟲❽，蠕動❾蚑作❿，皆知其所喜憎利害者，何也？以其性之在焉而不離也，忽去之⓫，則骨肉無倫⓬矣。今人之所以眭然⓭能視，營然⓮能聽，形體能抗⓯，而百節⓰可屈伸，察能分白黑、視醜美，而知能別同異、明是非者，何也？氣為之充，而神為之使也。何以知其然也？凡人之志各有所在而神有所繫者，其行也，足蹪⓱趎埳⓲、頭抵植木⓳而不自知⓴也，招之而不能見也，呼之而不能聞也。耳目非去之也，然而不能應者，何也？神失其守㉑也。故在於小則忘於大，在於中則忘於外，在於上則忘於下，在於左則忘於右。無所不充，則無所不在。是故貴虛者，以豪末為宅也。

今夫狂者之能不㉒避水火之難而越溝瀆之險者，豈無形神氣志哉？然而用之異也。失其所守之位而離其外內之舍，是故舉錯[23]不能當[24]，動靜不能中[25]，終身運枯形[26]於連嶁[27]列埒[28]之門，而蹪埳[29]於汙壑[30]穽陷之中，雖生俱與人鈞[31]，然而不免為人戮笑[32]者，何也？形神相失也。故以神為主者，形從而利；以形為制者，神從而害[33]。貪饕多欲[34]之人，顛冥於勢利[35]，誘慕於名位，冀以過人之智，植高於世[36]，則精神日以耗[37]而彌遠，久淫[38]而不還[39]，形閉中距[40]，則神無由入[41]矣。

是以天下時有盲妄[42]自失之患，此膏燭[43]之類也，火逾然[44]而消逾亟[45]。夫精神氣志者，靜而日充[46]以壯，躁而日耗以老。是故聖人將養[47]其神，和弱[48]其氣，平夷[49]其形，而與道沉浮[50]俛仰[51]。恬然則縱之，迫[52]則用之；其縱之也若委衣[53]，其用之也若發機[54]。如是則萬物之化無不遇[55]，而百事之變無不應[56]。

【章旨】這一章著重論述作者對生命的看法，提出了較前人完備得多的形神論。其形神論，一方面緊承上章說的性命與形體同出一宗，形備而性命成而感情生的觀點，進一步指出形體是生命的居所，生命的充盈在於有血氣，而精神對生命起著制約作用。另一方面又緊承上章說的「形神氣志，各居其宜，以隨天地之所為」，進一步說到如何養生的事。主張要使形神氣志不「失其所守之位而離其外內之舍」，就要「將養其神，和弱其氣，平夷其形，而與道沉浮俛仰」。而不能為勢利、名位所誘，致使精神日耗，生命衰竭。這種形神論和黃老道學關於天道無為無不為和治理天下無為無不為的看法是相通的。

【注釋】❶舍　客舍；居所。這裡指軀體。❷充　充滿。用法與《春秋繁露・循天之道》「精神者，生之內充也」之「充」

相同。王念孫校改為「元」，為眾本所用，非。❸制　制約；支配；主宰。❹一失位　指形、神、氣志中的一種不能「居其宜」。楊樹達則以為「一」為假設詞，「一失位」即一旦失位。失位，係指性命之情失其位。可備一說。❺二　原文為「三」，依王念孫校改。若從楊樹達訓「一失位」之說，則當為「三」。❻干　冒犯；干預。❼眛　目不明。原文眾本作「眛」，與上二句「廢」、「泄」不同韻，而「眛」與「廢」、「泄」在古韻中同屬月部，故依楊樹達校改。❽蚑蟯貞蟲　蚑蟲（俗名喜蜘）、蟯蟲及細腰蜂等眾多昆蟲。舊注謂「貞蟲，細腰蜂蜾蠃（一種青黑色的細腰蜂）之屬。無牝牡之合曰貞」。❾蝡動　蠕動。蟲子緩緩爬動的樣子。❿蚑作　蟲子爬行。⓫去之　此承上句「性之在焉」而言，「之」指「性」，「去」指性離。舊注謂「去之，去道也」，非。⓬倫　倫匹；配偶。⓭眭然　眼睛深看的樣子。眭，舊注說讀為桂，楊樹達則說「疑與娃同。《說文・女部》云：『娃，圜深目貌也。』」⓮瞀然　有疑惑的樣子。瞀，惑。⓯抗　舉。⓰百節　指關節。⓱蹪　躓；顛仆。⓲趎埳　跳進坑穴。趎，同「跦」。跳行。埳，同「坎」。地面凹陷處。⓳植木　指種的樹木。⓴知　感覺。㉑失其守　舊注謂「精神失其所守」。㉒能不　原文為「不能」，依俞樾校改。㉓舉錯　即「舉措」。舉而措之；措施。㉔當　合；適應。㉕中　適合。㉖枯形　乾癟的身軀。舊注謂「枯，猶病也」。㉗連嶁　楊樹達說與「謰謱」同，言其綴聯不絕。舊注謂「連嶁猶離嶁，委曲之類」，非。㉘列埒　成列之埒。蔣禮鴻說：「連嶁謂連延之嶁，列埒謂成列之埒。二文相對，連、列皆靜字，嶁、埒皆界畔之名。言其綿亙重襲，故入之者終身不得出也。」埒，隄。㉙蹪埳　跌倒在坑窪裡。原文「蹪」為「蹈」，依紹蘭校改。㉚汙壑　大壑。壑，溝。㉛鈞　同「均」。平均。㉜戮笑　恥笑。戮，侮辱。㉝神從而害　舊注謂「神清靜故利，形有情欲故害也」。㉞貪饕多欲　源於《戰國策・燕策三》「今秦有貪饕之心，而欲不可足也」。貪饕，貪得無厭。㉟顛冥於勢利　本於《莊子・則陽》「顛冥乎富貴之地」。原文為「漠睧」，《文子・九守》作「顛冥」，故依王念孫校改。顛冥，迷惑。㊱植高於世　立高名於世。原文為「植於高世」，依王念孫校改。《文子》為「位高於世」，古「位」、「立」同。㊲秏　同「耗」。減少。㊳淫　過分。㊴還復；回去。㊵形閉中距　謂身心內外皆拒。距，同「拒」。止。馬宗霍說「形謂外也，中猶內也。形閉中距，言外閉內距也」，也是一解。㊶神無由入　舊注謂「神，精神也。清靜之性無從還入也」。㊷盲妄　盲目妄動。不明事理胡亂而為。㊸膏燭　用膏（油脂）為原料的火炬（燭）。㊹然　同「燃」。燃燒。㊺逾亟　舊注謂「逾，益也。亟，疾也」。㊻日充　與下文「日秏」，原文下皆有「者」字，依俞樾校刪。《文子・九守》亦作「日充以壯」、「日秏以老」。㊼將養　持養；保養。㊽和弱　柔弱。㊾平夷　平靜；鎮定。㊿沉浮　猶盛衰。(51)俛仰　猶升降。(52)迫　急迫；緊急。(53)委衣　猶言垂衣裳。形容人君事少甚至無所事事的樣子，以見其無為而治。《呂氏春秋・開春論》：「故曰：堯之容若委衣裘，以言少事也。」又《春秋繁露・立元神》：「故為人君者志如死灰，形如委衣。」54機　舊注謂「弩（用機械發射的弓）機關，言其疾也」。弩上發矢的機關稱為弩牙。55無不遇　孫詒讓言「遇與耦通」，「『無不遇』即周通之義」。舊注遇為「遇時也」。吳承仕說「萬物之化無不遇者，調物化與時相應也」，亦為一說。遇，通。周通。《文子・守弱》作「偶」。56應　舊注謂「當之也」。

【語　譯】生命的居所是形體，充滿在生命之內的是血氣，主宰生命的是精神，其中只要一個脫離了本位，那另外兩個就會受到損傷。所以聖人要使人各自處於自己的位置、各自守住自己的職責，而不允許相互干預。所以形體所在的地方，如果不是它應該安居的地方，那麼它就會毀壞無用了；氣血如果用在不是適合它充盈的地方，那麼它就會流洩出來；精神如果用在不適宜用它的地方，那麼它就會昏暗不明。這三樣東西，不能不慎重地守住它們。

普天下的萬物，就像蚑蟲、蟯蟲、細腰蜂一類的昆蟲，雖只蠕動爬行，也都知道喜愛什麼、憎惡什麼、哪些東西對自己有利，哪些東西對自己有害，這是為什麼呢？是因為牠們的天性還保存著而沒有離開。如果忽然天性離開了牠們，那麼骨肉也就沒有什麼匹配了。現在人們之所以睜眼能看得清楚，心有疑惑而能聽得清楚，形體能夠行動，而身上的關節都能屈能伸，仔細觀察能分清白和黑、鑑別出美和醜，而人的智慧能夠區別出同和異、明辨是和非，是什麼原因呢？就是有氣血充盈在他的生命中且有精神在指揮著他。怎麼知道是這樣的情況呢？一般說來，如果人的氣志各自集中在一個地方而精神就有了牽掛，他走起路來，往往雙腳走進坑穴、頭撞到了樹木而自己還沒有感覺到，人家打手勢招呼他，他卻看不到；人家大聲叫喚他，他卻聽不見。他並不是沒有眼睛和耳朵，可是卻不能有正常的反應，這是為什麼呢？是他的精神離開了他應該守住的本位。所以精神一集中在小的地方就會忘掉大的，集中在中間就會忘掉外面的，集中在上面就會忘掉下面的，集中在左邊就會忘掉右邊的。如果氣志沒有一處不充滿，那麼他的精神也就沒有一處不存在。所以看重心虛，就是因為像毫毛尖端那樣細微的地方也能成為精神的住所。

如今發瘋的人之所以能不躲避水火的災難而要從溪溝那樣危險的地方跳過，難道他就沒有形體、精神、氣志嗎？有的，但是他運用形體、精神和氣志的方法卻與正常人不同。精神失去了它應該守住的本位而離開了它在外在內的居所，所以一舉一動都不能做得恰當，一動一靜都不能做得合適，只能一輩子拖著乾枯的身軀在連綿重複的圈子裡轉來轉去，而跌進大山溝和陷阱中，雖然和別人一樣活著，但是卻免不了被人恥笑，為何這樣呢？是因為他的形體和精神相互脫離了。所以用精神作主宰，讓形體服從精神指揮就順利；而用形體來制約精神，讓精神服從形體的指揮，那就會帶來禍害。那些貪得無厭、欲望甚多的人，為勢利所迷惑，追求官位功名，企圖憑著超越常人的智謀，在世上建立高名，結果精神一天天消耗而離開形體更遠，長久地濫用而不讓它回復原位，形體關閉了大門而內心也加以拒絕，那麼精神就沒有辦法進入它的居所了。

因此天下時常有因為盲目、胡亂行事而使得自己精神喪失的禍患出現，這就像燃燒膏燭一樣，火越是燃得厲害而膏油就消耗得越快。精神、氣志，能夠保持平靜而一天一天地充滿，就會壯盛起來，如果總是躁動不安而一天一天地消耗，那就會衰老下去。所以聖人時常保養他的精神，使他的氣志柔弱，使他的形體安穩，而和道一起或沉或浮、或俯或仰。精神安適的時候就任它鬆弛，精神緊張的時候就運用它；任它鬆弛的時候，就像衣裳下垂的樣子，運用它的時候，就像扣動弩牙、發出連珠箭一樣。這樣，對於萬物的變化就沒有不通曉的，而對各種事物的變動也沒有不能切當回應的。

卷二

俶真

【題解】「俶真」與首卷篇名「原道」句法同、語意相近。俶者，始也；真者，本原（道）也。「俶真」即始於本原（道）之意。本卷敘說天地萬物的由來、萬物同出一母的道理、人性安靜的特徵、「至德之世」和衰世的不同，以及聖人、真人反性於初、仗性依神、「內修道術而不外飾仁義」的行為，都未離開始於本原（道）的中心思想。這種中心思想主要是對《莊子》、特別是對《莊子・大宗師（宗大道為師）》思想的發揮。因此，文中有不少材料（包括語句）出自《莊子》。

有始者❶，有未始有有始者❷，有未始有夫未始有有始者❸。

有有者❹，有無者❺，有未始有有無者❻，有未始有夫未始有有無者❼。

所謂有始者，繁憤❽未發❾，萌兆❿牙蘖⓫，未有形埒⓬，無無⓭蝡蝡⓮，將欲生興⓯，而未成物類⓰。

有未始有有始者，天氣始下，地氣始上，陰陽錯合，相與優游[17]競暢[18]於宇宙之間，被德[19]含和[20]，繽紛[21]蘢蓯[22]，欲與物接而未成兆朕[23]。

有未始有夫未始有有始者，天含和而未降，地懷氣而未揚，虛無寂寞，蕭條[24]霄雿[25]，無有彷彿，氣遂而大通冥冥[26]者也。

有有者，言萬物摻落[27]，根莖枝葉，青蔥[28]苓蘢[29]，萑扈[30]炫煌[31]，蠉飛[32]蠕動[33]，蚑行[34]噲息[35]，可切循[36]把握而有數量。

有無者，視之不見其形，聽之不聞其聲，捫[37]之不可得也，望之不可極[38]也，儲與扈冶[39]，浩浩瀚瀚[40]，不可隱儀[41]揆度[42]而通光耀[43]者。

有未始有有無者，包裹天地，陶冶[44]萬物，大通混冥[45]，深閎[46]廣大，不可為外，析豪[47]剖芒，不可為內，無環堵之宇[48]而生有無之根。

有未始有夫未始有有無者，天地未剖，陰陽未判[49]，四時[50]未分，萬物未生，汪然[51]平靜，寂然清澄，莫見其形，若光燿[52]之問[53]於無有[54]，退而自失[55]也，曰：「予能有無，而未能無無[56]也。及其為無無，至妙何從及此哉！」

【章旨】這一章述說宇宙演化和萬物產生的過程，用由近說到遠的方法提出了兩個三階段論。前一個三階段論，是圍繞元氣初成、陰陽錯合和孕育物類而未生三階段展開論述的。後一個三階段論，則是圍繞「有、無」存在、「生有無之根」和天地未曾剖判三階段展開論述的。細加尋繹，前三階段實可看作是對後三階段第二階段的較為細緻的描述。讀此章可參看本書〈天文〉中「太始生虛霩，虛霩生宇宙，宇宙生元氣」一段文字，還可參看〈精神〉中「古未有天地之時」一段文字。

【注釋】❶有始者　指萬物形成的開始即孕育階段。始，始終之始。舊注謂「天地開闢之始」，不確切。❷未始有有始者　指陰陽錯合將有孕育物類的趨勢而尚未顯露徵兆的階段。未始，猶言未曾。始為語辭。❸未始有夫未始有有始者　指天地初分，元氣混沌、尚未形成陰陽交合之氣的階段。❹有者　指已然存在的萬物。❺無者　指萬物之外的宇宙空間。❻有未始有有無者　指萬物和萬物之外的空間尚未形成、但已具備了能使之產生的根源的階段。有有無，指有萬物和萬物之外的空間同時存在。❼有未始有夫未始有有無者　指天地未形成之前、元氣混沌的階段。❽繁憤　舊注謂「眾積之貌」。繁，多；眾。憤，盈；滿；積。❾發　開發；散發。❿萌兆　開始。⓫牙蘖　植物新生的芽枝。即萌蘖。⓬形埒　兆朕。原文下有「垠堮」二字，王念孫疑其為「形埒」注，誤入正文，其說有理，故刪之。⓭無無　虛無的樣子。⓮蝡蝡　蟲微微爬行的樣子。⓯生興　產生。興，起。⓰物類　指萬物。⓱優游　悠閒自得的樣子。⓲競暢　競，爭逐。暢，通達。⓳被德　懷抱志德。被，加於其上。⓴含和　包含和氣。陰陽交合之氣稱為和氣。㉑繽紛　雜糅的樣子。㉒蘢蓯　草木繁盛的樣子。㉓兆朕　指事物將要發生變化所顯露的跡象。兆，龜甲坼裂的紋路。朕，船的縫隙。㉔蕭條　寂寥、冷落的樣子。㉕霄雿　虛無寂寞的樣子。㉖大通冥冥　指氣與「道」相通。或謂氣在「道」中。大通，暢通；一切無礙。冥冥，高遠、深遠的樣子。㉗摻落　朱駿聲說讀為森格。馬宗霍說「摻」為「槮」字之誤，「言參差錯落，即雜亂之意，蓋以狀萬物多而且散也」。朱駿聲則訓為「長大眾多之貌也」。㉘青蔥　草木青翠茂盛的樣子。㉙苓蘢　茂盛。㉚萑扈　草木所開之花。原文為「萑蔰」，依王念孫校改。㉛炫煌　光彩明亮。㉜蠉飛　泛指昆蟲飛翔。㉝蝡動　泛指蟲類爬行。㉞蚑行　蟲類爬行的樣子。㉟噲息　喘息。㊱切循　撫摩。切，摩。循，撫摩。㊲捫　摸。㊳極　盡。㊴儲與扈冶　儲與、扈冶均有廣大之意。㊵浩浩瀚瀚　廣大遼闊的樣子。浩瀚之疊用詞。㊶隱儀　審度。隱，隱審。儀，標準。作動詞用。㊷揆度　度量；考察。㊸光耀　指無形。㊹陶冶　造成；化育。㊺混冥　大冥。形容「道」的廣大深遠。舊注謂「大冥之中謂道也」，吳承仕據此疑原文之下「奪之中二字」。㊻深閎　深而宏大。由裡到外距離大為深。㊼析豪　分開毫毛。㊽環堵之宇　四面牆壁僅一平方丈的房屋。形容屋小。㊾判　分開。㊿四時　指春、夏、秋、冬四季。(51)汪然　池水停而不流的樣子。水停為汪。(52)光耀　《莊子・知北遊》中寓託人名。成玄英疏：「光燿者，是能視之智也。」「智能明察，故假名光燿。」53問　原文為「間」，依《莊子》校改。54無有　《莊子・知北遊》中寓託人名。成玄英疏：「無有者，所觀之境也。」「境體空寂，故假名無有也。」55自失　舊注謂「沒不見也」。56無無　舊注謂「能有無，為也，未能本性自無為也，故曰未能無無也」。案：上述光燿言詞雖本於《莊子・知北遊》，但語意出入較大。

【語譯】在天地萬物產生的過程中，有一個開始的階段，有一個未曾有有開始的階段，還有一個未曾有過未曾有有開始的階段。

有一個有萬物和萬物以外的廣大空間存在的階段，有一個未曾有萬物和萬物以外的廣大空間存在的階段，還有一個未曾有未曾有萬物和萬物以外的廣大空間存在的階段。

所說的有一個開始的階段，指的是眾多的陰陽合和之氣聚積在一起還未散發開來，開始萌生枝芽，但還沒有顯露出跡象。在一片虛無中蠕蠕而動，將要開始產生，卻還沒有形成萬物。

所說的未曾有有開始的階段，指的是天的精氣開始下降，地的精氣開始上升，這樣使得陰陽二氣交相錯合，共同悠閒自得地在通向宇宙之間的道路上彼此追逐，懷抱志德，包含和氣，雜糅繁多，想與萬物相接卻還沒有形成跡象。

所說的有未曾有未曾有有開始的階段，指的是上天含有的和氣還沒有下降，大地懷有的和氣還沒有上揚，宇宙間一片虛無寂寞、蕭條寂寥的景象，連彷彿存在的跡象也沒有，和氣雖成卻和冥冥大道相通。

有「有」，說的是萬物長、大、眾多，根莖枝葉，青翠茂盛，草木的花朵光彩明亮，各種昆蟲飛翔的飛翔，蠕動的蠕動，爬行喘息，都可撫摩、用手握著而有多有少有長有短。

有「無」，說的是看不見它的形像，聽吧又不能聽到它的聲音，摸又不可能摸到它的身子，望吧又不可能望到它的盡頭，廣大無邊，浩浩瀚瀚，不可審度、考察而與無形相通。

有未曾有萬物和萬物以外的廣大空間存在的時候，元氣包裹著天和地，化育萬物，與「道」暢通。它深閎廣大，不可能找到它的外面在哪裡，分開毫毛、剖開芒尖，也不可能找到它的內部在哪裡，連四周牆壁都只一平方丈的小屋子都沒有，卻產生了「有」「無」的根本。

有未曾有未曾有萬物和萬物以外的廣大空間存在的時候，這時候天和地還沒有剖開，陰陽二氣還沒有分開，春夏秋冬四季也沒有分開，萬物還沒有產生，就像一汪池水那樣平靜，幽寂而清澈明淨，沒有誰能見到它的形體，就像光耀向無有發問以後，退下來就自行消失了，它曾說道：「我能做到有『無』，而未能做到無『無』。當我能做到無『無』的時候，又哪裡能趕得上像這種無『無』的至為精妙呢！」

夫大塊[1]載我以形，勞我以生，逸我以老，休我以死[2]。善[3]我生者，乃所以善我死也。夫藏舟於壑[4]、藏山於澤，人謂之固矣。雖然，夜半有力者負而趨[5]，寐者不知。藏小大有宜[6]，猶有所遁。若藏天下於天下[7]，則無所遁其形矣。

物豈可謂無大揚攉[8]乎？一範人之形[9]而猶喜。若人者，千變萬化而未始有極[10]也。弊而復新，其為樂也，可勝計邪？譬若夢[11]，夢為鳥而飛於天，夢為魚而沒於淵，方其夢也，不知其夢也，覺[12]而後知其夢也。今將有大覺，然後知今此之為大夢也。始吾未生之時，焉知生之樂也；今吾未死，又焉知死之不樂也。

昔公牛哀[13]轉病[14]也，七日化為虎。其兄掩戶而入覘[15]之，則虎搏而殺之[16]。是故文章成獸[17]，爪牙移易[18]，志與心變，神與形化[19]。方其為人，不知其且[20]為虎也；方其為虎也，不知其嘗為人也。二者代謝[21]舛馳[22]，各樂其成形。狡猾鈍惛[23]，是非無端，孰知其所萌！

夫水嚮冬則凝而為冰，冰迎春則泮㉔而為水，冰水移易於前後，若周員㉕而趨，孰暇知其所苦樂乎？是故形傷於寒暑燥溼之虐者，形苑㉖而神壯㉗；神傷乎喜怒思慮之患者，神盡而形有餘。故罷馬㉘之死也，剝之若槁㉙；狡狗㉚之死也，割之猶濡㉛。是故傷死者其鬼嬈㉜，時既者㉝其神漠㉞，是皆不得形神俱沒也。夫聖人用心，杖性㉟依神，相扶而得終始，是故其寐不夢，其覺不憂㊱。

【章旨】這一章講如何對待生死，說個人的生死不是用心計能夠改變的。人生如同一場大夢，在夢中是感覺不到生死憂樂的，也分辨不清自己的行為對與不對，只有大夢醒了，才會對生死憂樂有正確的判斷。文中還用公牛哀患病、七日化為虎，「各樂其成形」，說明人生亦樂、死亦樂，不必戀生懼死的道理。最後用聖人的「杖性依神，相扶而得終始，是故其寐不夢，其覺不憂」，來指明人們應該採取的人生態度和養生方法。

【注釋】❶大塊　大自然。舊注謂「天地之間也」。❷休我以死　用死來讓我休息。《莊子》嘗云「生乃徭役，死乃休息」，故言。❸善　作動詞用。認為是好的。❹壑　山谷；山溝。❺趨　快步走。❻藏小大有宜　原文無此句，據《莊子・大宗師》增補。此句有二解：林希逸說：「壑之大可以藏舟，澤之大可以藏山，以大藏小，是有宜也。」王夫之說：「藏舟，小也；藏山，大也。」林說藏小於大得宜，王說小物、大物皆藏之得宜。❼天下　舊注謂「大丈夫以天下為室，以藏萬物」。❽大揚攉　即大略。揚攉，約略；粗略。舊注謂「無慮大數名也」。❾一範人之形　範，本字為「笵」，陶鑄之意。楊樹達說「模法謂之笵，以質入模法鑄成器物亦謂之笵。『一笵人之形』，謂造化者鑄人之形耳」。❿未始有極　舊注謂「言死生變化而夢，故曰未始有極也」。⓫夢　原文無此字，依劉文典校補。⓬覺　醒。⓭公牛哀　王充《論衡》言其為魯人。《廣韻》注則云「齊公子牛之後」，舊注一言其為江淮之間人，一言其為韓人。諸說中王充《論衡》最為近古。⓮轉病　一名注病。《釋名・釋疾病》：「注病，一人死，一人復得氣，相灌注也。」楊樹達說「今俗有所謂借屍還魂者，即此病也」。舊注轉病為易病。⓯覘窺視。⓰搏而殺之　公牛哀事，後人多據《淮南子》此章所言而用，如《後漢書・張衡傳》注云：「昔公牛哀病，七日化而為虎。其兄覘之，虎搏而殺之，不知其兄也。」⓱文章成獸　是說公牛哀的皮毛變成了有文彩的虎皮。文章，文彩。指有文彩的皮毛。⓲爪牙移易　舊注謂「移易人爪牙為虎爪牙也」。⓳志與心變二句　舊注謂「志心皆變，神形皆化」。⓴且　將要。㉑代謝　更替。㉒舛馳　背道而馳。㉓鈍惛　昏昧。不明事理。㉔泮　溶解。㉕周員　循環往復。員，同「圓」。㉖苑　通「宛」。為「死貌」。舊注謂「枯病也」，蓋從死意引申而出。㉗壯　盛。舊注謂「傷也」。壯本有傷意，但「形苑而神壯」與下句「神盡而形有餘」，對文成義，故壯當訓盛。㉘罷馬　疲困羸弱之馬。㉙槁　枯木。㉚狡狗　健壯的狗。舊注訓狡為「少也」。㉛蠕　蠕動。原文「蠕」為「濡」，依劉文典校改。㉜嬈　煩擾。舊注謂「煩嬈，善行病祟人」。《玉篇》引《淮南子》舊注，「嬈」作「魑」，並言「魑，健疾也」，「剽輕為害之鬼為魑」。㉝時既者　指年壽盡而死者。既，盡。㉞漠　安定。㉟性　從上文形神並論來看，此性當訓為「形」，即身體。㊱其寐不夢二句　本於《莊子・大宗師》：「古之真人，其寢不夢，其覺無憂。」舊注謂「精神無所思慮，故不夢。志存仁義，患不得至，故不憂」。

【語　譯】大自然用形體給我承載生命，用活著使我辛勞，用老邁使我安閒，用死亡使我休息。認為我活著是好事，也應該認為我死去是好事。將船藏進山溝裡，將山藏進水澤中，人們都以為這是很牢靠的了。雖然這樣，半夜裡卻有力氣大的人將它們背著跑了，那些酣睡的人還不知道呢。把小的物體隱藏在大地方是很合適的，哪知還是丟失了。如果把天下藏在天下，那就不會失去它的形體了。

　難道可以認為任何事物都沒有一個大略的情況嗎？一旦被鑄成人的形體人們就很高興。像人的形體，也是千變萬化而未曾有終結的時候的。舊的壞了又會生出新的，這樣帶來的快樂能夠計算得清嗎？譬如做夢，夢見自己變成了鳥在天空飛翔，夢見自己變成魚潛伏在潭水中，當人做夢時，並不知道他是在做夢，只是醒來後才知道他做了個夢。現在要有個大醒大悟，然後才明白現在成了人是一場大夢。當初我還沒出生時，哪裡會知道人活著的快樂呢；現在我沒有死亡，又哪裡會知道死亡就不快樂呢。從前公牛哀患了轉病，病了七天就變成了老虎。他的哥哥關上門進去窺視，那老虎便撲過來把他咬死了。所以人的皮毛變成了有文彩的虎皮，他的手腳變成了老虎的爪牙，他的氣志和心思、精神和形體都變化了。當他成為老虎的時候，不知道自己曾經是一個人；當他是一個人的時候，不知道自己將會變做一隻虎。人和虎兩者更替、背道而馳，但各自都為自己所具備的形體而感到快樂。狡猾、昏昧和無端的是和非，又哪裡能知道它們是怎樣產生的呢！

水到了冬天就會凝結為冰，冰到了春天就溶解而成為水，冰、水前前後後地變化，就像沿著圓周快走一樣循環往復，哪裡會有閒工夫知道它是痛苦是快樂呢？所以人的形體受到寒冷、炎熱、乾燥、潮溼的傷害時，他就會形體枯瘦有病而精神強旺；當人的精神被喜怒、思慮一類的禍患傷害時，就會耗盡精神而形體有餘。所以疲困羸弱的馬死了以後，剝掉牠的皮，剩下的就像一段枯木頭；健壯的狗死了以後，割下牠的肉，那肉還在蠕蠕而動。因此受傷而死的人，他的鬼魂能煩擾人，而因年壽享盡而死的人，他的神靈就很安定，這些都未能使形體和精神全都消失。聖人運用他的心思，是憑藉他的形體和依賴他的精神，使兩者得以始終相互扶持，因此他睡覺時不會做夢，睡醒以後也不會有憂愁。

古之人有處混冥之中，神氣不蕩於外，萬物恬漠❶以愉靜❷，攙搶❸衡杓❹之氣莫不彌靡❺，而不能為害。當此之時，萬民猖狂❻，不知東西，含哺❼而游，鼓❽腹而熙❾，交被❿天和⓫，食於地德⓬，不以曲故⓭，是非相尤⓮，茫茫沆沆⓯，是謂大治⓰。於是在上位者，左右而使之，毋淫⓱其性；鎮撫而有之，毋遷其德。是故仁義不布，而萬物蕃殖；賞罰不施，而天下賓服。其道可以大筴與⓲，而難以算計舉也。是故日計之不足，而歲計之有餘⓳。

夫魚相忘於江湖，人相忘於道術⓴。古之真人㉑，立於天地之本㉒，中至優游㉓，抱德煬和，而萬物雜累焉[24]，孰肯解構[25]人間之事，以物煩[26]其性命乎！

夫道有經紀[27]條貫[28]，得一[29]之道，連千枝萬葉。是故貴有以行令，賤有以忘卑，貧有以樂業，困有以處危。夫大寒至，霜雪降，然後知松柏之茂[30]也；據難履危，利害陳於前，然後知聖人之不失道也。是故能戴大員[31]者履大方[32]，鏡太清[33]者視大明[34]，立太平者處大堂[35]，能游冥冥者與日月同光[36]。是故以道為竿，以德為綸[37]，禮樂為鉤，仁義為餌，投之於江，浮之於海，萬物紛紛，孰非其有！夫挾依[38]於跂躍之術[39]，提挈[40]人間之際，撢掞[41]挺挏[42]世之風俗，以摸蘇[43]牽連物之微妙[44]，猶得肆其志、充其欲，何況懷瓌瑋[45]之道，忘肝膽，遺耳目，獨浮游無方[46]之外，不與物相弊攠[47]，中徙倚無形之域，而和以天倪[48]者乎！

若然者，偃[49]其聰明而抱其太素[50]；以利害為塵垢[51]，以死生為晝夜，是故目觀玉輅[52]琬象[53]之狀，耳聽〈白雪〉[54]、〈清角〉[55]之聲，不能以亂其神；登千仞之谿，臨蝯眩之岸[56]，不足以滑[57]其和[58]。譬若鍾山[59]之玉，灼[60]以鑪炭，三日三夜而色澤不變。則至德[61]天地之精也，是故生不足以使之，利何足以動之？死不足以禁之，害何足以恐之？明於死生之分，達於利害之變，雖以天下之大易骭[62]之一毛，無所槩於志[63]也。

【章　旨】這一章先說古有「大治」之世，繼而說到當時「在上位者」體道而行所建立的無可估量的功業。接著說到「古之真人」抱至德持和氣、不以外物煩其性命的特點。然後又由道有經紀說到掌握道的要領、根本的重要性和以道、德行事的深遠作用。而以道、德行事的標誌就是能「偃其聰明而抱其太素；以利害為塵垢，以死生為晝夜」。說到底，本章大意就是提倡帝王絕聖去智，無為而治。一方面自身保其天性，毋為外物內欲所動，另一方面治人也要「毋淫其性」、「毋遷其德」。

【注　釋】❶恬漠　安定。恬，心神安適。漠，無聲。❷愉靜　安靜。愉，安樂。❸欃搶　天欃、天搶。彗星名。天欃（一作欃）長四丈，末銳；天搶（一作槍）長數丈，兩頭銳。古人視二星為妖星。❹衡杓　天衡、杓星。均為星名。天衡，其狀若人，蒼衣赤首，不動。天衡、杓星，古人也認為是妖星。原文「衝」為「衡」，依王引之校改。❺彌靡　全部分散。❻猖狂　肆意率性而行。❼含哺　口中含著食物。一說哺為口中嚼食。❽鼓　擊。❾熙　戲；玩樂。❿交被　俱被；都具備。被，加於其上。⓫天和　天之和氣。本篇首章有「天含和而未降」。⓬地德　指五穀。古以地產萬物供人生存，有德於人，故有地德之稱。⓭曲故　曲巧。故，智巧。⓮尤　指責過錯。⓯茫茫沆沆　廣闊無邊的樣子。茫沆之疊詞。⓰大治　天下治理得十分太平。一說君臣上下皆守法為大治。《管子・任法》：「君臣上下貴賤皆從法，此謂為大治。」⓱淫　惑亂。用法與「富貴不能淫」之「淫」同。⓲大筴興　大筴，即大策、大數。「筴」為「策」之隸書。興，同「舉」。原文「筴」作「美」，依俞樾校改。馬宗霍以為「大美」及舊注謂「言天地萬物但可以大美興而育之」，皆本於《莊子・知北遊》：「天地有大美而不言，萬物有成理而不說。聖人者，原天地之美而達萬物之理。」亦為一說。⓳有餘　《淮南子》舊注謂「以限計之，故有餘也。辟若梅矣，百梅足以為百人酸，一梅不足為百（當為一）人酸也」。⓴魚相忘於江湖二句　本於《莊子・大宗師》：「泉涸，魚相與處於陸，相呴以濕，相濡以沫，不如相忘於江湖。與其譽堯而非桀也，不如兩忘而化其道。」《淮南子》舊注此二句，謂「言各得其志，故相忘也」。㉑真人　能存養本性的得道之人。《莊子・大宗師》：「且有真人而後有真知。何謂真人？古之真人，不逆寡，不雄成，不謨士。」㉒天地之本　指元氣。本書〈天文〉：「太始生虛霩，虛霩生宇宙，宇宙生元氣，元氣有涯垠。清陽者薄靡而為天，重濁者凝滯而為地。」㉓中至優游　中至，中和。優游，悠閒自得。㉔抱德煬和二句　舊注謂「抱其志德而炙於和氣，故萬物雜累。言成熟也」。煬，炙；薰陶。一說為「養」之假借字。抱德煬和，謂懷其德而養其和氣。《莊子・徐無鬼》云：「抱德煬和，以順天下，此謂真人。」林希逸、林雲銘、奚侗皆謂「煬」借為「養」。雜累，猶言

「葉累」。積累。孫詒讓誤以舊注「言成熟也」釋「雜累」，改「雜累」為「炊累」，非是。㉕解構　附會造作。舊注謂「猶合會也」。㉖煩　辱。㉗經紀　條理；秩序。㉘條貫　系統；條理。㉙一　道的別名。《老子》第三十九章：「天得一以清，地得一以寧。」又《莊子·天地》：「通於一而萬事畢。」《管子·心術下》：「執一之君子，執一而不失，能君萬物。」㉚知松柏之茂　從《論語·子罕》「歲寒然後知松柏之彫也」化出。㉛大員　即「大圓」。指天。㉜大方　指大地。㉝鏡太清　以太清為鏡。太清，指天。㉞大明　指日月。㉟大堂　指明堂。古代帝王宣明政教之處。㊱與日月同光　本於《管子·心術下》：「日月之與同光。」尹知章注謂「與日月合其明」。㊲綸　釣絲。㊳挾依　倚仗。㊴跂躍之術　指不高明的智巧。跂躍，勉強用心跳躍的樣子。足多指為跂。㊵提挈　懸持。懸而持之，承「跂躍」言。㊶撢掞　疊韻詞。求利。撢，同「探」。㊷挺挏　雙聲字。舊注謂「猶上下也，以求利便也」。㊸摸蘇　摸索。即繩索。㊹微妙　細小。㊺瓌瑋　宏偉。㊻無方　沒有極限。《莊子·天運》：「動於無方，居於窈冥。」㊼弊撥　雜糅。㊽和以天倪　本於《莊子·齊物論》：「和之以天倪。」《莊子》說：「何謂和之以天倪？曰：是不是，然不然。是若果是也，則是之異乎不是也亦無辯。然若果然也，則然之異乎不然也亦無辯。化聲之相待若真不相待。」天倪，自然之分。《淮南子》原文為「天地」，依俞樾校改。㊾偃　停止。㊿太素　樸素之性。51塵垢　諭輕也。52玉輅　古代王者所乘之車。53琬象　指玉輅上的琬琰、象牙之飾。54白雪　古曲名。師曠所作。傳說師曠演奏此曲，神物為之下降。55清角　古曲調名。王充說〈清角〉與〈白雪〉，同曲而異名。一說〈清角〉甚悲，《韓非子·十過》：「平公曰：音莫悲於清徵乎？師曠曰：不如〈清角〉。」56蝯眩之岸　指峻險峭陡的山崖。舊注謂「蝯（猿）臨其岸而目眩也」。57滑　亂。58和　適。59鍾山　一說指崑崙山，一說指雁門以北的大山。60灼　燒；烤。原文為「炊」，依王念孫校改。61至德　同於「至道」。即最高的道。此處指至德之人。62骭　小腿。舊注謂「自膝以下，脛以上也」。63無所槩於志　馬宗霍說「猶言無所感於志。在心為志，易言之，亦即無所動於心也」。槩，本為量米粟時刮平斗斛的小木板。作動詞用，有摩、平之義。再引申就有感槩一詞。

【語譯】古代的人生活在廣大深遠的混沌境界中，他們的精神、氣志並不飄蕩到外面去，萬物恬澹安定而愉悅靜謐，天攙、天搶、天衡和杓星各有的妖氣全都分散，而不能造成災害。處在這種時候，很多人肆意率性而行，不知道哪方是東、哪方是西，口裡含著食物遊玩，拍打著肚皮玩樂，都具有上天的和氣，吃的是地上出的五穀，不會因為曲巧、是非而相互指責；好一片廣闊無邊的太平景象，這就是天下「大治」。在這樣的情況下，處於上位的人，支配使喚人，但並不惑亂他們的天性，鎮守安撫四方而擁有民眾，但並不改變他們的德性。所以，並沒有廣泛地施用仁義，可是萬物卻不斷滋生，長得茂盛；沒有使用賞罰手段，可是天下的人都歸順於他。他的「道」只能略舉一個大數，而很難計算得清清楚楚。因此，按一天來計算便覺得不充足，但按一年來計算卻有餘。

魚因為生活在江水湖水中便容易相互忘記，人們相互忘記則是因為各自都把握了道術。古代能存養本性而得道的「真人」，立在天地的根上，處事中和、悠閒，懷抱志德而受到和氣的薰陶，而萬物便積累在眼前了，哪裡會用心思去附會造作人間之事，用外物來侮辱自己的性命呢！

「道」是有條理有系統的，掌握了「一」這個「道」，就會同時獲得「道」的千枝萬葉。所以，掌握「道」的人，地位尊貴的足以實施他的命令，地位卑賤的可以忘記卑賤，貧窮的有他樂於本業的原因，處於困境的有他對待危險的方法。大寒到來時，雪落霜降，這時才知道松柏是如何茂盛。身處困難危險之中，利和害擺在面前，這樣才知道聖人是不會喪失「道」的。所以，能頭頂天的人就能腳踩大地，以天為鏡子的人就能看清日月，處身於太平時代的人就能身在明堂，能在昏暗之中漫遊的人就能與日月同放光明。因此，用「道」作釣魚竿，用「德」作釣絲，用禮樂作釣鉤，用仁義作釣餌，把它放入江中，浮在海面，萬物紛然繁多，哪一樣不為他所有呢！那些倚杖著並不高明的技巧而將它用到人間，為求利而追隨社會風俗，時上時下使用手段，就像用繩索牽連住事物的細小部分那樣的人，尚且能夠放縱他的心志、滿足他的欲望，更何況懷抱宏偉之「道」、忘掉了肝膽、遺棄了耳目，獨自浮游在沒有極限的範圍之外，不和萬物雜糅在一起，心在無形的區域內留連徘徊，而用自然的分際來調和它的人呢！

像這樣的人，他們收起聰明不用而堅持自己樸素的本性；把利和害看作塵垢一般，把生和死當作晝和夜，所以眼睛看到玉輅車上所鑲嵌的琬琰、象牙一類飾物的形狀，耳裡聽到〈白雪〉、〈清角〉一類樂曲的聲音，也不可能擾亂他的精神；登上峻險陡峭的山崖，面對千仞深的谿谷，也不能夠擾亂他的和適心情。就如鍾山的玉，用鑪中的炭火來燒灼，燒了三天三夜而玉的色澤仍不改變。那麼具有最高之「德」的人是由天地間的精氣構成的，所以用生存不能夠使喚他，用利益又怎麼能夠打動他呢？用死亡都不能夠禁止他，用禍害又怎麼能夠使他恐懼呢？明白了生和死的關係，通曉利害的變化，即使用天下那樣大的東西換他小腿上的一根毫毛，他也不會動心的。

夫貴賤之於身也，猶條風[1]之時麗[2]也；毀譽之於己，猶蚊虻[3]之一過也。夫秉皓白而不黑，行純粹而不糅，處玄冥[4]而不闇，休於天鈞[5]而不碭[6]，孟門[7]、終隆[8]之山不能禁也[9]，湍瀨[10]、旋淵[11]、呂梁[12]之深不能留也，太行[13]、石澗[14]、飛狐[15]、句望[16]之險不能難也。是故身處江海之上，而神游魏闕之下[17]，非得一原[18]，孰能至於此哉！

是故與至人[19]居，使家忘貧，使王公簡其富貴[20]而樂卑賤，勇者衰其氣，貪者消其欲，坐而不教，立而不議，虛而往者實[21]而歸，故不言而能飲人以和[22]。是故至道[23]無為，一龍一蛇[24]，盈縮卷舒，與時變化。外從其風，內守其性，耳目不燿[25]，思慮不營。其所居神[26]者，臺簡[27]以游太清；引楯[28]萬物，群美[29]萌生。是故事其神[30]者神去之，休[31]其神者神居之。道出一原，通九門[32]，散六衢[33]，設於無垓坫[34]之宇，寂漠以虛無；非有為於物也，物以有為於己也。是故舉事而順於道者，非道之所為也，道之所施也。

夫天之所覆、地之所載、六合所包、陰陽所呴㉟、雨露所濡、道德所扶，此皆生於㊱一父母㊲而閱㊳一和㊴也。是故槐榆與橘柚合而為兄弟㊵，有苗與三危通為一家㊶。夫目視鴻鵠之飛，耳聽琴瑟之聲，而心在鴈門㊷之間，一身之中，神之分離，剖判六合之內，一舉而千萬里。是故自其異者視之，肝膽胡、越㊸；自其同者視之，萬物一圈㊹也。百家異說，各有所出，若夫墨㊺、楊㊻、申㊼、商㊽之於治道㊾，猶蓋㊿之(51)一橑(52)，而輪之(53)一輻(54)，有之可以備數，無之未有害於用也。己自以為獨擅(55)之，不通於天地之情(56)也。

今夫冶工之鑄器，金(57)踊躍於鑪中，必有波溢而播棄者，其中地而凝滯，亦有以象於物者矣(58)。其形雖有所小用哉，然未可以保(59)於周室之九鼎(60)也，又況比於規形者(61)乎？其與道相去亦遠矣！

【章　旨】這一章包含四點意思。一是說人把握「道」的根本能發揮重大作用。文章先列舉種種常人難以做到的事，將它們歸結為能「得一原」所致。然後又從眾人與「至人」相居所受的影響來證明得「道」者的「不言而能飲人以和」。二是說「至道無為」，「道」虛無寂寞，能隨時變化，但「非有為於物」，即使做事合於道，也不是「道」有意而為，而是「道之所施」。三是說天覆地載之物都是以道為根本，事物離開了「道」這個根本就沒有什麼大用。四是說治國之術也應以「道」為本，墨、楊、申、商離「道」而行，所以可有可無。其作用之小，如同冶工鑄器，金屬液溢而落地也能成物，但那物件的用途就不能與按規格所鑄的物體相比。

【注　釋】❶條風　一稱「調風」。春天的東北風，多出現在立春以後。舊注謂「條風鳴條，言其迅也」。❷麗　有速過之義。❸蚊䖟　蚊和虻。均為小蟲名。❹玄冥　深遠幽寂。一說深杳之中、無見無知之中。❺休於天鈞　本於《莊子・齊物論》：「是以聖人和之以是非而休乎天鈞。」馮友蘭說「即聽萬物之自然也」（《中國哲學史》）。天鈞，一作「天均」，成玄英疏：「自然均平之理。」❻[石為]　同「毀」。敗。❼孟門　山名。又名壺口山、石槽，位於今山西省吉縣西。❽終隆　山名。即終南山，位於今陝西省西安市南。❾也　原文無此字，依洪頤煊校增補。又此句後，原文有「唯體道能不敗」數字，實係舊注誤衍入內，依王念孫校刪。❿湍瀨　急流。⓫旋淵　深淵。⓬呂梁　水名。即呂梁洪，位於今江蘇省銅山縣東南。酈道元《水經注》：「泗水過呂梁（山名）南，水上有石梁，謂呂梁。」呂梁洪為古代險水，《莊子・達生》亦云：「孔子觀於呂梁，縣水三十仞，流沫四十里，黿鼉魚鱉之所不能游也。」⓭太行　山名。又名五行山、王母山等，橫臥今河南、河北、山西三省界處。⓮石澗　深谷。⓯飛狐　一作「蜚狐」。古關隘名，位於今河北省淶源縣北，為太行山八陘之一。⓰句望　即句注。雁門山。位於今山西省代縣西北。薛思漁《河東記》：「句注以山形句轉，水勢注流而名，亦曰陘嶺。」⓱身處江海之上二句　本於《莊子・讓王》：「身在江湖之上，心居乎魏闕之下。」魏闕，古代帝王宮門外的觀闕，懸布法令的地方。文中指代帝王。⓲一原　指「道」的本原。⓳至人　道家心目中修養最高的人。有時也稱為「聖人」。《莊子・逍遙遊》：「至人無己。」又〈山木〉：「至人不聞。」又〈知北遊〉：「至人無為。」可見至人為能體至道者。⓴簡其富貴　即忽略、輕視富貴。簡，略。㉑實　充滿。㉒飲人以和　舊注謂「論（當為『諭』）道如川，不言而能飲人以和適也」。㉓至道　最高的「道」。《莊子・在宥》：「至道之精，窈窈冥冥；至道之極，昏昏默默。」㉔一龍一蛇　時而為龍，時而為蛇。舊注謂「龍能化，蛇能解脫，故道以為譬」。㉕燿　眩惑；迷亂。下句「營」亦有惑意。㉖居神　猶言安神、守神。㉗臺簡　臺，持；握。《釋名・釋宮室》：「臺，持也。築土堅高，能自勝持也。」簡，同「僩」。大。㉘引楯　拔擢。㉙群美　各種美好的事物。㉚事其神　即勞其神。事，從事；做。㉛休　止息。舊注謂「不動擾」。㉜九門　九道天門。㉝六衢　通六方之路。舊注謂乃「散布於六合之衢也」，非。㉞垓坫　垠堮；邊際。㉟响　吐出。㊱於　原文無此字，依劉文典校增補。㊲父母　指天地。《莊子・達生》：「天地者，萬物之父母也，合則成體，散則成始。」㊳閱　總聚；匯集。㊴和　和氣。陰陽合和之氣稱為和氣。在和氣中，陰陽二氣處於對立統一的關係中，因而和氣具有生發萬物的功能。本書〈氾論〉：「陰陽相接，乃能成和。」又〈天文〉：

「陰陽合和而萬物生。」〈覽冥〉：「至陰飂飂，至陽赫赫，兩者交接成和，而萬物生焉。」㊵為兄弟　舊注謂「言道能化同異物也」。㊶有苗與三危句　蓋指三危之有苗與允姓通為一家。有苗，古代部族名。居住在今江西省鄱陽湖一帶，嘗不服於舜。三危，山名。位於今甘肅省敦煌縣南，舜時嘗遷三苗於三危，而同被流放到三危的有另一部族允姓（烏孫先祖）。通為一家，往來交好為一家。舊注謂「道所化也」。㊷雁門　山名。位於今山西省代縣西北。《山海經．海內西經》：「雁門山，雁出其間。」上句「鴻鵠」，指鴻雁、黃鵠，故此句言「心在雁門之間」。㊸肝膽胡越　肝膽，喻近。胡越，喻遠。胡，古代稱北方及西域各少數民族為胡。越，古國名。其地域相當於今江蘇南部、浙江一帶。㊹圈　陬；角落。㊺墨　墨翟。主兼愛、非樂、非攻、尚賢。㊻楊　楊朱。戰國時代的思想家，後於墨翟。其說重在愛己，拔一毛利天下而不為。㊼申　申不害。戰國時韓昭侯相，其學本於黃老而主刑名。㊽商　商鞅。姓公孫，名鞅，嘗佐秦孝公變法，獎勵耕戰，為政嚴猛。㊾治道　治理國家的方法。㊿蓋　車蓋。用以遮陽禦雨。(51)之　原文下有「無」字，依王念孫校刪。(52)橑　蓋弓。蓋有二十八橑。(53)之　原文下有「無」字，依王念孫校刪。(54)輻　車輪連接軸心和輪圈的直木條。《老子》：「三十輻共一轂。」(55)擅　獨攬。(56)情　實情；情況。(57)金　金屬的通稱。(58)中地而凝滯二句　馬宗霍說：「『中地而凝滯』，言金之溢出者，得地而止也；『亦有象於物者』，謂其值物賦象，任地班形也。」中，「得」的意思。(59)保　寶貴。(60)九鼎　古代象徵國家政權的傳國之寶。傳為禹鑄九鼎以象九州，成湯遷九鼎於商邑，周武王遷之於洛邑。(61)規形者　指按一定規格鑄造出來的物體。

【語　譯】富貴、貧賤對於自己來說，就像春天東北風從身邊忽地吹過；誹謗、讚美對於自己來說，就像蚊子、虻蟲從身旁飛過。手持皓白之物而不會讓它變黑，使用純粹之物而不會讓它與他物混雜，身處深遠幽寂之中而不會感到昏暗，保持事物自然均衡的道理而不會毀敗，像孟門、終南那樣的險山不能禁止他前進，像急流、深淵和呂梁那樣深的險水也不能使他停留不前，像太行山、石澗深谷、飛狐險隘和句望山那樣的險阻也不能使他為難。所以說，身處於江海之上，而精神卻在朝廷周圍盤桓，若不是掌握了「道」的本原，誰能夠達到這種境界呢！

所以和得「道」的人生活在一起，能使家居的人忘掉貧窮，能使王公輕視他的富貴而把卑賤當作快樂的事，能使勇猛的人衰減他的勇氣，使貪婪的人消除他的欲望，至人坐在那裡並不教誨他人，站著也不發議論，跟他學的人空空而來卻能滿載而歸，所以不用說話卻能使人像飲水那樣感到和適。所以最高的「道」是「無為」的，時而為龍，時而為蛇，卷曲縮小或舒展伸長，都隨著時令的變化而變化。外能順從風向運動，內能守住它的本性，耳目不被迷亂，思慮不受迷惑。那些能使精神安定的人，能把握大道而與天交往；能拔擢萬物，使各種美好的事物產生出來。所以動擾精神的人，精神會脫離他，能涵養精神的人，精神會留在他身上。「道」出自一個本原，與九道天門相通，而散布通向六方的路上，分散在無邊無際的上下四方，寂寞而虛無；並不是它要對萬物有所作為，而是萬物要用它對自己有所作為。所以做的事情能合於道的規律，並不是道做出來的，而是「道」只起了散布的作用。

凡是上天所覆蓋的、大地所承載的、上下四方所包圍的、陰陽二氣所化生的、雨露所沾溼的、道德所扶持的，這些都是同父同母所生而歸總到一種和氣。所以槐樹、榆樹、橘樹、柚樹能合而成為兄弟，有苗和允姓可以在三危山相互交往，親如一家。人的眼睛看到鴻雁、黃鵠在飛翔，耳朵聽到琴瑟發出的聲音，而心卻到了雁門山中，在一個人身上，精神是可以和身體分離的，而後散布在上下四方，一行動就能越過千里萬里。所以從事物差異處來看，肝和膽就像胡和越那樣相距遙遠；從事物相同的一面來看，天下萬物都是處在一個角落裡。百家的學說不同，各有各的出處，像墨翟、楊朱、申不害、商鞅諸家的主張對於治國之道來說，就好像車蓋上的一根蓋弓和車輪上的一根輻條，有了它可以用來充數，沒有它對車蓋、車輪發揮作用也沒有妨害。自認為唯獨自己擅長於治國之道，那是他們並沒有透徹了解天下的實際情況。

比如現在冶煉工人鑄造器物，金屬溶液在火鑪中翻騰奔踴，一定會有金屬液漫溢出來而被拋棄的，那些金屬液到了地上就會凝固不動，也有些成了和器物相像的樣子，這些「器物」雖然有些小用，但不能認為它們會比藏在周朝王室的九鼎寶貴，又何況要拿它們來和按一定規格鑄造出來的器物相比呢？它們之間的距離太遠了！

今夫萬物之疏躍❶枝舉，百事之莖葉條蘖❷，皆本於一根，而條循❸千萬也。若此，則有所受之矣，而非所授者❹。所授者無受也，而無不授焉。無不授也者❺，譬若周雲❻之蘢蓯❼，遼巢❽彭薄❾而為雨，沉溺萬物而不與為溼焉❿。

今夫善射者，有儀表⓫之度，如工匠有規矩之數，此皆有所得以至於妙⓬。然而奚仲⓭不能為逢蒙⓮，造父⓯不能為伯樂⓰者，是曰諭⓱於一曲⓲，而不通於萬方之際也。

今以涅⓳染緇⓴，則黑於涅；以藍染青，則青於藍㉑。涅非緇也，藍非青也㉒，茲雖遇其母㉓而無能復化已。是何則？以諭其轉㉔而益薄也。何況夫未始有涅、藍造化之者乎，其為化也，雖鏤金石㉕、書竹帛㉖，何足以舉其數！由此觀之，物莫不生於有㉗也，小大優游㉘矣。夫秋豪之末，淪於無間㉙而復歸於大矣㉚。蘆苻㉛之厚㉜，通於無㙭㉝而復反於敦龐㉞。若夫無秋豪之微，蘆苻之厚，四達無境，通於無圻㉟，而莫之要御㊱夭遏㊲者，其襲微重妙㊳挺挏㊴萬物，揣丸㊵變化㊶，天地之間何足以論之㊷！夫疾風㪃㊸木，而不能拔毛髮；雲臺㊹之高，墮者折脊碎腦，而蟁䖟適足以翾㊺。夫與蚑蟯㊻同乘天機㊼，受形㊽於一圈，飛輕微細者，猶足以託㊾其命，又況未有類㊿也！由此觀之，無形而生有形，亦明矣。

【章　旨】這一章說明世上萬物百事縱然枝舉葉張，都有一個根本，這就是道。道給予萬物，自己並不接受什麼。能工巧匠只能精通一物一事，是因為他們只通曉某方面的道理，「而不通於萬方之際」。要通萬方之際就要掌握道，道的化育能力不是以涅染緇則黑於涅、以藍染青則青於藍，再以涅、藍來染已成黑色、青色的紡織品就不能再變成新的色彩那樣局限。而是變化無窮，數說不盡。縱然「物莫不生於有」，但「無形而生有形」，正是「道」在起作用。

【注　釋】❶疏躍　散布開來。❷條蘖　枝條；枝芽。原文作「條桻」，依莊逵吉校改。蘖，與「桻」同。樹砍後重生的枝芽。❸條循　猶言枝分。❹所授者　即所給予者。❺所授者無受也三句　原文為「所受者無授也，而無不受也。無不受也者」，依蔣禮鴻校改。蔣氏言「《莊子・大宗師》曰：『夫道，自本自根，未有天地，自古以固存』，此所謂『無受』也。又曰：『神（與生同義）鬼神帝，生天生地』，此所謂『無不授』也」。❻周雲　俞樾訓為「朝雲」，楊樹達訓為「密雲」。密雲聚合蘊積，正與「蘢蓯」等狀雲之詞意合，故依楊說。❼蘢蓯　即「蘢蔥」。草木繁盛的樣子。❽遼巢　蘊積的樣子。❾彭薄　蘊積之狀。原文為「彭濞」，依莊逵吉校改。❿不與為溼焉　不與萬物俱溼。⓫儀表　標準。立木示人為儀，亦稱表。⓬有所得以至於妙　舊注謂「有所得儀表規矩之巧也」。原文無「有」字，依陳觀樓校增補。⓭奚仲　夏代的車正。傳為古代最早造車的人，為春秋時代薛國的始祖。⓮逢蒙　古代善於射箭的人。傳為羿的學生。⓯造父　周代善於駕馭車馬的人。⓰伯樂　春秋秦穆公時人，善於相馬。一說其姓孫，名陽，字伯樂。⓱諭　知道；明白。⓲一曲　一個方面。曲，局部。⓳涅　礬石。可作黑色染料。⓴緇　黑色。㉑以藍染青二句　本於《荀子・勸學》：「青，取之於藍而青於藍。」藍，即靛青。植物名，其葉可作藍（青）色染料。㉒藍非青也　原文為「青非藍也」，與上句「涅非緇也」用意、句法不一，依楊樹達校改。㉓母　根源。㉔轉　轉化。㉕金石　金指鐘鼎之類；石指碑碣之類。㉖竹帛　古代書寫文字的材料。竹指竹簡；帛指白絹。㉗有　猶往也。㉘優游　舊注謂「言饒多也」。㉙間　舊注謂「孔」。又謂「秋豪微妙，故能入於無間」。㉚復歸於大矣　舊注謂「言道無形，以豪末比道，猶復為大也」。㉛蘆苻　蘆幹中的薄膜。苻，通「莩」。㉜厚　舊注謂「猶薄」。㉝無堮　即「無垠」。

墊，界限。古「垠」字。㉞敦龐　厚大；豐足。舊注謂「言其（指蘆苻）薄柯則歸於葦，故曰反於敦龐矣」。㉟圻　通「垠」。邊際。㊱要御　限制；阻遏。㊲夭遏　與「夭閼」同。阻攔；阻礙。《莊子・逍遙遊》：「背負青天而莫之夭閼者。」司馬彪言「夭，折；閼，止也」。㊳襲微重妙　即襲重微妙。襲，含重複之義。㊴挺挏　此處有推引之意。㊵揣丸　楊樹達說「揣丸」與「摶捖」同，和調之義。今從楊說。馬宗霍認為「蓋謂以手圜之使成丸」，「疑《淮南》本文即用《莊子・達生》痀僂丈人累丸之事」，亦為一解。㊶變化　舊注謂「道之所能」。㊷何足以論之　舊注謂「言道所化者大」。㊸敎　「勃」之假借字。拔；排。㊹雲臺　高聳入雲的臺閣。㊺蟁蝱適足以翾　舊注謂「蟁蝱微細，故翾翔（翾）而無傷毀之患，道所貴也」。蟁，即「蚊」。翾，小飛。原文為「翺翔」，依王念孫校改。㊻蚑蟯　蚑蟲、蟯蟲。泛指小蟲。㊼天機　天馬；神馬。與「天驥」同。李善注張協〈七命〉，言「天驥，天馬也，驥或作機」。㊽受形　原文上有「夫」字，依王念孫校刪。㊾託　原文為「脫」，依楊樹達校改。㊿類　指形像。

【語譯】現在萬事萬物的莖莖葉葉、枝枝芽芽布散開來、伸展出去，都是來自於一個根本，而散分為千千萬萬種形態。像這樣的話，那麼萬物就有所接受，而不是給予者。那能給予萬物的（道）自己並不接受什麼東西，而對萬物沒有不給予的。道對萬物沒有不給予的情形，就如同密雲厚積而成為雨，能浸淫萬物而自己卻不會淫。

如今善於射箭的人，有儀表作為法則，就像工匠有規、矩來作衡量方圓的標準一樣，這都是能掌握一定的法則使之達到了巧妙的程度。但是會造車的奚仲不能成為逢蒙那樣的神箭手，善於駕馭車馬的造父不能成為伯樂那樣的相馬大師，這些都可以說是他們只通曉某一方面的技能，而對萬方之際的道理並不精通。

現在用礬石來染黑色的東西，所得的黑色就會超過礬石的黑；用藍草來染青色的東西，所得的青色就會超過藍草的青。礬石並不就是黑色，藍草並不就是青色，現在再讓染出的黑色和它的本體礬石接觸，再讓染出的青色和它的本體藍草接觸，便不能再變出新的顏色了。這是為什麼呢？這說明它們轉化本身的色素而變得更加薄了。何況那些未經過礬石、藍草染過的東西呢，它們可以變化的情況，即使用鐘鼎、碑碣來刻鏤，用竹簡、白絹來書寫，又哪裡能夠完全說盡呢！

從這裡可以看出，萬物沒有哪一種不是由已有的事物產生的，而且大大小小很多很多。秋天鳥獸毫毛的尖端可以進入沒有孔隙的地方而又能重回到大處，蘆葦管中的白膜那樣薄，可以通向沒有界限的範圍而又返回到厚大的葦管中。不具備像秋天鳥獸毫毛那樣的微小，也不具備像葦管白膜那樣的薄，卻可以到達四方無境之域，通向無邊無際的地方，而沒有什麼力量能限制它、阻礙它，它不斷地創造微妙、推引萬物、調和變化，用天地之間的事物哪裡能夠評論它呢！強勁的風能夠拔出樹木，卻不能拔掉毛髮；聳入雲中的臺閣真高，從那上面掉下來要折斷脊梁、摔破腦袋，可是蚊子、虻蟲卻在它上面快活地飛翔。那些和蚑蟲、蟯蟲一類小蟲同乘神馬，在一個角落裡得到大自然賦予的形體、輕輕而飛的微小生物，尚且能夠為自己的性命找到寄託，又何況那沒有形像的東西呢！從這些看來，無形的「道」生出有形的物，這是很明顯的。

是故聖人託其神於靈府❶，而歸於萬物之初❷，視於冥冥，聽於無聲，冥冥之中獨見曉❸焉，寂漠之中獨有照❹焉。其用之也以不用，其不用也而後能用之；其知也乃不知，其不知也而後能知之也。夫天不定，日月無所載❺；地不定，草木無所植❻；所立於身者不寧，是非無所形❼。是故有真人然後有真知❽。其所持者不明，庸詎知吾所謂知之非不知歟❾？

今夫積惠重厚，累愛襲恩❿，以聲華⓫嘔苻⓬嫗掩⓭萬民百姓，使之⓮訢訢然⓯，人樂其性者，仁也。舉大功，立顯名，體君臣⓰，正上下，明親疏，等貴賤，存危國，繼絕世⓱，決挐⓲治煩⓳，興毀宗，立無後者，義⓴也。閉九竅㉑，藏心志，棄聰明，反無識，芒然㉒仿佯㉓于塵埃之外，而逍遙㉔於無事之業㉕，含陰吐陽，而萬物和同者，德也。是故道散而為德，德溢而為仁義，仁義立而道德廢矣㉖。

百圍㉗之木，斬而為犧尊㉘，鏤之以剞劂㉙，雜之以青黃，華藻㉚鎛鮮㉛，龍蛇虎豹，曲成文章㉜，然其斷㉝在溝中。壹㉞比犧尊、溝中之斷，則醜美有間㉟矣，然而失木性，鈞㊱也。是故神越㊲者其言華㊳，德蕩㊴者其行偽㊵。至精亡於中，而言行觀㊶於外，此不免以身役物矣。夫趨舍行偽㊷者，為精求於外也，精有湫盡㊸，而行無窮極，則滑心濁神，而惑亂其本矣。其所守者不定，而外淫於世俗之風㊹，所斷差跌㊺者，而內以濁其清明㊻，是故躊躇㊼以終，而不得須臾恬澹矣。

【章　旨】這一章包含三層意思。一是說聖人善於把精神寄託在心中，而歸於萬物之初，不用而後能用，不知而後能知。強調心性寧靜，不為是非所動，欲有真知，先做存心養性的真人。二是說仁義和道德的關係。仁義是人為的，道德是天然的。仁義雖來自德，但與「德」自然無為、不言的特性迥然不同。德被破壞而生仁義，仁義出現，道德也就被廢除了。三是說人必須保持精神的安定清明，不可「神越」、「德蕩」、否則就要「以身役物」，「不得須臾恬澹矣」。

【注　釋】❶靈府　指心。《莊子・德充符》：「不可入於靈府。」郭象注：「靈府者，精神之宅也。」❷萬物之初　指萬物產生之前的原始階段，這時「無、有彷彿，氣遂而大通冥冥者也」。❸曉　明。❹照　明；耀。光所及。❺載　行。❻植　立。❼形　見。❽是故有真人句　舊注謂「知不詐，故曰真也」。本於《莊子・大宗師》。從〈大宗師〉中「知天之所為，知人之所為者，至矣」，亦可悟「真人」、「真知」之涵義。真人，指依道的原理以修身養性、為人處事的人。❾庸詎知吾句　本於《莊子・齊物論》。庸詎，難道。❿累愛襲恩　即不斷厚施恩愛。累，積。襲，重複。⓫聲華　聲譽光耀。⓬嘔村　與「傴拊」同。憐愛；愛撫。《莊子・人間世》：「是皆修其身以下傴拊人之民。」⓭嫗掩　愛撫養育。⓮之　原文上有「知」字，依王念孫校刪。⓯訢訢然　即「欣欣然」。喜悅的樣子。⓰體君臣　即明君臣上下之體。體，規矩。作動詞用。⓱絕世　斷絕祿位的世家。⓲決挐　決斷亂事。⓳治煩　處理煩瑣之事。⓴義　凡道德、行為、道理合宜稱為義。《莊子・天地》：「通於天者，道也；順於地者，德也；行於萬物者，義也。」㉑九竅　這裡指人類的九個孔竅。《莊子・知北遊》：「九竅者胎生。八竅者卵生。」成玄英疏：「人獸九竅而胎生，禽魚八竅而卵生。」九竅指兩眼、兩耳、兩鼻孔、口以及大、小便處。㉒芒然　即「茫然」。不係之狀。㉓仿佯　遊蕩；徘徊。㉔逍遙　悠閒自得的樣子。《莊子・天運》則云「無為也」。㉕無事之業　猶言無事之始。《莊子・天地》：「上治人者，事也。」故「無事業」蓋指無為階段。《莊子・大宗師》即云「芒然彷徨乎塵垢之外，逍遙乎無為之業」。業，始。㉖道德廢矣　《老子》第三十八章、《莊子・知北遊》皆言：「失道而後德，失德而後仁，失仁而後義。」㉗圍　測度圓周的單位。一說直徑一尺為一圍，一說一抱為一圍。㉘犧尊　古代酒器名。作犧牛形。舊注謂「犧讀曰疏，猶疏鏤之疏」。尊，同「樽」。㉙剞劂　刻刀。舊注謂「剞，巧工鉤刀也。劂者，規度刺畫墨邊箋也。所以刻鏤之具也」。㉚華藻　猶言花紋。㉛鏄鮮　鋪飾。漢人以金飾物，稱為金鏄。鮮，明。㉜文章　文采。㉝斷　與下文兩「斷」字皆為動詞轉成之名詞。木料加工時所廢棄之材為斷。㉞壹　發語詞。㉟間　舊注謂「遠也，方其好醜相去遠也」。㊱鈞　同「均」。等。㊲越　舊注謂「散也。言不守也，故華而不實」。㊳華　浮華。㊴蕩　逸；放縱。㊵偽　不誠。㊶觀　示。給人看。㊷偽　楊樹達說「偽與為同」。㊸湫盡　盡。湫，同「潐」。水盡。㊹風　風化；風俗；教化。㊺斷差跌　斷，楊樹達疑為「所」字所衍。差跌，失足跌倒；失敗。㊻清明　清靜明朗。㊼躊躇　猶豫不決。

【語　譯】所以聖人把他的精神寄託在他的心中，而能歸向萬物初生之前的原始階段，他在幽深渺茫之中觀看，在無聲無響中傾聽，在幽深渺茫中偏能見到光明，在無聲無響中偏能顯現出來。他是用不發揮作用的辦法來發揮作用，他不發揮作用，然後才能發揮作用。他所知道的是他不知道的，他不知道，然後才能知道。如果天不固定下來，日月就沒有地方運行；如果地不固定下來，草木就沒有生存的地方；寄託在人身上的精神不得安寧，是和非就顯現不出來。所以有了真人，然後才會有真知。他所掌握的並不顯明，怎麼能知道我所說的知道不就是並不知道呢？

現在不斷厚施恩惠、一再給予恩愛，用聲譽光耀憐愛撫育萬民百姓，使他們很高興，人人都喜歡自己的天性，這是仁的表現。建立偉大的功業，造就顯赫的名聲，明白君臣上下的規矩，能端正上上下下的關係，能辨明親近疏遠，使貴賤平等，能保存危急的國家，能把祿位斷絕的世家接續下來，能決斷亂事、處理煩瑣的問題，興建被毀的宗廟，為絕後的人立後，這是義的表現。關閉身上的九個孔竅，藏起自己的心志，拋棄自己的聰明，返回到沒有知識的境域，無所繫念地在塵埃之外遊蕩，而在無為的境域中逍遙，含吐陰陽，而使萬物和同，這是德的表現。所以道散落後就成了德，德漫溢出來的部分就成了仁義，仁義一形成而道德就被廢除了。

百圍粗的樹木，把它砍下來做成酒器犧尊，用刻刀來刻鏤，用青、黃配成的彩色來裝飾它，花紋十分華麗，嵌上的金屬十分明亮，描繪的龍蛇虎豹，彎彎曲曲，形成斑斕的文采，但是那些棄而不用的木材被扔到了溝中。拿酒器犧尊和廢棄在溝中的木材來作比較，那它們在美醜方面是有區別的，雖然如此，但它們在失去樹木的本性方面卻是相等的。因此精神散離形體的人言詞浮華，德散失在外的人行為不真誠。心中不存守至精的神，而把言論、行動顯現在外面，這樣的人就不免為外物所役使。人們採取或趨或捨的行動，都是精神對外有所要求，精神有竭盡之時，而行為卻沒有窮盡的時候，這樣就會攪亂心思使精神不純，而使本性受到迷惑。他所守的精神不穩定，而受到世俗風化的影響無節制地向外浮蕩，接連失敗，對內又把清靜明朗的心性攪得混濁不堪，所以他只能一輩子猶豫不決，不能有片刻的恬澹。

是故聖人內修道術❶，而不外飾仁義，不知耳目之宜，而游於精神之和❷。若然者，下揆三泉❸，上尋九天❹，橫廓❺六合，揲貫❻萬物，此聖人之游也。若夫真人，則動溶❼於至虛，而游於滅亡之野❽，騎蜚廉❾而從敦圄❿，馳於外方，休乎內宇⑪，獨十日⑫而使風雨，臣雷公⑬，役夸父⑭，妾宓妃⑮，妻織女⑯，天地之間，何足以留其志！是故虛無者道之舍，平易者道之素⑰。

夫人之事其神⑱而嬈⑲其精，營慧⑳然而有求於外，此皆失其神明㉑而離其宅㉒也。是故凍者假兼衣㉓於春，而暍㉔者望冷風於秋，夫有病於內者必有色於外矣。夫梣木㉕已㉖青翳㉗，而蠃蠡㉘愈燭睆㉙。此皆治目之藥也，人無故求此物者，必有蔽其明者。

聖人之所以駭㉚天下者，真人未嘗過㉛焉；賢人之所以矯㉜世俗者，聖人未嘗觀焉。夫牛蹏之涔㉝，無尺之鯉；塊阜㉞之山，無丈之材。所以然者何也？皆其營宇㉟狹小而不能容巨大也，又況乎以無㊱之者邪？此其為山淵之勢亦遠矣。夫人之拘於世也，必形繫而神泄，故不免於虛㊲。使我可係羈㊳者，必其命有在於外也㊴。

【章　旨】此章承上章「仁義立而道德廢」而來，說聖人是內修道術而不外飾仁義的，所以他能得到自由。真人更為自由。所謂自由是指不受人間事物的羈絆、不為外物所動，而能與虛無、平易的道相合。文中還用「凍者假兼衣於春」、「暍者望冷風於秋」和病眼者求藥皆因「有病於內」，說明「內修道術」的重要。又用真人、聖人、賢人所達到的不同境界，說明人的內修道術「營宇狹小而不能容巨大」，而應追求「虛無」「平易」的最高境界。

【注　釋】❶道術　指道家的道德學術。❷不知耳目之宜二句　本於《莊子・德充符》。宜，原文為「宣」，依王念孫校改。❸三泉　三重泉。指地下深處。❹上尋九天　上升九天。本書〈齊俗〉亦云「煙之上尋」。九天，天之中央及八方稱九天，亦稱九野。即中央為鈞天，東方為蒼天，東北為變天，北方為玄天，西北為幽天，西方為顥天，西南為朱天，南方為炎天，東南為陽天。❺廓　拓開。❻揲貫　如言積累。❼動溶　活動。溶，動。❽滅亡之野　指至無之境。即《莊子・逍遙遊》中所說的「無何有之鄉」。❾蜚廉　即飛廉。神鳥名（一說神獸名），長毛有翼，鳥身鹿頭蛇尾，有角，文如豹文。❿敦圄　傳說中的獸名。舊注謂「似虎而小。一曰仙人名也」。⓫內宇　即宇內。原文作「宇內」，依王念孫校改。⓬燭十日　使十日照耀大地。本書〈本經〉載有關於天有十日的傳說。燭，照。⓭雷公　司雷之神。⓮夸父　神話人物。《山海經・海外北經》：「夸父與日逐走，入日；渴欲得飲，飲於河渭。河渭不足，北飲大澤。未至，道渴而死，棄其杖，化為鄧林。」⓯宓妃　傳為伏羲女。溺死洛水中，遂為洛水之神。⓰織女　本為星名。位於銀河西，與隔河之牽牛星相對。從本文開始，織女成了神女名。⓱素　本性。⓲神　與下文之「精」皆指精神。⓳嬈　煩擾。⓴營慧　運用智謀的樣子。舊注謂「求索名利也」。㉑神明　指精神。㉒宅　指精神之宅——形體。〈原道〉：「夫形者神之舍也。」㉓假兼衣　借助於穿厚衣服。兼衣，重衣。㉔暍　中暑。㉕梣木　樹木名。即秦皮，又名苦櫪。其皮可入藥，可用其皮泡水，以水洗眼，可治目疾。㉖已　愈。這裡有治好的意思。原文為「色」，依王引之校改。㉗青翳　眼病。即今所謂角膜翳。㉘蠃蠡　即螺。㉙燭睆　眼病。若今之白內障。原文為「蝸睆」，又上無「愈」字，均依王引之校改、補增。㉚駭　驚駭。㉛過　過問。㉜矯　拂。違背。㉝牛蹏之涔　像牛蹄那樣大的水坑。蹏，古「蹄」字。涔，路上積水。㉞塊阜　塊阜之山。即小山。非指山名。㉟營宇　區域。㊱無　原文下有「裹」字，依吳承仕校刪。吳云：「上文言『營宇狹小，不能容巨大』，此云以無為營宇，則無所不包，非以無裹為名身也。」㊲必形繫而神泄二句　舊注謂「形繫者，身形疾而精神越泄，不處其守，故曰不免於虛矣」。㊳係羈　束縛；羈絆。㊴必其命句　本於《莊子・山木》：「物之所利，乃非己也，吾命有在外者也。」命有，原文作「有命」，依王念孫校改。

【語　譯】因此聖人注重內在的道德學術的修養，而不在外面用仁義裝飾自己，不知耳目是宜於辨別聲色是非的，而讓自己生活在精神和諧的境界中。像這樣，他就能下測三泉之深，向上升入九天之中，橫著拓開六合，積累萬物，這是聖人遨遊的情況。至於真人，他便在至虛的境域內活動，而遊弋在一切絕無的曠野，他騎著蜚廉、後面跟著敦圄，奔馳在無的區域之外，而在無的區域之內休息，能讓十個太陽同時照耀大地而使喚風雨，能以雷公為臣，能役使夸父，能以宓妃為妾，以織女為妻，天地之間，哪裡能夠留得住他的心志！所以，虛無是道的居所，平易是道的本性。

凡是人們動用、煩擾他的精神，運用智謀而在外求索利益，這都使自己的精神喪失而讓它離開自己的居所。所以，受凍的人在春天要借助於穿厚衣服來禦寒，而中暑的人在秋天也盼望有冷風來解暑，體內生病的人一定會有病色顯現在體外。用梣木皮泡的水可以治好角膜翳，而用螺可以治好白內障一類的眼病。梣木、螺都是治療眼病的藥物，人們如果沒有其他原因而要尋找它們，一定是因為眼病妨礙了他們的視力。

聖人使天下人民感到驚駭的事情，是真人未曾過問過的，賢人與世俗背道而馳的行為，是聖人未曾觀看過的。在牛蹄大的水坑內，沒有一尺長的鯉魚；在小小的土丘上，找不到一丈長的木材。之所以這樣，是什麼原因呢？都是因為它們的區域狹小而不能容納巨大的東西，又何況用無來作為區域呢？用無來為山為淵與牛蹄般的水坑、小小土丘相比，那大小之勢就相差得遠了。一個人受到世俗的拘束，一定是身體有病而精神散泄在外，所以就難以免除虛空的毛病。假使我可以被束縛住，一定是我將命運寄託在外面了。

至德之世❶，甘暝❷於溷澖❸之域，而徙倚❹於汗漫❺之宇，提挈❻天地而委萬物❼，以鴻濛為景柱❽，而浮揚❾乎無畛崖❿之際。是故聖人呼吸陰陽之氣，而群生莫不顒顒⓫然，仰其德以和順。當此之時，莫之領理⓬，決離⓭隱密⓮而自成，渾渾蒼蒼⓯，純樸未散，旁薄為一⓰，而萬物大優⓱，是故雖有羿之知⓲而無所用之⓳。

及世之衰也，至伏羲氏[20]，其道昧昧[21]芒芒[22]然，含德[23]懷和，被施頗烈[24]，而知乃始昧昧楙楙[25]，皆欲離其童蒙[26]之心，而覺視[27]於天地之間，是故其德煩[28]而不能一[29]。及[30]至神農、黃帝，剖判大宗[31]，竅領[32]天地，襲[33]九窾[34]，重九埑[35]，提挈陰陽，嫥捖[36]剛柔，枝解葉貫[37]，萬物百族[38]，使各有經紀條貫。於此萬民睢睢盱盱[39]然，莫不竦身[40]而載[41]聽視，是故治而不能和[42]下。棲遲[43]至於昆吾[44]、夏后[45]之世，嗜欲連於物，聰明誘於外，而性命失其得[46]。施[47]及周室[48]，澆淳散樸[49]，離[50]道以偽，儉德[51]以行，而巧故萌生。周室衰而王道[52]廢，儒墨乃始列道而議[53]，分徒而訟[54]。於是博學以疑聖[55]，華誣[56]以脅眾[57]，弦歌鼓舞[58]，緣飾[59]《詩》[60]、《書》[61]，以買名譽於天下。繁登降[62]之禮，飾紱冕[63]之服，聚眾不足以極其變，積財不足以贍其費，於是萬民乃始慲[64]觟[65]離跂[66]，各欲行其知[67]偽，以求鑿枘[68]於世而錯[69]擇[70]名利，是故百姓曼衍[71]於淫荒[72]之陂[73]，而失其大宗之本。夫世之所以喪性命，有衰[74]漸以然，所由來者久矣。

【章旨】這一章比較系統地敘述了作者對周末以前社會歷史的看法，總的觀念是歷史愈往下延伸，離「道」就愈遠，「有衰漸以然，所由來者久矣」。作者將社會發展分為兩大階段，一是至德之世，即原始社會階段，這是作者的理想社會。其主要特點是聖人不用智巧、順應大道，而「群生莫不顒顒然，仰其德以和順」。二是衰世，包括伏羲氏、神農、黃帝在位的時代以及周代初年，在用「道」治國方面都未達到盡善盡美的境界，昆吾、夏后就更不用說。當然作者最不滿意的是周末，認為百姓求名利、施詐偽，都是因為他們受到儒墨的蠱惑，喪失了自身的本源——道所造成的。

【注　釋】❶至德之世　道家的理想時代，實指原始社會。老子稱為「至治」時代。《莊子・馬蹄》：「夫至德之世，同與禽獸居，族與萬物並，惡乎知君子小人哉！」❷甘瞑　安寢恬臥。❸溷瀾　空虛無限。瀾，舊注謂「言無垠虛之貌」。❹徙倚　徘徊；遨遊。❺汗漫　廣大無邊的樣子。❻提挈　提舉。一手引之向上為提。挈，舉。❼委萬物　舊注謂「言不以身役物」。委，棄。❽以鴻濛為景柱　舊注謂「鴻濛，東方之野，日所出，故以為景柱」。景柱，即影柱。測日影的表柱，又稱圭表。❾浮揚　猶言遨遊。❿畛崖　邊界。畛，界限。⓫顛顛　仰慕的樣子。⓬領理　治理。領，治理。⓭決離　猶言流離。⓮隱密　與「隱祕」同。隱藏其事不使人知。⓯渾渾蒼蒼　混沌的樣子。⓰旁薄為一　本於《莊子・逍遙遊》：「旁礴萬物以為一。」旁薄，與「磅礴」同。混同。⓱優　饒；多。⓲羿之知　舊注謂「是堯時羿，善射，能一日落九烏、繳大風、殺窫窳（音訝宇，獸名）、斬九嬰、射河伯之知（智）巧也」。知，同「智」。⓳無所用之　舊注謂「是說上古之時也，但甘臥，治化自行，故曰雖有羿之知，其無所用之」。⓴伏羲氏　古代傳說中的部落首領，號曰太昊。相傳他教民捕魚、畜牧以為食物，又是始畫八卦者。㉑昧昧　純厚的樣子。㉒芒芒　廣大的樣子。㉓含德　原文為「吟德」，依王念孫校改。㉔被施頗烈　舊注謂「被，讀光被四表之被也。被其德澤，頗烈施於民」。被，及；加於其上。烈，大。㉕昧昧楙楙　王念孫云：「昧昧、楙楙，一聲之轉，皆欲知之貌也。」此處「昧昧」，舊注為「欲明而未也」。楙楙，原文為「晽晽」，依王念孫校改。㉖童蒙　幼稚而未開知識的兒童。㉗覺視　覺，察知。視，審察。㉘煩　無常。㉙一　純一。舊注謂「齊也」。㉚及　原文為「乃」，依王念孫校改。㉛剖判大宗　分離本源。㉜竅領　通理。㉝襲　因。㉞九竅　九法。舊注訓為「九天之法」。㉟九埜　九垠；九垓。這裡指九州大地。原文「埜」作「懋」，依王念孫校改。㊱嫥捖　調和。㊲枝解葉貫　謂枝分葉累。葉貫，猶言葉積累。㊳族　類。㊴睢睢盱盱　仰視的樣子。睢盱的重疊詞。舊注言為「聽視之貌也」。㊵竦身　指抬起腳跟伸頸而立的樣子。㊶載　猶戴。用頭頂著。㊷和　協；和洽。以上敘述神農、黃帝在位時事。《莊子・盜跖》嘗云：「神農之世，臥則居居，起則于于，民知其母，不知其父，與麋鹿共處，耕而食，織而衣，無有相害之心，此至德之隆也。然而黃帝不能致德，與蚩尤戰於逐鹿之野，流血百里。」㊸棲遲　延續。㊹昆吾　夏末部落名。嘗為夏伯，後為商所滅。㊺夏后　指夏代最後一個君主桀（名履癸)。夏桀暴虐荒淫，後為湯所俘，流放死於南巢。后，指君主。㊻得　指「德」。此處指性命的根本。㊼施　延續。㊽周室　指周代。原文下有「之衰」二字，依王引之校刪。㊾澆淳散樸　謂使純厚質樸的社會風氣變得紛亂浮薄。澆，減薄；浮薄。散，紛亂。㊿離　原文為「雜」，依王念孫校改。(51)儉德　儉，同「險」。《文子》即作「險德」。(52)王道　儒家以行仁義治天下為王道，道家則以先王無為而治之道為王道。(53)列道而議　猶《莊子・天下》：「道術將為天下裂。」列道，即「裂道」。列，同「裂」。分解。(54)分徒而訟　即分黨而爭是非。(55)博學以疑聖　本於《莊子・天地》：「博學以擬聖，於于以蓋眾。」謂博學多聞以自比於聖人。疑聖，即「擬聖」。(56)華誣　這裡指用虛華之言以誣聖人。(57)脅眾　劫脅徒眾。(58)弦歌鼓舞　合樂以歌、舞。指儒家以禮樂治國之事。弦歌，以琴瑟伴奏而歌。句中批駁儒家部分蓋本於《墨子・非儒下》。(59)緣飾　如言文飾。(60)詩　指《詩經》。儒家言事明理常引《詩》為證，或以《詩》代言。(61)書　指《尚書》。儒家經典之一。(62)登降　尊卑；上下。(63)紱冕　古時禮服。(64)惝　不明事理。(65)觟　偏僻小徑。(66)離跂　疊韻詞。翹足。有自許自高之意。(67)知　同「智」。巧。(68)鑿枘　猶言投契、迎合。鑿，榫卯。枘，榫頭。(69)錯　通「措」。施行。(70)擇　索取。(71)曼衍　不受約束；亂行。(72)淫荒　放蕩荒淫。(73)陂　山坡。一作「野」。(74)衰　等差。由上到下，依照一定的等級遞減。

【語譯】在遠古盛德的時代，人們安寢恬睡在空虛無限的區域中，而遨遊在廣大無邊的範圍內，提舉天地而委棄萬物，把東方的原野作為觀測日影的影柱，而在沒有界限的天地裡遨遊。因此聖人呼吸的是陰陽二氣，而所有的生物沒有不仰慕他的，仰慕他的「德」而顯得和順。在這個時候，沒有人去治理，元氣暗中流離而自然形成，混混沌沌，純樸的本性沒有散離，混同為一體，而使得萬物很多很多。所以即使有羿那樣的智慧也沒有地方可以施展。

等到世道衰敗，到了伏羲氏在位的時候，他所持之「道」仍然純厚、廣大，他掌握著「德」、懷抱著和氣，並將它們廣泛用在萬物身上，但是人們的智慧卻開始萌生了，欲明不明，顯出想要明白事理的樣子，都想丟掉他們的童稚之心，而去審察、了解天地間的事物，所以他們的「德」沒有常則而不能整齊劃一。等到了神農、黃帝在位的時候，他們分離事物的本源，通理天地，依照九天之法、九州之形來提舉陰陽，調和剛柔，如同枝分葉累，使得萬物百類各自都有一定的系統、條理。在這種情況下，所有的人民都仰望著他，沒有誰不抬起腳跟、伸長脖子而聽而看的，所以天下雖然得到治理卻不能和天下的人和洽相處。像這樣延續到昆吾、夏桀的時代，嗜欲和外物連在一起，聰明為外物所引誘，而性命離開了它的根本。這樣延續到周代，純厚質樸的社會風氣變得紛亂浮薄，人們離開了「道」而去作虛偽的事，用不正之「德」支配自己的行為，因而偽詐便產生了。周代衰落而以道治國的王道也被廢掉了，於是儒家、墨家開始分裂道術而提出種種主張，人們分成不同的集團而相互爭論是非。在這種情況下，有人用博學多聞來自比聖人，用虛華的言詞來誹謗聖人而劫脅徒眾，合樂而歌、合樂而舞，用《詩經》、《尚書》來文飾自己的行為，為的是在天下收買名譽。於是尊卑上下的禮儀多起來了，還要裝飾禮服，即使聚集眾人也不能夠用盡他的變化，即使積累財物也不能夠充分供給他的費用。在這樣的情況下，天下人民才開始不明事理、為自許甚高而走入邪路，各人都想施展自己巧詐虛偽的伎倆，以求迎合世俗而從中獲得名利，所以天下的老百姓毫無顧忌地在放蕩荒淫的境域內遊蕩，而喪失了他們性命的根本。世上的人之所以都失去性命，是因本性漸漸離失所造成的，它的由來已經很久了。

是故聖人之學也，欲以返性於初❶，而游心於虛❷也；達人❸之學也，欲以通性於遼廓❹，而覺於寂漠也。若夫俗世之學也則不然，擢德攓性❺，內愁五藏，外勞耳目，乃始招蟯❻振繾❼物之豪芒，搖消掉捎仁義禮樂❽，暴行❾越智❿於天下，以招號⓫名聲於世。此我所羞而不為也。

是故與其有天下也，不若有說⓬也；與其有說也，不若尚羊⓭物之終始⓮，而條達⓯有無之際。是故舉世而譽之不加勸⓰，舉世而非之不加沮⓱。定於死生之境，而通於榮辱之理，雖有炎火洪水彌靡⓲於天下，神無虧缺於胸臆之中矣。若然者，視天下之間，猶飛羽浮芥⑲也，孰肯分分然⑳以物為事也？

【章　旨】這一章通過肯定聖人之學和達人之學，提倡人們通過學習做到「返性於初」、「遊心於虛」。否定了破壞德、性，顯揚智巧以求聲名的俗世之學。並說能返性於初、遊心於虛的人，能做到舉世譽之不加勸、舉世非之不加沮，死生榮辱都不能動搖他的心志，把天下的事物看得如同飛羽浮草，更不會去為它們勞神費力。

【注　釋】❶初　道家認為人性原於「道」。性之「初」當指道所具有的虛靜、恬澹、寂寞、無為。❷游心於虛　指沒有欲望。虛，虛靜。❸達人　猶達士。通達事理的人。❹遼廓　曠遠；空闊。❺擢德攓性　取德取性。即去掉德性。攓，同「搴」。拔取。原文為「捲」，依楊樹達校改。❻招蟯　楊樹達說：「招蟯疑即挑撓之假。」挑撓，或作「撓挑」。踴躍之意。❼振繢　意謂努力得到。振，奮；動。繢，不離散。❽搖消掉捎句　舊注謂「未之能行也」。搖消，動。掉捎，動。❾暴行　猝然而行。暴，卒。❿越智　顯揚智巧。⓫招號　猶言號召、召喚。⓬不若有說　猶言不若有所舍。即脫棄天下。說，通「稅」。舍。亦可訓為「脫」，「脫」與「稅」古字通。⓭尚羊　與「徜徉」同。逍遙。⓮終始　原文下有「也」字，依俞樾校刪。⓯條達　條理通達。⓰勸　受到鼓勵。⓱沮　沮喪；灰心失望。⓲彌靡　猶言披靡。眾草順風傾覆的樣子。⓳芥　小草名。⓴分分然　猶言「紛紛然」。忙亂的樣子。吳承仕則以為「分分」乃「介介」之誤，意為耿耿，亦為一說。

【語　譯】所以聖人的學習，是要使他的本性回復到起初的純樸狀態，而使他的心遊弋在虛空的境域中；通達事理的人的學習，是要使他的本性和曠遠、空闊的境域相通，而能在寂寞的境域中覺醒。至於世俗之人的學習就不是這樣，他們拔除「德」、抽取本性，內使五臟發愁，外使耳目辛勞，這才開始踴躍地努力想得到外物的毫芒之利，動一動仁義禮樂，猝然行動，把他的詐譎之智在天下顯揚出來，為的是在世間召來好的聲譽和名望。這是我感到羞恥而不願做的事情。

因此，與其有天下，不如拋棄天下；與其拋棄天下，還不如隨著萬物的始終而逍遙而通達於有無之間。因此，全天下的人都讚美他，他也不會因此而更加勤奮；全天下的人都指責他，他也不會因此而灰心失望。

他能夠安然而生、安然而死，而通曉榮而不樂、辱而不恥的道理，即使天下有大火燃燒、洪水氾濫，他胸中的精神也不會因此而缺少。像這樣，他看待天下所有的事物，就像飛著的羽毛、飄浮著的小草一般，誰肯忙忙亂亂地把外物當作一回事呢？

水之性清❶，而土汩❷之；人性安靜，而嗜欲亂之。夫人之所受於天者，耳目之於聲色也，口鼻之於臭味❸也，肌膚之於寒燠❹，其情一也。或通於神明❺，或不免於癡狂者，何也？其所為制者❻異也。是故神者智之淵也，神清❼則智明矣；智者心之府也，智公則心平矣。人莫鑑於流潦❽，而鑑於止水者，以其靜也；莫窺形於生鐵❾，而窺於明鏡❿者，以⓫其易⓬也。夫唯易且靜，形⓭物之性也。由此觀之，用者⓮必假之於弗用者⓯也，是故虛室生白⓰，吉祥止⓱也。

夫鑑明者，塵垢弗能薶⓲，神清者，嗜欲弗能亂。精神已越於外，而事⓳復返之，是失之於本，而求之於末也。外內無符而欲與物接，弊⓴其玄光㉑而求知之於耳目，是釋其炤炤㉒，而道其冥冥㉓也，是之謂失道。心有所至，而神謂然在之㉔，反之於虛則消鑠滅息，此聖人之游㉕也。

故古之治天下也，必達乎性命之情。其舉錯未必同也，其合於道一也。夫夏日之不被裘者，非愛之也，燠有餘於身也。冬日之不用翣㉖者，非簡㉗之也，清㉘

有餘於適也。夫聖人量腹而食，度形而衣，節[29]於己而已，貪汙[30]之心奚由生哉！故能有天下者，必無以天下為也；能有名譽者，必無以趨行[31]求者也。聖人有所於達[32]，達則嗜欲之心外[33]矣。

孔、墨之弟子，皆以仁義之術教導於世，然而不免於儡[34]。身猶不能行也，又況所教乎！是何則？其道外也。夫以末求返於本，許由不能行也，又況齊民[35]乎！誠達於性命之情，而仁義固附矣，趨捨何足以滑心[36]！

【章　旨】這一章用人的「鑑於止水」、「窺於明鏡」為例，說明人性是清靜的。又用水性清而土能亂之為喻，說明人性安靜而易為嗜欲所亂。並說人性已為嗜欲所亂，再要人為地使之返回是失於本而求於末。只有心「反之於虛」才能消除一切嗜欲。據此，文中提出治天下者「必達乎性命之情」，有天下「必無以天下為」、有名譽「必無以趨行求」。孔、墨弟子以仁義教導於世而己不能行，百姓更不能行，根本原因是他們自己未「達於性命之情」，才會要百姓和自己一道「以末求返於本」。可見做事把握根本至關重要，不可捨本逐末，也不可以末求返於本。

【注　釋】❶清　原文上有「真」字，依王念孫校刪。❷汩　擾亂。❸臭味　文中分屬於鼻、口，釋為氣味和滋味。原文為「芳臭」，依王念孫校改。❹寒燠　冷熱。❺神明　言人無所不知，如神之明。本書〈兵略〉：「見人所不見謂之明，知人之所不知謂之神，神明者先勝者也。」❻制者　制約者。指人的精神。❼神清　原文為「淵清」，依王念孫校改。❽流潦　流水。潦，路上的流水。原文為「流沫」，一作「沫雨」，《文子．九守》作「流潦」，故依王念孫校改。❾生鐵　未經煉熟的鐵。即鑄鐵。❿明鏡　指明亮的銅鏡。⓫以　原文下有「覩」字，依王念孫校刪。⓬易　猶平；猶清。⓭形　見；現。⓮用者原文為「用也」，依王念孫校改。⑮弗用者　原文為「弗用也」，依王念孫校改。⑯虛室生白　虛室，指心。白，指純白的光輝。喻「道」。⑰吉祥止　謂吉祥來止於心。吉祥，指福善之事。⑱薶　沾汙。⑲事　治。指採取行動處理問題。⑳弊　同「蔽」。遮蔽。㉑玄光　內明。天生的內在靈性。㉒炤炤　同「昭昭」。明白的樣子。㉓冥冥　昏昧不明的樣子。㉔心有所至二句　猶言「神逐心移，心有所至而神亦勤勤然存注之。……易言之，即勞其神以從心之所至也。」謂然，原文為「喟然」，依馬宗霍校改。馬氏言「謂」有勤意。謂然，即謂謂然。即勤勤之意。㉕游　行。㉖翣　扇子。㉗簡　簡慢；輕視。㉘清　寒；涼。原文為「清」，依楊樹達校改。㉙節　節制；節約。㉚貪汙　貪得而卑下。㉛趨行　猶言奔走馳鶩。㉜聖人有所於達　即聖人有所為達。所於，連文，「於」猶「為」。㉝外　作動詞用。拋棄之意。㉞傫　即傫傫、纍纍。疲憊的樣子。㉟齊民　平民。齊，等。無貴賤之分，故稱齊民。㊱滑心　擾亂心性。滑，同「汨」。

【語譯】水的本性是清的，而泥土卻能把它攪得渾濁；人的本性是安定清靜的，而嗜好欲望卻能把它攪亂。人從自然所稟受到的本領，如耳朵對於聲音、眼睛對於顏色、口對於滋味、鼻子對於氣味、肌肉皮膚對於寒冷和炎熱，它們都一樣能夠發揮感覺。但是有的人無所不知如神之明，有的人卻不能避免像痴子、瘋子一般，這是什麼原因呢？是因為指揮他們行動的精神不一樣。所以說精神是智慧的淵源，精神清朗那麼智慧就顯得高明；智慧是心靈的府庫，智慧用得平均心靈就會平靜。人不用流動的水來照身影，而是用不流動的水來照身影，這是因為不流動的水平靜的緣故；人不會用粗糙的生鐵來看自己的形貌，而是用明亮的銅鏡來照出自己的形貌，這是因為明亮的銅鏡清淨的緣故。正是因為清亮而且平靜，才能顯現出事物的本性。從這裡看來，要發揮作用一定要借助於不發揮作用的東西，所以空虛的心室能夠生出純白的光輝，福善之事也會在心中出現。

銅鏡明亮的，塵垢不能弄髒它；神智清朗的，嗜好欲望不能攪亂它。如果精神已經散失到外面，而要通過努力再讓它回來，這是喪失了根本，而到枝末上去追求。外在的行為和內在的本性不相符合而想與外物交接，遮蔽住內在的靈性而靠耳朵、眼睛去求得知識，這是摒棄光明而走向黑暗，這就叫做喪失了道。內心活動到了某個地方，而精神也勤勤然地隨著到了那個地方，精神返回到空虛境界，那麼人的各種欲望就會消鑠滅息，這是聖人的行為。

所以古代治理天下的人，一定要通達性命方面的情理。他們治國的舉動措施未必相同，但都一樣與道相合。人們在夏天不穿皮襖，並不是要愛惜皮襖，而是身上過於暖和。人們在冬天不用扇子，並不是瞧不起扇子，而是冬天寒冷得超過了舒適的程度。聖人是按照食量大小來吃東西，是按身材的尺碼來穿衣裳，對於自己總是有所節制，像這樣子，貪得卑下的心思怎麼可能產生呢！所以能夠擁有天下的人，一定不會為得到天下而奮鬥；能博得名譽的人，一定不會為求得名譽而奔走馳騖。聖人會努力通達事理，能通達事理，那麼要滿足嗜好、欲望的心思就遠離了。

孔子、墨子的弟子，都用仁義方面的道理在世間教誨開導人民，但卻免不了弄得疲憊不堪。自己尚且不能實行仁義，又何況他們所教誨的那些人呢！這是什麼原因呢？是他們把「道」拋棄了的緣故。抓住枝末而要求返回根本，這是許由都做不到的事，又何況一般的平民呢！如果真正通達性命方面的道理，那仁和義自然就附在性命上，而進和退又哪裡能夠攪亂人的心思呢！

若夫神無所掩，心無所載，通洞條達❶，恬漠❷無事，無所凝滯，虛寂以待，勢利不能誘❸也，聲色不能淫❹也，辯者❺不能說❻也，美者不能濫❼也，智者不能動也，勇者不能恐也，此真人之游❽也。若然者，陶冶❾萬物，與造化者為❿人，天地之間⓫，宇宙之內⓬，莫能夭遏。

夫生生者⓭不死，而化物者⓮不化。神經於驪山⓯、太行而不能難，入於四海九江⓰而不能濡，處小隘而不塞，橫扃⓱天地之間而不窕⓲，不通此者，雖目數千羊之群，耳分八風之調⑲，足蹀⑳〈陽阿〉㉑之舞，而手會〈綠水〉㉒之趨㉓，智絡㉔天地，明照日月，辯解連環㉕，辭潤玉石㉖，猶無益於治天下也。

靜漠恬澹，所以養性也；和愉虛無，所以養德也。外不滑內，則性得其宜；性不動和，則德安其位。養生以經世㉗，抱德以終年，可謂能體道㉘矣。若然者，血脈無鬱滯，五藏無蔚氣㉙，禍福弗能撓滑㉚，非譽弗能塵垢㉛，故能致其極㉜。非有其世，孰能濟㉝焉？有其人㉞不遇其時㉟，身猶不能脫，又況無道㊱乎？

【章旨】這一章包含兩層意思。一是說人若做到神明而無所掩、心虛而無所載，就能勢利不能誘、辯者不能說、聲色不能淫、美者不能濫、智者不能動、勇者不能恐，能像「真人」那樣行動。而不明白生生者不死、化物者不化這個道理，縱然耳聰目明、手腳靈活、能言善辯也無益於治理天下。二是說能以「靜漠恬澹」養性、以「和愉虛無」養德，而且能像這樣「經世」、「終年」，就可稱為「能體道」了。能體道者不會受到禍福非譽的影響，所以能達到道的最高境界。但道的實行，除了要有體道之人，還要有實行道的時代。

【注釋】❶通洞條達　猶言貫通、條理通達。洞，貫穿。❷恬漠　恬，安靜。漠，寂靜。❸誘　誘惑。❹淫　惑亂。此句原在下句後，依俞樾校改。❺辯者　善於巧辯的人。❻說　舊注謂「釋也」。依上下句意，似為「說服」而非「解釋」。❼濫　無節制。這裡指非分的希望和企圖，作動詞用。舊注謂「濫，覦也。不能使之過濫」。❽游　原文為「道」，依王念孫校改。❾陶冶　本謂燒製陶器和冶煉金屬。比喻化育、造成。❿為　做。引申為治理。⓫間　上下之間。⓬內　四方之內。⓭生生者　指產生各種生物的大自然。原文「生生」為「化生」，依俞樾校改。⓮化物者　指化育萬物的德。⓯驪山　位於今陝西省西安市東北之臨潼縣。⑯四海九江　四海，指四方之海。古以中國四周為海。何謂九江，說法不一。或謂長江分而為九，或謂長江九條支流。⑰橫扃　橫貫。扃，關閉門戶所用的橫木，也稱為「關」，通「貫」。舊注訓為「閉」，不確切。⑱窕　有空隙，不充實。⑲八風之調　指八卦之風的音調。古以八種樂器與八風相配，條風為笙，明庶風為管，清明風為柷，景風為弦，涼風為塤，閶闔風為鐘，不周風為磬，廣莫風為鼓。⑳蹀　踏；蹈。㉑陽阿　古舞名。一說陽阿為古代樂人。㉒綠水　舞曲名。㉓趨　通「奏」。指舞蹈動作。㉔絡　包羅。原文為「終」，依劉文典校改。馬宗霍訓「終」為「周」，亦為一說。㉕辯解連環　言其人善於巧辯能解開像玉連環那樣的難題。連環，玉製連環，連結成串而不可解。㉖辭潤玉石　謂其人言辭潤澤如玉石一般。原文「辭」為「澤」，依王念孫校改。㉗經世　治世；治理世事。㉘體道　指能掌握道且按道行事。㉙蔚氣　病氣。指形成疾病的因素。㉚撓滑　猶言擾亂。㉛塵垢　塵土和垢汙。作動詞用，有玷汙、汙染之意。㉜極　至。㉝濟　本指過河。這裡有完成之意。㉞其人　指能體道的人。㉟其時　指能按道行事的時代。㊱無道　指沒有掌握道、不能按道行事的人。

【語　譯】至於精神沒有被遮蔽、心中沒有裝載什麼，貫穿通達，安靜無事，沒有凝結不動的情形，用虛空寂寞來等候，那麼權勢和財利就不能誘惑他，音樂女色就不能迷亂他的心，能言善辯的人說服不了他，美好的東西也不能使他產生非分之想，智巧也打動不了他，勇猛的人也不能使他恐懼，這是真人的行為。如果能這樣，那就能化育萬物，和大自然一道來治理人民，在天地之間、宇宙之內，沒有誰能夠阻擋住他。

產生生物的大自然是不會死的，而化育萬物的德是不會變化的。精神從驪山、太行山經過而不會感到困難，進入四海、九江之內而不會被浸濕，處在狹小的地方不會受到阻塞，橫貫天地之間而不會有空隙，如果不能通曉這個道理，雖然眼睛能數得清千隻羊群，耳朵能分辨得清八卦之風的聲調，雙腳能跳〈陽阿〉那樣的舞步，而兩手能按〈綠水〉舞的節奏揮動，他的智慧包羅天地，心地明亮如同日月，能言善辯能解開玉連環那樣的難題、言詞潤澤如同玉石，也還是對治理天下沒有好處。

靜寂恬澹，是用來養性的；和愉虛無，是用來養德的。外面的事物不攪亂內心，那麼心性就得到適宜的發用；心性的平和不被搖動，那麼德就在它的位置上安定下來了。保養性命以用來治理世事，懷抱德以用來終了天年，這可以說是能掌握道且按道行事了。像這樣做，那血脈不會出現鬱滯的情況，五臟不會出現疾病，災禍和幸福不能擾亂他的心性，責怪和讚美不能玷汙他的心性，所以他能達到最高境界。但是沒有那種時代，誰又能成功呢？有按道行事的人而不能遇到按道行事的時代，連自身都不能逃離其世，又何況那些不按道行事的人處在那樣的時代呢？

且人之情，耳目應感動❶，心志❷知憂樂，手足之攢❸疾蝱❹、辟❺寒暑，所以與物接也。蜂蠆❻螫❼指而神不能憺❽，蚉蝱噆❾膚而知不能平❿。夫憂患之來，攖⓫人心也，非直⓬蜂蠆之螫毒而蚉蝱之慘怛⓭也，而欲靜漠虛無，奈之何哉！夫目察秋豪之末，耳不聞雷霆之音⓮；耳調玉石之聲⓯，目不見太山⓰之高。何則？小有所志⓱而大有所忘也。今萬物之來，擢拔吾性、攓取吾情，有若泉源，雖欲勿稟⓲，其可得邪？

今夫樹⓳木者，灌以瀿水⓴，疇㉑以肥壤㉒，十人養之，一人拔之㉓，則必無餘桻㉔，又況與一國同伐之哉？雖欲久生，豈可得乎？今盆水在庭，清之終日，未能見眉睫；濁之不過一撓，而不能察㉕方員㉖。人神易濁而難清，猶盆水之類也，況一世而撓滑之，曷得須臾平乎？

【章　旨】這一章一方面用蜂蠆螫指而神不能定、蚊蟲叮人而知覺不能靜，說明人要靜漠虛無，就要排除人間憂患的干擾。又用「目察秋豪之末」，而「耳不聞雷霆之音」這樣「小有所志而大有所忘」的事例，說明不能讓自己的性、情受到萬物的破壞，即不要以萬物為念。另一方面又用種樹和盆水清濁變化為例，說明人的精神易濁而難清，若以一世之事來擾亂它，自然得不到片刻的平靜。

【注釋】❶應感動　謂隨感觸相應而動。❷心志　意志。這裡指心意。❸攢　同「拂」。擊而過之；除去。❹疾羞　痛癢。羞，同「蛘」。騷癢。❺辟　同「避」。躲開。前當脫「肌膚」二字。❻蜂蠆　蜂蝎。蠆，蝎子一類的毒蟲。❼螫　毒蟲刺人為螫。❽憺　安定。❾噆　咬；叮。❿知不能平　即志不能定。知，猶「志」。⓫攖　擾動；擾亂。舊注謂「迫也」。⓬直　僅僅。⓭慘怛　悲痛；傷痛。怛，慘痛。⓮雷霆之音　原文為「雷霆之聲」，依劉文典校改。⓯耳調玉石之聲　謂耳聽編鐘、石磬一類樂器發出的和樂聲。調，調和；協調。玉，當為「金」。⓰太山　即泰山。位於今山東省泰安縣。⓱志　記。記住。這裡有留意的意思。⓲今萬物之來四句　俞樾說「言萬物之來，擢拔吾性，攓取吾情，吾雖欲勿受之不可得也」。擢拔，抽拔出來。攓取，搴取；拔取；提取。稟，受。⓳樹　種植。⓴瀿水　泉水。瀿，同「繁」。一說指地面積水。㉑疇　壅。即用土壤或肥料培在植物根部。㉒壤　柔土。舊注謂「或作嘹」，誤。㉓十人養之二句　原文為「一人養之，十人拔之」，依王念孫校改。㉔梓　同「蘖」。剛長出的枝芽。㉕察　見。㉖員　同「圓」。

【語譯】況且人的情性是這樣的：耳朵和眼睛會隨著人的感觸相應而動，心裡知道憂愁和快樂，手腳會除去身上的痛癢，（肌膚）可避開寒暑，這都是人和外界接觸的器官。當黃蜂、蝎子一類毒蟲螫人手指的時候，人的精神是不能安定的，當蚊子、虻蟲叮咬人的皮膚時，人的神志也是不能平定的。而憂患來擾亂人心，那就不僅僅是像黃蜂、蝎子那樣的毒害人，也不僅僅是像蚊子、虻蟲叮咬人那樣使人疼痛，而想要使自己進入靜寂虛無的境界，又怎麼能辦到呢！當眼睛在觀察秋日毫毛的尖端時，耳朵聽不見雷霆的聲音；當耳朵在傾聽編鐘、石磬一類金石樂器的和音時，眼睛看不見泰山的高大，這是為什麼呢？是因為人們注意小的東西而把大的東西給忘掉了。現在世上萬物都來抽拔我的心性、拔取我的性情，性情離失有如泉源湧流，我雖然想不接受，能夠做得到嗎？

現在種樹的人，把樹種下去，用泉水來澆灌它、用肥沃的土壤來為它培根，十個人培植，一個人來拔樹，那樹木肯定連新長的枝芽都不會留下來，又何況和一國的人一起來砍伐呢？雖然想讓這些樹木長久活下去，又哪能做得到呢？現在將一盆水放在庭院裡，用一整天來澄淨它，不能從中照見人的眉毛和睫毛；但只要輕輕一攪就能使它混濁，而不能看見方和圓的輪廓。人的精神也是容易混濁而很難澄清的，就像盆裡的水一樣，更何況是一世的人都來攪亂它呢，這樣又怎麼能得到片刻的平靜呢？

古者至德之世，賈❶便其肆❷，農樂其業，大夫❸安其職❹，而處士❺循❻其道❼。當此之時，風雨不毀折，草木不夭死❽，九鼎❾重❿，珠玉潤澤⓫，洛出《丹書》⓬、河出《綠圖》⓭，故許由⓮、方回、善卷、披衣⓯得達其道。何則？世之主有欲利天下之心，是以人得自樂其間⓰。四子之才，非能盡善蓋⓱今之世也，然莫能與之同光⓲者，遇唐、虞之時。逮至夏桀、殷紂，燔⓳生人⓴，辜㉑諫者，為炮烙㉒，鑄金柱㉓，剖賢人之心㉔，析才士之脛㉕，醢鬼侯之女，菹梅伯之骸㉖。當此之時，嶢山㉗崩，三川涸，飛鳥鎩翼㉘，走獸擠腳㉙。當此之時，豈獨無聖人哉？然而不能通其道者，不遇其世㉚。夫鳥飛千仞之上，獸走叢薄㉛之中，禍猶及之㉜，又況編戶㉝齊民乎？由此觀之，體道者不專在於我，亦有繫於世矣。

【章旨】這一章的主旨在說明能否按道行事，不專在我，還與時代的清平與否有密切關係。文章用正反兩方面的史實來說明這一點。在「至德之世」，因為人主「有欲利天下之心」，所以高士們「得達其道」、

「得自樂其間」。而在「夏桀、殷紂」之世，賢人、才士橫遭迫害，鳥獸尚且難以避禍，何況平民百姓，更何況聖人要體道而行！本章觀點與前一章所說「非有其世，孰能濟焉」、「有其人不遇其時，身猶不能脫」相同，只是說得詳細一些。

【注釋】❶賈　商人。❷肆　店鋪。❸大夫　官名。這裡泛指官員。❹職　職責。❺處士　古代未做官和不做官的士人（學有道藝者）。❻循　遵循。原文為「脩」，依劉文典校改。❼道　先王之道。❽夭死　這裡指草木被摧折而死。原文無「死」字，依莊逵吉、王念孫校補。❾九鼎　九州貢金所鑄。一曰：象九德，故曰九鼎。❿重　厚。原文下有「味」字，依王念孫校刪。⓫潤澤　有光。⓬丹書　丹（紅）筆所寫之書。這裡指的是《河圖》、《洛書》等所謂天書。《河圖》傳為黃河所出，有人以為就是八卦，鄭玄以為乃帝王聖者受命之瑞。傳說堯、禹受過《河圖》。《洛書》，傳為洛河所出之書，有人以為就是〈洪範〉九疇，為禹所受。⓭綠圖　指江河所出圖籙（如《河圖》、《洛書》等）。因其皆為綠色，故稱《綠圖》。⓮許由　傳為陽城人。堯讓位與他，不受，隱於箕山。⓯方回善卷披衣　舊注謂「方回、善卷、披衣皆堯時隱士，姓名不可得知。其人方直回旋，因曰方回。見其善卷，（因曰善卷）披衣而行，因曰披衣」，此乃望文說之。披衣，一作被衣、蒲衣。《莊子・天地》：「堯之師曰許由，許由之師曰齧缺，齧缺之師曰王倪，王倪之師曰被衣。」又〈知北遊〉：「齧缺問道乎被衣。」〈應帝王〉：「齧缺因躍而大喜，行以告蒲衣子。」《釋文》：「《尸子》云：蒲衣八歲，舜讓以天下。」《莊子・讓王》：「舜以天下讓善卷，善卷曰……遂不受。於是去而入深山，莫知其處。」《呂氏春秋・下賢》作「善綣」，云：「堯不以帝見善綣，北面而問焉。堯，天子也；善綣，布衣也。……善綣得道之士也，得道之人，不可驕也。」⓰自樂其間　舊注謂「自樂其道於天地之間也。或作文德自樂其間，先王之道也」。⓱蓋　加。加於物上。⓲光　指榮譽之光。⓳燔　烤肉食。⓴生人　猶言活人。㉑辜　磔。古代酷刑。即車裂。㉒炮烙　紂王所用酷刑。用炭熱銅柱，令人爬行柱上，即墮炭上燒死。㉓鑄金柱　即鑄銅柱。為炮烙之刑。㉔剖賢人之心　紂王淫亂，其叔比干犯顏強諫。紂王怒，剖其心以處死。㉕析才士之脛　舊注謂「析，解也。剝解有才士腳，觀其有奇異（不）。脛，腳也」。案：《呂氏春秋・過理》有「截涉者脛而觀其髓」語，注云「以其涉水能寒也，故視其髓，欲知其與人有異不也」。㉖醢鬼侯之女二句　鬼侯為紂時諸侯，另一諸侯梅伯言鬼侯女美，令紂妻之。女至，紂以為不美，故醢鬼侯之女，且葅梅伯之骸。醢，古代酷刑，將人剁成肉醬。葅，葅醢。剁成肉醬的酷刑。㉗嶢山　即嶢嶺。位於今陝西省藍田縣南。㉘鎩翼　折翼。鎩，本為有鼻之劍，可斷翼，故有傷殘、折斷之意。㉙擠腳　折腳。舊注謂「紂田獵禽荒，無休止時，故飛鳥折翼，走獸毀腳，無不被害也」。㉚不遇其世　舊注謂「言聖人不能通其道、行其化者，不遭世也」。㉛叢薄　聚木為叢；深草為薄。㉜禍猶及之　舊注謂「田獵不時也」。㉝編戶　編入戶籍的平民。

【語譯】古代的盛德時代，商人很方便地在店鋪裡做買賣，農民很高興地從事農業生產，官員們安於他們的職位，而處士們遵循他們的原則辦事。在這個時候，風雨不毀折莊稼，草木不會被摧折而死，九鼎厚重，珠玉潤澤，洛河裡出了《丹書》，黃河裡出了《綠圖》，所以許由、方回、善卷和披衣都能夠按先王之道行事。這是什麼原因呢？是因為當時的國君有要為天下人民謀福利的心意，因此人們能夠自樂其道於天地之間。這四個人的才智，若論其優秀也並不是全都能超出今世人物之上，但是卻沒有誰能和他們一起享有同樣的榮譽，這是因為他們遇到了唐堯、虞舜在位的好時代。到了夏桀、殷紂王在位的時候，他們烤炙活人，車裂規勸自己的臣子，鑄造銅柱，使用炮烙之刑，挖出賢人的心肝，肢解有才之士的腳，把鬼侯的女兒剁成肉醬，把梅伯的屍骸砍得粉碎。在這個時候，嶢山崩倒，三川乾涸，會飛的鳥兒折斷了翅膀，會跑的野獸弄斷了腳趾。在這個時候，難道就沒有聖人嗎？有的，但是他們卻不能順利地實行「道」，這是因為沒有遇到好的時代。鳥兒飛到千仞以上的高空、野獸跑進茂密的草木中，災禍還會降臨牠們的身上，又何況那些編入戶籍的平常百姓呢？從這些情況看來，要依道行事，不單單在我個人，也是和時代有關係的。

夫歷陽之都❶，一夕反而為湖❷，勇力聖知❸與罷怯不肖❹者同命；巫山❺之上，順風縱火，膏夏❻紫芝❼與蕭艾❽俱死。故河魚不得明目❾，稺稼不得育時❿，其所生者然也。故世治則愚者不能獨亂，世亂則智者不能獨治。身蹈於濁世之中，而責⓫道之不行也，是猶兩絆⓬騏驥⓭，而求其致千里也。置猨檻⓮中，則與豚⓯

同，非不巧捷也，無所肆⑯其能也。舜之耕陶也，不能利其里；南面王，則德施乎四海⑰。仁非能益⑱也，處便而勢利也。

古之聖人，其和愉寧靜，性也；其志得道行，命⑲也。是故性遭命而後能行，命得性⑳而後能明。烏號㉑之弓、谿子之弩㉒，不能無弦而射；越舲㉓蜀艇㉔，不能無水而浮。今矰繳㉕機㉖而在上，罔罟㉗張而在下，雖欲翱翔，其勢焉得？故《詩》云：「采采㉘卷耳㉙，不盈傾筐㉚。嗟我懷人，寘㉛彼周行㉜。」以言慕遠世㉝也。

【章旨】這一章承上章而來，進一步講行道和社會環境的關係。文中列舉各種例子說明世道不明對行道者的限制。所謂「身蹈於濁世之中，而責道之不行也，是猶兩絆騏驥，而求其致千里也」。還說到聖人的「志得道行」是「性遭命」和「命得性」所致。但文中要旨還是強調世道清明對行道的重要性，故舉眾例猶嫌不足，又借《詩》以申其論。

【注釋】❶歷陽之都　指歷陽城。歷陽，漢淮南國屬縣縣名。位於今安徽省和縣西北。❷一夕反而為湖　歷陽城一夕為湖實為一地震事。為湖，和縣西有歷陽湖，又稱歷湖、麻湖，源出桑山。❸勇力聖知　勇而有力者和無所不知的聰明人。❹罷怯不肖　羸弱膽怯者和不賢的人。❺巫山　位於今四川省巫山縣長江巫峽兩岸。❻膏夏　大樹名。其木紋理密白如膏，故稱膏夏。❼紫芝　菌類。與靈芝同稱木芝。與「膏夏」皆喻賢者。❽蕭艾　野蒿、臭草。喻小人。❾河魚不得明目　黃河水濁，故言魚不得明目。明目，指視力好。❿穉稼不得育時　言出土不久的禾苗為霜所凋，得不到適合生長的時機。⓫責　責怪。⓬兩絆　雙絆。即將馬的兩隻腳都用繩索套住。⓭騏驥　良馬。《莊子・秋水》：「騏驥、驊騮，一日而馳千里。」⓮檻　圍野獸的柵欄。⓯豚　豬。⓰肆　盡；極。⓱舜之耕陶也四句　本於《尸子・明堂》。耕陶，指耕作和製作陶器。里，鄉里；家鄉。此處指歷山，舜所居之里。南面王，南面而王。古以坐北朝南為尊位，故王者面南而坐。王，稱王。統治天下。⓲益增加。⑲命　天命。⑳性　指清靜的本性。㉑烏號　柘桑。其木為良弓之材。㉒谿子之弩　一說為谿子國所產之良弩，一說為鄭國製弩良匠谿子陽所製之弩。㉓越舲　越地小船。舲，有窗的小船。㉔蜀艇　蜀地所出的獨木船。㉕矰繳　指繫有生絲繩的箭。矰，繫有生絲的射鳥短矢。繳，射鳥時繫在箭上的生絲繩。㉖機　指發射箭的弩牙。作動詞用。㉗䍐罟　網的通稱。䍐，即「罔」。同「網」。罟，網。㉘采采　採了又採。㉙卷耳　植物名。又名蒼耳，嫩苗可食，亦可作藥用。㉚傾筐　一作「頃筐」。一種淺筐，前低後高，形同畚箕。㉛寘　同「置」。㉜周行　大道。㉝慕遠世　舊注謂「《詩・周南・卷耳》篇也。言采采易得之菜，不滿易盈之器，以言君子為國，執心不精，不能以成其道，采易得之菜，不能盈易滿之器也。『嗟我懷人，寘彼周行』，言我思古君子官賢人，置之列位也。誠古之賢人各得其行列，故曰慕遠也」。

【語　譯】歷陽城一個晚上就變成了湖泊，這個時候，無論是勇猛有力的人和無所不知的聰明人，還是羸弱膽怯的人和不賢之人都遭到了同樣的命運；在巫山上放火，無論是大樹膏夏和紫芝都和蕭艾一起被燒死。所以黃河裡的魚視力不會很好，稚嫩的禾苗被霜打死、得不到生長的時機，這種情形是由它們生活的環境所造成的。所以天下治理得太平那麼愚蠢的人就不能一個人把它攪得混亂，天下混亂那麼聰明的人也不能一個人把它治理好。身處於混濁的世代，卻要責怪道不能實行，這就好像用繩索雙雙絆住了騏驥的腳、卻要牠能日行千里。猿猴被關進木柵欄就和豬相同了，並不是牠不機靈、不敏捷，是所處的環境不允許牠盡情施展牠的能力。當虞舜種田和製作瓦器的時候，連給鄉里帶來好處都做不到，可是當他南面稱王的時候，就能施恩德給天下人民。並不是坐了王位愛人之心就增加了，而是他所處的地位、形勢方便於施恩德於天下人民。

古代的聖人，和柔、愉悅、安寧、清靜，這是他的本性；他的理想能實現、道能推行，這是由命所決定的。所以說，清靜的性遇到命然後才能實行理想，命具有清靜的性然後才能彰明至道。像烏號那樣的弓、谿子國出產的弩，沒有弦也不能夠射出箭；像越地的小船、蜀地的獨木舟，沒有水也浮不起來。現在射鳥的箭正要射向上空，而網又張掛在下面，鳥兒即使想翱翔而飛，牠所處的形勢又怎麼允許牠飛得了呢？所以《詩經》中說：「採呀採呀採卷耳，久久未滿一淺筐。心中想念一個人，把筐放到大路旁。」說的是對遠古時代的思慕。

卷三

天文

【題解】天地是如何形成的？宇宙間有哪些天體？其運行規律如何？怎樣推算天象以定歲時？這些問題，戰國時代已經有人在不少著作中作了回答。但就古代同類著作而言，回答得明確而又全面的是《淮南子》中的〈天文〉。

〈天文〉是漢武帝在位之前所出現的內容最豐富的天文學專著，其重點是講天文（包括曆法），記述我國上古天文學的大量知識，也涉及其他學科的知識，對一些問題的論述，反映出《淮南子》作者的重要思想觀念。

天墬❶未形❷，馮馮翼翼❸，洞洞灟灟❹，故曰太始❺。太始生虛霩❻，虛霩生宇宙，宇宙生元氣❼，元氣有涯垠❽。清陽者❾薄靡❿而為天，重濁者⓫凝滯⓬而為地。清妙之合摶易⓭，重濁之凝竭⓮難，故天先成而地後定。天地之襲精⓯為陰陽，陰陽之專精⓰為四時⓱，四時之散精為萬物。積陽之熱氣久者⓲生火，火氣之精者為日；積陰之寒氣久者⑲為水，水氣之精者為月。日月之淫氣⑳精者為星辰。天受㉑日月星辰，地受水潦㉒塵埃。昔者共工㉓與顓頊㉔爭為帝，怒而觸不周之山㉕，天柱㉖折，地維㉗絕㉘。天傾㉙西北，故日月星辰移焉；地不滿東南，故水潦塵埃歸焉。

【章旨】這一章論述宇宙、天地、四時、萬物以及日月星辰是如何由道形成的，集中表達了《淮南子》作者系統的宇宙觀。這種宇宙觀從老、莊的道論、《管子》的氣論、陰陽家的陰陽學說，特別是從《呂氏春秋》的宇宙觀和當時的天體科學中吸收了思想資料，對前人的宇宙觀有很大發展。作者認為天地、萬物都是由道形成的。在天地形成之前，道處於太始時期，「馮馮翼翼，洞洞灟灟」為其特徵。接著經歷了太始生虛霩、虛霩生宇宙、宇宙生元氣的階段。然後元氣中的「清陽者」成為天，「重濁者」成為地。天地產生的「合氣」成為陰氣、陽氣。陰陽合和出現四時，四時氣散而成為萬物。而火與水分別由陽氣、陰氣積久而得之熱氣、寒氣所形成。「火氣之精」成為日，「水氣之精」成為月，日月的過量之氣便成了星辰。

【注釋】❶天墬　即「天地」。墬，古「地」字。❷形　形體。作動詞用即成形。❸馮馮翼翼　無形的樣子。一說為盛滿、飛飄不定的樣子。❹洞洞灟灟　渾沌無形的樣子。一說洞洞為混沌、無定形之狀，灟灟為元氣未分之狀。❺太始　指道存在、演化的最早時期，以其無形，且前無始期，故稱太始。原文為「太昭」，依王引之校改。❻太始生虛霩　原文為「道始於虛霩」，依王引之校改。虛霩，虛無、空曠的樣子。❼宇宙生元氣　舊注謂「宇，四方上下也；宙，往古來今也。將成天地之貌也」。元氣，本原之氣。天地未成之前混沌未分之氣。原文此句作「宇宙生氣」，依王念孫校補。❽涯垠　邊際。原文為「漢垠」，又句中「元氣」原文無「元」字，均依王念孫校改、校補。❾清陽者　指元氣中趨於輕清的氣。❿薄靡　舊注謂「若塵埃飛揚之貌」。⓫重濁者　元氣中趨於重濁的氣。⓬凝滯　聚結。⓭清妙之合摶易　謂清微之氣容易聚合。摶，原文為「專」，依錢塘校改。合摶，合圓；聚合。⓮凝竭　凝結。⓯襲精　謂精氣相合。襲，合。精，精緻的氣。或謂氣之精華。⓰專精　摶精。聚合陰陽中的精華之氣。⓱四時　指春、夏、秋、冬四季。上述宇宙、萬物生成過程，可畫示意圖如左：

太始→虛霩→宇宙→元氣↙天↘地↘↙合氣之精↙陽氣↘陰氣↘↙四時→萬物

⓲久者　原文無此二字，依王引之校補。⓳久者　原文無此二字，亦依王引之校補。⓴淫氣　過量之氣。上述日月生成論可畫示意圖如左：

陽氣（熱氣）→火（火氣之精者）→日
陰氣（寒氣）→水（水氣之精者）→月
〉淫氣→星辰

㉑受　容納。㉒水潦　雨水。㉓共工　古代傳說中的神名。一說為官名。㉔顓頊　古代五帝之一。傳說為黃帝之孫。㉕不周之山　舊注謂「不周山在西北也」。又本書〈墬形〉：「西北方曰不周之山，曰幽都之門。」㉖天柱　傳說中撐天的大柱，共有八根。㉗地維　古代認為地是方的而有四角，用來維繫地角的繩索稱為地維。㉘絕　斷。㉙傾　高。上述故事可參見《列子・湯問》。古人言天地之形有渾天說、蓋天說、宣夜說三家，此處所言屬蓋天說。楊炯〈渾天賦〉：「有為蓋天之說者曰，天則西北既傾而三光北轉，地則東南不足而萬穴東流。」可證。

【語　譯】天地尚未形成的時候，是一片混沌未分、無形無狀的景象，所以把這個時期稱為太始。由太始產生了虛無、曠遠的狀態，由虛無、曠遠的狀態產生了宇宙，由宇宙又產生了元氣，元氣就有了邊際。元氣中趨於清輕的部分飛揚上浮形成了天，元氣中趨於重濁的部分聚結而形成了地。清微之氣容易聚合，重濁之氣很難凝結，所以天先形成而地後定形。天地之氣的精華相合就形成了陰氣、陽氣，陰氣、陽氣的精華聚合在一起就形成了四季，四季之氣的精華分散開來就形成了萬物。陽氣中的熱氣積聚得久了就產生了火，火氣中的精華形成了太陽；陰氣中的寒氣積聚得久了就產生了水，水氣中的精華形成了月亮。日月過量之氣中的精華形成了星辰。天用來容納日月星辰，地用來容納雨水和塵埃。從前共工和顓頊相爭稱帝，共工發怒，一頭向不周山撞去，把撐天的大柱撞斷了，把拴地角的繩索也扯斷了。天的西北方高，所以日月星辰移動了位置；地的東南方低，所以雨水和塵埃都歸向東南。

天道❶曰圓，地道曰方❷；方者主❸幽❹，圓者主明。明者，吐氣者也，是故火曰外景❺；幽者，含氣者也，是故水曰內景❻。吐氣者施❼，含氣者化❽，是故陽施陰化。天地之偏氣，怒者為風；天地之合氣，和者為雨❾。陰陽相薄❿，感⓫而為雷，激⓬而為霆⓭，亂而為霧。陽氣勝則散⓮而為雨露，陰氣勝則凝而為霜雪。

毛羽者⓯，飛行⓰之類也，故屬於陽；介鱗者⓱，蟄伏⓲之類也，故屬於陰。日者，陽之主也，是故春夏則群獸除毛⓳，日至而鹿麋解角⓴。月者，陰之宗㉑也，是以月虧㉒而魚腦減㉓，月死㉔而蠃蛖㉕膲㉖。火上蕁㉗，水下流，故鳥動㉘而高，魚動而下。

物類相動，本標㉙相應。故陽燧㉚見日則燃而為火，方諸㉛見月則津㉜而為水。虎嘯而谷風㉝至，龍舉而景雲㉞屬㉟；麒麟鬥而日月食㊱，鯨魚死而彗星㊲出；蠶珥絲㊳而商弦絕㊴，賁星㊵墜而勃海㊶決。人主之情，上通於天，故誅暴則多飄風㊷，枉法令㊸則多蟲螟㊹，殺不辜㊺則國赤地㊻，令不收則多淫雨㊼。

四時者，天之吏也。日月者，天之使也。星辰㊽者，天之期㊾也。虹蜺㊿彗星者，天之忌(51)也。

【章旨】本章從「天道」、「地道」說起，講到陰陽二氣的特徵，以及它們如何形成風、雨、雷、霆、霧和雨露、霜雪。還說到由於陰陽的主導作用，各種自然現象之間的相應關係，以及天人關係。中言「人主之情，上通於天，故誅暴則多飄風，枉法令則多蟲螟，殺不辜則國赤地，令不收則多淫雨」，明顯地流露出作者對不良政治的不滿情緒。文中對某些自然現象的解釋並非完全科學，但所述現象是存在的，反映了漢代人的一般看法。

【注釋】❶天道　天的自然規律。嚴北溟說：「『天道』的內容，最早包含著天文學家關於天體運行軌道的推算和占星術用來預卜吉凶禍福的兩種因素」，「隨著人們對自然界認識的提高和原始宗教迷信的動搖」，「進步思想家開始用『天道』來表示天體運用的一種客觀規律性」。❷地道曰方　謂地的自然規律以方為特徵。案：天圓地方之說，始見於《大戴禮記．曾子天圓》。❸主　掌管。❹幽　昏暗。❺外景　光照於外者稱外景，如火、太陽等。景，亮光。❻內景　光斂於內者稱為內景，如金、水等。❼施　給予。❽化　化育。❾天地之偏氣四句　可參看《大戴禮記．曾子天圓》：「陰陽之氣，偏則風，和則雨。」原文無上「地」字，依王念孫校補。偏氣，偏向一方之氣。與「合氣」相對。合氣，結合之氣。原文為「含氣」，依王念孫校改。和者，指合和之氣。本書〈氾論〉：「天地之氣，莫大於和，和者陰陽調、日月分而生物。」❿薄　逼迫。⓫感　動。⓬激　衝激。⓭霆　閃電。⓮散　霧散。⓯毛羽者　長毛生羽的動物。⓰飛行　飛翔、行走。⓱介鱗者　生有甲殼和生有鱗片的蟲類和水族動物。⓲蟄伏　伏藏。⓳除毛　舊注謂「除，冬毛微墮也」。原文無「毛」字，依陶方琦校補。⓴日至而麋鹿解角　舊注謂「日冬至麋角解，日夏至鹿角解」。解角，即脫角。原文無「角」字，依陶方琦校補。㉑宗　根本。㉒虧　缺少。原文為「虛」，依王念孫校改。㉓減　少。㉔月死　指月全蝕。㉕蠃蛖　即「螺蚌」。蚌體內生珠。㉖膲　肉不滿。現代科學家說螺蚌生長與月盈缺有關，是因為月光能刺激牠們的性腺。㉗蕁　火勢上騰的樣子。㉘動　原文為「飛」，依王念孫校改。㉙標　末。㉚陽燧　古代利用陽光取火的凹面銅鏡。㉛方諸　古代用來在月下承露取水的器具。上古用蛤殼，後代以銅器。㉜津　潤。㉝谷風　東風。同「穀風」。其風利於穀物生長，故稱穀風。㉞景雲　祥雲。又名慶雲、五色雲。㉟屬跟著。㊱日月食　即日蝕、月蝕。當月球運行到地球和太陽之間，月球掩蔽太陽，就出現日蝕；當地球運行到月球和太陽之間，地球掩蔽太陽，就出現月蝕。㊲彗星　一名孛星。繞太陽運行的一種星體，俗稱掃帚星。㊳珥絲　吐絲。㊴商弦絕　舊注謂「商音清，絃細而急，故先絕也」。商弦，彈奏商音的絃。商絃用七十二絲。㊵賁星　彗星的一種。舊注謂「客星，又作孛星」。㊶勃海　即「渤海」。大海。㊷飄風　旋風。㊸枉法令　以私意歪曲法令。㊹螟　吃禾的害蟲。舊注謂「食心曰螟，穀之災也」。㊺不辜　指無罪者。㊻赤地　指旱災嚴重，地面不長莊稼。㊼令不收則多淫雨　舊注謂「干時之令不收納，則久雨為災」。令不收，指不收回犯時（違時）之令。淫雨，久雨。雨落三日以上即為淫雨。㊽星辰　星，五星。辰，二十八宿。㊾天之期　指天上日月相會。期，聚會。㊿虹蜺　太陽光線映射水氣所形成的空中彩暈。傳以顏色鮮盛者為雄，是謂虹；顏色較淡者為雌，是謂蜺。51忌　禁。

【語譯】天的規律以圓為特徵，地的規律以方為特徵。方的掌管昏暗，圓的掌管光明。光明，是把氣吐出來，所以火被稱為外景；昏暗，是把氣含在裡面，所以水被稱為內景。吐氣的給予萬物，含氣的化育萬物，所以說陽氣施予、陰氣化育。天地的偏氣發怒的就形成了風；天地的合氣合和為一的就形成了雨。陰氣陽氣相互逼迫就形成了雷，相互衝激就形成了閃電，彼此雜亂相混就形成了霧。中間陽氣超過陰氣那霧就散開來成了雨和露，中間陰氣超過陽氣那霧就凝結成了霜和雪。

長有毛和羽的是飛翔、行走一類的動物，所以屬於陽；長有甲殼和鱗片的是伏藏一類的動物，所以屬於陰。太陽，是陽的主宰者，所以到了春天、夏天那眾多野獸冬天所長的毛就會掉一些下來；太陽冬天出來，麋會脫角；太陽夏天出來，鹿會脫角。月亮，是陰的根本，因此月亮虧缺魚腦就會減少，月亮死了螺蚌的肉就長不豐滿。火往上騰升，水往下流，所以鳥一動起來就飛向高處，魚一動起來就往下游。

萬物相互感動，本末是相應的。所以陽燧見到太陽那就會燃燒而成為火，方諸見到月亮就會潤濕而成為水。老虎一聲長嘯，東風就吹過來了，龍一騰動祥雲就跟著飄過來了；麒麟相鬥就出現日蝕、月蝕，鯨魚死去就有彗星出現；蠶吐絲的時候商絃就會斷，賁星墜落則大海就要漫出。人君的情感是上與天相通的，所以誅殺暴虐的人就會刮很多的旋風，違反法令辦事時就會出現許多害蟲，殺害無罪的人國家就會出現大旱災，違時的命令不收回就會長期落雨。

四季，是天的官吏。日月，是天的使節。星辰，是天上日月相會的地方。虹蜺、彗星，是上天的禁忌之物。

天有九野❶，九千九百九十九隅❷，去地五億萬里，五星❸，八風❹，二十八宿❺，五官❻，六府❼，紫宮，太微，軒轅，咸池，四守，天阿❽。

何謂九野？中央曰鈞天❾，其星角、亢、氐❿。東方曰蒼天⓫，其星房、心、尾⓬。東北曰變天⓭，其星箕、斗、牽牛⓮。北方曰玄天⓯，其星須女、虛、危、營室⓰。西北方曰幽天⓱，其星東壁、奎、婁⓲。西方曰顥天⓳，其星胃、昴、畢⓴。西南方曰朱天㉑，其星觜巂、參、東井㉒。南方曰炎天㉓，其星輿鬼、柳、七星㉔。東南方曰陽天㉕，其星張、翼、軫㉖。

【章旨】此章包括兩節文字。一節文字是概述天之所有，實為下面一大段文字之提綱。第二節文字細說何謂「九野」，主要是就九野各自所處方位和所有星宿加以介紹，全部文字來自《呂氏春秋·有始覽》。

【注釋】❶九野　九天。即天之中央及八方。❷隅　角落。舊注謂「一野千一百一十一隅也」。❸五星　指歲星、熒惑、鎮星、太白、辰星。❹八風　八卦之風。❺二十八宿　太陽、月亮所經天區內的二十八顆恆星。它們是東方的角、亢、氐、房、心、尾、箕，北方的斗、牛、女、虛、危、室、壁，西方的奎、婁、胃、昴、畢、觜、參，南方的井、鬼、柳、星、張、翼、軫。❻五官　五行之官。❼六府　指水、火、金、木、土、穀。六者皆為貨財所聚，故稱六府。❽紫宮　以下至「天阿」皆為星名。❾鈞天　《呂氏春秋．有始覽》高誘注：「鈞，平也。為四方主，故曰鈞天。」❿角亢氐　星宿名。離斗杓最近，故以此三星為中央天。角宿為二十八宿之一，蒼龍七宿之首宿。僅有二星，均屬室女座。亢宿為二十八宿之一，蒼龍七宿之第二宿。氐宿亦二十八宿之一，蒼龍七宿之第三宿，屬天秤座。角、亢、氐為鄭、宋分野。⓫蒼天　《呂氏春秋》高誘注：「東方，二月，建卯，木之中也，木青色，故曰蒼天。」⓬房心尾　星宿名。房宿為二十八宿之一，蒼龍七宿之第四宿，其四星屬天蝎座。心宿又名商星，為二十八宿之一，蒼龍七宿之第五宿。其三星均屬天蝎座。尾宿亦二十八宿之一，蒼龍七宿之第六宿。其九星均屬天蝎座。房、心二宿為宋地分野，尾星為燕地分野。⓭變天　《呂氏春秋》高誘注：「東北，水之季，陰氣所盡，陽氣所始，萬物向生，故曰變天。」⓮箕斗牽牛　星宿名。箕宿為二十八宿之一，蒼龍七宿之末宿，有四星，形如箕，均屬人馬座。箕位在尾之東、黃道之南，處天漢之中。斗宿為二十八宿之一，玄武七宿之首宿。其六星均屬人馬座。以其在箕星之北，故別稱北斗。相對於北天之北斗言，故亦稱南斗。牽牛亦二十八宿之一，玄武七宿之第二宿，屬摩羯座。箕為燕地分野，斗、牽牛為越地分野。⓯玄天　《呂氏春秋》高誘注：「北方，十一月，建子，水之中也，水色黑，故曰玄天。」⓰須女虛危營室　星宿名。須女，即婺女。女宿亦為二十八宿之一，玄武七宿之第三宿，屬寶瓶座。虛宿為二十八宿之一，玄武七宿之第四宿。其二星，虛宿一屬寶瓶座，虛宿二屬小馬座。危宿亦二十八宿之一，玄武七宿之第五宿。其三星之第一星屬寶瓶座。第二星與第三星即飛馬座。營室，即室宿，為二十八宿之一，玄武七宿之第六宿。其二星屬飛馬座。須女為吳地分野，虛、危為齊地分野，營室為衛地分野。⓱幽天　《呂氏春秋》高誘注：「西北，金之季也，將即太陰，故曰幽天。」⓲東壁奎婁　星宿名。壁宿為二十八宿之一，玄武七宿之末宿。壁宿一屬飛馬座，壁宿二屬仙女座。奎宿為二十八宿之一，白虎七宿之首宿，其十六星，九屬仙女座，七屬雙魚座。婁宿為二十八宿之一，白虎七宿之第二宿。其三星婁一、婁二、婁三，屬白羊座。東壁（一名豕韋）為衛地分野，奎、婁（一名降婁）為魯地分野。⓳顥天　《呂氏春秋》高誘注：「西方，八月，建酉，金之中也，金色白，故曰顥天。」⓴胃昴畢　星宿名。胃宿係二十八宿之一，白虎七宿之第三宿，其三星均屬白羊座。昴宿為二十八宿之一，白虎七宿之第四宿。主星七，故昴星團亦稱七姊妹星團，屬金牛座。畢宿為二十八宿之一，白虎七宿之第五宿。有八星，屬金牛座。胃、昴、畢為魏地分野。㉑朱天　《呂氏春秋》高誘注：「西南，火之季也。（朱，陽也。西南）為少陽，故曰朱天。」㉒觜巂參東井　星宿名。觜宿為二十八宿之一，白虎七宿之第六宿，其三星均屬金牛座。參宿為二十八宿之一，白虎七宿之末宿。其七星均屬獵戶座。井宿為二十八宿之一，朱鳥七宿之首宿。其八星均屬雙子座。觜巂、參為趙地分野，東井為秦地分野。㉓炎天　《呂氏春秋》高誘注：「南方，五月，建午，火之中也，火曰炎上，故曰炎天。」㉔輿鬼柳七星　星宿名。鬼宿為二十八宿之一，朱鳥七宿之第二宿。其四星均屬巨蟹座。柳宿為二十八宿之一，朱鳥七宿之第三宿，為朱鳥之喙，柳宿八星均屬長蛇座。星宿係二十八宿之一，朱鳥七宿之第四宿，屬長蛇座，輿鬼為秦地分野，柳、七星為周地分野。㉕陽天　《呂氏春秋》高誘注：「東南，木之季也，將即太陽，純乾用事，故曰陽天。」㉖張翼軫　星宿名。張宿為二十八宿之一，朱鳥七宿之第五宿，六星均屬長蛇座。翼宿為二十八宿之一，朱鳥七宿之第六宿，在赤道南七度與二十七度之間。其二十二星分屬於巨爵座與長蛇座。軫宿亦二十八宿之一，朱鳥七宿之末宿，其四星即烏鴉座。張為周地分野，翼、軫為楚地分野。

【語　譯】天上有九野，共有九千九百九十九個角落，距離地面有五億萬里，有歲星、熒惑、鎮星、太白、辰星五星，有八風，有二十八宿，有水、火、金、木、土、穀六府，有紫宮、太微、軒轅、咸池、四守、天阿等星辰。

什麼叫做九野呢？中央部分稱為鈞天，鈞天以內的星有角、亢、氐。東方稱為蒼天，蒼天以內的星有房、心、尾。東北稱為變天，變天以內的星有箕、斗、牽牛。北方稱為玄天，玄天以內的星有須女、虛、危、營室。西北稱為幽天，幽天以內的星有東壁、奎、婁。西方稱為顥天，顥天以內的星有胃、昴、畢。西南稱為朱天，朱天以內的星有觜巂、參、東井。南方稱為炎天，炎天以內的星有輿鬼、柳、七星。東南稱為陽天，陽天以內的星有張、翼、軫。

何謂五星？東方木❶也，其帝太皞❷，其佐句芒❸，執規❹而治春，其神為歲星❺，其獸蒼龍❻，其音角❼，其日甲乙❽。南方火❾也，其帝炎帝❿，其佐朱明⓫，執衡⓬而治夏，其神為熒惑⓭，其獸朱鳥⓮，其音徵⓯，其日丙丁⓰。中央土⓱也，其帝黃帝⓲，其佐后土⓳，執繩⓴而制四方，其神為鎮星㉑，其獸黃龍㉒，其音宮㉓，其日戊己㉔。西方金㉕也，其帝少昊㉖，其佐蓐收㉗，執矩㉘而治秋，其神為太白㉙，其獸白虎㉚，其音商㉛，其日庚辛㉜。北方水㉝也，其帝顓頊㉞，其佐玄冥㉟，執權㊱而治冬，其神為辰星㊲，其獸玄武㊳，其音羽㊴，其日壬癸㊵。

【章　旨】 此章解釋什麼是五星。解釋的方法是將五方、五行、五帝、五神、五獸、五音、五日與五星相配，逐一說出五星和它們的對應關係。季節只有四時，無法全部對應，就在說到鎮星時，用「四方」以填季節之空。

【注　釋】 ❶木　五行之始。以其冒地而生，故以東方、春季屬木。❷太皞　即伏羲氏。死後託祀於東方之帝。❸句芒　神名。《呂氏春秋》高誘注：「句芒，少昊氏之裔子，曰重，佐木德之帝，死為木官之神。」❹規　畫圓形的工具。❺歲星　即木星。它每年運行一次，十二年行完一周天。古人以其紀年，故稱歲星。❻蒼龍　蒼龍與木顏色均為蒼，故屬木。❼角　五音之一。❽其日甲乙　本文採用《呂氏春秋》說法，將十干（甲、乙、丙、丁、戊、己、庚、辛、壬、癸）分為甲乙、丙丁、戊己、庚辛、壬癸五組，以配五行、五方位。甲乙屬木，為東方之干。太陽春天東從青道運行，故言「其日甲乙」。❾火　五行之一。❿炎帝　即神農氏。少典之子，以火德王天下，死後託祀於南方之帝。⓫朱明　神名。即火神祝融。⓬衡　秤桿。指秤。⓭熒惑　以其隱現不定，令人生惑得名。⓮朱鳥　即朱雀。一說朱雀指燕，一說指鳳，均屬鳥類，此處說獸，蓋就均為動物而言。⓯徵　五音之一。⓰丙丁　南方之干。《禮記・月令》注：「丙之言炳也。日之行，夏南從赤道，長育萬物，月為之佐，時萬物皆炳然著見而強大，又因以為日名焉。」⓱土　五行之一。⓲黃帝　少典之子。以土德王天下，號軒轅氏，死後託祀於中央之帝。⓳后土　土地神。⓴繩　確定直線的工具。㉑鎮星　一名填星。此星二十八歲行一周天，似有鎮伏二十八宿之意，故名。㉒黃龍　土色黃，故以黃龍屬土。㉓宮　五音之一。㉔戊己　方位不定之干。《禮記・月令》注：「戊之言茂也，己之言起也。日之行，四時之間從黃道（日月運行軌道之一），月為之佐，至此萬物皆枝葉茂盛，其含秀者屈抑而起，故因以為日名焉。」㉕金　五行之一。㉖少昊　黃帝之子青陽。以金德王，號曰金天氏，死後託祀於西方之帝。㉗蓐收神名。少昊氏裔子，曰該，皆有金德，死後託祀為金神。㉘矩　畫方形或直角的工具。㉙太白　即啟明星。晨現於東方。㉚白虎　白色屬金，故獸以白虎配。㉛商　五音之一。㉜庚辛　西方之干。《禮記・月令》注：「庚之言更也，辛之言新也。日之行，秋西從白道（月球運行的軌道），成熟萬物，月為之佐，萬物皆肅然改更，秀實新成，人因以為日名焉。」㉝水　五行之一。㉞顓頊　即高陽氏。黃帝之孫，以水德稱王天下，死後被祀為北方之帝。㉟玄冥　水神。《呂氏春秋》高誘注：「水官也。少昊氏之子曰循，為玄冥師，死祀為水神。」㊱權　秤錘。指秤。㊲辰星　星出於西方。㊳玄武　龜蛇的合稱。㊴羽　五音之一。㊵壬癸　北方之干。《禮記・月令》注：「壬之言任也，癸之言揆也。日之行，冬北從黑道（日月運行軌道之一），閉藏萬物，月為之佐，時萬物懷任於下，揆然萌芽，又因以為日名焉。」

【語譯】什麼是天上的五星呢？東方為木，東方的天帝是太皞，它的輔佐者是木神句芒，手拿圓規治理春天，它的神是歲星，它的獸是蒼龍，與它相配的音階是角聲，與它相配的太陽是甲乙（東方）之日。南方為火，南方的天帝是炎帝，它的輔佐者是火神祝融，它手拿著秤治理夏天，它的神是熒惑，它的獸為朱雀，與它相配的音階是徵聲，與它相配的太陽是丙丁（南方）之日。中央為土，中央的天帝是黃帝，它的輔佐者是土地神后土，它拿著繩而制約著四方，它的神是鎮星，它的獸是黃龍，與它相配的音階是宮聲，與它相配的太陽是戊己（方位不定）之日。西方為金，西方的天帝是少昊，它的輔佐者是蓐收，手持著矩而治理秋天，它的神是太白，它的獸是白虎，與它相配的音階是商聲，與它相配的太陽是庚辛（西方）之日。北方為水，北方的天帝是顓頊，它的輔佐者是水神玄冥，握著秤而治理冬天，它的神是辰星，它的獸是龜和蛇，與它相配的音階是羽聲，與它相配的太陽是壬癸（北方）之日。

太陰在四仲，則歲星行三宿❶。太陰在四鉤❷，則歲星行二宿❸。二八十六❹，三四十二❺，故十二歲而行二十八宿❻。日行十二分度之一❼，歲行三十度十六分度之七❽，十二歲而周❾。

熒惑常以十月入太微❿，受制而出行列宿⓫。司⓬無道之國，為亂、為賊，為疾、為喪、為饑、為兵。出入無常，辯變⓭其色，時見時匿⓮。

鎮星以甲寅元始⓯建斗⓰，歲鎮⓱一宿。當居而弗居，其國亡土；未當居而居之，其國益地，歲熟⓲。日行二十八分度之一⓳，歲行十三度百一十二分度之五⓴，二十八歲而周。

太白元始以甲寅正月㉑，與營室㉒晨出東方，二百四十日而入㉓，入百二十日而夕出西方，二百四十日而入，入三十五日而復出東方。出以辰戌㉔，入以丑未㉕；當出而不出，未當入而入，天下偃兵㉖；當入而不入，未當出而出㉗，天下興兵。

辰星正㉘四時，常以二月春分㉙效奎㉚、婁，以五月夏至㉛效東井㉜、輿鬼，以八月秋分㉝效角、亢，以十一月冬至㉞效斗、牽牛。出以辰戌，入以丑未；出二旬而入，晨候之東方，夕候之西方。一時不出，其時不和；四時不出，天下大饑㉟。

【章　旨】此章詳述歲星、熒惑、鎮星、太白、辰星五星的運行規律，和在五星運行的特殊情況下，人類社會會出現的異常現象。所用天文知識傳自周、秦之代，天人感應則是漢人的普遍看法。

【注釋】❶太陰在四仲二句　古代紀年有歲星紀年法和太歲紀年法：歲星紀年法，是把黃道附近一周天分成十二等分，自西向東命名為星紀、玄枵等十二「次」。歲星自西向東十二年經天一周，每年行經一「次」，運行到某「次」，這一年就是歲在某某（「次」名）。太歲紀年法，是把黃道附近一周天的十二等分，自東向西配以子、丑、寅、卯等十二地支，成為十二辰。十二辰的方向和順序與十二次相反。而歲星自西向東運行，與十二星次的方向和順序相同。卻與人所熟悉的十二辰的方向和順序剛好相反。這樣紀年不方便，因此天文學家便設想有一個假歲星，讓它與真歲星背道而馳，其運行方向和順序與十二辰一致，紀年就方便得多。自然說太陰（太歲）在某辰，仍是由歲星之所在決定的。按太歲紀年法，太陰居四仲，歲星必居四仲，而卯、酉、子、午四辰即大火、大梁、玄枵、鶉火四星次、各有三宿，故言「太陰在四仲，則歲星行三宿」。太陰，又名太歲、歲陰。古代天文學家假想的歲星名。四仲，指十二辰中的卯、酉、子、午四辰。天文學家將十二辰分為四組，卯、酉、子、午各居其中，故稱四仲。仲，中。三宿，三星宿。宿，列星。❷四鉤　十二辰中除四仲外，餘皆為鉤，此通四辰為一鉤，即丑鉤辰、申鉤巳、寅鉤亥、未鉤戌。後文還有以相鄰兩辰為一鉤者。在十二辰所形成的環形中，四仲居東西南北正位，所以四鉤就成了「四角」。❸歲星行二宿　太陰居四鉤歲星必居四鉤，四鉤八星次各具二宿，故言。❹二八十六　指歲星經四鉤所得星宿數，二宿乘以八（辰）得十六宿。❺三四十二　指歲星行經四仲所得星宿數，即三宿乘以四（辰）得十二宿。❻二十八宿　為前述所經兩類星區所得星宿數之和。❼十二分度之一　即十二分之一（$\frac{1}{12}$）度。❽三十度十六分度之七　即三十又十六分之七（$30\frac{7}{16}$）度。此數由日行度數乘以每歲日數三百六十而得。即$\frac{1}{12}$度$\times 360=30\frac{7}{16}$度。❾十二歲而周　指歲星十二年行完一周天。事實上是歲星十一・八六二二年繞天一周。古人將一周天定為三百六十五又四分之一度，歲星行十二年即得此數（$30\frac{7}{16}$度$\times 12=365\frac{1}{4}$度）。❿太微　星名。位於北斗之南，軫、翼之北。⓫受制而出行列宿　謂受天帝之命巡察各國分野之列星。制，命。行，巡。⓬司　主；察。⓭辯變　連文為複語，仍為變意。辯，猶「變」。⓮時見時匿　即時現時藏。熒惑出入無常，故言。⓯甲寅元始　指從甲寅（歲星在寅辰）年開始。⓰建斗　二星名。斗，南斗六星。建，建星六星，在南斗上。⓱鎮　鎮伏。原文下有「行」字，依王念孫校刪。⓲歲熟　指年成豐熟。⓳二十八分度之一　即二十八分之一（$\frac{1}{28}$）度。⓴十三度百一十二分度之五　此數由日行度數乘以三百六十天而得，即$\frac{1}{28}$度$\times 360=13\frac{5}{112}$度。㉑甲寅正月　原文為「正月建寅」，依王引之校改。㉒營室　二十八宿之一。亦名室宿、定宿，為玄武七宿的第六宿。原文為「熒室」，依王引之校改。㉓而入　指為日光所蔽。下句「入百二十日」非是，《史記・天官書》引晉灼注作「四十日」亦非。㉔辰戌　指十二辰中的辰辰、戌辰。㉕丑未　指十二辰中的丑辰、未辰。㉖偃兵　停止戰爭。㉗未當出而出　原文為「當出而不出」，太白主兵，若此則與下句「興兵」不合，故依王念孫校改。㉘正　決定。㉙春分　古人根據季節更替和氣候變化的規律，將周歲三百六十五又四分之一天分成二十四個節氣，每個節氣佔十五天左右。春分為二月節氣之一。㉚效奎　效，現。奎，奎宿。二十八宿之一，白虎七宿的首宿，有星十六顆。㉛夏至　二十四節氣之一。㉜東井　星名。即井宿，位於參星之東，故名。㉝秋分　二十四節氣之一。㉞冬至　二十四節氣之一。㉟饑　饑荒。舊注謂「穀不熟為饑也」。

【語譯】太陰位於四仲中的卯辰、酉辰、子辰和午辰，那麼歲星就要行經三個星宿所在的區域。太陰位於四鉤中的丑辰、辰辰、申辰、巳辰、寅辰、亥辰、未辰和戌辰，那麼歲星就要行經兩個星宿所在的區域，這樣太陰位於四鉤，歲星總共就要行經二八一十六個星宿，太陰位於四仲，歲星總共就要行經三四一十二個星宿，所以在十二年內就能行經二十八個星宿。歲星每日運行十二分之一度，一年就要運行三十又十六分之七度，十二年運行一周天。

熒惑星常常在十月進入太微之庭，受天帝之命而出來巡察各國分野內的星宿。察訪到沒有德政的國家，就讓它出現動亂、出現盜賊、出現疾病、出現喪亡、出現饑荒、出現戰爭。熒惑的出入沒有規律，光色變了又變，時而出現時而隱藏。

鎮星在甲寅年開始從建星、斗星區域出發運行，每年鎮伏一個星宿。當它該留而不留時，與那個星宿對應的國家就要丟失國土；當鎮星不該停留而在一個星宿之庭停留時，與這個星宿對應的國家就會增加國土，而且年成豐熟。鎮星每日運行二十八分之一度，一年運行十三又一百一十二分之五度，二十八年運行一周天。

太白星在甲寅年正月開始運行，和營室星在早晨一同出現在東方，運行二百四十天後為日光所揜蔽，揜蔽一百二十天後傍晚出現在西方，運行二百四十天後又被日光揜蔽，揜蔽三十五天後又重新出現在東方。出於辰辰、戌辰，入於丑辰、未辰；當太白星該出來而不出來，不該被日光揜蔽而被揜蔽時，天下就會停止戰爭；當太白星該被日光揜蔽而沒有被揜蔽、不該出來而出來時，天下就要發生戰爭。

辰星決定四季的劃分，常在二月春分時出現在奎星、婁星之庭，在五月夏至時出現在東井、輿鬼之庭，在八月秋分時出現在角宿、亢宿之庭，在十一月冬至時出現在斗宿、牽牛之庭。出在辰辰、戌辰，入於丑辰、未辰；出來二十天後又隱沒了，早晨等候在東方，傍晚等候在西方。一個季節不出來，那個季節內就要出現不協調的事；四季都不出來，那四季之內就會沒有收成而發生饑荒。

何謂八風❶？

距日冬至四十五日，條風❷至。條風至四十五日，明庶風❸至。明庶風至四十五日，清明風❹至。清明風至四十五日，景風❺至。景風至四十五日，涼風❻至。涼風至四十五日，閶闔風❼至。閶闔風至四十五日，不周風❽至。不周風至四十五日，廣莫風❾至。

條風至則出輕繫❿，去稽留⓫。明庶風至則正封疆⓬，修田疇⓭，清明風至則出幣帛⓮，使諸侯。景風至則爵有德⓯，賞有功。涼風至則報地德⓰，祀四鄉⓱。閶闔風至則收縣垂⓲，琴瑟不張⓳。不周風至則脩宮室，繕邊城⓴。廣莫風至則閉關梁㉑，決罰刑㉒。

【章　旨】這一章解釋什麼是八風。先說八種風何時而至，再說八種風出現後應該做什麼事情。所述之事多為帝王施政之事。

【注　釋】❶八風　這裡指八卦之風。❷條風　又名調風。即東北風，為艮氣所生。立春始至。條風主出萬物，條治萬物而出之，故名。舊注謂「艮卦之風，一名融。為笙也」。❸明庶風　即東風。為震氣所生。春分始至。以其明眾物之盡出，故名。

舊注謂「震卦之風也。為管也」。❹清明風　又名薰風。即東南風，為巽氣所生。立夏始至。舊注謂「巽卦之風也。為柷也」。❺景風　又名巨風、凱風。即南風，為離氣所生。夏至始至。《白虎通義》言「景者，大也，言陽氣長養也」。舊注謂「離卦之風也。為絃也」。❻涼風　一名淒風。即西南風，為坤氣所生。立秋始至。《白虎通義》言「涼，寒也，陰氣行也」。舊注謂「坤卦之風。為塤也」。❼閶闔風　一名飂風。即西風，為兌氣所生。秋分始至。《史記・律書》：「閶闔風居西方。閶者，倡也。闔者，藏也。言陽氣導萬物，闔黃泉也。」舊注謂「兌卦之風也。為鐘也」。❽不周風　一名厲風、麗風。即西北風，為乾氣所生。立冬始至。不周者，不交也，陰陽未合化也，故名。舊注謂「乾卦之風也。為磬也」。❾廣莫風　一名寒風。即北風，為坎氣所生。冬至始至。廣莫，「言陽氣在下，陰莫陽廣大也」（《史記・律書》），一說「廣莫者，大莫也，開陽氣也。……廣莫風至，則萬物伏」（《白虎通義・八風》）。舊注謂「坎卦之風也。為鼓也」。❿輕繫　指罪輕之人。繫，拘囚。⓫稽留　周代監獄名。此處指坐牢的囚犯。⓬正封疆　修整田界。《史記・商君列傳》：「為田開阡陌、封疆。」《正義》謂「封，聚土也；疆，界也：謂界上封記也」。⓭田疇　田地。舊注謂「春風播穀，故正封疆治田疇也」。⓮幣帛　繒帛。古人用作饋贈的禮物。舊注謂「立夏長養布恩惠，故幣帛聘問諸侯也」。⓯爵有德　爵賞有德之人。即以爵位（公、侯、伯、子、男五等）和俸祿賞賜有德之人。原文為「爵有位」，依俞樾校改。舊注謂「夏至陰氣在下，陽盛於上，象陽布施，故賞有功，封建侯也」。⓰地德　地生百物，養育人類，有德於人，稱為地德。⓱祀四鄉　祭祀四方之神。鄉，方。原文為「祀四郊」，依王念孫校改。舊注謂「立秋節，農乃登穀嘗祭，故報地德，祀四方神也」。⓲閶闔風至句　舊注謂「秋分殺氣，國君憯愴，故去鐘磬縣垂之樂也」。縣，通「懸」。指鐘、磬一類懸掛樂器。⓳琴瑟不張　意謂不設琴瑟。張，拉緊弓絃。⓴繕邊城　修補邊城。舊注謂「立冬節，土工其始，故治宮室，繕脩邊城，備寇難也」。㉑閉關梁　舊注謂「象冬閉藏，不通關梁也」。關梁，關門、津梁（橋梁）。水陸要會處。㉒決罰刑　意謂對刑罰疑而未定者予以決斷。舊注謂「罰刑疑者，於是順時（冬季）而決之」。原文為「決刑罰」，依王念孫校改。

【語　譯】什麼叫做八風呢？

距離太陽到達冬至點後四十五天，條風就吹來了。條風到來後四十五天，明庶風就吹來了。明庶風到來後四十五天，清明風就吹來了。清明風到來後四十五天，景風就吹來了。景風到來後四十五天，涼風就吹來了。涼風到來後四十五天，閶闔風就吹來了。閶闔風到來後四十五天，不周風就吹來了。不周風到來後四十五天，廣莫風就吹來了。

條風吹來就要釋放在押的輕罪之人，放出監獄中的囚犯。明庶風吹來就要修整田界，整治田地。清明風吹來就要拿出繒帛，讓使者帶著它們去聘問諸侯。景風吹來就要授予有德的人爵位，獎賞有功的人。涼風吹來就要報答大地的恩惠，祭祀四方之神。閶闔風吹來就要收起鐘、磬一類懸掛的樂器，也不要動用琴瑟了。不周風吹來就要整修宮室，修補邊地的城牆。廣莫風吹來就要封閉關門和橋梁，對施用刑罰有疑問的案子實行決斷。

何謂五官❶？東方為田❷，南方為司馬❸，西方為理❹，北方為司空❺，中央為官都❻。

何謂六府❼？子午❽、丑未❾、寅申❿、卯酉⓫、辰戌⓬、巳亥⓭是也。

太微者，天子⓮之庭也。紫宮⓯者，太一⓰之居也。軒轅⓱者，帝妃之舍⓲也。咸池⓳者，水魚⓴之囿也。天阿㉑者，群神之闕㉒也。四守㉓者，所以為司賞罰。

太微者，主朱鳥㉔。紫宮執斗而左旋㉕，日行一度，以周於天。日冬至峻狼之山㉖，日移一度，凡行百八十二度八分度之五，而夏至牛首之山㉗。反覆三百六十五度四分度之一而成一歲㉘。太一㉙元始，正月建寅㉚，日月俱入營室㉛五度。

太一㉜以始建㉝七十六歲，日月復以正月入營室五度無餘分㉞，名曰一紀㉟。凡二十紀，一千五百二十歲大終㊱，三終㊲日、月、星辰復始甲寅元㊳。日行危㊴一度，而歲有奇四分度之一㊵，故四歲而積千四百六十一日㊶而復合㊷，故舍㊸八十歲而復故日㊹。

【章旨】這一章解釋什麼是五官、六府，並以天帝為主體，分述太微、紫宮、軒轅、天阿四宮諸星的作用。而對北斗星的運轉作了詳盡敘述，敘述中說到了古人曆數與斗轉之間的一些關係。

【注釋】❶五官　五行之官。古代天文家以木星、火星、土星、金星、水星五星為天帝之五星官，各主其事。❷田　主掌農事之官。此指木星（歲星），位於東方。❸司馬　主掌兵事之官。此指火星（熒惑），位於南方。❹理　大理司徒。主掌決獄之官。此指金星（太白），位於西方。❺司空　主掌土木之官。此指水星（辰星），位於北方。❻官都　官之都總。此指土星（鎮星），位於中央。原文無「官」字，依俞樾校補。舊注謂「田主農，司馬主兵，理主獄，司空主土，都為四方最也」。❼六府　古以水、火、金、木、土、穀為六府，且將日月運行軌道上的十二辰（即十二等分）分為六府，即以十二辰中相距最遠的兩辰合稱一府。另外還用季節的對應關係來劃分六府。❽子午　即子辰、午辰。相當於孟春與孟秋。❾丑未　丑辰、未辰。相當於仲春與仲秋。❿寅申　寅辰、申辰。相當於季春和季秋。⓫卯酉　卯辰、酉辰。相當於孟夏與孟冬。⓬辰戌　辰辰、戌辰。相當於仲夏與仲冬。⓭巳亥　巳辰、亥辰。相當於季夏與季冬。⓮天子　原文為「太一」，依俞樾校改。⓯紫宮　星座名。即紫微垣，有星十五顆。古代分恆星為三垣，紫微垣為中垣。⓰太一　天神之最尊貴者。天帝的別名，曆家稱為太歲。⓱軒轅　星座名。《史記・天官書》正義言「軒轅十七星，主雷雨之神，後宮之象也」。⓲舍　住宿處。古天文學家以軒轅為帝王，主后妃，故言。⓳咸池　星名。《史記・天官書》正義言「咸池三星，魚鳥之所託也」。⓴水魚　天神名。㉑天阿　即天河。星名。《隋書・天文志》：「天河，主察山林妖變。……一曰天高，天之闕門。」㉒闕　門。㉓四守　指紫宮、軒轅、咸池、天阿四星座。原文為「四官」，依錢塘校改。㉔朱鳥　二十八宿中南方七宿的總稱。七宿相聯形如鳥形，又南屬火，故名朱鳥。原文為「朱雀」，依劉文典校改。㉕執斗而左旋　實指北斗七星圍繞著北極星向左運轉。北斗七星相聯形如古代舀酒的斗形，天樞、天璇、天璣、天權四星形若斗身，玉衡、開陽、搖光三星形若斗柄。㉖峻狼之山　南極之山。為日冬至所止之處。㉗牛首之山　北極之山。為日夏至所止之處。㉘反覆三百六十五度句　言日由冬至運行到夏至，又從夏至運行到冬至，共行三百六十五又四分之一度（一周天）。㉙太一　原文為「天一」，依錢塘校改。㉚正月建寅　指正月為寅月，屬夏曆。古以北斗星柄旋轉所指十二辰為十二月建，指向寅辰謂建寅，為正月。㉛營室　即定星。玄武七宿的第六宿，有二星。㉜太一　原文為「天一」，依錢塘校改。㉝始建　即開始建元（每歲紀曆的開始）。㉞無餘分　指餘日中整日數以外無奇零數。古曆法將每年日數除以六甲子（即六十），在不滿六十日的餘數中，整日數為大餘，不滿一日的奇零數為小餘。每年日數有朔法、至法兩種計算法。至法是以一年為三百六十五又三十二分之八日，除以六十，每年則得餘日五又三十二分之八日。七十六歲則得餘日三百九十九日，除以六十，得三十九整日數，故言「無餘分」。㉟紀　古代紀年單位。此處以七十六年為一紀。㊱大終　大小餘皆盡稱為大終。一紀餘日三百九十九日，二十紀則積餘日七千九百八十日，能為六十除盡，既無大餘，亦無小餘，故稱大終。㊲三終　即三經大終，共四千五百六十年。原文無「三終」二字，依王引之校補。㊳甲寅元　指甲寅年正月朔（初一）旦立春時。㊴危　危宿。北方玄武七宿的第五宿。原文無「危」字，依王引之校補。㊵有奇四分度之一　此以一歲有三百六十五又四分之一度計算，謂日行至危宿一度尚有零數四分之一度。奇，零數。㊶千四百六十一日　係以年三百六十五又四分之一度乘以四所得。㊷復合　指太陽重與冬至點相合。㊸舍　處；止宿。此處有經過意。㊹復故日　指仍復故日干支（六十花甲子）。一年三百六十五又四分之一天，有大餘五日、小餘四分之一日。四歲有餘日二十一日，八十歲積餘日四百二十日，能被六十除盡，所以又能恢復往日的干支了。

【語　譯】什麼叫做五官呢？

東方的是主管農事的田官，南方的是主管軍事的司馬，西方的是主管刑獄的大理司徒，北方的是主管土木的司空，位於中央的是統管四官的總官。

什麼叫做六府呢？

子辰和午辰為一府，丑辰和未辰為一府，寅辰和申辰為一府，卯辰和酉辰為一府，辰辰和戌辰為一府，巳辰和亥辰為一府。

太微星垣，是天子的庭院。紫微星垣，是天帝的居所。軒轅星座，是后妃的住處。咸池星座，是天神水魚畜養禽獸的園地。天阿星座，是眾位神靈的大門。紫微、軒轅、咸池、天阿四星都是守衛天地的，天帝任用它們來主管賞罰。

太微垣，主管朱鳥星群。紫微手持北斗的斗柄使它向左旋轉，每天運行一度，以行完一周天。太陽行經冬至點就到了峻狼山，每天前移一度，共運行了一百八十二又八分之五度，太陽走到夏至點就到了牛首山。太陽再由夏至點運行到冬至點，那就一共走了三百六十五又四分之一度而成了一年。從用太歲紀年開始，正月即為寅月，在建寅之月，日月都進入營室五度。從用太歲紀年確定元年開始，經過七十六年，日月重新進入營室五度而沒有零頭，稱為一紀。一共二十紀，合一千五百二十年為一大終，經歷三終，日、月、星辰又重新開始回到甲寅年正月初一凌晨立春的時刻。太陽每歲行經危宿一度就會有零數四分之一度，所以四歲累積有一千四百六十一天，太陽又重與冬至點相合，而經過了八十歲又能恢復往日的干支了。

子午[1]、卯酉[2]為二繩[3]，丑寅、辰巳、未申、戌亥為四鉤[4]。東北為報德之維[5]也，西南為背陽之維[6]，東南為常羊之維[7]，西北為蹏通之維[8]。

日冬至則斗北中繩[9]，陰氣極[10]，陽氣萌，故曰冬至為德[11]。日夏至則斗南中繩，陽氣極，陰氣萌[12]，故曰夏至為刑[13]。陰氣極，則北至北極[14]，下至黃泉[15]，故不可以鑿地穿井[16]。萬物閉藏，蟄蟲首穴[17]，故曰德在室。陽氣極，則南至南極，上至朱天[18]，故不可以夷丘[19]上屋。萬物蕃息[20]，五穀兆長[21]，故曰德在野。

日冬至則火[22]從之，日夏至則水從之，故五月火正[23]而水漏[24]，十一月水正[25]

而火勝㉖。陽氣為火，陰氣為水。水勝故夏至溼，火勝故冬至燥。燥故炭輕，溼故炭重㉗。

日冬至，井水盛㉘，盆水溢，羊脫毛，麋角解㉙，鵲始巢。八尺之脩㉚，日中㉛而景㉜丈三尺。日夏至而流黃澤㉝，石精㉞出，蟬始鳴，半夏㉟生，蟁䖟不食駒犢㊱，鷙鳥不搏黃口㊲；八尺之表，景脩尺五寸㊳。景脩則陰氣勝，景短則陽氣勝。陰氣勝則為水，陽氣勝則為旱。

【章　旨】此章先介紹什麼是二繩、四維，然後講到太陽運行到冬至點、夏至點、陰陽二氣的強弱態勢，以及由此而來的種種物象特徵。並說到在這兩個節氣內宜做和不宜做的事情。

【注　釋】❶子午　十二辰按圓形排列，子辰居正北，午辰居正南，子午相連成一縱線。❷卯酉　十二辰中卯辰居正東，酉辰居正西，卯酉相連成一橫線，恰與子午縱線垂直相交。❸二繩　二直線。子午南北為經，卯酉東西為緯，故稱二繩。❹四鉤　十二辰中除子、午、卯、酉外，餘皆為鉤。此以相鄰二辰相鉤，故丑寅、辰巳、未申、戌亥為四鉤，此四鉤即為四角，丑寅為東北，辰巳為東南，未申為西南，戌亥為西北。❺報德之維　舊注謂「報，復也。陰氣極於北方，陽氣發於東方，自陰復陽，故曰報德之維。四角為維也」。❻背陽之維　舊注謂「西南已過，陽將復陰，故曰背陽之維」。❼常羊之維　舊注謂「常羊，不進不退之貌。東南純陽用事，不盛不衰，常如此，故曰常羊之維」。常羊，即相羊、倘佯。逍遙狀。❽蹏通之維　蹏，同「蹄」。舊注謂「西北純陰，陰氣閉結，陽氣將萌，蹏始通之，故曰蹏通之維」。蹏通，錢塘以為當作「號通」，馬宗霍以為當作「嗁通」，今仍依原文。錢塘釋「四維」名簡明之至，可以參看。其謂「東北，艮也，始萬物，終萬物，德莫大焉，故曰報德。西南，坤也，純陰無陽，故曰背陽。東南，巽也，為進退，故曰常羊」。❾斗北中繩　指斗柄北指與子午繩（南北向）相當。❿極　此處指盛極。⓫德　指使萬物開始生長。⓬陰氣萌　陰氣萌生。《太玄經》：「陽不極則陰不芽。」⓭刑指使萬物開始衰敗。⑭北至北極　錢塘注：「蓋天之法，天旁遊四表，地升降於天之中。冬至，天南遊之極，地亦升降極上，故北至北極，下至黃泉。夏至，天北遊之極，地亦升降極下，故南至南極，上至朱天。春分，天西遊之極；秋分，天東遊之極，地皆升降正中。」⑮黃泉　地下深處。⑯鑿地穿井　亦作「鑿池穿井」。穿井，鑿井。⑰蟄蟲首穴　指冬日伏藏土中的蟲子埋首洞中。⑱朱天　九野中的西南區域為朱天。⑲夷丘　平整土丘。⑳蕃息　繁殖增多。㉑兆長　盛長。長得興旺。㉒火連同下句中原文「火」、「水」分別為「水」、「火」，依俞樾校改。㉓火正　五官之一，為火神祝融。一說指火星正中。㉔漏滲漏。㉕水正　五官之一，為水神玄冥。一說指營室正中於南方。㉖火勝　原文為「陰勝」，依俞樾校改。㉗炭重　謂炭溼度大。古以炭、土測溼度，驗節候。《漢書・天文志》孟康注曰：「先冬至三日，縣土炭於衡兩端，輕重適均，冬至而陽氣至則炭重，夏至陰氣至則土重。」㉘盛　盛多。㉙解　脫。㉚八尺之脩　指測日影的表長達八尺。㉛日中　中午太陽當頂，位於正中時。㉜景　同「影」。㉝流黃澤　指硫黃呈液態狀流出。㉞石精　五石（五色石）之精。實為五彩玉石。㉟半夏　藥草名。根入藥。五月生苦，居夏季之半，故名半夏。㊱駒犢　出生不是很久的小馬、小牛。㊲黃口　指雛鳥。㊳八尺之表二句　原文為「八尺之景，脩徑尺五寸」，依劉文典校改。

【語　譯】子辰和午辰相連、卯辰和酉辰相連，就成了兩根直繩，丑辰和寅辰相鉤連、辰辰和巳辰相鉤連、未辰和申辰相鉤連、戌辰和亥辰相鉤連，成為四鉤。東北方是報德之角，西南方是背陽之角，東南方是常羊之角，西北方是蹏通之角。

太陽運行到冬至點時斗柄指向北方恰與「子午」繩相合，這時陰氣旺盛到極點，陽氣開始萌發，所以說冬至是使萬物開始生長的「德」。太陽運行到夏至點斗柄南指而與「子午繩」相合，這時陽氣旺盛到極點，陰氣開始萌發，所以說夏至是使萬物開始衰敗的「刑」。陰氣旺盛到極點，那就向北到達北方盡頭，向下到達黃泉，所以在這個時候不能夠掘地打井。萬物躲避隱藏，那些伏藏過冬的蟲子把頭埋入洞裡，所以說使萬物開始生長的「德」在室內。陽氣旺盛到極點，那就向南到達南方盡頭，向上到達朱天，所以在這個時候不能夠平整土丘和上屋做事。這時萬物繁殖增多，五穀長得興旺，所以說使萬物開始生長的「德」正在郊外。

太陽行經冬至點，火就跟著來了；太陽行經夏至點，水就跟著來了，所以五月火神在位而水滲漏，十一月水神在位而火將處於優勢，陽氣為火，陰氣為水，水處於優勢所以夏至到了就會潮溼，火處於優勢所以冬至到了就會乾燥。空氣乾燥，所以測溼度的炭就輕；空氣潮溼，所以測溼度的炭就重。

太陽運行到冬至點，井水就會大起來，盆水就會漫溢，羊就會掉毛，麋就會脫角，鵲就開始築巢。立起八尺長的表柱，中午時刻影子有一丈三尺長。太陽運行到夏至點時，硫黃會像水那樣流出來，石精也出來了，知了開始鳴叫，半夏生長出來了，蚊蟲、虻蟲不吮小馬、小牛的血，兇猛的鳥也不抓雛鳥；立起八尺高的表柱，中午時刻影子長一尺五寸。影子長就是陰氣處於優勢，影子短就是陽氣處於優勢。陰氣處於優勢就會有水災發生，陽氣處於優勢就會有旱災出現。

陰陽刑德有七舍❶。何謂七舍？室、堂、庭、門、巷、術、野❷。十一月❸德居室三十日，先日至十五日❹，後日至十五日❺，而徙所居各三十日。德在室則刑在野，德在堂則刑在術，德在庭則刑在巷。陰陽相德❻，則刑德合門❼。八月、二月，陰陽氣均，日夜分平，故曰刑德合門。德南則生，刑南則殺❽，故曰二月會而萬物生，八月會而草木死❾。

【章　旨】此章解說陽德、陰刑有七個停留處所——即七舍，說到陽德何時居室、停留多久以及陽德在一舍時，陰刑又相應居於何舍。還說到八月、二月陽德、陰刑「合門」，而「德南則生，刑南則殺」，故「二月會而萬物生，八月會而草木死」。

【注　釋】❶陰陽刑德有七舍　《管子・四時》：「日掌陽，月掌陰，陽為德，陰為刑。」此即陰陽刑德之義。舍為刑德居所。從子辰到午辰共七辰，故言刑德有七舍。❷室堂庭門巷術野　錢塘注：「室（內室）為子，堂（階上室外）為丑亥（丑辰、亥辰，位於子辰前後），庭（庭院）為寅戌，門（門閭）為卯酉，巷（里巷）為辰申，術（道路）為巳未，野（郊外）為午。此七舍以門為中，在門內者庭、堂、室也，在門外者巷、術、野也。」❸十一月　原文為「十二月」，依王念孫校改。❹先日至十五日　即十一月前半個月。日至，此處指冬至。❺後日至十五日　為十一月後半個月。❻相德　相得；相稱。❼刑德合門　謂刑德相合於門閭。❽殺　衰敗。❾草木死　錢塘注：「二月後，德出而刑入，故生。八月後，德入而刑出，故死。」

【語　譯】由陰氣所形成的「始殺」之刑和由陽氣所形成的「始生」之德有七個停留的地方。是哪七個停留的地方呢？它們就是內室、階上室外、庭院、門閭、里巷、道路和郊外。十一月德停留在內室三十天，就是冬至前十五天和冬至後十五天，每三十天便遷移到下一個停留處。「德」在內室，那麼「刑」就在郊外；「德」在階上室外，那麼「刑」就在道路上；「德」在庭院，那麼「刑」就在里巷。陰陽二氣相稱，那麼「刑」、「德」就相合於門閭處。八月份和二月份，陰氣、陽氣處於均衡狀態，日夜時間平分，所以說這時「刑」、「德」相合在門閭。「德」南出就使萬物生長，「刑」南出就使萬物衰敗，所以說二月「刑」、「德」相會以後，萬物就生長；八月「刑」、「德」相會以後，草木就要死去。

兩維之間，九十一度十六分度之五❶，而斗❷日行一度，十五日為一節❸，以生二十四時之變❹。斗指子則冬至❺，音比黃鐘❻。加十五日指癸則小寒❼，音比應鐘。加十五日指丑則大寒❽，音比無射。加十五日指報德之維，則越陰❾在地，故曰距日冬至四十六日而立春❿，陽凍⓫解，音比南呂。加十五日指寅則雨水⓬，音比夷則。加十五日指甲則雷驚蟄⓭，音比林鐘。加十五日指卯，中繩，故曰春分⓮則雷行，音比蕤賓。加十五日指乙則清明風⓯至，音比仲呂。加十五日指辰則穀雨[16]，音比姑洗。加十五日指常羊之維則春分盡，故曰有四十六日而立夏[17]，大風濟[18]，音比夾鐘。加十五日指巳則小滿[19]，音比太蔟[20]。加十五日指丙則芒種[21]，音比大呂。加十五日指午則陽氣極，故曰有四十六日而夏至[22]；音比黃鐘。加十五日指丁則小暑[23]，音比大呂。加十五日指未則大暑[24]，音比太蔟。加十五日指背陽之維，則夏分[25]盡，故曰有四十六日而立秋[26]，涼風至，音比夾鐘。加十五日指申則處暑[27]，音比姑洗。加十五日指庚則白露[28]降，音比仲呂。加十五日指酉，中繩，故曰秋分[29]，雷戒[30]蟄蟲北鄉[31]，音比蕤賓。加十五日指辛則寒露[32]，音比林鐘。加十五日指戌則霜降[33]，音比夷則。加十五日指蹏通之維則秋分盡，故曰有四十六日而立冬[34]，草木畢死，音比南呂。加十五日指亥則小雪[35]，音比無射。加十五日指壬則大雪[36]，音比應鐘。加十五日指子，故曰陽生於子[37]，陰生於午[38]。陽生於子，故十一月日冬至，鵲始加巢[39]，人氣鍾首[40]。陰生於午，故五月為小刑[41]，薺[42]、麥、亭歷[43]枯，冬生草木必死。

【章旨】這一章解說二十四節氣。文中將十二辰分為二十四，以斗柄所指二十四方位以定二十四節氣。同時還將樂律和節氣聯繫起來，方法是自冬至以後，逆比十二律；夏至以後，則順比十二律。在說到立春、春分、立夏、夏至、立秋、秋分、立冬、冬至八節氣時，說到了節氣到來時的氣象、物候特徵。

【注 釋】❶兩維之間二句 是說四維中相鄰兩維（如東北報德之維與東南常羊之維）之間均為九十一又十六分之五度。此數係以四維一周三百六十五又四分之一度除以四所得。舊以一度合二千九百三十二又一千四百六十一分之三百四十八里。❷斗 北斗。北斗七星屬大熊座。北斗星在不同季節和夜晚的不同時間，出現於天空不同的方位，古人常依據初昏時斗柄所指方向來定季節。❸十五日為一節 言一個節氣佔十五日。此數為三百六十五又四分之一日除以二十四所得之整數。實際上平均數為十五又九十六分之二十一日，而冬至前後的節氣佔十四日多，夏至前後的節氣佔十六日多。❹二十四時之變 此處指一年二十四時節的變化。❺冬至 陰曆平年一月有兩節氣，月中以前者稱節氣，月中以後者稱為中氣。冬至為十一月中氣（二十四節氣和陰曆對應月份並非固定不變，此就一般情況而言），冬至時分在公曆十二月二十一日至二十三日。❻音比黃鐘 古人用十二根長短不同的竹管吹出十二個不同高度的標準音，來確定樂音的高低。十二個標準音稱為十二律（其中奇數六律稱六律，偶數六律稱六呂），亦稱律呂。十二律管以黃鐘管最短、發音最低，各律之音由低至高依次為黃鐘、大呂、太簇（《淮南子》作「蔟」）、夾鐘、姑洗、中呂、蕤賓、林鐘、夷則、南呂、無射和應鐘。古人又將樂律與十二月相配，有「律中」（即律應）之說，說是將葭莩之灰塞進某一律管，對應的月份一到，葭灰就飛動起來。《淮南子》此章是將樂律與二十四節氣相配，自冬至以後，逆比十二律；夏至以後，順比十二律。故其所比之律，按月論之，與《史記·律書》、《禮記·月令》所載每月「律中」之名大有不同。❼小寒 為陰曆十二月節氣。小寒時分在公曆一月五日至七日。❽大寒 為陰曆十二月中氣。大寒時分在公曆一月二十日至二十一日。❾越陰 陰氣離散。❿立春 為陰曆正月節氣。立春時分在公曆二月三日至五日。⓫陽凍 地上之凍，如冰雪等。原文為「陽氣」，依王引之校改。⓬雨水 為陰曆正月中氣。雨水時分在公曆二月十八日至二十日。⓭雷驚蟄 謂雷聲驚醒冬日伏藏土中之蟲。驚蟄，為陰曆二月節氣，驚蟄時分在公曆三月五日至七日。⓮春分 為陰曆二月中氣。春分時分在三月二十日至二十二日。⓯清明風 即東南風。清明，為陰曆三月節氣，清明時分在公曆四月四日至六日。⓰穀雨 為陰曆三月中氣。穀雨時分在公曆四月十九日至二十一日。⓱立夏 為陰曆四月節氣。立夏時分在公曆五月五日至七日。⓲大風濟 指西北季風停止。⓳小滿 為陰曆四月中氣。小滿時分在公曆五月二十至二十二日。⓴太蔟 即太簇、泰簇。㉑芒種 為陰曆五月節氣。芒種時分在公曆六月五日至七日。㉒夏至 為陰曆五月中氣。夏至時分在公曆六月二十一日至二十二日。㉓小暑 為陰曆六月節氣。小暑時分在公曆七月六日至八日。㉔大暑 為陰曆六月中氣。大暑時分在公曆七月二十二日至二十四日。㉕夏分 指夏日時光。㉖立秋 為陰曆七月節氣。立秋時分在公曆八月七日至九日。㉗處暑 為陰曆七月中氣。處暑時分在公曆八月二十二日至二十四日。㉘白露 為陰曆八月節氣。白露時分在公曆九月七日至九日。㉙秋分為陰曆八月中氣。秋分時分在公曆九月二十三日至二十四日。㉚雷戒　雷止。㉛北鄉　即北向。指蟄蟲頭朝北方。㉜寒露　為陰曆九月節氣。寒露時分在公曆十月八日至九日。㉝霜降　為陰曆九月中氣。霜降時分在公曆十月二十三日至二十四日。㉞立冬　為陰曆十月節氣。立冬時分在公曆十一月七日至八日。㉟小雪　為陰曆十月中氣。小雪時分在公曆十一月二十二日至二十三日。㊱大雪　為陰曆十一月節氣。大雪時分在公曆十二月六日至八日。㊲陽生於子　陽氣生於子辰。即生於冬至。冬至為陰氣極盛時，陰極則陽萌，故言。㊳陰生於午　陰氣生於午辰。即生於夏至。夏至為陽氣極盛時，陽極則陰萌，故言。㊴加巢　構架鳥巢。加，通「架」。《詩・召南・鵲巢》：「維鵲有巢。」鄭箋云：「鵲之作巢，冬至加之，至春乃成。」正與本文相合。㊵人氣鍾首　謂人所受陰氣聚於頭部。鍾，積聚。㊶小刑　謂小有衰敗。始殺為刑。㊷葶　葶菜。植物名，其嫩葉可食。㊸亭歷　即葶藶。一年生草本藥用植物。

【語　譯】兩維之間有九十一又十六分之五度，而北斗星的斗柄每日運行一度，十五日為一個時節，這樣產生二十四個時節的變化。當北斗斗柄指向子位時就是冬至節，和它相應的音律是黃鐘律。增加十五日，斗柄指向癸位，就是小寒節，和它相應的音律是應鐘律。增加十五日，斗柄指向丑位，即是大寒節，和它相應的音律是無射律。增加十五日，斗柄指向報德之維，陰氣就在地上離散開來，所以說距離太陽行經冬至點四十六日就是立春節，地面凍結的冰雪溶解，和立春相應的音律是南呂律。增加十五日，斗柄指向寅位，就是雨水節，和它相應的音律是夷則律。增加十五日，斗柄指向甲位，雷聲就會響起來、驚醒在土內冬眠的蟲類，驚蟄到，和它相應的音律是林鐘律。增加十五日，斗柄指向卯位，和卯酉繩相合，所以說春分到了就會雷聲常鳴，和它相應的音律是蕤賓律。增加十五日，斗柄指向乙位，東南風就吹來了，清明節到，和它相應的音律是仲呂律。增加十五日，斗柄指向辰位，就是穀雨節，和它相應的音律是姑洗律。增加十五日，斗柄指向常羊之維，那麼春天時日就結束了，所以說從春分開始有四十六天就是立夏節，立夏一到，大風就停止了，和它相應的音律是夾鐘律。增加十五日，斗柄指向巳位，就是小滿節，和它相應的音律是太蔟律。增加十五日，斗柄指向丙位，就是芒種節，和它相應的音律是大呂律。增加十五日，斗柄指向午位，那麼陽氣達到極盛階段，所以說從立夏開始有四十六天就是夏至節，和夏至相應的音律是黃鐘律。增加十五日，斗柄指向丁位，

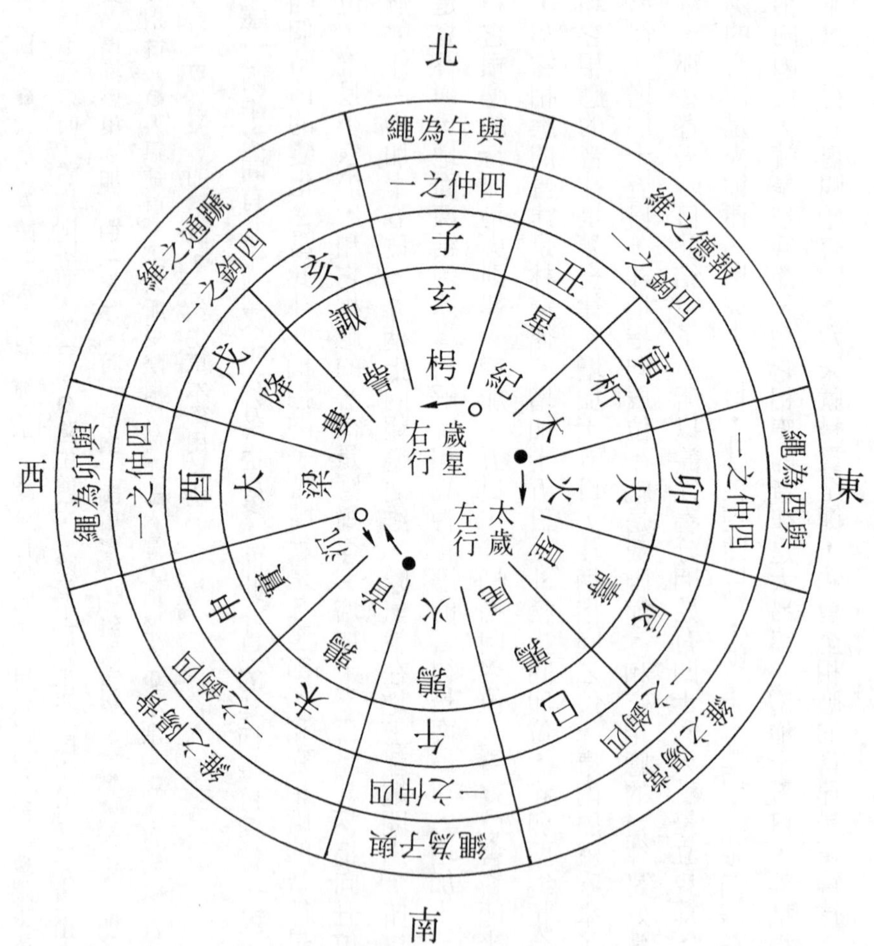
北
東
南
西
與午為繩
四仲之一
子
報德之維
四鉤之一
丑
寅
卯
與酉為繩
四仲之一
辰
常羊之維
四鉤之一
巳
午
與子為繩
四仲之一
未
背陽之維
四鉤之一
申
酉
與卯為繩
四仲之一
戌
蹏通之維
四鉤之一
亥
玄枵
星紀
析木
大火
壽星
鶉尾
鶉火
鶉首
實沈
大梁
降婁
娵訾
歲星右行
太歲左行

歲星、太歲運行圖

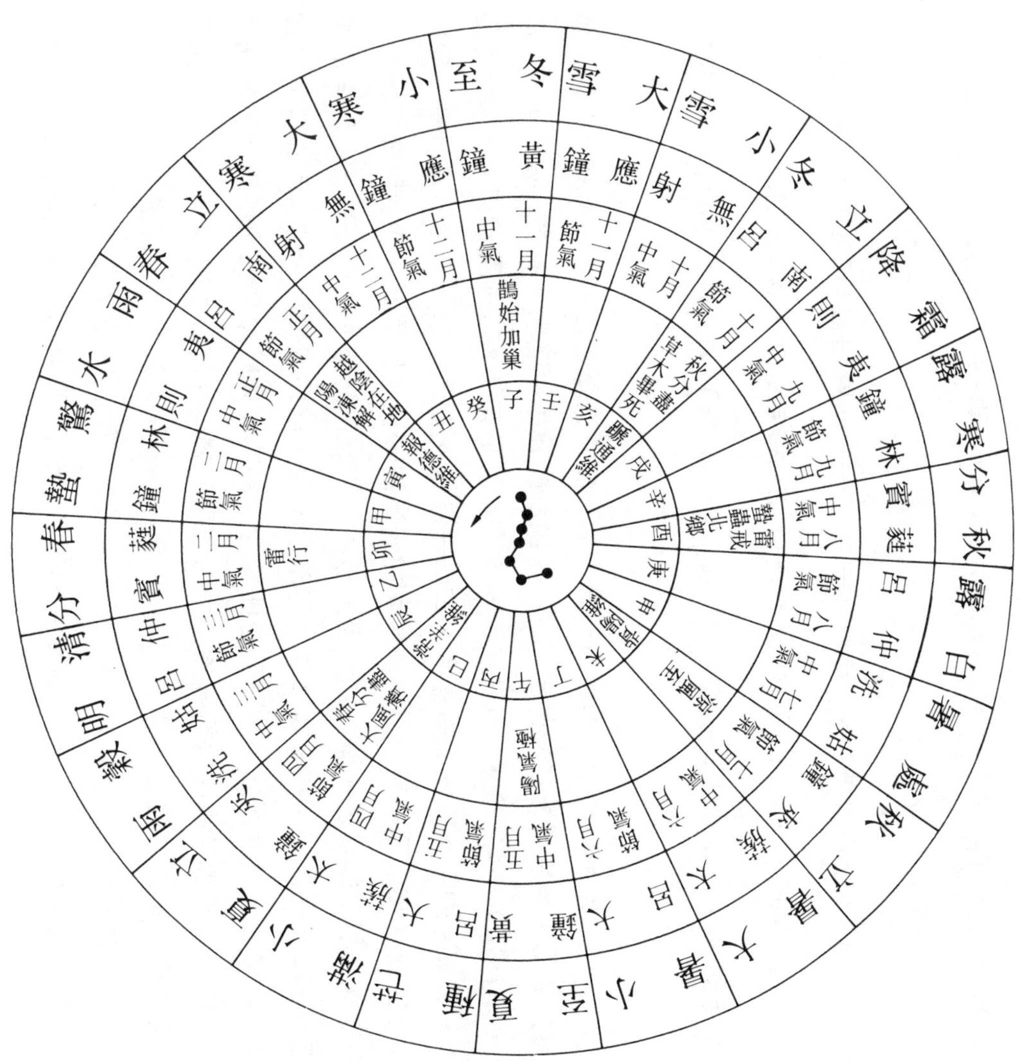
冬至
大雪
小雪
立冬
霜降
寒露
秋分
白露
處暑
立秋
大暑
小暑
夏至
芒種
小滿
立夏
穀雨
清明
春分
驚蟄
雨水
立春
大寒
小寒
黃鐘
應鐘
無射
南呂
夷則
林鐘
蕤賓
仲呂
姑洗
夾鐘
太簇
大呂

二十四節氣圖

就是小暑節，和它相應的音律是大呂。增加十五日，斗柄指向未位，就是大暑節，和它相應的音律是太蔟律。增加十五日，斗柄指向背陽之維，那麼夏日時光就結束了，所以說從夏至開始有四十六天就是立秋節，這時涼風吹來了，和立秋相應的音律是夾鐘律。增加十五日，斗柄指向申位，就是處暑節，和它相應的音律是姑洗律。增加十五日，斗柄指向庚位，就是白露節，和它相應的音律是仲呂律。增加十五日，斗柄指向酉位，和卯酉繩相合，所以說到了秋分雷聲就停止，伏藏土中的蟲子都朝向北方，和秋分相應的音律是蕤賓律。增加十五日，斗柄指向辛位，就是寒露節，和它相應的音律是林鐘律。增加十五日，斗柄指向戌位，就是霜降節，和它相應的音律是夷則律。增加十五日，斗柄指向蹏通之維，那麼秋日時光就結束了，所以說從秋分開始有四十六天就是立冬節，這時草木都會死去，和立冬相應的音律是南呂律。增加十五日，斗柄指向亥位，就是小雪節，和它相應的音律是無射律。增加十五日，斗柄指向壬位，就是大雪節，和它相應的音律是應鐘律。增加十五日，斗柄指向子位，所以說陽氣生於子（冬至），陰氣生於午（夏至）。陽氣生於子（冬至），所以十一月太陽行經冬至點時，鵲便開始營造鳥窩，人所受的陰氣集聚在頭部。陰氣生於午（夏至），所以五月為小有衰敗之月，薺菜、麥子和亭歷都枯萎，冬天生出來的草木一定會死去。

斗杓❶為小歲，正月建寅❷，月❸從左行十二辰❹。咸池❺為大歲❻，二月建卯❼，月從右行四仲❽，終而復始。大歲❾迎者辱❿，背者強；左者衰，右者昌。小歲東南⓫則生，西北則殺。不可迎也，而可背也；不可左也，而可右也，其此之謂也。

大時者⓬，咸池也。小時者⓭，月建⓮也。天維⓯建元⓰，常以寅始⓱起，右徙一歲而移，十二歲而大周天，終而復始。淮南元年⑱冬，天一⑲在丙子⑳，冬至甲午，立春丙子㉑。

【章旨】此章講斗杓、咸池的運行規律，說到咸池之行是「迎者辱，背者強；左者衰，右者昌」，斗杓之行則是「東南則生，西北則殺」。還說到天維（太歲）紀元的特點，以及淮南元年幾個節氣的日期。

【注釋】❶斗杓　北斗七星中的玉衡、開陽、搖光（招搖）。即第五、六、七星合稱斗杓，也有單指柄端招搖為斗杓者。❷建寅　夏曆以建寅之月（正月）為歲首，稱建寅。❸月　每月。❹十二辰　古人將黃道附近一周天分為十二等分，自東至西配以子、丑、寅、卯等十二支，稱為十二辰。❺咸池　星宿名。位於參星上、五車中、天潢南。❻大歲　原文為「太歲」，依錢曉徵、王念孫等校改。❼建卯　北斗星柄指向卯辰。即二月。❽從右行四仲　即沿卯、子、酉、午的順序運行。❾大歲　原文為「太歲」，依王念孫等校改。❿迎者辱　指包括人類在內的萬物而言。辱，屈抑。⓫東南　指位於東南。⓬大時者　指紀歲的標誌。大時，指歲。⓭小時者　指紀月的標誌。小時，指月。⓮月建　每月北斗斗柄所指之辰為月建。如斗柄指向寅辰，是月即為建寅。⓯天維　指太歲。⓰建元　每歲紀元開始稱建元。⓱以寅始　似指在建寅之月（正月）開始。王引之以為「以寅始」下有脫文。⓲淮南元年　劉安自阜陵侯進封淮南王之年。即漢文帝十六年（西元前一六四年）。⓳天一　太歲。原文為「太一」，指北極星，依王引之校改。⓴丙子　丙子年。即閼逢攝提格之歲。㉑冬至甲午二句　甲午，甲午日。錢塘注云，淮南元年（即丙子年）立春為甲午日，此句言「冬至甲午」，又下句云「立春丙子」，實乃「冬至」上脫日名，「甲午」與「立春」相聯，而「丙子」為重文。今譯文仍從原文。

【語譯】北斗星中的斗柄三星稱為「小歲」，夏曆正月斗柄指向寅辰，每月斗杓從左向右行於十二辰中。咸池被稱為「大歲」，夏曆二月，斗柄指向卯辰，咸池每月從右往左行於四仲之中，運行一周結束，又重新開始運行。大歲運行中，和它運行方向迎面相對就會屈抑、受辱，背對它的運行方向就會強盛；位於它的左邊就會衰敗，位於它的右邊就會昌盛。小歲行經東南就會使萬物生長，行經西北就會使萬物衰敗。不能迎對運行的方向，但可以背對運行方向；不能夠位於左邊，但可以位於右邊，這就是說的大歲的情況。

用來確定紀年的「大時」的是咸池。用來確定紀月的「小時」的是看斗柄在哪一月指向哪一辰。太歲紀年開始，常常以建寅之月的正月為歲首，太歲向右移動一歲又往前移，十二歲而行完一大周天，行完以後又重新按照原來的軌道運行。

淮南元年的冬天，太歲在丙子，冬至在甲午日，立春在丙子日。

二陰一陽成氣二[1]，二陽一陰成氣三[2]。合氣而為音[3]，合陰而為陽[4]，合陽而為律[5]，故曰五音六律[6]。音自倍而為日[7]，律自倍而為辰[8]。故日十而辰十二[9]。月日行十三度七十六分度之二十八[10]，二十九日九百四十分日之四百九十九而為月[11]，而以十二月為歲。歲有餘十日九百四十分日之八百二十七[12]，故十九歲而七閏[13]。

日冬至子午，夏至卯酉[14]。冬至加三日[15]，則夏至之日也。歲遷六日[16]，終而復始。壬午冬至[17]，甲子受制[18]，木用事[19]，火煙青[20]。七十二日，丙子受制，火用事，火煙赤[21]。七十二日，戊子受制，土用事，火煙黃[22]。七十二日，庚子受制，金用事，火煙白[23]。七十二日，壬子受制，水用事，火煙黑[24]。七十二日[25]而歲終，庚午[26]受制。歲遷六日，以數推之，十歲[27]而復至甲子。甲子受制，則行柔惠[28]、挺群禁[29]、開闔扇[30]、通障塞、毋伐木[31]。丙子受制，則舉賢良、賞有功、立封侯、出貨財[32]。戊子受制，則養長老、存鰥寡[33]、行粰鬻[34]、施恩澤[35]。庚子受制，則繕牆垣、修城郭、審群禁、飾兵甲[36]、儆百官[37]、誅不法[38]。壬子受制，則閉門閭、大搜客[39]、斷刑罰、殺當罪、息關梁、禁外徙[40]。

甲子氣燥濁[41]，丙子氣燥陽[42]，戊子氣溼濁，庚子氣燥寒[43]，壬子氣清寒。丙子干[44]甲子，蟄蟲早出[45]，故雷早行。戊子干甲子，胎夭卵毈[46]，鳥蟲多傷。庚子干甲子，有兵。壬子干甲子，春有霜[47]。戊子干丙子，霆[48]。庚子干丙子，雷[49]。壬子干丙子，雹。甲子干丙子，地動[50]。庚子干戊子，五穀有殃。壬子干戊子，夏寒雨霜。甲子干戊子，介蟲不為[51]。丙子干戊子，大旱，苽封熯[52]。壬子干庚子，則[53]魚不為[54]。甲子干庚子，草木再死再生。丙子干庚子，草木復榮[55]。戊子干庚子，歲或存或亡[56]。甲子干壬子，冬乃不藏[57]。丙子干壬子，星隊[58]。戊子干壬子，蟄蟲冬出其鄉[59]。庚子干壬子，冬雷其鄉[60]。

【章旨】此章講到音、律的形成，講到月運行十二月為歲而有餘日若干，故十九歲而七閏。講到壬午冬至、子日受制所出現的自然物象，和在相應時日朝廷該做的事情。還講到五個子日的氣候特徵，和子日相犯時所出現的異常天象及其對動物、植物生長的影響。

【注釋】❶二陰一陽成氣二　俞樾說：「陽之數以三而奇，陰之數以二而偶，所謂『參天兩地』也。二陰一陽，則二三二如四，一三如三，其數七。除五生數（五行生成之數，即天一生水，地二生火，天三生木，地四生金，天五生土）則得成數二。所謂二陰一陽成氣二也。」❷二陽一陰成氣三　俞樾說：「二陽一陰，則二三如六，一二如二，其數八。除五生數，則得成數三，所謂二陽一陰成氣三也。」錢塘則另有解釋，云：「此釋太一始於丙子之義也。二陰一陽謂坎子之位也，二陽一陰謂離丙之位也。坎（☵）陰不中。故二陰成一氣；離（☲）陰得中，故一陰成一氣。離三坎二，合之為五，即五行之氣也。」俞、錢二說均可參看。❸合氣而為音　此指合五行之氣而為音。五行即金、土、水、火、木，稱行，即指為天行氣。古人以五行與五音相配，故言。錢塘注亦云「合氣為音者，以土、火、金、水、木為宮、徵、商、羽、角也」。❹合陰而為陽　以陰之數當陽之數。即合陰為陽。❺合陽而為律　指六陽、六陰相合而取六陽為律。❻五音六律　五音，古代的五個音階，起點為宮聲，依次為宮、商、角、徵、羽。六律，古人將十二個高低不同的標準音稱做十二律，其中奇數六律稱為陽律，就是六律；偶數六律稱做陰律，就是六呂。六律依次為黃鐘、太蔟、姑洗、蕤賓、夷則和無射。❼音自倍而為日　謂五音自生（宮生變徵、徵生變商、商生變羽、羽生變角、角生變宮）而成十音階，以當十日（指紀日的天干數：甲乙丙丁戊己庚辛壬癸）。自倍，自身加一倍。❽律自倍而為辰　謂六陽律自加倍而生六陰律得十二律，以當十二辰。❾辰十二　古人分黃道為十二等分，分別以十二地支（子丑寅卯辰巳午未申酉戌亥）命名，稱為十二辰。❿日行十三度句　一紀（七十六歲）月行一千一十六周，故得日行十三又七十六分之二十八度。二十八，原文為「二十六」，依黃禎校改。⓫二十九日句　此言一月日數。一紀（七十六年）有九百四十月，有二萬七千七百五十九日，以日數除以月數即得此處所言一月日數。⓬歲有餘十日句　此數由一歲三百六十五又四分之一日減去每月日數乘以十二所得數 $(365\frac{1}{4}-29\frac{499}{940}\times12)$ 而得。⓭十九歲而七閏　每歲餘日乘以十九得餘日二百六日 $(10\frac{827}{940}\times19=260\frac{673}{940})$，合陰曆大月（三十日）三、小月（二十九日）四，故言閏月有七。⓮冬至子午二句　指冬至在子日，夏至則在卯日到來；冬至若在午日，夏至則在酉日到來。冬至距夏至為一百八十二又八分之一日，除以六十（甲子紀日數）得三餘二又八分之五日，餘分算整數三。而六十甲子中，卯日距子日、酉日距午日均為三日，故言。⓯冬至加三日　指從冬至日所在六十甲子中的某一天開始，按六十甲子順序三循環後再增加三天（應為二又八分之五天）。⓰歲遷六日　指每歲移動六日（實應移動五又四分之一日，舉整數言六日）。⓱壬午冬至　指壬午日為冬至。壬午，六十甲子之一。六十甲子為古人紀日所用，係由十天干、十二地支組合而成。組合方法是天干的單數配地支的單數，天干的雙數配地支的雙數。⓲受制　被制約。下言五子以五行受制用事。⓳用事　行事。⓴火煙青　舊注謂「木色青也，東方」。㉑火煙赤　舊注謂「火色赤也，南方」。㉒火煙黃　舊注謂「土，中央，其色黃」。㉓火煙白　舊注謂「西方，金，其色白」。㉔火煙黑　舊注謂「北方，水，其色黑」。㉕七十二日　此以一歲日數用五氣（木、火、土、金、水）分之，則七十二日為一節，使五氣各得用事之日。㉖庚午　原文為「庚子」，依王引之校改。㉗十歲　甲子受制，每歲遷移六日，十年則得六十日，又逢甲子。原文為「七十歲」，依王引之校改。㉘柔惠　愛撫。㉙挺群禁　寬緩眾多的禁令。㉚闔扇　門扇。門以木為之稱闔，以竹葦為之稱扇。㉛毋伐木　春天樹木生長，故毋伐木也。㉜出貨財　指拿出倉庫裡的貨物。㉝養長老句　原文為「養老鰥寡」，依王念孫校改為「養長老、存鰥寡」。存鰥寡，撫恤鰥寡。老而無妻稱鰥，老而無夫為寡。㉞糈鬻　薄粥。㉟施恩澤　舊注謂「土用事，象土長養，故施恩澤也」。㊱飾兵甲　整治武器軍備。飾，同「飭」。整頓。㊲儆百官　告誡百官。㊳誅不法　懲罰違法之人。㊴大搜客　搜查客居之人。㊵禁外徙　禁止人員外遷。舊注謂「水用事，象冬閉固，故禁外徙也」。㊶燥濁　乾燥混濁。㊷燥陽　乾燥溫暖。㊸燥寒　乾燥寒冷。㊹干　衝犯。㊺蟄蟲早出　舊注謂「火氣溫，故早出」。㊻胎夭卵毈　胎死卵壞不能成獸成禽。毈，卵不成鳥為毈。㊼春有霜　以上皆就甲子七十二日而言。㊽霆　疾雷。㊾雹　原文為「夷」，依舊注改。㊿地動　以上就丙子七十二日而言。(51)介蟲不為　不成為介蟲。為，成。(52)苽封熯　苽封，大茭白。熯，以火烘乾為熯。舊注謂「苽，蔣草也，相連特大如薄者也，名曰封。旱燥，故熯也」。以上皆就戊子七十二日而言。(53)則　原文為「大剛」，依王引之校改。(54)魚不為　不成為魚。(55)草木復榮　草木重又開花結果。(56)歲或存或亡　指年成有好有壞。馬宗霍疑「存」為「有」字之誤。以上皆就庚子七十二日而言。(57)不藏　舊注謂「地氣發也」。一說木氣溫，故不藏。(58)星隊　即星墜落。隊，同「墜」。(59)冬出其鄉　指蟄蟲冬從其首所向之方向而出。鄉，面向。(60)其鄉　指蟄蟲所向之方向。以上皆就壬子七十二日而言。

【語　譯】二分陰氣一分陽氣成氣有二，二分陽氣一分陰氣成氣有三。合五行之氣而成為五個音階，與陰氣相合的是數量相當的陽氣，以六陰與六陽相合而取六陽為律，所以說有五音六律。五音自加一倍而為十個日干數，六律自加一倍為十二辰數。所以日干數為十而辰數為十二。月球每日運行十三又七十六分之二十八度，運行二十九又九百四十分之四百九十九日而為一個月，而以十二個月為一歲。每歲有餘日十又九百四十分之八百二十七日，所以十九歲有七次閏月。

當冬至在子日到來時，夏至就在卯日到來；當冬至在午日到來時，夏至就在酉日到來。冬至過後一百八十天，增加餘日三天，就是夏至到來之日。一歲移動六日，結束了又重新開始。如果是壬午日冬至到來，那甲子日就要受到制約，五行中的木行事，火的煙是青色的。過七十二天，丙子日受到制約，五行中的火行事，火的煙是紅色的。過七十二天，戊子日受到制約，五行中的土行事，火的煙是黃色的。過七十二天，庚子日受到制約，五行中的金行事，火的煙是白色的。過七十二天，壬子日受到制約，五行中的水行事，火的煙是黑色的。過七十二天而一歲結束，庚午日受到制約。一歲移動六日，按數推算，十年後又恢復甲子日。甲子日受到制約，那就要推行愛撫民眾的政策，寬緩眾多的禁令，打開門扇，打通障堡、要塞，不要砍伐樹木。丙子日受到制約，那就要舉用賢良之人，賞賜有功人員，讓封侯的人登上侯王之位，拿出倉庫裡的貨物。戊子日受到制約，那就要贍養年長的人、年老的人，撫恤那些喪夫或喪妻的老人，向窮人施放薄粥，給人恩惠。庚子日受到制約，那就要修補牆垣，整修城郭，審察眾多的禁令，整治武器軍備，告誡眾位官員，懲罰違法的人。壬子日受到制約，那就要關閉門閭，徹底清查新舊客居之人，對用刑罰的案子實行決斷，殺掉應當被殺的犯人，封鎖關口和橋梁，禁止人口遷徙到外面去。

甲子日空氣乾燥混濁，丙子日空氣乾燥煖和，戊子日空氣潮溼混濁，庚子日空氣乾燥寒冷，壬子日空氣清淨寒冷。丙子日衝犯甲子日，伏藏在土中的蟲子就會早出來，所以雷聲也響得早。戊子日衝犯甲子日，胎兒會死於腹中，蛋也孵不出鳥，鳥蟲多受傷害。庚子日衝犯甲子日，有戰事發生。壬子日衝犯甲子日，春天會有霜。戊子日衝犯丙子日，會有迅急之雷響起。庚子日衝犯丙子日，會有閃電出現。壬子日衝犯丙子日，會有冰雹降落。甲子日衝犯丙子日，會發生地震。庚子日衝犯戊子日，五穀生長中會遇到災害。壬子日衝犯戊子日，夏季會寒冷，還會下霜。甲子日衝犯戊子日，有硬殼的蟲長不成功。丙子日衝犯戊子日，會發生大旱災，大茭白會乾死。壬子日衝犯庚子日，那魚就不能長成。甲子日衝犯庚子日，草木會兩死兩生。丙子日衝犯庚子日，草木會第二次開花結果。戊子日衝犯庚子日，年成有好有壞。甲子日衝犯壬子日，冬天的地氣隱藏不住。丙子日衝犯壬子日，星會從天上掉下來。戊子日衝犯壬子日，伏藏在土中的蟲類冬天裡會從牠頭所面對的方向爬出來。庚子日衝犯壬子日，冬天裡會有雷聲在蟄蟲面對的方向響起。

季春[1]三月，豐隆[2]乃出，以將[3]其雨。至秋三月[4]，地氣下藏[5]，乃收其殺[6]，百蟲蟄伏，靜居閉戶，青女[7]乃出，以降霜雪。行十二時[8]之氣，以至於仲春二月之夕[9]，乃布收[10]其藏而閉其寒。女夷[11]鼓歌[12]，以司天和[13]，以長百穀禽獸[14]草木。孟夏之月[15]，以熟穀禾，雄鳩[16]長鳴，為帝候歲[17]。是故天不發其陰，則萬物不生；地不發其陽，則萬物不成。天圓地方[18]，道[19]在中央。日為德，月為刑。月歸而萬物死[20]，日至而萬物生[21]。遠山[22]則山氣藏，遠水則水蟲[23]蟄，遠木則木葉槁。日五日不見，失其位也，聖人不與[24]也。

日出於暘谷[25]，浴於咸池[26]，拂[27]於扶桑[28]，是謂晨明[29]，登於扶桑之上，爰始將行，是謂朏明[30]。至於曲阿[31]，是謂旦明[32]。至於曾泉[33]，是謂蚤食[34]。至於桑野[35]，是謂晏食[36]。至於衡陽[37]，是謂隅中[38]。至於昆吾[39]，是謂正中[40]。至於鳥次[41]，是謂小還[42]。至於悲谷[43]，是謂餔時[44]。至於女紀[45]，是謂大還[46]。至於淵隅[47]，是謂高春[48]。至於連石[49]，是謂下春[50]。至於悲泉，爰止其女[51]，爰息其馬，是謂縣車[52]。至於虞淵[53]，是謂黃昏[54]。至於蒙谷[55]，是謂定昏[56]。日入於虞淵之汜，曙於蒙谷之浦[57]，行九州七舍[58]，有五億萬七千三百九里，離[59]以為朝、晝、昏、夜。

夏日至則陰乘陽(60)，是以萬物就(61)而死；冬日至則陽乘陰，是以萬物仰(62)而生。晝者陽之分(63)，夜者陰之分，是以陽氣勝則日脩而夜短，陰氣勝則日短而夜脩。其加卯酉，則陰陽分，日夜平矣(64)。

【章　旨】這一章講到三個問題。一是通過敘說仲春二月、季春三月、孟夏之月、至秋三月的氣象、物候特徵，總結出「天不發其陰，則萬物不生；地不發其陽，則萬物不成」的結論。而談季節變化、物候特徵都歸之為陰陽二氣的作用。二是通過敘說太陽一日「行九州七舍」的經歷，把一天分做晨明、正中、定昏等若干個時辰。以其行程里數劃分「朝、晝、昏、夜」。三是用陰陽二氣孰勝孰負來解說夏日、冬日萬物或死或生的原因，用以解說晝夜或長或短的原因。主要觀點是陽勝則萬物生，陽勝則日長而夜短。

【注　釋】❶季春　春季三月依次稱為孟春、仲春、季春。季春即陰曆三月。❷豐隆　一說為雷師，一說為雲師，聯繫下句「以將其雨」，此處指雲師為當。❸將　猶「行」。❹至秋三月　指季秋之月。即陰曆九月。至秋，相對初秋而言。❺下藏　原文為「不藏」，依錢塘校改。❻殺　殺氣。和上句「地氣」同指陰氣而言。❼青女　天神青皇之女。掌霜雪之神。❽十二時　漢以一日為十二時，但在武帝太初改正朔之後，此處十二時當指十二月言。❾仲春二月之夕　指陰曆二月下旬。仲春為春季第二個月。❿布收　遍收。原文無「布」字，依王念孫校補。⓫女夷　舊注謂「主春夏長養之神」。⓬鼓歌　擊鼓而歌。⓭司天和　主管自然的祥和之氣。⓮禽獸　原文為「禽鳥」，依王念孫校改。⓯孟夏之月　指陰曆四月。⓰雄鳩　指布穀鳥。⓱為帝候歲　為天帝守候年成。⓲天圓地方　此指天地形狀而言。古人以為天形圓若傘蓋，地形方若棋盤。⓳道　規律。此指上文所說「天不發其陰，則萬物不生；地不發其陽，則萬物不成」而言。⓴月歸而萬物死　月歸，月亮返回。月為陰為刑，故言「月歸而萬物死」。㉑日至而萬物生　日至，太陽到來。日為陽為德，故言「日至而萬物生」。㉒遠山　指太陽遠離山巒。㉓水蟲　指魚蝦等水族動物。㉔與　通「豫」。喜豫說樂之貌。㉕暘谷　又名湯谷。傳說中的日出之處，位於東方。日出於谷而天下明，故名。㉖咸池　東方大澤。神話傳說中的日浴之處。㉗拂　過。㉘扶桑　東方神木名。傳說日出其下。㉙晨明天將亮時。即黎明。㉚朏明　天剛亮時。㉛曲阿　神話中的山名。㉜旦明　天明時。㉝曾泉　舊注謂「曾，重也。早食時在東方多水之地，故曰曾泉」。㉞蚤食　早食；早餐。㉟桑野　東方之野。㊱晏食　晚食。相對早食而言，當為吃得較晚的早餐。㊲衡陽　衡山之南。衡山在今湖南省衡山縣西。㊳隅中　將午之時。㊴昆吾　舊注謂「昆吾邱，在南方」。㊵正中　正當中午。㊶鳥次　西南之山名。鳥所宿止。㊷小還　猶言小有西落。還，西。《白虎通義》：「西方者，遷方也。萬物遷落也。」原文中作「小還」，依王念孫校改。㊸悲谷　西南方之大壑。言其深峻，臨其上令人悲思，故曰悲谷。㊹餔時　約當午後三時至五時。㊺女紀　西北陰地。㊻大還　原文為「大還」，依王念孫校改。㊼淵隅　太陽申時（約當下午四時）經行處。原文為「淵虞」，依王念孫校改。㊽高春　約當下午七時至九時。㊾連石　西北山名。㊿下春　天將黑時。(51)至於悲泉二句　傳說日乘車駕以六龍，羲和御之，日行至悲泉，羲和返回起程處。而《山海經》說：「東南海外有羲和之國，有女子名曰羲和，是生十日，常浴於甘泉。」故文中言日至悲泉，「爰止其女」。悲泉，古代傳說中的水名。離虞淵較近。止其女，謂為日駕車的羲和停止前進。(52)縣車　停車。本謂羲和駐馬不前。相當於黃昏前一段時間。(53)虞淵　古代神話中所說的日入之處。(54)黃昏　其時視物黃也，故稱黃昏。(55)蒙谷　北方山名。(56)定昏　天將黑時。(57)日入於虞淵之汜二句　一本作「日入崦嵫，經於細柳，入虞泉之池，曙於蒙谷之浦。日西垂景在樹端，謂之桑榆」，且有舊注謂「嵫，音茲，亦曰落棠山。細柳，西方之野。蒙谷，濛汜之水。桑榆，言其光在桑榆樹上」。汜，水邊。這裡指水。蒙谷之浦，指蒙汜水岸。蒙谷，濛汜（太陽沒入處）之水。(58)九州七舍　當指包括中國在內的大九州上的七個停留處。舊注則云「自陽谷至虞淵，凡十六所，為九州七舍也」。(59)離分。(60)夏日至則陰乘陽　前章言夏至「陽氣極，陰氣萌，故曰夏至為刑」。夏至陽氣極盛，陰氣卻在萌生，故言「夏日至則陰乘陽」。陰乘陽，謂陰氣利用陽氣而萌生。(61)就　因。(62)仰　嚮；對著。(63)陽之分　猶言陽氣素質。(64)其加卯酉三句　原文在下一章「旅旅而去也」後，依王引之校移於此。加，當。

【語　譯】到季春三月時，雲師豐隆便出來，以便下雨。到了季秋九月，地裡的陰氣向深處隱藏，於是收起了殺氣，各種蟲類動物靜靜地伏藏在洞裡過冬。這時主管霜雪的女神青女才出來下霜下雪。這樣十二月之氣不斷運行一直運行到仲春二月的下旬，才遍收地中所藏的陰氣而鎖閉寒氣。於是主管春夏生長養育的天神女夷擊鼓歌唱，以掌管自然祥和之氣，而使各種莊稼、禽獸和草木生長。到了孟夏四月時，莊稼慢慢成熟，布穀鳥長聲鳴叫，為天帝守候年成。因此天不散發出陰氣，那萬物就不能生長；地不散發出陽氣，那萬物就不能成熟。天是圓的，地是方的，這個規律就在天地中間。太陽是使萬物生長的「德」，月亮是使萬物衰敗的「刑」。月亮返回那萬物就會死去，太陽到來那萬物就會生長。太陽遠離山巒，那山氣就會隱藏不出；遠離有水的地方，那水裡的魚蝦動物就會伏藏不出；遠離樹木，那樹葉就會枯槁。太陽五日不出現，就是脫離了它的本位，聖人因而感到很不快樂。

太陽從暘谷裡出來，先在咸池裡洗一個澡，當它從扶桑樹下升起、經過扶桑枝葉的時候，就稱為晨明，當它升上扶桑之上開始要前行時，就稱為朏明。當它到達曲阿山時，就稱為旦明。當它到達曾泉時，就稱為早食。當它到達桑野時，就稱為晏食。當它到達衡山之南時，就稱為隅中。當它到達昆吾邱時，就稱為正中。當它到達鳥次山時，就稱為小遷。當它到達悲谷時，就稱為餔時。當它到達女紀時，就稱為大遷。當它到達淵隅時，就稱為高舂。當它到達連石山時，就稱為下舂。當它到達悲泉時，於是便讓駕車的羲和停下來，讓拉車的馬歇下來，這時就稱為縣車。當它到達虞淵時，就稱為黃昏。當它到達蒙谷時，就稱為定昏。太陽進入虞淵水中，在蒙谷岸邊發出曙光，行經九州七舍，共有五億萬七千三百零九里，分為早晨、白天、黃昏、黑夜四個階段。

夏至到來，陰氣就會利用陽氣而萌生，所以萬物會因陰氣出現而死去；冬至到來，陽氣就會利用陰氣而萌生，所以萬物就會向著陽氣而生長。白天具備陽氣素質，黑夜具備陰氣素質，因此陽氣勝過陰氣就會白天長而黑夜短，陰氣勝過陽氣就會白天短而黑夜長。當太陽行經卯辰、酉辰而時當春分、秋分，那時就會陰陽平分、日夜一樣長了。

帝❶張四維❷，運❸之以斗❹，月徙一辰，復反❺其所。正月指寅，十一月指子❻，一歲而匝❼，終而復始。指寅，寅則萬物螾螾然❽也，律受太蔟❾。太蔟者，蔟而未出[10]也。指卯，卯[11]則茂茂然[12]，律受夾鐘[13]。夾鐘者，種始莢[14]也。指辰，辰則振[15]之也，律受姑洗[16]。姑洗者，陳去而新來也[17]。指巳，巳則生已定[18]也，律受仲呂[19]。仲呂者，中充大[20]也。指午，午者忤也[21]，律受蕤賓[22]。蕤賓者，安而服[23]也。指未，未者昧[24]也，律受林鐘[25]。林鐘者，引而止之[26]也。指申，申者呻[27]也，律受夷則[28]。夷則者，易其則[29]也，德以去[30]矣。指酉，酉者飽[31]也，律受南呂[32]。南呂者，任包大[33]也。指戌，戌者滅也[34]。律受無射[35]。無射者[36]，入無厭[37]也。指亥，亥者閡也[38]，律受應鐘[39]。應鐘者，應其鐘[40]也。指子，子者，茲[41]也，律受黃鐘[42]。黃鐘者，鐘已黃[43]也。指丑，丑者，紐[44]也，律受大呂[45]。大呂者，旅旅而去[46]也。故曰：規生矩殺[47]，衡長權藏[48]，繩居中央，為四時根[49]。

【章旨】此章敘說十二月建，說到每月斗柄所指辰位和與之相配之律，並聯繫時令特徵解說每月所當辰名、律名的意義。

【注釋】[1]帝　指天帝。[2]四維　即前章所言東北、東南、西南、西北四角。[3]運　旋轉。[4]斗　指星宿北斗。[5]反　同「返」。[6]十一月指子　原文為「十二月指丑」，依王引之校改。[7]帀　周；圈。作動詞用。[8]螾螾然　始生而動的樣子。[9]律受太蔟　謂與之應和的為太蔟律。受，應和。太蔟為正月之律。[10]蔟而未出　聚而未出。錢塘注云「簇、蔟、族同義，謂奏聚而欲上出也」。[11]卯　《史記・律書》：「卯之言茂也。」又《說文》：「卯，冒也。二月萬物冒地而出，象開門之形。」

⓬茂茂然　草木繁盛的樣子。⓭夾鐘　二月之律。⓮種始莢　謂植物種子外皮始脫落。莢，即甲。⓯辰則振　振，同「震」。三月物盡震動而長，故言「辰則振」。《說文》：「辰，震也。三月陽氣動，雷電振，民農時也，物皆生。」⓰姑洗　三月之律。⓱姑洗者二句　姑，為故。洗，為灑。故洗而百物潔淨，故言「姑洗者，陳去而新來」。⓲巳則生已定　《史記・律書》：「巳者，言陽氣之已盡也。」又《釋名・釋天》：「巳，已也，陽氣畢布已也。」四月陽氣出，萬物生長已經定形，故言「巳則生已定」。⓳仲呂　四月之律。⓴中充大　《白虎通義》：「言陽氣將極，中充大也。」㉑午者忤也　《說文》：「五，五行也，從二，陰陽在天地間交午（忤逆相交）也。此古文『五』省。」即午同五，因而五月謂午。故言五月而說「午者忤也」。忤，即「啎」。通「午」。㉒蕤賓　五月之律。㉓安而服　此釋蕤賓。蕤，即綏。綏，安撫。賓有服從、歸順意，故言蕤賓「安而服」。㉔昧　昏昧；昏暗。《漢書・律曆志》：「昧薆（陰暗）於未。」又《釋名・釋天》：「未，昧也，日中則昃向幽昧也。」㉕林鐘　六月之律。㉖引而止之　《說文》：「綝，止也，從糸，林聲。」故林即綝，而言林鐘「引而止之」。㉗呻　吟。錢塘注云：「《釋名》云：『吟，嚴也，其聲本出於憂愁，使人聽之淒嘆也。』然則呻之者，謂陰氣賊物，物呻吟也。」㉘夷則　七月之律。㉙易其則　指陰氣毀物。《史記・律書》：「夷則者，言陰氣之賊（毀滅）萬物也。」錢塘注云：「陰氣賊物，易其則之謂也。」㉚德以去　《管子・四時》：「德始於春，長於夏；刑始於秋，流於冬。」七月為刑始之月，故言「德以（已）去」。㉛飽　《史記・律書》：「酉者，萬物之老也。」《說文》：「酉，就也，八月黍成，可為酎酒。」又《釋名・釋天》：「酉，秀也。秀者，物皆成也。」前言「老」、「就」、「秀」皆與「飽」意相近。據此，「飽」可訓為飽滿成熟之意。㉜南呂　八月之律。㉝任包大　此釋南呂。《白虎通義》：「南，任也。言陽氣尚任包大生薺、麥也。」㉞戌者滅也　《史記・律書》亦言「戌者，言萬物盡滅，故曰戌」。《說文》：「戌，滅也。九月陽氣微，萬物畢成，陽下入地也。」㉟無射　九月之律。㊱者　原文無此字，依劉文典校補。㊲入無厭　此釋無射。《漢書・律曆志》：「射，厭也，言陽氣究（極）物，而使陰氣畢剝落之，終而復始，亡厭已也。」㊳亥者閡也　《史記・律書》：「亥者，該也。言陽氣藏於下，故該也。」該，同「閡」。《說文》：「閡，外閉也。」引申則凡閉藏謂之閡。㊴應鐘　十月之律。㊵應其鐘　此釋應鐘。《史記・律書》：「應鐘者，陽氣之應，不用事也。」《白虎通義》：「應者，應也。言萬物應陽而動下藏也。」《漢書・律曆志》則云：「言陰氣應亡射，該藏萬物，而雜陽閡種也。」㊶茲　同「滋」。滋生。此釋子。《史記・律書》：「子者，滋也。滋者，萬物滋於下也。」《說文》：「子，十一月陽氣動，萬物滋。」㊷黃鐘　十一月之律。㊸鐘已黃　此釋黃鐘。鐘言陽氣鍾聚於下。《白虎通義》云：「黃，中和之氣，言陽氣於黃泉之下動養萬物也。」一說「黃鐘」之「黃」取地之色。㊹紐　繫；繫結。

此釋丑。《史記・律書》：「丑者，紐也。言陽氣在上未降，萬物厄紐未敢出。」《說文》：「十二月萬物動用事，象手之形。時加丑，亦舉手時也。」㊺大呂　十二月之律。㊻旅旅而去　猶言進旅退旅。即俱進俱退。旅，徒眾。此釋大呂。呂即膂，而膂省作旅。《漢書・律曆志》云：「呂，旅也，言陰大，旅（眾）助黃鐘宣氣而牙（同「芽」）物也。」㊼規生矩殺　實即春生秋殺。㊽衡長權藏　實即夏長冬藏。㊾繩居中央二句　繩為定直線的工具，即木工用的墨線。繩與權、衡、規、矩、準皆屬一類，漢代律曆學將權、衡、規、矩分屬四季，而以繩居中央。而「權與物鈞而生衡，衡運生規，規圜生矩，矩方生繩，繩直生準，準正則平衡而鈞權矣」（《漢書・律曆志》），而「中央者，陰陽之內，四方之中，經緯通達，乃能端直，於時為四季。土稼穡蕃息。信者誠，誠者直，故為繩也」（同上），故言「繩居中央，為四時根」。

【語　譯】天帝張設四維，用北斗星宿沿著它們旋轉，每個月移過一辰，旋轉十二月，再返回原來的所在。在正月，斗柄指向寅辰，在十一月，斗柄指向子辰。一歲運行一圈，行完以後又重新開始。斗柄指向寅辰，寅，就是萬物開始生長螾螾而動的樣子，十二律中和它應和的是太蔟律。所謂太蔟，就是聚在一起而未出來。斗柄指向卯辰，卯，就是草木盛美的樣子，十二律中與它應和的是夾鐘律。所謂夾鐘，就是植物的種子剛開始脫去外皮。斗柄指辰辰，辰，就是使萬物震動，十二律中和它應和的是姑洗律。所謂姑洗，就是去掉舊的而迎來新的。斗柄指向巳辰，巳，就是萬物生長已經定形，十二律中和它應和的是仲呂律。所謂仲呂，就是陽氣十分充足。斗柄指向午辰，午，就是陰陽忤逆相交，十二律中和它應和的是蕤賓律。所謂蕤賓，就是陰氣安撫陽氣使它服從自己。斗柄指向未辰，未，就是昏昧不明，十二律中和它應和的是林鐘律。所謂林鐘，就是陽氣逐漸避開不像從前那樣旺盛。斗柄指向申辰，申，就是萬物為陰氣所毀而呻吟，十二律中和它應和的是夷則律。所謂夷則，就是改變往日陽氣旺盛的常規，使萬物生長的「德」已經離開了。斗柄指向酉辰，酉，就是莊稼果實飽滿成熟，十二律中和它應和的是南呂律。所謂南呂，就是陽氣聽憑陰氣盛大。斗柄指向戌辰，戌，就是萬物衰敗滅亡，十二律中和它應和的是無射律。所謂無射，就是進入陽氣使物極盛而後陰氣使物滅盡這樣終而復始沒有一日能夠滿足的大循環。斗柄指向亥辰，亥，就是陽氣閉藏在地下，十二律中和它應和的是應鐘律。所謂應鐘，指陽氣鍾聚地下而萬物相應而下藏。斗柄指向子辰，子，就是萬物滋生，十二律中和它應和的是黃鐘律。所謂黃鐘，是說陽氣已聚集到地下深處的黃泉。斗柄指向丑辰，丑，就是陽氣未降臨，萬物紐結未敢出土，十二律中和它應和的是大呂律。所謂大呂，是說陰氣全都離去。所以說：代表春季的規是使萬物新生的，代表秋季的矩是使萬物衰敗的，代表夏季的衡是使萬物成長的，代表冬季的權是使萬物伏藏的，繩居於陰陽之內、四方之中，是四季的根本。

道始於一[1]，一而不生，故分而為陰陽，陰陽合和[2]而萬物生。故曰：「一生二，二生三[3]，三生萬物[4]。」天地三月而為一時[5]，故祭祀三飯以為禮[6]，喪紀[7]三踊[8]以為節，兵革三軍[9]以為制。以三參[10]物，三三如九，故黃鐘之律九寸[11]而宮音調[12]。因而九之[13]，九九八十一，故黃鐘之數[14]立焉。黃者，土德[15]之色；鐘者，氣之所種[16]也。日冬至，德氣[17]為土，土色黃，故曰黃鐘。律之數六，分為雌雄[18]，故曰十二鐘，以副[19]十二月。十二各以三成[20]，故置一而十一[21]，三之，為積分十七萬七千一百四十七，黃鐘大數[22]立焉。凡十二律，黃鐘為宮，太蔟為商，姑洗為角，林鐘為徵，南呂為羽。物以三成[23]，音以五立，三與五如八，故卵生者八竅[24]。律之初生也，寫鳳之音[25]，故音以八生[26]。

黃鐘為宮，宮者，音之君[27]也，故黃鐘位子，其數八十一，主十一月，下生林鐘。林鐘之數五十四[28]，主六月，上生太蔟。太蔟之數七十二，主正月，下生南呂。南呂之數四十八，主八月，上生姑洗。姑洗之數六十四，主三月，下生應鐘。應鐘之數四十二[29]，主十月，上生蕤賓。蕤賓之數五十七[30]，主五月，上生大呂。大呂之數七十六[31]，主十二月，下生夷則。夷則之數五十一[32]，主七月，上生夾鐘。夾鐘之數六十八[33]，主二月，下生無射。無射之數四十五[34]，主九月，上生仲呂。仲呂之數六十[35]，主四月，極不生[36]。宮生徵[37]，徵生商[38]，商生羽，羽生角，角主姑洗[39]。姑洗生應鐘，不比於正音，故為和[40]。應鐘生蕤賓，不比正音，故為繆[41]。日冬至，音比林鐘，浸以濁[42]。日夏至，音比黃鐘，浸以清[43]。以十二律應二十四時[44]之變，甲子，仲呂之徵也；丙子，夾鐘之羽也；戊子，黃鐘之宮也；庚子，無射之商也；壬子，夷則之角也[45]。

【章旨】這一章主要介紹十二律的特點及其相互之間的關係，有幾點值得注意。一是提出了「道始於一」的看法，表明作為宇宙萬物之本的「道」和宇宙形成前混沌未分、處於原初狀態的「一」是一個概念。這樣便對老子「道生一」的命題作了改造，剔除了老子「道」中超自然的成分，而具有唯物色彩。二是以黃鐘為起點，按一定規律推出各律之數和相鄰二律的關係。三是以「和」稱變宮，以「繆」稱變徵。四是列出了五音十二律和六十甲子中子日的對應情況。

【注釋】❶道始於一　不同於老子說的「道生一」。道，原文為「道曰規」，「曰規」因上章「曰：規生矩殺」而誤衍，依王念孫校刪。一，宇宙萬物形成前，無形無象、混混沌沌的狀態，即道。❷陰陽合和　指陰陽二氣在交互作用中達到一定的統一狀態。合和不是簡單的合一，是對立面的結合，相互依存、協調。一方失去另一方便不能生物。❸二生三　二，指陰陽二氣。三，指陰陽二氣交互作用所產生的和氣。❹三生萬物　調和氣產生萬物。❺一時　一季。❻三飯以為禮　古代祭祀死者，特設代死者受祭、象徵死者魂靈的人，稱為尸，禮儀規定，祭祀時尸食飯三次，每次吃三口飯。詳見《儀禮．士虞禮》。❼喪紀　喪事。❽三踊　三次捶胸頓足而哭。踊，上跳。❾兵革三軍　原文為「兵重三罕」，依王念孫校改。《五行大義》引作「兵有三令」，馬宗霍則以為當作「兵重三軍」。兵革，兵甲。指軍備。三軍，此指步、車、騎三軍。❿參　三。此有三倍意。⓫九寸　指黃鐘律管長九寸。此以周末尺度為準，一尺長約二三．〇八八六四釐米。蔡邕《月令章句》云：「黃鐘之管長九寸，孔徑三分，圍九分。」⓬調　和。⓭九之　謂以九相乘求黃鐘律管所合分數。古代律尺為九進制，即九分一寸，九寸一尺，故言「九之」。⓮黃鐘之數　即上句所言八十一。《管子．地員》：「凡將起五音，凡首，先主一而三之（即一乘以三），四開（這裡指三自乘四次）以合九九（即八十一），以是生黃鐘小素之首以成宮。」⓯土德　指土。古以五行（水、火、木、金、土）相勝順序比附朝代興衰，將水火木金土稱為五行之德。⓰種　《漢書．律曆志》：「鐘者，種也。……陽氣施種於黃泉，孳萌萬物，為六氣元也。」⓱德氣　即陽氣。⓲分氣雌雄　即分為陰律（指大呂、夾鐘、中呂、林鐘、南呂、應鐘六呂）、陽律（即黃鐘、太蔟、姑洗、蕤賓、夷則、無射六律）。《呂氏春秋．古樂》言黃帝令伶倫為律，伶倫「聽鳳皇之鳴，以別十二律。其雄鳴為六，雌鳴亦六，以比黃鐘之宮，適合」。⓳副　相配。上言「十有二鐘」即十二律鐘。前引《呂氏春秋．古樂》猶言「黃帝又命伶倫與榮將鑄十二鐘，以和五音」。賈誼《新書．六術》云：「一歲十二月，分而陰陽各六月，是以聲音之器十二鐘，鐘當一月，其六鐘陰聲，六鐘陽聲。」高誘注：「法鳳之雌雄，故律有陰陽。」⓴十二各以三成　謂元氣行於十二辰，各辰所得氣數皆因三（三倍於前辰之數）而成。《漢書．律曆志》言「太極元氣，函三為一。元氣行於十二辰，始動於子。參之於丑，得三。又參之於寅，得九。又參之於卯，得二十七。……又參之於戌，得五萬九千四十九。又參之於亥，得十七萬七千一百四十七」。詳見附表如左：

㉑置一而十一　置一謂子辰設數為一。十一謂三自乘十一次，即三的十一次方。㉒黃鐘大數　指十七萬七千一百四十七。《漢書・律曆志》亦云：「黃鐘之數，始於一而三之，三三積之，歷十二辰之數，十有七萬七千一百四十七。」㉓物以三成　見本文⑭。㉔八竅　八孔。指禽魚類動物除耳、目、鼻、口七穴外，合陰部穴八孔。㉕寫鳳之音　仿效鳳鳴聲。事見⑱。㉖音以八生　十二律相生法以黃鐘為始，隔八律以生。或從子數辰至未得八，下生林鐘。數未至寅，上生太蔟等等。詳見下頁圖上。㉗音之君　五音之主。古人以宮作為音階起點，宮的音高確定後，全部五聲音階各級音高就都確定了。㉘林鐘之數五十四　求十二律管長度，有所謂三分損益法。黃鐘律管長度已定，為九寸，合八十一分，以此數為基數三分減一（即八十一分的三分之二）即得林鐘律管長度，是謂「下生」。還有「上生」，是指所求律管長度為前一律管長度數三分增一（即相當前律管長度的三分之四）。比如下言林鐘上生太蔟，太蔟律管長即為林鐘律管長度的三分之四，得七十二。從黃鐘到蕤賓和從大呂到中呂都是下生，上生相間，唯從應鐘到蕤賓、從蕤賓到大呂接連為上生。詳見下頁圖下。㉙應鐘之數四十二　應鐘之數實為四十二又三分之二，此舉整數而言。㉚蕤賓之數五十七　實為五十六又九分之八。㉛大呂之數七十六　實為七十五又二十七分之二十三。㉜夷則之數五十一　實為五十又八十一分之五十六。㉝夾鐘之數六十八　實為六十七又二百四十三分之一百零三。㉞無射之數四十五　實為四十四又七百二十九分之六百九十二。㉟仲呂之數六十　實為五十九又二千一百八十七分之二千零三十九。各律管長度之準確數見「十二律管長度表」。

十二辰	所得之數
子	置 $1=1$
丑	$1\times3=3$
寅	$3^2=9$
卯	$3^3=27$
辰	$3^4=81$
巳	$3^5=243$
午	$3^6=729$
未	$3^7=2187$
申	$3^8=6561$
酉	$3^9=19683$
戌	$3^{10}=59049$
亥	$3^{11}=177147$

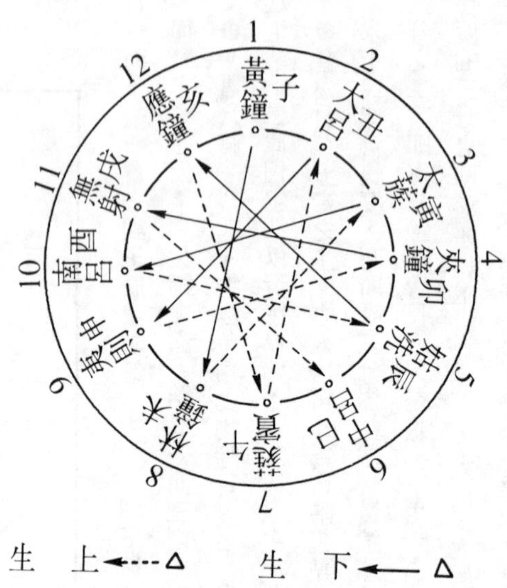
1 子 黃鐘
2 丑 大呂
3 寅 太蔟
4 卯 夾鐘
5 辰 姑洗
6 巳 中呂
7 午 蕤賓
8 未 林鐘
9 申 夷則
10 酉 南呂
11 戌 無射
12 亥 應鐘
上生
下生

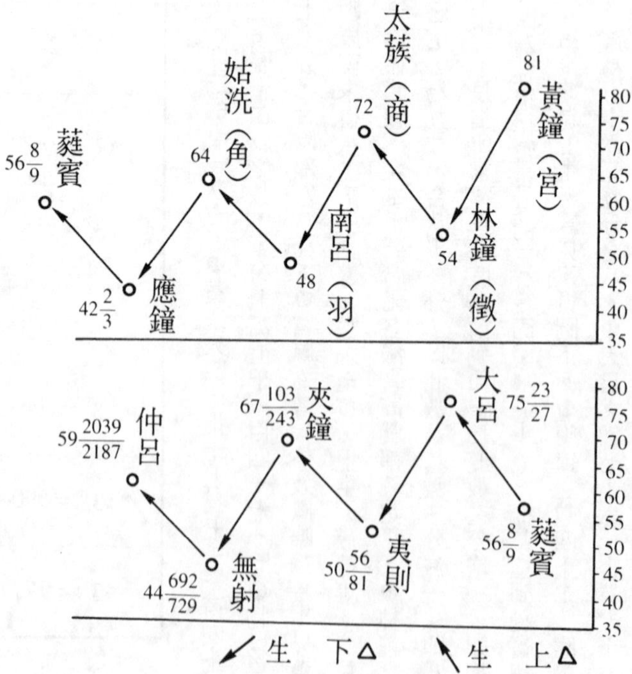
81 黃鐘（宮）
54 林鐘（徵）
72 太蔟（商）
48 南呂（羽）
64 姑洗（角）
42 2/3 應鐘
56 8/9 蕤賓
75 23/27 大呂
50 56/81 夷則
67 103/243 夾鐘
44 692/729 無射
59 2039/2187 仲呂
35 40 45 50 55 60 65 70 75 80
下生
上生

十二律管長度表

十二律	合律尺數		約合釐米數
	寸	分	
黃鐘	9	81	23.08
大呂	$8\frac{104}{243}$	$75\frac{23}{27}$	21.62
太蔟	8	72	20.52
夾鐘	$7\frac{1075}{2187}$	$67\frac{103}{243}$	19.21
姑洗	$7\frac{1}{9}$	64	18.24
仲呂	$6\frac{12974}{19683}$	$59\frac{2039}{2187}$	17.08
蕤賓	$6\frac{26}{81}$	$56\frac{8}{9}$	16.21
林鐘	6	54	15.39
夷則	$5\frac{451}{729}$	$50\frac{56}{81}$	14.41
南呂	$5\frac{1}{3}$	48	13.68
無射	$4\frac{6524}{6561}$	$44\frac{692}{729}$	12.81
應鐘	$4\frac{20}{27}$	$42\frac{2}{3}$	12.16

㊱極不生　指鐘律不復能相生。錢塘注云「極不生者，不生黃鐘全律也，黃鐘之半律則生之矣」。㊲宮生徵　即上文所言「黃鐘（宮）下生林鐘（徵）」。原文為「徵生宮」，依劉績校改。㊳徵生商　即上文所言「林鐘（徵）上生太蔟（商）」。下文「商生羽，羽生角」皆屬此類。原文「徵生商」為「宮生商」，依劉績校改。㊴角主姑洗　即姑洗為角聲。原文為「角生姑洗」，依王引之校改。㊵不比於正音二句　以黃鐘為宮，按「音以八生」原則，姑洗下生應鐘為變宮，變宮不入於正音（指宮、商、角、徵、羽五音），故稱為和。和，調和正音。原文無「不」字，依王引之校補。㊶不比正音二句　音以八生，應鐘變宮上生蕤賓為變徵，也不入於正音，故稱為繆。繆，同「穆」。與「和」意同，謂其調和正音。《左傳・昭公二十年》正義：「變宮、變徵，舊樂無之，聲或不會，而以律調和其聲，使與五音諧會。」和，為變宮律管名。繆，為變徵律管名。㊷浸以濁　十二律律長則聲濁，律短則聲清，依此，黃鐘最濁，應鐘最清。若冬至日音合林鐘，按前言二十四節氣所比之音推論，則小寒、

大寒、立春所比之音為蕤賓、仲呂、姑洗，其律管愈來愈長，故其音漸濁。浸，漸進。㊸浸以清　同上述之理，夏至音比黃鐘，則小暑、大暑、立秋音比大呂、太蔟、夾鐘，律管愈來愈短，故其音漸清。㊹二十四時　即二十四節氣。㊺甲子十句　言六十音調中與六十甲子中五個子日相配的音調名。五聲音階的五種調式，皆可用十二律定音，各得十二調，總共可得六十調。古人以十二律旋相為宮所得六十調以配六十甲子，可列表如左：

十二律	十二辰	徵	羽	宮	商	角
黃鐘	子	甲子 仲呂之徵	丙子 夾鐘之羽	戊子 黃鐘之宮	庚子 無射之商	壬子 夷則之角
大呂	丑	乙丑 蕤賓之徵	丁丑 姑洗之羽	己丑 大呂之宮	辛丑 應鐘之商	癸丑 南呂之角
太蔟	寅	丙寅 林鐘之徵	戊寅 仲呂之羽	庚寅 太蔟之宮	壬寅 黃鐘之商	甲寅 無射之角
夾鐘	卯	丁卯 夷則之徵	己卯 蕤賓之羽	辛卯 夾鐘之宮	癸卯 大呂之商	乙卯 應鐘之角
姑洗	辰	戊辰 南呂之徵	庚辰 林鐘之羽	壬辰 姑洗之宮	甲辰 太蔟之商	丙辰 黃鐘之角
仲呂	巳	己巳 無射之徵	辛巳 夷則之羽	癸巳 仲呂之宮	乙巳 夾鐘之商	丁巳 大呂之角
蕤賓	午	庚午 應鐘之徵	壬午 南呂之羽	甲午 蕤賓之宮	丙午 姑洗之商	戊午 太蔟之角
林鐘	未	辛未 黃鐘之徵	癸未 無射之羽	乙未 林鐘之宮	丁未 仲呂之商	己未 夾鐘之角
夷則	申	壬申 大呂之徵	甲申 應鐘之羽	丙申 夷則之宮	戊申 蕤賓之商	庚申 姑洗之角
南呂	酉	癸酉 太蔟之徵	乙酉 黃鐘之羽	丁酉 南呂之宮	己酉 林鐘之商	辛酉 仲呂之角
無射	戌	甲戌 夾鐘之徵	丙戌 大呂之羽	戊戌 無射之宮	庚戌 夷則之商	壬戌 蕤賓之角
應鐘	亥	乙亥 姑洗之徵	丁亥 太蔟之羽	己亥 應鐘之宮	辛亥 南呂之商	癸亥 林鐘之角

【語譯】道從混沌未分的「一」開始，「一」不能生物，所以分開而成為陰陽二氣，陰陽二氣交互作用處於相互依存、協調的統一狀態而使萬物產生。所以說：「混沌未分的一產生陰陽二氣，陰陽二氣交互作用產生合和之氣『三』，而合和之氣『三』產生萬物。」天地運行三個月為一季，所以祭祀死者時，以尸主每次吃三

口飯、共吃三次為禮儀；辦理喪事時，規定三次搥胸頓足而哭為禮節；兵甲裝備的添置總以步、車、騎三軍的需要為準則。用三作為物的基數而取它的三倍之數，三三為九，所以黃鐘律管長九寸而能使宮音和諧。一寸長九分，因而用九相乘，九九八十一，所以黃鐘的分數就確定了。黃，是土德的顏色；鐘，是陽氣施種於黃泉。當太陽行經冬至點時，使萬物始生的德氣屬於土，土的顏色是黃的，所以稱為黃鐘。律的數目是六，分為雌雄兩類，所以又稱為十二律鐘，用來和十二月相配。而十二辰所得元氣數都因三而成，所以設置子辰為一，然後依次用三和前一個數相乘，到亥辰就要用三自乘十一次，得積分十七萬七千一百四十七，黃鐘的大數就確定了。一共有十二律，當黃鐘為宮音，太蔟就為商音，姑洗就為角音，林鐘就為徵音，南呂就為羽音。萬物因為陰陽合和之氣「三」而形成，音調因為五聲音階確定而形成，三加上五為八，所以禽魚等卵生動物身上有八個孔。十二律起初產生時，是仿效鳳鳥的鳴叫聲，所以音律的產生是隔八相生。

黃鐘定為宮音，宮音是五聲音階之主，所以黃鐘位於子辰，它的長度數為八十一分，和十一月之氣相應，下生林鐘律。林鐘律管的長度數為五十四分，和六月之氣相應，上生太蔟律。太蔟律管的長度數為七十二分，和正月之氣相應，下生南呂律。南呂律管長度數為四十八分，和八月之氣相應，上生姑洗律。姑洗律管長度數為六十四分，和三月之氣相應，下生應鐘律。應鐘律管長度數為四十二分，和十月之氣相應，上生蕤賓律。蕤賓律管長度數為五十七分，和五月之氣相應，上生大呂律。大呂律管長度數為七十六分，和十二月之氣相應，下生夷則律。夷則律管長度數為五十一分，和七月之氣相應，上生夾鐘律。夾鐘律管長度數為六十八分，和二月之氣相應，下生無射律。無射律管長度數為四十五分，和九月之氣相應，上生仲呂律。仲呂律管長度數為六十分，和四月之氣相應，這樣十二律到了極盡處就不再能相生了。宮音生出徵音，徵音生出商音，商音生出羽音，羽音生出角音，角音為姑洗律所定，姑洗下生應鐘為變宮，與正音（五音）不合，所以稱它為「和」。應鐘上生蕤賓為變徵，也與正音不合，所以稱為「繆」。太陽行經冬至點時，音以林鐘相配，那麼往後所配之律的音聲便會愈來愈濁。太陽行經夏至點時，音以黃鐘相配，那麼往後所配之律的音聲便會愈來愈清。用十二律以應二十四節氣的變化，那麼甲子日，和它相應的是仲呂之徵；丙子日，和它相應的是夾鐘之羽；戊子日，和它相應的是黃鐘之宮；庚子日，和它相應的是無射之商；壬子日，和它相應的是夷則之角。

古之為度量、輕重❶，生乎天道❷。黃鐘之律脩九寸，物以三生，三三九❸，三九二十七，故幅廣❹二尺七寸，古之制也❺。有形則有聲，音以八相生，故人臂脩四尺，尋自倍，故八尺而為尋。尋者，中人之度也。音之數五，以五乘八，五八四十，故四丈而為匹，一匹而為制❻。秋分蔈定❼，蔈定而禾熟。律之數十二，故十二蔈而當一分❽，律以當辰，音以當日。日之數十❾，故十分而為寸❿，十寸而為尺，十尺而為丈。其以為量⓫，十二粟而當一分⓬，十二分而當一銖⓭，十二銖而當半兩。衡⓮有左右，因倍之，故二十四銖為一兩。天有四時，以成一歲，因而四之，四四十六，故十六兩而為一觔⓯。三月而為一時，三十日為一月，故三十觔為一鈞。四時而為一歲，故四鈞為一石。其以為音也，一律而生五音⓰，十二律而為六十音。因而六之，六六三十六，故三百六十音以當一歲之日。故律曆之數⓱，天地之道也。下生者倍，以三除之⓲；上生者四，以三除之⓳。

【章　旨】這一章說兩件事。一是度量長短所用單位即分、寸、尺、丈以及一些特殊度量單位如尋、匹等的由來，和相互間的換算原則。二是衡量輕重所用計量單位即分、銖、半兩、一兩、觔、鈞、石的由來，和相互間的換算原則。談兩者由來和相互間的換算關係，都認為它們是本於音律、曆法之數而參照人體部位長短或粟粒重量而定，並稱此為「生乎天道」，其說自然在理。

【注　釋】❶度量輕重　度量，指度量長短的標準。輕重，指衡量輕重的標準。❷天道　指自然規律。❸三三九　三三為九的省語。原文無此句，依王引之校補。❹幅廣　布帛的寬度。❺古之制也　原文無此四字，依王引之校補。漢以二尺二寸為布帛寬度，上言二尺七寸，實為古制。❻有形則有聲十二句　原文為「音以八相生，故人脩八尺，尋自倍，故八尺而為尋。有形則有聲，音之數五，以五乘八，五八四十，故四丈而為匹。匹者，中人之度也。一匹而為制」，依王引之校改。四尺，周代尺寸標準皆以人體部位長短為效法對象，而周代一尺約合現在六市寸。中人，此指中等身長者。❼蘽定　指禾穗之芒形成。蘽，古文寫作「秒」，禾穗果殼上的尖芒。❽一分　原文為「一粟」，依王引之校改。❾日之數十　指紀日用的天干數有十個。❿十分而為寸　原文無此句，依王引之校補。⓫量　此指稱輕重。⓬分　此為重量單位。相當十二粟之重。⓭銖　相當一百四十四粟之重。⓮衡　即秤。⓯觔　通「斤」。⓰一律而生五音　十二律旋相為宮音，則各律皆能生出宮、商、角、徵、羽五音。⓱律曆之數　推音律以定曆法所得之數。⓲下生者倍二句　同《史記．律書》所說「以下生者，倍其實，三其法」，是說「下生者」之數為其生者之數乘以二（二倍）再除以三，即下生者數為其生者之數的三分之二。⓳上生者四二句　同《史記．律書》所說「以上生者，四其實，三其法」，是說「上生者」之數為其生者之數乘以四（四倍）再除以三，即上生者之數為其生者之數的三分之四。

【語　譯】古代度量長短、衡量輕重的標準是按照自然規律制定的。黃鐘律管長九寸，萬物為陰陽合和之氣「三」所產生，三三為九，三九二十七，所以布帛的寬度是二尺七寸，這是古代的規定。有形體的東西就可發出聲音，音律隔八相生，所以人的胳臂長四尺，尋自為胳臂長的加倍，所以八尺而為一尋。尋，是中等個兒的長度。音階的數目有五，用五乘以八，五八四十，所以四丈而為一匹，一匹就成了量布帛長短的單位。到了秋分時，禾穗果實外殼上的芒就長成了，芒一長成，莊稼也就成熟了。音律的數目是十二，所以十二根芒接在一起的長度便相當於一分。律和辰相配，音調和日相配。紀日的天干數是十，所以十分為一寸，十寸而為一尺，十尺而為一丈。作為衡量輕重的計量單位是這樣制定的，十二粟的重量相當於一分，十二分相當一銖，十二銖相當半兩。秤有左右，因而增加一倍，所以二十四銖成為一兩。天有四季而成為一歲，因而增到四倍，四四一十六，所以十六兩而為一觔。三個月為一季，三十日為一月，所以三十觔為一鈞。四季成為一歲，所以四鈞為一石。作為音調的產生是這樣的，一律產生五個音調，十二律產生六十個音調。因而增至六倍，六六三十六，所以用三百六十個音調和一歲之日相配。因此推音律以定曆法所得之數，是符合天地自然的。律管之數是十二律相生之法，下生律管之數是產生此律的律管之數加一倍再用三相除；上生律管之數是產生此律的律管之數的四倍再用三相除。

太陰❶元始建於甲寅❷，一終而建甲戌❸，二終❹而建甲午，三終而復得甲寅之元❺。歲徙一辰，立春之後，得其辰❻而遷其所順❼，前三後五❽，百事可舉。

太陰所建，蟄蟲首穴而處，鵲巢鄉而為戶❾。太陰在寅，朱鳥❿在卯，勾陳⓫在子，玄武⓬在戌，白虎⓭在酉⓮。寅為建⓯，卯為除⓰，辰為滿，巳為平，主生；午為定，未為執，主陷；申為破，主衡⓱；酉為危，主杓⓲；戌為成，主少德⓳；亥為收，主大德⓴；子為開，主大歲㉑；丑為閉，主太陰㉒。

【章　旨】這一章一講「太陰」運行規律，其中說到：立春之後，太陰適當其辰，「前三後五，百事可舉」。二講太陰所建，蟄蟲和鵲的生活特點。三講太陰在寅時，另外幾個星宿所處方位。四講如何確定每月吉凶之建除十二辰。

【注　釋】❶太陰　指太歲。❷建於甲寅　指以甲寅為紀年之首，此為太陰紀年法。下文所言「甲戌」、「甲午」皆為紀年所用六十甲子中的名稱。所說「建甲戌」、「建甲午」，是說一終結束之後，紀年以甲戌為首，二終結束之後，紀年以甲午為首。❸一終而建甲戌　前文說過一千五百歲為一大終，一終為一大終歲數除以六十所得之餘數，即二十歲。用六十花甲順序推算，自甲寅到甲戌，恰為二十歲，故言「一終而建甲戌」。❹二終　即四十歲。自甲寅越四十歲，正當甲午。❺復得甲寅之元　謂紀年又回到用甲寅名稱。三終餘歲六十，恰合六十甲子，成一整數，紀年自當再從甲寅始。若以大終所有年數計算，則四千五百六十歲「復得甲寅之元」。❻得其辰　指太陰運行正當辰次之位。❼遷其所順　指改變了在前一辰次運行的順序。❽前三後五　指太陰進入新一辰次的前三天或後五天。❾太陰所建三句　一作「太陰所在，蟄蟲首穴處，鵲巢以鄉為戶」。鄉而為戶，當指鵲巢門戶面對著太陰所至新辰所在的方位。❿朱鳥　即朱雀。二十八宿中南方七宿（井、鬼、柳、星、張、翼、軫）的總稱。南方屬火，火色朱，又七星相聯，其形如鳥，故名朱鳥。⓫勾陳　即「鉤陳」。以其與北極最近，又稱極星，共有六星，在紫微垣內。⓬玄武　北方七宿（斗、牛、女、虛、危、室、壁）。形如龜。⓭白虎　西方七宿（奎、婁、胃、昴、畢、觜、參）的總稱。⓮在酉　句下原有「蒼龍在辰」四字，依王引之校刪。⓯寅為建　指寅月為建。建為建除十二辰（又稱建除十二神）之一，詳見下注。⓰卯為除　卯月為除。古代術數家為確定日辰吉凶，設建、除、滿、平、定、執、破、危、成、收、開、閉為十二辰，與十二地支所指方位相配以定歲月日辰，而占吉凶，稱為建除十二辰，或建除十二神。⓱主衡　掌管衡星。衡為北斗七星第五星，又稱玉衡。⓲杓　斗杓。稱為小歲。⓳少德　些許美德。⓴大德　最高的美德。㉑大歲　指咸池（星宿名）。原文為「太歲」，依王引之校改。㉒主太陰　王引之謂「太陰二字，乃下屬為句，與下文『太陰在卯』之屬相同，『主』下當別有所主之事，而今脫去」，其說甚是，但譯文仍從原文。

【語　譯】太陰紀年最初開始的一年是甲寅，經過一終（一千五百二十歲）而以甲戌為紀年之首，經過二終（三千四十歲）而以甲午為紀年之首，經過三終（四千五百六十歲）又重新回到以甲寅為紀年之首的一輪。太陰每歲遷移一辰，立春以後，便進入新的辰位，而改變了在前一辰位內運行的順序，在進入新辰位的前三天和後五天，什麼事情都可以做。

太陰所及之處，蟄蟲置身於洞穴而居，鵲巢的門戶面對著太陰所在的方向。太陰在寅辰時，朱鳥在卯辰，勾陳在子辰，玄武在戌辰，白虎在酉辰。寅月為「建」，卯月為「除」，辰月為「滿」，巳月為「平」，掌管生；午月為「定」，未月為「執」，掌管攻陷；申月為「破」，掌管衡星；酉月為「危」，掌管小歲斗杓；戌月為「成」，掌管人的些許美德；亥月為「收」，掌管人的最高美德；子月為「開」，掌管大歲咸池；丑月為「閉」，掌管太陰。

太陰在寅，歲名曰攝提格❶，其雄為歲星❷，舍❸斗、牽牛，以❹十一月❺與之晨出東方，東井❻、輿鬼❼為對。

太陰在卯，歲名曰單閼❽，歲星舍須女、虛、危，以十二月與之晨出東方，柳❾、七星❿、張⓫為對。

太陰在辰，歲名曰執除⓬，歲星舍營室、東壁⓭，以正月與之晨出東方，翼、軫為對。

太陰在巳，歲名曰大荒落⓮，歲星舍奎、婁，以二月與之晨出東方，角、亢為對。

太陰在午，歲名曰敦牂⓯，歲星舍胃、昴、畢，以三月與之晨出東方，氐、房、心為對。

太陰在未，歲名曰協洽⓰，歲星舍觜嶲、參⓱，以四月與之晨出東方，尾、箕為對。

太陰在申，歲名曰涒灘[18]，歲星舍東井、輿鬼，以五月與之晨出東方，斗、牽牛為對。

太陰在酉，歲名曰作鄂[19]，歲星舍柳、七星、張，以六月與之晨出東方，須女、虛、危為對。

太陰在戌，歲名曰閹茂[20]，歲星舍翼、軫[21]，以七月與之晨出東方，營室、東壁為對。

太陰在亥，歲名曰大淵獻[22]，歲星舍角、亢，以八月與之晨出東方，奎、婁為對。

太陰在子，歲名曰困敦[23]，歲星舍氐、房、心，以九月與之晨出東方，胃、昴、畢為對。

太陰在丑，歲名曰赤奮若[24]，歲星舍尾、箕[25]，以十月與之晨出東方，觜嶲、參為對。

太陰在甲子，刑德合東方宮[26]，常徙所不勝[27]，合四歲[28]而離，離十六歲而復合。所以離者，刑不得入中宮[29]而徙於木[30]。太陰所居，日為德[31]，辰為刑[32]。德，剛日[33]自倍因[34]，柔日徙所不勝。刑，水辰之木[35]，木辰之水[36]，金、火立其處[37]。

凡徙諸神㊳，朱鳥在太陰前一㊴，鉤陳在後三㊵，玄武在前五㊶，白虎在後六㊷，虛星乘鉤陳㊸，而天地襲㊹矣。

【章旨】這一章細說太陰在十二辰位時的不同歲名，以及歲星舍於何星之位、在何月與之晨出東方、又與何星相對。還說到二十歲刑德合離之變，和六神歲徙之法。

【注釋】❶攝提格　太歲年名。是年歲星在星紀，太陰（太歲）在析木（寅）。《史記・天官書》索隱引李巡曰：「言萬物承陽起，故曰攝提格。格，起也。」❷歲星　指木星。歲星與太陰相應而行，歲星為雄，太陰為雌。《周禮・保章氏》鄭注即云：「歲星為陽，右行於天；太歲為陰，左行於地。」❸舍　客舍。作動詞用。❹以　在；於。❺十一月　此用夏正（以建寅之月正月為歲首），不同於《史記・天官書》用周正（以建子之月十一月為歲首），夏正十一月即周正正月。❻東井　即井宿。位於參星東。❼輿鬼　星名。共有五星。《史記・天官書》：「輿鬼，鬼祠事，中白者為質。」❽單閼　太歲年名。卯年的別稱。《史記・天官書》索隱引李巡曰：「陽氣推萬物而起，故曰單閼。單，盡也。閼，止也。」❾柳　二十八宿之一。即鶉火。朱鳥第三宿，位於南方，有星八顆。❿七星　即南方朱鳥七宿中第四宿的七星。⓫張　張宿。二十八宿之一。位於西方。⓬執除　一名執徐。太歲年名，辰年的別稱。《史記・天官書》索隱引李巡曰：「伏蟄之物皆振舒而出，故曰執徐。執，蟄也；徐，舒也。」⓭東壁　玄武七宿之一，有星二顆。東壁二星相對出，與營室連成正方形，以在室東，故名。以上所言斗、牽牛、須女、虛、危以及營室、東壁諸宿，皆為二十八宿中位於北方者。⓮大荒落　太歲年名。巳年的別稱。一作「大荒駱」。《爾雅義疏》引李巡云：「言萬物皆藏茂而大出，霍然落落，故曰荒落。」⓯敦牂　太歲年名。午年的別稱。《史記・天官書》索隱引孫炎云：「敦，盛也；牂，壯也。言萬物盛壯。」⓰協洽　太歲年名。未年的別稱。《史記・天官書》索隱引李巡云：「陽氣欲化萬物，故曰協洽。協，和也；洽，合也。」⓱觜巂參　以上所言奎、婁、胃、昴、畢以及觜巂、參諸宿，皆為二十八宿中位於西方者。⓲涒灘　太歲年名。申年的別稱。舊注：「涒，大；灘，脩（乾枯）也。言萬物皆脩其精氣也。」⓳作鄂　一作「作噩」。太歲年名。酉年的別稱。一說作鄂為零落意，指萬物皆陊落。一說「作鄂皆物芒枝起之貌」（李巡說）。⓴閹茂　太歲年名。戌年的別稱。《史記・天官書》索隱引孫炎曰：「萬物皆蔽冒，故曰閹茂。閹，蔽也；茂，冒也。」㉑翼

軫　以上所言東井、輿鬼、柳、七星、張以及翼、軫諸宿，皆為二十八宿中位於南方者。㉒大淵獻　太歲年名。亥年的別稱。《爾雅義疏》引李巡云：「言萬物落於亥，大小深藏，屈近陽，故曰淵獻。淵，藏也；獻，近也。」㉓困敦　太歲年名。子年的別稱。《史記・天官書》索隱引孫炎曰：「困敦，混沌也。言萬物初萌，混沌於黃泉之下。」㉔赤奮若　太歲年名。丑年的別稱。《史記・天官書》索隱引李巡云：「言陽氣奮迅若順也。」赤，陽。奮，迅。若，順。㉕尾箕　以上所言角、亢、氐、房、心以及尾、箕諸宿，皆為二十八宿中位於東方者。㉖刑德合東方宮　十干為陽為德，十二辰為陰為刑。古將星宿所在天域分為中宮和東、西、南、北宮。東宮為蒼龍所在天域。錢塘注云：「甲子之歲，德在甲，刑在卯，子刑卯，故刑德合東方宮。」㉗常徙所不勝　謂大陰常徙入不能制服之區。㉘合四歲　指甲子、乙丑、丙寅、丁卯四歲刑德相合。錢塘注云：「（太陰）徙所不勝，則自東而西，謂乙丑之歲，德在庚，刑在戌，丑刑戌，故合西方宮，又徙所不勝，則自西而南，謂丙寅之歲，德在丙，刑在巳，寅刑巳，故合南方宮。又徙所不勝，則自南而北，謂丁卯之歲，德在壬，刑在子，卯刑子，故合北方宮。此四歲是刑德合也。」㉙中宮　為北極星所在天域。㉚徙於木　錢塘注云：「自此（指丁卯歲）而離，則戊辰之歲，德在戊，刑在辰，戊為中，辰為木，故曰刑不得入於中宮。」㉛日為德　即日干為德。上言「太陰所居」，指十干而言，干從日，故此言「日為德」。原文無「為」字，依錢塘校補。㉜辰為刑　十二辰即十二地支，地支從月，屬陰，故言辰為刑。㉝剛日　古以干支紀日，甲、丙、戊、庚、壬日為剛日，乙、丁、巳、辛、癸為柔日。一旬十日，則單日為剛日，雙日為柔日。所謂剛日亦即陽日，柔日則為陰日。舊有「外事以剛日，內事以柔日」（《禮記・曲禮》）之說。原文「剛」為「綱」，依王引之校改。㉞自倍因　自增一倍之因。錢塘注云：「申（當為甲）在東，丙在南，戊在中，庚在西，壬在北，為自倍因。乙從庚，丁從壬，己從甲，辛從丙，癸從戊，為徙所不勝。」㉟水辰之木　錢塘注云：「子、辰、申，水也，刑在卯，辰、寅為水辰之木。」㊱木辰之水　錢塘注：「卯、未、亥，木也，刑在子，丑、亥為木辰之水。」㊲金火立其處　錢塘注：「丑、己、酉，金也，刑在戌，申、酉為金，立其處。寅、午、戌，火也，刑在巳，未、午為火，立其處。」㊳諸神　指朱鳥、鉤陳、玄武、白虎，太陰以及虛星。㊴前一　謂位於太陰前一個辰位。㊵後三　謂位於太陰後三個辰位（從太陰所在辰位算起）。㊶前五　謂位於太陰前五個辰位（從太陰所在辰位算起）。㊷後六　謂位於太陰後六個辰位（從太陰所在辰位算起）。㊸虛星乘鉤陳　錢塘注：「太陰在寅，諸神分居四正方，則鉤陳在子，子為玄枵，玄枵虛中（玄枵在於虛、危之次），是謂虛星乘鉤陳。歷十二歲，而鉤陳仍存子，於是天地襲矣。」虛星，玄武七宿第四宿，有星二顆。㊹襲　調和。

附：太陰、歲星紀年表

歲名	太陰所在	歲星所在：十二辰	十二次	二十八宿	相對之星	夏曆月份
攝提格	寅	丑	星紀	斗、牛	井、鬼	十一月
單閼	卯	子	玄枵	女、虛、危	柳、星、張	十二月
執除	辰	亥	諏訾	室、壁	翼、軫	正月
大荒落	巳	戌	降婁	奎、婁	角、亢	二月
敦牂	午	酉	大梁	胃、昴、畢	氏、房、心	三月
協洽	未	申	實沉	觜、參	尾、箕	四月
涒灘	申	未	鶉首	井、鬼	斗、牛	五月
作鄂	酉	午	鶉火	柳、星、張	女、虛、危	六月
閹茂	戌	巳	鶉尾	翼、軫	室、壁	七月
大淵獻	亥	辰	壽星	角、亢	奎、婁	八月
困敦	子	卯	大火	氏、房、心	胃、昴、畢	九月
赤奮若	丑	寅	折木	尾、箕	觜、參	十月

【語　譯】太陰在寅辰範圍內運行時，歲名稱為攝提格，和它相應的雄星是歲星，歲星位於斗宿、牛宿所在之區，十一月時和它們一道於早晨出現在東方，和它們相對的星是東井、輿鬼。

太陰在卯辰範圍內運行時，歲名稱為單閼，歲星位於女宿、虛宿、危宿所在之區，十二月時和它們一道在早晨出現於東方，和它們相對的星是柳宿、七星、張宿。

太陰在辰辰範圍內運行時，歲名稱為執除，歲星位於營室、東壁所在之區，正月時和它們一道在早晨出現於東方，和它們相對的星是翼宿、軫宿。

太陰在巳辰範圍內運行時，歲名稱為大荒落，歲星位於奎宿、婁宿所在之區，二月時和它們一道在早晨出現於東方，和它們相對的星是角宿、亢宿。

太陰在午辰範圍內運行時，歲名稱為敦牂，歲星位於胃宿、昴宿、畢宿所在之區，三月時和它們一道於早晨出現在東方，和它們相對的星是氐宿、房宿、心宿。

太陰在未辰範圍內運行時，歲名稱為協洽，歲星位於觜宿、參宿所在之區，四月時和它們一道於早晨出現在東方，和它們相對的星是尾宿、箕宿。

太陰在申辰範圍內運行時，歲名稱為涒灘，歲星位於東井、輿鬼所在之區，五月時和它們一道在早晨出現於東方，和它們相對的星是斗宿、牛宿。

太陰在酉辰範圍內運行時，歲名稱為作鄂，歲星位於柳宿、七星、張宿所在之區，六月時和它們一道於早晨出現在東方，和它們相對的星是女宿、虛宿、危宿。

太陰在戌辰範圍內運行時，歲名稱為閹茂，歲星位於翼宿、軫宿所在之區，七月時和它們一道在早晨出現於東方，和它們相對的星是營室、東壁。

太陰在亥辰範圍內運行時，歲名稱為大淵獻，歲星位於角宿、亢宿所在之區，八月時和它們一道在早晨出現於東方，和它們相對的星是奎宿、婁宿。

太陰在子辰範圍內運行時，歲名稱為困敦，歲星位於氐宿、房宿、心宿所在之區，九月時和它們一道在早晨出現於東方，和它們相對的星是胃宿、昴宿、畢宿。

太陰在丑辰範圍內運行時，歲名稱為赤奮若，歲星位於尾宿、箕宿所在之區，十月時和它們一道在早晨出現於東方，和它們相對的星是觜宿、參宿。

太陰在甲子歲，使物衰敗之氣和使物生長之氣相合於東方之宮，它常遷移到不能制服的天域，相合四歲以後而分離，分離十六年以後又重新相合。造成分離的原因是，使物衰敗之氣不能進入中宮而遷移到木位。太陰所在之處，日干為「德」，辰為「刑」。「德」，是「剛日」自己倍增剛強的原因，柔日只能遷移到自己不能制服的剛日。「刑」在卯辰，那屬於水辰之木的辰、寅就要受到「刑」的影響；「刑」在子辰，那屬於木辰之水的丑、亥就要受到「刑」的影響；「刑」在戌辰，申、酉為金，立於其處，「刑」不能對它們產生影響；「刑」在巳辰，未、午為火，立於其處，「刑」不能對它們產生影響。大體太陰、朱鳥、鉤陳、玄武、白虎、虛星諸神運行時，朱鳥在太陰前一個辰位，鉤陳在太陰後三個辰位，玄武在太陰前五個辰位，白虎在太陰後六個辰位，虛星則隨同鉤陳運行，這樣天地便調和了。

凡日，甲剛乙柔❶，丙剛丁柔，以至於壬癸❷。木生於亥❸，壯於卯，死於未，三辰皆木也。火生於寅，壯於午，死於戌，三辰皆火也。土生於午，壯於戌，死於寅，三辰皆土也。金生於巳，壯於酉，死於丑，三辰皆金也。水生於申，壯於子，死於辰，三辰皆水也。故五勝❹生一❺、壯五❻、終九❼，五九四十五，故神❽四十五日而一徙。以三應五❾，故八徙而歲終❿。凡用太陰⓫，右背刑，左前德⓬。擊鉤陳之衝辰⓭，以戰必勝，以攻必剋。欲知天道，以日為主，六月當心⓮，左周而行⑮，分而為十二月，與日相當⑯，天地重襲⑰，後必無殃。

日⑱，正月建營室，二月建奎、婁，三月建胃，四月建畢，五月建東井，六月建張，七月建翼，八月建亢，九月建房，十月建尾，十一月建牽牛，十二月建虛⑲。

【章旨】這一章一說剛日、柔日之分。以十干紀日，凡單數之日為剛日，雙數之日為柔日，即甲剛乙柔，丙剛丁柔，直到壬剛癸柔。二說木、火、土、金、水五行各生於何辰、壯於何辰、死於何辰。並由此推出北極神四十五日一徙、八徙而歲終的規律。三說如何利用太陰推刑、德。四說如何以日為主，把握天的運行規律。

【注釋】❶甲剛乙柔　十干紀日，單日為剛日，雙日為柔日，故言甲日為剛日，乙日為柔日。❷以至於壬癸　此句承「丙剛丁柔」而來。是說丙剛丁柔，戊剛己柔、庚剛辛柔，以至於壬剛癸柔。原文無「壬」，依王引之校補。❸木生於亥　生於亥辰。五行生、壯、死於何辰，可列表如左：

五行／生死	生	壯	死	生死／五辰
木	亥	卯	未	木辰
火	寅	午	戌	火辰
土	午	戌	寅	土辰
金	巳	酉	丑	金辰
水	申	子	辰	水辰

❹五勝　五行相勝，相勝之序為水勝火、火勝金、金勝木、木勝土、土勝水。❺生一　指五行（木、火、土、金、水）均生於第一辰（即亥、寅、午、巳、申各辰）。❻壯五　此以十二辰左行為序，指木、火、土、金、水均壯於第五辰（即卯、午、戌、酉、子各辰）。❼終九　指木、火、土、金、水均終於第九辰（即未、戌、寅、丑、辰各辰）。❽神　北極神。即泰一、天一。❾以三應五　指以三辰和五行生、壯、死相應，字面數目相加得八。❿八徙而歲終　「神」一徙四十五日，八徙恰得三百六十天。錢塘釋「八徙」，引《靈樞・九宮八風》云：「太一常以冬至之日居葉蟄之宮四十六日，明日居天留四十六日，明日居倉門四十六日，明日居陰洛四十五日，明日居天宮四十六日，明日居元委四十六日，明日居倉果四十六日，明日居新洛四十五日，明日復居葉蟄之宮，冬至矣。」則一歲為三百六十六日。⓫用太陰　指用太陰來推測陰陽、刑德。⓬右背刑二句　日干從甲至癸為陽，十二地支從寅至丑為陰，陽為前、為左、為德，陰則為後、為右、為刑。故言「右背（後）刑，左前德」。右背刑，原文為「左前刑」，依王引之校改。左前德，原文為「右背德」，依王引之校改。⓭衝辰　在前相對之星。⓮心　心宿。東宮之星，蒼龍七宿第五宿，有星三顆。⓯左周而行　古人以為太陽向左繞地球運行。運行軌跡稱為黃道，黃道一周天又被平分為十二次，太陽行至某次即交某節氣，即行至某月。⓰與日相當　指所分十二月與太陽運行所至次位相應。⓱重襲　意謂十分和諧。⓲日　原文為「星」，依王引之校改。⓳十二月建虛　謂十二月太陽位於虛宿所在之區。以上所言太陽在各月所在星宿位置，與《呂氏春秋・十二月紀》、《禮記・月令》同，唯二月多言「婁」宿。據此，王引之言「正月當云建營室、東壁，三月當云建胃、昴，四月當云建畢、觜巂、參，五月當云建東井，興鬼，六月當云建柳、七星、張，七月當云建翼、軫，八月當云建角、亢、氐，九月當云建房、心，十月當云建尾，箕，十一月當云建斗、牽牛，十二月當云建須女、虛、危。蓋《禮記・月令》日在某星，但舉一月之首言之，而此則舉其全也」，原文或當如王氏所言。

【語　譯】用十干紀日，甲日為剛日，乙日為柔日；丙日為剛日，丁日為柔日，以此類推，直到壬日為剛日，癸日為柔日。五行中的木生於亥辰，壯於卯辰，死於未辰，三辰都屬於木。火生於寅辰，壯於午辰，死於戌辰，三辰都屬於火。土生於午辰，壯於戌辰，死於寅辰，三辰都屬於土。金生於巳辰，壯於酉辰，死於丑辰，三辰都屬於金。水生於申辰，壯於子辰，死於辰辰，三辰都屬於水。所以五行相勝，生於第一辰，壯於第五辰，終於第九辰，五九四十五，因此北極神四十五日遷移一次，用三辰和五行相對應，所以北極神八次遷移而一歲便結束了。凡用太陰觀測陰陽、推算刑德，在它右面、後面就是刑之所在，在它左面、前面就是德之所在。攻擊鉤陳對面的星辰，作戰一定會勝利，攻打一定會攻破對方。想要明白天的運行規律，要以太陽為主，太陽六月正好與心宿相對，向左周繞地球運行，分為十二月，正與太陽運行所在之位相應，天地運行十分和諧，以後一定沒有禍殃。

太陽正月處於營室之位，二月處於奎宿、婁宿之位，三月處於胃宿之位，四月處於畢宿之位，五月處於東井之位，六月處於張宿之位，七月處於翼宿之位，八月處於亢宿之位，九處於房宿之位，十月處於尾宿之位，十一月處於牽牛之位，十二月處於虛宿之位。

星分度❶：角十二，亢九，氐十五，房五，心五，尾十八，箕十一四分一❷。斗二十六，牽牛八，須女十二，虛十，危十七，營室十六，東壁九❸。奎十六，婁十二，胃十四，昴十一，畢十六，觜嶲二，參九❹。東井三十三，輿鬼四，柳十五，星七，張、翼各十八，軫十七❺。凡二十八宿也。

星部地名❻：角、亢，鄭❼；氐、房、心，宋❽；尾、箕，燕❾；斗、牽牛，越❿；須女，吳⓫；虛、危，齊⓬；營室、東壁，衛⓭；奎、婁，魯⓮；胃、昴、畢，魏⓯；觜嶲、參，趙⓰；東井、輿鬼，秦⓱；柳、七星、張，周⓲；翼、軫，楚⓳。

【章旨】這一章介紹二十八宿的度數，及其分野所在。

【注釋】❶星分度　此專指二十八星宿而言。所分度數為星宿與赤道（天球赤道）所成之夾角度數。❷箕十一四分一　言箕宿有十一又四分之一度。以上所言皆為東方星宿度數，共七十五又四分之一度。❸東壁九　以上所言皆為北方星宿度數，共九十八度。❹參九　以上所言皆為西方星宿度數，共八十度。❺軫十七　以上所言皆為南方星宿度數，共一百一十二度。二十八星宿共三百六十五又四分之一度。❻星部地名　指星宿分野的地名。春秋戰國時代，人們就將天上的星宿和地上的區域對應起來，說某星是某國的分星，某某星宿是某國的分野（或言某國是某星宿的分野）。❼鄭　鄭國。地當今河南省新鄭市一帶。❽宋　宋國。地當今河南省東部以及山東、江蘇、安徽三省之間。❾燕　燕國。地當今河北省一帶。❿越　越國。地當今浙江省一帶。⓫吳　吳國。地當今江蘇省兼及安徽省淮、泗以及浙江省北部一帶。⓬齊　齊國。地當今山東省西北一帶。⓭衛　衛國。地當今河南省淇縣一帶。⓮魯　魯國。地當今山東省南部一帶。⓯魏　魏國。地當今河南省開封市一帶。⓰趙　趙國。地當今河北省南部、山西省北部一帶。⓱秦　秦國。地當今陝西省一帶。⓲周　周國。地當今河南省洛陽市一帶。⓳楚　楚國。地當今湖北省、湖南省、江西省北部、安徽省西部一帶。附二十八宿分野表如左：

二十八宿	國
角・亢	鄭
氐・房・心	宋
尾・箕	燕
斗・牛	越
女	吳
虛・危	齊
室・壁	衛
奎・婁	魯
胃・昴・畢	魏
觜・參	趙
井・鬼	秦
柳・星・張	周
翼・軫	楚

【語譯】星宿分為不同的度數：角宿為十二度，亢宿為九度，氐宿為十五度，房宿為五度，心宿為五度，尾宿為十八度，箕宿為十一又四分之一度。斗宿為二十六度，牽牛為八度，須女為十二度，虛宿為十度，危宿為十七度，營室為十六度，東壁為九度。奎宿為十六度，婁宿為十二度，胃宿為十四度，昴宿為十一度，畢宿為十六度，觜巂為二度，參宿為九度。東井為三十三度，輿鬼為四度，柳宿為十五度，星宿為七度，張宿、翼宿各為十八度，軫宿為十七度。共有二十八個星宿。

二十八星宿分野的地名是：角宿、亢宿的分野是鄭國；氐宿、房宿、心宿的分野是宋國；尾宿、箕宿的分野是燕國；斗宿、牽牛的分野是越國；須女的分野是吳國；虛宿、危宿的分野是齊國；營室、東壁的分野是衛國；奎宿、婁宿的分野是魯國；胃宿、昴宿、畢宿的分野是魏國；觜巂、參宿的分野是趙國；東井、輿鬼的分野是秦國；柳宿、七星、張宿的分野是周國；翼宿、軫宿的分野是楚國。

歲星之所居❶，五穀豐昌❷，其對為衝❸，歲乃有殃。當居而不居❹，越而之他處，主死國亡❺。

太陰治春❻，則欲行柔惠溫涼❼。太陰治夏❽，則欲布施宣明❾。太陰治秋❿，則欲脩備繕兵⓫。太陰治冬⓬，則欲猛毅剛彊⓭。三歲而改節⓮，六歲而易常⓯，故三歲而一饑，六歲而一衰⓰，十二歲一康⓱。

【章　旨】這一章講兩件事：一是歲星按常規運行至某星宿處，某星宿之分野所在則五穀豐昌；若打破常規，行至其他星宿處，則他星分野所在會主死國亡。二是太陰治春、治夏、治秋、治冬，國家該實施何種相應的政策。

【注　釋】❶歲星之所居　實指歲星運行中經過某一星宿所在的天域。❷五穀豐昌　指上述某一星宿分野所在之國而言。豐昌，豐盛。❸衝　即衝辰。在前相對之星。此衝辰與歲星距角為一百八十度，即在一直線上。❹當居而不居　指按歲星運行常規應行經某星宿處，卻有盈縮而行經其他星宿所在天域。❺主死國亡　指歲星越過常位行經他宿，他宿分野所在之國而言。❻太陰治春　太陰治春在寅、卯、辰之歲。❼柔惠溫涼　愛撫；溫信（溫和誠實）。涼，同「諒」。信。舊注謂「木德仁，故柔涼也」。❽太陰治夏　太陰治夏在巳、午、未之歲。❾布施宣明　謂施捨財物予人而到處表明恩德。宣，遍；到處。舊注謂「火德陽，故布施宣明也」。❿太陰治秋　太陰治秋在申、酉、戌之歲。⓫脩備繕兵　謂修整兵器裝備。舊注謂「金德斷割，故脩兵也」。⑫太陰治冬　太陰治冬在亥、子、丑之歲。⑬猛毅剛彊　勇猛、果斷、剛強。舊注謂「純陰閉固，水澤冰凍，故剛強也」。⑭三歲而改節　太陰在寅、卯、辰之歲治春，三歲後就不治春而治夏了，故言「三歲而改節」。改節，改換季節，如春改為夏。⑮六歲而易常　謂太陰行六歲（如寅、卯、辰、巳、午、未之歲）後並不馬上又從原六歲首歲（寅）開始運行，而變為按新的六歲（如申、酉、戌、亥、子、丑之歲）順序運行。易常，改變常規。⑯衰　衰殺。謂年穀不登。⑰康　同「穅」。虛；荒。凶年無穀曰穅。又《春秋穀梁傳・襄公二十四年》：「五穀不升（成熟）為大饑，一穀不升謂之嗛，二穀不升謂之饑，三穀不升謂之饉，四穀不升謂之康。」

【語　譯】歲星運行到某個星宿所在的天域，那個星宿分野的國家就會五穀豐盛，和歲星相對的星稱為衝星，衝星分野所在的國家就會有禍害降臨。歲星應當行經某個星宿所在的天域而不行經那個天域，卻超越它而行經到其他天域，那其他天域的星宿分野所在的國家君主要死、國家要滅亡。

在太陰治理春季的年歲，那國家就要推行愛撫民眾、對他們溫和、誠信的政策。在太陰治理夏季的年歲，那國家就要把財物施捨給人民、到處表明君王的恩德。在太陰治理秋季的年歲，那國家就要整修兵器裝備。在太陰治理冬季的年歲，那國家就要採取勇猛、果斷、剛強的態度。經過三歲太陰治理的季節就要改變，經過六歲太陰就要改變運行的常規，所以三歲就會出現一個五穀不收的年成，六歲就會出現一個莊稼衰殺的年成，十二年就會出現一個荒年。

甲齊，乙東夷，丙楚，丁南夷，戊魏，己韓，庚秦，辛西夷，壬衛，癸越❶。子周，丑翟，寅楚，卯鄭，辰晉，巳衛，午秦，未宋，申齊，酉魯，戌趙，亥燕❷。

【章　旨】這一章講如何以日干支為占，細說十干中每一干、十二支中每一支能占哪一國家或地區的吉凶。

【注釋】❶甲齊十句　皆言十干可占（視兆以知吉凶）何國吉凶事。東夷，古代華夏族對東方少數民族的泛稱。此處指東方地區。南夷，本為古華夏族對南方少數民族的泛稱。此處指南方地區。韓，韓國。地當今河南省中部和山西省東南一帶。西夷，本為古華夏族對西方少數民族的泛稱。此處指西方地區。❷子周十二句　皆言十二支可占何國吉凶事。翟，通「狄」。古代北方少數民族，此處指北方地區。晉，晉國。地當今山西省大部和河北省西南一帶。

【語譯】從甲可占齊國的吉凶，從乙可占東夷地區的吉凶，從丙可占楚國的吉凶，從丁可占南夷地區的吉凶，從戊可占魏國的吉凶，從己可占韓國的吉凶，從庚可占秦國的吉凶，從辛可占西夷地區的吉凶，從壬可占衛國的吉凶，從癸可占越國的吉凶。從子可占周國的吉凶，從丑可占翟人地區的吉凶，從寅可占楚國的吉凶，從卯可占鄭國的吉凶，從辰可占晉國的吉凶，從巳可占衛國的吉凶，從午可占秦國的吉凶，從未可占宋國的吉凶，從申可占齊國的吉凶，從酉可占魯國的吉凶，從戌可占趙國的吉凶，從亥可占燕國的吉凶。

甲、乙、寅、卯，木也。丙、丁、巳、午，火也。戊、己、四季，土也。庚、辛、申、酉，金也。壬、癸、亥、子，水也❶。水生木，木生火，火生土，土生金，金生水❷。子生母❸曰義❹，母生子❺曰保，子母相得❻曰專，母勝子❼曰制，子勝母❽曰困。以制❾擊殺❿，勝而無報⓫。以專從事而有功。以義行理⓬，名立而不墮。以保畜養，萬物蕃昌⓭。以困舉事，破滅死亡。

北斗之神有雌雄⓮，十一月始建於子，月徙⓯一辰，雄左行⓰，雌右行⓱，五月合午謀刑⓲，十一月合子謀德⓳，雌⓴所居辰為厭㉑，厭日不可以舉百事。堪輿㉒

徐行，雄以音知雌，故為奇辰㉓。數㉔從甲子始，子母相求，所合之處為合㉕。十日㉖十二辰，周六十日，凡八合㉗，合於歲前㉘則死亡，合於歲後㉙則無殃。

【章　旨】這一章一說天干、地支如何分屬五行，和五行相生的具體情況。並由此出發審得每日干支相生的特點，指明何為義日、保日、專日、制日、困日。以及在這些日子裡，何日做何事之宜與不宜。二說北斗雌雄二神運行中，何月謀刑、何月謀德，何辰稱厭。以及六十甲子中，北斗雌雄二神所建八次相合，和合於歲前歲後孰吉孰凶。

【注　釋】❶甲乙寅卯十句　合言天干、地支分屬五行事。❷水生木五句　細言五行相生法。❸子生母　古以干支紀日，干為「母」，支為「子」。子生母，指干支中支所屬五行之物產生干所屬五行之物。即下生上。如壬申、癸酉之日，壬為水，申為金；癸為水，酉為金，而金生水，故此二日為「子生母」。❹義　義日。❺母生子　指干支中干所屬五行之物產生支所屬五行之物。即上生下。如甲午、乙巳之日，甲為木，午為火；乙為木，巳為火，而木生火，故此二日為「母生子」。❻子母相得　子母相稱。指干支同屬五行中之一物，如甲寅、丙午之日，甲為木，寅亦為木；丙為火，午亦為火，故此二日「子母相得」。❼母勝子　指干支中干所屬五行之物剋支所屬五行之物。即上剋下。如戊子、己亥之日，戊為土，子為水；己為土，亥為水，而按五行相剋法（水剋火，火剋金，金剋木，木剋土，土剋水），土剋（勝）水，故此二日為「母勝子」。❽子勝母　指干支中支所屬五行之物剋干所屬五行之物。即下剋上。如甲申、乙酉之日，甲為木，申為金；乙為木，酉為金，而五行中金剋木，故此二日為「子勝母」。❾以制　指在「制日」。❿擊殺　指攻打敵人。⓫無報　指不會遭到報復。⓬行理　猶言行治。指處理事情。⓭蕃昌　繁息（繁殖、生息）昌盛。⓮北斗之神有雌雄　北斗雄神指北斗之柄，即陽建。雌神指大陰，不是和太歲相當的太陰，即陰建。⓯徙　原文為「從」，依王念孫校改。⓰雄左行　指北斗斗柄左向運行。⓱雌右行　指太陰右向運行。⓲合午謀刑　指五月陽建在午辰，陰建亦在午辰，兩者合於午辰，五月夏至陰生，故曰謀刑。謀，圖謀。⓳合子謀德　指十一月陽建在子辰，陰建亦在子辰，兩者合於子辰，十一月冬至陽生，故曰謀德。⓴雌　原文為「太陰」，依王引之校改。㉑厭　北斗雌神所居之辰稱厭。厭，笮；排擠。《周禮·春官宗伯·占夢》鄭玄注：「天地之會，建厭所處之日辰。」云：「建謂斗柄所建，謂之陽建，故左還於天。厭謂日前一次，謂之陰建，故右還於天。」㉒堪輿　天地總名堪輿。一說「堪，天道也；輿，地道也」。㉓雄以音知雌二句　此用比喻說奇辰為雄。十二辰中奇辰為陽為雄，偶辰為陰為雌。㉔數　計數。㉕合　指陰建所對之日干，合於陽建所對之辰。㉖十日　即甲、乙、丙、丁等十干。㉗八合　詳見附表。㉘歲前　指太陰（太歲）未至之辰。㉙歲後　指太陰（太歲）已歷之辰。

合次	月份	陽建之辰	陰建之辰	陽建之辰所對之辰	陰建之辰所對之辰	陰建之辰所對之辰相近日干	八合之日
一合	十一月	子	子	子對午	子對午	午近丙	丙午
二合	二月	卯	酉	卯對酉	酉對卯	卯近乙	乙酉
三合	三月	辰	申	辰對戌	申對寅	寅近甲	甲戌
四合	四月	巳	未	巳對亥	未對丑	丑近癸	癸亥
五合	五月	午	午	午對子	午對子	子近壬	壬子
六合	八月	酉	卯	酉對卯	卯對酉	酉近辛	辛卯
七合	九月	戌	寅	戌對辰	申對庚	申近庚	庚辰
八合	十月	亥	丑	亥對巳	未對丁	未近丁	丁巳

【語　譯】甲、乙、寅、卯屬於木。丙、丁、巳、午屬於火。戊、己、和四季屬於土。庚、辛、申、酉屬於金。壬、癸、亥、子屬於水。水生木，木生火，火生土，土生金，金生水。義日的干支是支所屬的五行之物生干所屬的五行之物，保日的干支是干所屬的五行之物生支所屬的五行之物，專日的干支是兩者所屬的五行之物相稱，制日的干支是干所屬的五行之物剋支所屬的五行之物，困日的干支是支所屬的五行之物剋干所屬的五

行之物。在制日攻擊敵人，能夠獲得勝利而不會遭到報復。在專日做事情可以做出成績。在義日處理事情，容易建立名聲而不會毀名。在保日畜養生物，萬物都會繁殖得很多。在困日起事，一定會破滅死亡。

北斗之神有雌有雄。在十一月二神都指向子辰，一月遷移一辰。雄神向左運行，雌神向右運行。在五月雌雄合於午辰而共謀產生使物衰殺之氣，在十一月雌雄二神合於子辰而共謀產生使物生長之氣。雌神所在之辰稱為厭，在雌神居厭的日子裡百事都不能夠做。天地緩緩運行，雄的可以借助聲音而知道雌，所以雄為奇辰。計數從甲子開始，地支天干相配，相合之處稱為合。十干和十二辰相配，六十日為一個周期。一周期內共有八次相合，相合之處出現在太陰未至之辰，那就會帶來死亡；相合之處出現在太陰已經過的辰位，那就不會有禍殃出現。

甲戌，燕也；乙酉，齊也；丙午，越也；丁巳，楚也；庚辰，秦也；辛卯，戎也；壬子，代也；癸亥，胡也❶。戊辰，□也；戊戌，□也；己巳，□也；己亥，韓也；己酉，□也；己卯，魏也；戊午，□也；戊子，□也❷。八合❸天下也。

太陰、小歲❹、星、日、辰❺五神皆合，其日有雲氣風雨，國君當❻之。天神之貴者，莫貴於青龍❼，或曰天一，或曰太陰。太陰所居，不可背而可鄉❽。北斗所擊❾，不可與敵❿。

【章旨】這一章說三件事：一說八大會之日和八小會之日所當之地；二說太陰、小歲、星、日、辰皆合時的氣象特徵；三說太陰所居，不可背而可向；北斗所擊，不可以敵。

【注　釋】❶甲戌十六句　分言八大合所當之地。庚辰，原文為「庚申」，誤，依王念孫校改。戎，此指西方少數民族居住地區。代，代國。地當今河北省蔚縣一帶。胡，本為古華夏族對北方邊地及西域少數民族的泛稱，此指北方邊地。❷戊辰十六句　依王念孫校補。戊辰、戊戌、己巳、己亥、己酉、己卯、戊午、戊子為八小會之日。王念孫說：「堪輿家所謂小會，三月戊辰、四月己巳、九月戊戌、十月己亥也。又戊辰、戊戌及戊午、戊子下，皆當有所主之國，而今脫之。地在天下之中者，韓、魏而外，更有趙、宋、衛、中山及周，未知以何國當之也。」❸八合　猶言八會。❹小歲　斗杓（北斗中之玉衡、開揚、搖光三星）為小歲。❺辰　指北極星。❻當　承受。❼青龍　即太歲。❽不可背而可鄉　謂不可背對太歲所居之處卻能面向著它。鄉，面對著。❾北斗所擊　指北斗斗柄指向某一辰（次）。❿不可與敵　指斗柄所指辰（次）所當之國不可與他國為敵。如斗擊丑（星紀），則吳不可與他國打仗，雖勝亦有隱患。

【語　譯】甲戌，地當燕國；乙酉，地當齊國；丙午，地當越國；丁巳，地當楚國；庚辰，地當秦國；辛卯，地當戎人所居之地；壬子，地當代國；癸亥，地當胡人所居之地。戊辰，地當某地；戊戌，地當某地；己巳，地當某地；己亥，地當韓國；己酉，地當某地；己卯，地當魏國；戊午，地當某地；戊子，地當某地。這樣和天下有八次大的會合和八次小的會合。

太陰、斗杓、星、太陽和北極星五神都相會，那一天就會出現雲氣風雨，國君要承受它們。

天神中可尊貴的，沒有比青龍更尊貴的了，有的稱它為天一，有的稱它為太陰。太陰所居之處，不能夠背對著它卻可以面對著它。北斗所擊之辰所主之國，不能和別的國家為敵。

天地以❶設，分而為陰陽❷。陽生於陰，陰生於陽❸，陰陽相錯❹，四維❺乃通。或死或生，萬物乃成。蚑行喙息❻，莫貴於人。孔竅肢體，皆通於天❼。天有九重❽，人亦有九竅；天有四時以制十二月，人亦有四肢以使十二節❾；天有十二月以制三百六十日，人亦有十二肢❿以使三百六十節⓫。故舉事而不順天者，逆其生者也⓬。以日冬至數來歲正月朔日，五十日者，民食足；不滿五十日，日減一升；有餘日，日益一升。其為歲司也⓭。

【章　旨】這一章從天地形成分而為陰陽說起，講到陰陽生成萬物，而人為最貴重者。繼而以天有九重、天有四時以制十二月等來解說人生理結構的一些特點。並得出結論：舉事而不順天，就會違反人的生存規律。最後說到預測來歲民食足與不足的方法，即從冬至日數到來歲正月初一日，五十日則民食足；不滿五十日則日減一升；超過五十日則日加一升。

【注　釋】❶以　通「已」。❷分而為陰陽　本卷前文嘗言「天先成而地後定。天地之襲精為陰陽」。天地成、而分為陰陽，係天發陰、地發陽。《莊子・田子方》：「至陰肅肅，至陽赫赫；肅肅出乎天，赫赫發乎地。」本書本卷亦言「天不發其陰，則萬物不生；地不發其陽，則萬物不成」。❸陰生於陽　與上句「陽生於陰」講陰陽互轉。本書本卷嘗言「陰氣極，陽氣萌」，「陽氣極，陰氣萌」。此說尚可參看《太平經合校・守三實法》所言「夫陽極者能生陰，陰極者能生陽，此兩者相轉，比若寒盡反熱，熱盡反寒，自然之術也」。❹錯　交錯。有交合意。❺四維　指天地間東北、東南、西南、西北四角。❻跂行喙息　用腳行走、用口呼吸。泛指人和一切動物。❼皆通於天　參看《素問・生氣通天論》：「生之本，本於陰陽。天地之間，六合之內，其氣九州，九竅五藏十二節皆通於天氣。」通於天氣，是從聯繫的角度來看天地間的事物。《管子・五行》則說：「萬物有極，然後有德，故通乎陽氣，所以事天也；經緯日月，用之於民，通乎陰氣，所以事地也。」天，天氣。指陰陽二氣。《呂氏春秋・盡數》言「天生陰陽，寒暑燥溼」，但寒暑燥溼之氣係陰陽所化，「陰陽者，氣之大者也」（《莊子・則陽》），故言天氣指陰陽二氣。❽天有九重　揚雄《太玄》言「九天：一為中天，二為羨天，三為從天，四為更天，五為晬天，六為廓天，七為咸天，八為沉天，九為成天」。揚雄所言實為本書所說之「九野」，錢塘疑本書所說九重天為西人所說之九層天，即第一層宗動天，第二層恆星天，第三層填星天，第四層歲星天，第五層熒惑天，第六層日輪天，第七層太白天，第八層辰星天，第九層月輪天。此殆中國失傳而流入異域者。❾十二節　十二關節，主人十二經脈。《春秋繁露．官制象天》云：「人之身有四肢，每肢有三節，三四十二，十二節相持而形體立矣。」❿十二肢　人有四肢，一肢三節，以小肢言之則得十二肢。⓫三百六十節　《春秋繁露．人副天數》云：「天以歲終之數，成人之身，故小節三百六十，副日數也；大節十二，副月數也；內有五藏，副五行也；外有四肢，副四時也。」⓬舉事而不順二句　人有四肢、五臟、九竅、十二大節、三百六十小節，皆與天應，舉事不順於天，自然違背了人的生存規律。生，指人的生存規律。⓭以日冬至數八句　舊注謂「言從今年冬至日，數至明年正月朔日，得五十日者，民食過（應為『適』）足。不行五十日者，減一升，比為食不足也。有餘日，不翅五十日也。日益一升者，言有餘，謂年穀豐熟也。為其歲司，為此數日之歲司。司，候也」。歲司，穀熟為歲，歲司意謂觀測年成。原文此句後有圖，王引之以為圖係後人所作，文中不應有圖。錢塘嘗校正是圖，圖實為明太陰在四仲、四鉤、歲星行三宿、二宿並太歲所在圖。現將錢氏校正圖排列如左：

參觜畢昴胃婁奎
庚申水生　辛酉金壯　戌火老土壯

井東鬼輿柳星七張翼軫
丁未木老　丙午火壯土生　巳　金　生

角亢氐房心尾箕
辰　水　老　乙卯水壯　甲寅火生土老

斗牛牽女須虛危室壁
亥木生　壬子水壯　癸丑金老

說明：

一、下方「子」上「壬」字、「丑」上「癸」字，原圖無，為錢氏所加。

二、左方「卯」上「乙」字，原圖無，為錢氏所加。

三、上方「巳」字上原有「丙」字，為錢氏所刪。「午」上「丙」字為錢氏所加。

四、右方「申」上「庚」字為錢氏所加；「酉」上「辛」字原為「庚」，為錢氏所改；「戌」上原有「辛」字，為錢氏所刪。來歲，明年。朔日，陰曆每月初一為朔日。一升，原文為「一斗」，依王念孫校改。有餘日，指超過五十日。其為歲司，原文為「有其歲司」，依吳承仕校改。

【語譯】天地已經設置好了，它們就分別成為陰和陽，陽從陰中產生，陰從陽中產生，陰陽相互交錯，才能通達天地四角。有的死亡，有的生存，萬物才能形成。在所有用腳行走、用口呼吸的動物中，沒有比人貴重的。人身上的洞孔肢體，都和天所具有的陰陽二氣相通，天有九重天，人也有九個孔；天有四季以制約十二個月，人也有四肢用來驅使十二關節；天有十二個月來制約三百六十日，人也有十二肢來驅使三百六十節。所以做事而不順從自然原則，就是違反人的生存規律。從今年冬至日數到明年正月初一，如果剛好是五十天，那麼明年百姓糧食就充足；如果不滿五十天，那麼明年老百姓每天的糧食就會差一升；如果滿五十天還有多餘的日子，那麼明年老百姓每天的糧食，就會比需要量還多一升。那些天數正是觀測來歲年成好壞的依據。

攝提格之歲❶，歲早水，晚旱，稻疾，蠶不登❷，菽麥昌，民食四升。寅❸。在甲曰閼逢❹。

單閼之歲，歲和，稻、菽、麥、蠶昌，民食五升。卯。在乙曰旃蒙❺。

執徐之歲，歲早旱、晚水，小饑，蠶閉❻，麥熟，民食三升。辰。在丙曰柔兆❼。

大荒落之歲，歲有小兵❽，蠶小登，麥昌，菽疾，民食二升。巳。在丁曰強圉❾。

敦牂之歲，歲大旱，蠶登，稻疾，菽、麥昌，禾不為❿，民食二升。午。在戊曰著雝⓫。

協洽之歲，歲有小兵，蠶登，稻昌，菽、麥不為，民食三升。未。在己曰屠維⑫。

涒灘之歲，歲和，小雨行，蠶登，菽、麥昌，民食三升。申。在庚曰上章⑬。

作鄂之歲，歲有大兵⑭，民疾，蠶不登，菽、麥不為，禾蟲，民食五升。酉。在辛曰重光⑮。

掩茂之歲，歲小饑，有兵，蠶不登，麥不為，菽昌，民食七升。戌。在壬曰玄黓⑯。

大淵獻之歲，歲有大兵，大饑，蠶開⑰，菽、麥不為，禾蟲，民食三升。亥⑱。在癸曰昭陽⑲。

困敦之歲，歲大霧起，大水出，蠶登，稻疾，菽、麥昌⑳，民食三升㉑。

赤奮若之歲，歲有小兵，早水，蠶不出㉒，稻疾，菽不為，麥昌，民食一升。

【章旨】這一章以十二太歲年為序，詳述每一歲的氣候特徵、有無水旱兵災，以及百姓一日有食幾升。還介紹了太陰居十干之位所得歲陽十名。

【注釋】❶攝提格之歲　即太陰（太歲）在寅之歲。❷蠶不登　指蠶繭歉收。登，成。❸寅　指太陰在寅。❹在甲曰閼蓬　謂太陰位於天干中甲位稱為閼蓬。漢代曆家取閼蓬、旃蒙等十名稱和天干甲乙等對應，依次和十二太歲年名相配，成六十歲名，用以紀年。以後因為用它們紀年不能準確反映天象的實際情況，才改用六十甲子紀年。閼蓬實可作為甲的代稱。舊注謂「在甲」「言萬物鋒芒欲出，擁遏未通，故曰閼蓬也」。❺在乙曰旃蒙　舊注謂「在乙，言萬物遏蒙甲而出，故曰旃蒙也」。❻蠶閉　指蠶繭封閉。❼在丙曰柔兆　舊注謂「在丙，言萬物皆在枝布葉，故曰柔兆也」。❽小兵　小型戰爭。❾在丁曰強圉　舊注謂「在丁，言萬物剛盛，故曰強圉也」。❿禾不為　指（小米）不能成熟。⓫在戊曰著雝　舊注謂「在戊，言位在中央，萬物繁養四方，故曰著雝也」。⓬在己曰屠維　舊注謂「在己，言萬物各成其性，故曰屠維。屠，別。維，離也」。⓭在庚曰上章　舊注謂「在庚，言陰氣上升，萬物畢生，故曰上章也」。⓮大兵　大型戰爭。⓯在辛曰重光　舊注謂「在辛，言萬物就成熟，其光煌煌，故曰重光也」。⓰在壬曰玄黓　舊注謂「在壬，言歲終包任萬物，故曰玄黓也」。⓱蠶開　指蠶繭張開口子，不能閉合。⓲亥　原文為「子」，且位於「困敦之歲」段後，依錢塘校改，且移於此。⓳在癸曰昭陽　原文中此句在「困敦之歲」段最後，依錢塘校移於此。舊注謂「在癸，言陽氣始萌，萬物含生，故曰昭陽」。⓴蠶登稻疾菽麥昌　原文為「蠶稻麥昌」，依王念孫校改。㉑三升　原文為「三斗」，依王念孫校改。一升為二萬四千黍。二千四百黍為一兩，則一升為十兩（十六兩為一斤）。㉒蠶不出　指蠶卵不能孵出小蠶來。

附：歲陽十名與十干對應表

歲陽	閼蓬	旃蒙	柔兆	強圉	著雝	屠維	上章	重光	玄黓	昭陽
十干	甲	乙	丙	丁	戊	己	庚	辛	壬	癸

【語　譯】在攝提格之歲，這一年很早就多雨水，下半年會有旱災。稻子會出現病情，蠶不會成熟，豆子和麥子會長得很茂盛。老百姓每天有四升的糧食可吃。這一年太陰在寅。太陰處於甲位稱為閼蓬。

在單閼之歲，這一年氣候溫和。稻子、豆子、麥子、蠶都會長得很好。老百姓每天有五升的糧食可吃。這一年太陰在卯。太陰處於乙位時稱為旃蒙。

在執徐之歲，這一年很早就會有旱災，下半年又會有水災，會出現小的饑荒。蠶繭封閉，麥子成熟，老百姓每天有三升的糧食可吃。這一年太陰在辰。太陰處於丙位時稱為柔兆。

在大荒落之歲，這一年有小的戰爭。蠶繭會有小的收成，麥子長得茂盛，但豆子會出現病情，老百姓每天有二升的糧食可吃。這一年太陰在巳。太陰處於丁位時稱為強圉。

在敦牂之歲，這一年有大旱災。蠶繭會有收成，稻子會出現病情，豆子、麥子會長得很茂盛，小米則種不成功，老百姓每天有二升的糧食可吃。這一年太陰在午。太陰處於戊位時稱為著雝。

在協洽之歲，這一年會出現小的戰爭。蠶繭會有收成，稻子長得茂盛，豆子、麥子種不成功，老百姓每天有三升的糧食可吃。這一年太陰在未。太陰處於己位時稱為屠維。

在涒灘之歲，這一年氣候溫和，會落一些小雨。蠶繭會有收成，豆子、麥子會長得很茂盛，老百姓每天有三升的糧食可吃。這一年太陰在申。太陰處於庚位時稱為上章。

在作鄂之歲，這一年會有大規模的戰爭，民間會有疾病流行。蠶繭會歉收，豆子、麥子種不成功，小米會出現蟲災，老百姓每天有五升的糧食可吃。這一年太陰在酉。太陰處於辛位時稱為重光。

在掩茂之歲，這一年會出現小的饑荒，有戰爭出現。蠶繭歉收，麥子種不成功，豆子長得茂盛，老百姓每日有七升的糧食。這一年太陰在戌。太陰處於壬位稱為玄黓。

在大淵獻之歲，這一年會有大規模的戰爭，會出現大的饑荒。蠶繭開口而不能閉合，豆子、麥子種不成功，小米會出現蟲災，老百姓每日有三升的糧食可吃。這一年太陰在亥。太陰處於癸位時稱為昭陽。

在困敦之歲，這一年會起大霧，要發大水。蠶繭會有收成，稻子會出現病情，豆子、麥子長得茂盛，老百姓每日有三升的糧食可吃。

在赤奮若之歲，這一年會出現小的戰爭。雨水來得很早。蠶卵孵不出小蠶，稻子會出現病情，豆子種不成功，麥子長得茂盛，老百姓每日有一升的糧食可吃。

正朝夕❶，先樹一表❷東方，操❸一表卻去❹前表十步，以參❺望日始出北廉❻。日直入❼，又樹一表於東方，因西方之表以參望，日方入北廉，則定東方。兩表之中❽，與西方之表，則東、西之正❾也。日冬至，日出東南維，入西南維。至春、秋分，日出東中❿，入西中⓫。夏至，出東北維，入西北維，至則正南。

【章旨】這一章介紹如何在日出、日入時立「朝夕（測日影的表）」以確定東西方位的方法。

【注釋】❶正朝夕　意謂正確設置朝夕。朝夕是古人用來觀測日影以定東西的表。❷表　此指測日影以定東西方位的標竿。❸操　拿著。❹卻去　退離。錢塘注云卻去前表所立之表「在東方表西」。❺參　配合。❻北廉　北側。錢塘注云：「日出東表北廉，則景入西表南廉。」❼日直入　指太陽西沉。❽兩表之中　指東方所立二表連線的中點。❾東西之正　即正東、正西。錢塘注云：「東表、西表近北，東南表近南，兩表之中，直西表之南，為正東西。」此說可參看《周髀算經》所云：「以日始出立表而識其晷，日入復識其晷，晷之兩端相直者，正東、西也。中折之指表者，正南、北也。」❿東中　東方正中。⓫西中　西方正中。

【語譯】正確設置朝夕以定東、西方位的辦法是這樣的：先在東方豎一根標竿，然後拿著另一根標竿退離十步，豎立第二根標竿，用來配合觀察太陽從東方標竿北側出來的情形。太陽直往西沉時，又在東方豎立一根標竿，借助西方標竿來配合觀察，當夕陽光線射入西方標竿北側時，就可確定東方在哪裡了。東方兩根標竿連線的中點就是正東，西方標竿日影之端就是正西。冬至的時候，太陽從東南角出來，而落入西南角。到了春分、秋分時節，太陽從東方正中出來，而落入西方正中處。到了夏至的時候，太陽便從東北角出來，而落入西北角，太陽經過夏至點時則在正南。

欲知東西、南北廣袤❶之數者，立四表以為方一里歫❷，先春分、若❸秋分十餘日，從歫北表參望日始出及旦，以候相應❹，相應則此與日直❺也。輒以南表參望之，以入前表數為法❻，除舉廣❼，除立表袤❽，以知從此東西之數也。假使視日出，入前表中一寸，是寸得一里也。一里積萬八千寸❾，得從此東萬八千里。視日方入，入前表半寸，則半寸得一里。半寸而除一里積寸，得三萬六千里❿，則從此西里數也。并之⓫，東西里數也，則極徑⓬也。未春分而直⓭，已秋分而不直，此處南也。未秋分而直，已春分而不直，此處北也。分至而直，此處南北中也。從中處欲知中南也，未秋分而不直，此處南北中也。從中處欲知南北極遠近，從西南表參望日，日夏至始出與北表參，則是東與東北表等也。正東萬八千里，則從中北⓮亦萬八千里也。倍之，南北之里數也。其不從中之數⓯也，以出入前表之數益損⓰之，表入一寸，寸減⓱近一里，表出一寸，寸益遠一里。

【章　旨】這一章介紹如何測量東極與西極之間的距離和南極與北極之間的距離。

【注　釋】❶廣袤　東西為廣，南北為袤。❷方一里歫　指四方均為一里的矩形（此處為正方形）。歫，同「矩」。❸若　或。❹相應　相對應。此處指太陽與北方二表成一直線。❺與日直　即與日成一直線。❻以入前表數為法　謂從西南表望日成一直線，線與矩形東邊線交，交點與東南表成一距離數，即以此數為計算依據。❼除舉廣　錢塘注云：「除舉廣，謂以小勾除小股，知有幾倍也。」❽除立表袤　錢塘注云：「除立表袤，亦謂以小勾除大勾，知有幾倍也。」❾一里積萬八千寸　三百步為一里，六十寸為一步，故一里積一萬八千寸。❿三萬六千里　一里積寸一萬八千，合半寸則有三萬六千，半寸為一里，故得三萬六千里。下句句首原有「除」字，為衍文，刪。⓫并之　即合併起來。⓬極徑　此處指東西二極間的直徑距離。⓭直　錢塘注云：「直，謂表與口直。」實指陽光下表影與表合為一線。⓮從中北　指從地中央到北方。⓯不從中之數　謂不按地處中央所得之數計算。錢塘注云：「此為處南、北者言之。」⓰益損　增減。⓱寸減　原文下有「日」字，為衍文，刪。

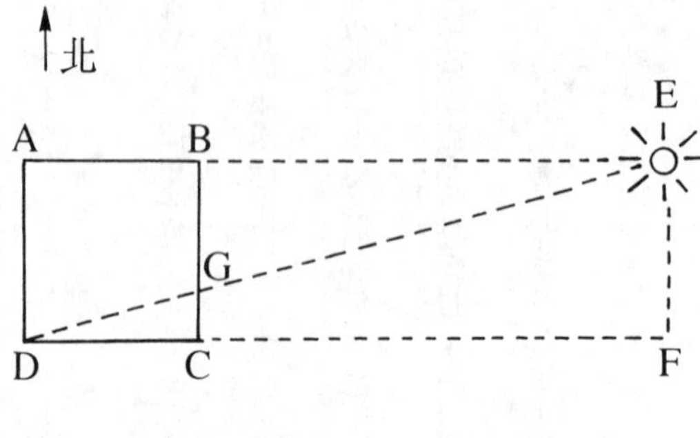

測量東極、西極距離示意圖

說明：

一、A為北後表，B為北前表。E為太陽。

二、C為南前表，D為南後表。G為從南後表D望日所得連線與矩形東邊之相交點。GC即為文中所說「入前表數」所指距離。

三、如圖△DCG與△DFE為兩相似的直角三角形，因此，$\frac{DF}{DC}=\frac{EF}{GC}$，$DF=\frac{DC\times EF}{GC}$ 而DC、EF，均為一里，GC設為一寸即萬八千分之一里，將數代入，所得DF數即為觀測點至東極之距離。求至西極距離方法亦與上同。

說明：

一、A、B、C、D為四表，AB、BC、CD、DA連線成一正方形。

二、測量南、北極之間的距離是在測得觀測點與東極距離基礎上進行的。

三、在夏至日從D表望日所得連線和B表的關係有三種可能。一如圖㈠所示，DE連線位於B表北，若BH為一寸，那觀測點距北極就比距東極遠一里。二如圖㈡所示，DE連線恰從B表穿過，那觀測點距北極就與距東極距離相當。觀測點正為地之中心所在。三如圖㈢所示，DE位於B表南，若BM為一寸，那觀測點距北極就比觀測點距東極近一里。

測量南、北極距離示意圖

【語譯】要知道東西、南北寬、長的數字，可以豎立四根標竿形成每一方均為一里的矩形，在春分或秋分前十多天，從矩形北面的標竿處遠望太陽，從太陽開始出來一直望到天明，用來等候相應的時候，相應的時候到了，那北面的標竿就和太陽在一條直線上。這時就用南方的標竿來配合望日，把觀測點與太陽間的連線和矩形東邊的相交點距離南方前一標竿的長度，作為計算的依據。用小勾除小股，用小勾除大勾，這樣來知道從觀測點到東極、西極的長度。假使看太陽出來，所得連線與矩形東邊相交點距前一標竿一寸，這一寸相當於一里，而小股長一里合萬八千寸，這樣從觀測點到東極就有一萬八千里。看到太陽正在落山，所得連線與

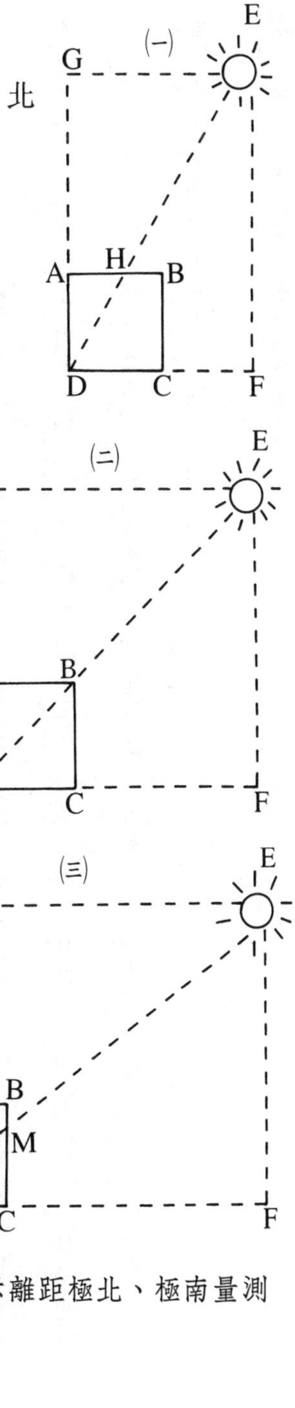

前二標竿連線的相交點距前一標竿半寸，那半寸就相當於一里。用半寸除一里，就積有三萬六千寸，就得三萬六千里，那這就是從這個觀測點到西極的里數。把兩個數字合併起來，就是東西兩極相距的里數，也就是東西兩極的直徑距離。沒有到春分時節，而標竿的影子和標竿相重，已過了秋分時節而標竿的影子不與標竿相重，這是太陽位於南面的緣故。沒有到秋分時節而標竿的影子和標竿相重，已經過了春分時節而標竿的影子不與標竿相重，這是太陽位於北面的緣故。春分、秋分正到時，標竿的影子恰與標竿相重，這時太陽正位於南北之中。從太陽所在南北之中的地方而要知道中部以南的位置，沒有到秋分時節而標竿的影子不會和標竿相重，這時太陽也處於南北方的正中點。從南北方的正中點要知道南極、北極的遠近，可從西南方的標竿處配合觀察太陽。夏至時太陽才和北方的標竿配合一致，那樣從觀測點到北極的距離就和從東極到東北方標竿的距離相等。正東離東北方標竿的距離是一萬八千里，那麼從中點到北極也是一萬八千里。在這個數上加一倍，就是南北相距的里數。如果不按地處中央所得數字計算，就按觀測點與太陽的連線同矩形一邊的交叉點，和前一標竿的距離來增加或減少。如果觀測點與太陽連線位於前一標竿北而距離為一寸，一寸就減去一里；如果位於前一標竿南而距離為一寸，一寸就增加一里。

欲知天之高，樹表高一丈。正南、北相去千里，同日度其陰[1]，北表二尺[2]，南表[3]尺九寸，是南千里陰短寸[4]，南二萬里則無景，是直日下[5]也。陰二尺而得高一丈者，南一而高五[6]也，則置從此南至日下里數，因而五之[7]，為十萬里，則天高也。若使景與表等[8]，則高與遠等也。

【章　旨】這一章介紹測量天高的方法。

【注　釋】❶同日度其陰　謂在同一天觀測南、北二標竿在地的陰影。❷二尺　原文為「一尺」，依錢塘校改。❸南表　原文為「南北」，依錢塘校改。❹南千里陰短寸　謂南方標竿距離北方標竿千里，而影短一寸。即影與實際距離之比為一寸比一千里。❺直日下　千里影短一寸，南去二萬里則二尺影盡，到了太陽正下方。❻南一而高五　前言北方標竿高一丈，而影為二尺，以影長除竿高便得到「南一而高五」。❼五之　指用二萬里乘以五。❽景與表等　指竿影與竿長相等，若竿長一丈，影亦長一丈，此時觀測點距日下地面就與天高之數相等。

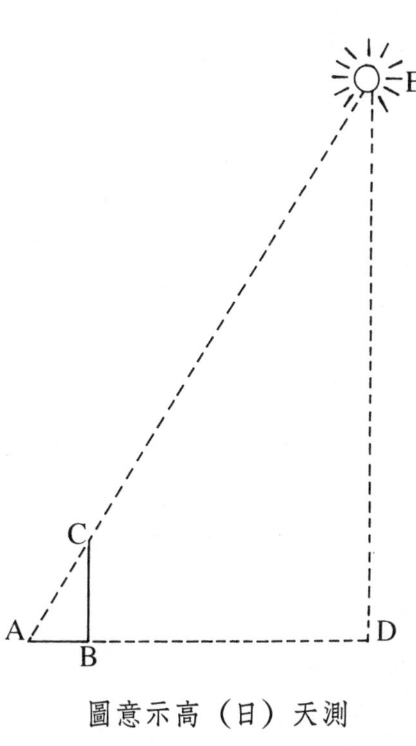

測天（日）高示意圖

說明：

E為日，BC為北表，高一丈，AB為其影長二尺。設一表自A點沿AD方向移動為南表（亦高一丈），移動一千里，則影為一尺九寸，移二萬里則至日下與DE線合，其影盡失。如圖所示，△ABC與△ADE為兩相似的直角三角形，故小股與小勾之比和大股與大勾之比相等。即$\frac{BC}{AB}=\frac{DE}{AD}$。而小股與小勾之比為十比二即五，而AD為二萬里，那DE（即天高）則為二萬里乘以五，合十萬里。按上式計算，若影與表長相等，即$\frac{BC}{AB}$為一，那天高DE自與影長AD相等。

【語　譯】要想知道天有多高，可以豎立每根高一丈的標竿。正南、正北相離一千里，同一天測量它們在地上的影子。北面的標竿影長二尺，南面的標竿影長一尺九寸，這樣往南一千里，影子就短一寸，南移二萬里就沒有影子了，這時南方的標竿正處於太陽之下。既然北方標竿影長二尺而竿高得一丈，南方標竿影長與竿長之比也是一比五，那麼將從放置北方標竿處至太陽正下方的里數乘以五，為十萬里，這就是天的高度。如果使影長和竿長相等，那麼天的高度就和北方置竿處與太陽正下方的距離相等。

卷四

墬形

【題解】《墬形》是繼《禹貢》、《山海經》之後，在漢代出現得最早的專題性古代地理學文獻。高誘說本篇「紀東西南北山川藪澤，地之所載，萬物形兆所化育也，故曰『地形』，因以題篇」。文中所言，有許多內容可以歸入現代自然地理學、人文地理學（包括經濟地理學）的範疇，但也有不少地理概念取自《山海經》、《呂氏春秋》和戰國時代一些人的想像之詞，因而在地理描述中，往往帶有較濃的神話色彩和虛誕性。

墬❶之所載，六合❷之間，四極之內❸，照之以日月，經❹之以星辰，紀❺之以四時，要❻之以太歲。

天地之間九州❼八柱❽。土有九山，山有九塞❾，澤❿有九藪⓫，風有八等⓬，水有六品⓭。

何謂九州？東南神州曰農土⓮，正南次州曰沃土⓯，西南戎州曰滔土⓰，正西弇州曰并土⑰，正中冀州曰中土⑱，西北臺州曰肥土，正北泲州曰成土，東北薄州曰隱土⑲，正東陽州曰申土⑳。

何謂九山？會稽㉑、泰山㉒、王屋㉓、首山㉔、太華㉕、岐山㉖、太行㉗、羊腸㉘、孟門㉙。

何謂九塞？曰：太汾㉚、澠阨㉛、荊阮㉜、方城㉝、殽阪㉞、井陘㉟、令疵㊱、句注㊲、居庸㊳。

何謂九藪？曰：越之具區㊴、楚之雲夢㊵、秦之陽紆㊶、晉之大陸㊷、鄭之圃田㊸、宋之孟諸㊹、齊之海隅㊺、趙之鉅鹿㊻、燕之昭余㊼。

何謂八風？東北曰炎風㊽，東方曰條風㊾，東南曰景風㊿，南方曰巨風(51)，西南曰涼風(52)，西方曰飂風(53)，西北曰麗風(54)，北方曰寒風(55)。

何謂六水？曰：河水(56)、赤水(57)、遼水(58)、黑水(59)、江水(60)、淮水(61)。

【章　旨】這一章介紹地上有哪九州、九山、九塞、九藪、八風和六水。

【注　釋】❶墬　古「地」字。原文下有「形」字，因篇名而衍，刪之。❷六合　天、地與東、南、西、北四方為六合。❸四極之內　舊注謂「四極，四方之極。無復有外，故謂之內也」。❹經　經歷；經過。❺紀　清理出頭緒。❻要　舊注謂「正也。以太歲所在正天時也」。❼九州　此處所言非《書．禹貢》所言之冀、豫、雍、揚、兗、徐、梁、青、荊九州，乃鄒衍所言之大九州。鄒衍說中國不過居天下八十一分之一。中國名曰赤縣神州，赤縣神州內自有九州，即禹之所序九州。中國外如赤縣神州者九，每州之外有裨海環繞，九州之外有大瀛海環繞。❽八柱　原文為「八極」，依王念孫校改。八柱為八根撐天大柱。一說八山為柱。❾塞　險阻之處。❿澤　聚水窪地。⓫藪　水少而草木茂盛的湖澤。⓬八等　猶言八類。⓭六品　猶言六種。⓮農土　舊注謂「東南辰為農祥，右稷之所經緯也，故曰農土」。⓯沃土　舊注謂「沃，盛也。五月建午，稼穡盛張（長），故曰沃土也」。⓰滔土　舊注謂「滔，大也。七月建申，五穀（萬物）成（壯）大，故曰滔土也」。⓱并土　舊注謂「并，猶成也。八月建酉，百穀成熟，故曰并土也」。⓲中土　舊注謂「冀，大也。四方之主，故曰中土也」。⓳隱土　舊注謂「薄，猶平也。氣所隱藏，故曰隱土也」。⓴申土　舊注謂「申，復也。陰氣盡於北，陽氣復起東北，故曰申土」。㉑會稽　山名。原名茅山，為禹所改。相傳禹會諸侯江南計功，故名。山在今浙江省紹興縣東南。㉒泰山　在今山東省泰安縣北。稱為東嶽。㉓王屋　山名。一名天壇山，其山三重，形狀如屋，故名。山在今山西省垣曲縣和河南省濟源縣間，濟水發源於此。㉔首山　又名雷首山、首陽山。在今山西省永濟縣南，相傳伯夷、叔齊隱居山中。㉕太華　山名。即華山，因其西有少華山，故名。山在今陝西省華陰縣南，為五嶽中之西嶽。㉖岐山　其狀如柱，故又稱天柱山。相傳周初有鳳鳴叫於此，故又稱鳳凰堆。山在今陝西省岐山縣城東北。㉗太行　山名。又名五行山、王母山、女媧山。在今山西省高原和河北省平原間，北起拒馬河谷，南至晉、豫邊境黃河南岸。㉘羊腸　山名。在今山西省太原市西北。山形盤紆屈辟，狀如羊腸。㉙孟門　山名。綿亙黃河兩岸而位於龍門之北，故稱龍門上口。又名石槽、壺口山。在今陝西省宜川縣東北、陝西省吉縣西。㉚太汾　舊注謂「太汾在晉」。㉛澠阨　位於今河南省澠池縣附近。㉜荊阮　古要塞名。在楚地，位於今地何處，不詳。㉝方城　在今河南省方城縣東北，跨葉縣。地有山，楚置城山上以為要隘。其山連接南陽市、唐縣、葉縣近百里，有長城之稱。㉞殽阪　舊注謂「弘農澠池殽嶔崟是也」。位於今河南省澠池縣附近。㉟井陘　井陘口。又名土門口，在今河北省井陘縣西北。井陘為太行山支脈，山有八陘，井陘第五，周圍高，中央低，似井，故名。㊱令疵　一名令支、離枝。在今河北省遷安縣一帶。㊲句注　山名。即雁門山，以山形句轉、水勢注流得名，又稱陘嶺，在今山西省代縣西北。㊳居庸　山名。又名軍都山，為太行八陘最北陘，在今河北省昌平縣西北。㊴具區　即太湖。位於吳、越之間，古又稱震澤，跨今常州、蘇州、湖州、嘉興一帶。㊵雲夢　古雲夢澤說法不一。舊注謂此雲夢「在南郡華容（今湖北省監利縣、石首縣一帶）」。㊶陽紆　舊注謂「陽紆蓋在馮翊池陽，一名具圃」。《呂氏春秋》作「陽華」，又有稱楊紆、楊陓者。故址亦說法不一，或謂在今陝西省隴縣，或謂在今華陰縣西，或謂在涇陽縣，或謂在今河北省，俞樾以為華陰之說為是。㊷大陸　即被廬、圃陸。位於今河北省鉅鹿縣、隆平縣一帶。㊸圃田　在今河南省中牟縣。㊹孟諸　舊注謂「孟諸在今梁園（國），睢陽東北澤是也」。睢陽為春秋宋地，漢屬梁國，在今河南省商丘縣南。㊺海隅　又稱少海、海上。為一大藪澤。位於琅邪山（今山東省諸城縣東南海邊）周圍的古代沼澤地帶。㊻鉅鹿　舊注謂「今鉅鹿黃阿澤是也」。黃阿澤，即廣阿澤。在今河北省。㊼昭余　一名大昭。舊注謂「今太原郡是，古者屬燕也」。昭余澤在今山西省介休縣。㊽炎風　舊注謂「艮氣所生，一曰融風也」。㊾條風　舊注謂「震氣所生也，一曰明庶風」。《呂氏春秋》作「滔風」。㊿景風　舊注謂「巽氣所生也，一曰清明風」。《呂氏春秋》作「熏風」。(51)巨風　舊注謂「離氣所生也，一曰愷風」。愷風，一作「凱風」。(52)涼風　舊注謂「坤氣所生也」。《呂氏春秋》作「淒風」。(53)飂風　舊注謂「兌氣所生也（一曰閶闔風）」。(54)麗風　舊注謂「乾氣所生也，一曰不周（原文為『閶闔』，依楊樹達校改）風」。《呂氏春秋》作「厲風」。(55)寒風　舊注謂「坎氣所生也，一曰廣莫風」。(56)河水　指黃河。黃河發源於青海省巴顏喀拉山脈各姿各雅山麓。因水多泥沙而色黃得名。(57)赤水　今陝西、雲南、貴州、四川等地均有赤水，但舊注謂此赤水「出其（崑崙山）東南陬」。學者多以為此赤水為神話中水名。(58)遼水　即遼河。河有東西二源，東遼河源出吉林省東遼縣薩哈嶺；西遼河源出內蒙克什克騰旗西南白岔山，兩河交匯於遼寧省昌圖縣稱遼河，然後西南流至盤山灣入海。(59)黑水　眾說不一，舊注謂「黑水在雝州」。雝州即雍州，古雍州地當今陝西、甘肅及青海省額濟納一帶，所指黑水當為甘肅省內的黑河。黑河又名甘州河、張掖河，源於祁連山麓。(60)江水　指長江。舊注謂「江水出岷山，在蜀西徼外」。長江實際上發源於青海省西南邊境唐古拉山脈各拉丹東雪山。(61)淮水　源於桐柏山（位於今河南省桐柏縣西）南。

【語譯】大地所負載的一切，包括天地四方之間和四方極遠處之內所有的一切，太陽和月亮在上空照耀著它們，星辰從它們上空經過，用春夏秋冬四季來理出它們的規律，用太歲來正天時。

天地之間有九州、八柱。土地上有九座山，山當中有九處險阻之地，還有九大湖澤、八種風和六類河水。

什麼是九州呢？東南神州叫做農土，正南次州叫做沃土，西南戎州叫做滔土，正西弇州叫做并土，正中冀州叫做中土，西北臺州叫做肥土，正北泲州叫做成土，東北薄州叫做隱土，正東陽州叫做申土。

什麼是九山呢？就是會稽山、泰山、王屋山、首陽山、太華山、岐山、太行山、羊腸山和孟門山。

什麼是九塞呢？說的是太汾、澠阨、荊阮、方城、殽阪、井陘、令疵、句注和居庸。

什麼是九藪呢？說的是越地的具區澤，楚地的雲夢澤，秦地的陽紆澤，晉地的大陸澤，鄭地的圃田澤，宋地的孟諸澤，齊地的海隅澤，趙地的鉅鹿澤，和燕地的昭余澤。

什麼是八風呢？來自東北方的稱做炎風，來自東方的稱做條風，來自東南方的稱做景風，來自南方的稱做巨風，來自西南方的稱做涼風，來自西方的稱做飂風，來自西北方的稱做麗風，來自北方的稱做寒風。

什麼是六水呢？說的是黃河、赤水、遼水、黑水、長江和淮河。

闔❶四海❷之內，東西二萬八千里，南北二萬六千里❸。水道八千里，通谷六❹，名川六百，陸徑❺三千里。禹乃使太章❻步❼自東極，至於西極，二億三萬三千五百里七十五步；使豎亥❽步自北極，至於南極，二億三萬三千五百里七十五步。凡鴻水❾淵藪❿，自三仞⓫以上，二億三萬三千五百五十⓬有九⓭。禹乃以息土⓮填洪水以為名山⓯。掘昆侖虛⓰以下地⓱，中⓲有增城⓳九重，其高萬一千里百一十四步二尺六寸，上⓴有木禾㉑，其脩五尋㉒。珠樹、玉樹、琁樹㉓、不死樹㉔在其西㉕，沙棠㉖、琅玕㉗在其東，絳樹㉘在其南，碧樹㉙、瑤樹㉚在其北。旁有四百四十門，門間四里㉛，里㉜間九純㉝，純丈五尺。旁有九井，玉橫㉞維其西北之隅，北門開以內㉟不周之風。傾宮㊱、旋室㊲、縣圃、涼風、樊桐㊳在昆侖閶闔㊴之中，是其疏圃㊵。疏圃之池，浸㊶之黃水，黃水三周復其原㊷，是謂白水㊸，飲之不死。

【章旨】這一章介紹四海之內經緯多長，水道、陸徑多長，通谷、名川有多少，東極、西極之間，南極、北極之間距離多遠，以及三仞以上的鴻水淵藪有多少。還說到崑崙虛中增城、玉樹、不死樹、城門、井池、疏圃、白水，直寫出一片神奇景象。

【注釋】❶闔 總；全。❷四海 此指天下。❸南北二萬六千里 舊注謂「子午為經，卯酉為緯，言經短緯長也」。子午即指南北，卯酉即指東西。❹通谷六 原文為「通谷其」，依《呂氏春秋・有始》校改。通谷，深谷。❺陸徑 地上小路。舊注謂「邪徑也。陸，地也」。❻太章 舊注謂「為善行人，禹臣」。❼步 行。一訓為推算。❽豎亥 舊注謂其與「太章」同為禹臣，亦為善行者。案：禹使太章、豎亥步東西二極、南北二極事見於《山海經・海外東經》。❾鴻水 即洪水、大水。❿淵藪 淵為魚聚居處，藪為獸聚居處，故淵藪為事物會聚處的代稱。⓫三仞 合二丈一尺。漢七尺為一仞。原文作「三百仞」，「百」為衍文，刪。⓬五十 原文下有「里」字，為衍文，刪。⓭九 原文下有「淵」字，為衍文，刪。⓮息土 即息壤。舊注謂「息土不秏減，掘之益多，故以填洪水」。《山海經・海內經》郭璞注云「息壤者言土自長息無限，故可以塞洪水也」。⓯名山 大山。⓰昆侖虛 即崑崙山。虛，大丘。《山海經・海內西經》：「海內昆侖之虛，在西北，帝之下都。昆侖之虛，方八百里，高萬仞。上有木禾，長五尋，大五圍。面（上）有九井，以玉為檻，面（旁）有九門，門有開明獸守之，百神之所在。」⓱地 一作「池」。⓲中 崑崙虛中。⓳增城 層城；樓次重累之城。傳說崑崙虛層城九重，一說有五城十二樓。⓴上 崑崙虛上。㉑木禾 穀類作物，其實可食。㉒五尋 合三十五尺。一尋七尺。㉓珠樹玉樹琁樹 皆為玉樹。珠為玉珠，琁，同「璇」。美玉。㉔不死樹 即《呂氏春秋》所說壽木，食其實者不死。㉕其西 指在木禾之西。㉖沙棠 玉名。一說指果木沙棠。㉗琅玕 珠樹。《山海經・海內西經》言崑崙山有琅玕樹，郭璞云「琅玕子似珠」。㉘絳樹 赤玉之樹。㉙碧樹 青玉之樹。㉚瑤樹 白玉之樹。㉛門間四里 言每門相距里數。㉜里 當指門中。或「里間」皆為衍文。㉝九純 合十三丈五尺。㉞玉橫 玉器名。舊注謂「橫，猶光也。橫或作彭。彭，受不死藥器也」。㉟內 同「納」。㊱傾宮 舊注謂「宮滿一頃」。當謂高聳如欲傾倒之宮。㊲旋室 舊注謂「以旋（璇）玉飾室也。一說：室旋機關，可轉旋，故曰旋室」。或謂旋室為回環曲折之宮室。㊳縣圃涼風樊桐 舊注謂三者「皆昆侖之山名也」。但《穆天子傳》二云：「春山之澤，清水出泉，溫和無風，飛鳥百獸之所飲食，先王所謂縣圃。」《水經注・河水》則云「昆侖之山三級，下曰樊桐，一名板桐」。㊴閶闔 崑崙虛門名。㊵疏圃 天池名。㊶浸 灌注。㊷原 本。㊸白水 原文為「丹水」，依王念孫校改。

【語譯】全天下之內，東西緯線長二萬八千里，南北經線長二萬六千里。水路長八千里，深谷有六個，著名的河流有六百條，陸上小路長三千里。禹派太章從東極出發步行至西極，共走了二億三萬三千五百里七十五步；又派豎亥從北極出發步行至南極，共走了二億三萬三千五百里七十五步。凡是洪水會聚的所在、水深三仞以上的，共有二億三萬三千五百五十九處。禹用息土填塞洪水而造成了大山。掘崑崙山的土將它置於窪地。崑崙山中有層城九重，城高一萬一千里一百一十四步二尺六寸。崑崙山上長有木禾，木禾長達三十五尺。珠樹、玉樹、琁樹、不死樹長在木禾的西邊。沙棠樹、琅玕樹長在木禾的東邊。絳樹長在木禾的南邊。碧樹、瑤樹長在木禾的北邊。崑崙山旁共有四百四十道門，門與門之間的距離是四里，每道門寬九純，每一純相當於一丈五尺。山旁有九口井，有接受不死之藥的器皿玉橫拴在山的西北角。山的北門開著為的是讓不周風吹進去。傾宮、旋室等宮室和縣圃、涼風、樊桐等山在崑崙虛大門之內，這也是疏圃所在處。疏圃池裡，灌注的是黃水。黃水沿池繞三周後又回復到它的源頭，這就是所說的白水。喝了白水就可以長生不死。

河水出昆侖東北陬❶，貫渤海❷，入❸禹所導積石山❹。赤水出其東南陬，西南注南海丹澤❺之東。弱水出其西南陬❻，絕❼流沙❽南至南海。洋水❾出其西北陬，入於南海羽民❿之南。凡四水者，帝之神泉，以和百藥，以潤萬物。

昆侖之丘，或上倍之⓫，是謂涼風之山，登之而不死。或上倍之，是謂懸圃之山⓬，登之乃靈⓭，能使風雨。或上倍之，乃維⓮上天，登之乃神，是謂太帝⓯之居。

扶木⓰在陽州⓱，日之所曊⓲。建木在都廣，眾帝所自上下，日中無景，呼而無響，蓋天地之中也⓳。若木⓴在建木西，末㉑有十日，其華㉒照下地。

【章　旨】這一章介紹河水、赤水、弱水、洋水分別自崑崙何方山麓發源、注入何海何方，以及有何功用。介紹涼風、懸圃二山所在和登上二山不死、為靈之事。還介紹了扶木、建木、若木三神樹所處方位，及其特徵。

【注　釋】❶陬　角落。這裡指山麓、山腳。❷貫渤海　通向大海。❸入　出。❹積石山　位於今青海省東南東崑崙之北。舊注謂「河水自昆侖由地中行，禹導而通之，至積石山。入猶出也」。❺丹澤　當指地近南海之丹澤。本卷下文有「西南方曰渚資、丹澤」，舊注謂「蓋近丹水，因其名，故曰丹澤也」。❻弱水出其西南陬　原文為「赤水之東，弱水出自窮石，至於合黎，餘波入於流沙」，依王引之校刪其中數句，而改「出自窮石」為「出其西北陬」。弱水，《古小說鉤沉．玄中記》云：「天下之弱者，有昆侖之弱水焉，鴻毛不能起也。」❼絕　猶「過」。❽流沙　沙漠。沙常因風流動轉移，故名。❾洋水　即漢水。源於今甘肅省天水一帶的嶓冢山，在今武漢市龜山東麓注入長江。❿羽民　羽民國的簡稱。《山海經．海外南經》：「羽民國在其（指比翼鳥——蠻蠻）東南，其為人長頭，身生羽。一曰在比翼鳥東南，其為人長頰。」⓫或上倍之　謂登其上。或，又。舊注釋為「假令」。倍，同「培」。乘；登。舊注釋為加倍，非。⓬之山　原文無此二字，依王念孫校補。⓭靈　靈人；仙人。作動詞用。⓮維　繫。連結。⓯太帝　天帝。⓰扶木　即扶桑。在湯谷之南，傳說日出其下。⓱陽州　指東方。⓲曊　照耀。⓳建木在都廣五句　舊注謂「眾帝之從都廣山上天還下，故曰上下。日中時，日直人上，無景晷，故曰蓋天地之中」。日中，日正午。建木，樹名。《山海經．海內南經》云：「有木，其狀如牛，引之有皮，若纓黃蛇。其葉如羅，其實如欒，其木若蓲，其名曰建木。」都廣，南方山名。⓴若木　《山海經．大荒北經》：「大荒之中，有衡石山、九陰山、洞野之山，上有赤樹，青葉、赤華，名曰若木。」㉑末　端。㉒華　光。

【語　譯】黃河水發源於崑崙山東北山麓，一直通向大海，自崑崙開始，河水都在地表下面流動，流到禹所疏通的積石山方才流出地面。赤水發源於崑崙山的東南山麓，沿西南方向流入南海丹澤之東的海洋。弱水發源於崑崙山的西南山麓，度過沙漠向南流進南海。洋水發源於崑崙山的西北山麓，一直流入南海羽民國南面的海洋。這一共有四條河流，都是天帝的神泉，是用來調和各種藥物、滋潤萬物生長的。

從崑崙山丘再往上登，這就到了人們所說的涼風山。登上這座山就不會死亡。又往上登，這就到了人們所說的懸圃山。登上這座山，人就會成為仙人，能使喚風雨。又繼續往上登，便與上面的天相連了。登上天界，人就會成為神，這裡就是人們所說的天帝所居之處。

扶木生長處陽州，是太陽初升、日光照耀的地方。建木生長在都廣，眾位天神都從這樹上上下下。日至中天正當午時，地面沒有影子，呼叫沒有回音，大概這裡是天地的中央。若木生長在建木西邊，它的頂端有十個太陽，陽光照耀著下面的大地。

九州之大，純❶方❷千里。九州之外，乃有八殥❸，亦方千里。自東北方曰無通❹，曰大澤❺；東方曰大渚❻，曰少海❼；東南方曰具區❽，曰元澤❾；南方曰大夢❿，曰浩澤⓫；西南方曰渚資⓬，曰丹澤⓭；西方曰九區⓮，曰泉澤⓯；西北方曰大夏⓰，曰海澤⓱；北方曰大冥⓲，曰寒澤⓳。凡八殥八澤之雲，是雨九州。八殥之外，而有八紘⓴，亦方千里。自東北方曰和丘，曰荒土㉑；東方曰棘林㉒，曰桑野㉓；東南方曰大窮㉔，曰眾女㉕；南方曰都廣㉖，曰反戶㉗；西南方曰焦僥㉘，曰炎土；西方曰金丘㉙，曰沃野㉚；西北方曰一目㉛，曰沙所㉜；北方曰積冰㉝，曰委羽㉞。凡八紘之氣，是出寒暑，以合八正㉟，必以風雨。八紘之外，乃有八極㊱。自東北方曰方土之山，曰蒼門㊲；東方曰東極之山，曰開明之門㊳；東南方曰波母之山，曰陽門㊴；南方曰南極之山，曰暑門㊵；西南方曰編駒之山，曰白門㊶；西方曰西極之山，曰閶闔之門㊷；西北方曰不周之山㊸，曰幽都之門㊹；北方曰北極之山，曰寒門㊺。凡八極之雲，是雨天下；八門之風，是節寒暑；八紘八殥八澤之雲，是雨九州而和中土㊻。

【章旨】這一章提出幾個重要的地理概念：八殥、八澤、八紘、八極。勾勒出極為遼闊的地理範圍：九州之外有八殥，八殥之外有八紘，八紘之外有八極。而且對八殥、八紘、八極所指作了詳細的介紹。

【注釋】❶純　包裹。一讀為準，釋為邊緣。❷方　猶言縱橫。❸殥　邊遠之地。一說即「衍」。下平為衍。❹無通　八殥之一。原文「無通」在「大澤」後，依俞樾校改。❺大澤　八澤之一。❻大渚　八殥之一。舊注謂「水中可居者曰渚」。❼少海　八澤之一。舊注謂「東方多水，故曰少海，亦澤名也」。❽具區　八殥之一。❾元澤　八澤之一。一說元作「亢」，與「沆」同。❿大夢　八殥之一。舊注謂「夢，雲夢也」。⓫浩澤　八澤之一。浩，大。⓬渚資　八殥之一。⓭丹澤　八澤之一。⓮九區　八殥之一。⓯泉澤　八澤之一。⓰大夏　八殥之一。⓱海澤　八澤之一。⓲大冥　八殥之一。⓳寒澤　八澤之一。舊注謂「北方多寒水，故曰寒澤也」。⓴紘　維。包舉。舊注謂「維也。維落天地而為之表，故曰紘也」。㉑曰和丘二句　舊注謂「鳳所自歌，鸞所自舞，名曰和丘，曰荒土也」。㉒棘林　棘木聚生，故名。棘，俗稱酸棗樹。㉓桑野　地多桑木，故名。㉔大窮　東南極遠處。㉕眾女　其地少男多女。㉖都廣　國名。山在此國，因復曰都廣山。㉗反戶　舊注謂「言其在鄉日之南，皆為北鄉戶，故反其戶也」。㉘焦僥　國名。即「侏儒」之聲轉，焦僥國即小人國。舊注謂「短人之國也，長不滿三尺」。一說焦僥人長三尺，衣冠帶劍。㉙金丘　舊注謂「西方，金位也，因為金丘」。㉚沃野　舊注謂「沃，猶白也。西方白，故曰沃野」。一說「沃野蓋謂其地沃饒耳」（郝懿行語）。㉛一目　國名。舊注謂「國人一目，在面中央」。㉜沙所　舊注謂「蓋流沙所出也。一曰，澤名也」。㉝積冰　舊注謂「北方寒，冰所積，因以為名」。㉞委羽　舊注謂「山名，在北極之陰，不見日也」。㉟八正　八方的和風。一說指八種節氣。㊱極　盡頭。㊲蒼門　舊注謂「東北木將用事，青之始也，故曰蒼門」。㊳開明之

門　舊注謂「明者，陽也，日之所出也，故曰開明之門」。㊴陽門　舊注謂「東南月建在巳，純陽用事，故曰陽門。據天下諸城，東南角門皆陽門，是其類也」。㊵暑門　舊注謂「南方盛陽，積溫所在，故曰暑門」。㊶白門　舊注謂「西南月建在申金氣之始也。金氣白，故曰白門」。㊷閶闔之門　此門名與閶闔之風相應，閶闔風所從入處。舊注謂「西方八月建酉，萬物成濟，將可及收斂。閶，大也。闔，閉也。大聚萬物而閉之，故曰閶闔之門也」。㊸不周之山　山形有缺不周匝（共工與顓頊爭為帝，怒觸所致），故名。西北不周風從此山出。㊹幽都之門　舊注謂「幽，闇也。都，聚也。玄冥將始用事，順陰而聚，故曰幽都之門」。㊺寒門　此門之名與寒風相應，寒風所從入處。舊注謂「積寒所在，故曰寒門」。㊻中土　指冀州。

【語譯】九州之大，包括縱橫千里的範圍。在九州之外，就有八殥，也是包括縱橫千里的範圍。從東北方開始，在這個方位的叫做無通，叫做大澤；在東方的叫做大渚，叫做少海；在東南方的叫做具區，叫做元澤；在南方的叫做大夢，叫做浩澤；在西南方的叫做渚資，叫做丹澤；在西方的叫做九區，叫做泉澤；在西北方的叫做大夏，叫做海澤；在北方的叫做大冥，叫做寒澤。所有八殥、八澤的雲氣，都能成為雨水降落在九州。

在八殥之外，還有八紘，也是包括縱橫千里的範圍。從東北方說起，在這個方位的叫做和丘，叫做荒土；在東方的叫做棘林，叫做桑野；在東南方的叫做大窮，叫做眾女；在南方的叫做都廣，叫做反戶；在西南方的叫做焦僥，叫做炎土；在西方的叫做金丘，叫做沃野；在西北方的叫做一目，叫做沙所；在北方的叫做積冰，叫做委羽。所有八紘之內的雲氣，形成氣溫的寒涼、炎熱，且一定以風、雨的形式和八方和風相合。

在八紘之外，還有八極。從東北方說起，在這個方位的叫做方土之山，也叫做蒼門；在東方的叫做東極之山，也叫做開明之門；在東南方的叫做波母之山，也叫做陽門；在南方的叫做南極之山，也叫做暑門；在西南方的叫做編駒之山，也叫做白門；在西方的叫做西極之山，也叫做閶闔之門；在西北方的叫做不周之山，也叫做幽都之門；在北方的叫做北極之山，也叫做寒門。所有八極之內的雲氣，都能成為雨水而普降天下；所有進入八門的風，都是用來調節氣溫的寒涼和炎熱的；所有八紘、八殥、八澤以內的雲氣，都能形成普降九州的雨水，使中土地區氣候變得溫和。

東方之美者，有醫毋閭❶之珣玗琪❷焉。東南方之美者，有會稽❸之竹箭❹焉。南方之美者，有梁山❺之犀象❻焉。西南方之美者，有華山之金石❼焉。西方之美者，有霍山❽之珠玉❾焉。西北方之美者，有昆侖之球琳、琅玕❿焉。北方之美者，有幽都之筋角焉⓫。東北方之美者，有斥山⓬之文皮⓭焉。中央之美者，有岱嶽⓮以生五穀⓯桑麻，魚鹽出⓰焉。

【章旨】這一章講地面中央和八方的美產，各以一名山特產為代表。

【注釋】❶醫毋閭　山名。又名六山、廣寧大山，簡稱閭山。位於今遼寧省北鎮縣西。山南北綿延九十餘里，傳說舜封十二山，以此山為古幽州鎮山。❷珣玗琪　三字合為玉石名。即夷玉（東夷之美玉）。❸會稽　山名。原名茅山，為禹所改。山在今浙江省紹興縣東南。❹竹箭　竹名。即箭竹。晉戴凱《竹譜》云：「箭竹，高者不過一丈，節間三尺，堅勁中矢，江南諸山皆有之，會稽所生最精好。」《宋稗類鈔・博識》則謂「東南之美，有會稽之竹箭。竹為竹，箭為箭，蓋二物也」。❺梁山　山名梁山者多，此處指福建省漳浦縣南之梁山。此山秀麗而高圓，又名圓山，有大峰十二。漢代今福建省一帶屬會稽郡，故舊注說「梁山在會稽」。❻犀象　指犀牛角和象牙。舊注謂「長沙湘南有犀角、象牙，皆物之珍也」。❼金石　指黃金礝石之類。舊注謂「金，美金也。石，含玉之石也」。❽霍山　即太岳山。一名霍太山，主峰高百丈，蜿蜒二百里，在今山西省霍縣東南。❾珠玉　舊注言指「夜光之珠、五色之玉」。❿球琳琅玕　均為美玉。球琳，或分指二物，皆為美玉。⓫有幽都之筋角焉　舊注謂「古之幽都在雁門以北，其畜宜牛、羊、馬，出好筋角，可以為弓弩」。幽都，即幽州。傳說舜分冀州東北為幽州，地當今河北省北部及遼寧省一帶。筋角，指野獸的筋與角。⓬斥山　位於山東省榮城縣南。⓭文皮　虎豹一類動物的皮。文，指皮上縟綵。⓮岱嶽　即泰山。舊注謂「王者禪代所祠，因曰岱嶽也」。⓯五穀　五種穀物。指黍、稷、菽、麥、稻。⓰出　猶「生」。

【語譯】東方最美好的物品，有醫毋閭山所出產的珣玗琪美玉。東南方最美好的物品，有會稽山所出產的竹箭。南方最美好的物品，有梁山所出產的犀牛角和象牙。西南方最美好的物品，有華山所出產的黃金和玉石。西方最美好的物品，有霍山所出產的夜光珠和五色玉。西北方最美好的物品，有崑崙山所出產的美玉球琳和琅玕。北方最美好的物品，有幽州出產的筋和角。東北方最美好的物品，有斥山所出產的帶有縟綵的毛皮。中央地區最美好的物品，有泰山一帶所出產的五穀、桑、麻，以及那一帶所出的魚和鹽。

凡地形，東西為緯[1]，南北為經[2]。山為積德[3]，川為積刑[4]。高者為生[5]，下者為死[6]。丘陵為牡[7]，谿谷為牝[8]。水圓折者[9]有珠，方折者[10]有玉；清水有黃金[11]，龍淵有玉英[12]。土地各以類生人[13]，是故山氣[14]多男，澤氣[15]多女；水氣[16]多瘖[17]，風氣[18]多聾；林氣[19]多癃[20]，木氣[21]多傴[22]；岸下氣[23]多尰[24]，石氣多力[25]；險阻氣[26]多癭[27]；暑氣[28]多夭[29]，寒氣[30]多壽；谷氣[31]多痹[32]，丘氣[33]多尪[34]；衍氣[35]多仁[36]，陵氣[37]多貪；輕土[38]多利[39]，重土[40]多遲[41]；清水音小[42]，濁水[43]音大；湍水[44]人輕，遲水[45]人重，中土多聖人[46]。皆象其氣，皆應其類。故南方有不死之草[47]，北方有不釋之冰[48]；東方有君子之國[49]，西方有形殘之尸[50]。寢居直夢[51]，人死為鬼。磁石上飛[52]，雲母[53]來水。土龍致雨[54]，燕雁代飛[55]。蛤[56]蠏[57]珠[58]龜，與[59]月盛衰。是故堅土[60]人剛，弱土[61]人脆[62]；壚土[63]人大，沙土人細[64]；息土[65]人美，秏土(66)人醜。食水者(67)善游而能(68)寒，食土者(69)無心而不息(70)，食木者(71)多力而奰(72)，食草者(73)善走(74)而愚，食葉者(75)有絲而蛾(76)，食肉者(77)勇敢而悍，食氣者(78)神明(79)而壽，食穀者(80)知慧(81)而夭，不食者(82)不死而神。

【章旨】這一章講到地形的經緯、山川的德刑、丘陵、谿谷的牡牝，但著重說「土地各以類生人」。《管子・水地》嘗言「齊之水，道躁而復，故其民粗而好勇；楚之水，淖弱而清，故其民輕果而賊」，是以水性論人性。本書本章則詳述地面水土及各種自然之氣對人的性別、性情、體質、壽夭以及人體形大小、美醜的影響。並由此推言南有不死之草、北有不釋之冰、東有君子之國、西有形殘之尸。推言各種動物（包括人）的生活習性、特徵皆與其食物有關。文中講地理環境、氣候對人身體健康、性情、氣質以至對一地風俗的影響作用，不無道理。只是有些地方說過了頭，不可全信。

【注釋】❶緯　地面東西相連為緯。不同於今地理學上假設的地球上與赤道平行的南北分度線。❷經　地面南北相連為經。不同於今地理學上假設的地球上與赤道垂直的東西分度線。❸山為積德　舊注謂「山仁，萬物生焉，故為積德」。❹川為積刑　舊注謂「川水智，智制斷，故為積刑也」。❺高者為生　舊注謂「高者陽，主生」。❻下者為死　舊注謂「下者陰，主死」。❼丘陵為牡　舊注謂「丘陵高敞，陽也，故為牡」。牡，鳥獸雄性稱牡。❽谿谷為牝　舊注謂「谿谷汙下，陰也，故為牝」。牝，鳥獸雌性稱牝。❾圓折者　指水波圓而屈折。舊注謂「圓折者，陽也，珠，陰中之陽」。❿方折者　指水波方而屈折。舊注謂「方折者，陰也。玉，陽中之陰也」。⓫清水有黃金　舊注謂「清水澂（澄），故黃金出焉」。⓬龍淵有玉英　舊注謂「龍淵，龍所出游淵也。玉英轉化，有精光也」。玉英，玉有英華之色稱玉英，為玉中菁華。⓭以類生人　原文為「以其類生」，依王念孫校改。⓮山氣　山上雲氣。⓯澤氣　澤面霧氣。⓰水氣　溼氣。⓱喑　啞。⓲風氣　萬物皆含元氣，本書〈天文〉謂「天地之偏氣（不正之氣），怒者為風」，風氣當指風所含天地之偏氣。⓳林氣　林中溼氣。⓴癃　衰弱多病。或稱疲病。㉑木氣　樹木所具之氣。㉒傴　曲背；駝背。㉓岸下氣　岸下溼氣。㉔尰　腳腫為尰。原文為「腫」，依王念孫校改。㉕石氣多力舊注謂「象石堅也」。石氣，山石外表之氣。㉖險阻氣　行而不暢之氣。㉗癭　咽喉病名。舊注謂「上下險阻，氣衝喉而結多。癭，咽（疾）也」。㉘暑氣　暑熱之氣。㉙夭　夭折不終。㉚寒氣　寒冷之氣。㉛谷氣　山谷中的陰冷氣。㉜痹　風、寒、溼等引起的關節、肌肉腫大、疼痛、麻木等症狀，稱為痹病。㉝丘氣　小土山上的雲氣。古以小土山為丘。㉞尪　突胸仰向之疾。即胸、背彎曲。原文為「狂」，依王念孫校改。㉟衍氣　平原之氣。衍，低而平。㊱仁　對人親善。㊲陵氣　大土山上的雲氣。古以大土山為陵。㊳輕土　質地疏鬆的土壤。㊴利　疾；快。㊵重土　質地板結的土壤。㊶遲　緩慢。㊷清水音小　謂生活在清水之畔（或飲用清水長大）的人說話聲音小。音小非指水而言。㊸濁水　混濁之水。㊹湍水　急流悍水。㊺遲水　流速平緩之水。㊻聖人　此處指人格品德極高的人。㊼南方有不死之草　舊注謂「南方溫，故草有不死者」。㊽北方有不釋之冰　舊注謂「北方寒，故冰有不泮釋者」。不釋之冰，不會消融之冰。㊾東方有君子之國　舊注謂「東方木德仁，故有君子之國，其人衣冠、帶劍、食獸，使二文虎（雕虎）也」。㊿西方有形殘之尸　舊注謂「西方金，金斷割攻戰之事，有形殘之尸也。一說曰：形殘之尸於是以兩乳為目，腹臍為口，操干戚以舞，（夢）天神斷其手（首），後天帝斷其首也」。此指「形殘」為《山海經・海外西經》中之「形天（刑天）」。51寢居直夢　謂做夢得到應驗。直，通「值」。相值；相當。舊注謂「寢，寐也；居，處也。金氣方剛，故其寢寤處夢，悟如其夢，故曰直夢」。王充《論衡・紀妖》言「人有直夢，夢見甲，明日則見甲。夢見君，明日則見君」。52磁石上飛　係磁石為鐵所引之狀。磁石，即吸鐵石。53雲母　礦石名。古人以其為雲之母，故名。54土龍致雨　舊注謂「湯遭旱，作土龍以象龍。雲從龍，故致雨也」。土龍，土製之龍，古人求雨所用。55燕雁代飛　舊注謂「燕，玄鳥也，春分而來，雁春分而北詣漠中也；燕秋分而去，雁秋分而南詣彭蠡也，故曰代飛。代，更也」。56蛤　蛤蜊。亦稱海蚌，軟體動物。57蠏　即「蟹」。螃蟹。馬宗霍疑此字當作「珧」，即玉珧、小蚌。可備一說。58珠　珠胎。蛤蚌孕珠如人懷胎，故稱蚌殼中珠為珠胎。59與　隨。60堅土　質地硬結的土地。61弱土　質地鬆軟的土地。62脃　意亦如「脆」。脆弱；不堅強。原文為「肥」，依俞樾校改。63壚土　黑剛土。64細　小。65息土　平坦肥沃之田。66秏土　貧瘠之地。67食水者　舊注謂「魚鼈鷺鶿之屬是也」。68能　意為「耐」。上「而」字，原文無，依馬宗霍校補。69食土者　指蚯蚓之類。70不息　沒有氣息。即不呼吸。原文為「慧」，依俞樾校改。71食木者　指熊羆之類。72奰　「㬥」之本字。怒而自作氣之狀。73食草者　麋鹿之類。74走　奔跑。75食葉者　指蠶一類蟲子。食葉之蟲多半化為蛾子。76蛾　作動詞用。化為蛾。如蠶蛹在繭內化蛾，破繭而出即是。77食肉者　虎豹鷹鸇之類。78食氣者　指龜蛇之類。一說指王子喬、赤松子一類鍊氣得以長生的人。79神明　此指物之靈驗（神靈之效驗）。80食穀者　指人類。81知慧　即智慧。82不食者　當指神仙。一說指占卜用的蓍草。

【語譯】凡地理形狀，東西相連的橫線稱為緯，南北相連的縱線稱為經。山能生萬物，所以稱它為積德；河水有制斷作用，所以稱它為積刑。高處為陽，能生萬物；低處為陰，所以主死。丘陵高敞屬陽，所以為雄性；谿谷低下屬陰，所以為雌性。水波呈圓形而邊緣屈折的地方有珠，水波呈方形而邊緣屈折的地方有玉；清水中有黃金，龍出游的深淵中有玉英。土地上自然之物各以其類別而產生不同特性的人，所以山間雲氣瀰漫的地方生的男孩多，水澤霧氣瀰漫的地方生的女孩多；水氣瀰漫的地方多啞巴，風氣流行的地方多聾子；林中溼氣很重的地方，人多患疲病；木氣很重的地方，人多半為駝背；有岸下溼氣的地方，人多有腳腫的毛病，石氣之地出生的人多半都很有力氣；有險阻不暢之氣的地方，人多半患有咽病；暑氣很盛的地方，人多夭折不終；寒冷之氣很盛的地方，人多長壽；有山谷陰冷之氣的地方，人們多有風溼關節炎和肌肉腫大、麻木的毛病；在小土山雲氣瀰漫的地方，人們多有胸、背彎曲的毛病；在平原之氣中生活的人多半仁愛，在大土山雲氣中生活的人多半貪婪；在土質疏鬆的地方生活的人多半動作很快，在土質結實的地方生活的人多半動作很慢；在清水邊生活的人說話聲音小，在濁水邊生活的人說話聲音大；在急流悍水之畔生活的人體重較輕，在流速緩慢的水邊生活的人體重較重，而中原地區聖人出得多。這些都和一地的自然之氣相像，都和一地自然之物的類型相合。所以南方長著不會死去的草，北方存在不會消融的冰；東方有君子之國，西方卻有形軀殘缺的屍體。坐臥時夢見什麼，醒後的情況就像夢中一樣。人死了也就成了鬼。磁石可以向上飛，雲母可以引來水。土龍可以招來雨，燕和雁交替而飛。蛤蜊、螃蟹、珠胎、海龜，隨著月亮的盈虧而盛衰。因此生活在土質堅硬的地方的人性格剛強，生活在土質鬆軟地方的人性格脆弱；生活在黑剛土上的人個子大，生活在沙土上的人個子小；生活在平坦肥沃土地上的人長得美，生活在貧瘠土地上的人長得醜。吃水的動物善於游水而且耐寒，吃土的動物沒有心臟而不會呼吸，吃樹木的動物力氣很大而好發怒生氣，吃草的動物善於奔跑而很愚蠢，吃樹葉的動物能吐絲而會變成蛾，吃肉的動物顯得勇敢而兇狠，吃氣的動物有靈驗的功能而且長壽，吃穀的人類很有智慧但壽命不長，不吃東西的人類能夠不死而有神奇的能力。

凡人民禽獸萬物貞蟲，各有以生，或奇或偶，或飛或走，莫知其情，唯知通道者能原本之❶。天一❷、地二❸、人三❹，三三而❺九，九九八十一，一主日，日數十❻，日主人，人故十月而生❼。八九七十二，二主偶，偶以承奇❽，奇主辰❾，辰主月，月主馬，馬故十二月而生。七九六十三，三主斗❿，斗主犬，犬故三月而生。六九五十四，四主時⓫，時主彘⓬，彘故四月而生。五九四十五，五主音⓭，音主猿，猿故五月而生。四九三十六，六主律⓮，律主麋鹿，麋鹿故六月而生。三九二十七，七主星⓯，星主虎，虎故七月而生。二九十八，八主風⓰，風主蟲，蟲故八日⓱而化⓲。鳥魚皆生於陰⓳，屬於陽⓴，故鳥魚皆卵生㉑。魚游於水，鳥飛於雲，故立冬燕雀入海化為蛤㉒。

【章旨】這一章講人及禽獸、萬物孕育多久而生。以天一、地二、人三之數為基數，積為九，再積為九九八十一。然後順次遞減九得若干數目，各數尾數依次為一、二、三、……八，並將人和相關動物孕育月份（一為日數）填入，構成一有規律之時間表。其中說人及若干動物孕育期，盡合事實，而用陰陽五行學說編排數字以釋其事，卻不可信。

【注釋】❶凡人民禽獸六句　出於《大戴禮記．易本命》。貞蟲，即細腰蜂。有以生，有生存的方式。情，實情。原本，探求根本原因。❷天一　天為陽，陽為一，故稱天一。❸地二　地為陰，陰為二，故稱地二。❹人三　人生於天地，故稱人三。此說可參看後世之《太平經》。❺而　為。❻日數十　指紀日的日干（甲乙丙丁等）數為十。❼十月而生　懷胎十月而生。❽偶以承奇　自然數中總是先奇後偶，故言。承，接。❾辰　指子丑寅卯等十二辰。❿斗　北斗星。⓫時　指四季。⓬彘　豬。⓭音　指宮、商、角、徵、羽五音。⓮律　十二律中陰陽各六，陽稱為律，陰稱為呂。此處律指六律。即黃鐘、太蔟、姑洗、蕤賓、夷則、無射。⓯星　星宿。又名七星，為朱鳥七宿之第四宿。⓰風　指炎風、條風、景風等八方之風。⓱八日　原文為「八月」，王充《論衡・商蟲》言「夫蟲，風氣所生，……取氣於風，故八日而化」，故依楊樹達校改。⓲化　指蟲卵孵化。⓳生於陰　指卵生。⓴屬於陽　指能飛遊於虛空而言。原文上有「陰」字，為衍文，依王念孫校刪。㉑卵生　由卵（蛋）經孵化而出生。㉒燕雀入海化為蛤　雖與《莊子》鯤魚化為鵬鳥的寓言不同，但仍和「海魚化為黃雀」（周處《風土記》）的說法一樣，純係傳聞，於事無徵。但後人言此者多，如《說文》謂「海蛤，百歲燕所化」，《禮記》謂「季冬，雀入水為蛤」。燕雀，鳥名。一名花雀，在亞歐大陸北部繁殖，遷徙至華南一帶過冬。

【語譯】凡是人類、飛禽走獸、各種動物，包括細腰蜂這樣的昆蟲，各自都有生存的方式。有的單獨一個，有的成雙成對；有的會飛翔，有的會奔跑。沒有誰能弄清楚它們的實際情況，只有通曉事物規律的人才能探求它們生存的根本原因。天為一，地為二，人為三，三三為九，九九相乘得八十一。一主管日，紀日的日干數為十，日又主管人，所以人要懷胎十個月才能出生。八九相乘得七十二，二主管偶數，偶數是承接奇數的，奇數又主管十二辰，辰又主管月，月主管馬，所以馬要懷胎十二個月才能出生。七九相乘得六十三，三主管斗宿，斗宿又主管狗，所以狗要懷胎三個月才能出生。六九相乘得五十四，四主管四季，而四季又主管豬，所以豬要懷胎四個月才能出生。五九相乘得四十五，五主管五音，五音又主管猿，所以猿要懷胎五個月才能出生。四九相乘得三十六，六主管六律，六律又主管麋鹿，所以麋鹿要懷胎六個月才能出生。三九相乘得二十七，七主管七星，七星又主管虎，所以老虎要懷胎七個月才能出生。二九相乘得一十八，八主管風，風又主管蟲，所以蟲子要經過八天才能從卵中孵化出來。鳥和魚都是產生於陰，而屬於陽，所以鳥和魚都是由蛋孵化而出生的。魚在水中游動，鳥在雲間飛翔，所以立冬一到，燕雀就飛入海中變成海蛤。

萬物之生而各異類，蠶食而不飲，蟬飲❶而不食，蜉蝣❷不飲不食❸。介鱗者❹夏食而冬蟄，齕吞者❺八竅而卵生，嚼咽者❻九竅而胎生❼。四足者無羽翼，戴角者❽無上齒，無角者❾膏❿而先前⓫，有角者⓬脂⓭而先後⓮。晝生者類父，夜生者似母。至陰生牝，至陽生牡。夫熊羆蟄藏，飛鳥時移。是故白水宜玉，黑水宜砥⓯，青水宜碧⓰，赤水宜丹⓱，黃水宜金，清水宜龜。汾水⓲濛濁⓳而宜麻，泲水⓴通和㉑而宜麥，河水中調㉒而宜菽，雒水㉓輕利㉔而宜禾㉕，渭水㉖多力而宜黍，漢水重安㉗而宜竹，江水肥仁㉘而宜稻。平土之人慧而宜五穀。

【章　旨】這一章先講各種動物的特性，說到牠們食性、食物的不同，生理結構、生育方式的不同，以及活動規律的不同。甚至連有角動物和無角動物身子從哪頭肥起的差別都說到了。這些動物學方面的知識，是漢代以前和西漢前期人們生活經驗的總結。有些說法，如云「晝生者類父，夜生者似母」，未必有普遍性，但也可能是對一些現象的概括。本章後幅講何種水（或某一水）產何種礦、出何種動物、適宜長何種作物，更是古人長期生產經驗的總結，有較高的科學價值。

【注　釋】❶蟬飲　傳說蟬飲露水而生。❷蜉蝣　小蟲名。其大如指，長三、四寸。夏月陰雨時地中出。短命者活數小時，長命者至六、七日。❸不飲不食　盧辯注《大戴禮記》引本書云：「蠶食而不飲，三十二日而化。蟬飲而不食，三十日而死。蜉蝣不飲不食，三日而終。」❹介鱗者　指長甲、長鱗的動物。介者如龜鱉之類，鱗者如魚龍之類。❺齕吞者　指鳥魚之類。齕吞，不嚼而吞食。❻嚼咽者　進食時咀嚼而後吞咽者。指人類和某些動物。❼胎生　由母體懷孕而生。❽戴角者　頭上長角的動物。如牛、羊、鹿等。戴，頂。❾無角者　指豬、熊、猿之類。❿膏　肥。⓫先前　謂肥從前起。原文作「無前」，劉文典校為「兌（銳）前」，吳承仕校為「先前」，今從吳說。⑫有角者　同「戴角者」。牛、羊、鹿之類。⑬脂　與「膏」義同。凝者為脂，釋者為膏。⑭先後　先從後部肥起。原文作「無後」，劉文典校為「兌（銳）後」，吳承仕校為「先後」，今從吳說。⑮砥　黑石。也可釋為細磨石。⑯碧　青綠色的玉石。⑰丹　硃砂。⑱汾水　河名。發源於山西省寧武縣管涔山，在河津縣注入黃河。⑲濛濁　混濁。濛，未分之象。⑳泲水　河名。即濟水。發源於河南省濟源縣王屋山，古與江、淮、河並稱四瀆。㉑通和　清和。㉒中調　中和；平和。原文為「中濁」，依王念孫校改。㉓雒水　即洛河。發源於陝西省洛南縣西北部，至鞏縣流入黃河。㉔輕利　謂水清輕而流速快。㉕禾　指穀子。即小米。㉖渭水　河名。發源於甘肅省渭源縣西北，流至潼關入黃河。㉗重安　謂水質重而安流（平靜地流動）。㉘肥仁　厚愛。肥，厚。

【語譯】世界上萬物生存的方式，各自屬於不同的類型。蠶吃桑葉但不喝水，蟬喝露水但不吃東西，蜉蝣既不喝水也不吃東西。長甲或長鱗的動物只在夏天吃東西而冬天卻伏藏不出。吃東西不咀嚼就吞下去的動物身上生有八個孔竅，是由蛋孵化而生的。吃東西經過咀嚼才吞下去的人和其他動物，身上生有九個孔竅，是由母體懷孕產生的。四隻腳的動物沒有翅膀。頭頂長角的動物沒有上牙齒。沒有長角的動物先從前面肥起，有角的動物卻從後面肥起。白天出生的像父親，夜晚出生的像母親。陰氣達到極點便產生雌性禽獸，陽氣達到極點便產生雄性禽獸。熊羆喜歡隱藏不出，飛翔的鳥依照季節而遷徙。因此白水中適合出產白玉，黑水中適合出產黑石，青水中適合出產碧玉，紅水中適合出產硃砂，黃水中適合出產黃金，清水中適合出產神龜。汾水混濁而適宜種麻，泲水水性清和而適宜種麥子，黃河的水水性平和而適宜種豆子，洛水清輕、流速快而適宜種小米，渭水流得很有力量而適宜種黍子，漢水質重、平靜地流淌而適宜種竹子，長江的水有厚愛的特性而適宜種稻子。平原上的人生得聰明，他們很適宜種植五穀。

東方，川谷之所注、日月之所出。其人兌形❶小頭，隆鼻❷大口，鳶肩❸企行❹，竅通於目，筋氣❺屬焉。蒼色主肝，長大早知❻而不壽。其地宜麥，多虎豹。南方，陽氣之所積，暑溼居之。其人修形兌上❼，大口決眦❽，竅通於耳，血脈屬焉。赤色主心，早壯而夭。其地宜稻，多兕❾象。西方高土，川谷出焉，日月入焉。其人面□❿末僂⓫，脩頸卬行⓬，竅通於鼻，皮革屬焉。白色主肺，勇敢⓭不仁。其地宜黍，多旄犀⓮。北方幽晦⓯不明，天之所閉也，寒氷⓰之所積也，蟄蟲之所伏也。其人翕形⓱短頸，大肩下尻⓲，竅通於陰⓳，骨幹屬焉。黑色主腎，惷愚⓴而壽。其地宜菽，多犬馬。中央四達，風氣㉑之所通、雨露之所會也。其人大面短頤㉒，美須㉓惡肥㉔，竅通於口，膚肉屬焉。黃色主胃，慧聖㉕而好治㉖。其地宜禾，多牛羊及六畜㉗。

【章　旨】這一章講東南西北四方和中央之地的地形特徵、氣候特徵和人形體、性情、智愚、壽夭的不同情況。還說到各方之地有何種動物、適宜種植何種作物。

【注　釋】❶兌形　銳形。指形體呈尖形。❷隆鼻　指鼻梁高聳。❸鳶肩　雙肩上聳如鳶。鳶，俗稱鷂鷹。❹企行　踮起腳跟行走。❺筋氣　筋脈之氣。筋脈，氣血皆通，此專指氣。❻知　同「智」。❼兌上　指頭呈尖形。❽決眦　張大眼眶。此指眼睛大。❾兕　獸名。其形似牛，一說雌犀為兕。❿面□　「面」下脫一字。⓫末僂　指脊背勾僂。末，背膂；脊梁。亦指頭，但與此處意不合。僂，屈。⓬卬行　昂首而行。卬，通「昂」。⓭勇敢　有勇氣；有膽量。⓮旄犀　牦牛和犀牛。旄，通「牦」。牦牛，似牛而無角，背、膝、及胡（頷下下垂之肉）、尾皆有長毛。⓯幽晦　昏暗。⓰寒氷　原文為「寒水」，依王念孫校改。⓱翕形　指形體萎縮。翕，收縮。⓲尻　臀部；脊骨末端。⓳陰　男女生殖器稱陰。⓴惷愚　笨拙。惷，通「蠢」。原文上有「其人」二字，下有「禽獸」二字，依王念孫校刪。㉑風氣　指風。㉒頤　面頰；腮。㉓須　頤下之毛。即後起之

「鬒」，鬍鬚。㉔惡肥　謂體中脂肪過多。惡，甚；過。㉕慧聖　聰明而極富才藝。㉖治　辦理事情。㉗六畜　指牛、馬、羊、豕、雞、犬。

【語譯】東方，是河川、山谷之水流入的地方，也是太陽、月亮出來的地方。生活在東方的人體形尖而頭小，鼻梁高聳而口很大，兩肩上聳如鳶，踮起腳跟走路，他們身上的孔竅和眼睛相通，筋脈之氣歸屬於它。東方屬蒼青色，而蒼青色主管肝臟，人長得又長又大，很早就很有智慧，但不能長壽。這個地方適宜種麥子，有很多老虎和豹子。南方，是陽氣積聚的地方，也是暑氣、溼氣所在的地方。生活在南方的人個子修長而頭很尖，長著大口、大眼睛，他們身上的孔竅和耳朵相通，血脈歸屬於它。南方屬於赤色，而赤色主管心臟，這裡的人很早就長得很壯實，但常夭折而亡。這個地區適宜種稻子，出很多兕和大象。西方地勢很高，是河流、山谷產生的地方，也是太陽、月亮下落的地方。生活在西方的人面孔□□，而脊背彎屈，他們長著長頸子，往往昂首而行，身上的孔竅和鼻孔相通，皮膚歸屬於它。西方屬白色，而白色主管肺，這裡的人有勇氣有膽量，但為人不講仁愛。這個地區適宜種黍子，出很多的旄牛和犀牛。北方昏暗不明，是天的封閉之處，也是寒冷的冰塊積聚的地方，是蟄居動物伏藏的地方。生活在北方的人體形萎縮，脖子很短，肩膀很大而尾脊骨很低，他們身上的孔竅和生殖器相通，骨幹歸屬於它。北方屬於黑色，而黑色主管腎，這裡的人為人笨拙而壽命很長。這個地區適宜種豆子，出很多狗和馬。中央可以通向四方，是各種風都能吹到的地方，也是雨露會合的地方。生活在中央地帶的人長著大大的面孔、短短的腮幫，蓄著漂亮的鬍鬚，只是長得過於肥胖，他們身上的孔竅和口相通，皮膚、肌肉歸屬於它。中央屬於黃色，而黃色主管胃，這裡的人聰明、極富才藝，喜歡辦理事情。中央地區適宜種穀子，有很多的牛羊和六畜。

木勝土，土勝水，水勝火，火勝金，金勝木❶，故禾春生秋死❷，菽夏生冬死❸，麥秋生夏死❹，薺冬生而夏死❺。

木壯，水老，火生，金囚❻，土死。火壯，木老，土生，水囚，金死。土壯，火老，金生，木囚，水死。金壯，土老，水生，火囚，木死。水壯，金老，木生，土囚，火死。

音有五聲❼，宮其主❽也。色有五章❾，黃其主❿也。味有五變⓫，甘其主⓬也。位⓭有五材⓮，土其主⓯也。是故鍊⓰土生木，鍊木生火，鍊火生雲⓱，鍊雲生水，鍊水反⓲土。鍊甘生酸，鍊酸生辛，鍊辛生苦，鍊苦生鹹，鍊鹹反甘，變⓳宮生徵，變徵生商，變商生羽，變羽生角，變角生宮。是故以水和土，以土和火，以火化金，以金治木，木復反土。五行相治，所以成器用⓴。

【章旨】這一章說明五行相勝的關係，並用其道理解釋禾、菽、麥、薺之所以生、死於某個季節的原因。並藉以敘說五音、五色、五味、五位（五材）以何為主，以及如何利用五行相治的原理，使五音、五味、五材相生。

【注釋】❶木勝土五句　細說五行相勝（剋）之序。❷禾春生秋死　舊注謂「禾者，木。春，木王（旺）而生；秋，金王而死」。❸菽夏生冬死　舊注謂「豆，火也。夏，火王（旺）而生，冬，水王而死」。❹麥秋生夏死　舊注謂「麥，金也。金王（旺）而生，火王而死也」。❺薺冬生而夏死　舊注謂「薺，水也。水王（旺）而生，土王而死也」。薺，薺菜。草本植物，嫩株可作蔬菜食用，帶花、果的全草可入藥。❻囚　拘禁。❼五聲　指宮、商、角、徵、羽。❽宮其主　舊注謂「(宮)在中央，故為主」。❾五章　指黃、白、黑、青、赤五色。章，彩色。❿黃其主　謂黃為五色之主。⓫五變　指酸、苦、甘、辛、鹹五味。⓬甘其主　甘居五味中，故為其主。⓭位　指東、西、南、北、中的定位。⓮五材　指金、木、水、火、土。

⓯土其主　土為五材之主。⓰鍊　猶治也。⓱鍊火生雲　舊注謂「雲，金氣所生也」。⓲反　同「返」。返回。一作「生」。⓳變　猶化也。⓴器用　器，指兵甲。用，指耒耜等農具。一說器用即謂器皿用具。

【語譯】木能夠勝過土，土能夠勝過水，水能夠勝過火，火能夠勝過金，金能夠勝過木，所以穀子在春天生長而在秋天死亡，豆子在夏天生長而在冬天死亡，麥子在秋天生長而在夏天死亡，薺菜在冬天生長而在夏天死亡。

木強壯時，水就衰老，火便產生，金便被拘禁，土便會死亡。火強壯時，木就衰老，土便產生，水便被拘禁，金便會死亡。土強壯時，火就衰老，金便產生，木便被拘禁，水便會死亡。金強壯時，土就衰老，水便產生，火便被拘禁，木便會死亡。水強壯時，金就衰老，木便產生，土便被拘禁，火便會死亡。音有宮、商、角、徵、羽五聲，宮為五聲之主。色有黃、白、黑、青、赤五種，黃為五色之主。味有酸、苦、甘、辛、鹹五種，甜味為五味之主。東、西、南、北、中五位有木、金、火、水、土五材，土為五材之主。所以治土可以產生木，治木可以產生火，治火可以產生雲，治雲可以產生水，治水可以返回到土。治甜味可以產生酸味，治酸味可以產生辛味，治辛味可以產生苦味，治苦味可以產生鹹味，治鹹味可以返回到甜味。使宮聲變化可以產生徵聲，使徵聲變化可以產生商聲，使商聲變化可以產生羽聲，使羽聲變化可以產生角聲，使角聲變化可以產生宮聲。所以用水可以和土，用土可以和火，用火可以使金變化，用金治木，木又會返回成土。木、水、金、火、土五行相治，便可以形成軍國所用的兵甲和耒耜一類的農具。

凡海外三十六國。自西北至西南方❶，有修股民❷、天民❸、肅慎民❹、白民❺、沃民❻、女子民❼、丈夫民❽、奇股民❾、一臂民❿、三身民⓫。自西南至東南方⓬，有⓭結胷民⓮、羽民⓯、讙頭國民⓰、裸國民⓱、三苗民⓲、交股民⓳、不死民⓴、穿匈民㉑、反舌民㉒、豕喙民㉓、鑿齒民㉔、三頭民㉕、脩臂民㉖。自東南至東北方㉗，有大人國㉘、君子國㉙、黑齒民㉚、玄股民㉛、毛民㉜、勞民㉝。自東北至西北方㉞，有跂踵民㉟、句嬰民㊱、深目民㊲、無腸民㊳、柔利民㊴、一目民㊵、無繼民㊶。

【章旨】這一章介紹海外三十六國。除「天民」、「裸國民」、「豕喙民」外，餘三十三國名均見於《山海經》。

【注釋】❶自西北至西南方　《山海經・海外西經》此句作「海外自西南陬至西北陬者」。經文所述國名順序亦與本書所說相反。❷修股民　舊注謂「脩，長也。股，腳也」。《山海經・海外西經》言「長股之國在雄常（樹名）北，被髮，一曰長腳」。郭璞注云：「國在赤水東也。長臂人身如中人而臂長二（當為『三』）丈，以類推之，則此人腳過三丈矣。黃帝時至。或曰：長腳人常負長臂人入海中捕魚也。」修股民，所屬國亦稱「長脛之國」（《山海經・大荒西經》）。❸天民　舊注謂為「國名」。《山海經》無「天民」，唯《山海經・大荒西經》謂「西北海之外，赤水之西，有先民之國，食穀，使四鳥」，學者以為此「先民」即「天民」之誤。❹肅慎民　屬肅慎國。《山海經・海外西經》云：「肅慎之國在白民北。」又《山海經・大荒北經》言「大荒之中，有山，名曰不咸。有肅慎氏之國」，此當指前者。但文獻記載，古肅慎國或「在玄菟北三千餘里」，或「在夫餘東北千餘里，東濱大海」，言其為「北夷」或「東北夷」，皆與本書所說位於西北異。❺白民　舊注謂「白身民，被髮，髮亦白」。《山海經・海外西經》云：「白民之國在龍魚北，白身被髮。有乘黃，其狀如狐，其背上有角，乘之壽二千歲。」郭璞注謂「其人體洞白（通白）」。❻沃民　《山海經・海外西經》云：「諸夭之野（沃民是處），鸞鳥自歌，鳳鳥自舞；鳳皇卵，民食之；甘露，民飲之，所欲自從也。百獸相與群居。在四蛇北。其人兩手操卵食之，兩鳥居前導之。」❼女子民　舊注謂「其貌無有須，皆如女子也」。而《山海經・海外西經》云：「女子國在巫咸北，兩女子居，水周之。」郭璞云：「有黃池，婦人入浴，出即懷姙矣。若生男子，三歲輒死。」本書「女子民」當如郭說。❽丈夫民　舊注謂「其狀皆如丈夫。衣黃，衣冠帶劍」。而《山海經・海外西經》云：「丈夫國在維鳥北，其為人衣冠帶劍。」郭璞云：「殷帝太戊使王孟採藥，從西王母至此，絕糧，不能進，食木實，衣木皮，終身無妻，而生二子，從形中出，其父即死，是謂丈夫民。」本書「丈夫民」或如郭說。❾奇股民　舊注謂「奇，隻也。股，腳也」。《山海經・海外西經》有「奇肱之國」，言「其人一臂三目，有陰有陽，乘文馬」。又張華《博物志・外國》云：「奇肱民善為拭扛（機巧），以殺百禽。能為飛車，從風遠行。」本書「奇股民」似不同於二書所說之「奇肱民」。❿一臂民　舊注謂「其人一臂一手一鼻孔也」。《山海經・海外西經》謂有「一臂國」，《大荒西經》謂有「一臂民」。郭璞云：「此即半體之人，各有一目、一鼻孔、一臂、一腳。」⓫三身民　舊注謂「蓋一頭有三身」。《山海經・海外西經》云：「三身國，在夏后啟北。」⓬自西南至東南方　《山海經・海外南經》作「海外自西南陬至東南陬者」。二者所述國別順序大致相同。⓭有　原文無此字，依楊樹達校補。⓮結胷民　《山海經・海外南經》云：「結匈（胷）國在其（指滅蒙鳥）西南，其為人結匈。」結匈，或為今所謂「雞胸」。⓯羽民　《山海經・海外南經》云：「羽民國在其（指比翼鳥）東南，其為人長頭，身生羽。」⓰讙頭國民　《山海經・海外南經》云：「讙頭國在其（指畢方鳥）南，其為人人面有翼，鳥喙，方捕魚。一曰在畢方東，或曰讙朱國。」郭璞云：「讙兜，堯臣，有罪，自投南海而死。帝憐之，使其子居南海而祠之。畫亦似仙人也。」⓱裸國民　《呂氏春秋・求人》言「裸民之處」，高誘注謂「裸民，不衣衣裳也」。《三國志・魏志・東夷傳》云：「女王國東渡海千餘里，復有國，皆倭種。又有侏儒國在其南，人長三四尺，去女王四千餘里。又有裸國、黑齒國，復在其東南，船行一年可至。」⓲三苗民　舊注謂「國名也，在豫章之彭蠡」。《山海經・海外南經》云：「三苗國在赤水東。」郭璞云：「昔堯以天下讓舜，三苗之君非之，帝殺之，有苗之民，叛入南海，為三苗國。」⓳交股民　舊注謂「腳相交切」。《山海經・海外南經》言「交脛國在其（指貫胸國）東，其為人交脛」。郭璞云：「言腳脛曲戾相交，所謂雕題、交趾者也。或作『頸』，其為人交頸而行也。」⓴不死民　舊注謂「不食也」。《山海經・海外南經》云：「不死民在其（指交脛國）東，其為人黑色，壽，不死。一曰在穿胸國東。」郭璞云：「有員丘山，上有不死樹，食之乃壽；亦有赤泉，飲之不老。」《山海經・大荒南經》云：「有不死之國，阿姓，甘木（即不死樹）是食。」據此，不死民乃食不死樹或飲赤泉而不死。㉑穿胷民　舊注謂「穿胷，胷前穿孔達背」。《山海經・海外南經》作「貫胷國」，言「其為人匈有竅」。㉒反舌民　舊注謂「語不可知而自相曉。一說舌本在前反（末）嚮喉，故曰反舌也」。《山海經・海外南經》言「岐舌國在其（指不死民）東」。郭璞云：「其人舌皆岐（當作『反』），或云支（反）舌也。」㉓豕喙民　舊注謂「其喙如豕」。㉔鑿齒民　舊注謂「吐一齒出口下，長三尺也」。《山海經・海外南經》云：「羿與鑿齒戰於壽華之野，羿射殺之。」郭璞云：「鑿齒亦人也，齒如鑿，長五六尺，因以名云。」㉕三頭民　舊注謂「身有三頭也」。《山海經・海內西經》云：「服常樹，其上有三頭人，伺琅玕樹。」㉖脩臂民　舊注謂「一國民皆長臂，臂長於身」。《山海經・海外南經》云：「長臂國在其（指周饒國）東，捕魚水中，兩手各操一魚。一曰在焦僥東，捕魚海中。」郭璞云：「舊說云：其人手下垂至地。」㉗自東南至東北方　《山海經・海外東經》作「海外自東南陬至東北陬者」。㉘大人國　舊注謂「東南壚土（黑剛土），故人大也」。《山海經・海外東經》云：「大人國在其（指䃌丘）北，為人大，坐而削船。」㉙君子國　舊注謂「其人衣冠帶劍，食獸，使二文虎也」。《山海經・海外東經》云：「君子國在其（指大人國）北，衣冠帶劍，食獸使二大（文）虎在旁，其人好讓不爭。」㉚黑齒民　舊注謂「其人黑齒，食稻，啖蛇，在湯谷上」。《山海經・海外東經》云：「黑齒國在其（指東極）北，為人黑，食稻啖蛇，一赤一青，在其旁。」㉛玄股民　舊注謂「其股黑，兩鳥夾之」。《山海經・海外東經》云：「玄股之國在其（指湯谷）北，其為人衣魚食鷗（音憂，水鳥），使兩鳥夾之。」郭璞云：「髀以下盡黑，故云。」㉜毛民　舊注謂「其人體半生毛，若矢鏃也」。《山海經・海外東經》言毛民國「一曰在玄股北」。郭璞云：「今去臨海郡東南二千里，有毛人，在大海洲島上，為人短小，面體盡有毛如豬。能穴居，無衣服。」㉝勞民　舊注謂「正（生）理躁擾不定也」。《山海經・海外東經》言勞民國「其為人黑。或曰教（勞）民，一曰在毛民北，為人面目手足盡黑」。郭璞言其人「食果草實也」。㉞自東北至西北方　《山海經・海外北經》作「海外自東北陬至西北陬者」。經文所述國名與本書所言相同者多。㉟跂踵民　舊注謂「踵不至地，以五指行也」。《山海經・海外北經》云：「跂踵國在拘纓東，其為人大，兩足亦大。一曰大踵。」郭璞云：「其人行，腳跟不著地也。」現代學者認為跂踵乃「兩足皆支」。支，分歧、歧出也。㊱句嬰民　《山海經・海外北經》云：「拘纓之國在其（指積石之山）東，一手把纓。一曰利纓之國。」郭璞云：「言其人常以一手持冠纓也。或曰纓宜作癭。」㊲深目民　《山海經・海外北經》云：「深目國在其（指九山）東，為人舉一手一目，在共工臺東。」㊳無腸民　《山海經・海外北經》云：「無腸之國在深目東，其為人長而無腸。」郭璞云：「為人長大，腹內無腸，所食之物直通過。」㊴柔利民　《山海經・海外北經》云：「柔利國在一目東，為人一手一足，反膝，曲足居上。一云留利之國，人足反折。」郭璞謂其人「一腳一手反卷曲也」。㊵一目民　舊注謂「目在面中央」。《山海經・海外北經》云：「一目國在其（指鍾山）東，一目中其面而居。」㊶無繼民　舊注謂「其人蓋無嗣也」。《山海經・海外北經》云：「無䏿（當為啟）之國在長股東，為人無䏿（小腿肚）。」郭璞云「䏿」「音啓，或作綮」。「無䏿」若作「無綮」、「無啟」，自與「無繼」合。

【語　譯】海外一共有三十六個國家。從西北方到西南方，在這個地區內生活著修股國的國民、天民國的國民、肅慎國的國民、白民國的國民、沃民國的國民、女子國的國民，丈夫國的國民、奇股國的國民、一臂國的國民和三身國的國民。從西南方到東南方，在這個地區內生活著結胸國的國民、羽民國的國民、讙頭國的國民、裸國的國民、三苗國的國民、交股國的國民、不死國的國民、穿胸國的國民、反舌國的國民、豕喙國的國民、鑿齒國的國民、三頭國的國民、修臂國的國民。從東南方到東北方，在這個地區內有大人國、君子國，生活著黑齒國的國民、玄股國的國民、毛民國的國民和勞民國的國民。從東北方到西北方，在這個地區內生活著跂踵國的國民、句嬰國的國民、深目國的國民、無腸國的國民、柔利國的國民、一目國的國民和無繼國的國民。

雒棠、武人❶在西北陬，硥魚❷在其南。有神二八❸，連臂❹為帝❺候夜，在其西南方。三珠樹❻在其東北方，有玉樹在赤水之上。昆侖、華丘❼在其東南方，爰有遺玉❽、青馬、視肉❾、楊桃、甘樝❿、甘華⓫、百果所生。和丘⓬在其東北陬，三桑無枝⓭在其西，夸父⓮、耴耳⓯在其北方。夸父棄其策⓰，是為鄧林⓱。昆吾丘⓲在南方，軒轅丘⓳在西方。巫咸⓴在其北方，立登保之山㉑，暘谷㉒、榑桑㉓在東方。有娀㉔在不周之北，長女簡翟㉕，少女建疵。西王母㉖在流沙之瀕㉗。樂民、拏閭㉘在昆侖弱水之洲㉙。三危㉚在樂民西。宵明、燭光㉛在河洲㉜，所照方千里。龍門㉝在河淵㉞。湍池㉟在昆侖。玄燿㊱、不周、申池㊲在海隅㊳。孟諸㊴在沛㊵。少室㊶、太室㊷在冀州㊸。燭龍㊹在雁門北，蔽㊺於委羽之山㊻，不見日，其神人面龍身而無足。后稷壠㊼在建木㊽西，其人死復蘇其半，魚在其間㊾。流黃㊿、沃民在其北方三百里，狗國51在其東。雷澤52有神，龍身人頭，鼓53其腹而熙54。

【章　旨】這一章介紹三十六國以外的國家、地區、高山、大河、大澤、大丘以及某些神仙、人物所處的方位。間或說到某一地方的特產。所說地名、神仙、人物多係古代傳說，不少資料取自《山海經》。

【注　釋】❶雒棠武人　舊注謂「皆日所入之山名也」。❷硥魚　舊注謂「如鯉魚也，有神聖者乘行九野，在無繼民之南」。學者以為「硥魚」即所謂「龍魚」、「陵魚」，均神話傳說中人魚之類。❸二八　原文為「二人」，依蔣禮鴻校改。《山海經・海外南經》云：「有神人二八，連臂，為帝司夜於此野。在羽民東。其為人小頰赤肩，盡十六人。」二八相乘得十六，故後文云「盡十六人」。❹連臂　舊注謂「連臂大呼夜行」。❺帝　指黃帝。❻三珠樹　《山海經・海外南經》云：「三珠樹在厭火北，生赤水上，其為樹如柏，葉皆為珠。一曰其為樹若彗。」郭璞云樹「如彗星狀」。❼華丘　𨁟丘。《山海經・海外北經》所記「平丘」和《山海經・海外東經》所記「𨁟丘」均與「華丘」所產之物相同，畢沅、郝懿行、王念孫均以為「華丘」即「平丘」，袁珂從「華丘」所處方位斷定其為「𨁟丘」，今從袁說。❽遺玉　《說文解字》釋「瑿」謂「遺玉也」。郭璞謂「遺玉，玉石」。吳任臣則云：「遺玉即瑿玉，琥珀千年為瑿。」❾視肉　舊注謂「其人不知言也」。《山海經》中數次言及「視肉」，郭璞云其為「聚肉，形如牛肝，有兩目也。食之無盡，尋復更生如故」。實當為獸名，或如《玄中記》所云之牛：「大月氏及西胡，有牛名曰日反，今日割取其肉三四斤，明日其肉已復，創即愈也。」❿甘樝　即「甘柤（音渣）」。《山海經・大荒南經》云：「有蓋猶之山者，其上有甘柤，枝幹皆赤，黃葉，白華，黑實。」郭璞注《爾雅》釋「樝」，謂其「似梨而酢澀」。甘樝之味當不同於常樝。⓫甘華　傳說中的植物名。《山海經・大荒南經》言（蓋猶之山）「東又有甘華，枝幹皆赤，黃葉」。⓬和丘　山名。舊注謂「四方而高曰丘。鸞所自歌，鳳所自舞，故曰和丘。在無繼民東北陬也」。⓭三桑無枝　樹名。《山海經・北山經》云：「至於洹山，其上多金玉。三桑生之，其樹皆無枝，其高百仞。」可見「三桑無枝」實即無枝之三桑，因其特點而名之。⓮夸父　夸父國。即「博父國」。《山海經・海外北經》云：「博父國在聶耳東，其為人大，右手操青蛇，左手操黃蛇。鄧林在其東，二樹木，一曰博（夸）父。」⓯耴耳　耴耳國。即聶耳國。耴耳，耳垂在肩上。故《山海經・海外北經》徑作「聶耳」，言「聶耳之國在無腸國東，使兩文虎，為人兩手聶（以手攝持）其耳。縣居海水中」。原文「耴」作「耽」，依王念孫校改。⓰夸父棄其策　《山海經・海外北經》云：「夸父與日逐走，入日。渴欲得飲，飲於河、渭；河、渭不足，北飲大澤（指西海）。未至，道渴而死。棄其杖，化為鄧林。」郭璞云：「夸父者，蓋神人之名也。」⑰鄧林　桃林。鄧、桃音相近。《山海經・中山經》即云「夸父之山，北有桃林」。又「鄧林」樹大，為「二樹木」（《山海經・海外北經》），二樹而成林，可見其大。⑱昆吾丘　《山海經・海內經》言「南海之外」「有九丘，以水絡之」，其一為「昆吾之丘」。郭璞云：「此山出名金也。」昆吾為古諸侯號。本書舊注謂「昆吾，楚之祖祝融之孫，陸終之子，為夏伯也。《詩》云：『昆吾夏桀』也」。⑲軒轅丘　《山海經・西山經》云：「（玉山）西四百八十里，曰軒轅之丘，無草木，洵水出焉。」郭璞云：「黃帝居此丘，娶西陵氏女，因號軒轅丘。」⑳巫咸　為古代傳說中十神巫之一，知天道，明吉凶。文中指巫咸國，其國為群巫所居之國。《山海經・海外西經》云：「巫咸國在女丑北。」㉑登保之山　即登葆山。為群巫下宣神旨、上達民情、來往天地之間升降之天梯。㉒暘谷　即湯谷。舊注謂「日之所出也」。㉓榑桑　舊注謂「在登保之山東北方也」。榑桑，即扶桑。又名若木，神木名。《山海經・海外東經》言「湯谷上有扶桑，十日所浴，在黑齒北」。㉔有娀　國名。㉕簡翟　殷契之母。與下文「建疵」舊注謂「簡翟、建疵姊妹二人在瑤臺，帝嚳之妃也。天使玄鳥降卵，簡翟吞之以生契，是為玄王，殷之祖也」。㉖西王母　此處指西王母所居之處玉山。《山海經・西山經》云：「玉山，是西王母所居也。西王母其狀如人，豹尾虎齒而善嘯，蓬髮戴勝（玉勝），是司天之厲及五殘。」㉗流沙之瀕　沙漠邊。㉘樂民拏閭　均為古國名。㉙弱水之洲　在弱水中。弱水具體方位如《山海經・大荒西經》所云：「西海之南、流沙之濱、赤水之後、黑水之前，有大山，名曰昆侖之丘。其下有弱水之淵環之，其外有炎火之山，投物輒然（燃）。」㉚三危　西極之山名。㉛宵明燭光　二女子名。傳說為舜妻所生。《山海經・海內北經》云：「舜妻登比氏（舜有三妃，另二妃為娥皇、女英）生宵明、燭光，處河大澤，二女之靈能照此所方百里。」㉜河洲　當指今黃河上游（河套一帶）河中之洲。㉝龍門　即河津。在今陝西省韓城縣與山西省河津縣之間。傳說龍門是大禹用神斧劈開的，故又稱禹門口。黃河水至此被鉗制在人稱「八十步」寬的狹窄門道裡，浪石相激，甚為壯觀。㉞河淵　當指龍門上六十公里之壺口。壺口黃河落差極大，是處河岸高一百五十公尺，河水下跌形成約二十公尺高的大型瀑布，河床底部為一深槽，水深如淵。㉟湍池　池名。池當因水流湍急得名。㊱玄燿　水名。一曰山名。㊲申池　池名。㊳海隅　古代北方藪澤名。㊴孟諸　古代藪澤名。在今河南省商丘縣東北。㊵沛　漢初郡名。治所在相縣（今安徽省濉溪縣西北），孟諸澤漢屬沛郡。㊶少室　中嶽嵩山的一個山峰。主峰為玉寨峰。㊷太室　嵩山另一山峰名。太室山居東，少室山居西，相距約十公里。二室位於今河南省登封縣北部。㊸冀州　古九州之一。今河南省北部古屬冀州。㊹燭龍　又名燭陰。神名。舊注謂「龍銜燭以照太陰，蓋長千里，視為晝，瞑為夜，吹為冬，呼為夏」。㊺蔽　至。㊻委羽之山　舊注謂「委羽，北方山名也」。一云：

「在北極之陰，不見日也。」㊼后稷壠　后稷，周的始祖。名棄，為舜農官，封於邰。壠，冢。《山海經・海內經》云：「西南黑水之間，有都廣之野，后稷葬焉。爰有膏菽、膏稻、膏黍、膏稷，百穀自生，冬夏播琴（種）。」都廣，一作「廣都」。楊慎說廣都即今成都，曹學佺認為其在今成都附近雙流縣境。㊽建木　神樹名。舊注謂「建木在都廣」。《山海經》言弱水畔、九丘上長有此樹。㊾魚在其間　舊注謂「南方人死復生，或化為魚，在都廣建木間」。㊿流黃　傳說中的古國名。《山海經・海內西經》云：「流黃酆氏之國，中方三百里，有塗四方，中有山，在后稷葬西。」51狗國　傳說中的古國名。《山海經》中稱為「犬封國」、「犬戎國」。52雷澤　震澤。即太湖。《山海經・海內東經》云：「雷澤中有雷神，龍身而人頭，鼓其腹。在吳西。」53鼓　擊。《史記・五帝本紀》正義引《山海經・海內東經》云：「雷澤有雷神，龍首人頰，鼓其腹則雷。」54熙　玩樂。

【語　譯】雒棠、武人在西北角，硥魚在無繼民之南。有十六位神人，臂連臂為黃帝守夜，就在無繼民的西南方。三珠樹生長在無繼民的東北方，有五瓊玉樹生長在赤水邊。崑崙、華丘在它的東南方，那裡有遺玉、青馬、視肉、楊桃、甘櫨、甘華，是各種果子出產的地方。和丘在無繼民的東北角，三桑無枝長在它的西邊。夸父國、耴耳國在它的北方。夸父扔掉它的手杖，這手杖便成了桃林。昆吾丘在南方，軒轅丘在西方。巫咸國在它的北方。登上登保山，就會看見暘谷、榑桑在山的東方。有娀國位於不周山的北方。大女兒簡翟、小女兒建疵住在那裡。西王母所在的玉山位於沙漠邊。樂民國、拏閭國在崑崙山下弱水（沙）洲上。三危山位於樂民國之西。宵明、燭光二女子生活在河洲上，她們所照耀的地方有一千平方里。龍門位於黃河深淵處，湍池在崑崙。玄耀山、不周山、申池在海隅藪澤範圍內。孟諸澤位於沛郡。少室山、太室山位於冀州。燭龍神在雁門山之北。至於委羽山，更是看不見太陽。山神長著人的面孔、龍的身子而沒有腳。后稷的墳墓位於建木之西，住在那裡的人民死了還會有一半的人蘇醒過來，其中有些人會化為魚。流黃國、沃民國在后稷墳墓北方三百里以外的地域，狗國在它的東邊。雷澤裡有神，長著龍的身子和人一樣的頭，在那裡拍打著肚皮玩樂。

江出岷山[1]，東流絕漢[2]入海，左還[3]北流，至於開母[4]之北，右還東流，至於東極。河出積石[5]，睢[6]出荊山[7]。淮[8]出桐柏山[9]。睢[10]出羽山[11]。清漳[12]出楬戾[13]，濁漳[14]出發包[15]。濟[16]出王屋[17]。時[18]、泗[19]、沂[20]出臺、台、術[21]。洛[22]出獵山[23]。汶[24]出弗其[25]，西[26]流合於濟。漢出嶓冢[27]。涇[28]出薄落之山[29]。渭出鳥鼠同穴[30]。伊[31]出上魏[32]。雒[33]出熊耳。浚[34]出華竅[35]。維[36]出覆舟[37]。汾[38]出燕京[39]。衽[40]出濆熊[41]。淄[42]出目飴[43]。丹水出高褚[44]。股[45]出嶕山[46]。鎬[47]出鮮于[48]。涼[49]出茅盧、石梁[50]。汝[51]出猛山[52]。淇[53]出大號[54]。晉[55]出結絀[56]。合[57]出封羊[58]。遼[59]出砥石[60]。釜[61]出景[62]。岐[63]出石橋[64]。呼沱[65]出魯平[66]。泥塗淵[67]出樠山[68]。維溼[69]北流出於燕。

【章旨】這一章介紹長江、黃河等三十七條水道的發源地，並對少數河流的流向作了說明。其中許多說法尚合於今日地理實際情況。

【注釋】[1]岷山　位於四川省松潘縣北，為長江、黃河分水嶺。岷江、嘉陵江發源於岷山，古代長期以其為長江之源。江自四川省宜賓縣稱長江，其最上源稱沱沱河，出於唐古拉山脈各拉丹冬雪山。[2]絕漢　經過漢水。漢水為長江最大支流，在武漢市龜山東麓注入長江。[3]還　轉。[4]開母　山名。在東海中。[5]積石　山名。即大雪山。位於青海省南部、延伸至蘭州市西南一帶。相傳黃河伏流地中，禹自此導河而出。[6]睢　水名。《山海經・中山經》云：「荊山之首，曰景山，其上多金玉，其木多杼檀，睢水出焉，東南流注於江，其中多丹粟，多文魚。」[7]荊山　此指北條荊山。在陝西省富平縣西南。[8]淮　淮水。古四瀆之一。❾桐柏山　山在今河南省桐柏縣西南。❿睢　古水名。其河道綿延於豫、皖之間，今或為他水所佔，或湮沒無存，下游在皖，斷斷續續，入於淮河。⓫羽山　地望不明。《山海經・南山經》云：「(堯光之山) 東三百五十里，曰羽山，其下多水，其上多雨，無草木，多蝮虫。」⓬清漳　水名。其東源出於今山西省昔陽縣西南，西源出於今山西省和順縣八賦嶺，二源合於左權縣。⓭楬戾　山名。在今山西省長治市一帶。舊屬上黨治。⓮濁漳　水名。一名潞水。水有三源：南源出於山西省長子縣西南發鳩山。北源出於榆社縣北，西源出於沁縣西北千峰嶺。三源匯合後東南流，至河北省涉縣合漳鎮與清漳河匯為漳河，又東流至大名縣入衛河。⓯發包　山名。一名發鳩山、鹿苦山，在山西省長子縣。⓰濟　水名。其上游在黃河北，中、下游在黃河南。上源出於河南省濟源縣西王屋山。⓱王屋　山名。王屋山在今河南省濟源縣西、山西省陽城縣南、垣曲縣東南一帶。山有三重，其狀如屋，故名。⓲時　時水。水黑，故又名黑水、烏河。源出山東省臨淄縣西南矮槐樹。⓳泗　水名。源出山東省泗水縣東蒙山。⓴沂　水名。源出山東省沂源縣魯山。㉑臺台術　舊注謂「皆山名，處則未聞也」。㉒洛　水名。指北洛河。源出陝西省定邊縣東南部。㉓獵山　地望不詳。舊注謂「在北地西北夷中」。㉔汶　水名。此處指大汶河，河源出山東省萊蕪縣東北七十里之原山（一名馬耳山）。㉕弗其　山名。舊注謂「在北海朱虛縣東」。俞樾以為即「馬耳」之誤。㉖西　原文無此字，依劉文典校補。㉗嶓冢　山名。在今甘肅省天水縣、禮縣一帶。㉘涇　水名。水有二源：南源出甘肅省華亭縣，北源出甘肅省平涼縣，二源合於涇川縣，至高陵南入渭水，㉙薄落之山　一名笄頭山。在甘肅省平涼縣西。㉚鳥鼠同穴　山名。舊注謂「在隴西省首陽西南，渭水所出，東會於灃，又入河，雝州川也」。《山海經・西山經》：「(邽山) 西二百二十里，曰鳥鼠同穴之山。」郭璞注云：「今在隴西首陽縣西南山，有鳥鼠同穴，鳥名曰鵌，鼠名曰鼵。鼵如人家鼠而短尾，鵌似燕而黃色。穿地入數尺，鼠在內，鳥在外而共處。」㉛伊　水名。源出河南省盧氏縣東南之熊耳山，流至偃師縣入洛河。㉜上魏　舊注謂「山名，處則未聞」。㉝雒　水名。即洛河。源出山西省洛南縣，沿熊耳山東南流入黃河。㉞浚　古水名。流經今開封市、浚縣、濮陽市一帶，早已湮滅。㉟華竅　山名。地望不詳。㊱維　水名。即濰河，源出今山東省五蓮縣西南之箕屋山。㊲覆舟　山名。當指箕尾山。㊳汾　水名。即汾河。㊴燕京　舊注謂「山名也。在太原汾陽，汾水所出」。汾水源出山西省寧武縣管涔山。或謂燕京山即管涔山。㊵祍　當為古水名。地望不詳。㊶澮熊　當為山名。地望不詳。㊷淄　水名。源出山東省萊蕪縣魯山。㊸目飴　當為山名。地望不詳。㊹高褚　山名。即今陝西省商縣冢領山，為丹水源頭所在地。㊺股　水名。王引之以為「股水」為「般水」之誤。般水源出今山東省淄博市、淄川縣一帶。㊻嶕山　地望不詳。㊼鎬　當為水名。地望不詳。㊽鮮于　當為山名。地望不詳。㊾涼　當為水名。地望不詳。㊿茅盧石梁　當為山名。地望不詳。51汝　水名。源出河南省魯山縣大盂山，流至汝南縣入淮河。52猛山　山名。舊注謂「一名高陵山，在汝南定陵縣，汝水所出，東南至新蔡入淮」。53淇　水名。位於河北省北部，源出河南省林縣東南之淇山。54大號　山名。即淇山。《山海經・北山經》稱「沮洳之山」，言其山「無草木，有金玉。濝（淇）水出焉，南流注於河」。55晉　水名。源出山西省太原市西南懸甕山，分北、中、南三渠流入汾河。56結紬　山名。即懸甕山。原文作「結給」，依王引之校改。57合　水名。源出陝西省合陽縣北，東南向流入黃河。58封羊　山名。地望不詳。59遼　水名。即遼河，又稱巨流河。河有二源：東遼河源出吉林省東遼縣薩哈嶺；西遼河上游為西拉木倫河，源出內蒙克什克騰旗西南白岔山。兩河匯合於遼寧省昌圖縣靠山屯稱遼河，西南向流至盤山灣注入渤海。60砥石　山名。地望不詳。舊注謂「山名，在塞外，遼水所出，南入海」。61釜　水名。即今之滏陽河。源出今河北省磁縣西北之釜山。62景　山名。景山即釜山。舊注謂「在邯鄲西南，釜水所出，南澤（流）入漳，其原浪沸湧，正勢如釜中湯，故曰釜，今謂之釜口」。63岐　水名。源出今陝西省鳳翔縣一帶。64石橋　當為山名。地望不清。65呼沱　河名。即滹沱河。源出山西省繁峙縣東之泰戲山。66魯平　當為山名。地望不詳。67泥塗淵　當為水名。地望不詳。68橫山　地望不詳。69維溼　當為水名。地望不詳。一說維溼當為「維灅」，灅水為古水名，即今河北省遵化縣之沙河，源出河北省東北部。

【語　譯】長江的源頭出於岷山，江水東流經過漢水注入海中。入海後向左轉朝北流去，一直流到開母山的北面，又向右轉朝東流去，一直流到東方極遠處。黃河的源頭出於積石山，睢水的源頭出於荊山。淮河的源頭出於桐柏山。睢水的源頭出於羽山。清漳河的源頭出於楬戾山，濁漳河的源頭出於發包山。濟水的源頭出於王屋山。時水、泗水、沂水的源頭分別出於臺山、台山和術山。洛河的源頭出於獵山。大汶河的源頭出於弗其山，向西流去與濟水相合。漢水的源頭出於嶓冢山。涇水的源頭出於薄落山。渭水的源頭出於鳥鼠同穴山。伊水的源頭出於上魏山。雒水的源頭出於熊耳山。浚水的源頭出於華竅山。維水的源頭出於覆舟山。汾河的源頭出於燕京山。衽水的源頭出於濆熊山。淄水的源頭出於目飴山。丹水的源頭出於高褚山。股水的源頭出於嶕山。鎬水的源頭出於鮮于山。涼水的源頭出於茅盧山、石梁山。汝水的源頭出於猛山。淇水的源頭出於大號山。晉水的源頭出於結紬山。合水的源頭出於封羊山。遼河的源頭出於砥石山。釜河的源頭出於景山。

岐水的源頭出於石橋山。呼沱河的源頭出於魯平山。泥塗淵的源頭出於樠山，維溼（河）向北流去，其源頭出於燕山。

諸稽、攝提❶，融風❷之所生也。通視❸，明庶風❹之所生也。赤奮若❺，清明風❻之所生也。共工❼，景風❽之所生也。諸比❾，涼風❿之所生也。皋稽⓫，閶闔風⓬之所生也。隅強⓭，不周風⓮之所生也。窮奇⓯，廣莫風⓰之所生也。

【章　旨】這一章介紹八風所生的神，顯露出八風、八神、八方和八卦的對應關係。

【注　釋】❶諸稽攝提　天神名。主管東北方。❷融風　即東北風。為艮卦之所生。原文為「條風」，依楊樹達校改。❸通視　天神名。主管東方。❹明庶風　即東風。為震卦之所生。❺赤奮若　天神名。主管東南方。❻清明風　即東南風。為巽卦之所生。❼共工　古天神名。相傳為祝融之子，主管南方。❽景風　即南風。為離卦之所生。❾諸比　天神名。主管西南方。❿涼風　即西南風。為坤卦之所生。⓫皋稽　天神名。主管西方。⓬閶闔風　即西風。為兌卦之所生。⓭隅強　天神名。主管西北方。⓮不周風　即西北風。為乾卦之所生。⓯窮奇　天神名。主管北方。⓰廣莫風　即北風。為坎卦之所生。

【語　譯】天神諸稽、攝提，是東北方融風所產生的。天神通視，是東方明庶風所產生的。天神赤奮若，是東南方清明風所產生的。天神共工，是南方景風所產生的。天神諸比，是西南方涼風所產生的。天神皋稽，是西方閶闔風所產生的。天神隅強，是西北方不周風所產生的。天神窮奇，是北方廣莫風所產生的。

胈□❶生海人❷，海人生若菌❸，若菌生聖人，聖人生庶人❹。凡胈者❺生於庶人。

羽嘉[6]生飛龍[7]，飛龍生鳳皇，鳳皇生鸞鳥[8]，鸞鳥生庶鳥[9]。凡羽者生於庶鳥。

毛犢[10]生應龍[11]，應龍生建馬[12]，建馬生麒麟，麒麟生庶獸[13]。凡毛者生於庶獸。

鱗薄[14]生蛟龍，蛟龍生鯤鯁[15]，鯤鯁生建邪[16]，建邪生庶魚。凡鱗者生於庶魚。

介潭[17]生先龍[18]，先龍生玄黿[19]，玄黿生靈龜[20]，靈龜生庶龜[21]。凡介者生於庶龜。

煖溼生胈[22]，煖溼生於毛風[23]，毛風生於溼玄[24]，溼玄生羽風[25]，羽風生煗介[26]，煗介生鱗薄，鱗薄生介潭[27]。

五類[28]雜種興乎外[29]，肖[30]形而蕃[31]。

日馮[32]生陽閼[33]，陽閼生喬如[34]，喬如生榦木[35]，榦木生庶木。凡木者[36]生於庶木。

招搖[37]生程若[38]，程若生玄玉[39]，玄玉生醴泉[40]，醴泉生皇辜[41]，皇辜生庶草。凡根茇草者[42]生於庶草。

海閭[43]生屈龍[44]，屈龍生容華[45]，容華生蔈[46]，蔈生藻[47]，藻生浮草。凡浮生不根茇者生於藻。

【章　旨】這一章介紹人類和羽類動物、毛類動物、鱗類動物、介類動物的來源，介紹木本植物、草本植物（包括藻類）的來源。講到某類動物或植物時，都設想出一個始祖或原生物。講到人類或各類動物後，還說到各類相生的關係。其說多取自傳說，未必合於事實。

【注　釋】❶胈□　本為人體腳腿上的細毛，這裡指人類先祖。按下列句式推斷，「胈」下當脫一字。又原文「胈」作「窔」，依俞樾校改。❷海人　海上捕魚之人。❸若菌　人類祖先。❹庶人　眾多的人。❺胈者　生胈者。指人。❻羽嘉　羽族動物的始祖。❼飛龍　飛龍有翼，羽族動物的祖先。❽鸞鳥　鳳凰一類的神鳥。《山海經・西山經》言女床之山「有鳥焉，其狀如翟（尾巴長的野雞）而五采文，名曰鸞鳥，見則天下安寧」。❾庶鳥　眾多的鳥。❿毛犢　獸類始祖。⓫應龍　毛族獸類動物的先祖。《山海經・大荒東經》云：「大荒東北隅中，有山名曰凶犁土丘。應龍處南極，殺蚩尤與夸父，不得復上。故下數旱，旱而為應龍之狀，乃得大雨。」郭璞注云「應龍，龍有翼者也」。⓬建馬　麒麟之祖。⓭庶獸　眾多獸類動物。⓮鱗薄　鱗族動物的始祖。原文為「介鱗」，依俞樾校改。⓯鯤鯁　大魚名。⓰建邪　魚名。庶魚之祖。⓱介潭　龜類動物的始祖。⓲先龍　龜類動物之祖。⓳玄黿　即蜥蜴、蠑螈一類爬蟲。⓴靈龜　龜的一種。《爾雅・釋魚》云：「一曰神龜，二曰靈龜。」注曰：「涪陵郡出大龜，甲可以卜，緣中文似蝳蝐，俗呼為靈龜。」㉑庶龜　眾多的龜。㉒胈　原文為「容」，依下文句意校改。㉓毛風　為人類及毛族獸類之祖。㉔溼玄　為人類及所有動物的共同祖先。㉕羽風　為羽族、鱗族動物的先祖。㉖煗介　即「煖介」。為鱗族動物始祖之祖。㉗介潭　原文為「煖介」，依上文句意校改。㉘五類　指人類、羽類、毛類、鱗類和介類。㉙興乎外　調「五類雜種」的產生系統在「五類」系統之外。興，興起；產生。㉚肖　像。㉛蕃　繁殖。㉜日馮　樹木的先祖。㉝陽閼　樹木之祖。㉞喬如　高樹之名。㉟榦木　樹名。柘樹。㊱木者　原文上有「根拔」二字，依王念孫校刪。㊲招搖　原文為「根拔」，依王念孫校改。㊳程若　草木植物之祖。㊴玄玉　此為草本植物名。㊵醴泉　不詳。㊶皇辜　不詳。㊷根茇草者　指生根於地的草本植物。茇，草根。㊸海閭　浮草的先祖。㊹屈龍　又稱「游龍」。草名。即馬蓼草。其枝葉彎曲如龍。舊注謂「游龍鴻也」。㊺容華　芙容草花。㊻蕈　舊注謂「流也，無根水中草」。㊼藻　原文此句連同以下各句中「藻」前均有「萍」字，依王念孫校刪。

附：本章所言人類、動物、植物來源流變圖

煖溼↓ → 胈↓海人↓若菌↓聖人↓庶人↓胈者（人類）

毛風↓ → 羽嘉↓飛龍↓鳳皇↓鸞鳥↓庶鳥↓羽者（羽類）

溼玄 ↙ ↘ 毛風 → 毛犢↓應龍↓建馬↓麒麟↓庶獸↓毛者（毛類）

羽風↓ → 介潭↓先龍↓玄黿↓靈龜↓庶龜↓介者（介類）

煩介↓ → 鱗薄↓蛟龍↓鯤鯁↓建邪↓庶魚↓鱗者（鱗類）

木本植物↓ 日馮↓陽閼↓喬如↓榦木↓庶木↓木者

草本（草類）↓ 招搖↓程若↓玄玉↓醴泉↓皇辜↓庶草↓根茇草者

植物（藻類）↓ 海閭↓屈龍↓容華↓蔈↓藻↓浮草↓浮生不根茇者

【語譯】胈□生出海上的捕魚人，海上的捕魚人生出若菌，若菌生出聖人，聖人生出眾多的人。凡是腿上長有細毛的人類都是由眾多的人生出的。

羽嘉生出飛龍，飛龍生出鳳皇，鳳皇生出鸞鳥，鸞鳥生出眾多的鳥。凡是長有羽毛的動物都是由眾多的鳥生出的。

毛犢生出應龍，應龍生出建馬，建馬生出麒麟，麒麟生出眾多的野獸。凡是長毛的動物都是由眾多的野獸生出的。

鱗薄生出蛟龍，蛟龍生出鯤鯁，鯤鯁生出建邪，建邪生出眾多的魚。凡是長鱗的動物都是由眾多的魚生出的。

介潭生出先龍，先龍生出玄黿，玄黿生出靈龜，靈龜生出眾多的龜。凡是長有介殼的動物都是由眾多的龜生出的。

煖溼生出肞，而煖溼是由毛風生出的，毛風是由溼玄生出的，溼玄又生出羽風，羽風生出煗介，煗介生出鱗薄，鱗薄生出介潭。

五類雜種產生在五類的系統之外，牠們和父、母的形體相像而繁殖下去。

日馮生出陽閼，陽閼生出喬如，喬如生出榦木，榦木生出眾多的樹木。凡是木本植物都是由眾多的樹木生出的。

招搖生出程若，程若生出玄玉，玄玉生出醴泉，醴泉生出皇辜，皇辜生出眾多的草。凡是根長進地裡的草本植物都是由眾多的草生出的。

海閭生出屈龍，屈龍生出容華，容華生出蔈，蔈生出藻，藻生出浮在水面的草。凡是根沒有長進地裡的草都是由藻生出的。

正土❶之氣，御❷乎埃天❸。埃天五百歲生缺❹，缺五百歲❺生黃澒❻，黃澒五百歲生黃金❼，黃金千歲生黃龍，黃龍入藏生黃泉❽。黃泉之埃上為黃雲，陰陽相薄❾為雷，激揚為電，上者就❿下，流水就通，而合於黃海⓫。

偏土⓬之氣，御乎青天⓭。青天八百歲生青曾⓮，青曾八百歲生青澒⓯，青澒八百歲生青金⓰，青金千歲⓱生青龍，青龍入藏生青泉，青泉之埃上為青雲，陰陽相薄為雷，激揚為電，上者就下，流水就通，而合於青海⓲。

牡土⓳之氣，御於赤天⓴。赤天七百歲生赤丹㉑，赤丹七百歲生赤澒㉒，赤澒七百歲生赤金㉓，赤金千歲生赤龍，赤龍入藏生赤泉，赤泉之埃上為赤雲，陰陽相薄為雷，激揚為電，上者就下，流水就通，而合於赤海㉔。

弱土㉕之氣，御於白天㉖。白天九百歲生白礜㉗，白礜九百歲生白澒㉘，白澒九百歲生白金㉙，白金千歲生白龍，白龍入藏生白泉，白泉之埃上為白雲，陰陽相薄為雷，激揚為電，上者就下，流水就通，而合於白海㉚。

牝土㉛之氣，御於玄天㉜。玄天六百歲生玄砥㉝，玄砥六百歲生玄澒㉞，玄澒六百歲生玄金㉟，玄金千歲生玄龍，玄龍入藏生玄泉，玄泉之埃上為玄雲，陰陽相薄為雷，激揚為電，上者就下，流水就通，而合於玄海㊱。

【章　旨】這一章細說五土之氣所產生的變化，其思路大體如下：即某方之土所具之氣控制某天，某天過若干時日產生某種礦物，某種礦物過若干時日產生某種色彩的汞，汞又過若干時日化成某種色彩的金，金過若干時日生出某種色彩的龍，龍入藏地下又生出某種色彩的泉水，而泉上之氣升為某種色彩的雲，經過風雷激蕩，最後變成水合於某方之海。簡言之，即為：五土→五氣→五天→五種礦物→五澒（汞）→五金→五龍→五泉→五雲→五海。這種說法是建立在陰陽五行說的基礎上的。作者以土氣生變為出發點，敘說客觀物質生成過程中相互轉化的關係，有一定的道理，但所述種種細節，未必盡合事實。

【注　釋】❶正土　中央之土。❷御　控制。原文上有「也」字，依王念孫校刪。❸埃天　正土之氣上至空中即稱埃天。一說埃天指中央之天。土霧稱埃，又白氣似雲而薄稱埃。❹缺　同「砄」。石頭名。❺五百歲　原文下有「生黃埃，黃埃五百歲」

數字，依王念孫校刪。❻黃澒　黃汞；黃色水銀。澒，同「汞」。❼黃金　舊注謂「石名也。中央數五，故五百歲而一化」。❽黃泉　舊注謂「黃龍之汋（自然流出之水）也」。❾薄　逼迫。❿就　靠近。⓫黃海　中央之海。⓬偏土　方土（各地方之土）。此指東方之土。⓭青天　原文為「清天」，依王念孫校改。青天在東方上空。⓮青曾　一名曾青。青色礦物，即天然硫酸銅。可供繪畫及冶化金屬用，道士常以其為煉丹的藥品。⓯青澒　青色水銀。⓰八百歲生青金　舊注謂「東方木，色青，其數八，故八百歲而一化」。⓱千歲　原文為「八百歲」，依王念孫校改。⓲青海　東方之海。⓳牡土　指南方之土。原文為「壯土」，依王念孫校改。⓴赤天　南土之氣升至空中稱赤天。一說指南方之天。㉑赤丹　朱砂。㉒赤澒　紅色水銀。㉓七百歲生赤金　舊注謂「南方火，其色赤，其數七，故七百歲而一化」。㉔赤海　南方之海。㉕弱土　西方之土。㉖白天　西土之氣升至空中稱白天。一說白天為西方之天。㉗白礜　白色礦石名。有毒，其生於山，則草木不生，霜雪不積；生於水，水不冰凍。㉘白澒　白色水銀。㉙九百歲生白金　舊注謂「西方金，色白，其數九，故九百歲而一化」。㉚白海　西方之海。㉛牝土　北方之土。㉜玄天　北土之氣升至空中稱玄天。一說玄天指北方之天。㉝玄砥　一種黑色礦石。㉞玄澒　黑色水銀。㉟六百歲生玄金　舊注謂「北方水，其色黑，其數六，故六百歲而一化」。玄金為鐵之別名，與黑金、烏金同。㊱玄海　北方之海。

【語　譯】中央正土之氣，控制著埃天。埃天經過五百年而產生缺，缺經過五百年產生黃澒，黃澒經過五百年產生黃金，黃金經過一千年產生黃龍，黃龍藏入地下產生黃泉。黃泉之霧上升為黃雲，陰陽相互逼迫而形成雷，激揚奮發而成為雹，埃天之氣從天上流下，形成水，全都流進了黃海之中。

東方偏土之氣，控制著青天。青天經過八百年產生青曾，青曾經過八百年產生青澒，青澒經過八百年產生青金，青金經過一千年產生青龍，青龍藏入地下產生青泉，青泉之霧上升為青雲，陰陽相互逼迫而形成雷，激揚奮發而成為雹，青天之氣從天上流下，形成水，全都流進了青海之中。

南方牡土之氣，控制著赤天。赤天經過七百年產生赤丹，赤丹經過七百年產生赤澒，赤澒經過七百歲產生赤金，赤金經過一千年產生赤龍，赤龍藏入地下產生赤泉，赤泉之霧上升為赤雲，陰陽相互逼迫而成為雷，激揚奮發而成為雹，赤天之氣從天上流下，形成水，全都流進了赤海之中。

西方弱土之氣，控制著白天。白天經過九百年產生白礜，白礜經過九百年產生白澒，白澒經過九百年產生白金，白金經過一千年產生白龍，白龍藏入地下產生白泉，白泉之霧上升為白雲，陰陽相互逼迫而形成雷，激揚奮發而成為電，白天之氣從天上流下，形成水，全都流進了白海之中。

北方牝土之氣，控制著玄天。玄天經過六百年產生玄砥，玄砥經過六百年產生玄澒，玄澒經過六百年產生玄金，玄金經過一千年產生玄龍，玄龍藏入地下產生玄泉，玄泉之霧上升為玄雲，陰陽相互逼迫而形成雷，激揚奮發而成為電，玄天之氣從天上流下，形成水，全都流進了玄海之中。

卷五

時則

【題解】「時則」即四時之法則，或稱十二月之常法。所謂常法既包括十二月寒暑變化、動植物生長的規律，也包括天子治國每月應該施行的政令。而政令是不能違背寒暑變化和動植物生長的規律的。就這個意義上說，「時則」和後來《禮記》中「月令」的涵義是相近的。它們講每月的天文、氣象，動植物的生長、農事活動的安排，以及天子的衣食住行和該須發的政令，都是為天子施政提供可效法的準則。和「月令」被稱為「明堂陰陽記」一樣，「時則」也可稱為「明堂之制」。

孟春之月❶，招搖指寅❷，昏❸參❹中❺，旦尾❻中。其位東方❼，其日甲乙❽，盛德在木❾。其蟲❿鱗⓫。其音角⓬。律中太蔟⓭。其數八⓮。其味酸⓯，其臭羶⓰。其祀戶⓱。祭先脾⓲。東風⓳解凍，蟄蟲始振蘇⓴，魚上負冰㉑，獺祭魚㉒，候雁㉓北。

天子衣青衣，乘蒼龍[24]，服蒼玉[25]，建青旗[26]，食麥與羊[27]，服八風水[28]，爨萁燧火[29]。東宮[30]御女[31]青色[32]，衣青采，鼓琴瑟[33]。其兵[34]矛[35]，其畜羊[36]。朝於青陽左个[37]，以出春令[38]。布德施惠[39]，行慶賞[40]，省徭賦[41]。

立春之日[42]，天子親率三公[43]九卿[44]大夫[45]以迎歲[46]於東郊[47]。修除祠位[48]，幣禱[49]鬼神[50]，犧牲用牡[51]。禁伐木[52]。毋覆巢、殺胎夭[53]，毋麛[54]毋卵[55]。毋聚眾[56]、置城郭[57]，掩骼[58]薶骴[59]。

孟春行夏令[60]，則風雨不時[61]，草木早落，國乃有恐[62]。行秋令[63]，則其民大疫[64]，飄風暴雨總至，黎莠蓬蒿並興[65]。行冬令，則水潦為敗[66]，雨霜大雹，首稼不入[67]。

正月官司空[68]，其樹楊[69]。

【章旨】這一章敘說夏曆正月的天象、氣候特徵，和一些動物的活動情況。說明天子在這一月應該衣青衣、乘蒼龍、食麥與羊，而在政事方面則應行春令，布德施惠，行慶賞，省徭役。千萬不可行夏令、秋令和冬令，那樣就會帶來各種災害。由於正月為動物孕育和植物萌生之時，因此不能覆巢、取卵，禁止伐木，要保護幼小動物，祭祀用的牲畜也只能用雄性的。總之，天子的日常生活和他所頒布的政令都要與孟春之月的時令特徵相應。

【注　釋】❶孟春之月　指夏曆正月。孟，長。四季中，每一季的第一個月均稱孟。❷招搖指寅　即為建寅，建寅即為夏曆正月。招搖，星名。北斗柄端第七星。寅，寅辰。古以斗柄運轉所指十二辰（子丑寅卯辰巳午未申酉戌亥）為十二月建。❸昏　黃昏。❹參　二十八宿之一。為白虎七宿末宿，屬獵戶座。❺中　指南方之中。❻尾　二十八宿之一。蒼龍七宿之第六宿，屬天蝎座。❼其位東方　指孟春所當之位為太皞之神所治的東方。太皞，即伏羲氏。以木德王天下，死後為木德之神，治於東方。❽其日甲乙　古以十干（甲乙丙丁戊己庚辛壬癸）分屬五行，甲乙屬木，丙丁屬火，戊己屬土，庚辛屬金，壬癸屬水。又以五方分屬五行，東方屬木，南方屬火，西方屬金，北方屬水，中央屬土。又以四時分屬五行，春屬木，孟夏、仲夏屬火，季夏屬土（依《淮南子》說），秋屬金，冬屬水。故以甲乙之日（六十甲子中含甲、乙者）為春之吉日。王夫之即云稱「其日」為擇日之用，凡春以甲乙之日為王而吉利。又《史記・律書》云：「甲者，言萬物剖符甲而出也。乙者，言萬物生軋軋也。」❾盛德在木　春屬木，故言木之大德在木。❿蟲　動物的通稱。⓫鱗　指鱗類動物。如魚龍之類。古以鱗、介、毛、羽、倮五蟲分屬五行，鱗屬木，為春之蟲。舊注則謂「東方少陽，物去太陰。甲散為鱗，鱗蟲，龍為之長」。⓬其音角　古以五音分屬五行，角屬木，故為春之音。一說角為扣木之聲，故為春之音。⓭律中太蔟　上古時代，人們將律和曆法聯繫起來，用十二律和十二月相對應。方法是把葭莩的灰塞進律管，到了某一月，管中之灰飛動起來，那麼這一律就和這一月相應。律中，就是律應。太蔟，為律（管）名。屬陽律。⓮其數八　五行生數為水一、火二、木三、金四、土五。春屬木，木為地上物，故春之數應為木三加上土五得八。一說五行數五，木第三，故為八。⓯其味酸　舊注謂「木味酸。酸之言鑽也，萬物鑽地而生」。⓰其臭羶　木之氣味酸羶，故言。⓱其祀戶　古以住室所有分屬五行，戶屬木，灶屬火，門屬金，井屬水，中霤屬土，故祭祀戶。⓲祭先脾　古以五臟分屬五行，脾屬木，肺屬火，肝屬金，腎屬水，心屬土。故春祭以脾為先。一說脾屬土，春祭以脾為先，是先食所勝（木勝土）。⓳東風　春風。⓴振蘇　振，活動。蘇，蘇醒；死而復生。㉑魚上負冰　冬寒之時，魚伏水底，正月始暖，魚應陽上游而近於冰，故曰「上負冰」。㉒獺祭魚　舊注謂「獺，獱也。是月之時，獺祭鯉魚於水邊，四面陳之，謂之祭魚也」。獺，獸名。捕得魚，先陳列水邊，然後再吃。㉓候雁　指雁。雁冬日南來，夏初北歸，往來有時，故稱候雁。舊注謂「是月候時之雁，從彭蠡來，北過周洛，至漠中，孕卵鷇也」。㉔乘蒼龍　《呂氏春秋》、《禮記・月令》作「駕蒼龍」，乘、駕義同。《周禮》：「馬八尺以上為龍，七尺以上為騋，六尺以上為馬也。」㉕服蒼玉　佩帶青色的玉珮。㉖建青旗　《呂氏春秋》作「載青旂」。舊注謂「熊虎曰旗」。而「旂，旗有眾鈴以令眾也」（《說文解字》）。建，豎立。㉗食麥與羊　舊注謂「麥，金穀也。羊，土畜也。是月金土以老，食所勝，先食麥，以麥為主也」。《禮記・月令》鄭玄注則云：

「麥實有孚甲，屬木。羊，火畜也，時尚寒，食之以安性也。」㉘服八風水　舊注謂「取銅槃中露水服之，八方風所吹也」。八風水，即露水。㉙爨其燧火　舊注謂「取其木，燧之，火炊之」。爨，炊。其，樹木名。燧，古代取火的工具。此處作動詞用。㉚東宮　舊注謂「春（木）王東方，故處東宮也」。㉛御女　謂與女子交合。㉜青色　塗抹青色作標記。㉝鼓琴瑟　舊注謂「琴瑟，木也，春木王，故鼓之也」。㉞兵　武器。㉟矛　舊注謂「矛有鋒銳，似萬物鑽地生」。㊱其畜羊　舊注謂「羊土，木之母，故畜之也」。㊲青陽左个　青陽，明堂之一部分。左个，即北頭室。个，意猶隔也。《呂氏春秋・孟春紀》高誘注云：「青陽者，明堂也，中方外圜，通達四出，各有左右房，謂之个。个，猶隔也。東出謂之青陽，南出謂之明堂，西出謂之總章，北出謂之玄堂。是月，天子朝日告朔，行令於左个之房，東向堂，北頭室也。」㊳春令　指在春天施行的寬和之令。㊴布德施惠　舊注謂「布陽德、施柔惠也」。㊵行慶賞　謂褒揚好人好事、賞賜功德卓異之人。慶，獎賞。㊶省徭賦　舊注謂「省減徭役之勞，輕其賦斂也」。㊷立春之日　夏曆立春之日在孟春之月。㊸三公　輔助君王執掌軍政大權的最高官員。西漢以大司馬、大司徒、大司空為三公。㊹九卿　古代中央政府九個高級官職。漢以太常、光祿勳、衛尉、太僕、廷尉、大鴻臚、宗正、大司農、少府為九卿。㊺大夫　爵位名。秦漢爵位分二十級，大夫為第五級。又為官名，秦漢時設有御史大夫、光祿大夫、大中大夫等職。㊻迎歲　迎接一歲之春。㊼東郊　舊注謂「郭外八里之郊也」。㊽修除祠位　謂打掃道路和壇場（祭祀場所）內的神位。修除，打掃道路和壇場。祠位，舊注謂其為「壇場屏攝之位也」。㊾幣禱　用圭璧禱祭。幣為圭璧，古時祭祀用的符信。㊿鬼神　人神曰鬼，天神曰神。(51)犧牲用牡　舊注以為「尚蠲潔也」。《禮記・月令》言「犧牲毋用牝」，鄭玄注謂「為傷妊生之類」。春為動物生育之時，禁止以雌性牲畜作祭，有保護牲畜繁殖之意。犧牲，古代祭祀用的牲畜。(52)禁伐木　舊注謂「春木王，當長養，故禁之也」。《呂氏春秋》、《禮記・月令》均作「禁止伐木」，鄭玄注謂「禁止伐木者，禁謂禁其欲伐，止謂止其已伐者」。(53)胎夭　舊注謂「胎，獸妊未育者也。麛子曰夭」。鄭玄注《禮記・月令》言「胎謂在腹中未出，夭為生而已出者」，鄭注為優。(54)麛　幼鹿。亦可作為一切幼獸之通稱。(55)卵　鳥卵。麛卵，泛指幼獸幼鳥。(56)毋聚眾　謂不要聚合大眾以妨害人民耕種。(57)置城郭　修置城郭。一訓置為立。(58)骼　骨枯曰骼。(59)薶骴　掩埋帶有爛肉的屍骨。薶，同「埋」。骨上肉腐曰骴。(60)夏令　夏季推行的政令。亦指火令，或謂亢陽之令。(61)風雨不時　《禮記・月令》作「雨水不時」，但古本作「風雨不時」，孔穎達《正義》：「此風雨不時者，謂風雨少，不得應時。所以風雨不應時者，以孟春建寅，其宿直箕星，箕星好風。孟春行夏令，寅氣不足，故風少，巳來乘之。四月純陽用事，純陽來乘，故雨少。」(62)草木早落二句　舊注謂「孟春木德用事，法當寬仁，而用火，氣動於上，故草木早落，國惶恐也」。原文「早落」為「旱落」，依俞樾校改。有恐，高誘謂天氣異常，使國人恐慌。鄭玄則謂有引起火災的恐慌。63秋令　秋季推行的政令。亦指金鐵之令、殺戮之令。64其民大疫　舊注謂「孟春寬仁，而行秋正金鐵之令，氣不和，故民疫疾」。65飄風暴雨總至二句　舊注謂「風雨猥（眾）至，故黎、莠、蓬、蒿疏蕆（荒穢）之草，並興盛也」。飄風，即猋風、大旋風。總，眾。指多次。黎，同「藜」。草名，又稱「萊」。莠，草名。俗名狗尾草。蓬，草名。蒿，野草。有青蒿、白蒿等，屬艾類。並興，並生。66行冬令二句　舊注謂「冬，陰也，水泉涌起，而春行之，故為敗」。冬令，冬季推行的政令。亦指冬陰之令。水潦，水澇。雨大成災。敗，歉年；凶年。67首稼不入　首稼，首種。即先種。先百穀而種者為稷。一說頭年秋天所種之麥，春為寒所傷，夏日不成長。不入，不收。沒有收成。68官司空　舊注謂「司空主土，春土受嘉穡，故官司空也」。司空，為古代主管土地水利之類的官職。69樹楊　舊注謂「楊本春光（先），故其樹楊也」。楊，樹名。為蒲柳，先春而生。

【語　譯】在孟春正月，北斗斗柄上的招搖星指向寅位，傍晚時分參星出現在南方天中，天亮時尾星出現在南方天中。它的方位是木神太皞主治的東方。它的吉日是甲日乙日。它的盛大之德為木德。和它相應的動物以鱗族動物為主。和它相應的音為角音。和它相應的律管為太蔟。這個月的數是八。主要口味為酸味，主要氣味為羶味。這個月祭祀的是門，陳設祭品把脾臟擺在前面。春風吹來，冰凍化開，蟄伏的動物開始活動、逐漸蘇醒過來。魚兒向上游動，直到背部觸到了冰層。獺把捕得的魚擺在水邊就像設置祭品一樣，候鳥大雁向北飛來。

在正月，天子要穿青色的衣服，要坐用青色大馬拉的車，要佩帶青色的玉珮，豎立青色的旗幟。吃麥類糧食和羊肉，服用八方之風吹拂所凝聚成的露水。用鑽萁木所得的火種來燒火做飯。在東宮御幸女子以青色作為標記，穿著青色絲綢裏住身子，彈琴鼓瑟為樂。正月用的兵器是矛，養的牲畜為羊。天子在明堂中的青陽堂北頭室中舉行朝會，而發布春天施行的政令。普施德澤恩惠給人們，做好褒揚、賞賜之事，減省老百姓的徭役和賦稅。

在立春這一天，天子要親自率領三公、九卿和大夫們到東郊去迎接春天的到來。要打掃好道路和壇場中設置的神位，用圭璧作為符信禱告鬼神。祭品中的犧牲要用雄性牲畜。禁止砍伐樹木，不准搗毀鳥巢，不准殺害懷胎的母獸和剛產下的幼子，也不准殺害成活不久的鳥獸。不要聚合群眾，不要修置城郭，要把暴露在外的枯骨腐屍掩埋好。

如果在孟春正月施行夏季的政令，那麼風雨就不會依照時令正常地吹降，草木就會早早凋謝，國內就會出現火災帶來的恐慌。如果施行秋季的政令，那麼在那個國家裡就會有嚴重的病疫流行。會多次出現旋風、暴雨。藜草、狗尾草、蓬草、艾蒿一類野草都會一起長出來。如果施行冬季的政令，那麼水澇成災就會造成凶年。降霜、落大冰雹，先種的莊稼沒有收成。

正月的官職是司空，它的樹是楊樹。

仲春之月[1]，招搖指卯，昏弧[2]中[3]，旦建星[4]中。其位東方，其日甲乙。其蟲鱗，其音角。律中夾鐘[5]，其數八，其味酸，其臭羶。其祀戶，祭先脾。始雨水[6]，桃李華[7]，蒼庚[8]鳴，鷹化為鳩[9]。

天子衣青衣，乘蒼龍，服蒼玉，建青旗，食麥與羊，服八風水，爨萁燧火。東宮御女青色，衣青采[10]，鼓琴瑟。其兵矛。其畜羊。朝於青陽太廟[11]。命有司[12]省囹圄[13]，去桎梏[14]，毋笞掠[15]，止獄訟[16]，養幼小，存孤獨[17]，以通句萌[18]。擇元日[19]，令民社[20]。

是月也，日夜分[21]，雷始發聲[22]，蟄蟲咸[23]動蘇[24]。先雷三日，振鐸[25]以令於兆民[26]曰：「雷且發聲，有不戒其容止[27]者，生子不備，必有凶災[28]。」令官市[29]，同度量，鈞衡石㉚，角斗桶㉛，端權槩㉜。毋竭川澤㉝，毋漉陂池㉞，毋焚山林，毋作大事㉟，以妨農功㊱。祭不用犧牲㊲，用圭璧，更皮幣㊳。

仲春行秋令，則其國大水，寒氣總至㊴，寇戎來征㊵。行冬令，則陽氣不勝，麥乃不熟，民多相殘㊶。行夏令，則其國大旱，暖氣早來，蟲螟為害㊷。

二月官倉㊸，其樹杏㊹。

【章　旨】這一章敘說夏曆二月的天象、氣候特徵，和一些動物的活動情況、植物的生長情況。說明天子在這一月應穿的衣服、應吃的食物，以及應乘何種車駕、應在明堂青陽宮何室舉行朝會活動。而在政事方面應該省囹圄、去桎梏、止獄訟，還要戒令兆民行為檢點、避免凶災。命令管理市場的官員要校正度、量、衡之類的器具。二月是萬物生長的時候，因此不能使川澤之水枯竭，不能焚燒山林，不能發動征伐之事以妨礙農事，甚至祭祀不用牲畜。尤其在二月不能施行秋令、冬令、夏令，那樣會給國家和人民帶來災害。

【注　釋】❶仲春之月　指夏曆二月。仲，位居第二為仲。❷弧　星名。弧九星位於赤道南三十度前後（舊注言其在輿鬼南），均屬天舟座。❸中　南方天中。❹建星　位於斗宿之上，共有六星，均屬人馬座。❺夾鐘　十二律之一。屬陰律。舊注謂「是月萬物去陰夾陽，聚地而生，故曰夾鐘也」。❻始雨水　謂開始出現雨水。高誘注《呂氏春秋》云：「自冬冰雪至此土發而耕，故曰『始雨水』也。」鄭玄說漢人改「雨水」為二月節。❼桃李華　原文為「桃李始華」，依王引之校刪「始」字。❽蒼庚　一名商庚、黎黃、搏黍、黃離。即黃鸝鳥。❾鷹化為鳩　舊注謂「喙正直不鷙搏也。鳩謂布穀也」。蔡邕《月令章句》云：「鷹，鳩屬也。鳩凡五種，鷹為鶻鳩，應陽而變則喙柔，仁而不鷙。」（《埤雅・釋鳥》引）❿采　彩色絲織品。⓫太廟　明堂五堂，各有三室，即左个、右个、中室。中室即為太廟。舊注即謂「太廟東向堂，中央室」。⓬有司　指官吏。⓭省囹圄　一說省減牢獄，一說赦免輕罪之人，後說為優。囹圄，牢獄。⑭去桎梏　除去犯人身上的腳鐐手銬。桎為腳鐐，梏為手銬。⑮毋笞掠　謂在二月不用笞掠之刑。笞掠，拷打。掠，捶治人。⑯獄訟　俗謂打官司。有關財物之爭為訟，以罪名相告為獄。⑰存孤獨　撫恤孤獨之人。幼年死去父親為孤，老而無子為獨。⑱句萌　草木出土時，彎的稱句，直的稱萌。⑲元日　此指二月第一個甲日。⑳社　此為春社。祭土地神，祈求穀豐。㉑日夜分　謂日夜的時長相等。㉒雷始發聲　舊注謂「冬陰閉固，雷伏不發，是月陽升，雷始發聲也」。㉓咸　皆。㉔動蘇　蠕動甦醒過來。㉕振鐸　猶言搖動金鈴。鐸，形如大鈴，古代用以宣教政令、警戒百姓。鐸分兩種，一為金鈴木舌，用以宣告文事；二為金鈴鐵舌，用以宣告武事。㉖兆民　萬民百姓。㉗容止　形貌舉動。此指私生活而言。㉘生子不備二句　舊注謂「以雷電合房室者，生子必有瘖聾通精癡狂之疾，故曰不備必有凶災也」。㉙官市　官市者。即管理市場的官員。㉚鈞衡石　校正衡器使之合於標準。鈞，等。衡石，衡器的通稱。衡，秤。石，古代重量單位，一百二十斤為一石。㉛角斗桶　角，平。斗、桶為量器名。六升為一桶。原文為「角斗稱」，王念孫依《呂氏春秋》、《史記・商君列傳》校正「稱」為「桶」，今從之。㉜端權槩　端，正。權，稱錘。槩，量物時刮平斗斛的器具。㉝竭川澤　指汲乾河湖之水。㉞漉陂池　使池塘乾涸。陂，池塘。㉟大事　指戎旅征伐之事。㊱農功　農事；耕種活動。㊲祭不用犧牲　舊注謂「是月尚生育，故不用犧牲也」。㊳更皮幣　舊注謂「更，代也，以圭璧皮幣代犧牲也。皮謂鹿皮也。幣謂玄纁束帛也」。陳奇猷釋「更」為「續」，較舊注為優。㊴總至　多次到來。總，眾；數。一說通「怱」。㊵寇戎來征　指敵兵來征伐其國。舊注謂「仲春，陽中也。陽氣長養，而行秋節殺戮之令，故寒氣猥至，寇兵來征伐其國也」。㊶相殘　相互傷害。舊注謂「仲春行冬陰之令，陰氣勝陽。故陽不勝，則麥不升（成）熟，民相殘賊也」。㊷蟲螟為害　舊注謂「仲春行夏太陽之令，故大旱；陽氣熱，故煩極；陽生陰，故蟲螟作害也」。螟，吃禾苗心的害蟲。㊸官倉　指官為管倉之官。舊注謂「二月興農播穀，故官倉也」。㊹其樹杏　杏，樹名。舊注謂「杏有竅（應為「覈」即「核」）在中，竅（覈）在中，象陰布散在上（《太平御覽》注作「象陰在內，陽在外也」），故其樹杏」。

【語　譯】在仲春二月，北斗斗柄上的招搖星指向卯位，傍晚時分弧星出現在南方天中，天亮時建星出現在南方天中。它的方位是木神太皞主治的東方，它的吉日是甲日乙日。這一月的動物以鱗類動物為主。和二月相應的音是角音。和它相應的律管是夾鐘，這個月的數是八。主要口味是酸味，主要氣味為羶味。這個月祭祀的是門戶，陳設祭品時把脾臟放在前面。開始降落雨水。桃樹、李樹開始開花。黃鸝鳥叫起來了，鷹鳥變成了布穀鳥。

在二月，天子要穿青色衣服，乘坐青色大馬拉的車子，佩帶青色的玉珮，豎立青色的旗幟。吃麥類糧食和羊肉，服用被八方來風吹拂過的露水，用鑽萁木所取的火種來燒火做飯。在東宮御幸女子，要塗抹青色作為標記，用青色絲綢來裹住身子，彈琴鼓瑟為樂。這個月用的兵器是矛，飼養的牲畜是羊。天子在青陽堂中的太廟裡舉行朝會。要命令官吏赦免罪行輕微的人，去掉犯人身上的腳鐐手銬，不要拷打他們。要禁止打官司。養育幼童小孩，撫恤那些孤兒和沒有兒子的老人，並要努力使草木破土而出。選擇這個月的第一個甲日，讓老百姓舉行祭祀土地神、祈求農業豐收的活動。

這個月日夜時間等長，雷開始發出聲響，冬眠的動物都開始活動、甦醒過來。在打雷以前三天，要搖響木鐸用來告誡萬民百姓說：「雷將要發出聲響了，有對私生活不檢點的人，生下的孩子會殘缺不全，而自己也一定會遭到災難。」要命令管理市場的官員，統一長度、容量標準，使秤的計量標準一致，使斗、桶的容量一致，要校正秤錘和槩（刮平斗斛口面物品的用具）。不能汲乾河流和湖泊中的水，也不能讓池塘乾涸。不能焚燒山林。不要發動軍民去打仗，而妨礙農業生產。祭祀時不要用牲畜作祭品，而使用圭璧，再繼之以鹿皮和玄纁束帛。

如果在仲春二月施行秋天的政令，那麼那個國家就會出現大水災，寒氣就會多次到來，敵人也會來征伐。如果施行冬天的政令，那陽氣就不能勝過陰氣，麥子就不會成熟，老百姓中就會有許多因爭食而相互殘殺的事發生。如果施行夏天的政令，那麼那個國家就會有大旱災，暖氣早早就來了，會有螟蟲危害莊稼。

二月的官為管倉之官，它的樹是杏樹。

季春之月❶，招搖指辰，昏七星❷中，旦牽牛❸中。其位東方，其日甲乙，其蟲鱗，其音角，律中姑洗❹。其數八，其味酸，其臭羶。其祀戶，祭先脾。桐始華❺，田鼠化為鴽❻，虹始見❼，萍始生❽。

天子衣青衣，乘蒼龍，服蒼玉，建青旗，食麥與羊，服八風水，爨萁燧火。東宮御女青色，衣青采，鼓琴瑟。其兵矛，其畜羊，朝於青陽右个❾。舟牧❿覆舟⓫，五覆五反⓬，乃言具⓭於天子，天子焉⓮始乘舟。薦⓯鮪⓰寢廟⓱，乃為麥祈實⓲。

是月也，生氣⓳方盛，陽氣發泄⓴，句者㉑畢出，萌者㉒盡達，不可以內㉓。天子命有司發㉔囷倉㉕，助貧窮㉖，振㉗乏絕㉘，開府庫㉙，出幣帛㉚，使諸侯，聘名士，禮賢者㉛。命司空：時雨將降，下水上騰㉜，循行國邑㉝，周視原野㉞，修利㉟隄防，導通㊱溝瀆㊲，達路㊳除道㊴，從國㊵始，至境止。田獵畢弋㊶，罝罘㊷羅罔㊸、餧毒之藥㊹，毋出九門㊺。乃禁野虞㊻，毋伐桑柘㊼。鳴鳩㊽奮其羽，戴鵀㊾降於桑。具栚曲㊿筥筐(51)。后妃齋戒(52)，東鄉親桑(53)，省婦使(54)，勸蠶事。命五庫(55)，令百工審(56)金鐵、皮革、筋角、箭幹(57)、脂膠(58)、丹漆，無有不良。擇下旬吉日(59)，大合樂(60)，致歡欣。乃合犪牛(61)、騰馬(62)、游牝(63)於牧(64)。令國儺(65)，九門磔攘(66)，以畢春氣。行是月令，甘雨(67)至三旬。

季春行冬令，則寒氣時發，草木皆肅(68)，國有大恐。行夏令，則民多疾疫，時雨不降，山陵不登❻❾。行秋令，則天多沉陰❼⓿，淫雨❼❶早降，兵革竝起❼❷。

三月官鄉❼❸，其樹李❼❹。

【章旨】這一章敘說夏曆三月的天象、氣候特徵，和一些動物的活動情況、植物的生長情況。說明天子在這一月應穿的衣服、應吃的食物，以及應乘坐何種車駕、應在明堂何處舉行朝會。而在政事方面，天子要命令官吏開倉助貧，派人出使諸侯，聘名士、禮遇賢者以治國。要命令司空循行天下，修治隄防，疏通河溝，整治道路。還要禁止田獵。要求后妃採桑，為全國婦女做出榜樣。命五庫、令百工檢查倉庫裡的物資，不要有不好的材料。要選擇下旬吉日舉行聯合音樂會。在這個月要讓種牛、種馬和母牛、母馬交配。季春三月，千萬不能施行冬令、夏令和秋令，那樣會給國家和人民帶來大的災害。

【注釋】❶季春之月　指夏曆三月。季，末為季。❷七星　二十八宿之一。南方朱鳥七宿之第四宿，屬長蛇座。❸牽牛　二十八宿之一。北方玄武七宿之第二宿，屬摩羯座。❹姑洗　十二律之一。舊注謂「姑，故也。洗，新也。是月陽氣養（應為發）生，去故就新，故曰姑洗」。❺桐始華　舊注謂「桐，梧桐也，是月生華」。但《呂氏春秋》高誘注「桐始華」則云「桐，梧桐也，是月生葉，故曰『始華』」。梧桐春發葉，夏開花。桐始華，實謂桐始發葉而茂盛。華，訓為「榮」，即茂盛意。❻田鼠化為鴽　田鼠，即鼴鼠，形似鼠。常居土中，前肢畸形發達。鴽，即鵪鶉。❼見　同「現」。❽萍始生　舊注謂「萍，水藻也，是月始生也」。❾青陽右个　指青陽（東向堂）南頭室。❿舟牧　管理船隻的官員。⓫覆舟　翻看船隻。⓬五覆五反　五次翻過來檢視，又回到原來的樣子。舊注謂「是月天子將乘舟而漁，故反覆而視之，恐有穿漏也。五覆五反，慎之至也」。⓭具　意謂準備好了。⓮焉　於。原文為「烏」，依莊逵吉校改。⓯薦　進獻。⓰鮪　魚名。即鱘魚。鼻長等身，大者長丈餘。⓱寢廟　即宗廟。廟為接神處，在前。寢為衣冠所藏之處，居後。⓲實　果實。作動詞用，指麥粒長得多而飽滿。⓳生氣　使萬物生長發育之氣。⓴發泄　布散。㉑句者　指植物所發之芽拳曲者。一說指動物胚胎屈曲於子宮之內或卵殼之內者。㉒萌者　指植物所發之芽尖直者。㉓不可以內　有兩解，一說象陽氣達於萬物，應散出財貨，不可賦斂以納。一說指陽氣不可藏納，必使之布散於外。內，同「納」。㉔發　打開。㉕囷倉　圓形穀倉。㉖貧窮　舊注謂「無財曰貧，鰥寡孤獨曰窮」。

㉗振　同「賑」。救濟。㉘乏絕　暫時缺少為乏，無以為繼為絕。㉙府庫　官府儲藏財物兵甲的倉庫。㉚幣帛　繒帛。泛指財物。㉛禮賢者　舊注謂「有名德之士、大賢之人，聘問禮之，將與為治也」。孔穎達疏《禮記・月令》引蔡邕云：「名士者，謂其德行貞絕，道術通明，王者不得臣，而隱居不在位者也。賢者名士之次，亦隱者也。名士優，故加束帛。賢者禮之而已。」㉜下水上騰　指地下水往地上湧出。㉝國邑　國都和城鎮。㉞原野　舊注謂「廣平曰原，郊外曰野」。㉟修利　猶言修治。㊱導通　疏通。㊲瀆　河流。㊳達路　使道路通達無阻。一說作名詞用，指人所共行之道。㊴除道　修整道路。㊵國　指京城。㊶畢弋　畢，捕捉禽獸的長柄網。弋，以繩繫箭而射為弋。㊷罝罘　罝，捕兔之網。罘，捕麋鹿的網。㊸羅罒　羅，捕鳥的網。罒，「罔」之古字。同「網」。捕鳥獸魚類的工具。㊹餧毒之藥　《呂氏春秋》、《禮記・月令》皆作「餧獸之藥」，實指飼獸之毒藥。㊺九門　天子城門十二，東方三門為生氣所在，田獵者本不得出。另外九門，三月亦不准田獵者出。九門指西南北三方之門，即路門、應門、雉門、庫門、皋門、城門、近郊門、遠郊門、關門。（依鄭玄說）㊻野虞　主管田地和山林的官員。㊼桑柘　二樹名。其葉皆可養蠶。㊽鳴鳩　斑鳩。㊾戴鵀　鳥名。即戴勝鳥，頭有五色冠，如戴方勝（綵結）。㊿栚曲　原文為「撲曲」，依王念孫校改。栚，放置蠶薄的架上的橫木。曲，蠶薄。即蠶箔。養蠶器具，用竹篾或蘆葦編織而成。51筥筐　裝桑葉用的器具。圓形為筥，方形為筐。52后妃齋戒　王有一后三夫人，夫人即妃。齋戒，此指后妃採桑前沐浴更衣、不飲酒食葷，整潔心身。53東鄉親桑　指面向東方親手採桑。54省婦使　減少婦女們的雜務。55五庫　《呂氏春秋》、《禮記・月令》均作「命工師令百工審五庫之量」。五庫，金鐵為一庫，皮革筋為一庫，角齒為一庫，羽箭榦為一庫，脂膠丹漆為一庫。（依熊安生說）56審　審察。57榦　為「桿」之借字。58脂膠　油脂與膠漆。59下旬吉日　指下旬甲日或乙日。60大合樂　大規模的眾樂同時合奏。61纍牛　公牛。62騰馬　公馬。63游牝　游，與「淫」通。即今所謂發情。文中指發情之母牛、母馬。（依陳奇猷說）64牧　牧場。65命國儺　命於國中儺之。儺，古代驅除不祥之氣的一種儀式。舊注謂「儺，散（索）宮室中區隅幽闇之處，擊鼓大呼，以逐不祥之氣，如今驅疫逐除是也」。66磔攘　磔，分裂祭牲以祭神為磔。攘，同「禳」。去邪除惡之祭。67甘雨　及時雨。68肅　草木上竦（枝葉縮栗）為肅。69登　莊稼成熟。70沉陰　積雲多雨的天氣。71淫雨　久雨。雨三日以上即稱淫雨。72兵革竝起　舊注謂「秋，金氣用事，水之母也。季春行之，故多沉陰為雨也。金為兵革，故竝起也」。兵革，指戰爭。73官鄉　管鄉之官。舊注謂「三月科（應為料）民戶口，故官鄉也」。料民為調查人口數。74其樹李　李，樹名。舊注謂「李亦有核，說與杏同。李後杏熟，故三月李也」。

【語譯】在季春三月，北斗斗柄上的招搖星指向辰位，傍晚時分七星出現在南方天中，天亮時牽牛星出現在南方天中。它的方位是木神太皞主治的東方，它的吉日是甲日乙日。這一月的動物以鱗類動物為主。和三月相應的音是角音。和它相應的律管是姑洗。這個月的數是八。主要口味是酸味，主要氣味是羶味。這個月祭祀的是門，陳設祭品時把脾臟放在前面。梧桐在這一月抽葉，開始長得茂盛。田鼠變成鴽鶉。虹霓開始在天空出現。萍藻開始生出。

在三月，天子要穿青色衣服，乘坐青色大馬拉的車子，佩帶青色的玉珮，豎立青色旗幟。吃麥類糧食和羊肉，服用被八方來風吹拂過的露水，用鑽萁木所取得的火種來燒火做飯。在東宮御幸女子要用青色作為標記，用青色絲綢來裹住身子，彈琴鼓瑟為樂。這個月用的兵器是矛，飼養的牲畜是羊。天子在青陽堂南頭室中舉行朝會。主管船隻的官員要把船翻過來檢查，船面船底翻來覆去查看五遍，然後向天子報告一切都準備好了。在這種情況下，天子才去乘船。將鮪魚進獻到宗廟裡，於是開始為麥子豐收而祈禱。

這一個月，使萬物生長發育之氣正旺盛。陽氣布散開來，植物拳曲的、尖直的芽兒全都長出土了，不可以將陽氣藏納起來。天子命令官吏打開穀倉，幫助那些貧苦和孤獨無依的人，救濟那些暫時短缺和無以為繼的缺糧戶；打開府庫，拿出繒帛，派使者聘問諸侯，拜訪名士，表達對賢士的敬重之意。命令主管水土的司空：雨季將要來臨，地下水會往上湧，要普遍巡視國都和城鎮，查遍平原郊外，整治好隄防，疏通水溝和河道，把大路修整好，從國都一直修到邊境為止。打獵用的各種捕捉禽獸的網、箭和餇獸毒藥，一概不准攜帶出九門。要向主管田地和山林的官員發出禁令，不准砍伐桑樹和柘樹。當斑鳩展翅飛翔、戴勝鳥落到桑樹上時，就要準備好養蠶用的蠶薄和木架，準備好裝桑葉的各種筐子。王后和夫人要齋戒沐浴，面向東方親手採桑。這段時間要減少婦女們的雜務，勉勵她們做好養蠶的事情。要把命令下到五大倉庫，要各種工匠檢查庫裡的物資，如金鐵、皮革、筋角、箭桿、油脂、膠漆、丹漆等，不要有品質不好的物資。要在下旬選一個吉利的日子，舉行大規模的音樂聯合演奏會，使大家歡歡喜喜、高高興興。在這個月，要將種牛、種馬和發情的母牛、母馬聚合到牧場上讓牠們交配。還要命令在國內舉行驅除不祥之氣的儀式，在九座城門前砍剖祭神的牲畜、舉行驅邪逐惡的祭典，用來結束春天之氣。施行這個月的政令，三旬之內都會有及時雨降落。

如果在季春三月施行冬天的政令，那麼寒氣就會經常產生，草木都會枝葉縮竦，國內會有大水大火帶來的恐慌。如果施行夏天的政令，那麼老百姓中就會出現許多傳染病，不會有應時之雨降落，山間、丘陵的莊稼不會有好收成。如果施行秋天的政令，那麼就會時常陰雲密布，連續的陰雨早早降臨，戰爭四處蔓延。

三月的官是管鄉的官，它的樹是李樹。

孟夏之月❶，招搖指巳，昏翼❷中，旦婺女❸中。其位南方❹，其日丙丁❺，盛德在火，其蟲羽❻，其音徵❼，律中仲呂❽，其數七❾，其味苦❿，其臭焦⓫，其祀竈⓬，祭先肺⓭。螻蟈⓮鳴，丘螾⓯出，王瓜⓰生，苦菜⓱秀⓲。

天子衣赤衣，乘赤騮⓳，服赤玉，建赤旗，食菽與雞⓴，服八風水，爨柘燧火。南宮御女赤色，衣赤采，吹竽笙㉑。其兵戟㉒。其畜雞㉓。朝於明堂左个㉔，以出夏令。

立夏之日，天子親率三公、九卿、大夫以迎歲㉕於南郊㉖。還乃賞賜，封諸侯，修禮樂，饗左右㉗。命太尉㉘，贊傑俊㉙，選賢良，舉孝悌㉚，行爵出祿㉛。佐天長養，繼修增高，無有隳壞㉜。毋興土功㉝，毋伐大樹。令野虞，行田原，勸農事，驅獸畜，勿令害穀。天子以彘嘗麥㉞，先薦寢廟。聚畜百藥㉟，靡草㊱死。

麥秋至，決小罪，斷薄刑㊲。

孟夏行秋令，則苦雨㊳數來，五穀不滋㊴，四鄙入保㊵。行冬令，則草木早枯，後乃大水，敗其城郭㊶。行春令，則蟲蝗㊷為敗，暴風來格㊸，秀草不實㊹。

四月官田㊺，其樹桃㊻。

【章　旨】這一章敘說夏曆四月的天象和氣候特徵，以及動物的活動情況、植物的生長情況。說明天子在這一月應該穿紅衣，乘坐赤騮馬拉的車子，吃豆類食物和雞。而在政事方面應該行夏令，要命令太尉選拔人才，行爵出祿。不要興土功、伐大樹。命令田官勸農。這個月可以決斷小罪、薄刑。不可施行秋令、冬令和春令，否則會給國家和人民帶來災禍。

【注　釋】❶孟夏之月　指夏曆四月。❷翼　翼宿。二十八宿之一，南方朱鳥七宿之第六宿，在赤道南七度與二十七度之間，其二十二星分屬巨爵座與長蛇座。❸婺女　女宿。二十八宿之一，北方玄武七宿之第三宿，屬寶瓶座。❹其位南方　南方為火神炎帝所治，孟夏於五行屬火，故言。高誘注《呂氏春秋・孟夏紀》云：「炎帝，少典之子，姓姜氏，以火德王天下，是為炎帝，號曰神農，死託祀於南方，為火德之帝。」❺其日丙丁　十干中丙丁屬火，故言。又《史記・律書》云：「丙者，言陽道箸明，故曰丙。丁者，言萬物之丁壯也，故曰丁。」❻其蟲羽　羽為禽類。舊注謂「盛陽用事，鱗散而羽，故曰其蟲羽。羽蟲，鳳為之長」。羽蟲，指禽類動物。❼徵　徵音屬火，與南方相應。❽仲呂　十二律之一。舊注謂「是月陽散在外，陰實在中，所以旅陽成功，故曰仲呂」。❾其數七　火生數為二，加上土之生數五，故其數七。舊注謂「其數七，五行數五，火第二，故曰七也」。❿其味苦　火味苦，故言。⓫其臭焦　火之氣味香焦，故言。⓬其祀竈　舊注謂「祝融吳回為高辛氏火正，死為火神，託祀於竈。是月火王，故祀竈」。⓭祭先肺　五臟於五行肺屬火，故祭祀之肉以肺為前。一說肺屬金，夏祭以肺為先，是先食所勝（火勝金）。⓮螻蟈　高誘以為螻為螻蛄（雄者能鳴），蟈為蝦蟆。鄭玄以為螻蟈為蛙，王念孫認為就是螻蛄。⓯丘螾　即蚯蚓。高誘注《呂氏春秋・孟夏紀》云：「是月陰氣動於下，故陰類鳴，丘蚓從土中出。」⓰王瓜　即栝樓。一名天瓜，別名土瓜，根和子可入藥，四月始生。⑰苦菜　指荼。蔬類食物，味苦，四月開花結實。⑱秀　植物開花為秀。⑲赤騮　黑鬣黑尾的紅馬。⑳菽與雞　菽，豆類植物，此指其實。舊注謂「雞、豆皆屬火之所養也」。㉑吹竽笙　竽、笙皆為管樂器。舊注謂「竽笙空中，像陽，故吹之」。㉒其兵戟　舊注謂「戟有枝榦，象陽布散也」。㉓其畜雞　雞為羽蟲，屬陽，故畜之。㉔明堂左个　為東頭室。明堂，明堂為明堂五堂中之南向堂，因其面向盛陽，故稱明堂。㉕迎歲　此為迎夏。㉖南郊　舊注謂「七里之郊也」。㉗饗左右　用酒食招待近臣。㉘太尉　卿官，掌軍事。選擇賢良孝悌，舉而用之非太尉之職，故特命之。㉙贊傑俊　贊，白；白達；報告。材過萬人曰傑，材過千人曰俊。㉚孝悌　孝順父母、敬愛兄長。㉛行爵出祿　賜以爵位，拿出俸祿。行，賜。㉜隳壞　毀壞。陳奇猷言「繼修增高，無有隳壞」，「謂物類繼續生長，不得損害也」。㉝土功　指築城治水一類的工程。㉞以彘嘗麥　用豬配合嘗麥，麥屬金，豬屬水，金生水，故嘗麥配以豬。舊注謂「是月麥始升，故以豕嘗麥。豕，水畜，宜麥。先薦寢廟，孝之至也」。㉟畜百藥　舊注謂「是月陽氣極，藥草成，故聚積之也」。㊱靡草　指薺菜、葶藶一類的植物。㊲麥秋至三句　舊注謂「四月陽氣盛於上，及五月陰氣作於下，故曰麥秋至。決小罪，斷薄刑，順殺氣也」。麥秋，意謂麥熟時節。蔡邕《月令章句》云：「百穀以其初生為春，熟為秋，故麥以孟夏為秋。」薄刑，輕刑。㊳苦雨　久下成災的雨。㊴滋　滋長。㊵四鄙入保　謂四方邊地之人進入城中以求保守。四鄙，原文作「四鄰」，依《呂氏春秋．孟夏紀》、《禮記．月令》校改。㊶行冬令四句　舊注謂「行冬寒閉固之令，故草木早枯。大水敗壞其城郭，奸時違（當為逆字）行之應也」。原文「敗其」作「敗壞」，依《呂氏春秋．孟夏紀》、《禮記．月令》校改。㊷螽蝗　指蝗蟲。螽，蝗類總名。㊸格　舊注訓為「至」，此格實有殺戮意，為格殺之格。㊹秀草不實　謂其不長，非言不結實也。秀草，開花之草。㊺官田　舊注謂「四月勉農事，故官田也」。㊻其樹桃　桃，樹名。舊注謂「桃，說與杏同。後李熟，故曰四月桃也」。

【語　譯】在孟夏四月，北斗斗柄上的招搖星指向巳位，傍晚時分翼宿出現在南方天中，天亮時婺女星出現在南方天中。四月的方位是火神炎帝主治的南方。它的吉日是丙日丁日。它的盛大之德為火德。這個月的動物以羽族動物為主。和這月相應的音是徵音，相應的律管是仲呂。這月的數是七。這月的代表性口味是苦味，代表性氣味是焦味。祭祀的是灶，陳設祭品時將肺擺在前面。在這一月，螻蛄開始鳴叫，蚯蚓從洞裡出來了。王瓜生出來了，苦菜開了花。

在四月，天子穿紅色的衣服，乘坐赤騮馬拉的車子，佩帶紅色的玉珮，豎立紅色的旗幟，吃豆類糧食和雞肉。服用被八方來風吹拂的露水，用鑽柘木所取得的火種來燒火做飯。天子在南宮御幸女子，要用紅色作為標記，用紅色絲綢裹住身子，吹竽吹笙為樂。這個月用的兵器是戟，飼養的家禽是雞。天子在明堂東頭室中舉行朝會，在這裡發布夏天的政令。

在立夏這一天，天子親自率領三公、九卿、大夫到南郊迎接夏天的到來。從南郊回來後，便大行賞賜，封地與諸侯，修治禮樂，宴請身邊的臣子。命令太尉報告傑出人物的情況，推舉賢德善良、孝順父母、敬愛兄長的人士，給予俸祿，賜以爵位。幫助上天生養萬物，使它們繼續生長，不要損害它們。在這一個月不要興辦築城和治水的工程，不要砍伐樹木。要命令管理田地和山林的官員，巡視田地，勸勉農民努力耕種，驅逐野獸和牲畜，不要使牠們危害莊稼。在這個月內，天子用豬配合著以嘗新麥，先將豬肉和麥類食物進獻到宗廟裡。在這月內，要把各種藥材聚積儲藏起來，薺菜等植物已經枯死。到了麥子成熟時，對那些犯有小罪、應施以輕刑的犯人要作出決斷。

如果在孟夏四月施行秋天的政令，那就會常常久雨成災，五穀不能滋長。四方邊地的人民都會進入城郭以求保護。如果施行冬天的政令，那麼草木就會早早枯死，之後又有大水，沖毀城郭。如果施行春天的政令，那蝗蟲就會來毀壞莊稼，暴風也來摧毀莊稼，使那些應當開花的草不能長得很茂盛。

這一月的官是管田地的官，它的樹是桃樹。

仲夏之月❶，招搖指午，昏亢❷中，旦危❸中。其位南方，其日丙丁。其蟲羽，其音徵，律中蕤賓❹。其數七。其味苦，其臭焦。其祀竈，祭先肺。小暑至❺，螳蜋❻生，鵙始鳴❼，反舌無聲❽。

天子衣赤衣，乘赤騮，服赤玉，載赤旗，食菽與雞，服八風水，爨柘燧火。

南宮御女赤色，衣赤采，吹竽笙。其兵戟，其畜雞。朝於明堂太廟[9]。命樂師，修鞀[10]鞞[11]琴瑟管簫，調竽篪[12]，飾鐘磬，執干戚戈羽[13]。命有司，為民祈祀山川百源[14]，大雩帝[15]，用盛樂[16]。天子以雛[17]嘗黍，羞[18]以含桃[19]，先薦寢廟。禁民無刈[20]藍[21]以染，毋燒灰[22]，毋暴布[23]，門閭無閉[24]，關市無索[25]，挺[26]重囚，益[27]其食。存鰥寡[28]，振死事[29]。游牝[30]別其群，執騰駒[31]，班[32]馬政[33]。

日長至，陰陽爭，死生分[34]。君子齋戒，慎身無躁，節聲色，薄滋味。百官靜[35]，事無徑[36]，以定晏陰[37]之所成。鹿角解，蟬始鳴[38]，半夏[39]生，木堇[40]榮[41]。禁民無發火[42]，可以居高明[43]，遠眺望，登丘陵，處臺榭[44]。

仲夏行冬令，則雹霰傷穀，道路不通，暴兵來至[45]。行春令，則五穀晚熟[46]，百螣[47]時起，其國乃饑。行秋令，則草木零落，果實蚤成，民殃於疫[48]。

五月官相[49]，其樹榆。

【章　旨】這一章敘說夏曆五月的天象特徵，和一些動物的活動情況、植物的生長情況，以及與此月相應之位、蟲、音、律、數、味、臭、祀等事。說明天子此月宜穿赤衣，乘赤騮，吃豆類食物和雞。在政事方面，天子在明堂太廟處理朝政，要命令樂師修整樂器，命令官吏祈祀山川百源。天子以雛嘗黍。要禁止百姓割藍、燒灰、暴布。不要在關市徵稅，要對重囚施以緩刑。要保護懷孕的牛馬。要撫恤鰥寡，幫助那些先人死於難事的子弟。在五月不可施行冬令、春令、秋令，那樣會給國家和人民帶來災害。此外，本章還根據五月的時令特點，敘說了君子應該遵循的養生之道。

【注釋】❶仲夏之月　指夏曆五月。❷亢　亢宿。二十八宿之一，為蒼龍七宿之第二宿，其四星皆屬室女座。❸危　危宿。二十八宿之一，玄武七宿之第五宿，共有三星。第一星屬寶瓶座，第二、三星屬飛馬座。❹蕤賓　十二律之一。為陽律。舊注謂「是月陰氣萎蕤在下，象主人也；陽氣在上，象賓客也，故曰蕤賓」。❺小暑至　陳奇猷說此小暑非節氣名，小暑節在六月，此謂暑氣小至。❻螳蜋　即螳螂。一名天馬，一名齕疣，兗州稱為拒斧。❼鵙始鳴　舊注謂「五月陰氣生於下，伯勞夏至應陰而鳴」。鵙，鳥名。即伯勞。又名子規、杜鵑。❽反舌無聲　舊注謂「反舌，百舌鳥也，能辨變其舌，反易其聲，以效百鳥之鳴，故謂百舌。無聲者，五月陽氣極於上，微陰起於下，百舌無陰，故無聲也」。反舌，即百舌鳥。❾明堂太廟　此指明堂建築群中南向堂（明堂）中央室。❿鞀　有柄的小鼓。⓫鼙　軍鼓。⓬篪　古代橫吹之管樂器，以竹為之。⓭執干戚戈羽　執，繫。干，盾。戚，斧。戈，戟類兵器名。羽，舞羽，樹雉尾於竿，執而舞之以作指麾。以上皆為舞者所用。⓮祈祀山川百源　舊注謂「國之山川百源能興雲雨者，皆祈祀之也」。⓯雩帝　舉行旱祭以祀上帝。雩，求雨之祭。⓰盛樂　舊注謂為「六代之樂」。鄭玄謂「自鞀鼙至柷敔皆作為盛樂」，即以眾樂齊奏為盛樂。⓱雉　俗稱野雞。此處指雉之稚子，即新雉。《呂氏春秋．仲夏紀》、《禮記．月令》「雉」皆作「雛」。⓲羞　進。⓳含桃　即櫻桃。鶯鳥所含食，故稱含桃。⓴刈　割。㉑藍　草本植物名。其葉可提煉藍色染料。㉒毋燒灰　舊注謂「是月草木未成，不夭物也」。陳奇猷認為「燒灰」為火耕，是月禁燒灰，蓋草已長成可以燒灰，但尚未至火耕之時，故禁之。《呂氏春秋．仲夏紀》「燒灰」作「燒炭」。㉓毋暴布　不要曬布。舊注謂「火盛日猛，暴布則脆傷也」。㉔門閭無閉　舊注謂「門，城門也；閭，里門也。民順陽氣，散布在外，當出入，故不閉也」。㉕關市無索　指在關塞和交易場所不要徵稅。關市，泛指人員、物資集聚之地。㉖挻　寬緩。㉗益　增加。㉘存鰥寡　撫恤、慰問鰥寡之人。老而無妻曰鰥，老而無夫曰寡。㉙振死事　意謂救濟為國赴難者的後人。㉚游牝　淫馬。此處指孕妊之馬。㉛執騰駒　古代重視馬政，執駒為重要典禮。執駒，是給二歲之馬套上絡頭。目的有二，一是使駒離開其母，勿傷及已孕妊之母馬，便於管束。二是馬到一定年齡，就編入王的馬群，成為王所增加的財富。上古時代執駒至為隆重，往往王要親自出席。騰駒，即牡駒。馬長五尺稱駒。舊注釋執駒謂「是月牝馬懷胎已定，故別其群。不欲騰駒蹏傷其胎育，故執之」，僅得執駒之一種意義。㉜班　頒；告；布。㉝馬政　養馬之政教。一說指關於乘馬之政令。《呂氏春秋．仲夏紀》作

「馬正」，馬正為掌馬官。㉞日長至三句　出自《呂氏春秋・仲夏紀》。陳奇猷謂釋「夏至起晝漸短，陰氣起而與陽爭長，故曰『陰陽爭』。分猶界也。陰為金，主殺。陽為木，主生。夏至，陽生至極，陰殺始起，死生以此為界，故曰『死生分』也」。㉟百官靜　猶言百事靜而無為。官，事。㊱事無徑　猶言做事必緣其理，無橫絕而行。「蓋以陰陽方爭，未有所定，凡事橫絕其行，必傷陰陽之和，故無橫絕其事，所以定陰陽之成也。」（陳奇猷釋《呂氏春秋・仲夏紀》語）徑，徑絕；橫絕。相對緣理而言。《韓非子・解老》：「必緣理，不徑絕也。」㊲晏陰　微陰；柔和之陰。㊳鹿角解二句　舊注謂「夏至鹿角解墮也，蟬鼓翼始鳴也」。㊴半夏　藥草名。五月始生苗，居夏之半，故名。㊵木堇　木名。落葉灌木，樹高五六尺，是月開花，朝開暮落，故又名朝生。㊶榮　花。此處作動詞用，為開花之意。㊷發火　起火；燃火。㊸高明　高而明亮之處。㊹臺榭　舊注謂「積土四方而高曰臺也。臺有屋曰榭也。順陽宣明也。一曰：望雲物，占氛祥也」。五月陽氣始衰，陰氣始發。陽氣既已減損，故可以登高眺遠以收陽氣。㊺則雹霰傷穀三句　舊注謂「冬水凍，故雹霰傷害五穀也。冬氣閉藏，又多雨水，故道陷壞不通利，暴害之兵橫來至也」。㊻晚孰　原文為「不孰」，依《呂氏春秋・仲夏紀》、《禮記・月令》校改。本書舊注亦云：「行春木王好生育之令，故五穀晚熟。」㊼百螣　蝗類昆蟲。螣，吃禾苗葉的害蟲。㊽行秋令四句　舊注謂「有核曰果，無核曰蓏。仲夏行秋成熟之令，故草木零落，果實蚤成。非其時氣，故民有疾疫也」。㊾官相　舊注謂「是月陽氣長養，故官相。相，佐也」。

【語譯】在仲夏五月，北斗斗柄上的招搖星指向午位，傍晚時分亢宿出現在南方天中，天亮時危宿出現在南方天中。五月的方位是火神炎帝主治的南方，這個月的吉日是丙日丁日。這個月的動物以羽族動物為主。和這月相應的音是徵音，相應的律管是蕤賓。這個月的數是七。這月的口味為苦味，氣味為焦味。這個月祭祀的是灶，陳設祭品時將肺擺在前面。到這一月，暑熱之氣會小規模地到來，螳螂會出生，伯勞開始鳴叫，百舌鳥反而不叫。

在五月，天子穿紅色的衣服，乘坐紅色大馬拉的車子，身上佩帶紅色玉珮，車上插著紅色旗幟，吃的是豆類糧食和雞。服用的是被八方來風吹拂過的露水，用鑽柘木所取得的火種來燒火做飯。天子在南宮御幸女子，要用紅色作為標記，用紅色絲綢裹住身子，吹竽吹笙為樂。這個月用的兵器是戟，飼養的牲畜是雞。天子在明堂中室太廟內舉行朝會。要命令樂師，修好鞀、鼙、琴、瑟、管、簫等樂器，調好竽、篪，裝飾好鐘、磬，把舞蹈用的道具干、戚、戈、羽綁緊。命令官吏，為老百姓向山川百源祈禱、祭祀，還要舉行大規模的祭典祭祀天帝以除去旱災，並用六代之樂來娛神。在五月，天子用小野雞配合著來嘗新收的黍米，但要先將這些食品，和櫻桃進獻到宗廟裡。這個月裡，要禁止老百姓割取藍草來作染料，不准他們燒灰火耕，不准曬布，城門、里門不要關閉，關塞之地和交易場所不要收稅，對重囚犯要緩刑，增加他們的食物。要撫恤那些老而無妻和老而無夫的人，救濟那些先人為國難而死的子弟。要把懷胎的母牛母馬和其他牛馬分開，要給那些小公馬套上絡頭，要向大家頒布養馬、乘馬的政令。

五月的白晝長起來了，陰氣起於下而與陽氣爭長，陽生至極，陰殺始起，死生以夏至為界限。君子在這一月應該齋戒沐浴，行動謹慎，不要急躁，對聲色之樂加以節制，吃味道輕淡的食物。百事都要靜而無為，要做事也不能不依事理橫絕而行，以便安定微陰之氣而使它順利形成。這個月，鹿角解脫，蟬開始鳴叫，半夏生出幼苗，木槿開花。要禁止老百姓燃火，可以在高而明亮的地方，向遠處眺望，也可以登上丘陵，或者住在臺榭裡。

如果在仲夏五月施行冬天的政令，那麼就會有冰雹、雪珠傷害莊稼，道路也會受阻不通，暴兵會來危害百姓。如果施行春天的政令，那麼五穀就會成熟得晚，各類蝗蟲會經常出現，國家就會出現饑荒。如果施行秋天的政令，草木就會零落，果實成熟得早，老百姓會遭受傳染病的禍殃。

五月的官是相官，它的樹是榆樹。

季夏之月❶，招搖指未，昏心❷中，旦奎❸中。其位中央❹。其日戊己❺。盛德在土。其蟲蠃❻。其音宮❼，律中百鐘❽，其數五❾。其味甘❿，其臭香⓫。其祀中霤[12]，祭先心[13]。涼風始至，蟋蟀居壁[14]，鷹乃學習[15]，腐草化為蚈[16]。

天子衣黃衣，乘黃騮，服黃玉，建黃旗，食稷與牛[17]，服八風水，爨柘燧火。中宮御女黃色，衣黃采。其兵劍[18]，其畜牛。朝於中宮[19]。乃命漁人[20]，伐蛟取鼉[21]，登龜[22]取黿。令滂人[23]，入材葦[24]。命四監大夫[25]，令百縣之秩芻以養犧牲[26]，以供皇天上帝、名山大川、四方之神、宗廟社稷，為民祈福行惠。令弔死問疾[27]，存視[28]長老，行稃鬻[29]。厚席蓐[30]，以送萬物歸也。命婦官染采，黼黻[31]文章[32]，青黑白黃，莫不質良，以給宗廟之服，必宣以明[33]。

是月也，樹木方盛，勿敢斬伐。不可以合諸侯、起土功、動眾興兵，必有天殃[34]。土潤溽暑[35]，大雨時行，利以殺草糞田疇[36]，以肥土疆[37]。

季夏行春令，則穀實解落，多風欬，民乃遷徙[38]。行秋令，則丘隰[39]水潦，稼穡[40]不孰，乃多女災[41]。行冬令，則風寒不時，鷹隼[42]蚤鷙[43]，四鄙入保。

六月官少內[44]，其樹梓。

【章旨】這一章敘說夏曆六月的天象、氣候特徵，和動物的活動情況、植物的生長情況。說明天子在這一月應穿黃色衣服，食稷與牛。在政事方面，要命令漁人伐蛟取鼉，登龜取黿，命令滂人收取材葦，命令四監大夫集中百縣秩芻。要在這一月弔死問疾、存視長老，要婦女們精心染采，以供祭祀宗廟之用。

六月樹木方盛，不可斬伐；溽暑多雨，便於刈草積肥。此月不可合諸侯、起土功，更不可興兵動眾。不宜施行春令、秋令、冬令，那樣會給國家和人民帶來災害。

【注釋】❶季夏之月　指夏曆六月。❷心　心宿。又名商星，二十八宿之一，蒼龍七宿之第五宿。其三星均屬天蝎座。❸奎　奎宿。二十八宿之一，白虎七宿之第一宿，共有十六星，其中九屬仙女座，七屬雙魚座。❹其位中央　黃帝之神治中央。此以季夏專屬土，不同於《呂氏春秋》僅以季夏之末屬土，故稱六月之位在中央（土）。❺戊己　戊日己日為土日。鄭玄注《禮記・月令》云：「戊之言茂也。己之言起也……至此萬物皆枝葉茂盛，其含秀者抑屈而起，故因以為日名焉。」❻蠃　蠃蟲。泛指身無羽毛鱗甲的動物，此處當指人類。❼宮　五音之一。且為五音之主，屬土，位中央。❽百鐘　即林鐘。十二律之一。舊注謂「是月陽盛陰起，生養萬物，故曰百鐘」。❾其數五　五行中土生數為五，故言。❿其味甘　土味甘，故言。⓫其臭香　其氣香，故言。⓬中霤　本為土屋天窗，後指室中央。又為五祀之一，室中之祭，一說祀宅神，一說祀土神。⓭祭先心　舊注謂「心，火也，用所勝也（土勝水，水勝火，故言）。一曰：心，土也，自用其藏也」。⓮壁　原文為「奧」，依舊注校改。孔穎達疏《禮記・月令》云：「蟋蟀居壁者，此物生在於土中，至季夏羽翼稍成，未能遠飛，但居其壁。至七月則能遠飛在野。」⓯鷹乃學習　舊注謂「秋節將至，鷹自習擊也」。⓰蚈　馬蚿。又名百足蟲，形如蚯蚓，棲於溼地。舊說草得陰而死，極陰中反陽，故化為蚈。⓱食稷與牛　稷（穀子）、牛皆屬土，故言。⓲劒　舊注謂「季夏中央也」。劒有兩刃，諭無所生也。一曰：諭無所主，指主之也」。⓳中宮　此中宮不與東、南、西、北宮同列，當指明堂五堂中之中堂。即太廟太室（太廟只有太室一室）。⓴漁人　掌漁官。㉑伐蛟取鼉　蛟有鱗甲，能害人，難得，故言伐。鼉，一名鼉龍，又稱揚子鱷。下句中「黿」，大鱉。鼉、黿易得，故言取。㉒登龜　龜為神物，可以決吉凶，入宗廟，尊之，故曰「登」。登，取。《呂氏春秋・季夏紀》作「升龜」，義同。㉓滂人　主管池塘、湖澤之官。㉔入材葦　收取蒲葦以作器物。㉕四監大夫　監四郡大夫。㉖令百縣之秩芻句　舊注謂「周制，天子地方千里，分為百縣，縣有四郡。故《春秋傳》言『上大夫受縣，下大夫受郡』。秦初置三十六郡以監縣耳。此云百縣者，謂周制畿內之縣也」。秩芻，平常所當繳交的草秣。秩，常。芻，牲口吃的草。㉗弔死問疾　弔念死者，慰問病者。㉘存視　看望。㉙稃鬻　薄粥。㉚厚席蓐　謂於死者厚墊席蓐以葬。蓐，草席。㉛黼黻　古代禮服上繪繡的花紋。具體說，黼為禮服上所繡的黑白相間如斧形的花紋；黻為禮服上繡的黑青相間如亞形的花紋。㉜文章　錯雜的色彩和花紋。古以青與赤相配合為文，以赤與白相配合為章。㉝宣以明　謂所用彩全都質地優良而色彩鮮明。宣，遍。㉞殃　舊注釋為「罰」。㉟溽暑　指盛夏的溼熱天氣。㊱田疇　田地。蔡邕〈月令章句〉言「穀田曰田，麻田曰疇」。㊲土疆　土地。疆，界畔。《禮記・月令》作「土疆（板結堅實之土）」。《呂氏春秋・季夏紀》作「土疆」。㊳季夏行春令四句　舊注謂「春木王，木性墮落，陽發多風，而行其令，故穀實解落，民疾病風，咳嗽上氣，象春陽布散，民遷徙者也」。風欬，因受風寒而咳嗽。㊴丘隰　丘為四方高中央低下之地。隰，為低窪之地。㊵稼穡　種穀為稼，收穫為穡。此指禾稼而言。《呂氏春秋・季夏紀》即作「禾稼不熟」。㊶女災　生子不育。即妊娠之災。㊷隼　鳥名。即鶚。凶猛善飛。㊸蚤摯　早早擊摯。摯，攫取。㊹官少內　官為少內。少內，掌管宮中府藏的官，鄭玄謂其「主入」。

【語　譯】在季夏五月，北斗斗柄上的招搖星指向未位，傍晚時分心宿出現在南方天中，天亮時奎宿出現在南方天中。六月的方位是土德之神黃帝主治的中央之位。這個月的吉日是戊日己日，它的盛大之德屬於土德。這個月的動物是蠃蟲。和它相應的音是宮音，相應的律管是百鐘。它的數是五。這個月的口味是甘甜之味，氣味是土香之味。這個月祭祀中霤，陳設祭品時將心臟放在前面。這個月裡，涼風開始吹來，蟋蟀停留在牆壁間，小鷹開始學著練習飛翔，腐爛的草變化成馬蚿。

在六月，天子要穿黃色衣服，乘坐黃色大馬拉的車子，佩帶黃色的玉珮，豎立黃色的旗幟。吃稷類糧食和牛肉。服用被八方來風吹拂過的露水，用鑽柘木所取得的火種來燒火做飯。天子在中宮御幸女子，用黃色作為標記，用黃色絲綢裹住身子。這個月用的兵器是劍，養的牲口是牛。天子在中宮舉行朝會。命令主管捕魚的官員，派人殺蛟、取鼉、捉黿，把龜獻上來。命令主管池塘、湖澤的官員，收納蒲葦以編器具。命令監管四郡的大夫，把各縣平常該交的草蒿交齊，用來飼養祭祀時作犧牲用的牲畜，以供祭祀皇天上帝、名山大川、四方之神和宗廟、社稷之用，為老百姓求得福祉、施予恩惠給他們。命令大夫們要弔念死者，慰問生病的人，看望那些年紀大的老人，賜給他們薄粥。埋葬死者，要加厚墊席；用以表示送萬物歸去的心意。命令婦官指導婦女染好彩色絲織品，在上面繡出各種色彩的花紋圖案。無論青黑白黃，各種色彩的絲綢，沒有哪一種不是品質優良的，以供給祭祀宗廟時禮服之用，一定要求全部品質優良而色彩鮮明。

在這一個月，樹木正長得茂盛，因此不敢砍伐。不能聚合諸侯，不能興辦築城和治水一類的工程，不能勞動群眾興起戰爭，否則一定會受到上天的懲罰。在六月裡，土地潤溼而天氣溼熱，時常會下大雨，有利於割草漚糞為田地施肥，用以增強土地的肥力。

如果在季夏六月施行春天的政令，那就會使穀子的果實脫落，人們容易傷風咳嗽，老百姓就會離開故鄉，遷徙他方。如果施行秋天的政令，則丘地、窪地都會積水成災，農作物不能成熟，而有許多婦人會患生子不育的疾病。如果施行冬天的政令，那麼涼風寒氣就會不按時節而提前到來，鷹隼會很早就練習攫取攻擊的本領，四方邊地的人都會進入城市以保衛自己。

六月的官是少內，它的樹是梓樹。

孟秋之月[1]，招搖指申，昏斗[2]中，旦畢[3]中。其位西方[4]。其日庚辛[5]。盛德在金[6]。其蟲毛[7]。其音商[8]，律中夷則[9]。其數九[10]。其味辛[11]，其臭腥[12]。其祀門[13]，祭先肝[14]。涼風[15]至，白露[16]降，寒蟬鳴，鷹乃祭鳥[17]。用始行戮[18]。天子衣白衣，乘白駱[19]，服白玉，建白旗，食麻與犬[20]，服八風水，爨柘燧火。西宮御女白色，衣白采，撞白鐘[21]。其兵戈[22]。其畜狗。朝於總章左个[23]，以出秋令。求不孝不悌、戮暴[24]傲悍而罰之，以助損氣[25]。

立秋之日，天子親率三公、九卿、大夫以迎歲[26]於西郊[27]。還，乃賞軍率[28]，武人[29]於朝。命將率，選卒厲兵[30]，簡練[31]桀俊[32]，專任有功，以征不義，詰誅[33]暴慢[34]，順[35]彼四方[36]。命有司修法制，繕囹圄，禁姦塞邪，審決獄，平詞訟。天地始肅，不可以贏㊲。是月農始升穀㊳，天子嘗新㊴，先薦寢廟。命百官，始收斂㊵，完隄防，謹障塞㊶，以備水潦。修城郭，繕宮室。毋以封侯、立大官㊷、行重幣㊸、出大使㊹。行是月令，涼風至三旬。

孟秋行冬令，則陰氣大勝，介蟲敗穀，戎兵乃來㊺。行春令，則其國乃旱，陽氣復還，五穀無實㊻。行夏令，則冬多火災㊼，寒暑不節，民多瘧疾㊽。

七月官庫㊾，其樹楝㊿。

【章旨】這一章敘說夏曆七月的天象、氣候特徵，說明天子在這一月應該穿白色衣服，乘白駱，食麻與犬，而在明堂總章堂處理朝政，行使秋日政令。在政事方面要順應七月時令特徵，對不孝不悌、戮暴傲悍之徒加以懲罰。立秋之日要到西郊迎秋，回來後要獎賞武將，並選卒厲兵，征討不義。要命令官吏修法制，決斷官司。毋封侯，毋立大官，而要開始收穫莊稼，加固隄防以備水患。在七月不能施行冬令、春令和夏令，否則會給國家和人民帶來災害。

【注釋】❶孟秋之月　指夏曆七月。❷斗　斗宿。二十八宿之一，玄武七宿之首宿，其六星均屬人馬座。❸畢　畢宿。二十八宿之一，白虎七宿之第五宿，其八星均屬金牛座。❹其位西方　少皞以金德王天下，號為金天氏，死配金，託祀於西方。故言孟秋（金）之位西方。❺庚辛　庚日辛日為金日。鄭玄注《禮記・月令》云：「庚之言更也，辛之言新也……萬物皆肅然改更，秀實新成。又因以為日名焉。」❻盛德在金　是月金王西方，故言。❼其蟲毛　舊注謂「金氣寒，倮者衣毛。毛蟲，虎為之長」。❽商　五音之一。屬金，位在西方。❾夷則　十二律之一。舊注謂「夷，傷也。則，法也。是月陽衰陰盛，萬物凋傷，應法成性，故曰夷則也」。❿其數九　金生數四，加上土生數五，為九。⓫其味辛　金味辛，故言。⓬其臭腥　金臭腥，故言。⓭其祀門　舊注謂「孟秋始內，入由門，故祀門也」。前言仲春之月祀戶，古代門與戶有別，單扇曰戶，兩扇曰門；

又在堂室曰戶，在宅區域曰門。⑭祭先肝　舊注謂「肝，木也，祭先之，用所勝（金勝木）也。一曰：肝沉金，自用其藏也」。⑮涼風　八風之一。坤卦之風。⑯白露　指秋日露水。⑰祭鳥　舊注謂「是月鷹搏鷙，殺鳥於大澤之中，四面陳之，世謂之祭鳥」。⑱用始行戮　舊注謂「用（以）是時乃始行殺戮刑罰，順秋氣也」。⑲白駱　頸領的毛為黑色的白馬稱駱。⑳麻與犬二者均屬金，故言。麻，為「䵚」之省字，「䵚」即糜子，似黍而不黏。㉑白鐘　傳說黃帝有五鐘，一曰青鐘大音，二曰赤鐘重心，三曰黃鐘洒光，四曰景鐘味其明，五曰黑鐘隱其常。白鐘即為其景鐘。㉒戉　同「鉞」。狀如大斧的兵器。原文為「戈」，依王念孫校改。㉓總章左个　即總章堂南頭室。總章，明堂之西向堂。西方總成萬物而章明之，故名。㉔戮暴　凶惡殘酷。戮，暴。㉕損氣　陰氣。㉖迎歲　此迎歲為迎秋至。原文為「迎秋」與上文孟春、孟夏及下文孟冬句法異，依王念孫校改。㉗西郊　舊注謂「九里之外郊也」。㉘軍率　軍中將領。㉙武人　指武勇之人。即軍中有功名者。㉚厲兵　磨利兵器。㉛簡練　精選訓練。㉜桀俊　即「傑俊」。才能出眾的人物。㉝詰誅　責問；懲罰。㉞暴慢　暴虐悖慢。㉟順　循；順服。㊱四方　指天下。㊲命有司修法制七句　陳奇猷釋「謂天地始行肅殺，決獄訟、戮有罪，不可以緩懈，蓋以應天地肅殺之氣也」。平，治；處理。詞訟，猶言訴訟。又爭財為獄，爭罪為訟。肅，殺。羸，鄭玄釋為「解（懈）」。㊳升穀　穀熟。升，成；登；成熟。㊴嘗新　此處指嘗食新收穫的五穀。㊵收斂　收藏。此處指收穫農作物。斂，收。㊶障塞　阻塞。㊷大官　上公九命之官。周代官爵分為九等，稱九命。上公九命為伯，為最高等，王之三公八命，……子男之大夫為一命，處最低等級。㊸重幣　指金、帛之幣。㊹大使　命卿使之謂大使。㊺孟秋行冬令四句　舊注謂「孟秋，陰也，復行冬水王之令，故陰氣勝也，其介蟲敗穀也。陰氣并，故戎兵來也」。介蟲，甲蟲。戎兵，指西方少數民族的軍隊。㊻行春令四句　舊注謂「春陽亢燥而行其令，故旱也。陽氣還者，此月涼風，而反行溫風之令，故敗穀，令無實也」。㊼冬多火災　夏火王，行其令，故冬多火災。《呂氏春秋．孟秋紀》僅言「多火災」，無「冬」字。㊽寒暑不節二句　舊注謂「寒暑相干（犯），故不節，多瘧疾。瘧疾，寒暑所生也」。不節，不合時節。㊾官庫　舊注謂「庫，兵府也。秋節整兵，故官庫也」。㊿楝　樹名。傳說其實為鳳凰所食，成熟於秋。

【語　譯】在孟秋七月，北斗斗柄上的招搖星指向申位，傍晚時分斗宿出現在南方天中，天亮時畢宿出現在南方天中。七月所當方位為金德之神少皞所治的西方。這一月的吉日是庚日辛日。它的盛大之德屬於金德。這月的動物以毛族動物為主。相應的音是商音，相應的律管是夷則。它的數是九。這月的口味是辛味，氣味是腥味。這個月祭祀的是門，陳設祭品要將肝臟放在前面。在這個月，涼風吹來了，秋天的露水開始降落，青蟬開始鳴叫，老鷹在湖澤上搏殺許多鳥，將牠們四面陳列，如同設祭一樣。這個時候可以開始執行殺戮的刑罰了。

在這個月，天子應穿白色的衣服，乘坐頸領有黑毛的白色駿馬所拉的車子，佩帶白色的玉珮，豎立白色的旗幟。吃糜子一類的糧食和狗肉，服用被八方來風吹拂過的露水，用鑽柘木所取得的火種來燒火做飯。天子在西宮御幸女子，要用白色作標記，用白色絲綢來裹住身子，敲打白鐘以為樂。這個月用的兵器是鉞。飼養的牲畜以狗為主。天子這一月在明堂總章堂南頭室中舉行朝會，制定出秋天的政令。要找出那些不孝順父母、不敬愛兄長以及凶惡殘酷、傲慢強悍的傢伙們加以懲罰，以幫助陰氣。

在立秋這一天，天子要親自帶領三公、九卿、大夫們到西郊去迎接秋季的到來。回朝後，要在朝廷獎賞將領和有功的軍人。命令將領們，挑選士兵，磨利兵器，精心選出才智過人的俊傑，專職委任那些建有功勞的人去征伐不義的國家，聲討、懲罰凶惡殘酷悖慢無禮的人，使天下順服。還要命令官吏修訂法制，修補牢獄，禁止姦邪行為。要慎重地決斷案子、處理爭訟之事。這時天地間殺氣開始出現，對治罪行刑之事不可緩懈。在這個月，農民種的穀子開始成熟，天子要嘗新，先要把新穀進獻到宗廟以祭祀先祖。要命令百官，讓老百姓收穫農作物，把隄防修整完好，特別要謹慎地處理那些容易阻塞的地方，以防備雨水。要修整城郭，整修宮室。在這個月，不能裂土封侯，不能委任高級官職，不能拿出金、帛重幣，不能派高級官員充當使節出使他國。施行這個月該施行的政令，三旬都會有涼風吹拂。

如果在孟秋七月施行冬天的政令，那麼陰氣就會太重，甲蟲會毀壞穀子，西方的寇兵會來侵擾。如果施行春天的政令，那國家就會發生旱災，陽氣又回來了，五穀就不會結實。如果施行夏天的政令，冬天就會常發生火災，寒冷、暑熱之氣會不按時節出現，兩者相犯會使許多人患瘧疾。

七月的官是管兵器倉庫的官，它的樹是楝樹。

仲秋之月[1]，招搖指酉，昏牽牛中，旦觜巂[2]中。其位西方。其日庚辛。其蟲毛。其音商，律中南呂[3]。其數九。其味辛，其臭腥。其祀門，祭先肝。涼風至，候雁來，玄鳥歸[4]，群鳥翔[5]。

天子衣白衣，乘白駱，服白玉，建白旗，食麻與犬，服八風水，爨柘燧火。西宮御女白色，衣白采，撞白鐘。其兵戉[6]。其畜犬。朝於總章太廟[7]。命有司，申嚴百刑，斬殺必當。無或枉撓[8]。決獄不當，反[9]受其殃。

是月也，養長老，授几杖[10]，行[11]稃鬻飲食。乃命宰祝[12]，行[13]犧牲，案[14]芻豢[15]，視[16]肥臞[17]全粹[18]，察物色[19]，課[20]比類[21]，量小大，視少長，莫不中度。天子乃儺[22]，以御[23]秋氣。以犬嘗麻[24]，先薦寢廟。是月可以築城郭，建都邑[25]，穿[26]竇窖[27]，修囷倉。乃命有司，趣[28]民收斂畜采[29]，多積聚，勸種宿麥[30]，若或失時，行罪[31]無疑。是月也，雷乃始收，蟄蟲培戶[32]，殺氣浸[33]盛，陽氣日衰，水始涸[34]，日夜分。一度量，平權衡，正鈞石[35]，角[36]斗桶[37]，理關市[38]，來商旅[39]，入貨財，以便民事。四方來集，遠方皆至，財物不匱[40]，上無乏用，百事乃遂[41]。

仲秋行春令，則秋雨不降，草木生榮，國有大恐[42]。行夏令，則其國乃旱，蟄蟲不藏，五穀皆復生[43]。行冬令，則風災數起，收雷先行，草木蚤死[44]。

八月官尉㊺，其樹柘。

【章旨】這一章敘說夏曆八月的天象、氣候特徵，和一些動物的活動情況。說明天子在八月應該衣白衣、乘白駱、食麻與犬，在明堂總章堂太廟處理朝政。在政事方面，天子應命有司申嚴百刑，決獄、斬殺必當。是月要養長老，命宰祝檢查祭祀用的犧牲，天子要舉行儺祭以除邪。八月為收穫之時，可以築城郭、建都邑，要修倉挖窖，命令官吏催促百姓收莊稼，多積聚，及時種好麥子。還要校正度量衡等器具。整頓市場，活絡交易，使得財物豐富，不乏其用。八月不能施行春令、夏令和冬令，否則會給國家和人民帶來災害。

【注釋】❶仲秋之月　指夏曆八月。❷觜巂　即觜宿。二十八宿之一，白虎七宿之第六宿，其三星均屬金牛座。❸南呂　十二律之一。屬陰律。舊注謂「南，任也，言陽氣呂旅而志助陰，陰任成萬物也」。《漢書・律曆志》云：「南呂，南，任也，言陰氣旅助夷則，任成萬物也。」❹玄鳥歸　燕子秋分後歸蟄所。玄鳥，燕子。❺群鳥翔　一作「群鳥養」。翔，蓋謂八月寒氣至，群鳥肥盛，試其羽翼而高翔。養，則謂寒氣至，群鳥養育其羽毛以御寒。❻戉　原文為「戈」，依王念孫校改。❼太廟　為總章堂中央室。❽枉撓　枉，曲。指違法曲斷。撓，屈。指有理不申。又枉撓皆有屈曲意，指斷案不平直。❾反　還。❿几杖　几案與手杖。供老年人靠身和走路時用。古代賜几杖為敬老之禮。⓫行　賜予。⓬宰祝　太宰、太祝。主管祭祀的官。一說宰為掌養祭祀之犧牲，即「充人」。祝為以犧牲事神以祈福祥者。⓭行　巡視。⓮案　察看。一說案其簿書查驗。⓯芻豢　草養的牲口如牛羊為芻，穀養的牲口如犬豕為豢。⓰視　察看。⓱臞　瘦。⓲全粹　全，體完整無虧缺。粹，指毛色純。⓳物色　指形貌。一說指毛色，且指牲畜之細毛而言，但上句「粹」已言及毛色事，故以形貌釋之為宜。⓴課　按一定的標準考核。㉑比類　舊例。孔穎達疏《禮記・月令》云：「已行故事曰比，品物相隨曰類。」㉒儺　猶「除」。古代驅除疫鬼的儀式。㉓御　阻止。㉔以犬嘗麻　謂用狗肉配合以嘗新穈。麻，「穈」之省字。㉕都邑　舊注謂「國有先君之宗廟曰都，無曰邑」。㉖穿　鑿通；挖掘。㉗竇窖　竇，水道。窖，藏物的地穴。舊注謂「所以通水，不欲地溼也。穿窖，所以盛穀也」。㉘趣　催促。㉙畜采　儲藏乾菜。采，通「菜」。《呂氏春秋・仲秋紀》、《禮記・月令》即作「蓄菜」和「畜菜」。㉚宿麥秋冬始種，經歲乃熟的麥子稱宿麥。㉛行罪　行罰。㉜培戶　培，益。指壅土言。戶，洞穴。八月蟄蟲入穴蟄伏，故其穴外之土增加。《禮記・月令》作「壞戶」。「壞」音義皆與「培」同，增益。㉝浸　漸。㉞涸　凝竭。或作盛。盛，言陰勝也。㉟鈞石　鈞、石皆為古重量單位，三十斤為一鈞，四鈞為一石。㊱角　平；校正。㊲斗桶　原文為「斗稱」，依王念孫校改。斗、桶均為量器，十升為一斗，六升為一桶。㊳理關市　調整治關市。理，治。關市為人員物資聚集之地。或謂關口、市廛。㊴來商旅　招徠商旅。商旅，行商。即往來販賣的商人。㊵匱　缺乏。㊶遂　成；順利地做到。㊷仲秋行春令四句　舊注謂「春，陽氣，而行其令，故雨不降。又溫煦之仁，故草木生榮華也。氣相干，必有災咎，故國大惶恐」。㊸行夏令四句　舊注謂「行炎陽之令，故旱涸。氣熱，故蟄蟲不藏，使五穀復生」。㊹行冬令四句　舊注謂「行冬寒氣激之令，故有風災。又冬閉藏，故收雷先行，草木早死也」。㊺官尉　舊注謂「尉，戎官（軍官）。是月治兵，故官尉」。

【語　譯】在仲秋八月，北斗斗柄上的招搖星指向西位，傍晚時分牽牛星出現在南方天中，天亮時觜宿出現在南方天中。八月所當之位是金德之神少皞主治的西方。這個月的吉日是庚日辛日。代表性動物是毛族動物。和它相應的音是商音，相應的律管是南呂。這個月的數是九。這月的口味是辛味，氣味是腥味。祭祀的是雙門，陳設祭品時將肝臟放在前面。這個月涼風已經到來，大雁北來，燕子返回南方，群鳥在空中飛翔。

在這個月內，天子應該穿白色的衣服，乘坐頸領生有黑毛的白色駿馬拉的車子，佩帶白色玉珮，豎立白色旗幟，吃糜子一類的糧食和狗肉。服用被八方來風吹拂過的露水，用鑽柘木所取得的火種來燒火做飯。天子在西宮御幸女子，用白色作為標記，用白色絲綢裹住身子，敲打白鐘為樂。這個月用的兵器是鉞。飼養的牲畜是狗。天子在明堂總章堂中央室太廟中處理朝政。命令官吏，一再重申並嚴格執行各種刑法。對罪犯或斬或殺，一定要恰當，不能有判案不公平的現象出現。對官司決斷不恰當，則執法者會反而受到這件事帶來的禍害。

在這一個月，要奉養年邁的老人，送給他們倚靠的小桌子和走路用的手杖，賜給他們薄粥和飲料、食物。命令主管祭祀的太宰、太祝，巡視祭祀時供作祭品的牲畜，察看那些食草、食穀的牲口，看看牠們是肥是瘦，形體完整不完整，毛色純不純，觀察一下形貌怎麼樣，這些都要用從前的舊例來考核，量量牠們的大小，看看牠們年齡如何，要使選用的牲口沒有哪方面不是符合規定的。天子於是舉行驅除不祥的儀式，來止住秋氣。天子在這月品嘗新收的糜子做的飯要配以狗肉，在嘗新之前，先要把這些食物進獻到宗廟祭祀先祖。在這個月，可以構築城郭，可以建造都城和城鎮，要挖通水道、掘出地窖，要修建各式各樣的倉庫。要命令官吏，催促老百姓收穫莊稼和儲藏乾菜，要儘量多積聚一些物資，要勸大家種好第二年收穫的麥子。如果錯過了栽種時間，就一定要給予處罰。在這個月，雷開始不響了。入土冬眠的蟲子堆積增厚洞外的土。天地間的肅殺之氣日漸盛大，陽氣一天天衰減，水開始凝竭乾枯。日夜時間相等。這個月要統一長度、容量的計算標準，校正秤和秤錘使它符合標準，還要校正重量單位，和斗、桶一類容器的容量，使它們符合標準。要整治關口和市場，招徠來往販賣的商人，把財物吸引到市場上來。為滿足老百姓生產、生活方面的需要提供便利。四方的人都集中到這裡，遠方的人也都來了，不缺少什麼財物，國家辦事也不會缺乏錢財，樣樣事都能很順利地辦好。

如果在八月施行春天的政令，那就不會有秋雨降落，草木都會開花，國內會出現大的恐慌。如果施行夏天的政令，那樣國內就會發生旱災，該蟄伏的動物卻不去潛藏，五穀都會再萌生。如果施行冬天的政令，那樣風災就會多次出現，雷聲先停止了，草木會早早死去。

八月的官是尉官，它的樹是柘樹。

季秋之月❶，招搖指戌，昏虛❷中，旦柳❸中。其位西方。其日庚辛。其蟲毛。其音商，律中無射❹。其數九。其味辛，其臭腥。其祀門，祭先肝。候雁來❺，賓雀❻入大水❼為蛤❽，菊有黃華❾，豺乃祭獸❿戮禽⓫。

天子衣白衣，乘白駱，服白玉，建白旗，食麻與犬。服八風水，爨柘燧火。

西宮御女白色，衣白采，撞白鐘。其兵戈(12)，其畜犬。朝於總章右个。命有司，申嚴號令，百官貴賤，無不務入(13)，以會(14)天地之藏，無有宣出(15)。乃命冢宰(16)，農事備收，舉五穀之要(17)，藏帝籍之收(18)於神倉(19)。

是月也，霜始降，百工休(20)。乃命有司(21)曰：「寒氣總(22)至，民力不堪，其皆入室。」上丁(23)入學習吹(24)，大饗(25)帝，嘗犧牲(26)。合諸侯，制百縣(27)，為來歲受朔日(28)，與諸侯所稅於民輕重之法(29)，貢歲之數(30)，以遠近、土地所宜為度(31)。乃教於田獵(32)，以習五戎(33)。命太僕(34)及七騶(35)，咸駕載旌(36)，授車以級(37)，皆正(38)設(39)於屏(40)外。司徒(41)搢朴(42)，北嚮以贊(43)之。天子乃厲服(44)厲飾(45)，執弓操矢以獵。命主祠(46)，祭禽四方(47)。是月草木黃落，乃伐薪為炭。蟄蟲咸俛(48)，乃趨(49)獄刑，毋留有罪(50)，收祿秩(51)之不當(52)、供養之不宜(53)者。通路除道(54)，從境始，至國而已(55)。是月天子乃以犬嘗麻(56)，先薦寢廟。

季秋行夏令，則其國大水，冬藏殃敗，民多鼽窒(57)。行冬令，則國多盜賊，邊竟不寧，土地分裂(58)。行春令，則煖風來至，民氣解隋，師旅並興(59)。

九月官候(60)，其樹槐(61)。

【章　旨】這一章敘說夏曆九月的天象、氣候特徵，和有些動物的活動情況。說明天子在九月宜衣白衣，乘白駱，食麻與犬，在總章堂北室處理朝政。在政事方面，要申嚴號令，百官「務入」而不出，以合天地收藏萬物的時令特徵。要官吏讓老百姓入室，勿受寒氣侵襲。此月要聚合諸侯、百縣，頒布明年的歲首之日、和諸侯收稅於民及納貢於朝的標準。要通過打獵組織軍事訓練。此外，這個月要清理積案，凡有罪的都要處理。九月草木黃落，應該伐薪燒炭。此月不可施行夏令、冬令和春令，否則會給國家和人民帶來災害。

【注　釋】❶季秋之月　指夏曆九月。❷虛　虛宿。二十八宿之一，玄武七宿之第四宿。共有二星，其一屬寶瓶座，其二屬小馬座。❸柳　柳宿。二十八宿之一，朱鳥七宿之第三宿。其八星均屬長蛇座。❹無射　十二律之一。屬陰律。舊注謂「陰氣上升，陽氣下降，萬物隨陽而藏，無射出見也」。❺候雁來　舊注謂「是月，候時之雁從北漠中來，南之彭蠡。蓋以為八月來者，其父母也，是月來者，蓋其子也。羽翼穉弱，故在後爾」。❻賓雀　舊注謂「老雀也，棲宿人堂宇之間，如賓客者也，故謂之賓」。❼大水　指海水。❽為蛤　《大戴禮記・夏小正》言「雀入於海為蛤」，《太平御覽》卷九四一引許慎注云：「雀，依屋之雀，本飛鳥也，隨陽下藏，故為蛤。」❾菊有黃華　蔡邕〈月令章句〉云：「菊，草名也。有者，非所有也。黃華者，土氣之所成也。季秋草木皆成，非榮華之時也。故言菊有，明他無也。」❿豺乃祭獸　舊注謂「豺，似狗而長尾，其色黃。是月時豺殺獸，四面陳之，世謂之祭獸」。⓫戮禽　即殺獸。禽，為禽獸之總稱。⓬戊　原文為「戈」，依王念孫校改。⓭務入　謂致力於收斂。入，內；納。收斂入之。⓮會　合。⓯宣出　散出。與收入相反。⓰冢宰　周時為天官，百官之長，主治萬事。冢，大。宰，治。⓱舉五穀之要　謂將五穀數量記入簿書。要，簿書。⓲帝籍之收　即指帝王籍田所收之穀。帝籍，帝王在春耕前躬耕農田，以祀宗廟，稱為籍田。天子籍田千畝，實借民力而種。⓳神倉　帝籍之收係供祭祀上帝神祇之用，故受穀之倉稱為神倉。⓴百工休　舊注謂「霜降天寒，朱漆難成，故百工休止，不復作器也」。㉑有司　此處指司徒。司徒主眾，故命之使民入室。㉒總　眾。指多次。㉓上丁　指是月上旬的丁日。㉔入學習吹　舊注謂「入學宮，吹笙竽，習禮樂」。㉕饗　供奉鬼神為饗。㉖嘗犧牲　謂用犧牲作「嘗祭」。嘗為秋季宗廟之祭。㉗制百縣　制，命。百縣，指畿內百縣。㉘受朔日　指九月頒布曆書，授予諸侯、百縣明年每月月朔之日。舊注及鄭玄等注以為秦以十月為歲首，故以九月受「來歲」曆日，此說不可取。文中「來歲」非自十月始，而自季冬後之孟春之月始。㉙輕重之法　指諸侯在諸侯國內向老百姓徵稅的原則。㉚貢歲之數　指諸侯每年給天子納貢之數。㉛度　衡量標準。㉜田獵　打獵。田，通「畋」。㉝五戎　五種兵器。指刀、劍、矛、戟、弓矢。㉞太僕　官名。《周禮》有「大僕」，掌王之服位、出入王之大命。秦漢時太僕為九卿之一，掌輿馬及牲畜之事。《呂氏春秋・季秋紀》作「僕」，係指田僕，掌佐車之事。㉟七騶　騶，養馬兼馭馬者。天子有馬六種，各有一騶，加上總管一人，故稱七騶。㊱載旌　猶言插旗於車。原文為「戴荏」，依王念孫校改。㊲級　等級。㊳正　端正。㊴設　陳設。㊵屏　樹垣。即照壁。對著門的小牆。㊶司徒　《周禮》有大司徒，六卿之一，主掌教化。㊷搢朴　搢，插。朴，樹皮，古以其為教學之刑具。《呂氏春秋・季秋紀》、《禮記・月令》均作「扑」，高誘注《呂氏春秋》云：「扑，所以教也。」插置帶間，誓告其眾。」一說扑為箠，指馬鞭。並言本書「朴」當為「扑」。㊸贊　贊禮。此處作動詞用。相者唱行禮之節為贊。一訓為告。㊹厲服　猛厲之服。指戎服言。㊺厲飾　猛厲之飾物。亦指戎服言。原文為「廣飾」，依陳奇猷校（見《呂氏春秋校釋》卷九）改。案：此處言天子佩猛厲之飾物以備取禽，而實際上天子只是行獵之禮，並非真的打獵。㊻主祠　主持祀典之官。㊼祭禽四方　舊注謂「祀始設禽獸者於四方，報其功。不知其神所在，故博求之於四方也」。㊽俛　伏。㊾趣　通「促」。催促。㊿毋留有罪　九月陰氣盛，主殺戮，故對有罪者要速作判決。(51)祿秩　祿位。俸祿和爵位。(52)不當　舊注釋為「無德受祿」者。(53)不宜　舊注謂「不孝也。一曰：所養者無勳於國，其先人又無賢德，所不宜養，故收也」。(54)除道　修治道路。(55)而已　原文為「而后已」，依王念孫校刪「后」字。(56)嘗麻　《呂氏春秋・季秋紀》、《禮記・月令》均作「嘗稻」，十月穫稻，「麻」當為「稻」。(57)季秋行夏令四句　舊注謂「季秋陰氣，而行夏月霖雨之令，故大水。火氣熱，故冬藏殃敗也。火金相干，故民鼽窒，鼻不通利也」。鼽窒，鼻塞不通。(58)行冬令四句　舊注謂「冬水純陰，奸謀所生，故多盜賊，使邊竟之民不安寧也。則土地見侵削，為鄰國所分裂也」。(59)行春令四句　舊注謂「春氣陽溫，故煖風至，民氣解隋也。木干金，故師旅並興也。二千五百人為師，五百人為旅也」。解隋，即懈惰。(60)官候　舊注謂「候，望也。是月繕修守備，故曰官候也」。(61)槐　樹名。舊注謂「槐，懷也，可以懷來遠人也」。

【語　譯】在季秋九月，北斗斗柄上的招搖星指向戌位，傍晚時分虛宿出現在南方天中，天亮時柳宿出現在南方天中。九月所當之位是金德之神少皞主治的西方。這個月的吉日是庚日和辛日。這月的代表性動物是毛族動物。和它相應的音是商音，相應的律管是無射。這個月的數是九。口味是辛味，氣味是腥味。這個月祭祀的是雙門，陳設祭品時將肝臟放在前面。候時的雁從北方飛來。雀兒飛入大海變成了蛤。菊開有黃花。豺殺死了許多野獸，將牠們陳列四方，就像祭獸一樣。

在這個月內，天子應該穿白色的衣服，乘坐頸領生有黑毛的白色駿馬拉的車子，佩帶白色玉珮，豎立白色旗幟，吃糜子一類的糧食和狗肉。服用被八方來風吹拂過的露水，用鑽柘木所取得的火種來燒火做飯。天子這月在西宮御幸女子，用白色作為標記，用白色絲綢裹住身子，敲打白鐘為樂。這個月用的兵器是鉞，飼養的牲畜是狗。天子在明堂總章堂北頭室中處理朝政。要命令官吏，一再重申要嚴格執行號令：百官無論貴賤，都要致力於收藏，與九月天地收藏的時令特徵相符合，不要有向外發散出的行為。並命令冢宰，農作物全部收完以後，要把五穀的數量記入簿冊，把帝王親自耕種之田所收的糧食收藏進神倉裡。

在這一月，霜開始降落，各種工匠都停止了工作。要命令司徒，讓他告訴大家說：「寒氣多次到來，老百姓的體力不能夠忍受，還是都回到室內去吧。」在本月上旬的丁日，要讓一些人進入學宮練習吹奏樂器，研習禮法，隆重地供奉天帝，擺上犧牲舉行嘗祭。在這個月，要聚合諸侯、集中百縣長官，把來歲每月的朔日告訴大家。還要告訴他們：諸侯在國內徵稅輕重的原則、每年給天子進貢的數目，都要以和距離的遠近、土地的優劣多寡相適應為標準。在這一月要舉行獵典禮，教大家練習使用各種兵器。命令太僕和為天子馭馬的人，把插有旗幟的車子都套上馬，然後按照官位等級將馬車分配給大家，將車很整齊地陳列在屏牆之外。司徒腰插馬鞭，面向北方要大家向天子行禮。這時天子穿著給人猛厲之感的戎服、佩帶著給人猛厲之感的飾物，握著弓拿著箭，正擺出射殺野獸的姿態。然後命令主祠官，把禽獸陳列四方，祭祀四方之神。這個月草木枯黃凋謝，於是可以砍柴來燒炭。冬眠的動物都開始伏藏了，因此要催促主管刑獄的官吏加緊辦案。不要讓有罪的人留下而不判決，要收回那些封賞不當的人的俸祿和爵位，和那些不適宜享受國家供養的人所享受的待遇。要整治、疏通道路，從邊境開始一直修到國都為止。這個月天子用狗肉配合來嘗新收的糜子，吃之前先要進獻到宗廟祭祀先祖。

如果在季秋九月施行夏天的政令，那樣國內就會有大水災出現。冬季收藏的物品都會遭禍被毀。老百姓中會有許多人患鼻塞不通的疾病。如果施行冬天的政令，那樣國內就會有許多盜賊出現，邊境也會不安寧，國土會發生分裂。如果施行春天的政令，那樣煖風就會吹來，老百姓的精神就會趨向懈怠、懶惰，戰爭也會四處並起。

九月的官是候官，它的樹是槐樹。

孟冬之月[1]，招搖指亥，昏危[2]中，旦七星[3]中。其位北方[4]。其日壬癸[5]。盛德在水[6]。其蟲介[7]。其音羽[8]，律中應鐘[9]。其數六[10]。其味鹹[11]，其臭腐[12]。其祀井[13]，祭先腎[14]。水始冰，地始凍，雉入大水[15]為蜃[16]，虹藏不見[17]。天子衣黑衣，乘玄驪[18]，服玄玉，建玄旗[19]。食黍與彘[20]。服八風水，爨松燧火。北宮御女黑色，衣黑采，擊磬石[21]。其兵鎩[22]，其畜彘[23]。朝於玄堂左个[24]，以出冬令。命有司，修群禁[25]，禁外徙，閉門閭，大搜客[26]。斷罰刑，殺當罪，阿上[27]亂法者誅[28]。

立冬之日，天子親率三公、九卿、大夫以迎歲[29]於北郊[30]。還，乃賞死事[31]，存孤寡。是月，命太祝禱祀神位，占龜策[32]，審卦兆[33]，以察吉凶。於是天子始裘，命百官謹蓋藏[34]，命司徒行積聚，修城郭，警門閭，修楗閉[35]，慎管籥[36]，固封璽[37]，修邊境，完要塞，絕蹊徑[38]。飭喪紀[39]，審棺槨[40]衣衾[41]之薄厚，營[42]丘壠[43]

之小大高庳㊹，使貴賤卑尊各有等級。是月也，工師效功㊺，陳祭器，案度程㊻，堅致㊼為上㊽。工事苦慢㊾，作為㊿淫巧(51)，必行其罪。是月也，大飲蒸(52)，天子祈來年於天宗(53)，大禱祭於公社(54)畢，饗先祖(55)。勞(56)農夫以休息之。命將率(57)講武，肄(58)射御(59)，角力(60)勁(61)。乃命水虞(62)漁師(63)，收水泉池澤之賦(64)，毋或侵牟(65)。

孟冬行春令，則凍閉不密，地氣發泄，民多流亡(66)。行夏令，則多暴風，方冬不寒，蟄蟲復出(67)。行秋令，則雪霜不時，小兵時起，土地侵削(68)。

十月官司馬(69)，其樹檀(70)。

【章旨】這一章敘說夏曆十月的天象和氣候特徵，說明天子在這月應該穿黑色衣服，乘玄驪，吃黍類糧食和豬肉，在玄堂西室處理朝政。在政事方面，是月天子應該命令官吏，禁止外徙，關閉城門里門，斷刑罰、殺當罪者。在立冬那天，天子要率眾臣到北郊迎歲。要命令百官做好物資的儲藏工作，要太祝占龜策，察吉凶。要司徒行積聚、修城郭、審定喪儀。要百工精心製作祭器。這月天子還要舉行冬祭。要農夫休息，要武將講武、肄射御，要水虞漁師收水泉池澤之稅。十月不可施行春令、夏令和秋令，否則會給國家和人民帶來災害。

【注釋】❶孟冬之月　指夏曆十月。❷危　危宿。見前文仲夏之月❸。❸七星　星宿。見前文季春之月❷。❹其位北方　顓頊號高陽氏，以水德王天下，死後祀為水德之帝，主治北方。十月屬水，故言其位北方。❺壬癸　壬日癸日均為水日。《史記・律書》云：「壬之為言任也，言陽氣任養萬物於下也。癸之為言揆也，言萬物可揆度，故曰癸。」鄭玄注《禮記・月令》則云：「王之言任也，癸之言揆也……時萬物懷任於下，揆然萌芽，又因以為日名焉。」❻盛德在水　舊注謂「盛德在水，水王北方也」。❼其蟲介　舊注謂「介，甲也。象冬閉固，皮漫胡（皮長而下垂，閉固之象）也」。甲蟲，龜為之長。❽其音羽　羽為五音之一。屬水，故言。❾應鐘　十二律之一，屬陰律。舊注謂「陰應於陽，轉成其功，萬物聚成，故曰應鐘」。❿其數六　水生數一，加上土生數五為六，故言。⓫其味鹹　舊注謂「水味鹹也」。⓬其臭腐　舊注謂「水臭腐也」。⓭其祀井　舊注謂「井水給人，故祀也。井或作行。行，門內也。冬守在內，故祀也」。⓮祭先腎　舊注謂「腎，水自用其藏也」。⓯大水　指淮河。⓰蜃　蛤。《國語・晉語》：「雉入於淮為蜃。」⓱虹藏不見　舊注謂「虹，陰中之陽也。是月陰盛，故不見（現）也」。⓲玄驪　黑色的馬。⓳玄旗　黑色旗幟。上畫熊、虎圖像者為旗。⓴食黍與彘　黍，屬火，此用所勝（水勝火）。鄭玄注《禮記・月令》云：「黍秀舒散，屬火。寒時食之，亦以安性也。」彘，屬水。㉑磬石　石製之磬。㉒鎩　兵器名。長矛，又名鈹。舊注謂「鎩者卻內，象陰閉」。㉓彘　豬。水畜。㉔玄堂左个　玄堂為明堂北向堂，左个指西頭室。㉕修群禁　謂禁止各種該禁止的事情。舊注謂「順陰閉，諸所當禁，皆使有司禁也」。㉖大搜客　指大規模搜索壞人。外來之人為客。㉗阿上　阿意曲從，取容於上。㉘誅　治；懲罰。㉙迎歲　此指迎接一年中冬季的到來。㉚北郊　六里之郊。㉛賞死事　舊注謂「有忠節蹈義死王事者，賞其子孫也」。㉜龜策　古代卜筮之具。㉝卦兆　卦象與龜兆。筮曰卦，龜曰兆。㉞蓋藏　儲藏。㉟楗閉　楗，關門的門閂。閉，門閂孔。㊱管籥　鎖和鑰匙。㊲封璽　封印。官府封印，表示停辦公事。秦以前尊卑之印皆可稱璽。㊳絕蹊徑　謂堵塞小路。鄭玄注《禮記・月令》言「蹊徑」為「禽獸之道也」。㊴飭喪紀　飭，治。喪紀，喪事。《禮記・文王世子》：「喪紀以服之輕重為序。」一說喪紀指治喪之綱紀，文中所言「審棺槨」三句皆為喪紀。㊵棺槨　棺材和套在棺外的外棺。槨，同「椁」。㊶衣衾　衣被。《荀子・正論》：「太古薄葬，棺厚三寸，衣衾三領。」先秦小被稱寢衣，大被稱衾。㊷營　量度。㊸丘壠　冢墓。㊹高痺　高下。痺，通「庳」。低下。㊺效功　謂呈繳所作器物以供考核。㊻案度程　案，視；審察。度程，規格；標準。㊼堅致　堅牢；密緻。㊽上　盛；美。㊾苦慢　苦，濫惡；粗劣。慢，指不牢固。㊿作為　為詐偽。(51)淫巧　非常之巧。(52)大飲蒸　謂大飲以行蒸祭。冬祭曰蒸。(53)天宗　凡屬天上之神，包括日月星辰皆為天宗。(54)公社　猶官社。古代祭祀場所，對私社而言。舊注謂「公社，后土之祭也。生為上公，死為貴神，故曰公也」。(55)饗先祖　即於私社作祭。(56)勞　慰勞。(57)將率　即將帥。(58)肄　學習；練習。(59)射御　射箭和駕御車馬。(60)角力　較量臂力。陳奇猷說角力即角抵，為古代校力之戲。(61)勁　強有力的樣子。(62)水虞　掌水之官。(63)漁師　掌漁之官。(64)賦　賦稅。(65)侵牟　掠奪。牟，取。(66)孟冬行春令四句　舊注謂「春陽氣散越，故凍閉不密，地氣發泄也。民多流亡，象陽氣布散」。(67)行夏令四句　舊注謂「冬當閉藏，反行夏盛陽之令，故多暴疾。陽氣溫，故盛冬不寒，令蟄伏之蟲復出也」。(68)行秋令四句　舊注謂「秋氣干，冬大寒，不當雪而雪，不當霜而霜，故曰不時也。小兵數起，鄰國來伐，侵削其土地」。土地侵削，土地被掠奪。❻❾官司馬　舊注謂「冬閒講武，故官司馬也」。司馬，軍官名。❼⓪檀　樹名。屬陰。

【語譯】在孟冬十月，北斗斗柄上的招搖星指向亥位，傍晚時分危宿出現在南方天中，天亮時星宿出現在南方天中。十月所當之位是水德之神顓頊主治的北方。這個月的吉日是壬日和癸日。它的盛大之德屬於水德。這月的代表性動物是介類動物。和它相應的音是羽音，相應的律管是應鐘。這個月的數是六。這月的口味是鹹味，氣味是腐味。這個月祭祀的是井，陳設祭品時將腎臟放在前面。這個月水開始結冰，地開始凍結，野雞飛入淮河變為蛤，虹霓隱藏不顯現。

在這個月內，天子穿黑色的衣服，乘坐黑馬拉的車子，佩帶黑色玉珮，豎立黑色旗幟。吃黍類糧食和豬肉。服用被八方來風吹拂過的露水，用鑽松木所取得的火種來燒火做飯。天子這月在北宮御幸女子，用黑色作為標記，用黑色絲綢裹住身子，擊打石磬為樂。這個月用的兵器是鎩，飼養的牲畜是豬。天子在玄堂西頭室中舉行朝會，在這裡制定出冬天的政令。天子應命令官吏，將所有該禁止的事都加以禁止，不准向外遷移。要關閉城門、里門，在外來人員中大規模地搜索壞人。要對應該處以刑罰的犯人作出斷決，要對死罪犯人執行死刑，對那些阿意曲從上級官員而擾亂法度的人要加以處置。

在立冬這一天，天子要親自率領三公、九卿、大夫們到北郊去迎接冬天的到來。從北郊回來後，要對那些為國事而死的人的親屬給予賞賜，要撫恤那些孤兒寡婦。在這個月，要命令太祝祭祀神靈並向它禱告，用龜策占卜，察看卦象和龜甲上坼裂的紋理，仔細看看是吉是凶。在這個時候，天子開始穿皮衣了。他要命令百官謹慎地做好儲藏工作。命令司徒巡行四方指導老百姓將在外的莊稼積聚到倉庫中。要修整城郭，在城門、里門設置警戒。把損壞的門閂和門孔修好，謹慎地保管鎖和鑰匙，緊密封藏好印信。要治理邊境，修繕要塞，堵塞小路。這個月還要修訂治喪的規矩，要審察棺、槨、衣、衾的厚薄，量度冢墓的大小、高低，使它們也有貴賤卑尊的等級。在這個月，工匠們要呈繳他們製作的器具以供考核。把祭器排列好，審察它們是否符合標準，要做得堅牢、密緻才是佳作。對那些把器具做得粗劣、不牢固、用詐偽手段刻意求巧的工匠，一定要治他的罪。在這個月，天子要讓大家開懷痛飲來舉行冬祭，要為明年的收成而向天宗祈求，先在祭祀后土的場所進行祭祀和祈禱，大祭完畢，然後供奉先祖。還要慰勞農民，讓他們休息。要命令將帥講習武事，讓士兵們學習射擊和駕御車馬的技術，相互較量看誰力氣最大。在這個月要派管水的水虞和管漁業的漁師，收取河稅、泉稅、池稅和澤稅，不要出現掠奪現象。

如果在孟冬十月施行春天的政令，那樣大地就會凍閉得不嚴密，地氣會散發流泄出來，老百姓中會有許多人流亡在外。如果施行夏天的政令，那樣就會出現很多風暴，正在冬天而不寒冷，冬眠的動物又會跑出來。如果施行秋天的政令，那樣雪和霜就不會按照時節降落，小的戰爭就會時時發生，國家的土地會遭到敵國的掠奪。

十月的官是司馬，它的樹是檀樹。

仲冬之月❶，招搖指子，昏壁❷中，旦軫❸中。其位北方。其日壬癸。其蟲介。其音羽，律中黃鐘❹。其數六。其味鹹，其臭腐。其祀井，祭先腎。冰益壯❺，地始坼❻，鳱鴠不鳴❼，虎始交❽。

天子衣黑衣，乘鐵驪❾，服玄玉，建玄旗，食黍與彘。服八風水，爨松燧火。北宮御女黑色，衣黑采，擊磬石。其兵鎩。其畜彘。朝於玄堂太廟❿。命有司曰：土事⓫無作，無發⓬室居⓭，及起大眾，是謂發天地之藏⓮，諸蟄則死，民必疾疫，有隨以喪⓯。急捕盜賊，誅淫泆⓰詐偽之人，命曰暢月⓱。命奄尹⓲，申宮令，審門閭，謹房室，必重閉，省婦事⑲。乃命大酋⑳：秫㉑稻必齊，麴櫱㉒必時，湛熺㉓必潔，水泉必香，陶器必良，火齊㉔必得，無有差忒㉕。天子乃命有司，祀四海大川名澤。

是月也，農有不收藏積聚、牛馬畜獸有放失者，取之不詰㉖。山林藪澤，有能取疏食㉗、田獵禽獸者，野虞教導㉘之。其有相侵奪，罪之不赦㉙。是月也，日短至，陰陽爭，君子齋戒，處必掩㉚，身欲靜，去聲色㉛，禁嗜欲㉜，寧身體，安形性㉝。是月也，荔㉞挺出㉟，芸㊱始生，丘螾㊲結㊳，麋角解㊴。水泉動則伐樹木，取竹箭㊵，罷㊶官之無事、器之無用者，涂闕庭㊷門閭，築囹圄，所以助天地之閉。仲冬行夏令，則其國乃旱，氛霧冥冥，雷乃發聲㊸。行秋令，則其時雨水，瓜瓠不成，國有大兵㊹。行春令，則蟲螟為敗，水泉咸竭，民多疾癘㊺。

十一月官都尉㊻，其樹棗㊼。

【章　旨】這一章敘說夏曆十一月的天象、氣候特徵，和一些動、植物的生長情況。說明天子在這一月應該衣黑衣、乘鐵驪，吃黍類糧食和豬肉。在政事方面要順應天地閉藏的特點。要命令官吏，不要大興土木，不要打開住室，不要發動大眾。相反地要察看門閭，重閉房室。要修飾闕庭、建造牢獄。十一月不可施行夏令、秋令和春令，否則會給國家和人民帶來災害。此外，本章還說到此月釀酒的必備條件，和君子應奉行的養身之道。

【注　釋】❶仲冬之月　指夏曆十一月。❷壁　壁宿。一名東壁（位於室宿之東，故名），二十八宿之一，為玄武七宿之末宿。其二星分屬飛馬座、仙女座。❸軫　軫宿。二十八宿之一，朱鳥七宿之末宿。其四星屬烏鴉座。❹黃鐘　十二律之一。屬陽律。舊注云：「黃鐘者，陽氣聚於下，陰氣盛於上，萬物黃，萌於地中，故曰黃鐘也。」❺冰益壯　相對孟冬之月「水始冰」而言。壯，這裡指冰結得厚。❻坼　裂開。❼鳱鴠不鳴　舊注謂「鳱鴠，山鳥。是月陰盛，故不鳴也」。❽虎始交　虎始交配。舊注謂「虎，陽中之陰也，陰氣盛，以類發也」。❾鐵驪　即黑馬。❿玄堂太廟　為明堂建築群中北向堂中央室。⓫土事　指土木建築事。一釋為土地之事。⓬發　打開。⓭室居　居住之處。⓮天地之藏　指地氣。具體說是陽氣。⓯有隨以喪　有，通「又」。孔穎達疏《禮記・月令》引皇侃云：「又隨以喪者，謂逃亡。人為疾疫皆逃亡，故云又隨以喪。」⓰淫泆　指縱欲放蕩。⓱暘月　不生之月。暘，暘之隸（書）變為「暢」，不生。⓲奄尹　主管宮廷事務的宦官首領。⓳婦事　指婦女勞作之事。⓴大酋　主管釀酒的官員。㉑秫　高粱黏者為秫。㉒麴蘖　酒母。釀酒用的發酵物。蘖，通「糱」。㉓湛熺　湛，漸；浸漬。熺，烹煮。㉔火齊　指火候。㉕無有差忒　指上述六事言。差忒，差錯。㉖詰　呵問。㉗疏食　粗糲的食物。此處指蔬菜果實等。㉘野虞教導　是說野虞指示「疏食」之所在。野虞，官名。主管田野、山林。㉙罪之不赦　舊注謂「大加刑也」。㉚處必掩　指閉關其居所。掩，掩藏；關閉。㉛聲色　聲指絲竹金石之聲，色指美色。㉜嗜欲　此指濫求之貪欲。㉝安形性　指閉情欲。形性，身心，一說天性。㉞荔　草名。即馬荔，又稱馬薤。㉟挺出　挺然而出。一以「挺」與上「荔」連讀，釋「荔挺」為馬薤。㊱芸　香草名。似苜蓿。㊲丘螾　即蚯蚓。㊳結　屈結。㊴麋角解　麋角脫落。清乾隆間，御苑實驗，麈角於冬至皆脫落，麋角不解。麈，其角、蹄、尾、頸背分別類似鹿、牛、驢、駱駝，俗稱四不像。㊵竹箭　篠。小竹，可作箭桿。十一月竹木堅韌，故伐取之。㊶罷　省；減少。㊷涂闕庭　塗塞宮庭，使其堅牢。闕庭，宮庭。㊸仲冬行夏令四句　舊注謂「夏氣炎陽，故其國旱也。清濁相干，故氛霧冥冥也。十一月雷發聲，非其時，故言乃也」。㊹行秋令四句　舊注謂「秋，金氣，水之母也，故雨水。水、金用事，故有大兵也」。瓠，瓠瓜。也稱葫蘆。㊺行春令四句　舊注謂「春，陽氣，蟄伏生，故蟲螟敗穀，水泉竭也。陽干陰，氣不和，故多疾癘也」。㊻官都尉　舊注謂「冬成軍師，故官都尉」。都尉，官名。典兵，維持地方治安。㊼棗　樹名。舊注謂「取其赤心也」。

【語　譯】在仲冬十一月，北斗斗柄上的招搖星指向子位，傍晚時分壁宿出現在南方天中，天亮時軫宿出現在南方天中。十一月所當之位是水德之神顓頊主治的北方。這個月的吉日是壬日和癸日。這月的代表性動物是介類動物。和這月相應的音是羽音,相應的律管是黃鐘。這個月的數是六。這個月的口味是鹹味,氣味是腐味。這月祭祀的是井,陳設祭品時將腎臟放在前面。十一月冰結得更厚了,地凍得開始裂口了,鳱鴠不鳴叫,老虎開始交配。

在這個月內,天子穿黑色的衣服,乘坐黑馬拉的車子,佩帶黑色玉珮,豎立黑色旗幟,吃黍類糧食和豬肉。服用被八方來風吹拂過的露水,用鑽松木所取得的火種來燒火做飯。天子這月在北宮御幸女子,用黑色作為標記,用黑色絲綢裹住身子,敲擊石磬為樂。這個月用的兵器是鎩。飼養的牲畜是豬。天子在玄堂中央室太廟中處理朝政。要命令官吏:不要興建土木工程,不要打開住室和發動大眾,不然的話,那就是放出了天地閉藏的陽氣,各種冬眠的動物就會死去,人民也一定會傳染上瘟疫,又隨著外出流亡。要趕緊捕捉盜賊,處罰那些縱欲放蕩、狡詐虛偽的人,這個月被稱為不生之月。要命令宦官,向負責各門閭房室的人申明宮中之令,要檢查宮門,小心守衛內室,一定要關閉嚴密,還要減省婦女們的勞作之事。要命令主管釀酒的官員,釀酒前一定要選用精純的高粱和稻子,作麴蘗一定要達到時間上的要求,浸漬、烹煮一定要弄得乾乾淨淨,使用的泉水一定要香美,所用的陶製器皿一定要質地優良,火候一定要到家,這些都不要有差錯。在這月,天子還要命令官吏,祭祀四海、大川和著名的湖澤。

在這個月,農民如果仍有莊稼在外面,不把它們積聚收藏好,或者有牛馬牲畜禽獸放失在外而沒有關起來的,被人取走,可以不加究問。在山林中,在湖泊沼澤中,有可以採集到蔬菜、果實,或能獵取禽獸的,管理田野、山林的官員應該指導老百姓去採集或狩獵。如果發生了相互侵奪的事,那就要治罪,絕不寬恕。在這個月,白天時間已縮至最短(指冬至),陰氣和陽氣相互爭鬥,君子要沐浴齋戒,住處一定要深深掩藏關閉,要使身體休息,離開音樂和美色,禁止貪欲濫求的行為,使身體安寧,斷絕情欲。在這個月,馬荔挺然出土,芸草也開始生出,蚯蚓屈結,麋的角脫落。當水的源泉流動時就砍伐樹木,收取竹箭,減省那些無事可做的官員、和沒有用處的器具,還要塗塞宮庭、宮門,建造牢獄,用來幫助天地封閉陽氣。

如果在仲冬十一月施行夏天的政令，那樣國家就會發生旱災，霧氣昏暗，雷聲也會響起來。如果施行秋天的政令，那樣十一月就會下雨，一些瓜和瓠子就不能成熟，國家會發生大的戰爭。如果施行春天的政令，那樣蟲螟就會出來毀壞莊稼，水的源泉都會枯竭，老百姓中會有許多人染上瘟疫。

十一月的官是都尉，它的樹是棗樹。

季冬之月❶，招搖指丑，昏婁❷中，旦氐❸中。其位北方。其日壬癸。其蟲介。其音羽，律中大呂❹。其數六。其味鹹，其臭腐。其祀井，祭先腎。雁北鄉❺，鵲加巢❻，雉雊❼，雞呼卵❽。

天子衣黑衣，乘鐵驪，服玄玉，建玄旗，食麥與彘。服八風水，爨松燧火。北宮御女黑色，衣黑采，擊磬石。其兵鎩。其畜彘。朝於玄堂右个❾。命有司大儺旁磔❿，出土牛⓫。命漁師始漁，天子親往射漁，先薦寢廟。令民出五種⓬，令農計耦耕⓭事，修耒耜⓮，具田器⓯。命樂師大合吹⓰而罷。乃命四監⓱收秩薪⓲，以供寢廟及百祀之薪燎⓳。

是月也，日窮於次⓴，月窮於紀㉑，星周於天㉒，歲將更始㉓。令靜農民，無有所使。天子乃與公卿、大夫飾國典㉔，論時令㉕，以待嗣歲㉖之宜。乃命太史㉗，次諸侯之列㉘，賦㉙之犧牲，以供皇天上帝㉚、社稷㉛之芻享㉜。乃命同姓之國㉝，供寢廟之芻豢。卿士㉞、大夫至於庶民，供山林、名川之祀。

季冬行秋令，則白露早降，介蟲為祅，四鄙入保㉟。行春令，則胎夭傷，國多痼疾，命之曰逆㊱。行夏令，則水潦敗國，時雪不降，冰凍消釋㊲。

十二月官獄㊳，其樹櫟㊴。

【章　旨】這一章敘說夏曆十二月的天象特徵，和一些動物的活動情況。說明天子在這一月應該衣黑衣，乘鐵驪，食麥與彘。在玄堂東頭室處理朝政。在政事方面，要命令官吏行大儺，命令漁師始漁，且天子親往射漁，要命令農民準備種子、農具，命令樂師舉行「大合吹」，等等。季冬為一歲之末，是月，天子和大臣要檢討國家法典和四時政令，為來歲施政之依據。還要命令諸侯、卿士、大夫以至庶民為各種類型的祭祀提供祭品。在十二月不能施行秋令、春令和夏令，否則會給國家和人民帶來災害。

【注　釋】❶季冬之月　指夏曆十二月。❷婁　婁宿。二十八宿之一，白虎七宿之第二宿，其三星屬白羊座。❸氐　氐宿。二十八宿之一，蒼龍七宿之第三宿，其四星屬天秤座。❹大呂　十二律之一。舊注謂「呂，旅也。萬物萌動於黃泉，未能達見，所以旅旅去陰即陽，助其成功，故曰大呂」。❺雁北鄉　舊注謂「雁在彭蠡之水，皆北嚮，將至北漠中也」。❻加巢　構架巢。加，鵲感陽而動，冬至架巢，至春乃成。❼雉雊　雄雉鳴叫。雄雉為求偶而鳴。《詩經・小雅・小弁》：「雉之朝雊，尚求其雌。」❽雞呼卵　謂母雞呼鳴為求卵而孵。❾玄堂右个　為明堂建築群中北向堂東頭室。❿大儺旁磔　大儺，驅除不祥之氣的儀式。旁磔，謂分裂犬羊等牲畜之軀於國門旁，此亦為祭祀儀式，驅邪用。⓫土牛　土製之牛。古於十二月出土牛以送寒氣。⓬五種　五穀（黍、稷、菽、麥、稻）之種。⓭耦耕　古代耕田方式，兩人各持一耜並肩而耕。亦代指耕種。⓮耒耜　上古時代的翻土農具，耜以起土，耒為其柄。⓯具田器　具，準備。田器，耕作使用的各種器具。⓰大合吹　猶云聯合大演奏。⓱四監　高誘言天子畿內有百縣，縣有四郡，郡有一大夫監之，如此則四監為四人。鄭玄注《禮記・月令》則言「四監，主山林川澤之官」，未明言究為幾人。⓲秩薪　柴草。⓳薪燎　焚柴以作燎祭。燎，古祭名。積聚柴薪，置璧與牲於上而燎之，升其煙氣。⑳日窮於次　謂太陽走完了十二次，又要回到歲首出發的位置了。一說十二次窮於牽牛，故曰窮於次。次，為經過的所在。古人將黃道附近一周天按照由西向東的方向分為星紀、玄枵等十二等分，稱為十二次。日行十二次一周為一歲。㉑月窮於紀　月遇日相會為紀，十二月底，日窮於次，月與日相會之紀自然窮盡了。一說月窮於故宿，故曰窮於紀。㉒星周於天　指昏旦所見之二十八宿至是月行完一周，下月又是「昏參中，旦尾中」，次第見於南方天中，故言「星周於天」。《呂氏春秋．季冬紀》作「星迴於天」。㉓更始　又從頭開始。㉔國典　國家的典章制度。典，法。㉕時令　按季節（細至按月）制定的政令。㉖嗣歲　來年。㉗太史　官名。先秦為史官及曆官之長。㉘次諸侯之列　指按諸侯國的大小位次排列順序。次，次序；按等級排列。列，指大小位次。㉙賦　賦斂。作動詞用，有收取之意。㉚皇天上帝　指五帝。㉛社稷　社，指后土之神，傳為句龍。稷，田官之神，傳為列山氏之子柱與周棄。㉜芻享　以牲為祭品之祀。享，祀。㉝同姓之國　指國君與天子同姓之諸侯國。㉞卿士　此指王卿中之執政者。㉟季冬行秋令四句　舊注謂「秋節白露，故白露早降。介甲之蟲為袄災。金氣為兵，故四竟之民入城郭自保守也」。袄，同「祅」。通「妖」。《呂氏春秋．季冬紀》即作「介蟲為妖」。凡地面的反常變異現象都稱為袄。比如衣服、歌謠、草木之怪皆是。㊱行春令四句　舊注謂「季冬大寒，而行春溫之令，氣不和，故胎養夭傷（夭當指初生子），國多篤疾。道風氣之由也，故命之曰逆也」。胎夭，指動物所懷之胎及初生之子。夭，為生出者，不作「夭折」解。痼疾，同「錮疾」、「固疾」。積久難以治癒之病。逆，向相反方面活動。㊲行夏令四句　舊注謂「夏氣炎陽，又多霖雨，故水潦敗國也。時雪當降而不降，冰凍不當消釋而消釋，皆干時之徵也」。㊳官獄　舊注謂「十二月歲盡刑斷，故官獄也」。獄，刑獄；刑罰。㊴櫟　樹名。舊注謂「櫟可以為車轂，木不出火，惟櫟為然，亦應除氣也」。

【語　譯】在季冬十二月，北斗斗柄上的招搖星指向丑位，傍晚時分婁宿出現在南方天中，天亮時氐宿出現在南方天中。十二月所當之位是水德之神顓頊主治的北方。這個月的吉日是壬日和癸日。這個月活動的動物以介甲動物為主。和這月相應的音是羽音，相應的律管是大呂。這個月的數是六。口味是鹹味，氣味是腐味。這月祭祀的是井，陳設祭品時將腎臟放在前面。在十二月，大雁朝北方飛去，鵲兒開始構架鳥巢，雄性野雞通過鳴叫尋求配偶，母雞鳴叫想要孵卵。

在十二月，天子應該穿黑色衣服，乘坐黑馬拉的車子，佩帶黑色玉珮，豎立黑色旗幟，吃麥類糧食和豬肉。服用被八方來風吹拂過的露水，用鑽松木所取得的火種來燒火做飯。這個月，天子在北宮御幸女子，用黑色作為標記，用黑色絲綢裹住身子，敲擊石磬為樂。這月用的兵器主要是鎩，飼養的牲畜主要是豬。天子在玄堂東頭室中處理朝政。要命令官吏舉行大規模的驅邪儀式，在國都門旁砍剖牲畜作祭。要抬出土製之牛以送寒氣。命令主管漁業的官員要漁民開始打魚，而且天子要親自前往射魚。打來的魚先要進獻到宗廟祭祀先祖。命令農官要老百姓選出五穀的種子，讓農民們計畫一下耕種的事情。要修好耒耜，把耕種用的器具都準備好。要命令樂師舉行大規模的聯合音樂演奏會來結束一年的奏樂活動。然後命令管理山林川澤的官員，把老百姓應該交納的柴草收攏，以供在祭祀宗廟和其他各種祭祀時作「燎祭」之用。

在十二月底，一年中太陽運行所經的十二次位結束。月亮和太陽相會的機遇也沒有了。二十八宿在天空也運行了一周，即將開始新的周天運行。新的一年又要開始了。要發出命令讓農民安寧，不要支派他們去服勞役。在這時，天子要和公卿、大夫一起修訂國家的典章制度，討論四時頒發、施行的政令，以便適合來年的需要。要命令太史，按諸侯國的大小位次排列次序，收取各諸侯國應該上繳的犧牲，以供祭祀五帝、后土之神和田官之神作祭品用。要命令那些和天子同姓的諸侯國，供給祭祀宗廟用的牲畜。從卿士、大夫直到普通百姓，都要為祭祀山林、名川提供祭品。

如果在季冬十二月施行秋天的政令，那樣白露就會早早降落，介甲動物就會作怪釀成災害，四方邊境上的老百姓就要躲入城內以求保護。如果施行春天的政令，那樣動物所懷之胎和初生之子就會受到傷害，國內人民就會有許多人患積久難治的疾病，這就稱為「逆」。如果施行夏天的政令，那樣就會有水災毀壞國家，應時該落的雪卻不降落，冰凍不該消溶卻早早消溶了。

十二月的官是治獄之官，它的樹是櫟樹。

附：十二月令表

季月	招搖所指十二辰	昏旦所現二十八宿	其位	其帝	其日	五德	其蟲	其音	所中之律	其數	其味	其臭	其祀	祭先之五臟	其色	所用樂	天子所用食物	爨何木燧火	其兵
孟春	寅	參、尾	東	太皞	甲乙	木	鱗	角	太蔟	八	酸	羶	戶	脾	青	琴瑟	麥與羊	其	矛
仲春	卯	弧、建星	東	太皞	甲乙	木	鱗	角	夾鐘	八	酸	羶	戶	脾	青	琴瑟	麥與羊	其	矛
季春	辰	七星、牽牛	東	太皞	甲乙	木	鱗	角	姑洗	八	酸	羶	戶	脾	青	琴瑟	麥與羊	其	矛
孟夏	巳	翼、婺女	南	炎帝	丙丁	火	羽	徵	仲呂	七	苦	焦	竈	肺	赤	竽笙	菽與雞	柘	戟
仲夏	午	亢、危	南	炎帝	丙丁	火	羽	徵	蕤賓	七	苦	焦	竈	肺	赤	竽笙	菽與雞	柘	戟
季夏	未	心、奎	中	黃帝	戊己	土	蠃	宮	林鐘	五	甘	香	中霤	心	黃		稷與牛	柘	劍
孟秋	申	斗、畢	西	少皞	庚辛	金	毛	商	夷則	九	辛	腥	門	肝	白	鐘	麻與犬	柘	戈
仲秋	酉	牽牛、觜巂	西	少皞	庚辛	金	毛	商	南呂	九	辛	腥	門	肝	白	鐘	麻與犬	柘	戈
季秋	戌	虛、柳	西	少皞	庚辛	金	毛	商	無射	九	辛	腥	門	肝	白	鐘	麻與犬	柘	戈
孟冬	亥	危、七星	北	顓頊	壬癸	水	介	羽	應鐘	六	鹹	腐	井	腎	黑	磬	黍與彘	松	鎩
仲冬	子	壁、軫	北	顓頊	壬癸	水	介	羽	黃鐘	六	鹹	腐	井	腎	黑	磬	黍與彘	松	鎩
季冬	丑	婁、氐	北	顓頊	壬癸	水	介	羽	大呂	六	鹹	腐	井	腎	黑	磬	麥與彘	松	鎩

其畜	天子所在明堂之房	所行政令	迎歲之地	其宮	其樹	陰陽氣數	物候	政事	農事
羊	青陽左个	春令	東郊	司空	楊	立春、東風解凍	蟄蟲始振蘇、魚上負冰、候雁北	行慶賞、省徭賦、迎歲於東郊、修除祠位、幣禱鬼神	禁伐木，毋覆巢殺胎夭，毋麛、毋卵
羊	青陽太廟	春令		倉	杏	日夜分、雷始發聲	桃李華、蒼庚鳴、鷹化為鳩	省囹圄，振鐸令民戒其容止，令民社，同度量，鈞衡石	毋竭川澤，毋漉陂池，毋作大事，以妨農功
羊	青陽右个	春令		鄉	李	生氣方盛、陽氣發泄	桐始華、虹始見、萍始生	發囷倉，助貧窮；出幣帛，使諸侯，聘名士，禮賢者；大合樂	修利隄防，毋伐桑柘，合累牛騰馬、游牝於牧
雞	明堂左个	夏令	南郊	田	桃	立夏、陽氣繼修增高	螻蟈鳴、丘螾出、王瓜生、苦菜秀	迎歲南郊，封諸侯，修禮樂，贊傑俊，選賢良，行爵出祿，勸農事	野虞行田原，勸農事，驅獸畜，勿令害穀，聚畜百藥
雞	明堂太廟	夏令		相	榆	日長至、陰陽爭、死生分	螳蜋生、鵙始鳴、鹿角解、半夏生	修樂器，大雩帝，用盛樂，門閭無閉，關市無索，挺重囚	禁民無刈藍以染，毋燒炭
牛	中宮	夏令		少內	梓	涼風始至	蟋蟀居壁、鷹乃學習、腐草化為蚈	命漁人伐蛟取鼉，登龜取黿，合百縣秩芻，弔死問疾，存視長老	樹木方盛，勿敢斬伐，殺草糞田疇以肥土疆
狗	總章左个	秋令	西郊	庫	楝	立秋、涼風至、白露降、天地始肅	寒蟬鳴、鷹乃祭鳥	迎歲於西郊，任有功征不義，修法制，繕囹圄，審決獄，平詞訟	農始升穀，始收斂，完隄防，謹障塞以備水潦
犬	總章太廟	秋令		尉	柘	雷乃始收、日夜分、殺氣浸盛、陽氣日衰	候雁來、玄鳥歸、群鳥翔	由嚴百刑，斬殺必當，行儺祭，築城邑，一度量，理關市	穿竇窖，修囷倉，收斂畜采，多積聚，種宿麥
犬	總章右个	秋令		侯	槐	霜始降、寒氣總至	賓雀入大水為蛤、菊有黃花、豺乃祭獸	大饗帝，嘗犧牲，合諸侯，制百縣，為來歲受朔日，天子行獵	農事備收，舉五穀之要，藏帝籍之收於神倉，伐薪燒炭
彘	玄堂左个	冬令	北郊	司馬	檀	立冬、天地凍閉	雉入大水為蜃、虹藏不見	迎歲於北郊，占龜策，審卦兆，察吉凶，大飲蒸，天子祈來年於天宗，命將率講武	農夫休息
彘	玄堂太廟	冬令		都尉	棗	日短至、陰陽爭	鶡鴠不鳴、虎始交、芸始生	土事無作，精心釀酒，祀四海大川名澤，罷官之無事，器之無用者	取疏食、伐樹木、取竹箭
彘	玄堂右个	冬令		獄	櫟	歲將更始	雁北嚮、鵲加巢、雉雊、雞呼卵	天子親往射魚，命樂師大合吹，收秩薪，飭國典、論時令	出五種、計耦耕事，修耒耜、具田器、始漁

五位[1]：東方之極[2]，自碣石山[3]過朝鮮[4]，貫[5]大人之國[6]，東至日出之次[7]、榑木[8]之地、青丘[9]樹木之野、太皞、句芒[10]之所司[11]者，萬二千里。其今曰：挺[12]群禁，開閉闔[13]，通窮窒[14]，達障塞[15]，行優游[16]，棄怨惡，解役罪[17]，免憂患，休罰刑，開關梁，宣庫[18]財，和外怨[19]，撫四方，行柔惠，止剛強[20]。

南方之極，自北戶孫[21]之外，貫顓頊之國[22]，南至委火炎風[23]之野、赤帝、祝融[24]之所司者，萬二千里。其今曰：爵有德，賞有功，惠[25]賢良，救飢渴，舉力農[26]，振[27]貧窮，惠孤寡，憂罷疾[28]，出大祿，行大賞，起[29]毀宗[30]，立無後，封建侯[31]，立賢輔[32]。

中央之極，自昆侖東絕[33]兩恆山[34]，日月之所道[35]，江、漢之所出，眾民之野，五穀之所宜，龍門、河、濟相貫，以息壤堙洪水之州[36]，東至於碣石，黃帝、后土[37]之所司者，萬二千里。其今曰：平而不阿[38]，明而不苛，包裹[39]覆露[40]，無不囊懷[41]，正靜[42]以和，溥氾無私[43]，行稃鬻，養老衰，弔死問疾，以送萬物之歸[44]。

西方之極，自昆侖絕流沙[45]、沉羽[46]，西至三危之國[47]，石城金室[48]，飲氣[49]之民，不死之野，少皞、蓐收[50]之所司者，萬二千里。其今曰：審用法，誅必辜，備盜賊，禁姦邪，飭群牧[51]，謹著聚[52]，修城郭，補決竇，塞蹊徑，遏溝瀆，止流水，雝[53]谿谷，守門閭，陳兵甲，選百官，誅不法[54]。

北方之極，自九澤[55]窮夏晦[56]之極，北至令正之谷[57]，有凍寒積冰、雪雹霜霰、漂潤[58]群水之野，顓頊、玄冥[59]之所司者，萬二千里。其令曰：申群禁，固閉藏，修障塞，繕關梁，禁外徙。斷罰刑，殺當罪。閉門閭[60]，大搜客，止交游，禁夜樂，蚤閉晏開以索[61]。姦人已德[62]，執之必固。天節[63]已幾[64]，刑殺無赦，雖有盛尊[65]之親，斷以法度。毋行水[66]，毋發藏，毋釋罪[67]。

【章　旨】這一章敘說「五位」，實說東、南、中央、西、北五方之極所在的地理位置，和各方之極應當施行的政令。其中說各方之極當行之政令都與各方所屬陰陽五行一致。如東方屬木，故其政令以行柔惠、止剛強為特徵；南方為陽，故其政令以賞有功、惠賢良為特徵；中央屬土，故其政令以包裹覆露、無不囊懷為特徵；西方屬金，故其政令以禁姦邪、誅不法為特徵；而北方屬水，故其政令以毋發藏、毋釋罪為特徵。而所述五方政令，對前言十二個月的政令顯然具有歸納的意義。

【注　釋】❶五位　指東、南、中央、西、北五方之位。❷極　盡頭。❸碣石山　此當指《漢書・地理志》所載右北平郡驪成縣（今河北省樂亭縣）西南的大碣石山。❹朝鮮　古國名。古營州外域，傳說周初箕子封於朝鮮。❺貫　通。❻大人之國　舊注言其在朝鮮之東。《山海經・海外東經》云：「大人國在其北，為人大，坐而削船（操舟），一曰在䃸丘北。」❼日出之次　日出時經行停留之處。❽榑木　即扶桑。葉似桑樹，長數千丈，大二十圍，兩兩同根生，更相依倚，故名扶桑。傳說日出於榑木之上。❾青丘　傳說中的國名。《山海經・海外東經》言青丘國在朝陽之谷北，「其狐四足九尾」。郭璞注云：「其人食五穀，衣絲帛。」原文作「青土」，依王引之校改。❿太皞句芒　太皞，即伏羲氏。東方木德之帝。句芒，少皞氏之後。曰重，佐木德之帝，死為木官之神。⓫司　主。太皞、句芒之所司為東方。⓬挺　寬緩。⓭閉闔　關閉。闔，閉合。⓮窮窒阻塞不通。⑮障塞　阻隔堵塞。⑯行優游　謂使人悠閒自得。⑰役罪　指服役、服罪之人。⑱宣庫　宣，散；出。庫，原文為「出」，依楊樹達校改。⑲外怨　指來自外國的怨恨。⑳止剛強　舊注謂「剛強侵陵人，不循軌度者，禁止之也」。上述政令皆與東屬木，木性仁一致。㉑北戶孫　國名。其國民居門朝北開。舊注謂「日在其北，皆為北向戶，故曰北戶孫」。一說北戶孫為孤竹國名。㉒顓頊之國　傳說中的南方國名。《山海經・大荒南經》云：「有國曰顓頊，生伯服，食黍。」㉓委火炎風　猶言積火熱風。南方之極酷熱，故稱委火炎風之野。㉔赤帝祝融　赤帝為炎帝少典之子，號為神農，南方火德之帝。祝融為顓頊之孫、老童之子吳回，又名黎，為高辛氏火正，號為祝融，死為火神。二者所治為南方。㉕惠　仁愛。㉖力農　指致力農事者。㉗振　同「賑」。救濟。㉘罷疾　猶言疲病。㉙起　興起。㉚毀宗　宗廟被毀者。㉛封建侯　謂在封定的領域內建立諸侯國。㉜立賢輔　確立賢良的輔佐之臣。舊注謂上述政令皆「應陽施也」。㉝絕　過。㉞兩恆山　恆山，即北嶽。一名常山，主峰在今河北省曲陽縣西北。兩恆山，不詳。㉟日月之所道　日月照其所經過之道。㊱以息壤堙洪水之州　禹以息壤填塞洪水所得之州為中國九州。㊲黃帝后土　黃帝為少典之子，以土德王天下，號為軒轅氏，死為中央土德之帝。后土為句龍氏之子，名曰后土，能平九土（九州之土），死祀為土神。二者所司皆為中央之區。㊳阿　偏；曲。㊴包裹　猶言包容。㊵覆露　蔭庇；霑潤。露，潤。㊶囊懷　包羅懷中。㊷正靜　安徐。㊸溥氾無私　原文在「正靜以和」之前，依楊樹達校改。溥氾，普遍；廣泛。㊹以送萬物之歸　舊注謂「土，四方之主也，故曰萬物之歸」。此取萬物皆歸於土之意。㊺流沙　舊注謂流沙在崑崙西南。㊻沉羽　指弱水。崑崙附近，其水鴻毛不能浮而沉，故曰沉羽。㊼三危之國　疑為《山海經・西山經》所言「三危之山」所在之國。㊽石城金室　所在不詳。城、室之名皆與西方屬金有關，石、金均有堅固意。㊾飲氣　食氣，不食五穀。㊿少皞蓐收　少皞為黃帝之子青陽，名摯，以金德王天下，號為金天氏，死為金德之帝。蓐收為金天氏之後，曰修禮，死祀為金神。二者所治均為西方。(51)飭群牧　整治眾位地方官員。飭，整頓；整治。原文為「飾」，依楊樹達校改。(52)謹著聚　謹慎地儲藏聚集物資。著，儲存；收藏。(53)雝　同「壅」。堵塞。(54)不法　不守法。此指違法者。上述政令，舊注謂「應金斷也」。(55)九澤　舊注謂為「北方之澤」。一說指九州之澤，即具區、雲夢、圃田、望諸、大野、弦蒲、貕養、楊紆、昭余祁。(56)夏晦　不詳。舊注謂「夏，大也。晦，瞑也」。(57)令正之谷　不詳。《太平御覽》「令正」作「令止」，且有注云「令止，丁令北海胡地」。(58)漂潤　漂，漂浮。潤，滋；益；增多。(59)顓頊玄冥　顓頊為黃帝之孫，以水德王天下，號高陽氏，死為水德之帝。玄冥為水神。舊注謂「其神玄冥者，金天氏有適子曰昧，為玄冥師，死而祀為主水之神也」。(60)門閭　原文為「關閭」，依王念孫校改。(61)索　原文為「塞」，依王念孫、楊樹達校改。(62)德　同「得」。(63)天節　天時。節，時期。(64)幾　終。(65)盛

尊　極其尊重。㊻行水　流水；使水流走。㊼毋釋罪　不要釋放罪犯。舊注謂上述政令乃「應陰殺也」。

【語　譯】東、南、中央、西、北五方的位置是這樣子的：東方的盡頭，從碣石山經過朝鮮，通過大人之國，東到太陽出來之處、榑木生長的地方、青丘國長有樹木的原野、木德之神太皞、句芒所治理的區域，距離共有一萬二千里。東方之令是：要寬緩各項禁令，打開關閉的地方，打通阻塞的局面，使被堵塞的道路暢通無阻，實行使人悠閒自得的政策。讓人們拋棄怨恨和厭惡，放掉服役、服罪的人，去掉憂愁和禍患，停止處分和施用刑法。要開放關口和橋梁，散發庫裡的財物。要用和睦的態度處理和外國的怨隙，安撫四方，實行愛撫的政策，禁止用剛強的態度侵陵他人。

南方的盡頭，從北戶孫國之外，通過顓頊之國，南到充滿積火熱風的原野、火德之帝赤帝、祝融所治理的區域，距離共有一萬二千里。南方之令是：要授予有德行的人爵位，要賞賜有功的人。要用仁愛的態度對待賢良之輩。要幫助飢渴的人，舉薦致力於農業生產的人，賑救貧窮的人，要給予孤兒、寡婦恩惠，要替患有疲病的人分憂。要拿出大量的俸祿，要實行大賞。要重新興起宗廟被毀的家族，要為沒有後代的人確立後嗣。要在封定的領域內建立諸侯國，還要任用賢明的輔佐之臣。

中央的盡頭，從崑崙山東邊翻過兩座恆山，就是日月所照耀的它們所經過的軌道，是長江、漢水發源的地方，是生活著許多老百姓的原野，是適宜五穀生長的地方，是龍口、黃河、濟水相通的地方，也就是當年大禹用息壤填塞洪水所得之州。從這裡東到碣石山、到達黃帝、后土治理的區域，距離共有一萬二千里。中央之令是：處事要平直而不偏曲，嚴明而不苛刻。要包容、蔭庇，沒有什麼事不可包羅懷中。要安徐平和，對一切人和事都沒有私心。要施放薄粥，養活年邁體衰的人。要弔念死人、慰問生病的人，而送萬物歸去。

西方的盡頭，從崑崙山出發渡過流沙、弱水，西到三危之國、石城金室、食氣之民所在的國家、居民永不死亡的原野、金德之帝少皞、蓐收治理的區域，距離共有一萬二千里。西方之令是：要很慎重地使用刑法，誅殺的一定是罪當殺頭之人。要防備盜賊，嚴禁邪惡，要整頓眾多的地方官員。要謹慎地儲存、積聚物資。

要修整城郭，填補隄防上的決口和洞穴。堵死小路，阻攔溝渠，止住流水，堵塞谿谷。守住城門、里門。陳列武器軍備。選擇百官，懲處違法的人。

北方的盡頭，從九澤一直到大暝的極遠處，北到令正之谷，到那有凍雪積冰、雪雹霜霰漂浮在眾水之上使眾水增多的原野，到水德之帝顓頊、玄冥治理的區域，距離共有一萬二千里。北方之令是：要重申各種禁令，凡是閉藏之處都要封閉得堅固。要修整堡塞、關塞，修補關口、橋梁，禁止向外遷徙。要決斷處以刑罰的案子，斬殺該殺的人。要關閉城門、里門，大規模地在外來人員中搜索壞人。並且禁止交遊，禁止夜晚娛樂，城門、里門要早閉晚開以便搜索。已經搜到的邪惡之人，一定要把他捆綁結實。天時已經終結，判刑、殺戮不能赦免。即使有最尊貴的親屬，也要用法律來斷決。不要讓水流走，不要打開藏物的倉庫，不要釋放有罪之人。

六合❶。孟春與孟秋為合，仲春與仲秋為合，季春與季秋為合，孟夏與孟冬為合，仲夏與仲冬為合，季夏與季冬為合。

孟春始贏❷，孟秋始縮❸。仲春始出❹，仲秋始內❺。季春大出❻，季秋大內❼。孟夏始緩❽，孟冬始急❾。仲夏至修❿，仲冬至短⓫。季夏德畢⓬，季冬刑畢⓭。故正月失政⓮，七月涼風⓯不至。二月失政，八月雷不藏⓰。三月失政，九月不下霜⓱。四月失政，十月不凍⓲。五月失政，十一月蟄蟲各出其鄉⓳。六月失政，十二月草木不脫⓴。七月失政，正月大寒不解㉑。八月失政，二月雷不發㉒。九月失政，三月春風不濟㉓。十月失政，四月草木不實㉔。十一月失政，五月下雹霜㉕。十二月失政，六月五穀疾狂㉖。

春行夏令，闇㉗；行秋令，水㉘；行冬令，肅㉙。夏行春令，風㉚；行秋令，蕪㉛；行冬令，格㉜。秋行夏令，華㉝；行春令，榮㉞；行冬令，耗㉟。冬行春令，泄㊱；行夏令，旱㊲；行秋令，霧㊳。

【章　旨】這一章有四層意思。一是說一年十二月的時令變化。上半年的六個月和下半年的六個月，按月份順序有著相應的關係，即孟春與孟秋為合，直到季夏與季冬為合。二是用極省儉的文字概括每一月的時令特徵（如言孟春始贏、孟秋始縮等），而按上述月份對應的順序加以介紹。三是說每月「失政」相應之月會出現的異常現象（包括氣候、物象）。要說明的是，文中說七至十二月失政所帶來的一至六月的異常現象，當指來年一至六月而言。四是概述春、夏、秋、冬四時在行他時之令（如春行夏令、秋令、冬令）時所具有的特點。和上一章一樣，本章所言，也是對前述十二月令的一個總結。

【注　釋】❶六合　指在一年十二月的時令變化中，存在有六組相互對應關係。❷贏　增長。指萬物生長。❸縮　縮短。指萬物枯萎。❹出　指播種。❺內　同「納」。收斂。❻大出　大規模耕種。❼大內　大規模收穫。❽緩　鬆緩。舊注謂「四月陽安」。❾急　峻急。舊注謂「十月寒肅」。❿至修　此指夏至白日最長。⓫至短　此指冬至白日最短。⓬德畢　指陽氣盡。陽氣使物生長為德。季夏陽始盡，言。⓭刑畢　指陰氣盡。陰氣使物衰殺為刑。⓮失政　政治混亂。此指政令失當。⓯涼風　西南風。前言孟秋之月「涼風至」。⓰雷不藏　指雷鳴有聲。前言仲秋之月「雷乃始收」。⓱不下霜　前言季秋之月「霜始降」。⓲不凍　土地不凍結。前言孟冬之月「水始冰，地始凍」。⓳十一月蟄蟲各出句　蟄蟲，藏在土中過冬的蟲豸。各出，原文為「冬出」，依楊樹達校改。「蟄蟲各出其鄉」為反常事，前言仲冬之月「發天地之藏，諸蟄則死」。⓴草木不脫　謂草木之葉枯槁而不零落。㉑大寒不解　指東風不解凍。前言孟春之月「東風解凍」。㉒雷不發　指雷不發聲。前言仲春之月「雷始發聲」。㉓春風不濟　春風不止。㉔不實　不長。實，長。前言孟夏之月「王瓜生，苦菜秀」，而孟夏行秋令則「五穀不滋」。㉕下雹霜　前言「仲夏行冬令，則雹霰傷穀」。㉖疾狂　指莊稼不開花，只是猛長。㉗閹　同「奄」。奄然而息。春主發泄，行夏令則使之奄然而息。原文作「泄」，依俞樾校改。㉘水　舊注謂「水生於申，故水也」。㉙肅　肅殺峻急。㉚風　舊注謂「象春木氣多風」。㉛蕪　舊注謂「象秋氣蕪穢生」。㉜格　指草木凋落。《管子・四時》即云「夏行冬政，落」。㉝華　指草木華茂。舊注謂「象夏氣，樹華茂」。㉞榮　指草木開花。草花為榮，此兼指草木之花。舊注謂「象春氣生榮華」。前言仲秋行春令，「草木生榮」。㉟秏　零落。前言仲秋行冬令，「草木早死」。㊱泄　發泄。舊注謂「象春氣布散發泄也」。前言孟冬行春令，「則凍閉不密，地氣發泄」。㊲旱　舊注謂「象陽炎」。前言仲冬行夏令，「則其國乃旱」。㊳霧　舊注謂「秋氣陰亂，故霧」。

【語　譯】在一年十二月中，每兩個月的時令變化有相互對應的關係，存在這種相應關係的共有六組。這就是孟春正月和孟秋七月相互對應，仲春二月和仲秋八月相互對應，季春三月和季秋九月相互對應，孟夏四月和孟冬十月相互對應，仲夏五月和仲冬十一月相互對應，季夏六月和季冬十二月相互對應。

孟春正月是萬物開始生長的時候，孟秋七月是萬物開始枯萎收縮的時候。仲春二月是開始播種的時候，仲秋八月是開始收穫的時候。季春三月是大規模耕種的時候，季秋九月是大規模收穫的時候。孟夏四月陽光安和，開始顯得鬆緩；孟冬十月天氣寒肅，開始顯得峻急。仲夏五月夏至到來，白天最長；仲冬十一月冬至到來，白天最短。季夏六月陽氣始盡，使萬物生長的「德」便結束了；季冬十二月陰殺之氣始盡，使萬物衰殺的「刑」便結束了。所以正月施行的政令不恰當，七月就不會有涼風吹來。二月施行的政令不恰當，八月就會雷聲隆隆。三月施行的政令不恰當，九月就不會下霜。四月施行的政令不恰當，十月就沒有冰凍現象。五月施行的政令不恰當，十一月冬眠的動物就會各自從牠們伏藏時面對的方向出來。六月施行的政令不恰當，十二月草木的葉子枯了也不脫落到地上。七月施行的政令不恰當，則正月大寒，東風也驅散不了。八月施行的政令不恰當，二月的雷就不會發出響聲。九月施行的政令不恰當，三月的春風就不會停止。十月施行的政令不恰當，四月的草木就不會生長。十一月施行的政令不恰當，五月就會降下雹霜。十二月施政不恰當，六月的五穀就會不開花只是猛長。

春季施行夏季的政令，春氣就會奄然而息；施行秋季的政令，就會鬧水災；施行冬季的政令，就會變得肅殺峻急。夏季施行春天的政令，就會經常刮風；施行秋季的政令，就會像秋天那樣出現蕪穢景象；施行冬季的政令，草木就會凋落。秋季施行夏季的政令，草木就會像夏天那樣長得華茂；施行春天的政令，草木就會像春天那樣開花；施行冬天的政令，草木就會像冬天那樣零落。冬季施行春季的政令，冬天的地氣就會像春氣那樣布散發泄；施行夏季的政令，就會像夏天那樣赤日炎炎，發生旱災；施行秋季的政令，就會像秋天那樣多霧。

制度[1]。陰陽大制[2]有六度[3]：天為繩[4]，地為準[5]，春為規[6]，夏為衡[7]，秋為矩[8]，冬為權[9]。繩者，所以繩[10]萬物也。準者，所以準[11]萬物也。規者，所以員[12]萬物也。衡者，所以平[13]萬物也。矩者，所以方萬物也。權者，所以權[14]萬物也。

繩之為度也，直而不爭[15]，脩而不窮，久而不弊[16]，遠而不忘。與天合德[17]，與神合明[18]。所欲則得，所惡則亡[19]。自古及今，不可移匡[20]。厥德孔密[21]，廣大以容，是故上帝以為物宗[22]。

準之為度也，平而不險[23]，均而不阿。廣大以容，寬裕以和。柔而不剛，銳而不挫[24]。流而不滯[25]，易而不穢[26]。發通[27]而有紀[28]。周密而不泄，準平而不失。

萬物皆平，民無險謀，怨惡不生，是故上帝以為物平㉙。

規之為度也，轉而不復㉚，員而不垸㉛。優㉜而不縱，廣大以寬。感動㉝有理，發通有紀。優優簡簡㉞，百怨不起。規度不失，生氣乃理㉟。

衡之為度也，緩而不後，平而不怨，施而不德㊱，弔而不責㊲。當平民祿㊳，以繼不足。敦敦陽陽㊴，唯德是行。養長化育，萬物蕃昌㊵。以成五穀，以實㊶封疆㊷。其政不失，天地乃明㊸。

矩之為度也，肅而不悖㊹，剛而不憒㊺。取而無怨，內㊻而無害。威厲㊼而不慴，令行而不廢。殺伐既得，仇敵乃克㊽。矩正不失，百誅乃服。

權之為度也，急而不贏㊾，殺而不割。充滿以實，周密而不泄。敗物而弗取，罪殺而不赦。誠信以必，堅慤㊿以固。糞除[51]苛慝[52]，不可以曲。故冬正[53]將行，必弱以強，必柔以剛，權正而不失，萬物乃藏。

明堂之制[54]，靜而法[55]準，動而法繩，春治以規，秋治以矩，冬治以權，夏治以衡，是故燥溼寒暑以節至，甘雨膏露[56]以時降。

【章旨】這一章實際上是講「明堂之制」，即天子在明堂治理國家的原則。文中先將天、地和春、夏、秋、冬四時分別比喻為繩、準和規、衡、矩、權，並詳為敘說繩、準等作為法則的功用和特徵，然後說明天子治國須「靜而法準，動而法繩，春治以規，秋治以矩，冬治以權，夏治以衡」。其中講繩、準、規、衡、矩、權作為法則的特徵，往往依天、地、四時的自然特性而從政事方面加以發揮。而講明堂之制，對〈時則〉全篇則有總結作用。

【注釋】❶制度　法令禮俗的總稱。此處指天子治國的法則。❷陰陽大制　陰陽變化的法則。即天、地、四時之制。陰陽化生萬物，但其自身為天地所生所用；「陰陽之摶精為四時」，另一方面，四時又為「天之吏」（〈天文〉），陰陽強弱消長又為四時所節，故天、地、四時之制為陰陽之大制。❸六度　六種法度。❹繩　木工取直線的工具。俗稱墨線。❺準　一種測量水平的器具。❻春為規　《漢書・律曆志》云：「春，蠢也。物蠢生，迺動運。木曲直，仁者生，生者圜，故為規也。」規，即圓規。畫圓形的工具。❼夏為衡　《漢書・律曆志》云：「夏，假也。物假大，乃宣平。火炎上，禮者齊，齊者平，故為衡也。」衡，衡定物體重量的器具。古為使用大型權器的等臂大天秤。❽秋為矩　《漢書・律曆志》云：「秋，揫也，物揫斂，乃成孰。金從革，改更也。義者成，成者方，故為矩也。」矩，畫直角或方形的工具。❾冬為權　《漢書・律曆志》云：「冬，終也，物終藏，乃可稱。水潤下，知者謀，謀者重，故為權也。」權，稱錘。❿繩　使之直。⓫準　使之平。⓬員　使之圓。⓭平　使與物平齊。即稱量。⓮權　使之均平。即衡量。⓯爭　同「綒」。紆曲。⓰弊　敗壞。⓱德　上天化育萬物稱為天之德。⓲明　見人所不見、無所不知為神之明。⓳亡　滅亡。⓴移匡　增減。移，羨；增。匡，虧；減。㉑厥德孔密　指繩之品性十分平靜。孔，甚。密，安定；平靜。㉒物宗　物之根本。㉓險　地勢不平坦為險。㉔挫　折。㉕滯　止。㉖易而不穢　整治而不傷物。易，芟治草木。穢，同「劌」。以芒刃傷物。㉗發通　發散貫通。㉘紀　道。法度。㉙物平　平正萬物的工具。㉚復　遏。阻止。㉛垸　轉動。㉜優　優游。悠閒自得的樣子。㉝感動　因有所感而動。㉞優優簡簡　寬緩舒徐的樣子。㉟生氣乃理　舊注謂「氣類理達」。理達，即通達。㊱施而不德　施捨予人而不要人感恩戴德。㊲弔而不責　撫恤、慰問而不向人索取。㊳民祿　民福。民所得賞賜。㊴教教陽陽　盛壯自若的樣子。教教，同「勃勃」。㊵蕃昌　繁息昌盛。㊶實　充實。㊷封疆　疆界。這裡指邊疆。㊸明　理；治。㊹悖　惑亂。㊺憒　昏亂。㊻內　同「納」。㊼威厲　威猛嚴厲。㊽克　攻破。㊾贏　獲得。㊿堅慤　堅強；謹慎。(51)糞除　掃除。(52)苛慝　暴虐邪惡。(53)冬正　冬季的政令。正，同「政」。(54)明堂之制　此處指天子居於明堂治國的法則。明堂除中為太廟太室外，按東南西北四方設四堂，一堂三房，共十二房，天子一月居一房，聽政、施教、出令，皆在房中。(55)法　效法。(56)膏露　甘露；甘露凝如膏。天降膏露為盛世之事。

【語　譯】關於天子治國的法則。陰陽變化大的法則有六條：天就是那取直線的墨繩，地就是那測量水平的水準器，春季就是那畫圓形的圓規，夏季就是那衡量物重的秤，秋季就是那畫直角或方形的矩，冬季就是那衡量物重的秤錘。墨線，是用來使萬物直的。水準器，是用來使萬物平正的。圓規，是用來使萬物變圓的。秤，是用來稱量萬物的。矩尺，是用來使萬物方正的。秤錘，是用來和萬物平衡的。

墨線量物的準則是這樣的：它很直很直而不屈曲，它很長很長而沒有盡頭，歷時很久而不會毀壞，行程再遠也不會遺忘。能與天生物之德相合，而與神無所不知之明一致。它所想得到的就能得到，它所厭惡的就會滅亡。從古到今，都不能增減。它的品性十分安定、平靜，胸懷廣大而能容納，因此天帝把它看作萬物的根本。

水準器量物的準則是這樣的：它很平坦而沒有起伏之處，均勻而不偏曲。胸懷廣大而能容納，品性寬容而平和。柔順而不剛烈，銳利而不會折斷。像水流動而不停止，像用刀割草而不會傷物。發散貫通而有法度。周詳細密而不外泄，持平的特性不會喪失。萬物都處於平和狀態，那老百姓中就不會有險惡的陰謀，怨恨、厭惡的事情就不會發生，因此天帝以準作為平正萬物的準則。

圓規畫圓形的準則是這樣的：它旋轉而不能阻止，直到畫出了圓就不再轉動。它悠閒自得而不放縱，胸懷廣大而能寬容。因感而動不失條理，發散貫通而有規矩。品性寬緩舒徐，各種怨恨都不會出現。圓規的準則不喪失，萬物的生長發育之氣才能通達。

秤稱量物重的準則是這樣的：它動作緩慢卻不落在後面，公平而沒有怨恨，施予人好處而不要人感恩戴德，撫恤、慰問人而不向人索取。應當公平地賞賜老百姓，為的是接濟那些生活費用不夠的人。盛壯自若，只是做對萬物有益的事。生長養育萬物，使它們繁息昌盛。讓五穀成熟，用來充實邊疆。它的政令施行得好，天下就會治理成太平盛世。

矩量物的準則是這樣的：它峻急而不惑亂，剛強而不昏憒。向它索取，它沒有怨言，接納它而沒有害處。它威猛嚴厲而不使人感到害怕，政令一旦施行就不會廢止。殺戮、征伐已經成功，仇敵也就消滅了。矩的政令施行得好，那許多該被討伐的敵國都會降服。

秤錘稱量物重的準則是這樣的：它急切而不獲得什麼，有所獵獲而不加以損害。充滿得實實在在，周詳細密而不外泄。使物毀壞而不索取，判罪而殺的絕不赦免。一定做到真誠而講究信用，並能堅持堅定、謹慎的處事態度。它掃除暴虐邪惡之人，不可使它作不正直的事。所以冬季的政令將要施行，一定是弱而能強、柔而能剛，權的政令施行得好，萬物才能夠收藏。

天子在明堂治國的法則，靜止的時候要效法水準器量物的準則，行動的時候要效法墨線量物的準則。春季用圓規畫圓形的準則治理國家，秋季用矩畫直角或方形的準則治理國家，冬季用秤錘衡量輕重的準則治理國家，夏天用秤衡量輕重的準則治理國家。因此，氣候的乾燥、潮溼、寒冷、暑熱都會按季節到來，甘雨、甘露也會及時降落。

卷六

覽冥

【題解】「覽冥」，即「覽觀幽冥變化之端」。本篇內容大致有三：一說物類相應之事。二論陰陽、道德。三談治國之術。其中羅列眾多物類相感的現象，探討這類現象產生的原因，其目的不單是「引人之意，繫之無極」，「令人遠觀博見」，還在於使人明白處事、修身、治國時明道、體道的重要性。其義略近於《呂氏春秋》中〈精諭〉〈召類〉諸篇之旨。

昔者，師曠❶奏〈白雪〉❷之音，而神物❸為之下降，風雨暴至，平公❹癃病❺，晉國赤地❻。庶女叫天，而雷電下擊，景公臺隕❼，支體傷折❽，海水大出。夫瞽師❾、庶女，位賤尚葈❿，權輕飛羽，然而專精厲意⓫，委務積神⓬，上通九天⓭，激厲至精⓮。由此觀之，上天之誅也，雖在壙虛⓯幽閒⓰、遼遠⓱隱匿，重襲⓲石室、界障⓳險阻，其無所逃之亦明矣。

【章　旨】這一章用德薄之君晉平公聞〈白雪〉之音而患癃病、而使晉國大旱，和庶女叫天而使雷電下擊、造成齊景公臺隕、肢體傷折、海水大出這樣兩個例子，說明人無論貴賤，專精厲意可以感天。而天要懲罰人，人也無處可逃。

【注　釋】❶師曠　字子野，春秋晉國的宮廷樂師。生而目盲，善辨聲樂。❷白雪　舊注謂「太乙五十弦琴瑟樂名也」。朱權輯《神奇祕譜》云：「張華謂天帝使素女鼓五絃之琴，奏〈陽春〉〈白雪〉之曲，故師曠法之而製是曲。〈陽春〉，宮調也；〈白雪〉，商調也。〈陽春〉取萬物知春，和風澹蕩之意，〈白雪〉取凜然清潔，雪竹琳瑯之音。因有〈白雪〉始製〈陽春〉之曲。」❸神物　神化之物。舊注謂「玄鶴之屬來至，無頭鬼類操戈以舞也」。❹平公　晉平公。即悼公之子彪。❺癃病　衰弱疲病。❻赤地　指大旱。地不生五穀。上述故事始見於《韓非子·十過》。❼庶女叫天三句　舊注謂「庶賤之女，齊之寡婦，無子，不嫁，事姑謹敬。姑無男有女，女利母財，令母嫁婦。婦益不肯，女殺母以誣寡婦。婦不能自明，冤結叫天，天為作雷電下擊景公之臺」。庶女，平民之女。而，原文無此字，依劉文典校補。景公，齊景公。隕，此謂毀壞。❽支體傷折　指景公為雷所擊事。支體，即肢體。❾瞽師　猶言樂師。瞽，目盲曰瞽。古樂官多以瞽為之，故亦稱樂官為瞽。此處指師曠。❿尚葈　主管麻類之物的卑微官職。尚，主。葈，同「枲」。麻。⓫專精厲意　謂集中精力，磨厲心志。⓬委務積神　謂積聚精神。⓭九天　指中央及八方之天。⓮至精　指精誠之心。⓯壙虛　空地；荒地。⓰幽閒　幽深僻陋之區。⓱遼遠　遙遠。⓲重襲　重疊。⓳界障　遮隔兩者之物。

【語　譯】從前，師曠彈奏樂曲〈白雪〉，神化之物玄鶴為此自天而降，風雨突然到來，晉平公因此而患了衰弱難癒的疲病。晉國大旱，國土不生五穀。齊國有一位平民女子，含冤呼叫蒼天，而使雷電交加，擊壞了齊景公的高臺。打傷了景公的四肢，使他身體受了傷。海水也漫溢、出現了大規模的倒灌現象。像晉國的樂師、齊國的平民女子，他們的地位比主管麻類物品的小官還要低賤，他們的權勢比飄飛的羽毛輕微，但是他們集中精力、激勵心志、積聚精神，卻可以使自己的精誠之心上與九天相通，而感動上天。從這看來，天帝要懲罰人，那個人即使在野外幽深僻陋之處、在遙遠的隱藏之所、在重重疊疊的石室中、在阻隔兩地的險阻之地，他都沒有辦法逃避懲罰。這一點也是很明白的。

武王❶伐紂❷，渡於孟津❸，陽侯之波❹，逆流而擊，疾風❺晦冥❻，人馬不相見。於是武王左操黃鉞❼，右執白旄❽，瞋目❾而撝❿之，曰：「余在⓫，天下誰敢害⓬吾意者！」於是風濟⓭而波罷⓮。魯陽公⓯與韓搆難⓰，戰酣⓱日暮，援戈而撝之，日為之反⓲三舍⓳。

夫全性保真⓴，不虧㉑其身，遭急迫㉒難，精通於天㉓。若乃未始出其宗㉔者，何為而不成！夫死生同域，不可脅陵㉕，勇武㉖一人，為三軍雄㉗。彼直㉘求名耳。而能自要㉙者尚猶若此，又況夫宮天地㉚、懷萬物㉛，而友造化㉜、含至和㉝，直偶於人形㉞、觀九鑽㉟，一知之所不知㊱、而心未嘗死者㊲乎！

【章　旨】這一章先說武王止風息波和魯陽公撝戈返日的故事，然後生發議論，說明「全性保真」者可以「精通於天」。而所謂「全性保真」是要性與道合，不離道之根本。文中說一個勇士不畏生死，為求名譽而能感動上天，則內含大道、與陰陽為友之人自然更可以感動上天。文章本意當是強調心與道同的重要意義，而特別突出同則精能通天、感天的偉大力量。

【注　釋】❶武王　周武王。文王之子，名發，周王朝的開創者。❷紂　紂王。商代最後一個君王，帝乙之子，名受，號帝辛。❸孟津　一作「盟津」。古黃河津渡名。位於今河南省孟縣西南、孟津縣東北。武王伐紂王於盟津，諸侯叛商者八百。❹陽侯之波　水中巨波。陽侯傳為波神。舊注謂「陽侯，陵陽國侯也。其國近水，休（溺）水而死。其神能為大波，有所傷害，因謂之陽侯之波」。陵陽國為「陽國」之誤，春秋陽國故城在陽都縣故城東。❺疾風　勁急之風。❻晦冥　昏暗。❼黃鉞　以黃金為飾之鉞，天子所用。鉞，斧形兵器。❽右執白旄　執，原文為「秉」，依王念孫校改。白旄，旄牛尾。此指軍中指揮旗。用旄牛尾裝飾旗竿之首，故名。❾瞋目　怒張其目。❿撝　同「揮」。⓫余在　原文為「余任」，依王念孫校改。⓬害止。⓭濟　止。⓮罷　謂息。⓯魯陽公　舊注謂「魯陽，楚之縣公，楚平王之孫，司馬子期之子，《國語》所稱魯陽文子也。楚僭號稱王，其守縣大夫皆稱公，故曰魯陽公。今南陽魯陽是也」。魯陽，在今河南省魯山縣一帶。⓰與韓搆難　指與戰國時的韓國爭戰。⓱酣　舊注謂「對戰合樂時也」。古時作戰，摐金伐鼓以助士氣，兩軍戰酣（劇烈）之時，自是金鼓爭鳴。⓲反同「返」。⓳三舍　二十八宿中三座星宿的位置。二十八宿在天，為日月舍。舍，次舍；止息處。⓴全性保真　謂保全天然的本性。㉑虧　損害。㉒迫　近。㉓精通於天　舊注謂「精通於天者，謂聖人質成（誠）上通，為天所助」。㉔宗　舊注謂「道之本也。謂性不外逸，生與道同也」。㉕脅陵　以威力逼迫、欺淩。㉖勇武　即勇士。古代江、淮間人謂士為武。㉗三軍雄如言三軍之冠。雄，長；第一。㉘直　但；特；只是。㉙自要　自欲；自邀。即自己主動求取。要，借為「徼」。即「邀」。求取。㉚宮天地　即〈原道〉所言「包裹天地」。宮，圍繞。舊注謂「以天地為宮室」，非。㉛懷萬物　猶言包藏萬物。舊注謂「懷猶囊也」。㉜友造化　舊注謂「造化，陰陽也。與之相朋友」。㉝至和　和諧之極致。一訓「至誠」為至和。《書・大禹謨》：「至誠感神。」傳曰：「誠，和也，至和感神。」㉞直偶於人形　謂只是寄託於人之形體。即《莊子》之「寓六骸」。直，特；只。偶，通「寓」。㉟觀九鑽　謂以九鑽為形觀。即《莊子》之「象耳目」。形觀，形體五官。觀，即五官之官。九鑽，即九竅。㊱一知之所不知　當為《莊子》之「一知之所知」。一知，一智。一說指天賦智慧，一說指一種知識。㊲心未嘗死者　指心與道合，從未喪失本真之心。

【語譯】從前周武王討伐商紂王，在孟津渡黃河時，河中湧起巨大的波浪，逆流而擊打過來。勁疾的風刮得天昏地暗，人和馬彼此都見不到。在這種情況下，武王左手握著金黃色的大鉞，右手拿著白旄旗，怒張兩眼揮動著大鉞和白旄旗，說：「有我在這裡，天下有誰敢阻止我討伐紂王的決心！」於是風停止了，波浪也平息了。楚國的魯陽公和韓國打仗，正當雙方金鼓爭鳴、打得難解難分時，太陽就要落山了。於是他拿過戈來一揮，太陽就因為他這一揮而回轉了三座星宿所在的位置。

凡是保全天然本性的人，不會損害他的身體。在遭遇危急之難時，他的精誠之心能與天相通、得到上天的幫助。至於那些心性從來未曾離開道之根本的人，有什麼事是不能成功的呢！他把死和生當作同一種境地看待，不受威力逼迫、欺淩，勇士一人，能成為三軍之冠。他只不過是求名罷了。而能自我求取名聲的人尚且還能這樣，又河況那些包裹天地、懷藏萬物，而與陰陽造化作朋友、內含至和之德，只不過寄託於人的形體、五官、九竅，用天賦的智慧去燭照那不知的境域，而心與道合、從未喪失本真之心的人呢！

昔雍門子❶以哭❷見❸於孟嘗君❹，已而陳辭通意，撫心發聲❺，孟嘗君為之增欷❻歍唈❼，流涕狼戾❽不可止。精神形❾於內，而外諭❿哀於人心，此不傳之道⓫。使俗人不得其君形者⓬而效其容，必為人笑。故蒲且子⓭之連鳥⓮於百仞之上，而詹何⓯之騖魚⓰於大淵之中，此皆得清淨⓱之道、太浩之和⓲也。

夫物類⓳之相應，玄妙深微，知⓴不能論，辯㉑不能解。故東風㉒至而酒湛溢㉓，蠶咡絲㉔而商弦絕㉕，或感之也。畫隨灰而月運㉖闕，鯨魚㉗死而彗星出，或動之也。故聖人在位，懷道而不言㉘，澤及萬民。君臣乖㉙心，則背譎㉚見於天，神氣相應，徵㉛矣。故山雲草莽㉜，水雲魚鱗㉝，旱雲煙火㉞，涔雲波水㉟，各象其形類，所以感之。夫燧㊱取火於日，方諸㊲取露於月。天地之間，巧曆㊳不能舉㊴其數，玄微㊵忽恍㊶，不能覽其兆㊷。然以掌握之中，引類㊸於太極㊹之上，而水火可立致者，陰陽同氣相動㊺也。此傳說㊻之所以騎辰尾㊼也。

【章　旨】這一章仍然說物類相感之事，有兩層意思。一是說人類相感，舉雍門周說孟嘗君為例，謂情感真摯、言必由衷，即誠於中而形於外方能感人。文中說蒲且子善於捕鳥、詹何善於釣魚，那是掌握了捕鳥、釣魚的訣竅，和人類相感並論，似乎不類。二是說物類相應，玄妙深微，但又有跡可察。並舉例說明物類相應，一則「各象其形類，所以感之」，二則物類相應乃「陰陽同氣相動」。中間對聖人在位，「懷道而不言」，行無為之治而「澤及萬民」作了肯定。而用神氣相應的觀點對「君臣乖心」作了否定。

【注釋】❶雍門子　戰國齊國人。名周，又名子周，居於齊都雍門（西城門）附近，因以為氏。《說苑・善說》記有雍門子以琴說孟嘗君事。❷哭　歌。❸見　舊注謂「猶感也」。❹孟嘗君　戰國四公子之一。即齊相田文。❺撫心發聲　撫心，表達感情的一種動作，即用手摸胸。發聲，此當指唱歌而言。此處所說雍門子事。與《說苑》所記略有出入。❻增欷　增添悲傷。增，益。欷，悲傷的樣子。❼歍唈　抽泣；失聲。歍，同「嗚」。❽狼戾　交横；縱横。❾形　形成。❿諭　表明。⓫不傳之道　不可言傳之道。舊注謂「言能以精神哀悲感傷人心，不可學而得之，故曰不傳之道也」。⓬君形者　指主宰形體的內在精神情感。《荀子・解蔽》云：「心者，形之君也。而神明之主也。」⓭蒲且子　楚國善弋射者。其善弋射事見《列子・湯問》。⓮連鳥　謂同時射得數鳥。⓯詹何　楚國善釣魚者。其善釣事見《列子・湯問》。⓰鶩魚　舊注謂「言其善釣，令魚馳騖來趨鉤餌，故曰鶩魚」。鶩，急跑。⓱清淨　謂心地潔淨，不受外物干擾。⓲太浩之和　猶言天之和。太浩，天。和，指陰陽二氣相合而無偏勝。舊注謂蒲且子、詹何「得其精微，故曰太浩之和也」。⓳物類　物之種類，此處指同類之物。⓴知　同「智」。智者。㉑辯　辯者。口才很好，善於辯論的人。㉒東風　此處指春風。舊注謂「木風也」。㉓酒湛溢　謂酒漫溢。湛溢連讀，湛與「淫」同。王念孫說「淫溢猶衍溢也。酒性溫，故東風至而酒為之加長」。東風至，氣溫增高，酒發酵加速，故汁出衍溢。㉔咡絲　吐絲。或作「珥絲」。舊注謂「老蠶上下絲於口，故曰咡絲」。蠶老時，絲在身中正黃，達見於外如珥。㉕商弦絕　商絃斷絕。舊注謂蠶「新絲出，故絲脆。商於五音最細而急，故絕也」。商弦，鼓商音之絃，商絃用七十二絲。㉖月運　即月暈。月亮周圍的光氣。一說「運」作「圍」解，氣圍繞日周帀，有似軍營相圍守，故曰暈也。㉗鯨魚　舊注謂「大魚，蓋長數里，死於海邊。魚之身賤也，彗星為變異，人之害也，類相動也」。㉘懷道而不言　舊注謂指「聖人行自然無為之道」。㉙乖　背離。㉚背譎　舊注謂「日旁五色氣，在兩邊外出為背，外向為譎，內向為珥，在上外出為冠」。㉛徵　應驗。㉜山雲草莽　謂山中氣出雲如草莽。草莽，叢生的雜草。㉝水雲魚鱗　謂水氣出雲似魚鱗。㉞旱雲煙火　謂旱日雲如煙火。煙為火氣，旱雲，亢陽氣，故言如煙火。㉟涔雲波水　謂大片積水所生之雲如同水波。涔，大潦水。㊱夫燧　即陽燧。古代日下取火的凹形銅鏡，因取火於日，故又名陽燧。原文作「夫陽燧」，依王念孫校刪「陽」字。㊲方諸　古於月下承露取水之器。以蛤殼為之，後改為銅器。㊳巧曆　工於曆術（推算日月運行及天文現象之方法）者。㊴舉　舊注謂「天地之間，物類相感者眾多，雖工為曆術者，不能悉舉其數也」。㊵玄微　精深微妙。原文作「手徵」，《太平廣記》卷一六一引《感應經》，其所引本文正作「玄微忽恍」。故依蔣禮鴻校改。㊶忽恍　若存若亡，不可見之。㊷兆　跡象。原文作「光」，依蔣禮鴻校改。㊸引類　招引同類之物。㊹太極　指天。取火於日、取露於月，日月麗乎天，故言引類太極之上。舊注釋太極為「天地始形之時」，非。㊺陰陽同氣相動　謂水、火陰陽同氣而生變化。舊注謂「動，猶化也」。㊻傅說　殷高宗的賢相。初在傅巖為版築事，殷高宗夢得賢人，圖畫其象求之，得說，遂拜為相。殷商得以中興。㊼騎辰尾　猶言跨辰星、尾星。辰星即為房星。傳說傅說死後為天上星，星名傅說，一名天策。

【語譯】從前雍門子用歌聲來感動孟嘗君，唱罷才陳述言詞，表達自己的意見。他用手撫摸胸口，說出話來。孟嘗君因而禁不住更加悲傷，以致失聲抽泣，眼淚縱橫而不能止。在自己心內形成一種精神，而能在外面表現出來，使他人心中感到哀傷，這是無法用言語傳授的一種方法。假使那些庸俗的人不具備主宰自己形體的精神，而只仿效他的外在容態，一定會遭到人們的嘲笑。所以蒲且子能同時射得好幾隻在百仞以上高空的鳥，而詹何能使大淵之中的魚兒急急忙忙游來上鉤，這都是他們能做到心地清淨專一，不受外物干擾，掌握了天上陰陽二氣相合而無偏勝的道理。

同類事物的相互感應，其道理玄妙深微，聰明的人不可能說得清楚，能言善辯的人也解釋不了。因此東風吹來，酒汁就會漫溢出來。老蠶吐絲時，彈奏商音的絃就會斷。可能就是相互感應所造成的吧。用蘆灰在窗下畫月暈，畫的灰圈有缺口，月暈也隨著有缺口。鯨魚一死，彗星就出現。可能是相互感動所造成的吧。所以聖人在位執政，胸懷自然無為之道而不必說，就能給萬民百姓帶來恩澤。如果君臣之心背離，那太陽旁的五色氣就會從兩邊外出、向外而顯現於天空，這樣神氣相互感應，就應驗了。所以山間之氣生出的雲像叢生的雜草，水上之氣生出的雲像魚鱗，旱日所生出的雲像煙火，大片積水上面生出的雲像水波，各種雲的樣子都和生雲之物的形貌種類相像，因而可以感應而出。用夫燧可以在太陽光下取火，用方諸可以在月下取得露水。天地之間相互感應的事實在太多，就是精通曆術的人也不可能遍舉其數。這中間的道理玄妙幽微，若存若亡，無形無狀，不可能看到它的跡象。但是在手掌中間，卻能從天上招引同類之物，而水、火可以立即得到，這是二者陰陽同氣相互變化的結果。這也是傳說死後，其精能託於辰星、尾星上的緣故。

故至陰飂飂❶，至陽赫赫❷，兩者交接成和❸，而萬物生焉。眾雄而無雌❹，而何化❺之所能造乎？所謂不言之辯❻、不道之道❼也。故召遠者使無為焉，親近者言無事焉，惟夜行者為能有之❽。故卻走馬以糞❾，而車軌❿不接於遠方之外，是謂坐馳陸沉，晝冥宵明⓫。

以冬鑠膠⓬，以夏造冰。天道⓭者，無私就⓮也，無私去也；能者⓯有餘，拙者⓰不足；順之者利，逆之者凶。譬如隋侯之珠⓱、和氏之璧⓲，得之者富，失之者貧。得失之度⓳，深微窈冥⓴，難以知論，不可以辯說也。何以知其然？今夫地黃㉑主屬骨㉒，而甘草㉓主生肉之藥也，以其屬骨，責㉔其生肉，以其生肉，論㉕其屬骨，是猶王孫綽㉖之欲倍偏枯之藥㉗而以㉘生殊死㉙之人，亦可謂失論㉚矣。若夫以火能焦木也，因使銷金㉛，則道行矣。若以慈石㉜之能連鐵㉝也，而求其引瓦，則難矣。物固不可以輕重論也。

夫燧之取火於日，慈石之引鐵，蟹之敗漆㉞，葵之鄉㉟日，雖有明智，弗能然㊱也。故耳目之察，不足以分物理；心意之論，不足以定是非。故以智為治者，難以持國㊲，唯通於太和㊳而持自然之應者，為能有之㊴。故嶢山㊵崩，而薄落之水㊶涸；區冶㊷生，而淳鉤之劍㊸成；紂為無道，左強㊹在側；太公並世㊺，故武王㊻之功立㊼。由是觀之，利害之路，禍福之門，不可求而得㊽也。

【章　旨】這一章有三層意思。一說陰陽生物，謂「兩者交接成和，而萬物生焉。眾雄而無雌，而何化之所能造乎」，與〈天文〉中所說「陰陽合和而萬物生」義同。均言萬物為陰陽交感、相互融合的結果。而本章特別發揮《老子》「萬物負陰而抱陽，沖氣以為和」的觀點，強調物成乃陰陽相依、相感所致，兩者不可缺一的道理。並由陰陽生物的「不道之道」出發，說明治政「無為」、「無事」可使近者親附、天下歸服。二說「道」「無私就」、「無私去」的特點，和「得道」之利。而同時又說得道甚難，認為順物之性，其道乃行。三說物類相感之理，並非耳目之察所能得，事之是非並非心意之論所能定。因而「以智為治者，難以持國，唯通於太和（陰陽會合、沖和之元氣）而持自然之應者，為能有之」。也是強調治政的因順自然無為之道。還明確指出「利害之路、禍福之門，不可求而得」。

【注　釋】❶至陰飂飂　猶言至陰寒涼。至陰，至極之陰氣。飂飂，陰氣寒涼之狀。❷至陽赫赫　猶言至陽炎熱。至陽，至極之陽氣。赫赫，陽氣炎熱之狀。赫，火赤之貌。❸和　指陰陽二氣交融所達到的和諧狀態。《老子》第四十二章云：「萬物負陰而抱陽，沖氣以為和。」❹眾雄而無雌　雄，指陽。雌，指陰。❺化　化育。與句中「造（創造）」乃析「造化」而用之。❻不言之辯　不煩言說之辯。❼不道之道　不煩述說之道。不道，即不言。❽故召遠者三句　本於《管子・形勢》。召遠者，指招致境外遠方諸國歸順。舊注謂「遠者，四夷也。欲致化四夷者，當以無為。無為，則夷荒自至也」。近者，指諸夏（各諸侯國）。言無事，即不言（無事、無為皆有無用之意）。言，原文為「使」，依王念孫校改。夜行者，《管子・形勢解》云：「所謂夜行者，心行也。能心行，行德天下，莫能與之爭矣。」舊注謂「夜行，喻陰行也。陰行神化，故能有天下也。一說：言入道者如夜行幽冥之中，為能有召遠親近之道也」。❾走馬以糞　謂以善跑之馬的糞便肥田。善跑之馬本可馳騁戰場，今僅以其糞肥田，見得世道清平。❿車軌　兵車之軌。軌，車兩輪間的距離為軌，此處指軌跡。⓫是謂坐馳陸沉二句　舊注謂「言坐行神化，疾於馳傳，沉浮冥明，與道合也」。楊樹達說「是謂以下與上文語意不貫，疑上當有脫文」，本章譯文仍依原文順序。坐馳，身不動而心馳騖於外。陸沉，無水而沉。晝冥宵明，白天而天色暗，夜晚而天色明。⓬鑠膠　即煉膠。鑠，熔化金屬。膠，黏合器物的物質。古以動物的角、皮熬煉而成。⓭天道　天之道。即自然法則。原文為「夫道」，依劉文典校改。⓮私就　不公道地靠近某人。⓯能者　能行道者。即能按自然法則行事者。⓰拙者　拙於行道者。即不能按自然法則行事者。⓱隋侯之珠　傳說中的寶珠。舊注謂「隋侯，漢東之國，姬姓諸侯也。隋侯見大蛇傷斷，以藥傅之，後蛇於江中銜大珠以報之，因曰隋侯之珠，蓋明月珠也」。⓲和氏之璧　春秋時楚人卞和所得寶玉。事見《韓非子·和氏》。⓳得失之度　指衡量是得、是失的尺度。⓴窈冥　深遠；奧妙。㉑地黃　藥用植物名。新鮮的稱鮮地黃或鮮生地，乾燥後稱乾地黃或生地，加工蒸製後稱熟地黃或熟地。㉒屬骨　連骨。㉓甘草　藥用植物名。一名蜜草，根莖入藥，味甘，性平和，能和百藥。㉔責　要求。㉕論　謀慮；要求。㉖王孫綽　魯人。㉗倍偏枯之藥　謂使治療偏枯（半身不遂）病的藥劑量加倍。㉘以　原文上有「欲」字，依王念孫校刪。㉙殊死　即死。或謂殀（夭）死。王孫綽事本於《呂氏春秋·別類》。㉚失論　即失倫。謂失其理。論，非論說之論，通「倫」。訓為道、理。㉛銷金　熔化金屬。㉜慈石　即磁石。俗稱吸鐵石，能吸引鐵、鎳、鈷等金屬。㉝連鐵　指吸引鐵。一作「運鐵」。㉞蟹之敗漆　舊注謂「以蟹置漆中，則敗壞不燥，不任用也」。㉟鄉　面向。㊱然　明瞭。楊樹達說：「然」讀為難，意為駁難。㊲持國　保守國家。㊳太和　指陰陽會合、沖和的元氣。㊴有之　指有持國之術。㊵嶢山　位於今陝西省藍田縣境內。㊶薄落之水　位於馮翊臨晉（今陝西省大荔縣）。一說指涇水。㊷區冶　春秋時越國人。善鑄劍。其名一寫作「歐冶」。㊸淳鉤之劍　其劍形大鋒銳。《抱朴子·博喻》：「淳鉤之鋒，驗於犀兕。」淳鉤，一作「淳鈞」。㊹左強　紂之諛臣。教紂王無道，勸其貪淫。㊺太公竝世　謂太公與武王同時。太公，即姜尚。嘗佐武王伐紂滅商。竝世，並世；同時。㊻武王　周武王。㊼立　成。㊽不可求而得　舊注謂「言其門戶不可豫求而得知也。忽然來至，無形兆也」。

【語　譯】所以至極之陰寒涼，至極之陽炎熱，兩者交接相感呈現出和諧的狀態，萬物便產生了。如果都是雄的而沒有雌的，那又怎麼能創造化育萬物呢？這就是人們所說的不煩言說之辯、不煩述說之道。所以要招致遠方的四夷之國歸心，就要採用無為的辦法。要使各諸侯國和中央親近，也要用無言的辦法。只有像在夜裡走路那樣暗中行道的人才能招致遠國而使諸侯親近自己。因而能不要善跑的馬去奔馳而只用牠的糞來肥田，兵車的軌跡就不會延伸到遠方之外。這就是人們說的坐行神化，比奔馳的傳車還要快，而沉浮於晝冥宵明之中，無不與道相合。

在冬天熬膠，在夏天造冰。自然之道，不會不公道地親近某一人，也不會不公道地離開某一人；能夠按道行事的人成功有餘，不能按道行事的人所得便不足；順應天道的就吉利，反天道而行事的就不吉祥。譬如隋侯之珠、和氏之璧，得到了它們就會富裕，失去了它們就會貧窮。但說到衡量是得是失的尺度，那實在深奧、微妙得很。很難用智慧作出論斷，不能通過辯析來加以說明。怎麼知道是這樣的呢？現在地黃是主連骨的藥，而甘草是主生肉的藥，用主連骨的地黃要求它生肉；或用主生肉的甘草要求它連骨，這就像王孫綽把治療半身不遂的藥劑量加倍，想把死人治活。這也可以說是失理的做法。至於因為火能燒焦木頭，因此就用它來熔化金屬，這樣的道是行得通的。如果因為磁石能吸引鐵，而要求它吸引瓦片，那就難了。萬物本來就不能夠憑輕重來加以論辨。

像夫燧可以在陽光下取火，磁石可以吸引鐵，螃蟹會敗壞漆，葵花面向太陽，這些現象產生的原因，即使是明智之士，也不能明瞭。所以僅憑耳目考察，不能夠分辨事物的道理；僅憑心中所想而作的結論，不能夠確定人事的是和非。所以用智慧治理國家，是很難守住國家的，只有和陰陽合和的元氣相通而能掌握自然感應規律的人，才能夠有保守國家的方法。所以嶢山崩塌，薄落河的水就乾了；區冶出生，淳鉤之劍就鑄成了；紂王推行無道之政，諛臣左強就出現在他的身邊；太公和武王處於同一時代，所以武王滅商興周的功業就完成了。從這些情況看來，通向利或害的道路、通向禍和福的大門，是不能通過人為的追求而得到的。

夫道❶之與德❷，若韋之與革❸，遠之則邇，近之則疏❹，不得其道，若觀鯈魚❺。故聖人若鏡，不將不迎，應而不藏，故萬化而無傷❻。其得之❼，乃失之。其失之❽，非乃得之也❾？

今夫調瑟❿者，叩宮宮應⓫，彈角角動⓬，此同聲相和者也。夫有改調一弦⓭，其於五音無所比⓮，鼓⓯之而二十五弦⓰皆應，此未始異於聲⓱，而音之君⓲已形⓳也。故通於太和⓴者，惛㉑若純醉㉒而甘臥㉓，以游其中㉔，而不知其所由至也。純溫㉕以淪㉖，鈍悶㉗以終，若未始出其宗㉘，是謂大通㉙。

【章　旨】這一章用比喻說明道和德的關係。說明得道、通於太和者的特徵。強調得道全在自然而然。自以為得道卻可能失去了道，自以為失道卻可能掌握了道。而通於「太和」的人就如全醉之人甜睡於道中，不知道自己是怎麼達到那種境地的。但他卻能「純溫以淪，鈍悶以終」，從未越出道的範圍。

【注　釋】❶道　道家的「道」有多種屬性，這裡是指宇宙間萬物運動變化的最普遍、最根本的規律性。❷德　與道相通，為道之殊稱。具體事物所具之道即為德，或謂德為具體事物所具有的獨特規律或特性。❸若韋之與革　舊注謂「革之質象道，韋之質象德」。韋，去毛加工過的柔軟皮革。革，去毛並經加工過的獸皮。❹遠之則邇二句　舊注謂「欲去遠之，道反在人側；欲以事求之，去人已遠也。無事者近人，有事者遠人」。邇，近。疏，疏遠。原文為「遠」，依王念孫校改。❺若觀鯈魚　《莊子・秋水》記莊子與惠子遊於濠梁之上，見鯈魚出游從容，二人有魚樂之辯。舊注謂「鯈魚，小魚也，在水中可觀見，見而不可得，道亦如之」。鯈魚，魚名。❻故聖人四句　出自《莊子・應帝王》。言聖人順任自然，不懷私意。聖人，原文無「人」字，依王念孫校補。將，送。應，舊注謂「猶隨也。謂鏡隨人形好醜，不自藏匿者也」。❼得之　自以為得道。❽失之　自謂失道。❾也　反問之辭。❿調瑟　原文為「調弦」，依楊樹達校改。⓫叩宮宮應　舊注謂「叩大宮則少宮應」。此即《春秋繁露・同類相動》所云「試調琴瑟而錯之，鼓其宮則他宮應之」。⓬彈角角動　舊注謂「彈大角則少角動」。⓭改調一弦　指任意改調一絃。舊注謂一絃指宮音之絃，楊樹達認為「改調一弦者，指道言之，此譬喻之辭，非實謂弦也」。⓮比　合。⓯鼓彈。⓰二十五弦　傳說瑟本有五十絃（一說四十五絃），泰帝使素女鼓瑟而悲，帝禁不止，故破其瑟為二十五絃。據長沙馬王堆一號漢墓出土實物，瑟二十五絃，每絃一柱，按五聲音階定絃，由低到高，絃的粗細有別。⓱聲　聲調。⓲音之君　指改調之絃之音為眾音之主。舊注釋其為五音中之宮音，非。君，主。⓳形　見；表現；顯露。此段可參閱《莊子・徐無鬼》所說：「於是為之調瑟，廢（即『置』）一於堂，廢一於室，鼓宮宮動，鼓角角動，音律同矣。夫或改調一弦，於五音無當也，鼓之，二十五弦皆動，未始異於聲，而音之君已。」⓴太和　本指陰陽未分的元氣。此處指心性的恬靜、和諧、無所好憎。舊注謂「謂等死生之和，齊窮達之端」。㉑愲　心不明瞭。㉒純醉　全醉。㉓甘臥　甜蜜入睡。㉔其中　指「道」中。㉕純溫　純一溫和。㉖淪　沉沒。㉗鈍悶　昏蒙無情欲之狀。舊注謂「無情也」。㉘宗　本。此指太和之本——道。㉙大通　一切無礙謂之大通。此處指與道融通為一。

【語譯】道和德的關係就像韋和革的關係，要它們離得遠，它們卻相距很近；要它們靠得近，它們卻相距得遠。不能掌握道的情況，就像觀看水中的小白魚一樣，可以看得見卻得不到。所以聖人就像一面鏡子，對人不送不迎，隨著人形貌的美醜而將它映現出來，一點也不加以隱藏，所以縱然有萬種變化也沒有妨害。自己以為掌握了道，卻是喪失了道。自己以為喪失了道，難道不正是掌握了道嗎？

現在調弄瑟絃，叩響宮音之絃，其他的宮絃就會應和；彈響角音之絃，其他的角絃就會振動發音，這是聲律相同而彼此應和的情況。也有這種情況：改調一根絃，此絃之音和五音不合，而彈它一下，卻使二十五絃都轟然而應。這並不是在聲調上有什麼不同，只是改動的那根絃的音在眾音中顯現出主導的作用。所以能和陰陽合和的元氣相通的人，看起來心不明瞭、迷迷糊糊就像全醉之人甜蜜地睡著，而在道中浮遊，自己並不知道是如何達到這種境界的。他完全沉浸在純一溫和之中，始終無情無欲，就像從未越出過「太和」之本的範圍，這就叫做和道融通為一。

今夫赤螭、青虯❶之游冀州❷也，天清地定❸，毒獸不作❹，飛鳥不駭❺。入榛薄❻，食薦梅❼，噆味❽含甘，步❾不出頃畝❿之區，而蛇鱓⓫輕之，以為不能與之爭於江海之中。若乃至於玄雲⓬素朝⓭，陰陽交爭，降⓮扶風⓯，雜凍雨⓰，扶搖⓱而登⓲之，威動天地，聲震海內，蛟鱓⓳著泥百仞之中，熊羆匍匐丘山⓴磛巖㉑，虎豹襲㉒穴而不敢咆，猨狖㉓顛蹶㉔而失木枝，又況直㉕蛇鱓之類乎！

鳳凰之翔至德㉖也，雷霆不作，風雨不興，川谷不澹㉗，草木不搖，而燕雀㉘佼㉙之，以為不能與之爭於宇宙㉚之間。還至㉛其曾逝㉜萬仞之上，翺翔四海之外，過昆侖之疏圃㉝，飲砥柱㉞之湍瀨㉟，邅回㊱蒙汜㊲之渚㊳，尚佯㊴冀州之際，徑躡都廣㊵，入日抑節㊶，濯羽㊷弱水㊸，暮宿風穴㊹，當此之時，鴻鵠、鶬鶴㊺，莫不憚驚伏竄，注喙㊻江裔㊼，又況直燕雀之類乎！此明於小動之跡，而不知大節㊽之所由者也。

【章旨】這一章說了兩個故事，一是蛇鱓見赤螭、青虬之小有為，便以為對方「不能與之爭於江海之中」，而不知其大有為之威勢。二是燕雀睹鳳凰翔至德之世的平靜場面，便輕侮對方，以為鳳凰「不能與之爭於宇宙之間」，而不知其大有為之威勢。兩則故事說明一個道理，即有小智者不知得大道者，而於持小智者不可語以大道。

【注釋】❶赤螭青虬　均為傳說中無角的龍。❷冀州　指中原地區。冀，大。一說古之天子常居冀州，亂則冀治，弱則冀彊，荒則冀豐，故其地謂冀州。❸天清地定　猶言天空清靜、大地安寧。定，寧。❹作　發作。此處指因受到某種刺激而有所動作。❺駭　害怕；吃驚。❻榛薄　叢雜的草木。藂木曰榛，深草曰薄。❼薦梅　舊注謂「草實也，狀如桑椹，其色赤，生江濱也」。楊樹達謂薦梅為二物，薦為獸所食草。梅即青梅、黃梅之梅。❽噆味　味長而美。噆，銜含。含之深為噂，而含之深者其味長。❾步　行走。❿頃畝　百畝。⓫蛇鱓　蛇和鱓。鱓，即鱔。鱔魚。⓬玄雲　黑雲；烏雲。⓭素朝　猶言拂曉。明朗的早晨。素，白。原文上有「之」字，依王念孫校刪。⓮降　下。⓯扶風　疾風。⓰湅雨　暴雨。⓱扶搖　發動。謂開始行動。⓲登　上。⓳蚖鱓　蚖，即黿。鱓，即鼉。⓴丘山　土山。㉑磛巖　石山。《說文》云：「磛，礹石也。礹，石山也。」又《玉篇》云：「磛礹，山石貌也。」一說「丘山」當訓為大山。磛巖，當為「嶃岩」，訓為深岩。㉒襲　進入。㉓猨狖　猿和狖。狖，即長尾猿。㉔顛蹶　跌倒。㉕直　只是。㉖至德　至德之世。道家心目中的理想時代。舊注謂指至德之君，亦通。道家認為人類初期經歷過一個渾渾蒼蒼、純樸守真的時代，實即人類的原始時期。後把政治清明的時代也稱為至德之世。㉗澹　水波搖動的樣子。㉘燕雀　燕和雀。兩種小鳥。㉙佼　輕侮。㉚宇宙　泛指屋宇。宇，屋簷。宙，棟梁。㉛還至　及至。還，及。㉜曾逝　即高飛。曾，同「層」。猶「高」。逝，猶「飛」。㉝疏圃　崑崙菜園。一說指天池。㉞砥柱　山名。一名三門山，原在今河南省三門峽市東北黃河中。㉟湍瀨　指激湍急流。一說指石上急流。㊱邅回　猶倘佯、徘徊。㊲蒙汜　日所出之處。㊳渚　小洲。㊴尚佯　同「徜徉」。逍遙。㊵徑躡都廣　謂鳳凰經過都廣之野。躡，至。都廣，傳說中位於東南的山名，為眾神上下天地之梯。㊶入日抑節　謂鳳凰行至日入之所，爰止爰息，緩緩而行而少作徘徊。抑節，按節徐行之狀。㊷濯羽　濯洗羽翼。原文為「羽翼」，依王念孫校改。㊸弱水　傳說中的河水名。《山海經．大荒西經》言弱水環繞崑崙山丘。㊹風穴　傳說中來風之穴。此指北方寒風所出之穴。張華《博物志．雜篇》云：「風山之首，方高三百里，風穴如電突，深三十里，春風自此而出也。」㊺鴻鵠鶬鸖　鴻鵠，即天鵝。鶬鸖，即鶬鶴。一名鶬雞。㊻注喙　指鴻鵠、鶬鸖嘴貼地而不敢動。㊼江裔　江邊。㊽大節　大事。關鍵之事為大節，此處指異乎常行的大作為之事。

【語譯】現在赤螭、青虬在中原一帶遨遊，天空清朗，大地安寧，毒獸並不因牠們遨遊而行動，飛鳥也不感到害怕。赤螭、青虬遊入叢雜的草木之中，吃薦草和青梅，把它們含在口裡，品嘗著那甘甜的美味。行走的範圍不超越百畝大小的區域，於是蛇和鱔魚就看不起牠們，認為牠們不能和自己在江海中競爭。而當烏雲出現在明朗的早晨、陰陽交鋒相爭之時，疾風驟起，暴雨隨風而至，赤螭、青虬卻在風雨之上高飛而去。威力震天動地，聲響傳遍海內。黿鼉嚇得躲進百仞深的泥淖之中，熊羆也被嚇得伏在土山、石山之下，虎豹鑽入山洞而不敢咆哮，猿狖嚇得從樹枝上掉下來，更何況只是蛇和鱔魚一類的小生物呢！

當鳳凰飛翔在太平盛世的時候，沒有雷霆作響，沒有風雨出現，河流、山谷中波平浪靜，草木也不搖動。這樣燕子和雀兒便看不起鳳凰，認為鳳凰不能夠和自己在屋宇間競爭。等到鳳凰高飛在萬仞高的天空，翱翔在四海之外；經過崑崙山上的疏圃，在砥柱山下的急流中喝水；徘徊在蒙汜小洲上，逍遙在冀州之內；徑直經過都廣之野，進入日落之處緩緩而行；在弱水中洗濯羽翼，晚上住宿在風穴。在這些時候，鴻鵠、鶬雞，沒有不因為畏懼、驚駭而逃避隱藏、將嘴緊貼江邊地上不動的，又何況只是燕子、雀兒一類的小鳥呢！這些都是只看到小舉動的形跡、而不知道能作出重大事情的原因的例子。

昔者，王良[1]、造父[2]之御也，上車攝轡[3]，馬為整齊[4]而斂諧[5]，投足調均[6]，勞逸若一[7]，心怡[8]氣和，體便[9]輕畢[10]，安勞[11]樂進，馳騖[12]若滅[13]，左右若鞭[14]，周旋若環[15]，世皆以為巧，然未見其貴者也。若夫鉗且、大丙[16]之御也，除轡銜[17]，去鞭棄策[18]，車莫動而自舉，馬莫使而自走也[19]。日行月動，星燿[20]而玄運[21]，電奔而鬼騰[22]，進退屈伸，不見朕垠[23]。故不招指[24]、不咄叱[25]，過歸雁於碣石，軼鶤雞於姑餘[26]；騁[27]若飛，騖若絕[28]；縱矢[29]躡風[30]，追猋[31]歸忽[32]；朝發榑桑[33]，入日落棠[34]。此假弗用[35]而能以成其用者也，非慮思[36]之察[37]、手爪之巧也。嗜欲形於胸中[38]、而精神踰[39]於六馬[40]，此以弗御御之[41]者也。

【章　旨】這一章用「鉗且、大丙之御」和「王良、造父之御」作比較，說明什麼是以不御為御，什麼是「假弗用而能以成其用」。文章的主旨在於否定治國施用智巧，而提倡弗馭「以馭宇內」，即以無為之為治理國家。此章用意和所用比喻皆與《呂氏春秋・審分》有相同處。

【注　釋】❶王良　春秋時晉國善御馬者。❷造父　周時善御者。傳說其取駿馬以獻穆王，王賜以趙城，故姓以趙氏。❸攝轡　猶言拽住轡繩。❹整齊　指馬的步伐一致。❺斂諧　舊注謂「馬容、體、足調諧也」。❻調均　調整得均勻。❼一同　一。❽怡　和悅；愉快。❾體便　指馬身靈活。❿輕畢　猶言輕快。畢，疾。⓫安勞　安於勞累。⓬馳騖　縱橫奔馳。⓭若滅　意謂車行之疾好像車消失了一般。⓮左右若鞭　謂馬或左或右，無不中節，有如被鞭。左右，指馬行或左或右。舊注釋為驂騑，非。若鞭，若如被鞭。⓯周旋若環　謂車運轉自如，皆合人意。周旋，運轉。⓰鉗且大丙　傳說中的善御之人。舊注謂「此二人，太乙之御也。一說：古得道之人，以神氣御陰陽也」。⓱舍銜　去掉馬嚼子。原文無「舍」字，依劉文典校補。⓲策　擊馬之箠。⓳車莫動而自舉二句　舊注謂「但以車馬為主爾，神氣扶之也」。自舉，指車輪自動運轉。⓴燿　照耀。㉑玄運　指天運行。玄，天。運，行。㉒電奔而鬼騰　形容車馬奔騰之急速不可捉摸。㉓朕垠　徵兆；跡象。㉔招指　指揮。招，招麾；指揮。㉕咄叱　呵叱。㉖過歸雁於碣石二句　形容車馬奔行之疾，並非如舊注所說「言其御疾，自碣石過歸雁，便復東南，軼過鶤雞於姑餘山也」。過歸雁於碣石，謂車行之疾，超越歸飛之雁之北嚮碣石。過，超越。碣石，山名。位於今河北省樂亭縣西南。軼，本謂超車，此處亦為超越意。鶤雞，鳥名。鳳凰的別稱。姑餘，山名。即姑蘇山，位於今江蘇省吳縣西南。㉗騁　縱馬奔馳。㉘絕　猶言絕塵。車不沾塵，形容速疾若神。㉙縱矢　謂如踩飛矢而行，言其快。縱，同「蹤」。舊注謂「縱，履也。足疾及箭矢……一說矢在後不能及，故言縱」。㉚躡風　蹈風。舊注謂「能及矢（當為『風』），（故）言躡」。㉛猋　即飆風。旋風；疾風。㉜歸忽　猶言歸風。謂依歸忽風。與「追猋」同承「躡風」而來，均言迅疾。忽，即䬍風。疾風名。㉝榑桑　即扶桑。神木名，傳說日出其下。㉞入日落棠　王念孫說：「朝發榑桑，謂與日俱出；入日落棠，謂與日俱入。上言追猋，此言入日，皆狀其行之疾也。」入日，原文為「日入」，依王念孫校改。落棠，山名。日所入之地。㉟弗用　猶言無為。㊱慮思　考慮思索。指費心機而言。㊲察　明察；看得清楚。㊳形於胸中　見（現）於胸中。㊴踰　超越。舊注訓為「和」。吳承仕以為依舊注「踰」應為「調」，陳觀樓以為「踰」乃「喻字之誤」，上皆改字而訓。踰之本意超越與句意並無相悖之處，故依本意。㊵六馬　古代帝王車駕用六馬。㊶以弗御御之　舊注謂「以道術御也」。

【語譯】從前，王良、造父駕馭車馬時，當他們上車拽住韁繩，馬的步伐就一致了，而且馬的儀態、體段、四腳顯得十分和諧，眾馬前進，腳步邁動的高低，快慢調整得均勻不亂，各馬的辛勞、安逸一樣，因而眾馬心中愉悅、神氣平和，體態靈活，動作輕快，安於勞累，樂於前行。車馬縱橫奔馳，快得好像消失了一樣。馬兒或左或右，就像挨了鞭子那樣聽話，車兒運轉自如好像轉動圓環一般，是那樣合於心意。世上的人都認為王良、造父這樣駕馭車馬非常奇巧，但是卻看不到他們可貴的地方在哪裡。至於鉗且、大丙駕馭車馬，則除掉韁繩、不要馬嚼子，去掉馬鞭，拋棄馬策，還未拉動車子，車輪就自己開始運轉了；還未驅使馬前進，馬就自己跑起來了。就像日月行動，星光照耀和天的運行，又像雷奔鬼騰，前進、後退、屈曲、伸展，都看不出為什麼會這樣的跡象。所以用不著指揮，用不著呵叱，眾馬跑起來，速度快得超過那些飛回碣石山的大雁，和飛向姑蘇山的鳳凰；牠們奔馳起來就像在飛一樣，快得好像腳不沾地似的；又好像四蹄踩箭踏風而行，追逐飆風而託身於飈風，早上和太陽同時從榑桑出發，傍晚隨同太陽落入落棠山。這就是憑藉「不用」而達到「用」的目的，而不是憑著考慮、思索而明察事物、憑著手爪的巧妙所完成的。把個人的嗜好、欲望顯現在胸中，而讓精神超越於六馬之外，這就是用不用駕馭車馬的辦法來駕馭車馬。

昔者，黃帝治天下，而力牧❶、太山稽❷輔之。以治❸日月之行、律❹陰陽之氣、節❺四時之度、正❻律曆❼之數❽；別男女、異雌雄、明上下、等❾貴賤，使強不掩❿弱、眾不暴⓫寡；人民保命而不夭、歲時⓬孰⓭而不凶⓮；百官正⓯而無私，上下⓰調而無尤⓱，法令明而不闇⓲，輔佐公而不阿⓳，田者不侵畔⓴，漁者不爭隈㉑，道不拾遺，市不豫賈㉒，城郭不關，邑無盜賊，鄙旅㉓之人，相讓以財，狗彘吐菽粟於路而無忿爭之心。於是日月精明㉔，星辰不失其行，風雨時節㉕，五穀登㉖孰，虎狼不妄噬，鷙鳥不妄搏，鳳皇翔㉗於庭，麒麟游㉘於郊㉙，青龍㉚進駕㉛，飛黃㉜伏皁㉝；諸北㉞、儋耳㉟之國，莫不獻其貢職㊱，然猶未及虙戲氏㊲之道㊳也。

【章　旨】這一章敘說黃帝治政、世道清平的情形。說那時有賢臣輔佐，成就許多大事，使得「百官正而無私，上下調而無尤，法令明而不闇，輔佐公而不阿」。而民無忿爭之心，道無拾遺之人。且天道正常，祥瑞之物頻頻出現，五穀豐登，連虎狼、鷙鳥亦不妄噬、妄搏。顯然這是用理想的色彩在描摹上古社會。但文章說到最後，點出一句：「然猶未及虙戲氏之道」，可見作者所最推崇的還不是黃帝的治政之道。

【注　釋】❶力牧　相傳為黃帝之臣。黃帝夢有人執千鈞之弩，驅羊數萬群，後依占卜所示，在大澤尋得力牧，進以為將。❷太山稽　傳說中的黃帝三相之一。另二相為天老、力牧。❸治　研治。❹律　度。❺節　節度；節序度數。❻正　調整；糾正。❼律曆　樂律和曆法。❽數　道理。此處指律曆中的推算方法及有關規則。❾等　等級。作動詞用，即分等之意。❿掩　襲取。⓫暴　欺凌。⓬歲時　猶言一年四季。歲，年。時，指春夏秋冬四季。⓭孰　同「熟」。植物的果實、種子成熟。⓮凶　年景不好。⓯正　公正。⓰上下　指君臣。⓱調而無尤　調相互關係調和而不故意指責對方。尤，過錯。作動詞用。⓲闇　昏暗。⓳阿　曲從逢迎。⓴畔　田界。㉑隈　山水彎曲處。此處指水曲深多魚處。㉒豫賈　虛定高價以欺人。賈，同「價」。㉓鄙旅　鄙賤平庸之眾。㉔精明　晴明；光明。精，「姓」之假借字。《說文．夕部》：「姓，雨而夜除星見也。從夕，生聲。」㉕時節　此處謂按時節而至。四時的節序為時節。㉖登　莊稼成熟謂登。㉗翔　猶止也。㉘游　行。㉙郊　邑外。此處指國都之外。㉚青龍　傳說中的祥瑞之物。㉛進駕　猶言奉上車駕，指青龍自來為帝王拉車。㉜飛黃　一名騰黃。又名乘黃、紫黃，神馬名，傳說中的祥瑞之物。舊注謂「飛黃，乘黃也，出西方，狀如狐，背上有角，（乘之）壽千歲」。㉝皁　櫪；槽。

《說文・木部》：「槽，獸之食器。」㉞諸北　舊注謂其為「北極夷國」。㉟儋耳　傳說中的北極島國。《山海經・大荒北經》云：「有儋耳之國，任姓，禺號子，食穀。北海之渚中，有神，人面鳥身，珥兩青蛇，踐兩赤蛇，名曰禺彊。」㊱貢職　本謂恪守奉獻之職所納之貢物。簡稱貢品。貢，下之所納於上者。㊲慮戲氏　即伏羲氏。傳說中的三皇之一。風始，始畫八卦，造書契，制嫁娶之禮，教民佃漁畜牧。㊳道　治政之道。《莊子・胠篋》言伏羲氏之時為「至治」之「至德之世」，其治政之道即本於「道」之無為、無言。

【語譯】從前，黃帝治理天下的時候，有力牧和太山稽兩位臣子輔助他。他倆幫助黃帝研治日月運行的規律、測定陰陽之氣消長變化的原則、定好春夏秋冬四季的次序和各季所當的時分、調整和糾正樂律和曆法的推算方法及有關規定；區別男女，分開雌雄、明確君臣關係、劃分貴賤的等級，使得勢力強大的人不會襲取弱小者的財物、人多的部落不會欺凌人少的部落；人民能保全自己的性命而不會短命而死、一年四季莊稼成熟而不會出現不好的年成；百官做事公正而沒有私心，君臣之間關係和諧而沒有相互指責的事；法令執行得光明正大而沒有昏暗之事出現，輔佐之臣為人公正而不曲從逢迎；農民不會侵佔別人的田地，漁夫不會爭奪別人魚產很多的水灣；沒有人拾取別人掉在路上的東西，市場上沒有人虛抬高價欺騙顧客；內城、外城的大門不用關閉，小城鎮內也沒有盜賊；那些鄙賤平庸的人對財物都相互推讓，就連狗和豬也把含在嘴裡的豆子、小米吐在路上而沒有憤怒爭執的意思。在這個時候，日月光明，星辰的運行沒有越出軌道，風雨按照季節先後應時而來；五穀成熟，虎狼不會亂咬人，凶猛的鳥也不會胡亂搏擊；鳳凰停在庭院裡，麒麟在郊外走動；青龍自己來為帝王拉車，神馬飛黃伏在廄槽上吃食；遠在北極的諸北國、儋耳國，沒有哪一國不向中央繳納貢物的。雖然這樣，但還是趕不上慮戲氏的治政之道。

往古❶之時，四極❷廢❸，九州❹裂❺，天不兼覆❻，地不周❼載。火爁炎❽而不滅，水浩洋❾而不息❿。猛獸食顓民⓫，鷙鳥攫⓬老弱。於是女媧⓭鍊五色石以補蒼天[14]，斷鼇足以立四極[15]，殺黑龍[16]以濟[17]冀州[18]，積蘆灰以止淫水[19]。蒼天補，四極正，淫水涸，冀州平，狡蟲[20]死，顓民生。背方州[21]，抱圓天，和春[22]，煬夏[23]，殺秋[24]，約冬[25]。枕方[26]寢繩[27]。陰陽之所壅沉不通者[28]，竅理[29]之；逆氣[30]戾物[31]、傷民厚積[32]者，絕止[33]之。

當此之時，臥倨倨，興盱盱[34]，一[35]自以為馬，一自以為牛，其行蹎蹎[36]，其視瞑瞑[37]，侗然[38]皆得其和[39]，莫知所由生。浮游[40]，不知所求；魍魎[41]，不知所往。當此之時，禽獸蟲蛇[42]無不匿其爪牙，藏其螫毒，無有攫噬之心。考其功烈[43]，上際[44]九天，下契[45]黃壚[46]。名聲被[47]後世，光暉重萬物[48]。乘雷車[49]，服[50]應龍[51]，驂[52]青虬，援絕瑞[53]，席[54]蘿圖[55]，絡黃雲[56]，前白螭[57]，後奔蛇，浮游逍遙，道鬼神[58]，登九天，朝帝於靈門[59]，宓穆[60]休於太祖[61]之下。然而不彰[62]其功，不揚其聲，隱真人[63]之道，以從天地之固然[64]。何則？道德[65]上通，而智故[66]消滅也。

【章旨】這一章敘說遠古時期女媧使得「蒼天補，四極正，淫水涸，冀州平，狡蟲死，顓民生」的偉大功績。其中特別說到了在女媧治理下民心的純樸、社會的和諧，和她「不彰其功，不揚其聲，隱真人之道，以從天地之固然」的態度。最後指出女媧能建立神聖之功和不彰其功、不揚其聲的原因，乃是其「道德上通，而智故消滅也」。因順自然、消滅巧詐，可以說是女媧的治政之道。傳說女媧為伏羲氏之妹，後來又是他的妻子，代他理政。故女媧治政之道亦即伏羲氏治政之道。所以本書在「然猶未及虙戲氏之道」後，專闢一章敘說女媧之事。

【注釋】❶往古　已往之古昔。即古時、往昔。❷四極　此處指天之四方極遠處。❸廢　頓；倒下。❹九州　此處指大九州。即東南神州、正南次州、西南戎州、正西弇州、正中冀州、西北臺州、正北濟州、東北薄州和正東陽州。❺裂　分。❻兼覆　廣為覆蓋。兼，盡。❼同　全；遍。❽爁焱　火勢蔓延的樣子。原文「焱」為「炎」，依王念孫校改。❾浩洋　水勢浩瀚無際的樣子。❿息　消；消除。⓫顓民　善良百姓。⓬攫　撮。鳥用爪迅速抓取。⓭女媧　傳說中的人類始祖。首見於《楚辭・天問》：「女媧有體，孰制匠之。」傳說女媧在天地開闢、未有人民時，摶黃土作人，又曾補天、治水。神話中又說女媧為伏羲之妹，皆為華胥子女，後又結為夫妻而繁衍人類。在漢代石刻、墓磚畫中，常有人面蛇身之伏羲、女媧交尾像。⓮蒼天　青天。⓯斷鼇足以立四極　即砍斷鼇足來作天柱，撐起天之四極。鼇，大龜。古籍中有的將女媧補天與共工觸天相連，實際上，兩神話互不相涉，女媧補天是「立四極」，共工觸不周之山只斷一天柱。補天神話應出在觸山神話之前。⓰黑龍　舊注謂「水精也。力牧、太山稽殺之以止雨」。⓱濟　乾。⓲冀州　即中土之區。指中國。舊注謂「冀，九州中，謂今四海之內」。⓳積蘆灰以止淫水　舊注謂「蘆，葦也，生於水，故積聚其灰以止淫水」。淫水，氾濫之水；洪水。舊注謂「平地所出之水為淫水」。⓴狡蟲　猛獸。㉑方州　指大地。㉒和春　溫和的春天。㉓煬夏　炎熱的夏天。原文「煬」為「陽」，依馬宗霍校改。煬，炙燥。又火炙猛為煬。㉔殺秋　肅殺的秋天。㉕約冬　萬物收藏的冬天。約，縮；藏。㉖枕方　猶言枕著方形枕頭。㉗寢繩　謂織繩為床，人寢其上。㉘陰陽之所壅沉句　謂陰陽之被壅沉不通者則竅理之。壅沉，即壅滯。句中「所」表被動之義。㉙竅理　通理。開通以治。㉚逆氣　亂氣。㉛戾物　虐物。殘害其物。㉜厚積　指積之甚多的財物。㉝絕止　禁止；阻止。絕，止。㉞臥倨倨二句　即如《莊子・盜跖》所言「臥居居，起于于」。倨倨，無思無慮的樣子。盱盱，張目直視、無智巧的樣子。原文作「眄眄」，依王念孫校改。㉟一　猶「或」。㊱蹎蹎　遲重徐緩的樣子。㊲瞑瞑　猶「寂寂」。㊳侗然　幼稚無知的樣子。或謂純樸的樣子。㊴和　和氣。指陰陽調和的元氣，得其氣，人即能保持安靜恬愉、無所好憎的本性。㊵浮游　漫遊。㊶魍魎　飄忽無依的樣子。㊷蟲蛇　原文為「蝮蛇」，依王念孫校改。㊸功烈　功勞業績。烈，業。㊹際　接近。㊺契　合。㊻黃壚　黃泉下壚土。壚土，剛土。㊼被　覆蓋。此處有傳遍之意。㊽光暉熏萬物　謂以光暉薰炙萬物，使其有暉光。熏，同「薰」。炙。原文作「重」，依王念孫校改。㊾雷車　雷神之車。㊿服　古時四馬駕一車時，居中駕轅的兩馬為服馬。

51 應龍 有翼之龍。傳說龍五百年為角龍，又千年為應龍。神話中說，禹治洪水，有應龍以尾畫地，導水徑所當決者，禹因而治之成江成河。52 驂 服馬兩旁的馬為驂馬。53 援絕瑞 舊注謂「殊絕之瑞應，援而致之也」。援，引進。絕瑞，殊絕瑞應（天發祥瑞之物以應人君之德）之物。54 席 席蓐。55 蘿圖 舊注謂「羅列圖籍」。又云：「一說：蘿圖，車上席也。」56 絡黃雲 謂黃雲之氣環繞其車。絡，網狀物。黃雲，黃色之雲。為瑞雲。原文「絡黃雲」作「黃雲絡」，依俞樾校改。57 前白螭 謂白龍行於車前。白螭，白龍。祥瑞之物。58 道鬼神 謂以鬼神為導引。道，同「導」。導引。59 朝帝於靈門 即云「在（應為「往」）朝於上帝靈門也」。帝，上帝；天帝。靈門，此指天帝居所之門。60 宓穆 安寧；平和。宓，同「密」。寧。61 太祖道之太宗。實指處於混沌未分的原始狀態的「虛霩」之道、「一」之道。62 彰 顯明。63 真人 存養本性而得道者。《莊子．大宗師》云：「何謂真人？古之真人，不逆寡，不雄成，不謨士（謀事）。」又《莊子．徐無鬼》云：「無所甚親，無所甚疏，抱德煬和，以順天下，此謂真人。」64 固然 如言自然。65 道德 此處指帝王治國之術。即無為之道、無言之德。66 智故 巧飾；巧詐。

【語譯】從前很古很古的時候，天的四方極遠處崩塌下來，九州大地也分裂開了。天不能遍覆大地，大地也不能載盡萬物。大火蔓延而不熄滅，洪水浩瀚無際而不消退。凶猛的野獸吞食善良的百姓，凶猛的鳥也抓取老弱之人為食。於是女媧便熔鍊五色的石頭來修補青天。砍斷鼇的四條腿來作柱子，撐起四方崩塌的天。殺死作雨的黑龍，使冀州的土地變乾。又積聚蘆葦的灰，用它們來止住氾濫的洪水。青天補好了，天的四極扶正了，洪水乾了，冀州安定了，凶猛的野獸死了，善良的百姓能夠生存了。他們背朝大地，擁抱圓天，生活在溫和的春天、炎熱的夏天、肅殺的秋天和萬物收藏的冬天。他們枕的是方形的枕頭、睡的是用繩子織成的床。凡是陰陽被堵塞、滯積而不通暢的，都把它開通；凡是殘害物類、損害老百姓所積攢的財物的亂氣都要加以制止。

在這個時候，人們躺在床上則無思無慮，起來則張目而視，全然不用智巧。有的人自己認為是馬，有的人自己認為是牛。他們走起路來動作遲重徐緩，看東西時寂寂無聲。大家都很純樸、具有安靜恬愉、無所好憎的本性，沒有誰知道他是怎麼產生的。他隨意漫遊，不明白要達到什麼目的；他腳步輕快，不知道要到哪裡去。在這個時候，凶禽猛獸、害蟲毒蛇，沒有不收縮牠的爪牙、隱藏牠螫人的毒刺的。都沒有攫取、咬噬人類的想法。考察女媧的功勞業績，上與九天相接，下與黃壚相連。女媧的名聲傳遍後世，光輝照耀萬物。她乘坐雷神之車，以應龍作駕轅的服馬，青虬作轅外的驂馬。她引來殊絕的瑞應之物，羅列圖籍作為席蓐。黃色的雲環繞著雷車，車前有白螭先行，車後有騰飛之蛇跟隨。這樣逍遙自在地漫遊，由鬼神作為導引而登上九天，到靈門去朝見天帝，安寧平和地在混沌未分的元氣中休息。雖然這樣，她卻不顯明她的功績，不張揚她的名聲，而隱藏她這位得道之人所掌握的道，而順從天地的自然規律辦事。為什麼能這樣做呢？是因為她所掌握的無為之道和無言之德上與天道相通，而把巧詐之心全都消滅了。

逮至夏桀❶之時，主闇晦❷而不明，道瀾漫❸而不修❹；棄捐五帝❺之恩刑❻，推蹶❼三王❽之法籍❾；是以至德❿滅而不揚，帝道⓫揜⓬而不興⓭；舉事戾⓮蒼天，發號逆四時；春秋縮其和⓯，天地除其德⓰；仁君⓱處位而不安⓲，大夫隱道⓳而不言⓴；群臣準上意而懷當㉑，疏骨肉而自容㉒；邪人參耦㉓比周㉔而陰謀㉕，居君臣父子之間而競載㉖；驕主㉗而像㉘其意，亂人㉙以成其事。是故君臣乖而不親，骨肉疏而不附㉚；植㉛社槁而罅裂㉜，容臺㉝振㉞而掩覆㉟；犬群嗥而入淵㊱，豕銜蓐而席澳㊲；美人挐首㊳墨面㊴而不容㊵，曼聲㊶吞炭內閉㊷而不歌；喪不盡其哀㊸，獵不聽其樂㊹；西姥折勝，黃神嘯吟㊺；飛鳥鎩翼，走獸廢腳㊻；山無峻幹，澤無洼水㊼；狐狸首穴㊽，馬牛放失㊾；田無立禾，路無莎薠㊿；金積[51]折廉[52]，璧襲㊿無理㊾；磬龜無腹，蓍策日施。

【章　旨】這一章敘說夏桀之時政治昏暗、社會混亂的情形。文中說夏桀暗晦不明，不修其道，因而至德不揚、帝道不興，行事倒行逆施。這樣便使得「春秋縮其和，天地除其德」、賢士緘口、邪人陰謀、君臣離心、骨肉不親，以致飛鳥鎩翼、走獸廢腳；山無良木、澤無洼水；田無立禾、路無薠莎；西姥折勝，黃神嘯吟。總之是萬事萬物，敗亂不堪。顯然，此章寫亂世之象與上一章寫至德之世，成一鮮明對比。對比的目的自是肯定至德的可貴，而否定失道之治。

【注　釋】❶夏桀　相傳桀為夏代最後一位君主。名履癸。《荀子・非相》言其「長巨姣美，天下之傑也；筋力越勁，百人之敵也」。❷闇晦　昏昧。❸瀾漫　雜亂分散的樣子。舊注謂「仁義道不復修飾之，故曰瀾漫」。❹修　修飾；整治。❺五帝　相傳古有五帝，其說不一。其一謂伏羲、神農、黃帝、堯、舜為五帝。❻恩刑　指施予恩德、處以刑罰的原則。❼推蹶　推倒；踐踏。❽三王　其說不一。其一謂夏禹、商湯、周文王、武王為三王。❾法籍　記載法令的典籍。或稱法典。❿至德　此指無言之德。本書〈原道〉：「清靜者，德之至也。」⓫帝道　此指帝王無為之道。⓬揜　掩蓋。⓭興　舉；為。⓮戾　違反。⓯春秋縮其和　承上句「發號逆四時」而言。縮，藏。和，和氣。舊注釋「縮其和」，謂「言和氣不復行也」。⓰天地除其德　承上句「舉事戾蒼天」而言。其德，指天地生長、化育萬物之恩德。⓱仁君　古時尊稱有名位者為仁君。此處指諸侯邦君中之行仁者。湯即為「仁君」之一。⓲處位而不安　如湯被囚之釋之即謂。舊注謂「不為民所安」，非。安，安其位。⓳隱道　隱仁義之道。⓴不言　指不正諫直言。㉑群臣準上意句　謂群臣取合君主之意，而不以正道直諫。準，揣想；測度。懷，思量。當，合。㉒自容　對自己所作的安置。㉓參耦　即「參偶」。交互相合。㉔比周　聯合、結夥營私。㉕陰謀　私謀。㉖競載　猶言競事、競相生事。即爭構是非。㉗驕主　自矜之君主。此處指夏桀。㉘像　隨。㉙亂人　亂國之人。指反叛者。㉚附　靠近；親近。㉛植　立；置。㉜社槁而罅裂　謂不祀神靈。社，社神。即土地神。槁，枯槁。罅，裂開。原文作「堮」，依王念孫校改。㉝容臺　習禮之臺。㉞振　同「震」。㉟掩覆　傾覆；倒塌。舊注謂「容臺，行禮容（禮節法度）之臺。言不能行禮，故天文（應為『大』）振動而敗也」。㊱入淵　舊注謂「言將滅壞，犬失其主，故嗥而入淵也。一說：言犬禍也」。㊲豕銜蓐而席澳　謂豬銜草而入人室內作窩以臥。蓐，陳草復生為蓐。此處指草。澳，同「奧」。室之西南角為奧。舊注謂「豕銜其蓐，席入（當為『人』）之澳，言豕禍也」。一說：銜蓐自藏」。㊳羿首　蓬頭。髮亂如蓬。舊注謂「羿首，亂頭也。草與髮并編為羿首」。㊴墨面　垢面。臉髒如塗墨然。㊵不容　不修飾容顏。㊶曼聲　本指發聲而使之延長。此處指善於歌唱的人。㊷吞炭內閉　謂吞炭閉氣而不歌。吞炭能使人瘖啞，口不能言。㊸不盡其哀　舊注謂「言時亂禮壞，不盡在（應為『其』）哀」。㊹獵不聽其樂　謂獵不盡其樂。聽，同「逞」。極；盡。㊺西姥折勝二句　舊注謂「西王母折其頭上所戴勝，為時無法度。黃帝之神傷道之衰，故嘯吟而長嘆也」。西姥，西王母。原文「姥」作「老」，孫詒讓校改。勝，玉勝。婦女首飾名。《山海經・西山經》：「西王母其狀如人，豹尾虎齒而善嘯，蓬髮戴勝。」黃神，指黃帝之神。嘯吟，長嘯而吟。嘬口出聲為嘯。㊻飛鳥鎩翼二句　舊注謂「言桀無道，田獵煩數，鳥獸悉被創夷也」。鎩翼，即鎩羽。羽毛摧落。廢腳，跛腳。或謂使腳致殘。㊼山無峻榦二句　舊注謂「言（入）山澤不以時故也」。峻榦，高大的樹木。洼水，渟水；積水。一訓為深水、清水。㊽首穴　意同「首丘」。傳說狐狸死後頭向著其窟穴所在之丘。㊾放失　放逸遺失。㊿莎薠　二草名。莎，即莎草。又名香附子，地下有紡錘形之細長塊根。薠，似莎而大。(51)金積　謂金屬之器積時良久。(52)折廉　指金屬之器積時久而剝蝕，廉棱為之損折。廉，棱。(53)璧襲　謂玉器積久不用。璧，玉圜。襲，積。(54)無理　謂玉器積久塵封垢蔽，紋理漫漶。(55)磬龜無腹　舊注謂「磬，空也。象磬，數鑽以卜，故空盡無腹也。言桀為無道，不修仁德，但數占龜，莫得吉兆也」。(56)蓍策　占卜用的蓍草。蓍草為多年生草本植物，一本多莖。策，蓍草。

【語　譯】 到了夏桀執政的時候，君主昏昧而不英明，治國之道混亂不堪而不加以整治；他拋棄了五帝施恩和刑罰的原則，推倒、踐踏三王的法典；因此治國的不言之德消失而不能顯揚，君主的無為之道被邪道掩蓋而不能實行；他做起事來總是違反蒼天的意志，發號施令總是違背四季的時令特徵；這樣春秋四季便收藏住和氣，天地便去掉生長、化育萬物的恩德；奉行仁道的諸侯邦君不安於位，大夫們也隱藏仁道而不直言正諫；眾位臣子都看君王的臉色而考慮如何行事才合適，甚至離間骨肉而為自己做好安置；姦邪之人相互結夥營私而暗地私謀，在君臣、父子之間競相爭構是非；驕傲的君主隨意行事，亂國之人便乘機實現他的陰謀。因此君臣相互背離而不親密，骨肉相互疏遠而不接近；所立的土地神形體枯槁而破裂，習禮的容臺受到震動而完全倒塌；狗成群地嗥叫而跳入深淵，豬銜著草跑進室內而臥；美女蓬頭垢面而不修飾容顏，擅長唱歌的人吞炭弄壞嗓子而不再唱歌；辦理喪事的人不能完全表達自己的悲哀，打獵的人不能充分地享受快樂；西王母折斷了頭上戴的玉勝，黃帝之神長聲嘯吟而歎息；飛鳥折斷了翅膀，會跑的野獸腳都跛了；山上沒有高大的樹木，聚水的洼地沒有積水，狐狸死了頭朝著牠的窟穴，牛馬奔跑常常丟失；田裡沒有活著的禾苗，路上連莎草、薠草都不長；積日甚久的金屬器皿蝕損了棱角，玉璧久日未用而紋理漫漶；經常占卜，把龜的腹部板甲都鑽空了，卜筮的蓍草每天用個不停。

晚世❶之時，七國❷異族❸；諸侯制法，各殊習俗；縱橫❹間❺之，舉兵而相角❻；攻城濫殺，覆高❼危安❽；掘墳墓，揚人骸；大衝車❾，高重壘❿；除⓫戰道⓬，便死路⓭；犯嚴敵⓮，殘⓯不義；百往一反⓰，名聲苟盛⓱也。是故質壯⓲輕足⓳者為甲卒⓴千里之外，家老羸弱㉑悽愴㉒於內。廝徒㉓馬圉㉔，軵車㉕奉饟㉖；道路遼遠，霜雪亟㉗集；短褐㉘不完㉙，人羸車弊㉚；泥塗㉛至膝，相攜㉜於道，奮首㉝於路，身枕格而死㉞。所謂兼國㉟有地者，伏尸㊱數十萬，破車以千百數，傷弓弩矛戟矢石㊲之創㊳者扶舉㊴於路。故世至於枕人頭、食人肉、菹㊵人肝、飲人血，甘㊶之於芻豢㊷。

【章旨】這一章細說戰國時期國家分裂、政出多族、戰亂不斷、生靈塗炭的社會慘象。中言百姓遭遇，如說廝徒馬圉運載之苦，謂其「霜雪亟集；短褐不完，人羸車弊；泥塗至膝，相攜於道，奮首於路」，不僅描述生動，還反映出作者對亂世之民的同情心。

【注　釋】❶晚世　末世。此處指戰國末期。❷七國　此指戰國後期的齊、楚、燕、趙、韓、魏、秦七國。❸異族　指七國君王家族不同。齊姓田、楚姓羋、燕姓姚、趙姓趙、韓姓韓、魏姓魏、秦姓嬴，故言。❹縱橫　即合縱連橫。蘇秦說六國聯合抗秦，謂之合縱；張儀說諸侯事秦，謂之連橫。古有「縱成則楚王，橫成則秦帝」之說。❺間　離間。❻角　較量。❼覆高　謂使居高位者傾覆。❽危安　使安穩者危險。❾衝車　古時攻城用的戰車。舊注謂「大鐵著其轅端，馬被甲，車被兵，所以衝於敵城也」。❿高重壘　猶言「深溝高壘」。為防守而設。重壘，重重壁壘。原文「壘」作「京」，依王念孫校改。⓫除　修治。⓬戰道　作戰之術。⓭便死路　謂其「除戰道」實為死路提供便利。便，有利。⓮嚴敵　很厲害的敵人。⓯殘　殺害。⓰百往一反　一說百人出征作戰皆死，一人得以返回。一說軍隊百往征戰，僅一返得勝。⓱苟盛　苟且盛大。⓲質壯　指身體強壯。⓳輕足　指腳步輕快。⓴甲卒　披甲之卒。泛指士兵。㉑羸弱　瘦弱。㉒悽愴　悲傷。㉓廝徒　廝役。供人驅使的奴僕。㉔馬圉　養馬的人。㉕軵車　推車。㉖奉饟　運送糧餉。㉗亟　急速。㉘短褐　粗陋衣服。舊注謂「處器物之衣」。即為勞役之衣。短，為「裋」之假借字。㉙不完　指粗陋衣服也不完備。言民窮無衣。㉚獘　同「弊」。破；壞。㉛泥塗　泥濘。塗，泥。㉜相攜　相互攜持牽引。此句指徒步者言。㉝奮首　猶言仰首。此句言輓車者仰首前行。㉞枕格而死　言輓車者困極而向前倒下，身枕輓車之木而死。格，同「輅」。輅為輓車者胸前所當之橫木。㉟兼國　指併吞諸侯國。㊱伏尸　屍體偃伏。㊲矢石　箭和石頭。均為古時武器。㊳創　傷害。㊴扶舉　猶言扶持。㊵菹　古代酷刑之一。把人剁成肉醬。㊶甘　舊注謂「猶嗜也」。㊷芻豢　芻指牛肉。豢指豬肉。

【語　譯】到了戰國時代末期，七國的君主屬於不同的家族，各諸侯國制定法令，都依據各國不同的風俗習慣；主張合縱的政客和主張連橫的政客相互離間各國的關係，使得各國出動軍隊互相爭鬥；攻打城市，濫殺無辜，使居高位者傾覆，使處境安全的人陷入危險之中；挖掘墳墓，播揚死人的骨骸；把攻城的衝車做得大大的，把防守的重重壁壘築得高高的；研治作戰之術，為通向死亡之路提供更大的方便；侵犯厲害的敵國，殺害不義之人；出兵百次僅有一次勝利返回，名聲苟且盛大起來。因此那些體魄強健、腳步輕快的人只能在千里之外當兵，家中只剩下衰老、瘦弱的人悲傷不已。那些奴僕、馬伕，推著車運送糧餉，路途遙遠，走著走著，忽然霜雪交加；他們身上穿的衣服粗陋而破敗，人又瘦，車又破；泥濘深得淹沒住膝蓋，他們只好在路上相互攜手牽引，仰頭朝前走。有的向前倒下就伏在車前橫木上死去了。人們所說的併吞國家而佔有土地，實際上是要死去數十萬人，破壞的車輛要用千百為單位來數，被弓弩、矛戟、矢石所傷害的人在路上相互扶持掙扎。於是世道到了把人頭當枕頭，吃人肉、人肝，喝人血比吃牛肉、豬肉還美味的地步。

故自三代❶以後者，天下未嘗得安其情性，而樂其習俗、保其脩命、天而不夭於人虐❷也。所以然者何也？諸侯力征❸、天下不❹合而為一家。逮至當今之時，天子❺在上位，持以道德❻，輔以仁義；近者❼獻其智，遠者❽懷其德。拱揖指麾❾而四海賓服❿，春秋冬夏皆獻其貢職，天下混⓫而為一，子孫相代，此五帝之所以迎天德⓬也。

【章　旨】這一章有兩層意思：一說三代之後人民不曾安其情性、保其脩命、免於為人所害的遭遇，以及會有這種遭遇的原因就在於諸侯用武力征伐，使得天下不能統一。二是頌揚「當今之時」的天子，讚美他能以道德、仁義治國，使得四海賓服、國家統一。

【注　釋】❶三代　指夏、商、周三朝。❷天而不夭於人虐　謂全其天性。〈原道〉言「聖人不以人滑天」，「天而不夭於人虐」即「不以人滑天」。王念孫刪「天」，非。❸力征　用武力征伐。❹不　原文無此字，依王念孫校補。❺天子　指漢孝武皇帝。❻道德　無為之道、不言之德。❼近者　指國內諸侯國。❽遠者　指境外他國。❾拱揖指麾　謂兩手上下左右或推引以指揮。拱揖，拱手作揖。斂手為拱，雙手抱拳著胸為揖。指麾，本指手指指點揮動。❿賓服　歸順；臣服。⓫混　同。⓬天德　通「天道」。同指自然無為。或謂體現自然無為法則的一種存在方式。《莊子・天地》云：「玄古之君天下，無為也，天德而已矣。」

【語譯】所以從夏、商、周三代以後，天下人民未曾能安於自己的性情、樂於自己的生活習俗、保住自己長壽、保全天性而不被人害得短命而死的。之所以會這樣是什麼原因呢？就是諸侯不斷用武力相互征伐、天下不能合為一家。

到了今天的時代，天子居於高位，以無為、無言的道德為主、以仁義為輔，來治理國家；使得近在國內的諸侯王都為國家獻出他們的智慧，遠處的國家都懷念我們天子的恩德。他用手上下左右揮動揮動，天下就歸順了，春秋冬夏都按時把貢品獻到中央。天下同為一統，子孫一代接一代傳下去，這就是五帝用來迎合上天無為、無言之德的做法。

夫聖人❶者，不能生時❷，時至而弗失也。輔佐有能❸，黜❹讒佞❺之端❻、息巧辯之說、除刻削❼之法、去煩苛❽之事、屏❾流言❿之跡⓫、塞朋黨⓬之門，消知能⓭、脩太常⓮、隳⓯肢體、絀⓰聰明，大通⓱混冥⓲，解意釋⓳神，漠然⓴若無魂魄，使萬物各復歸其根㉑，則是所脩伏犧氏之跡、而反㉒五帝之道也。夫鉗且、大丙不施轡銜而以善御聞於天下，伏戲、女媧不設法度而以至德遺㉓於後世，何則？至虛無㉔純一㉕、而不嚶喋苛事㉖也。

【章旨】這一章從正面說帝王如何「無為」以治政：一則要「黜讒佞之端、息巧辯之說、除刻削之法、去煩苛之事、屏流言之跡、塞朋黨之門」。二則帝王本身應該「消知能、脩太常、隳肢體、絀聰明，大通混冥，解意釋神」等等。總之是要「至虛無純一、而不嘍喋苛事」。

【注　釋】❶聖人　指帝王。❷不能生時　言聖人能應時運而出，但不能自造時運。生時，猶言創造時運。❸有能　有才能者。❹黜　消除；去掉。❺讒佞　讒，說別人的壞話。佞，巧言諂媚。❻端　事之萌芽、開端。❼刻削　刻薄；嚴苛。❽煩苛　煩法苛政。❾屏　排除。❿流言　帶有誹謗性的傳言。⓫跡　痕跡。⓬朋黨　此處指為共同的私利而勾結在一起的小群體。⓭知能　智巧之能。⓮太常　大常。大的常則。指自然無為的原則。《莊子・天道》：「帝王之德，以天地為宗，以道德為主，以無為為常。」⓯隳　毀壞。⓰絀　同「黜」。消除。⓱大通　一切無礙。⓲混冥　大冥之中。指道。⓳釋　與句中「解」同義。消融。⓴漠然　寂靜無聲的樣子。㉑復歸其根　謂使萬物復歸其自然無為之本性。根，本。萬物之本為道。所謂「夫太上之道，生萬物而不有」（〈原道〉）。㉒反　同「返」。復。㉓遺　遺留。㉔虛無　指道。《管子・心術上》：「虛無無形謂之道。」或謂指道德。㉕純一　純粹之「一」。即「道」。㉖不嘍喋苛事　舊注謂「嘍喋，猶深算也，言不採取煩苛之事」。馬宗霍釋「嘍喋」「為多言之貌」，謂「不嘍喋苛事者，言以虛無純一為治，不須煩其教令以苛察為事也」。亦為一解。嘍喋，本為水鳥或魚類成群奪食之狀。比喻貪得。苛，煩瑣。

【語　譯】聖人，是不能自己創造時運的，只是時運到了而不讓它失去。選用有才能的人來輔佐自己，要除去說人壞話和巧言諂媚的源頭、制止巧於言辯的言論、廢除苛刻殘酷的法令、丟棄煩法苛政之事、消除流言的痕跡、堵塞結黨營私的門路，滅掉智巧之能、加強自然無為方面的修養、忘掉自己身體的存在、拋開自己的聰明，和道融通為一體。意念消散、精神消融，寂寂無聲好像魂魄全無似的，使萬物各自復歸自己的根本。這樣，他所遵循的就是伏犧氏的軌跡、而恢復了五帝的治政之道。鉗且、大丙不使用轡繩、馬嚼，卻以善於駕馭車馬聞名天下。伏戲、女媧不建立法度，卻以具備清靜之至德而留名後世。這是為什麼呢？因為他能達到純粹虛無的「道德」境界、而不把心思用在謀劃煩瑣的事情上。

〈周書〉❶曰：「掩雉不得，更順其風❷。」今若夫申❸、韓❹、商鞅❺之為治也，捽拔❻其根，蕪棄❼其本，而不窮究其所由生。何以至此也？鑿五刑❽，為刻削，乃背道德之本，而爭於錐刀之末❾，斬艾❿百姓，殫⓫盡太半⓬，而忻忻然⓭常自以為治⓮，是猶抱薪而救火、鑿竇而止⓯水。

夫井植⓰生梓⓱而不容甕，溝植生條⓲而不容舟，不過三月必死。所以然者何也？皆狂生⓳而無其本者也。河⓴九折㉑注於海而流不絕者，昆侖之輸㉒也。潦水不泄，瀇瀁㉓極望㉔，旬月不雨則涸而枯澤，受瀷而無源者也㉕。譬若羿請不死之藥於西王母，姮娥竊以奔月㉖，悵然有喪㉗，無以續之㉘。何則？不知不死之藥所由生也㉙。是故乞火㉚不若取燧、寄汲㉛不若鑿井。

【章　旨】這一章揭露、抨擊申、韓、商鞅治國之術的錯誤。說他們是「背道德之本，而爭於錐刀之末，斬艾百姓，殫盡太半、而忻忻然常自以為治」。如此治國，「是猶抱薪而救火、鑿竇而止水」。文中舉出數例說明「本」的重要，說明識萬物之本、因循萬物之本的重要。歸根結底是要使治國之術以「道德」為本。

【注　釋】❶周書　《尚書》中的部分。包括自〈泰誓〉至〈秦誓〉三十二篇。❷掩雉不得二句　雉「冠列角之盛儀，翹從風而飄揚」（傅玄〈雉賦〉），故襲取而未得，改順上風而尋覓。舊注謂「言掩雉雖不得，當更從其上風，順其道理也。言可行與不，猶當以道德為本，喻申、韓之法失之也」。掩雉，猶言襲取野雞。❸申　申不害。戰國時鄭國京人。韓昭侯用為相，國得以富強。❹韓　韓非。戰國時韓國公子，與李斯同師事荀卿。建議韓王變法，不用。入秦為李斯所忌，入獄自殺。韓非屬法家，有《韓非子》十餘萬言。❺商鞅　姓公孫名鞅，戰國時衛人。嘗仕於魏，後入秦，相秦十九年，佐孝公變法，使秦強盛。孝公死，公子虔等誣陷商鞅謀反，處以車裂之刑。商鞅屬法家，著作有《商君書》二十九篇（今存二十四篇）。❻捽拔　拔。捽，拔；排。❼蕪棄　猶言拋棄。蕪，荒廢。❽五刑　五種刑法。歷代不一，秦代五刑為黥、劓、斬左右趾、梟首、菹其骨肉。❾錐刀之末　錐、刀之尖端。謂極微小者。舊注謂「錐刀之末，謂小利。言盡爭之也」。❿斬艾　猶言斬殺。艾，通「刈」。割。⓫殫　病。⓬太半　猶言大半、多半。凡數三分有二為太半，有一為少半。⓭忻忻然　自喜得意的樣子。⓮自以為治　自認為國家已治理得很好。⓯止　原文為「出」。欲止水而鑿竇，則水從竇入而愈不可止。若鑿竇而出水，則固其宜。故依王念孫校改。案：楊樹達釋上數句云：「漢初文、景二帝皆喜刑名家言，治尚刻深，安（指本書主編者劉安）父厲王以之不終，吳、楚七國以之謀叛。安之此語，蓋有為而發也。」⓰井植　指井旁豎立的木頭。植，直立之木。舊注謂「材也」。⓱生桻　長出枝條。桻，同「櫱」。樹木砍伐後重生的枝條。原文作「梓」，依王念孫校改。⓲生條　即長出枝條。舊注謂「椽（架屋瓦的木條）、杙（小木樁）於溝邊，因生為條木也。以喻申、韓、商鞅之所為法，比於梓（應為『桻』）條也」。⓳狂生　妄生。狂，為「㞷」之假借字。《說文》：「㞷，草木妄生也。」⓴河　指黃河。㉑九折　猶言九曲。言黃河河道之曲折。㉒輸　運送。㉓瀇瀁　意同「汪洋」。㉔極望　盡目力而望。㉕受瀷而無源者也　舊注謂「瀷，雨瀆疾流者，故曰無源」。瀷，地面積聚的雨水。或謂水潦積聚。也，原文無此字，依《文選．江賦》郭璞注引文補。㉖譬若羿二句　舊注謂「姮娥，羿妻。羿請不死之藥於西王母，未及服之，姮娥盜食之，得仙，奔入月中，為月精也。奔月或作坌肉。藥坌肉，以為死畜之肉復可生也」。羿，后羿。古代傳說中為民除害、征服自然的英雄，以善射著稱。姮娥，即嫦娥。㉗有喪　若有所喪亡。言其悵然失意之態。㉘續之　謂復得不死之藥以續之。㉙不知不死之藥句　舊注謂「羿不知不死之藥所由生也。申、韓、商鞅之等不得治之根本，如乞藥矣。一說：羿謂命在藥，不知命自在天也，故或欲得知不死藥之所由出生也」。㉚乞火　指向他人求火。㉛寄汲　猶言借汲。借井取水。

【語　譯】〈周書〉上說：「襲取野雞如果得不到，就要改從上風處順著風向、沿著牠的飛行路線去尋找。」現在像申不害、韓非、商鞅這樣治理國家，是拔掉了治國的根，拋棄了治國的本，而不徹底探究治國之術產生的源由。為什麼會到這種地步呢？他們制定五種刑法，實行殘酷、苛刻的政令，這是違背了道德的根本原則，而去爭奪像錐刀尖端那樣微小的利益，斬殺百姓，使大半的人民精疲力盡，而自己欣喜得意常常自以為天下治理得很好了。這就像抱著柴禾去救火、鑿開水洞來止水。

井邊木頭長出的枝條不能見容於汲水之甕，常常被它碰碰撞撞；溝邊小木樁長出的枝條不能見容於行水之舟，常常被它折斷。不超過三個月，那些枝條一定會死去。之所以這樣是什麼原因呢？是因為那些枝條都是無知妄生之物而沒有自己的根本的緣故。黃河彎彎曲曲流入海中而流水不斷，是有崑崙山在為它輸送水源。積水不流走，極目望去只見一片汪洋。但若十天、一月不下雨，水就會乾，積水處會成為乾枯的洼地。這是因為洼地只接受了地面積聚的雨水而沒有源頭的緣故。又譬如后羿從西王母那裡求到了不死之藥，姮娥偷吃了而奔到月中。后羿感到悵然若有所失，沒有辦法再繼續弄到不死藥。那是為什麼呢？因為后羿不知道不死之藥是怎麼產生的。因此，向別人討火，不如獲得取火用的夫燧；找別人借井汲水，不如自己挖一口井。

卷七

精神

【題解】〈精神〉主要敘說人保養精神的重要意義和如何保養其精神，可視為黃老道學的養生論。

總觀全文，有幾點值得注意。一是作者的生命觀（包括對形神關係的看法）。文中說人的形神來自天地，經過十月孕育而成，而生理結構與天地相副。這種說法在一定程度上反映了當時生命科學的水平。講形神，說神為形之主，兩者相互制約，是有道理的。又說形作為「化者，復歸於無形」，神作為「不化者，與天地俱生」，有將二者割裂開來的傾向，給靈魂不死論者留下方便之門。二是作者所講的養生論，實際上是黃老道學無為而治的政治思想在精神修養中的具體應用。三是這種養生論主要是為上層統治者（包括君主）而說的，講如何養生實際上在講如何治政。但文中講人養生，主張形神兼養而以養神為主，不要大喜大怒，要清心寡欲，「適情辭餘」，對一般人修身養性是有借鑑作用的。四是本卷思想內容（包括文字）多取自《文子．九守》，全屬黃老道學，執筆者對儒學是排斥的。

古未有天地之時，惟像無形❶。窈窈冥冥❷，芒芠❸漠閔❹，澒濛❺鴻洞❻，莫知其門。有二神❼混❽生，經天營地❾，孔❿乎莫知其所終極，滔⓫乎莫知其所止息。於是乃別為陰陽，離為八極⑫，剛柔⑬相成⑭，萬物乃形。煩氣⑮為蟲⑯，精氣⑰為人。是故精神，天之有也；而骨骸者，地之有也。精神入其門，而骨骸反其根⑱，我尚何存？是故聖人法天順情⑲，不拘於俗，不誘於人⑳；以天為父，以地為母；陰陽為綱，四時為紀。天靜以清，地定以寧；萬物失之㉑者死，法之者生。

夫靜漠㉒者，神明㉓之宅也；虛無者，道之所居也㉔。是故或求之於外者，失之於內；有守之於內者，失之於外。譬猶本與末也，從本引之，千枝萬葉莫不隨也。

【章旨】這一章從宇宙萬物逐漸演化形成的觀點來談人的由來，談人的精神、骨骸的由來，並從此引出「聖人法天順情」的道理。文中將宇宙演化分為「惟像無形」、「二神混生，經天營地」、「別為陰陽，離為八極」和「萬物乃形」四個階段。指出人為精氣所成，人的精神為天之所有，骨骸為地所有。既然人之本為天地，自然法天順性者生，而違背天地規律則亡。本章所說實為精神論奠定了理論基石。

【注釋】❶惟像無形　意謂惟有無形之象。此句本於《楚辭·天問》。❷窈窈冥冥　深遠暗昧。窈，微不可見。冥，深不可測。❸芒芠　混沌狀態。❹漠閔　混沌不分的樣子。❺澒濛　元氣混沌的樣子。❻鴻洞　虛空混沌的樣子。❼二神　指陰陽二神。陰陽二神產生於道，而又變化出陰陽二氣。❽混　俱。一說通「掍」。同。❾經天營地　猶言營造天地。❿孔　深遠的樣子。⓫滔　廣大的樣子。⓬離為八極　實指天地形成。離，散。八極，八方極遠處。⓭剛柔　指陰陽二氣，陽剛陰柔。⓮相成　猶言相反相成。指陰陽二氣相互對立統一。或謂相互作用。⓯煩氣　雜亂不純之氣。或謂粗氣。⓰蟲　人及動物的泛稱。此處指人以外的動物。⑰精氣　氣之細微、優良者。氣必得道而生物，而精氣得道則生人。⑱精神入其門二句　舊注謂「精神無形，故能入天門。骨骸有形，故反其根歸土也」。根，本。上言精神為天所有、骨骸為地所有，及下言天為父、地為母。可參觀《管子・內業》所言「凡人之生也，天出其精，地出其形，合此以為人」。⑲情　情性；本性。⑳不誘於人　謂不為人所惑。誘，誘惑。㉑失之　指違背天地之道。㉒靜漠　靜寂無聲之狀。㉓神明　指精神。㉔虛無者二句　實謂虛無為道。本書〈俶真〉亦云「虛無者，道之舍」。又云「道出一原……寂漠以虛無」。皆與《管子・心術上》「虛無、無形謂之道」義同。居，居所。

【語譯】在遠古還沒有天地的時候，只有無形之象而沒有具體的形象。宇宙間一團元氣，深遠暗昧，混混沌沌，虛無空寂，誰也不知道它的進出口在哪裡。以後有陰陽二神同時產生，一起營造天地。它們深遠得使人不知道它們的終極之處，它們不斷增大使人不知道它們大到什麼程度才會停止。在這個時候，陰陽二神才將元氣區分為陰陽二氣，並將之離散為天的八方之極和地的八方之極。陽剛陰柔相互作用，萬物才形成。濁氣形成了動物，精氣形成了人類。因此，人的精神是屬於天所有的，而人的骨骸，是屬於地所有的。一旦精神進入了天門，骨骸歸根於大地，那我這個人還剩下什麼呢？因此聖人為人效法上天，順應人的本性，不受習俗的拘束，不受他人的誘惑；視天為父親，視地為母親；以陰陽變化的規律為總綱，以四季更替的特點為準則。天是靜寂而清明的，地是穩定而安寧的；萬物違反天地之道就會死亡，而按照天地的這些原則行事就能生存。

寂漠無聲的狀態是精神的住處，空虛無有的狀態是道的居所。因此，有的向外尋求，卻把內在的丟失了；有的守住內在，卻把外面的丟失了。這就像樹木的根和枝葉，把樹根牽住，千枝萬葉沒有不跟隨著根走的。

夫精神者，所受於天也；而形體者，所稟於地也。故曰：「一❶生二❷，二生三❸，三生萬物。萬物背陰而抱陽❹，沖氣❺以為和❻。」故曰一月而膏❼，二月而胅❽，三月而胎，四月而肌❾，五月而筋，六月而骨，七月而成❿，八月而動，九月而躁，十月而生⓫。形體以成，五藏⓬乃形。是故肺主目⓭，腎主鼻⓮，膽主口⓯，肝主耳⓰。外為表而內為裡，開閉張歙⓱，各有經紀⓲。故頭之圓也象天，足之方也象地。天有四時⓳、五行⓴、九解㉑、三百六十日㉒，人亦有四支㉓、五藏、九竅㉔、三百六十節㉕。天有風雨寒暑，人亦有取與㉖喜怒。故膽為雲㉗，肺為氣㉘，脾為風㉙，腎為雨㉚，肝為雷㉛，以與天地相參㉜也，而心為之主㉝。是故耳目者，日月㉞也；血氣者，風雨也。日中有踆烏㉟，而月中有蟾蜍㊱。日月失其行，薄蝕㊲無光；風雨非其時，毀折生災；五星㊳失其行，州國㊴受殃。

【章　旨】這一章由人的精神、形體來自天地說起，講到人出生之前十月孕育的發展進程。講到人的五官和五臟的對應關係。講到人的生理結構形式、性情特徵和天道之間的對應關係，以及五臟和一些自然現象之間的對應關係。並說到日月星辰運行異常必然給人類帶來禍殃。反映出作者人副天數、天人感應的觀點。

【注　釋】❶一　指道。❷二　指陰陽二氣。舊注言指「神明」、「乾坤」皆不準確。❸三　指陰陽合和之氣。即「和氣」。此氣乃陰陽二氣融合之結果，能生萬物。❹萬物背陰而抱陽　此為一形象說法。言萬物皆具陰陽二氣，猶如人背負陰氣而同時懷抱陽氣然。❺沖氣　此非名詞。意謂陰陽二氣交互衝擊。即相互作用。❻和　指陰陽二氣相互作用所形成的相與協調、相互依存的和諧狀態。❼膏　指膏狀黏稠物質。❽二月而胅　言懷胎二月，胎起如腫物。胅，腫大。一作「血」字、「脈」字。❾肌　肌肉。一作「胎」、「胞」。❿成　指人體成形。⓫十月而生　可參看《管子・水地》所言：「人，水也。男女精氣合而水流形，三月如咀，咀者何？曰：五味。五味者何？曰：五藏。酸主脾，鹹主肺，辛主腎，苦主肝，甘主心。五藏已具而後生肉、脾，生隔、肺，生骨、腎，生腦、肝，生革、心，五肉已具，而後發為九竅，脾發為鼻，肝發為目，腎發為耳，肺發為竅，五月而成，十月而生。」⑫五藏　即五臟：脾、肺、腎、肝、心。⑬肺主目　舊注謂「肺象朱雀，朱雀，火也，火外景，故主目」。⑭腎主鼻　舊注謂「腎象龜，龜，水也，水所以通溝，鼻所以通氣，故主鼻」。⑮膽主口　舊注謂「膽，勇者決所以處，故主口」。⑯肝主耳　舊注謂「肝，金也，金內景，故主耳」。又王念孫謂《文子》此數句中尚有「脾主舌」句，且本章下文亦有「脾為風」句，「脾主舌」句當屬闕佚。⑰歙　通「翕」。收縮。⑱經紀　法度；規矩。⑲四時　指春夏秋冬四季。⑳五行　金、木、水、火、土為五行。行乃為天行氣之義。㉑九解　舊注有三說，其三言「八方、中央，故曰九解」。俞樾釋云：「〈天文〉『天有九野，中央曰鈞天，東方曰蒼天，東北曰變天，北方曰玄天，西北方曰幽天，西方曰顥天，西南方曰朱天，南方曰炎天，東南方曰陽天』即此九解矣。解者，分也，謂分周天三百六十五度四分度之一而為九也。」㉒三百六十日　原文為「三百六十六日」，非。〈繫辭傳〉言「乾坤之策凡三百有六十，當期之日」。本書〈天文〉亦云：「天有十二月以制三百六十日，人亦有十二肢以使三百六十節。」三百六十日乃舉大數言之，故刪去「六」字。㉓四支　即「四肢」。㉔九竅　頭部七竅和肛門、排尿口。㉕三百六十節　原文為「三百六十六節」，《呂氏春秋．本生》云：「則三百六十節皆通利矣。」《韓非子．解老》云：「人之身三百六十節四肢九竅，其大具也。」《公孫尼子》云：「人有三百六十節，當天之數也。」故刪去「六」字。㉖取與　取得和給予。㉗膽為雲　舊注謂「膽，金也，金石，雲之所出，故為雲」。㉘肺為氣　舊注謂「肺，火也，故為氣」。㉙脾為風　舊注謂「肝（當為脾），木也，木為風生，故為風」。原文「脾」作「肝」，依王念孫校改。㉚腎為雨　舊注謂「腎，水也，因水故雨。雨或作電。腎，水也，水為光，故為電」。㉛肝為雷　原文作「脾為雷」，依王念孫校改。㉜參　配合成三。或謂配合。㉝心為之主　心為五臟之主。舊注謂「心，土也，故為四行之主」。㉞日月　謂人之耳目如同天之日月。㉟踆烏　傳說中太陽中的三足烏鴉。踆，意為蹲。或訓為「趾」，即「止」。㊱蟾蜍　蝦蟆。《初學記》引《淮南子》許慎注言：「常娥，羿妻也。逃月中，蓋上虛人是也。託身於月，是為蟾蜍，而為月精。」㊲薄蝕　指日月交會出現日蝕或月蝕，而使日或月無光。薄，日無光色。蝕，日月虧損。㊳五星　即熒惑、太白、歲星、辰星、鎮星。㊴州國　泛指州縣郡國。

【語　譯】人的精神是從天那裡得到的，人的形體是從地那裡得到的。所以說：「道『一』產生陰陽二氣『二』，而陰陽二氣「二」產生陰陽合和之氣「三」，而陰陽合和之氣「三」產生萬物。萬物都背負著陰氣而懷抱著陽氣，陰陽二氣相互作用而達到和諧狀態。」所以說人受孕後一個月就長出膏狀的黏稠物質，兩個月胎體初起如腫物，三個月胚胎便形成了，四個月便長出了肌肉，五個月便長出了筋，六個月便長出了骨骼，七個月人的形體便形成了，八個月胎兒開始動起來，九個月胎兒便動得很厲害，十個月滿胎兒就出生了。出生的嬰兒既已形成形體，五臟也就具備了。因此肺為目之主，腎為鼻之主，膽為口之主，肝為耳之主。形體外部的五官稱為表，形體內部的五臟稱為裡。內開外張、內閉外縮，各自都有法度。所以人的頭是圓的像天，人的腳是方的像地。天有春夏秋冬四季，有金木水火土五行，有把天分成九天（中央及八方之天）的九解，有三百六十天，人也有四肢，有五臟，有九孔，有三百六十個骨節。天有風和雨、寒和暑，人也有取得和給予、喜和怒。所以膽就是雲，肺就是氣，脾就是風，腎就是雨，肝就是雷，都是用來和天地之物相配合的。而心為這五臟的主宰。因此人的耳目就像天上的日月，人身上的血氣就像天地間的風雨。太陽中間蹲著三隻腳的烏鴉，而月中有一隻蛤蟆。日月運行越出了各自應有的軌道，就會出現日蝕月蝕，使日月沒有光亮；風雨如果不在它們該出現的時候出現，就會折損、毀滅百物，發生災害；五星運行越出了各自應有的軌道，地上的州縣郡國就會遭殃。

夫天地之道❶至紘❷以大，尚猶節其章光❸、愛其神明❹，人之耳目曷能久熏勞❺而不息❻乎？精神何能久馳騁而不既❼乎？是故血氣者，人之華❽；而五藏者，人之精❾也。夫血氣能專❿於五藏而不外越，則胸腹充而嗜欲省矣。胸腹充而嗜欲省，則耳目清、聽視達矣。耳目清、聽視達，謂之明。五藏能屬於心而無乖，則㪍志勝⓫而行不僻矣。㪍志勝而行不僻⓬，則精神盛而氣不散矣。精神盛而氣不散則理⓭，理則均，均則通，通則神⓮，神則以視無不見，以聽無不聞也，以為無不成也。是故憂患不能入也，而邪氣不能襲⓯。故事有求之於四海之外而不能遇⓰，或守之於形骸之內⓱而不見也。故所求多者所得少，所見大者所知小。

【章旨】這一章說人養生之重要。言形體不可久勞、精神不可常用而不止。其理由是「天地之道至紘以大，尚猶節其章光、愛其神明」，人自己要善加保養。要說明的是，文中講不可過於勞神役形，既謂其為維護身心健康之需要，又言唯其如此始能有效發揮人的認識功效、治事能力，做到「視無不見」、「聽無不聞」、「為無不成」，而避免「所求多者所得少，所見大者所知小」的毛病。在在不離無為無不為的道理。

【注釋】❶天地之道　即指宇宙萬物最本原之道。❷紘　深。義如「宏」、「泓」。❸章光　猶言章其光。指日、月、星發出光亮。〈原道〉言道「紘宇宙而章三光」。章，明。❹神明　指道依照一定的規律化育萬物的功能。本書〈泰族〉云：「天設日月、列星辰、調陰陽、張四時。……其生物也，莫見其所養而物長；其殺物也，莫見其所喪而物亡。此之謂神明。」❺熏勞　猶言辛勞、勞苦。熏，灼。《詩經・雲漢》「憂心如熏」，言憂之甚，「熏勞」言勞之甚。俞樾言「熏當為動」，「主乎勞而言之，則動亦勞也」，謂「動勞」為「久勞」。孫詒讓則云「熏勞無義，熏當作勤」。皆可參考。❻息　止。❼既　盡；已。❽華　菁華；精美之物。❾精　菁華；精粹。❿專　獨一；專一。⓫㪍志勝　吳承仕言「謂克治己之㪍志而勝之」。㪍志，悖亂之志。㪍，同「悖」。勝，克；去掉。舊注言「勝或作遯」。楊樹達訓「勝」為「見勝」。⓬不僻　不邪僻。原文上有「之」字，依楊樹達校刪。⓭理　治理；調理。⓮神　神妙；神明。變化之極而令人莫測之境界。⓯襲　舊注謂「猶因也，亦入」。⓰遇　舊注釋為「得」。⓱守之於形骸之內　舊注釋為「心無欲也」。

【語譯】天地之道至深至大，尚且還要節制自己發出光亮，愛惜自己化育萬物的神明般的功能，人的耳目怎麼能長久辛勞而不止息呢？人的精神又怎麼能長久馳騁而沒完沒了呢？所以血氣是人身上精美的東西，而五臟是人身上的精粹之物。血氣能專一集中在五臟中而不散離在外面，那樣就會使胸腹充實而使嗜欲減少。胸腹充實而嗜欲減少，就會耳朵聽得清楚、眼睛看得清楚，聽覺、視覺通達無礙。耳朵聽得清、眼睛看得清，聽覺、視覺通達無礙，這就稱為「明」。五臟能從屬於心而不背離，那就會克服惛亂的心志而行為不會邪僻了。惛亂的心志能被克服而行為不邪僻，精神就會旺盛而氣就不會散離了。精神旺盛而氣不散離就可加以調理。加以調理就可使神、氣變得均勻。神、氣均勻就會通達無礙。能通達無礙就會進入神明境界。進入神明境界就看沒有看不見的，聽沒有聽不見的，做事沒有做不成功的。因此憂患不能侵入，而邪氣也不能襲入。所以有些事物追求到四海之外卻不能得到，有的就守在形體之內卻看不見。所以追求得多的所得到的少，所見到的範圍很大而所知道的卻很小。

夫孔竅❶者，精神之戶牖也；而血氣❷者，五藏之使候❸也。耳目淫❹於聲色之樂，則五藏搖動而不定❺矣。五藏搖動而不定，則血氣滔蕩❻而不休矣。血氣滔蕩而不休，則精神馳騁於外而不守❼矣。精神馳騁於外而不守，則禍福之至，雖如丘山，無由識之矣。使耳目精明❽玄達❾而無誘慕❿，氣志⓫虛靜恬愉⓬而省嗜欲⓭，五藏定寧⓮充盈而不泄，精神內守形骸而不外越，則望於往世之前，而視於來事⓯之後，猶⓰未足為⓱也，豈直⓲禍福之間哉！故曰：「其出⓳彌遠者，其知彌少。」以言夫精神之不可使外淫也。是故五色亂目，使目不明⓴；五聲譁耳，使耳不聰㉑；五味亂口，使口厲爽㉒；趣舍㉓滑㉔心，使行飛揚㉕。此四者，天下之所養性㉖也，然皆人累㉗也。故曰：嗜欲者使人之氣越㉘，而好憎者使人之心勞㉙，弗疾㉚去，則志氣日秏㉛。夫人之所以不能終其壽命而中道夭於刑戮者，何也？以其生生㉜之厚。夫惟能無以為生者，則所以脩得生㉝也。

【章　旨】這一章仍以自然無為而無不為作立論基礎來說明養生之道。文章先說耳目、精神，血氣、五臟之間的關係，言耳目淫於聲色之樂，最後必將招致精神崩離，禍福到來亦不自知。繼而說若能使耳目精明玄達而無誘慕，則精神內守而能明辨禍福。最後歸結到一點：五色、五聲、五味、趣舍四者雖為養生之用，實皆為人累。人只能去嗜欲、滅愛憎，勿求生生之厚，方能終其壽而不會中道夭於刑戮。

【注　釋】❶孔竅　即言人之九竅。❷血氣　原文為「氣志」，依王念孫校改。❸使候　出使、守望。候，作名詞用。❹淫　放縱。❺定　安寧。❻滔蕩　意謂搖蕩。滔，大水瀰漫之狀。❼不守　舊注謂「多情欲，故神不內守」。❽精明　精細明察。就「目」言。❾玄達　精微通達。就「耳」言。❿誘慕　指誘於進、慕於貪。⓫氣志　血氣、心志。此處偏指心志、心意、心情。⓬恬愉　恬淡、快樂。⓭嗜欲　此處主要指情欲、貪欲。⓮定寧　安寧。⓯來事　所來之事。或謂所臨之事。⓰猶　尚且。⓱為　治。⓲直　僅；只是。⓳出　指精神外越。⓴不明　舊注謂「視而昏也」。㉑不聰　舊注謂「聽無聞也」。㉒厲爽　舊注謂「病傷滋味也」。原文作「爽傷」，依王念孫校改。厲，病。爽，傷。㉓趣舍　進取或退止。指是非好惡。㉔滑　通「汩」。擾亂；迷亂。㉕飛揚　舊注謂「不從軌度也」。㉖養性　猶言養生。㉗人累　人生之累贅。㉘越　散失。㉙勞　勞苦；疲勞。舊注訓為「病」。㉚疾　速。㉛秏　通「眊」。亂。㉜生生　謂常營其生。前生為動詞，後生為名詞。㉝脩得生　即長得生存。

【語　譯】人身上的孔竅是精神的門戶，而人身上的血氣是五臟派出去的守望者。如果耳目縱情地享受聲色之樂，那樣五臟就會被搖動而不得安寧。五臟被搖動而不得安寧，那樣血氣就會搖蕩而不能停止。血氣搖搖蕩而不能停止，那樣精神就會在外馳騁而不能固守在形體之內。精神在外馳騁而不能固守在形體之內，那麼禍福到來時，即使像山一樣大，也會無從識別。假使目能精細明察、耳能精微通達而不誘於進、不慕於貪，心志虛空寧靜恬淡快樂而減少嗜好和欲望，五臟安寧、血氣充滿而不泄漏，精神固守於形骸之內而不向外散失，則即使遠望往古以前的事物，而觀察將來之事出現以後的情況，還不值得它費力一做，豈只是識別禍福這樣的小事呢！所以說：「精神越出形體之外越遠，所知道的道理就越少。」這就是說人的精神不能夠讓它在外過分地活動。所以多種多樣的色彩會迷亂眼睛，使兩眼昏花看不清楚；多種多樣的音樂會攪亂聽覺，使兩耳聽不清楚；多種多樣的美味會擾亂人的味口，使人的口舌為滋味所傷而辨別不清滋味；對事物取捨的思慮會攪亂人心，使人的行為脫離正常的軌道。五色、五聲、五味和對事物的取捨這四者是人們用來養生的，但實際上都是人生的累贅。所以說嗜好、欲望使人的血氣散失，而喜好、憎惡使人的心勞苦不堪。如果不趕快去掉它們，人的志氣就會一天天的昏亂。人之所以不能夠活完他所應該享有的壽命，而中途遭到刑辟之戮，短命死去，是為什麼呢？就是因為他在生活中花的心思太多、追求的欲望太多的緣故。只有排除嗜好、欲望、不為生存花許多心思，那才是長得生存的辨法。

夫天地運❶而相通，萬物總❷而為一❸。能知一❹，則無一❺之不知也；不能知一，則無一之能知也。譬吾處於天下也，亦為一物矣。不識天下之以我備其物❻與❼？且惟無我而物無不備❽者乎？然則我亦物也，物亦物❾也。物之與物也，又何以相物也❿？

雖然，其生我也，將以何益⑪？其殺我也，將以何損⑫？夫造化者⑬既以我為坯⑭矣，將無所違之⑮矣。吾安知夫刺灸⑯而欲生者之非惑也？又安知夫絞經⑰而求死者之非福也？或者生乃徭役也，而死乃休息也。天下茫茫，孰知之哉⑱！其生我也，不彊求已⑲；其殺我也，不彊求止⑳。欲生而不事㉑，憎死而不辭㉒，賤之而弗憎，貴之而弗喜㉓，隨其天資㉔而安之不極㉕。吾生也有七尺之形，吾死也有一棺之土。吾生之比於有形之類，猶吾死之淪於無形㉖之中也。然則吾生也物不以益眾㉗，吾死也土不以加厚，吾又安知所喜憎利害其間㉘者乎？

夫造化者之攫援物㉙也，譬猶陶人㉚之埏埴㉛也。其取之地而已為盆盎㉜也，與其未離於地也無以異，其已成器而破碎漫瀾㉝而復歸其故㉞也，與其為盆盎亦無以異矣。夫臨江之鄉，居人汲水以浸㉟其園，江水弗憎㊱也；苦洿㊲之家，決洿㊳而注之江，洿水弗樂也。是故其在江也，無以異其浸園也；其在洿也，亦無以異其在江也。是故聖人因時以安其位，當世而樂其業㊴。

【章旨】這一章先說萬物皆本於道，知道方能知物，物物相知是很難的。次言道生我、死我皆於道無所損益。「我」為道所生，我對生死的態度也應順從道的規律。當生則生，當死則死；以刺灸求生未必「非惑」，自縊而死未必「非福」，總之是要賤勿憎，貴勿喜，「隨其天資而安之不極」。而「吾生之比於有形之類」，「死之淪於無形之中」，生死之間的喜憎利害不易知、又何必知呢？最後文章一以陶器來自於土而毀之復歸於土為例，二以江水浸園為例，三以洿水入江為例，言三物在彼在此均各無異，故其無樂無憎，總能隨遇而安。由此得出結論：聖人當「因時以安其位，當世而樂其業」。

【注　釋】❶運　運轉。❷總　合。❸一　指道。❹知一　猶謂知「道」。❺無一　猶謂無一物。下二句兩「一」亦如舊注所言「上一，道也。下一，物也」。❻以我備其物　意謂因我而具備萬物。❼與　同「邪」。❽物無不備　意謂萬物無不具備。❾物　此「物」與上句「我亦物」之「物」皆指造化所成之物。❿物之與物也二句　本於《莊子・人間世》。相物，謂物與物相知。一釋相為相馬之相，取品評義。⓫雖然三句　舊注謂「言生我，自然之道，亦當以何益乎」。益，增加。⓬損　減少。⓭造化者　與〈原道〉「乘雲陵霄，與造化者俱」之「造化者」同，指「道」。造化，創造化育。⓮坯　未燒的磚、瓦、陶瓷器。⓯違之　言違背道的安排而不為人。舊注謂「言既以我為人，無所離之。喻（當為「謂」）不求亦不避也」。⓰刺灸　鍼刺、灸灼。二者皆為治病之術。⓱絞經　絞、經義同為「縊」。即自縊。⓲孰知之哉　王念孫謂「孰知下有脫文。劉（績）本作『孰知之哉』，此以意補，不可從」。今仍從「劉本」譯釋。⓳不彊求已　言不惡生。已，止。指停止生命。⓴不彊求止　言不畏死。㉑事　治。猶言追求。句中「欲生」就眾人言。㉒不辭　舊注謂「唯義所在，故不辭也」。辭，推辭。句中「憎死」就眾人言。㉓賤之而弗憎二句　舊注謂「人有惡賤己者，己不憎也。人有尊己者，己不喜也」。㉔天資　天所賦予。即受之於天者。或謂天性。㉕安之不極　指得道者不急於求生，亦不急於辭死，安然以待。極，通「亟」。急。㉖無形　指道。或謂指一。〈原道〉云：「所謂無形者，一之謂也。」㉗眾　多。㉘利害其間　指存在於喜生、憎死之中的利和害。舊注謂「不知喜生之利，不知憎死之害，守其正性也」。㉙攫援物　即創造化育萬物。攫，撮也。援，引也。㉚陶人　製陶器的工匠。㉛埏埴　和泥製作陶器。埏，以水和土。一說為「擊」。埴，黏土。㉜盎　一種腹大口小的盆。㉝漫瀾　離散的樣子。㉞故　本。此處指土。㉟浸　灌溉。㊱憎　一本作「減」。㊲苦洿　即為洼中濁水所苦。洿，通「洼」。濁水不流為洿。㊳決洿　挖開濁水洼以泄其水。決，分泄。㊴業　事。

【語　譯】天地運轉而彼此相通，萬物總合而歸結到作為「一」的道。能夠了解作為「一」的道，那樣就沒有一件事物是不了解的；如果不了解作為「一」的道，那樣就沒有一件事物是能夠了解的。就像我生活在天地之間，也是萬物中的一種。我就不知道天地間是因為有了我才具備萬物呢？還是沒有我而萬物仍然無不具備呢？然而我也是萬物中的一物，物也是萬物中的一物。物和物在一起，又怎麼能相互了解呢？

雖然如此，大自然產生了我，將會增加什麼呢？大自然讓我死去，又將會減少什麼呢？造化萬物的道既然已經把我塑造成人的形象，那是沒有辦法違背的。我怎麼知道用鍼刺、灸灼的方法治病而想活下去，不是很糊塗呢？又怎麼知道上吊自殺以求死，不是一種幸福呢？也許有人說人活著的時候是在服勞役，而死了才是休息。天地間的道茫茫難辨，誰能夠真正了解它啊！道要產生我，我不能竭力要求它不產生我；道要我死去，我也不能竭力要求它不讓我死去。人們都想活著，但我不有意去求得生存；人們都憎惡死亡，但我不有意拒絕死亡；人們輕視我，我不憎恨；人們重視我，我並不喜悅。安心地照天所給予我的生死命運去生活，而不急於追求生和死。我活在世上有七尺高的形體，我死後有一口棺材那樣大小的土地。我活著的時候和所有有形的物一樣，就好像我死後進入到無形的道中。雖然這樣，但我活著的時候，萬物不會因為有我而增多；我死了以後，土地也不會因為有我而加厚，我又怎能知道在我所喜愛和我所憎惡的事物中間，哪件事是對我有好處、哪件事是對我有害處的呢？

道創造化育萬物，就好比製陶工匠用水和泥製作陶器一樣。他從地上取土做成了盆盎一類的陶器，這些陶器所用的土和它們沒有離開土地時是沒有不同的。當它們成為陶器以後，陶器破碎，陶片離散而又重新回到它們的本原——土地——之中時，和它們作為盆盎一類陶器的時候，也是沒有不同的。在靠近江水的鄉村，居民們常從江中打水來灌溉他們的園子，被取走的江水從來不憎惡；被洼地濁水所苦的人家，挖開洼地而讓濁水流入江中，濁水也不感到快樂。因此它在江中，和把它灌溉在田園裡沒有不同；它在洼地中，也和它在江中沒有不同。所以聖人能因順他所處的時代而安於他所處的地位，面對他所處的時代而樂於從事他的事業。

夫悲樂者，德之邪也；而喜怒者，道之過也；好憎者，心之累也[1]。故曰：

「其生也天行❷，其死也物化❸，靜則與陰合德❹，動則與陽同波❺。」精神澹然無極❻，不與物散❼，而天下自服❽。故心者形之主也，而神者心之寶也。形勞而不休則蹶，精用而不已則竭❾，是故聖人貴而尊之，不敢越也。

夫有夏后氏❿之璜⓫者，匣匱⓬而藏之，寶之至也。夫精神之可寶者，非直夏后氏之璜也。是故聖人以無應有，必究其理；以虛受實，必窮其節；恬愉虛靜，以終其命。是故無所甚疏，而無所甚親，抱德煬和，以順於天⓭。與道為際⓮，與德為鄰⓯，不為福始，不為禍先⓰。魂魄處其宅，而精神守其根，死生無變⓱於己，故曰至神⓲。

【章旨】這一章主要講人的言行動靜都要合道合德，所謂「抱德煬和，以順於天。與道為際，與德為鄰」。具體說來就是要勿喜怒、勿悲樂，做到「精神澹然無極」，使「魂魄處其宅，而精神守其根」。其中說到人的形、神、心三者的關係：心為形之主，而神為心之寶。又說到「形勞而不休則蹶，精用而不已則竭」，雖是適應所有人的道理，但本章講精神的「可寶」、講以「恬愉虛靜」來對待精神，主要還是針對聖人（即帝王）治政而說的。本章內容基本上與《文子・九守》中「守虛」章相同。

【注釋】❶夫悲樂者六句　與〈原道〉「喜怒者，道之邪也；憂樂者，德之失也；好憎者，心之過也；嗜欲者，性之累也」意同，皆本於《莊子・刻意》。德，無言之德。德無所謂正邪，此指人所把握之德。邪，邪妄；邪僻。道，無為之道。道亦無所謂功過，此指人所把握之道。累，累贅。原文作「暴」，依王念孫校改。❷天行　順應自然規律而運行。或謂「任自然而運動」（郭象解），或謂「行乎天理之自然」（林希逸解）。本書舊注則釋為「似天氣也」。❸物化　如物之變化。或謂「蛻然無所繫」（郭象解），或謂「類萬物之變化，任爐冶之陶鑄，無纖介於胸中也」（成玄英解）。❹合德　合清靜、隱寂之德。陰氣主靜，故言。原文作「俱閉」，依王念孫校改。❺同波　同波動、同奔流。陽氣主動，故言。原文作「俱開」，依王念孫校改。❻澹然無極　謂恬澹得沒有極限。極，舊注訓為「盡」，林希逸言「無極，無定止也」。《莊子・刻意》嘗言「澹然無極而眾美從之」。❼散　雜亂的樣子。❽自服　舊注謂「服於德也」。❾形勞而不休二句　出自《莊子・刻意》。蹶，顛；倒下。精，指精神。❿夏后氏　古史稱禹受舜禪，建夏王朝，夏王朝亦稱夏后氏或夏氏。⓫璜　美玉名。舊注謂「半璧曰璜，珍玉也」。⓬匱　即「櫃」。大型藏物器。⓭是故無所甚疏四句　出自《莊子・徐無鬼》。抱德煬和，意謂保持其德而修養其和。德，指不言、無為之德。和，指人清靜恬愉、無所好憎之本性。舊注謂「抱其志德而炙於和氣」，是訓「煬」為炙。林希逸說：「抱德煬和，養其德而不露也。煬者，內自溫暖之義。」劉文典則釋為「抱其一視同仁之德，如陽和之煦育萬物，無所不周」。林說從律己角度作解，劉說從待人角度作解，均可參考。天，指自然規律。⓮際　合。⓯鄰　比；近。⓰不為福始二句　出自《莊子・刻意》。福始，福之開端。禍先，禍之先導。⓱變　猶「動」。⓲至神　極為神妙。

【語譯】悲哀和歡樂，是人的德邪僻的表現；而喜悅和憤怒，是人的道所犯的過錯；愛好和憎惡則是人心的累贅。所以說：「人活著要順應自然就像天運行那樣，人死也要順應自然就像萬物變化一樣。靜的時候和陰氣相合於清靜隱寂之德，動的時候和陽氣一起奔流。」精神恬澹得沒有極限，不和物一樣雜亂，天下人民自然會歸服於他。所以心是人形體的主宰，而精神是人心的珍寶。形體勞累不停，人就會倒下；精神耗用不止就會枯竭，因此聖人對形體和精神都很重視和愛惜，不敢超越限度。

擁有夏后氏玉璜的人，用匣子、櫃子把玉璜收藏起來，把它看得寶貴到極點。至於人的精神之值得貴重，就不只是像夏后氏的玉璜那樣值得珍愛。因此聖人用無（德）來對待有形之物，一定能探求出它們的規律；用虛（道）來受理實有之事，一定能深入把握住它們的關鍵；精神恬淡、愉悅、虛空、清靜地度過他的一生。因此他沒有太疏遠的人，也沒有太親近的人。總是保持他的清靜隱寂之德而養好恬淡愉悅、無所好憎的本性，用以順應自然規律。和無為之道相合，和不言之德相近；不做會帶來幸福的事，也不做會帶來禍患的事。能使魂魄安然處於形體之內，使精神能守著它的根本，死和生都不能震動他，所以說他達到了極為神妙的境界。

所謂真人[1]者，性合於道也。故有而若無，實而若虛，處其一[2]不知其二[3]，治其內[4]不識其外[5]，明白太素[6]，無為復樸[7]，體本抱神[8]，以游[9]於天地之樊[10]，芒然[11]仿佯[12]於塵垢[13]之外，而消搖[14]於無事之業[15]。浩浩蕩蕩乎，機械[16]知巧，弗載[17]於心。是故死生亦大矣，而不為變[18]；雖天地覆墜[19]，亦不與之抮抱[20]矣。審乎無瑕[21]，而不與物糅[22]；見事之亂，而能守其宗[23]。若然者，亡肝膽，遺耳目[24]；心志專於內，通達耦[25]於一[26]。居不知所為，行不知所之[27]，渾然[28]而往，逯然[29]而來；形若槁木，心若死灰[30]，忘其五藏，損其形骸[31]。不學而知，不視而見，不為而成，不治而辯[32]。感而應，迫而動[33]，不得已[34]而往，如光之燿，如景[35]之放[36]。以道為紃[37]，有待而然[38]。抱其太清之本[39]而無所容與[40]，而物無能營[41]，廓惝[42]而虛，清靖而無思慮[43]，大澤焚而不能熱，河、漢涸而不能寒也，大雷毀山而不能驚也，大風晦日而不能傷也[44]。是故視珍寶珠玉猶礫石[45]也，視至尊[46]窮寵[47]猶行客[48]也，視毛嬙[49]、西施[50]猶倛醜[51]也。以死生為一化[52]，以萬物為一方[53]，同精[54]於太清之本，而游於忽區[55]之旁。有精而不使，有神而不行[56]，契[57]大渾[58]之樸[59]，而立至清[60]之中。是故其寢不夢[61]，其智不萌[62]，其魄不抑，其魂不騰[63]。反覆[64]終始，不知其端緒，甘瞑於太宵之宅[65]，而覺視於昭昭之宇[66]，休息於無委曲之隅[67]，而游敖[68]於無形埒之野。居而無容[69]，處而無所[70]；其動無形，其靜無體[71]；存而若亡，生而若死。役使鬼神[72]，淪於不測，入於無間，以不同形相嬗[73]也，終始若環，莫得其倫[74]。此精神之所以能登假於道[75]也。是[76]真人之所游[77]也。

【章旨】這一章專講真人的精神修養。細言其如何心與道遊，如何「性合於道」，如何使精神「登假（至）於道」。文中說真人養神貴在使精神活動順應道的規律，不受外物的牽制干擾。能使自己「處其一不知其二，治其內不識其外」、「體本抱神，以游於天地之樊」。具體表現為：一、心志專於內，「有精而不使，有神而不行」。甚至做到「心若死灰」，滅絕生理上的欲望，而「不與物糅」、「物無能營」。二、用死生一化、萬物一類的觀點看透一切生活現象、社會事物的本質，益增其恬澹之心，而與道遊。三、即使有為，亦當「感而應，迫而動，不得已而往」，且應「以道為紃（法）」。如此，其人即能「居而無容，處而無所；其動無形，其靜無體；……淪於不測，入於無間」，全然與道同體。本章文字多來自《文子・九守・守樸》，其義多本於《莊子》論真人、至人、神人、聖人者。

【注釋】❶真人　道家謂依道存養心性和依道處事的得道者為真人。❷一　純一。❸不知其二　謂不分心，其心單純。❹治其內　舊注謂「守精神也」。內，本心。❺不識其外　舊注謂「不好憎也」。外，外物。❻太素　萬物質素之本。❼樸　本。❽體本抱神　認識自己的自然本性，保守住自己的精神。❾游　遨遊。此指精神的自由活動。❿樊　同「藩」。藩籬。⓫芒然　即「茫然」。無所牽繫之狀；無心之貌。⓬仿佯　遊蕩；徘徊。有縱放之義。⓭塵垢　塵土和垢汙。此處指人的形骸，一說指塵俗之世。《莊子》云：「生者，假借也。假之而生生者，塵垢也。」⓮消搖　同「逍遙」。適愜自在、無拘無束的樣子。⓯無事之業　猶言無事之事。《莊子・達生》郭象注云：「凡非真性，皆塵垢也。凡自為者，皆無事之業也。」⓰機械　機巧；巧詐。⓱載　生；存。⓲不為變　言不為死生所動。舊注則謂「不為變者，同死生也」。變，動。⓳天地覆墜　猶言天崩地陷。覆，傾覆。墜，落下。原文為「育」，依楊樹達校改。⓴抮抱　同「紾抱」。猶言轉移。抮，轉動。抱，轉。[21]審乎無瑕意謂深明無所假借之理。審，細察深知。無瑕，同「無假」。無所假借；無所待。指摒棄形骸等外物之用。㉒糅　雜糅；混雜。㉓見事之亂二句　舊注謂「見事亂者止（當為『正』，治）之，亂不能眩惑，故能守其宗」。宗，本；大道之根本。㉔亡肝膽二句　出自《莊子・大宗師》。此即「審乎無瑕」之義。舊注則謂「言精神內守也」。亡，同「忘」。原文為「正」，依王念孫校改。㉕耦　合。㉖一　指道。㉗居不知所為二句　出自《莊子・馬蹄》。係言赫胥氏之時民生之狀，謂彼等抱樸任真而志意無所繫。㉘渾然　轉行的樣子。渾，同「滾」。㉙逯然　隨意行走的樣子。舊注謂「逯，謂無所為」。㉚形若槁木二句　形容真人寂寞無情。或謂其心情極為平靜。槁木，枯乾的樹木。死灰，火已熄滅的冷灰。舊注謂「槁木無氣，死灰無熱，喻無為也」。㉛忘其五藏二句　皆指擺脫生理的欲望。㉜不治而辯　意謂不用深究就能辨別清楚。㉝迫而動　舊注謂「迫切不得不動，然後乃動也」。㉞不得已　《莊子・庚桑楚》云：「動以不得已之謂德。」又云：「不得已之類，聖人之道。」㉟景　日光。㊱放　放射。與上「往」字為韻。劉績、王念孫改「放」為「效」，非。㊲紃　本為圓形細帶。引申為法則。㊳有待而然　舊注謂「以道待萬物，故曰有待，而默默如是」。㊴太清之本　即無形無際之道。太清，元氣之清者，無窮、無形。㊵無所容與　舊注謂「無所容與於情欲也」。容與，放縱。㊶營　惑。一曰亂。㊷廓惝　空曠；寬闊。㊸清靖而無思慮　舊注謂「不勞精神」。清靖，清靜安寧。㊹大澤焚而不能熱四句　本於《莊子・齊物論》。舊注謂「言體道之人，閉情守虛，雖此四者之大，不能惑也」。河漢，黃河、漢水。涸，楊樹達言「假為沍，凍也」。沍，寒冷凝結。晦日，使日光昏暗。㊺礫石　小石；碎石。原文係「石礫」，依王引之校改。㊻至尊　指帝王。㊼窮寵　無上之寵愛者。㊽行客　行路之過客。㊾毛嬙　古美女名。傳為越王美姬。㊿西施　古美女名。傳為春秋越國苧蘿人。一稱先施。(51)倛魄　祈雨用的土偶人。原文作「顛醜」，依王引之校改。(52)死生為一化　即就死、生皆復歸於無形而言。與《莊子・德充符》所言「以死生為一條」義同。俞樾依《文子・九守》改「死生」為「千生」，言如此方與下句「萬物」相儷，意亦相準。可供參考。為一化，同為一種變化。本章下言「化者，復歸於無形也；不化者，與天地俱生也」。(53)方　類。(54)精　指精神。(55)忽區　忽恍無形之區。指道之中。(56)有精而不使二句　舊注謂「不濁其精，不勞其神，此之謂也」。精，指氣。《管子・內業》：「凡人之生也，天出其精」。「精也者，氣之精者也」。神，心神。(57)契　合。(58)大渾　舊注謂「（大）渾，不散之貌。渾，讀揮章之揮」。(59)樸　質樸。謂元氣。或言謂道。(60)至清　至清之元氣。亦指道。(61)其寢不夢　舊注謂「神內守也」。此句出自《莊子・大宗師》。(62)其智不萌　舊注謂「無思念也」。萌，生。(63)其魄不抑二句　舊注謂「魄，陰神；魂，陽神。陰不沉抑，陽不飛騰，各守其宅也」。(64)反覆　翻來覆去。(65)甘瞑於太宵之宅　本於《莊子・列禦寇》。甘瞑，即甘眠。酣眠也。此以美睡喻安處其間。太宵，舊注謂「長夜之中也。言其直瞑於大道之處」。(66)覺視於昭昭之宇　本於《莊子・天地》。覺視，醒而視。昭昭，明亮。(67)無委曲之隅　與下文「無形埒之野」，舊注謂「冥冥無形象之貌也」。委曲，曲折。形埒，跡兆。(68)游敖　遊逛。(69)居而無容　言其人居無形容可得見。(70)處而無所　謂其人處無常所。(71)其動無形二句　舊注謂「無形無體，道之容也」。(72)役使鬼神　舊注謂「人不與鬼同形，而耐使之者，道也。天神曰神，人神曰鬼也」。(73)相嬗　舊注謂「嬗，傳也。萬物之形不同，道以相傳生也」。(74)倫端倪。即頭緒。(75)登假於道　上至於道。登，升。假，至。(76)是　原文作「是故」，依俞樾校改。(77)游　有自樂之意。或謂遊戲。舊注訓為「行」。《莊子》一書說「游」者多謂心遊、精神之遊，而所向多指「無形」、「無朕」、「無窮」、「無何有」之處，即「萬物之祖」，亦即「道」。

【語　譯】所謂的真人，他的性情與道相合。所以他擁有某種東西卻像沒有，很充實卻像虛空得很，處身於純一之中而不知道有二，只守住內在的精神而不對外物做判別。心智明白，會於萬物質素之本，無為虛淡，歸復淳素之原。認識自己的天然本性而保守住自己的精神，在天地這個大藩籬中遨遊，無所用心地在形骸之外遊蕩，而在無事之事中任意逍遙。他的精神浩浩蕩蕩，心中從不產生巧詐、智謀。因此，死和生是很大的事情，卻不能使他動心；即使是天崩地陷，他的心也不會隨著轉移。他深知無須假借外物為用的道理，而不同外物混雜在一起；看到事物混亂，而能夠守住他的根本。像這樣，他就會忘掉肝膽的存在，放棄耳目的功用；使心志專一存在形骸之內，而和道「一」通達相合。當他停下來的時候，不知道他在做什麼；當他行走的時候，不知道將到哪裡去；轉圈似地走開了，又無所用心地走回來；他的形體就像枯槁的樹木，心就像熄滅了的冷灰；他忘掉了五臟的存在，拋棄了自己的形骸。不學習而能明白事理，不用看而能見到事物的真相，不做而能使事情成功，不用深究而能將事物辨別清楚。有所感受才作出響應，事物迫切才採取行動。一切都是沒有辦法、不得不做才去做，就像光芒照亮事物一樣，就像日月放出光芒一般。雖然這樣，仍然是以道作為行事的法則，用道對待萬物的活動而自己就像道一樣沉默。抱定無形、無際的道而無所放縱，任何外在事物都不能擾亂他的精神。他的心境廣大、寬闊而虛空，清靜、安寧而沒有思慮，即使很大的湖澤燃燒起來也不能使他感到熱，黃河、漢水因天寒全都凍住了，也不能使他感到冷，大雷轟垮了高山也不能使他感到驚訝，狂風吹得日光昏暗也不能傷害他。因此他把珍寶珠玉看得就像石塊一般，把最為尊貴的帝王和極受寵愛的人看得和走路的過客一樣，把毛嬙、西施那樣的美女看得和土偶人一般。把死和生當作同一種變化，把萬般事物當作一類，使精神和至為清靜的元氣之本——道——保持同一，而遨遊在忽恍無形的區域之旁。有精氣而不加以應用，有心神而不行於外，和決不離散的樸質的元氣合為一體，而立於至為清靜的大道之中。因此他睡覺時不會做夢，他的智巧不會產生，他的魄不會沉抑，他的魂不會奔騰。翻來覆去、從始至終，都找不到它們的頭緒，他酣睡在長夜之中，而能清醒地看到明亮之處；他在沒有曲折的角落裡休息，卻能使精神在沒有跡兆的曠野裡遨遊。他居住下來沒有容貌可見，他停留下來又沒有固定的住所；他動的時候沒有形跡可見，靜的時候沒有形體可見；存在卻像消亡了，活著卻像死了。他能役使鬼神，沉沒於不可測度的深處，進入到沒有間隙的地方，以不同的形式相生相傳，從起始到終結就像圓環一樣，沒有辦法弄清它的頭緒在哪裡。這就是他的精神能夠升至於道的原因。這也就是真人遊心於道的情況。

若吹呴❶呼吸，吐故內新❷，熊經鳥伸❸，鳧浴蝯躩❹，鴟視虎顧❺，是養形之人❻也，不以滑心❼。使神滔蕩❽而不失其充❾，日夜無傷❿而與物為春⓫，則是合⓬而生時於心⓭也。且人有戒形⓮而無損心⓯，有綴宅而無耗精⓰。夫癩者趨不變⓱，狂者⓲形不虧⓳，神將有所遠徙，孰暇⓴知其所為！故形有摩㉑而神未嘗化㉒者，以不化㉓應化㉔，千變萬抮㉕而未始有極。化者，復歸於無形㉖也；不化者，與天地俱生也。夫木之死也，青青去之也。夫使木生者豈木也㉗，猶充形者㉘之非形也。故生生者未嘗死也，其所生則死矣㉙；化物者㉚未嘗化也，其所化㉛則化㉜

矣。輕天下㉝，則神無累㉞矣；細萬物㉟，則心不惑㊱矣；齊死生㊲，則志㊳不懾㊴矣；同變化，則明㊵不眩㊶矣。眾人以為虛言㊷，吾將舉類㊸而實㊹之。

【章旨】這一章仍說養身之道。一講「養形」不如養神，謂「吹呴呼吸」、「熊經鳥伸」等不過是健身之術，重要的是「不以滑心。使神滔蕩而不失其充」。不然徒有健全的形骸，只會如「狂者形不虧，神將有所遠徙」，而不知所為。而養神到家的人能做到「形有靡（滅）而神未嘗化」，能使精神長存，「以不化應化，千變萬抮而未始有極」。二講如何養神，實際上是講如何對待外物和生死，方有利於養神。所謂「輕天下，則神無累矣；細萬物，則心不惑矣；齊死生，則志不懾矣；同變化，則明不眩矣」。

【注釋】❶吹呴　開口出氣。一說與「吹噓」同，出氣急為吹，出氣緩為噓。❷吐故內新　吐故氣，納新氣。指調節呼吸，為練氣養身之基本工夫。❸熊經鳥伸　古代一種模仿動物動作的健身操。動如熊攀樹枝而自經（或謂攀樹而引氣），類鳥飛空而伸腳（或謂伸頸而就食）。經，上吊。熊攀枝自懸，其狀直立如人上吊的樣子，故言熊經。❹鳧浴蝯躩　為健身動作。謂如野鴨浴水，猿猴跳躍。蝯，同「猿」。躩，跳躍。❺鴟視虎顧　為健身動作。謂如鴟虎視物，目光犀銳，態勢凝蓄而勁猛。鴟，鷂鷹。❻是養形之人　謂上述方法為保養身體者所好之術。❼不以滑心　謂真人不以上述舉動擾亂其心。❽滔蕩　搖蕩。❾充　舊注謂「實也。體道人同」。❿日夜無傷　舊注謂「日夜，喻賊害也。無傷，無所賊害也」。賊害，傷害。⓫與物為春　舊注謂「言養物也」。春，指和氣之時。一說與悅同，「與物為春」者，隨所寓而皆為樂也。⓬合　謂合於道。⓭生時於心　舊注謂「生四時（之）化於其心也。言不干時害物也」。原文「於心」作「干心」，依王念孫校改。劉武釋「生時於心」謂「生春和之氣於心」，以「時」承「春」言。陳啟天則謂「生與時推移之心」。⓮戒形　舊注謂「戒，備也。人形體備具。戒或作革。革，改也。言人形骸有改更而作化也」。楊樹達謂「作革者本字，戒同音借字」。⓯心　舊注謂「心喻神，神不損傷也」。原文上有「於」字，依王念孫校刪。⓰有綴宅而無耗精　舊注謂「綴，……（訓詞脫失）；宅，身也。精神居其宅則生，離其宅則死。言人雖死，精神終不耗滅，故曰無耗精也」。綴宅，指人死亡之軀體。綴，同「輟」。已；止。人死則精神離其宅，故稱綴宅。秏精，即「耗精」。耗損精神之意。⓱癩者趨不變　舊注謂「言病癩者形生神在，故趨不變也。或作介。介，被甲者。禮：介者不拜，而能趨於步，故曰不變也」。而實說形虧神全者之能，故「癩」作「兀」可通，但有改字釋義之嫌。直訓「癩」為惡瘡，亦是。趨，志趣；意志。楊樹達說「趨讀志趣、趣向之趣，非謂趨步也」。案：「趨」與下句「形」對舉。不變，不改變。有固守義。⑱狂者　此指精神病患者、瘋子。⑲虧　毀壞；減損。⑳暇　空閒。㉑摩　滅。如言死。㉒未嘗化　舊注謂「神變歸於無形，故曰未嘗化。化，猶死也」。㉓不化　指精神。㉔化　舊注謂「化者形骸。死者形為灰土，為日化也」。㉕抮　旋轉。㉖無形　指元氣言。㉗使木生者句　意謂哪裡是樹木本身使樹木生長的。舊注謂「使木生者天地，故曰『豈木也』」。豈，哪裡。㉘充形者　指氣。《管子・心術下》：「氣者，身之充也。」㉙生生者二句　舊注謂「生生者道。喻（諭）道之人若天氣，未嘗死也。下『所生』者，萬物矣」。此句實與《莊子・大宗師》所云「殺生者不死，生生者不生」從不同角度言道之不生不死。㉚化物者　指道。道不化，故下言「未嘗化」。㉛所化　所化者。指萬物。㉜化　指萬物有變而言。㉝輕天下　謂輕視天下之恩寵權勢。如許由等。㉞無累　謂不牽累於外物。㉟細萬物　謂以萬物為小而不生欲望。㊱惑　為外物所誘惑。㊲齊死生　謂生與死等同看待。齊，等。舊注謂「不畏義死，不樂不義生」。㊳志　志意；心志。㊴懾　懼。㊵明　指人的視力、聽力極好，看得清楚，聽得分明。本卷前言「耳目清、聽視達，謂之明」。㊶眩　眩惑；迷亂。㊷虛言　不實在的話。㊸類　此指類似之事。㊹實　驗實；證明。

【語　譯】至於吹氣呼吸，吐出胸中的陳氣，吸進新鮮的空氣，運動身體，學熊攀住樹枝那樣直立引氣，學鳥兒在空中飛翔時那樣伸腳，學野鴨在水中洗澡那樣活動身子，學猿猴那樣跳躍，學鴟鷹和老虎看物那樣的神態、動作，這些都是保養形體之人所使用的方法。真人是不用這些做法來擾亂心性的。能使精神搖蕩而不影響它的充實，日日夜夜都不受到傷害而和萬物同遊於春日和氣之中，這樣便是與道相合而心能與時推移。況且人之中有的形骸有所改變而心神卻不受損傷，有的人死了而他的精神卻沒有損耗。患有惡瘡的人，他的志趣是不會改變的；瘋子形體並沒有毀壞，而精神將要遠離他的形骸，誰有空閒知道他會去做些什麼事！所以有人死了、形骸不存在了，而精神始終未嘗變化。能用不變化的精神來應對形骸的死滅，那麼千種變化、萬般轉動也不會窮於應對了。死後化為灰土的形骸，又重回到了無形之中；不發生變化的精神，和天地一起永生。當樹木死亡時，青青的樹葉便離開了它。使樹木活著的哪裡是樹木本身呢，這就像充實形骸的並非是形骸自身一樣。所以使萬物生長的道是未曾死亡的，道所產生的萬物卻會死去；使萬物發生變化的道是未曾變化的，道使之變化的事物卻會發生變化。輕視天下的恩寵權勢，那樣精神就不會受到外物的牽累；把萬物看得很小，那樣心思就不會受到外物的誘惑；把死和生看成一回事，那樣心中就不會感到害怕；把萬物的變化都看做一樣，那樣耳目的聰明就不會昡惑。也許眾人認為這是些不實在的話，我將要列舉類似的事實來加以驗證。

人之所以樂為人主[1]者，以其窮耳目之欲，而適[2]躬體[3]之便[4]也。今高臺層榭[5]，人之所麗[6]也，而堯樸桷不斲[7]，素題不枅[8]。珍怪奇味[9]，人之所美也，而堯糲粢之飯[10]，藜藿之羹[11]。文繡狐白[12]，人之所好也，而堯布衣揜形[13]、鹿裘御寒[14]。養性之具[15]不加厚，而增之以任重[16]之憂，故舉[17]天下而傳[18]之於舜，若解重負然。非直辭讓，誠無以為也。此輕天下之具[19]也。禹南省[20]，方濟[21]於江，黃龍負舟，舟中之人五色無主[22]，禹乃熙笑[23]而稱曰：「我受命於天，竭力而勞[24]萬民。生，寄[25]也；死，歸[26]也，何足以滑和！」視龍猶蝘蜓[27]，顏色不變，龍乃弭耳[28]掉尾而逃[29]。禹之視物亦細矣。鄭之神巫[30]相[31]壺子林[32]，見其徵[33]，告列子[34]，列子行泣報[35]壺子。壺子持以天壤[36]，名實不入[37]，機發於踵[38]。壺子之視死生亦齊矣。子來[39]行年[40]五十有[41]四而病傴僂[42]，脊管[43]高於頂[44]，腸下迫頤[45]，兩脾在上，燭營㊻指天。匍匐㊼自闚㊽於井曰：「偉哉！造化者其以我為此拘拘邪㊾！」此其視變化亦同矣。故覩堯之道㊿，乃知天下之輕也；觀禹之志(51)，乃知萬物(52)之細也；原(53)壺子之論(54)，乃知死生之齊也；見子來之行(55)，乃知變化之同也。

【章　旨】這一章承上一章末句「吾將舉類而實之」而言。用堯衣、食、住的儉樸、用他「舉天下而傳之於舜」的「若解重負然」，證明「輕天下，則神無累矣」。用禹渡江時黃龍負舟，而其「視龍若蝘蜓」，證明「細萬物，則心不惑矣」。用壺子性命危殆而不懼，證明「齊死生，則志不懾矣」。用子來年五十四而病傴僂，而謂「造化者其以我為此拘拘」，證明「同變化，則明不眩矣」。同時還引申四例之義，言由其可知「天下之輕」、「萬物之細」、「死生之齊」和「變化之同」。

【注　釋】❶人主　人君；天子。❷適　滿足。❸躬體　猶言身體。躬，自身。❹便　安適。❺高臺層榭　四方而高平者為臺，建築在高土臺上的房子為榭，臺上樓次重疊之屋為層榭。❻麗　美。❼樣桷不斲　謂作椽子的樣木未經砍削加工就架在屋頂上。樣，櫟樹。原文作「樸」，依王念孫校改。桷，方形椽子。放在屋檁上。❽素題不枅　素題，指屋簷的椽子頭不加彩飾。題，榱題；椽子頭。不枅，指檁柱相接處不施放方木。枅，柱上方木。❾奇味　原文作「奇異」，依王念孫校改。❿糲粢之飯　猶言粗米飯。糲，粗米。粢，稷。又通「餈」。稻餅，味類粔，米不碎。⓫藜藿之羹　猶言野菜湯。藜，草名。又名萊，初生可食。藿，豆葉。嫩時可食。⓬文繡狐白　文繡，繡有彩色花紋的衣服。狐白，狐白裘。用狐腋下生有白毛部分的皮製成的皮衣。⓭揜形　猶言遮體。⓮鹿裘御寒　用鹿皮衣抵禦寒氣。堯之事見於《韓非子・五蠹》。⓯養性之具　猶言養生用的物資。性，生命。具，工具；條件。⓰任重　負擔重。⓱舉　援；取；拿。⓲傳　舊注謂「禪」。即禪讓。指帝王讓位於人。⓳具　陳述；開列。⓴省　檢查；察看。㉑濟　渡。㉒五色無主　形容人恐懼神色不定。㉓熙笑　戲笑。熙，「娭」之假借字。娭，戲。㉔勞　憂。㉕寄　寄居。暫時借居。舊注謂「人壽蓋不過百年，故曰寄」。㉖歸　返歸。舊注謂「死滅沒化不見，故曰歸」。㉗蝘蜓　即蜥蜴。俗稱四腳蛇，四肢粗短，尾細長。㉘弭耳　猶言帖耳。順從狀。㉙逃　舊注訓為「去」。案：禹之事見於《呂氏春秋・恃君覽・知分》。文字略有出入。㉚神巫　巫女。精於巫術和相術者，女稱巫，男稱覡。㉛相看相。憑觀察人體形、相貌以判斷其命運的活動。㉜壺子林　鄭國隱士。列子之師，一稱壺子，林為其名。㉝徵　徵兆。此處指壺子相貌上所反映出來的死期臨近的徵兆。㉞列子　名禦寇。鄭國人。㉟報　白；告知。㊱持以天壤　舊注謂「言精神天之有也，形骸地之有也，死自歸其本，故曰持天壤矣」。似解天壤為順其自然意。注《莊子》者，一說「天壤」指天地間的生氣（李勉說），訓壤為地。一說「天壤」與「地文」相對，「壤」通「相」，天壤即「天相」（高亨說），為天動之容。「持以天壤」則顯出人的富有活力和生機。三說似以高亨之說為優，而舊注較為切合本章文義。㊲名實不入　謂名利不入於心。舊注謂「名，爵號之名。實，幣帛貨財之實。不入者，心不恤也」。㊳機發於踵　注《莊子》者謂一線生機從腳後跟升起。機，生意；生機。本書舊注謂「機，喻疾也。謂命危殆，不旋踵而至，猶不恐懼」。案：壺子事見於《莊子・應帝王》，亦見於《列子・黃帝》。㊴子來　《莊子》書中虛構的人物。原文作「子求」，依俞樾校改。㊵行年　經歷過的年歲。㊶有　相當於「又」。㊷傴僂　脊梁彎曲之病。即駝背。㊸脊管　脊，脊柱。管，五臟的血管。一說指五臟之腧（穴位），並在脊中。㊹頂　頭頂。㊺腸下迫頤　謂胸前骨迫近面頰。腸，胸前骨。頤，腮。㊻燭營　指肛門。舊注謂「燭，陰華也。營，其竅也」。楊樹達謂「此文燭即豚字也」。《廣韻》：「豚，尾下竅也。」又《廣雅》訓「豚」為「臀」，亦通。㊼匍匐　伏地而行。㊽闚　同「窺」。暗暗觀看。㊾偉哉二句　舊注謂「偉哉，猶美哉也。造化謂天也。拘拘，好貌」。楊樹達謂訓拘拘為好貌，「蓋讀拘為竘」。竘，健；高壯貌。案：子來事見於《莊子・大宗師》，本為子輿事。㊿堯之道　指堯舉天下以禪舜的做法。(51)禹之志　指禹以龍為蝘蜓的心志。(52)萬物　原文為「天下」，依王念孫校改。(53)原　推求本原。(54)壺子之論　舊注謂「持以天壤也」。(55)子來之行　子來，原文為「子求」。舊注謂「行，匍匐窺於井，此之謂也」。

【語　譯】人們之所以樂意做國家的君王，是因為君主能夠完全滿足耳目方面的所有欲望，而實現他使身體安適舒服的要求。現在的人對聳立在高臺上的多重樓閣，都認為是美好的。但是堯住的房子，做椽子用的櫟木卻絲毫未加以雕琢修飾，檁子和柱頭之間連方木也未塞一塊。一些珍貴、奇特的美味食物，是人們所喜愛的，可是堯吃的是粗米飯，喝的是藜草、豆葉湯。繡有彩色花紋的衣服、用白毛狐腋皮縫製的皮衣，是人們都愛穿的，可是堯卻用布製衣服遮身、用鹿皮衣來抵禦寒氣。對堯來說，用來養生的物資並不見增多，卻給自己增加了負擔沉重的憂愁，所以他把天子之位禪讓給舜，就像解除了沉重的負擔一樣。這不僅僅是謙讓，實在是不能再做什麼了。這就是我關於輕視天下至寵至尊之權的說明。禹南巡視察，正在渡江時，一條黃龍游來馱起木船。船上的人嚇得神色不定，禹卻嬉笑著說：「我從上天那裡接受命令，竭盡全力為萬民而憂勞，為解除他們的痛苦而奮鬥。活著不過是寄居在人間，死亡不過是返歸到生命的本原，生死之事哪裡能擾亂我內心的和諧圓滿！」禹把龍看得像一條蜥蜴，臉上顏色不變，於是黃龍便帖耳掉轉尾巴離開了。禹可以說是把萬物看得很小的了。鄭國有一位神巫為壺子林看相，觀察到壺子將死的徵兆，就告訴列子，列子邊走邊哭把這消息轉告給壺子。壺子本著順應天地自然之心，爵號之名、財貨之實都不能進入他的心中，只讓一絲氣息從腳跟發出來。壺子可以說是能把死和生等同看待的了。子來活到五十四歲的時候得了脊梁彎曲的病，他的脊柱、五臟的血管高出他的頭頂，胸前骨迫近他的腮幫子，兩個髀在上面，肛門指向天上。他爬到井邊自己暗地觀看身影說：「美啊！造化萬物的天竟讓我有這麼好的形貌啊！」這正是他把任何變化都看成是相同的。所以看堯禪讓天下的做法，就可明白天下的至寵至尊之位是多麼輕微；看看禹視龍為蜥蜴的心志，就可明白萬物是如何細小；推究壺子的話，就可明白死和生是一樣的；看看子來的舉動，就可明白各種變化是相同的。

夫至人❶倚不拔之柱❷、行不關之塗❸、稟不竭之府❹、學不死之師❺，無往而不遂❻，無至而不通❼。生不足以挂志❽，死不足以幽神❾，屈伸俛仰，抱命而婉轉❿。禍福利害，千變萬紾⓫，孰足以患心！若此人者，抱素⓬守精⓭，蟬蛻蛇解⓮，游於太清；輕舉獨往⓯，忽然入冥⓰。鳳凰不能與之儷⓱，而況斥鷃⓲乎！勢位爵祿何足以槩志⓳也！

晏子[20]與崔杼[21]盟[22]，臨死地而不易其義。殖、華[23]將戰而死，莒君厚賂[24]而止之，不改其行[25]。故晏子可迫以仁，而不可劫以兵[26]；殖、華可止以義，而不可縣以利[27]。君子義死，而不可以富貴留也；義為，而不可以死亡恐也。彼則直為義耳，而尚猶不拘於物，又況無為者矣[28]！

堯不以有天下為貴，故授舜；公子札[29]不以有國為尊，故讓位；子罕[30]不以玉為富，故不受寶；務光[31]不以生害義，故自投於淵。由此觀之，至貴不待爵[32]，至富不待財[33]。天下至大矣，而以與佗人[34]；身至親矣，而棄之淵。外[35]此，其餘無足利[36]矣。此之謂無累[37]之人。無累之人，不以天下為貴矣。

【章旨】這一章先說「至人」與道同遊的特點。謂其「抱素守精，蟬蛻蛇解，游於太清」，生死禍福利害無患於心，精神自由，「無往而不遂，無至而不通」。次以晏子、殖、周事跡為例，由他們的可以迫以仁，不可劫以武力；可以死於義，不可誘以利，這樣的「不拘於物」推斷無為者更是不受外物的牽累。最後講堯以天下授舜、公子札讓國、子罕辭玉、務光投淵說明「至貴不待爵，至富不待財」，而以至德為依歸。能不以帝位、富貴、寶物、生命為重的至德之人，正是無累之人。無累之人是不以天下為貴的。

本章部分語句出自《文子・九守》。

【注釋】❶至人　道的修養達到最高境界的人稱為至人。其人心與道遊，精神與道大通，不受外物絲毫牽累。所謂「至人無己」（《莊子・逍遙遊》）、「至人無為」（《莊子・知北遊》）、「彼至人者，歸精神乎無始而甘瞑乎無何有之鄉」（《莊子・列禦寇》。❷不拔之柱　不可拔動之柱。❸不關之塗　不可關閉之路。❹不竭之府　指天。或謂道。此以天為氣之府庫，故言「不竭之府」。物之聚集處稱府。❺不死之師　指道。道具有永恆性，所謂「道無始終，物有死生」（《莊子．秋水》）。❻遂　通；達。❼通　暢通無阻。❽挂志　牽掛心志。即引起關注。❾幽神　滅其精神。幽，引申為滅。❿抱命而婉轉　舊注謂「抱天命而婉轉，不離違也」。婉轉，輾轉。委婉曲折。⓫紾　轉；變化。⓬素　指素樸的本真之性。⓭精　指精神。⓮蟬蛻蛇解　蟬蛻殼、蛇脫皮。比喻解脫。⓯往　原文為「住」，依王念孫校改。⓰冥　深遠無形。指道。⓱儷　偕；並。⓲斥鷃　即鶴鶉。舊注謂「斥（尺）澤之鷃雀，飛不出頃畮（畝），喻弱也」。⓳槩志　關涉其心志。即使其心志繫念之。一說量其心志，非。⓴晏子　名嬰，字平仲。春秋時齊國大夫，嘗仕靈公、莊公、景公三世。㉑崔杼　齊大夫。弒莊公而立景公。㉒盟　盟誓。崔杼殺莊公，使國人盟誓支持他，晏子不從，起誓言其「不唯忠於君而利社稷者是從」（《左傳．襄公二十五年》）。㉓殖華　杞殖（一名杞梁）和華周。齊國武士，為齊侯伐莒，為莒子所遇。莒子重賂之，華周不受。後戰敗，杞殖為莒所獲。事見《左傳．襄公二十三年》。㉔賂　贈送財物。㉕行　行動。指戰鬥。㉖劫以兵　謂用兵器威脅。劫，威逼；威脅。㉗縣以利　以利誘惑之。㉘矣　猶「乎」。㉙公子札　即春秋時吳王壽夢之季子，稱吳季札。因封於延陵，又稱延陵季子。吳王欲傳位於季子，季子辭而不受。季子事見於《左傳．襄公十四年》。㉚子罕　即春秋時宋國司城（宋改司空為司城）子罕，姓樂名喜，以廉潔著稱。子罕辭玉事見《左傳．襄公十五年》。㉛務光　古隱士。務光投淵事見於《戰國策．秦策五》、《荀子．成相》、《莊子．讓王》。㉜至貴不待爵　舊注謂「以至德見貴，許由、務光是也，故曰不待爵也」。㉝至富不待財　舊注謂「以至德見富，若楚狂接輿是也，王聞其賢，使使者齎金百溢聘之，欲以為相，而不受，故曰至富不待財也」。㉞佗人　即他人。㉟外　舊注謂「猶除也」。㊱利　舊注謂「猶貪利。或作私。私，獨受也」。㊲無累　猶言無繫。

【語　譯】至人倚靠在不能拔動的柱子上、行走在不可關閉的道路上、從不會竭盡的府庫中稟受精神、向永不死亡的老師——道——學習，無論前往哪裡沒有不成功的；無論到達何處沒有不順暢的。活著不能夠牽掛住他的心志，死亡也不能夠使他的精神消滅。或屈或伸、或俯或仰，都緊抱住天命不離而隨之委婉曲折。禍福利害，千變萬化，哪裡能使他心中憂慮呢！像這樣的人，胸懷素樸的本真之性，固守精神，如同蟬蛻蛇解一般。他的天性、精神遊行於至為清靜的元氣之中，以輕快的動作獨自前行，忽然間便到了深遠無形的大道之境。鳳凰尚且不能和他並肩，更何況是活動在尺澤之內的鶴鶉呢！權勢、地位、官爵、俸祿怎麼能引起他心志的繫念呢！

晏子在崔杼面前盟誓，臨近死地而不改變他忠於國家的大義之心。杞殖、華周作戰不利，將要死於戰場，莒國君主送給他們豐厚的財物，要他們停止抵抗，他們卻堅持戰鬥到底，不改變他們的行動。所以像晏子這樣的人，可以用仁來逼迫他就範，而不能用兵器來威脅他；像杞殖、華周這樣的人，可以用大義來制止他們的行動，卻不能用財利來誘惑他們。君子為大義而死，而不能用富貴讓其貪生；君子為大義而有所作為，而不能用死亡來恐嚇他。他們僅僅為了義，尚且還能不受外物的拘束，更何況無為而為的人呢！

堯不以擁有天下為尊貴，所以把它給了舜；吳國公子季札不認為有了國君之位就尊貴，所以辭讓君位；子罕不認為有寶玉就富裕，所以不接受別人送來的寶物。務光不為了要活下去而妨害他所奉行的大義，所以自投深淵而死。從這些事例看來，最珍貴的東西是不依賴爵位而存在的，最大的富有是不依賴財物而存在的。天下是最大的了，卻把它給予別人；身體是最親近的了，卻可以把它棄入深淵。能夠把天下、身體排除在外，其他東西就不值得貪為己利了。這就叫做沒有牽累的人。沒有牽累的人，是不把天下的至尊之位當作珍貴的東西的。

上觀至人之論❶，深原道德之意❷，以下考❸世俗之行，乃足羞也。故通許由❹之意，〈金縢〉、〈豹韜〉廢矣❺；延陵季子不受吳國，而訟閒田者❻慚矣；子罕不利寶玉，而爭券契者❼媿❽矣；務光不汙於世，而貪利偷生者悶❾矣。故不觀大義❿者，不知生之不足貪也；不聞大言⓫者，不知天下之不足利也。今夫窮鄙之社⓬也，叩盆拊瓴⓭，相和而歌，自以為樂矣。嘗試為之擊建鼓⓮、撞巨鐘，乃始⓯仍仍[16]然，知其盆瓴之足羞也。藏《詩》、《書》，脩文學[17]，而不知至論[18]之旨，則拊盆叩瓴之徒也。

夫無[19]以天下為者，學之建鼓矣。尊勢厚利，人之所貪也。使之左據天下圖而右手刎其喉，愚夫不為。由此觀之，生貴於天下也[20]。聖人食足以接氣[21]，衣足以蓋[22]形，適情不求餘[23]，無天下不虧[24]其性，有天下不羨[25]其和[26]。有天下、無天下，一實[27]也。今贛[28]人敖倉[29]，予人河水，飢而餐之，渴而飲之，其入腹者不過[30]簞食[31]瓢漿，則身飽而敖倉不為之減[32]也，腹滿而河水不為之竭[33]也。有之不加飽，無之不為之飢，與守其篅𥫱[34]，有其井，一實也。人大怒破陰，大喜墜陽[35]；大憂內崩[36]，大怖生狂。除穢[37]去累[38]，莫若未始出其宗，乃為大通[39]。清目[40]而不以視，靜耳而不以聽，鉗口而不以言，委心[41]而不以慮，棄聰明而反太素[42]，休精神而棄知故[43]，覺而若眯[44]，生[45]而若死，終則反本未生之時，而與化為一體。死之與生，一體也。

【章　旨】這一章仍然是討論人的精神修養問題。雖然文中從無為合道的核心思想出發談如何維護生理健康、心理健康的言詞不少。如云「大怒破陰，大喜墜陽；大憂內崩，大怖生狂」，「清目而不以視，靜耳而不以聽，鉗口而不以言，委心而不以慮，棄聰明而反太素，休精神而棄知故」。但重點是講貪利偷生的不足取。既言「生之不足貪」、「天下之不足利」，又謂「有天下、無天下，一實也」、「死之與生，一體也」。論證後者，始則因「至人之論」、「道德之意」加以推斷，強調精神修養中通曉「至論之旨（即清靜無為）」的重要。繼而又用人「飢而餐之，渴而飲之，其入腹者不過簞食瓢漿」的生活常識說明其理。較之《文子・九守・守平》細密得多。

【注釋】❶論　通「倫」。選擇。《文子》即作「倫」。❷道德之意　指無為、無言。本書〈原道〉云：「無為為之而合於道，無為言之而通乎德。」❸考　觀察。❹許由　古隱士。相傳堯欲讓以天下，許由逃入箕山下，隱於農耕。後堯召其為九州長，許由以為其言髒汙了自己的耳朵，嘗洗耳於潁水濱。《莊子・逍遙遊》記許由拒受君位之言有與本章內容相近者。許由答堯曰：「鷦鷯巢於深林，不過一枝；偃鼠飲河，不過滿腹。歸休乎君，予無所用天下為！」❺金縢豹韜廢矣　舊注謂「〈金縢〉、〈豹韜〉，周公、太公陰謀圖王之書。許由輕天下不受，焉用此書為，故曰廢矣」。金縢，《尚書》篇名。所記為周公在武王病重時的祝禱之詞。一稱祝策。策藏匱中，緘封之以金，故名金縢。周公避管、蔡誣其篡位之流言，出居東都。成王開匱視其祝文，明其忠心，迎其歸成周。豹韜，漢人採掇舊說、假託呂尚所寫兵書《六韜》之一種（餘為〈文韜〉、〈武韜〉、〈龍韜〉、〈虎韜〉、〈犬韜〉），有八篇。❻訟閒田者　為閒田而爭訟之人。古以土地封國，封餘之田為閒田。《孔子家語》言：「虞、芮二國，爭田而訟，連年不決，乃相謂曰：西伯仁人也，盍往質之？入其境，則耕者讓畔，行者讓路，入其朝，則士讓為大夫，大夫讓為卿。虞、芮之君曰：『吾儕小人，不可以入君子之朝。』遂以其所爭為閒田。」如此則虞、芮二國君為訟閒田者。❼爭券契者　為券契而爭辯者。券契，契約一類的憑證。古代券契，刻字後剖為兩半，雙方各執其一。❽媿　同「愧」。❾悶　煩悶。馬宗霍訓為「辱」，亦通。❿大義　舊注謂「死君親之難也」。⓫大言　舊注謂「體道無欲之言」。⓬窮鄙之社　指窮鄉僻壤所舉行的社祭（祭土地神）活動。⓭拊瓴　敲擊盛水用的瓶子。⓮建鼓　古樂器名。又稱應鼓。其形制：以大鼓穿徑為方孔，貫柱其中而樹之，柱上施華蓋，頂飾金鸞，柱下有四足，飾以臥獅。⓯乃始　猶言然後。原文為「乃性」，依王念孫校改。⓰仍仍　惘然若有所失的樣子。舊注謂「不得志之貌。仍仍或作聆聆，猶聞也」。⓱脩文學　猶言學習文獻經典。⓲至論　最深刻最真實的道理。或謂精闢之論。此處實指道德之論。⓳無　原文無此字，依王念孫校補。⓴使之左據天下四句　舊注謂「天下至大，非手所據，故不言手也。使得據天下之圖籍，行其權勢，而刎喉殺身，雖愚者不肯為也，故曰生貴於天下矣」。貴，貴重；寶貴。原文為「尊」，依王念孫校改。㉑接氣　猶言續氣。㉒蓋　覆。㉓餘　饒；多。㉔虧　損。㉕羨吳承仕訓為「延」。謂「羨、延、衍一聲之轉，其義皆為饒多。有天下不羨其和者，猶云得天下不以為泰也」。㉖和　安適；快樂。㉗實　舊注訓為「等」。㉘贛　賜給。㉙敖倉　古糧倉名。一名敖庾，故址在今河南省滎陽市東北敖山上。倉為秦人所設。㉚過　超出。㉛簞食　猶言一盒飯。簞，盛飯用的圓形竹器。㉜減　少。㉝竭　盡。㉞篅笹　貯藏穀物的圓囤。㉟大怒破陰二句　舊注謂「怒者，陰氣也。陰為堅冰，積陰相薄，故破陰。喜者陽氣，陽氣升於上，積陽相薄，故曰墜陽也」。墜陽，陽氣失落。㊱內崩　猶言內臟碎裂。㊲穢　指邪惡的意念和舉動。㊳累　指物累。即為外物所拖累。㊴大通　融通無礙。㊵清目　猶言明目。㊶委心　聽任心之自然。㊷太素　指元氣。或謂道。㊸知故　即智故。巧飾；巧詐。㊹眯　夢魘。夢中驚駭。原文為「眛」，依王引之校改。㊺生　原文上有「以」字，依楊樹達校刪。

【語　譯】我們向上觀看至人所作的選擇，深入探求道德無為、無言的意旨，用這些作標準向下考察世俗之人的行為，他們的舉動確實夠使人羞愧的了。所以能通曉許由不肯做官的心意，那〈金縢〉、〈豹韜〉一類講權術、謀略的書就會廢棄無用；知道了延陵季子不接受吳國國君之位的事跡，那些為閒田爭訟不已的人就會感到羞愧；知道了子罕不以貪得寶玉為利的言行，那些爭奪券契的人也會感到慚愧；知道了務光不為世風所汙的舉動，那些貪圖財利、苟且偷生的人也會為自己的行為感到恥辱。所以未見到為大義而死這類事例的人，不懂得活著是不值得貪戀的；未曾聽見過體道無欲這類大言的人，不懂得天下是不值得貪而為利的。如今一些偏僻地方的人舉行祭土地神的活動，大家敲打著盆子、瓶子，相互跟著歌唱，自己認為這是很快樂的。如果試著為他們敲打建鼓、撞響巨鐘，這樣他們就會惘然若有所失，明白敲盆擊瓶以取樂是夠令人羞愧的。收藏《詩》、《書》，學習經典文獻，卻不懂得最精闢的道德之論的宗旨，那就是以敲盆擊瓶為最大快樂的一類人物。

不為天下至寵至尊的權位而奮鬥，這是學問中的建鼓。至尊之權位、至重之利祿，是一般人所貪戀的。假使讓一個人左手拿著天下的圖籍，擁有統治天下的權勢，而用右手去割斷自己的喉管，就是愚蠢的人也不願這樣做。由此可以看出，人的生命比天下的至尊之位要寶貴得多。聖人進食只要能延續生氣就夠了，穿衣也只要能遮蔽住身體就行了，只要適合實際需要而不求多，沒有得到天下的至尊之位不會使他的天性受損；

有了天下的至尊之位也不能增多他的安適心情。有天下的至尊之位和沒有至尊之位，是同一回事。現在賜給人一座敖倉，把黃河的水全給他。他餓了就吃倉裡的糧食，渴了喝黃河裡的水，但進入他腹中的不會超出一簞子飯和一瓢水。他肚子吃飽了而敖倉裡的糧食卻不因此而減少，他肚子喝飽了而黃河裡的水卻不因此而枯竭。一個人有了黃河不會喝得更加飽，沒有敖倉也不會因此而更加飢餓，這和守住他的穀囤，有那麼一口井，也是同一回事。人大怒會使他的陰氣遭到破壞，大喜會使他的陽氣失落；大憂會使他的內臟碎裂，過度恐怖會使他發瘋。除掉邪惡的意念和舉動，不為外物所拖累，這些都不如從來不曾越出道的本宗，那才叫做融通無礙。使雙眼明亮而不用它們看東西，使兩耳安靜而不用它們聽聲音，閉住嘴巴而不用它說話，聽任心的自然而不用它考慮問題，拋棄聰明而返歸於元氣之中，使精神休息而丟棄巧詐之術，睡醒了卻還像在夢中一樣，活著卻像死了一樣，最終回到本來未產生之時的狀況，而與造化合為一體。死和生本來也就是合為一體的啊！

今夫繇者❶，揭❷钁臿❸，負籠❹土，鹽汗❺交流，喘息薄喉❻。當此之時，得茠越❼下，則脫然而喜❽矣。巖穴❾之間，非直越下之休也。病疵瘕❿者，捧心⓫抑腹⓬，膝上叩頭，踡跼⓭而諦⓮，通夕不寐。當此之時，噲然⓯得臥，則親戚⓰兄弟歡然而喜。夫脩夜⓱之寧，非直一噲之樂也。故知宇宙之大，則不可劫⓲以死生；知養生之和⓳，則不可縣⓴以天下；知未生之樂，則不可畏以死㉑；知許由之貴於舜，則不貪物㉒。牆之立，不若其偃也，又況不為牆乎！冰之凝，不若其釋也，又況不為冰乎㉓！自無蹠有，自有蹠無㉔，終始無端，莫知其所萌。非通於外內㉕，孰能無好憎㉖？無外之外，至大也㉗；無內之內，至貴也㉘。能知大、貴㉙，何往而不遂㉚！

【章旨】這一章用人們小不如大的生活感受和自然現象為例，說明人的精神修養欲合於大道，須「聞大言」、「知至論之旨」。所謂「知宇宙之大，則不可劫以死生；知養生之和，則不可縣以天下；知未生之樂，則不可畏以死；知許由之貴於舜，則不貪物」。由此可以看出作者所倡導的最高精神修養的標誌是什麼。文中所說的「至論之旨」則是道「無外之外」的「至大」特徵，和「無內之內」的「至貴」特徵。作者認為明白了這些道理就可無往而不遂。

【注釋】❶繇者　服傜役的人。繇，通「傜」。❷揭　舉。❸钁臿　钁，大鋤。臿，鍬。❹籠　盛土用的器具。❺鹽汗　汗水。舊注謂「白汗鹹如鹽，故曰鹽汗」。❻薄喉　指氣衝喉。薄，迫；逼近。❼茠越　茠，同「庥」。在樹蔭下休息。舊注謂「茠，蔭也。三輔人謂休華樹下為茠也」。越，樹陰。舊注謂「楚人樹上大本小，如車蓋狀為越，言多蔭也」。❽脫然而喜　舊注謂「脫，舒也。言繇人之得小休息，則氣得舒，故喜也」。脫然，舒緩之狀。❾巖穴　指隱士居所。❿疵瘕　腹痛之病。⓫捧心　兩手抱著胸口。⓬抑腹　用手按住肚子。⓭蜷跼　屈曲；不能伸直。⓮諦　通「啼」。啼號。⓯噲然　形容時間短暫。猶言瞬間。噲，通「快」。⓰親戚　古於父母兄弟等皆稱親戚。此處係指兄弟以外之內外親屬。⓱脩夜　長夜；整夜。或謂極夜。⓲劫　逼迫。⓳養生之和　馬宗霍謂即為「養生之要道」。舊注亦云「養生之和，謂正道也」。和，會。引申為「要」。⓴縣　惑。或訓「縣」為「有係者」，亦通。㉑知未生之樂二句　舊注謂「樂其未生之時，雖懼之以死，不能使之畏死。言不畏死」。畏，或訓為「威」。㉒不貪物　舊注謂「言不貪利欲之物也」。㉓牆之立六句　舊注謂「不如未為牆、冰之時，偃、凝能變也」。㉔自無蹠有二句　謂死生變化也。自無蹠有，舊注謂「從無形至有形也」。蹠，至。自有蹠無，舊注謂為「從有形至無形也」。㉕通於外內　謂與無外、無內的道相通。《莊子》謂「道未始有封」（〈齊物論〉）、「無所不在」（〈知北遊〉）。《文選》（張景陽〈七命〉）注引《莊子》佚文云：「吾知道近乎無內，遠乎無外。」本書〈繆稱〉亦云：「道至高無上，至深無下，……包裹宇宙而無表裡，洞同覆載而無所礙。」皆言道無外無內。㉖好憎　舊注釋為「情欲」。㉗無外之外二句　舊注謂

「言天無有垠外，而能為之外，喻極大也」。㉘無內之內二句　舊注謂「無內，言其小，小無內，而能為之內。道尚微妙，故曰至貴也」。㉙大貴　指道的至大、至貴。㉚何往而不遂　舊注謂「言道至微，能出入於無間，故曰何往而不遂」。遂，通。或謂達。

【語　譯】如今服徭役的人，舉起鋤頭挖土，用鍬鏟土，背上揹著一筐筐的土，累得汗水流淌、呼吸急促、氣衝喉嚨。在這種時候，能夠在樹蔭下面休息一會兒，那他就會慢慢緩口氣而很高興了。隱士生活在巖洞中間，那一分涼爽舒適的感受，就不只是像在樹蔭下休息一會兒那樣。患有腹痛之病的人，用手抱著胸口，按住肚子，痛得頭直朝膝蓋上撞，彎著腰啼哭不止，整夜都不能睡。在這種情況下，病人能趴在几上睡一會兒，那他的兄弟和親戚們都會歡喜得很。整夜睡覺睡得安寧，那種快樂可不只是片刻入睡之樂所能比擬的。所以明白宇宙廣大的人，不能拿死生來逼迫他；懂得養生要道的人，不能用天下的至尊之位、至寵之勢來誘惑他；懂得未生之時快樂的人，就不能使他害怕死亡；明白許由比虞舜可貴的人，就不會貪戀利欲之物。牆豎立著不如倒下，更何況不成為牆呢！冰凝固成塊，不如溶化成水，更何況不凝結為冰呢！從無形到有形，又從有形到無形，這種變化從哪裡開始，到哪裡終結，毫無頭緒，沒有誰能知道它是從何萌發的。如果不與充滿內外的大道相通，誰能沒有愛憎的情欲呢？沒有外部的外部世界，是最大的；沒有內部的內部世界，是最可貴的。能懂得什麼是最大、什麼是最可貴的道理的人，到哪裡去不會通行無阻呢！

衰世湊學，不知原心反本❶，直雕琢其性，矯拂其情，以與世交❷，故目雖欲之，禁之以度❸；心雖樂之，節之以禮，趨翔周旋❹，詘節❺卑拜❻；肉凝而不食，酒澄而不飲；外束其形，內總❼其德❽；鉗❾陰陽之和，而迫性命之情，故終身為悲人❿。達至道⓫者則不然，理情性，治心術；養以和⓬，持以適；樂道而忘賤，安德而忘貧；性有不欲，無欲而不得⑬；心有不樂，無樂而不為⑭；無益於⑮情者不以累德⑯，不便於⑰性者不以滑和⑱，故縱體肆意⑲，而度制⑳可以為天下儀㉑。

【章　旨】這一章敘說兩類人的養生方法，一是「衰世湊學」之徒，不知原心反本，雕琢其性，矯拂其情而與世交。總的特點是「外束其形，內總其德」，以世俗之事「而迫性命之情」。一是「達至道者」，養心性不忘求和求適，總的特點是「樂道而忘賤，安德而忘貧」，「無益於情者不以累德，不便於性者不以滑和」。兩種養生方法反映出兩種人生態度，作者否定前者，言其人只能「終身為悲人」；肯定後者，謂其「度制可以為天下儀」。

【注　釋】❶衰世湊學二句　舊注謂「湊，趨也。趨其末，不脩稽古之典，苟徼名號耳，故曰不知原心反本也」。湊學，趨於學。此處指競進於學者。所謂學，指學禮法、求聲名而背離本性的行為。❷直雕琢其性三句　舊注謂「雕琢其天性，拂戾其本情，以合流俗，與世人交接也」。直，但；只；僅。矯拂，違反。矯，正曲使直謂矯，引申為改正、違背。拂，同「弗」。與「矯」義同。❸度　指法度、規矩。❹趨翔周旋　謂行走運轉謙恭有禮。趨，小步快走，以示恭敬。翔，同「蹌」。行走有節奏。周旋，運轉。❺詘節　猶言膝蓋彎曲。詘，屈曲。節，楊樹達謂其「為卩之假字。卩謂厀（膝）卩」，即膝關節。❻卑拜　低頭而拜。❼總　束。《說文・糸部》云：「總，聚束也。」❽德　得其天性謂之德。指人淳樸自然的本性。❾鉗　緘禁。❿悲人　悲哀之人。悲，哀。⓫至道　至極之道。⓬和　平和。⓭性有不欲二句　舊注謂「言其守虛，執持不欲之情性，則無有所欲而不得也」。⓮心有不樂二句　舊注謂「言其志正，不樂邪淫之樂，則無有正樂而不為樂。言皆為之樂也」。⓯於　原文無此字，依王念孫校補。⓰累德　拖累至德。⓱不便於　原文為「而便」，依王念孫校改。⓲滑和　擾亂心性的和諧。⓳縱體肆意　縱放形體、舒緩意念。舊注謂「肆，緩也」。⓴度制　制限；限度。㉑儀　法度；準則。

【語　譯】在世道衰落的時代競進於學的人，不懂探求心的本原而返歸根本的道理。只是雕琢他的心性，違反他真實的感情，來和世俗之人交往。所以眼睛雖然想觀看某種事物，卻用規則來加以禁止；心中雖然喜愛某種事物，卻用禮法來加以節制，行走運轉謙恭有度，彎曲膝蓋低頭下拜；熱氣騰騰的肉已冷得凍住了還不吃，酒放著都澄清了還不喝；外在捆住他的形體，內在束縛他淳樸自然的本性；封禁陰氣陽氣所形成之和氣，而逼迫生命的真實情性，所以終身都是悲哀的人。修身養性能達到至道境界的人就不是這樣，他能調理情性，整治心術；涵養平和之氣，把持適愜之意；樂於體道而行而忘掉地位的卑賤，安於淳樸自然的本性而忘掉自己的貧窮；他能具有沒有欲望的情性，那就沒有想得到而得不到的；他能有不喜愛邪淫之樂的心，那就沒有什麼事不會使他感到快樂的；那些對情性沒有益處的事物不會影響他淳樸自然的本性，那些對情性不利的事物也不能擾亂他心性的和諧，所以他放縱形體、舒緩意念所達到的限度，可以成為天下所有人修身養性的準則。

今夫儒者，不本其所以欲❶而禁其所欲❷，不原其所以樂❸而閉其所樂❹，是猶決江河之源而障❺之以手也。夫牧民者❻，猶畜禽獸也，不塞其囿垣❼，使有野心❽，係絆其足，以禁其動，而欲脩生❾壽終，豈可得乎！夫顏回、季路、子夏、冉伯牛，孔子之通學❿也。然顏淵夭死⓫，季路葅於衛⓬，子夏⓭失明，冉伯牛⓮為厲⓯。此皆迫性拂情而不得其和⓰也。故子夏見曾子⓱，一臞⓲一肥，曾子問其故，曰：「出見富貴之樂而欲之，入見先王之道⓳又說⓴之，兩者心戰，故臞。先王之道勝，故肥㉑。」推此志㉒，非能不㉓貪富貴之位、不便㉔侈靡㉕之樂，直㉖

迫性閉欲，以義㉗自防也。雖情心鬱殪㉘，形性屈竭㉙，猶不得已㉚自強㉛也，故莫能終其天年㉜。

若夫至人，量腹而食，度形而衣；容身而游，適情而行；餘天下而不貪㉝，委㉞萬物而不利㉟；處大廓㊱之宇，游無極㊲之野，登太皇㊳，馮㊴太一㊵，玩㊶天地於掌握之中，夫豈為貧富肥臞哉！故儒者非能使人無欲而能止之㊷，非能使人勿樂而能禁之㊸。夫使天下畏刑而不敢盜，豈若能使無有盜心哉！

【章　旨】這一章敘說「儒者」和「至人」修身養性的不同特點。否定儒者之所為，肯定至人之所行。文中說儒生養性的最大毛病是「迫性拂情而不得其和」，本來心有所欲、所樂，偏要做不欲、不樂之事。違性而行，「以義自防」，長期「心戰」，所以形性屈竭，不能終其天年。顏回、子夏等即為其例。至人相反，衣食遊行皆依形性而為。遺棄天下萬物而不貪、不利，心性與大道合一。胸懷廓大，絕無因貧富而致肥臞之事。通過對比，作者是要說明儒者以禮法束縛人心不如至人以道養化人心。此章本於《文子・上禮》而略有發揮。

【注　釋】❶本其所以欲　謂推源欲望所產生的根本原因——偏邪之性，端正其性，使之恬漠。所以欲，指欲望所產生的根本原因。❷所欲　指欲望。舊注謂「情欲、驕奢、權勢也」。❸所以樂　指淫樂產生的根本原因——偏邪之性。❹所樂　指邪淫之樂。❺障　蔽；阻塞。❻牧民者　治民。❼囿垣　養禽獸之地的圍牆。❽野心　心性放縱，嚮往奔馳於荒野之心。❾脩生　長生。❿通學　精通學問的門人。⓫顏淵夭死　孔子嘗曰「有顏回者好學，不遷怒，不貳過。不幸短命死矣」，故稱。顏淵，顏回，字子淵（西元前五二一～前四九〇年），春秋魯人。⓬季路菹於衛　舊注謂「季路仕於衛，衛君父子爭國，季路死，孔子曰：『若由不得其死然。』言不得以壽命終也。……衛人醢之以為醬，故曰葅」。季路，仲由。字子路，一字季路（西元前五四二～前四八〇年），春秋卞人。仕於衛，為衛大夫孔悝邑宰，因不願隨孔悝迎立蒯聵為衛公，被殺。⓭子夏　卜商。字子夏（西元前五〇七～前四〇〇年），春秋衛人。長於文學。有子早死，痛哭失明。⓮冉伯牛　冉耕。字伯牛（西元前五四四～？），春秋魯人，以德行稱。⓯厲　同「癘」。惡疾。即惡瘡。一說冉伯牛所患惡疾為牛皮癬。⓰和　指性情的和諧、平和。一作「天和（指自然元氣）」。⓱曾子　名參。字子輿（西元前五〇五～前四三五年），春秋魯南武城人。孔子弟子。子夏見曾子事見《韓非子・喻老》。⓲臞　同「癯」。消瘦。⓳先王之道　此指先王奉行之至道。⓴說　同「悅」。㉑故肥　舊注謂「道勝，不惑縣（同『眩』）於富貴，精神內守無思慮，故肥也」。㉒志　心志。舊注言此志為「子夏之志」。㉓不　原文無此字，依王念孫校補。㉔不便　不以為有利。㉕侈靡　指生活奢侈糜爛。㉖直　原文作「宜」，依王念孫校改。㉗義　禮義道德。㉘鬱殪　鬱積不通。㉙形性屈竭　謂形體屈曲有變，淳樸本性喪失殆盡。㉚已　止。㉛自強　自我勉強而為。㉜天年　自然的壽數。㉝餘天下而不貪　馬宗霍說「即視天下如敝屣之意」。餘，義同「遺」。㉞委　棄。㉟不利　不以為利。㊱大廓　廣大虛空。㊲無極　無盡。㊳太皇　指天。㊴馮　同「憑」。依靠。㊵太一　舊注謂「天之形神也」。形神，即「刑神」。刑殺之神。㊶玩　用手玩弄。㊷故儒者非能句　舊注謂「言不能使人無情欲也。已雖欲之，能以義自已也」。㊸非能使人句　舊注謂「言不能使人無樂富貴，能以禮自禁止之。《論語》曰『不義而富且貴，於我如浮雲』也」。

【語　譯】如今奉行儒學的人，不探求人們各種欲望所產生的根本原因，而要禁止人們對各種欲望的追求；不追究人們產生喜愛之心的根本原因，而要禁止人們對一些事物的喜愛，這就像長江、黃河的水源沖出了缺口而用手阻塞住它一樣。治理百姓，就像畜養禽獸。不堵塞住畜養場的圍牆，使得牠們心性放縱，不可馴服，而繫絆住牠們的腳，來禁止牠們行動，而想讓牠們活得長，全壽而終，哪能做得到呢！顏回、季路、子夏、冉伯牛，都是孔子的高材生。但是顏回短命而死，季路在衛國被剁成了肉醬，子夏雙目失明，冉伯牛長有惡瘡。這都是他們逼迫自己的性情、違反自然的本性而不能處於平和之中的結果。所以子夏去見曾子，一時消瘦，一時很胖。曾子問他是什麼緣故，子夏回答說：「我出去看到富貴之人的快樂，心裡便想得到富貴之樂；進來見到先王奉行過的大道又很喜歡它。兩種想法在心中交戰，所以就消瘦了。喜歡先王之道的想法戰勝了富貴的想法，所以就胖了。」推究子夏的心思，他並不是能不貪戀大富大貴的權勢地位，並不是能不以奢侈糜爛的生活為快樂，只不過是逼迫自己的性情、禁閉自己的欲望、用禮義來自我防止罷了。雖然心情鬱積不通，形體屈曲有變，本性喪失殆盡，還不能停止自己勉強而為的做法，所以他不能享有他應有的自然年壽。

至於至人，按肚子的大小進食，按身體大小穿衣；到能容身之處漫遊，適應情性而行動；遺棄天下至尊之位而不貪戀，委棄萬物而不以為利；處身於廣大、空虛的宇宙內，漫遊在沒有盡頭的曠野上；登上天，依靠上天的刑殺之神，在手掌中玩弄天地，怎麼會因為貧富而使自己胖或瘦呢！所以奉行儒學的人不能使人沒有情欲而是能用禮義道德來禁止人的情欲，不能使人沒有喜愛之心而是能用禮義道德來禁止人的喜愛之心。讓天下的人畏懼刑罰而不敢偷盜，哪裡能趕得上讓天下的人沒有偷盜之心呢！

越人❶得髯蛇❷，以為上肴，中國❸得而棄之無用。故知其無所用，貪者能辭之；不知其無所用，廉者不能讓也。夫人主之所以殘亡❹其國家、損棄其社稷，身死於人手，為天下笑❺，未嘗非為非欲❻也。夫仇由貪大鐘之賂而亡其國❼，虞君利垂棘之璧而擒其身❽，獻公❾豔❿驪姬⓫之美而亂四世⓬，桓公⓭甘⓮易牙之和⓯而不以時葬⓰，胡王⓱淫女樂之娛而亡上地⓲。使此五君者，適⓳情辭餘，以己為度，不隨物而動⓴，豈有此大患哉？故射者非矢不中也，學射者不治矢㉑也；御者非轡不行，學御者不為轡也。知冬日之箑㉒、夏日之裘無用於己，則萬物之變為塵埃矣。故以湯止沸，沸乃不止。誠知其本，則去火而已㉓矣。

【章　旨】這一章仍講人的修身養性，包含兩層意思。一是說人要認識到外物之無用，方能不貪、不欲，而人主的殘亡其國、身死人手往往是為滿足不當之欲所致。仇由、虞君、晉獻公、齊桓公、胡王即為其例。二是說如何使人去掉貪樂之心、貪樂之行，謂宜從治本（即端正其性）出發，以恢復人自然淳樸的天性。和上一章一樣，本章對儒學治人以禮義持否定態度，只不過不像上一章那樣，將人的夭死病殺以至身體的瘦胖通通歸咎於禮義道德的束縛。但文中說儒者治人節之以禮為「以湯止沸」，說道家依道養性方是「知其本」，而持以天性以去人欲始為「去火」、「止沸」。揚道抑儒的立場非常鮮明。本章部分文字亦出自《文子・上禮》。

【注　釋】❶越人　越地之人。古越人居今江、浙、粵、閩一帶，故這一帶稱百越之地。此地之人亦可稱為越人。❷髯蛇　舊注謂「大蛇也，其長數丈，俗（當為『享』）以為上肴」。❸中國　指中原地區之民眾。❹殘亡　滅亡。殘，毀滅。❺身死於人手二句　出自賈誼〈過秦論上〉。❻非欲　猶言不當欲而欲。❼仇由貪大鐘句　晉大夫智伯欲攻仇由而無道可通，因鑄大鐘，須併車、併船方可運送。仇由之君貪鐘之利，其臣赤章蔓枝諫而不納，遂闢水陸之路以迎鐘。智伯率軍隨後而入。蔓枝逃衛始七日（一說七月），仇由即亡。事見《韓非子・說林》，又見《呂氏春秋・權勳》。仇由，一稱仇酋、仇猶、厹由。春秋小國名，近於晉。故地在今山西省盂縣東北。❽虞君利垂棘之璧句　晉獻公使荀息向虞公借道以伐西虢，荀息用獻公寶愛之垂棘之璧、屈產之乘（屈地所產良馬）以賂虞公。宮之奇以脣竭齒寒之義苦諫虞公不可借道，虞公弗聽，受璧、馬而借道。荀息得西虢，回師途中又滅虞國。獻公復得璧、乘。事見《左傳・僖公五年》，又見《韓非子・十過》、《呂氏春秋・權勳》。虞君，虞國之君。即虞公。虞位於晉國南，故地在山西省平陸縣東北。垂棘之璧，垂棘所產之美玉。垂棘為春秋晉國地名，確址無考，以產美玉著名。❾獻公　指晉獻公。❿豔　體美為豔。此處作動詞用，意為因其美豔而迷戀。⓫驪姬　春秋驪戎（其故地在今陝西省臨潼縣之東）女，有國色之譽。晉獻公伐驪戎得之，寵極，立為夫人。生奚齊，遂為殺太子申生而立奚齊。⓬亂四世　事見《左傳・莊公二十八年》。亂，謂殺嫡立庶事。四世，指奚齊（獻公死託荀息立為國君，里克殺之）、卓子（獻公與驪姬娣（即「妹」也）所生子，奚齊被殺，荀息立卓子，里克殺卓子於朝）、惠公夷吾（夷吾為獻公子，卓子死，秦、晉立夷吾為惠公。夷吾後為秦穆公所俘，歸國立子圉為太子）、懷公圉（夷吾死，圉為晉懷公。重耳在秦國支持下入晉為君，圉逃奔高梁，重耳使人殺之)。⓭桓公　指齊桓公。⓮甘　美。作動詞用，即因其美味而嗜愛。⓯易牙之和　指易牙調製的美味。和，通「盉」。調味。易牙，一作狄牙。春秋齊人、齊國大夫，善知味、調味。嘗蒸嬰兒進於齊桓公，後又蒸其首子以進獻桓公，大得親寵，後專權亂政。事見《韓非子・十過》。⓰不以時葬　豎刁、易牙等人亂政，桓公病，五公子各樹黨羽相爭，桓公渴餓而死。「身死三月不收，蟲出於戶」(同上)。或謂「桓公尸在床上六十七日，尸蟲出於戶」，十月死，十二月斂殯，次年八月始葬(參見《史記・齊太公世家》)。故言不按時而葬。⓱胡王　舊注釋胡王為「西戎之君」。⓲上地　美地。戎王使由余聘於秦穆公，穆公以由余為聖人，患其佐戎王不利於秦，留由余而以女樂二八遺戎王。戎王見女樂而悅之，設酒張飲，日以聽樂，終歲不遷徙，牛馬半死。由余歸而諫之，戎王弗聽。於是由余入秦，穆公拜為上卿。又問以戎國兵勢、地形，舉兵伐戎，兼國十二，開地千里。事見《韓非子・十過》。⓳適　適度。舊注釋適為「節」。⓴動　舊注謂「猶惑也」。㉑不治矢　猶言不做箭。舊注謂「言不為而得用之。然則為者不得用之」。㉒箑　扇的別名。㉓已　止。

【語　譯】越地的人得到大蛇，便認為是上等佳肴；可是中原地區的人得到了大蛇卻扔掉，覺得沒有什麼用處。所以知道某種事物沒有什麼用處，就是貪心的人也能不要它；不知道它沒有什麼用處，就是清廉的人也不會辭讓。君王之所以使他的國家滅亡、社稷毀棄，自己死在他人的手中，遭到天下人的譏笑，未曾不是為了追求不當之欲。仇由就是因為貪圖大鐘那樣的財物而失去了他的國家，虞公因為要得到垂棘之璧這樣的利益而被人捕捉了，晉獻公因為貪戀驪姬形貌的豔美而使晉國連續亂了四朝；齊桓公因喜愛易牙調和的美味而寵幸他，結果使得自己死了都不能及時安葬；西戎君王因為過度地沉溺於女樂歌舞所帶來的歡娛，而失去了他肥沃的國土。假使這五位國君，能適度地節制他們的情性、去掉那些多餘之物，以自己生活的最低要求為限度，不隨外物而被誘惑、搖動的話，哪裡會有這些大災禍呢？所以射箭的人無箭不能射中靶子，但學射箭的人並不做箭；駕馭車馬的人不掌握轡繩，車馬就不能前進，但學駕車馬的人並不做轡繩。懂得在冬天扇子對自己無用、在夏天皮襖對自己無用，那在他眼中萬物就變成塵土了。所以用開水去止住水的沸騰，沸騰是止不住的。果真知道了開水沸騰的根本原因，就知道去掉火便可以了。

卷八

本經

【題解】〈本經〉闡說治國的根本原則，主張去仁義禮樂而以道德治天下。其說源於《老》、《莊》而有新的發展，反映出黃老道學的一些特點。

此外，本卷還提出「天地之合和，陰陽之陶化萬物，皆乘一氣者也」，並由此說到天人相感、物類相應之事。對「人之性」中的樂、悲、怒的成因和表現形式有生動的描述。而說「必有其質，乃為之文」、說人「純樸」，「則目不營於色，耳不淫於聲」，「雖有毛嬙、西施之色，不知說也，〈掉羽〉、〈武象〉，不知樂也」，已經涉及人的審美規律。這些都值得讀者注意。

太清❶之治❷也，和順❸以寂漠❹，質真❺而素樸❻，閑靜❼而不躁❽，推移❾而無故❿，在內而合乎道⓫，出外而調於義⓬，發動⓭而成於文⓮，行快⓯而便於物⓰。其言略⓱而循理，其行侻⓲而順情，其心愉⓳而不偽⓴，其事素㉑而不飾㉒。是以不擇時日，不占卦兆㉓，不謀所始，不議所終，安則止，激㉔則行，通體㉕於天地，同精㉖於陰陽，一和於四時㉗，明照於日月，與造化者相雌雄㉘。是以天覆以德，地載以樂㉙，四時不失其敘，風雨不降其虐，日月淑清㉚而揚光㉛，五星㉜循軌㉝而不失其行。當此之時，玄光㉞至碭㉟而運照㊱，鳳麟至㊲，著龜兆㊳，甘露下，竹實滿㊴，流黃㊵出，而朱草㊶生，機械㊷詐偽莫㊸藏於心。

【章　旨】這一章說太清之世即三皇之時治政的特點，從多方面敘說三皇如何體道而行、與道相合，使得太清之世成為至德之世。中言三皇，既道其性情和順寂漠、閑靜無躁，內在修養合於道，身所履行亦「調於義」。又稱其言略行侻，循理順情，而與天地陰陽相通。對三皇以道治天下的功效也是極力渲染：風調雨順、日月清明、地上多祥瑞之物、世間無巧詐之人。見得依道治政實是無為而無不為。

【注　釋】❶太清　元氣之清者謂之太清。此指三皇之時。舊注謂「清，靜也。太清，無為之始者」。❷治　原文為「始」，依王念孫校改。❸和順　和諧順從。當如《易・說卦》所云「和順於道德」。舊注謂「三皇之時和順，不逆天暴物也」。一釋為和諧順成。❹寂漠　寂寥淡漠。指三皇治政言。舊注謂「不擾民」。❺質真　舊注謂「質，性也。真，不變也」。❻素樸　有本質、本色之意。指人的自然本性。本書舊注則謂「精不散也」。生絲為素，原始木材為樸。❼閑靜　舊注謂「言無欲也」。❽躁　舊注訓為「擾」。❾推移　轉變。指與時推移。❿故　常。指固定不變的法則。⓫在內而合乎道　舊注謂「在內者，志在心。平欲，故能合於道」。⓬出外而調於義　舊注謂「出於外者，身所履行也。行不越規矩，故能調義。義或作德也」。⓭發動　舊注謂「發，作也。動，行也」。⓮文　文章。指禮樂制度。⓯快　疾速。俞樾校改為「決」，非是。⓰便於物　謂有利於事。便，利。⓱略　簡要。⓲侻　簡易。⓳愉　和適。⓴偽　舊注釋為「虛詐」。㉑素　舊注釋為「樸」。㉒飾　舊注釋為「巧」。㉓卦兆　卦，八卦。以卦象占吉凶。兆，契龜之兆（燒灼龜甲所形成的裂紋）。㉔激　奮激；激動。㉕體　形體。㉖精　精神。㉗一和於四時　謂三皇治政或德或刑皆與四時長物、殺物之規律諧和。《管子・四時》云：「刑德者，四時之合也。」注謂「德合於春夏，刑合於秋冬」。一和，同和。一，同。發而皆中節謂之和。㉘雌雄　舊注謂「猶和適也」。㉙樂舊注謂「生也」。實指生長著的萬物。㉚淑清　明朗；純淨。㉛揚光　猶言放出光明。㉜五星　五大行星。即歲星（木星）、熒惑（火星）、鎮星（土星）、太白（金星）、辰星（水星）。㉝循軌　各順其軌道運行。五星隨天左旋，各有其軌道。㉞玄光　天之氣。玄，天。光，氣。原文為「元」，依俞樾校改。㉟至碭　至大。碭，廣大。㊱運照　運轉而照。㊲鳳麟至　舊注謂「聖德之世至於門庭」。㊳蓍龜兆　猶言占卜之兆。蓍，蓍草。用於筮。龜，龜甲。用於卜。兆，徵兆；跡象。此處有徵兆靈驗之意，故舊注訓為「信」。㊴竹實滿　竹實，竹米。竹之果實，狀似小麥。傳說鳳凰以竹實為食。滿，飽滿；成熟。舊注訓為「成」。㊵流黃　即「硫黃」。礦物名。本書〈天文〉有「夏至而流黃澤」句，舊注訓流黃為「土之精也」，本篇舊注則訓為「玉也」，似有誤。㊶朱草　一種紅色的草。可作染料，秋天萌芽。古代方士視其為瑞草。舊注謂玄光至碭而運照等七事為「瑞應」之事。㊷機械　機巧；巧詐。㊸莫　舊注訓為「無」。

【語譯】在無為而治的三皇時代，三皇治政和諧順從於道德而保持寂寥淡漠之心，原始純真而自然直樸；內心閑靜無欲，而不受干擾，隨著時間的變化而變化並無固定堅持的法則；心志在內而與道相合，在外的行為能調整得合於大義；發為行動就能成為禮樂制度，行動疾速而對事物有利。他們的言語簡要而依順道理，行為簡易而順從實際；他們的心和適而不虛詐，他們做的事樸素實在而不加以巧飾。所以做事不選擇吉利的日期，不用卜卦來占吉凶；不謀劃如何開始，也不討論如何終結，安定的時候就停止行動，有所激發就去做；形體與天地相通，精神與陰陽相合；布德施刑全與四時相符，觀察事物明明白白如同日月照物一樣明亮；和天地和諧相處，適意得很。所以天以德覆蓋天下，地上充滿生機勃勃的萬物；春、夏、秋、冬的時序不會錯亂，風和雨不給人間帶來災害；日月明朗而放射光芒，五大行星遵循各自的軌道運行而不會越軌。在這個時候，天空中的光輝廣大至極、遍照四海，鳳凰、麒麟來到門前，占卜的徵兆十分靈驗，甘露降落，竹子的果實長得飽滿，硫黃從地中溢出，而庭中長出了朱草，沒有人把機巧、詐偽藏在心中。

逮至衰世❶，鐫❷山石，鍥金玉❸，擿蚌蜃❹，消銅鐵❺，而萬物不滋❻。刳胎殺夭，麒麟不游；覆巢毀卵，鳳皇不翔[7]。鑽燧[8]取火，構[9]木為臺，焚林而田[10]，竭澤[11]而漁，人械[12]不足，畜藏有餘[13]。而萬物不繁兆[14]，萌牙、卵、胎而不成者，處之太半[15]矣。積壤而丘處[16]，糞田[17]而種穀[18]，掘地而井飲，疏[19]川而為利，築城而為固，拘獸以為畜，則陰陽繆戾[20]，四時失敘，雷霆毀折，雹霰[21]降虐，氛霧[22]霜雪不霽[23]，而萬物燋夭[24]。菑[25]榛穢[26]，聚埒畝[27]，芟[28]野菼[29]，長苗秀[30]。草木之句萌[31]、銜華[32]、戴實[33]而死者，不可勝數。乃至夏屋[34]宮駕[35]，緜聯[36]房植[37]，橑檐榱題[38]，雕琢刻鏤，喬枝[39]淩[40]阿[41]，夫容[42]芰荷[43]，五采爭勝，流漫[44]陸離[45]，脩掞[46]曲挍[47]，夭矯[48]曾橈[49]，芒繁[50]紛挐[51]，以相交持[52]，公輸[53]、王爾[54]無所錯[55]其剞[56]劂[57]削鋸，然猶未能澹[58]人主之欲也。是以松柏箘露宛而夏槁[59]，江、河、三川[60]絕[61]而不流，夷羊[62]在牧[63]，飛蛩[64]滿野，天旱地坼[65]，鳳皇不下，句爪[66]、居牙[67]、戴角[68]、出距[69]之獸於是鷙[70]矣。民之專室[71]蓬廬[72]，無所歸宿[73]，凍餓飢寒死者，相枕席[74]也。及至分山川谿谷使有壤界[75]，計人多少眾寡使有分數[76]，築城掘池，設機械[77]險阻以為備，飾[78]職事[79]、制服等[80]、異貴賤、差[81]賢不肖[82]、經誹譽[83]、行賞罰，則兵革[84]興而忿[85]爭生，民之滅抑[86]夭隱[87]、虐殺不辜[88]而刑誅[89]無罪，於是生矣。

【章 旨】這一章說「衰世」之弊，和上一章說「太清之治」之內容構成鮮明對比。作者對兩類社會形態、兩類人主的治政之方也是褒貶分明。本章所說的「衰世」，實指人類的「文明時代」。講衰世之弊，主要是講人類隨著生產力的發展、科學技術的進步和生活水準的提升，給自然界的生態平衡、山河的自然形態以及氣候變化的常規等帶來了破壞和影響。如說開礦取銅鐵使得「萬物不滋」；刳胎殺夭、覆巢毀卵、鑽燧取火、或獵或漁，使得動物、植物不能生長；肥田種穀、掘地打井、疏川築城都影響到氣候變異，使四時之序紊亂。要指出的是，文中是以人主為眾弊之原的。這表現在：一說上述弊端的存在是為了滿足人主的種種欲望，而且還不足以滿足其欲望。二把人主封疆立國、築城防守、設置官吏、制定禮儀刑法，都視為衰世之弊。三說人主所為是建立在平民的痛苦境遇之上的。

【注 釋】❶衰世 相對道家的「至德之世」而言。實指人類的文明時代。❷鐫 舊注謂「猶鑿也，求金玉也」。❸鍥金玉 舊注謂「鍥刻金玉以為器也」。鍥，刻。❹擿蚌蜃 即云「開以求珠也」。擿，開。蚌蜃，蚌、蜃屬蛤類。小蛤為蚌，大蛤為蜃。蚌殼內有珍珠層，可孕珍珠。❺消銅鐵 為鑄錢、製禮器、兵器、農具等而用。消，鎔化。❻不滋 舊注謂「不滋長也。言盡物類也」。滋，長。❼刳胎殺夭四句 出自《呂氏春秋・應同》。刳胎，指剖開獸腹以取其胎。刳，剖開。夭，麋鹿之子。麒麟不游，舊注謂「為類見害，故不來游」。游，行。卵，蛋。未孵之蛋為卵。舊注謂「鳥未鷇曰卵也」。❽燧 古代取火的用具。有金燧、木燧之分，前者取火於日，後者鑽木取火。文中指木燧，指能鑽而取火的木料。❾構 架。❿田 打獵。⓫竭澤 排盡池水。舊注謂「漏池也」。⓬人械 指一般人生產、生活所需之用具。械，器用之物。⓭畜藏有餘 指官家府庫充實。⓮繁兆 猶言繁殖、盛長。其義與本書〈天文〉「萬物蕃息，五穀兆長」之「蕃息」、「兆長」同。⓯處之太半 猶言居其大半。馬宗霍釋謂「言萬物之所以不繁，由於萌芽卵胎之不成者居其大半也」。⓰丘處 指居於積土所成之丘。⓱糞田 肥田；在田中施肥。⓲穀 莊稼和糧食的總稱。⓳疏 通。⓴繆戾 錯亂；違背。㉑雹霰 原文為「電霰」，依王念孫校改。霰，雪珠。俗稱米雪。㉒氛霧 霧氣。氛，霜露；霧氣。一說氛霧為惡霧，氛為惡氣，地氣發而天不應為霧。㉓霽 止。雨雪止、雲霧收皆可言霽。㉔萬物燋夭 舊注謂「霜雪之害不止，則萬物燋夭不繁茂也」。燋夭，枯萎而夭折。燋，通「憔」。㉕菑 茂密的草叢。一說災殺草木為菑。㉖榛穢 叢木為榛，田中雜草稱穢。㉗埒畝 猶言田壟。埒，泛指有界限的堤防、田壟。畝，田壟。㉘芟　割草。舊注謂「殺也」。㉙荄　草名。即初生之荻。舊注訓為「草」。㉚苗秀　舊注謂「苗，稼也。不榮（開花）而實（結果）曰秀也」。㉛句萌　出土的草木之芽，彎的稱句，直的稱萌。㉜銜華　猶言開花。㉝戴實　猶言結果。㉞夏屋　大屋。㉟宮駕　宮室之屋宇。駕，架構。㊱緜聯　相連不絕。緜，原文作「縣」，依王念孫校改。㊲房植　關閉門戶用的直木。舊注謂「房，室也。植，戶植也」。㊳橑檐榱題　橑檐，指屋簷。橑，簷前木。一說屋椽。榱題，即椽子頭。榱，椽子。題，物之端為題。㊴喬枝　高枝。㊵淩　淩駕。這裡有高出之義。原文作「菱」，依俞樾校改。㊶阿　舊注訓為「曲屋」。曲屋即周閣（環迴之樓閣）。㊷夫容　即「芙蓉」。指荷花。㊸芰荷　芰，菱角。兩角者為菱，四角者為芰。荷，夫渠。此處指荷葉、荷梗。㊹流漫　舊注謂「采色相參和也」。㊺陸離　美好的樣子。㊻脩掞　指雕刻的線條長而舒展。掞，舒展。㊼曲挍　指雕刻的線條曲絞而近於亂。挍，亂。㊽夭矯　屈伸自如。㊾曾橈　曾，同「層」。層疊。橈，曲折。㊿芒繁　尖細繁多。(51)紛挐　猶言紛亂。挐，糾纏；紛亂。(52)交持　交相制約。(53)公輸　公輸般。春秋魯國人，又稱魯班，我國古代著名工匠。發明刨、鑽等木工用具。(54)王爾　古之巧匠。(55)錯　同「措」。安放。(56)剞　雕刻用的曲刀。(57)劂　雕刻用的曲鑿。(58)澹　通「贍」。給；足。(59)是以松柏句　舊注謂「松柏根茂，箘露竹筦，皆冬生難殺之木，當是時夏槁死也。刺君作事不時，陰陽失序」。箘露，美竹名。同「箘簬」、「箘簵」。其幹無節，可為矢桿。一說箘露為二竹名。本句上言「松柏」，續言「箘露」，亦當指二竹言。宛而，原文無此二字，依王念孫校補。宛，同「苑」。枯病。或謂死貌。(60)三川　指涇水、渭水、汧水。三川皆源出岐山。(61)絕　舊注謂「竭也，故曰不流」。(62)夷羊　舊注謂「土神。殷之將亡，見於商郊牧野之地」。一說夷羊為大羊，一說為神獸。(63)牧　郊外為牧。(64)飛蛩　飛蟬。一說指飛著的蝗蟲。舊注謂「蛩，蟬，蟣蠓之屬也」。有的本子「飛蛩」作「飛蟲」。(65)坼　燥裂。(66)句爪　舊注謂「鷹鸇之屬也」。(67)居牙　同「鋸牙」。舊注謂「熊虎之屬也」。(68)戴角　猶言頂角、長角。(69)出距　猶言出爪。距，附於雞及鷙鳥足骨之爪，為其鬥時所用之利器。(70)鷙　凶猛。(71)專室　瓦室。蓋瓦之室，與「蓬廬」對。舊注謂「專，特。小室也」。(72)蓬廬　以蓬草覆蓋之屋。(73)無所歸宿　意謂「民」連「專室蓬廬」這樣的住處也沒有。蔣禮鴻即云此句當作「民無專室蓬廬所以歸宿」。舊注謂「有賓客歸之，無所庇宿」，非是。(74)枕席　與「枕藉」同。縱橫相枕而臥。(75)壤界　疆界。壤，疆域。(76)分數　分賞之數。(77)機械　兵器總名。(78)飾　修；治。此處有修建、設立之義。(79)職事　官職。(80)服等　舊注謂「等，差也」。服差，服飾之差別。(81)差　區別。(82)不肖　不才；不正派。王念孫謂從前後句法看，當無「肖」字，亦可從。(83)經誹譽　指把誹譽之事弄清楚，加以處理。經，治理。這裡有劃分之義。說人家的壞話為誹，稱讚人為譽。(84)兵革　指戰爭。(85)忿　怨恨。原文作「分」，依楊樹達校改。(86)滅抑　滅沒；消滅；死亡。舊注謂「抑，沒也」。

87天隱　夭，夭折。隱，傷痛。88不辜　無罪。89刑誅　以刑誅殺。或謂懲罰。

【語　譯】到了世道衰落的時代，人們鑿開山上的石頭以獲取金玉，把金、玉雕刻成器物，剖開蚌蛤取得珍珠，鎔化銅鐵用來鑄錢或作器具，使得萬物不再滋長。還剖出獸胎、殺死出生不久的麋鹿，使得麒麟不再出來活動；搗翻鳥巢、打破鳥蛋，使得鳳凰不再出來飛翔。鑽木取得火種，用木頭架成高臺，焚燒森林以打獵，將池水放乾來捉魚，人們的日常用具還不夠，可是官家府庫卻裝滿了還有多餘之物。而在萬物不能繁殖、不能長得茂盛的所有情況中，發了芽而不能長大、下了蛋而不能孵化、懷了胎而不能孕育成功的，佔了一大半。人們積土成丘而住。在田中施肥來種穀。挖地淘井來取水飲用。開通河川而給人帶來便利。修築城堡而使自己的防線堅固。捉捕野獸把牠馴化成家畜。這樣便使得陰陽錯亂、春夏秋冬的順序顛倒。雷霆毀壞折斷了樹木莊稼，冰雹、霰雪給人們帶來災害，霜雪霧氣不停，使得萬物枯萎而死。人們還砍死叢木、荒草，把它們聚集在田壟上。還割掉野草，好讓莊稼生長、吐穗結籽。這樣草木在萌芽、開花、結果時死去的，不可能數盡。竟至於建築的大屋、宮室、房間、門戶連緜不斷。簷前橫木、屋簷和椽子頭都加以雕琢刻鏤，雕出的高樹枝超出了環迴的樓閣。雕刻的荷花、荷葉、菱角，五彩爭勝。色彩相互參和十分美好，線條修長而舒展、曲折繞轉而繚亂。有的屈伸自如、層疊曲折，有的尖細繁多、顯得紛亂，而相互制約，就連公輸般、王爾也不知道從哪裡下手以使用曲刀、曲鑿、削刀和小鋸子。就是這樣的雕梁畫棟還不能滿足君主的欲望。所以松樹柏樹、箘竹露竹就會在夏天枯萎而死。長江、黃河以及涇水、渭水、汧水都會枯竭而無水可流。土神出現在郊外，飛蟬布滿田野，天上久不下雨，大地乾燥得裂開了縫，鳳凰不落到地面上來。這時，那些長有鉤爪的鷹鳥、生有利牙、頭上長角和伸出利爪的野獸都異常凶猛。老百姓連小瓦房和小蓬屋那樣的住處都沒有。那些因為寒冷飢餓而死的人，縱橫在地相互枕臥。等到把山川谿谷分開使它們有了疆界、把人口多少統計清楚而有了分賞用的數字、修築城牆、挖掘護城河、設置兵器、險阻作為防備、設立官職、制定服飾的等級差別、把高貴的人和卑賤的人分開、把賢良的人和不正派的人區別開來、弄清楚被人誹謗、被人稱讚的事實而加以處理、實行賞罰之後，戰爭就開始了。怨恨就產生了。老百姓死亡、夭折的痛楚、殘殺無辜而懲罰無罪之人一類的事都在這時產生了。

天地之合和[1]，陰陽之陶化[2]萬物，皆乘[3]一氣[4]者也。是故上下離[5]心，氣乃上蒸；君臣不和，五穀不為[6]。距日冬至四十六日[7]，天含和[8]而未降，地懷氣而未揚，陰陽儲與[9]，呼吸浸潭[10]，包裹風俗[11]，斟酌[12]萬殊[13]，旁薄[14]眾宜[15]，以相嘔咐[16]醞釀[17]，而成育群生。是故春肅[18]秋榮[19]，冬雷夏霜，皆賊氣[20]之所生。由此觀之，天地宇宙，一人之身也；六合之內，一人之刑[21]也。是故明於性者，天地不能脅[22]也；審於符[23]者，怪物不能惑[24]也。故聖人者，由近而[25]知遠，以[26]萬殊為一同[27]；氣蒸[28]於天地，與一世而優游[29]。當此之時，無慶賞[30]之利、刑罰之威[31]，禮義廉恥不設，毀譽仁鄙[32]不立，而萬民莫相侵欺暴虐，猶在於混冥[33]之中。逮至衰世，人眾財寡，事力勞[34]而養[35]不足，於是忿爭生，是以貴仁。仁鄙不齊，比周[36]朋黨[37]，設詐諝[38]，懷機械巧故[39]之心，而性[40]失矣，是以貴義。陰陽之情[41]，莫不有血氣之感[42]，男女群居雜處而無別，是以貴禮[43]。性命之情[44]淫而相脅[45]，以不得已，則不和[46]，是以貴樂[47]。是故仁義禮樂者，可以救敗[48]，而非通治之至㊾也。

【章　旨】這一章有三個要點。一是提出「天地之合和，陰陽之陶化萬物，皆乘一氣者也」。明確指出天地造就萬物是憑一氣（元氣），而一氣成物又經過了剖分為陰陽二氣、二氣合和而生萬物的階段。接著文章敘說了「上下離心，氣乃上蒸；君臣不和，五穀不為」的天人感應的關係；敘說了冬至前四十六日，天地間和氣「成育群生」，與「賊氣」使得四時失序的情形。二是把天地宇宙、六合之內比為人之一身、一形，說明人當「明於性」、「審於符」。進而肯定聖人「以萬殊為一同」、「與一世而優游」，以及萬民處聖人之世「猶在於混冥之中」。三是說衰世種種弊端促使禮樂仁義產生，而仁義禮樂「可以救敗，而非通治之至也」。本章內容多出自《文子・下德》而本於《老子》、《莊子》。

【注　釋】❶天地之合和　指陰（地）陽（天）交會而處於相互依存、協調的和諧狀態中。合和，交會；融合。❷陶化　陶治化育。❸乘　用。❹一氣　指元氣。原文作「人氣」，依莊逵吉校改。舊注謂「天地合和其氣，故生陰陽，陶化萬物」。❺離　舊注謂「不和也」。❻不為　不能成熟。❼四十六日　即從立冬到冬至的天數。❽和　指溫和之陽氣。下句「地懷氣」之氣為陰氣。❾儲與　流蕩不定。舊注謂「猶尚羊，無所主之貌。一曰：褒大貌」。❿浸潭　與「浸淫」同。浸漬。楊樹達謂「浸潭猶言侵尋」。侵尋，浸潤。舊注謂「廣衍」。⓫風俗　指人類社會之風氣習俗。⓬斟酌　考慮。⓭萬殊　萬般不同。指多式多樣不同的情況。⓮旁薄　廣博。引申為廣被、普及。舊注謂「旁，並。薄，近（迫）也」。⓯眾宜　舊注謂「眾物宜適也」。⓰嘔咐　培育；撫養。⓱醞釀　舊注謂「猶和調也」。⓲肅　肅殺。或指草木衰落、萎縮。⓳榮　繁茂。⓴賊氣　不祥之氣；妖氣。㉑刑　同「形」。原文為「制」，依王念孫校改。㉒脅　舊注謂「恐也」。㉓審於符　謂明白符應之事。符，符應。天降祥瑞之兆而人事應之，謂之符應。舊注釋為「驗」。㉔怪物不能惑　舊注謂「怪物非常，人所疑惑也」。㉕而　原文無此字，依俞樾校補。㉖以　原文為「而」，依俞樾校改。㉗同　原文無此字，依俞樾校補。㉘氣蒸　謂元氣上升。原文為「同氣」，又上有「古之人」三字為衍文，皆依俞樾校改、刪。㉙優游　舊注謂「猶委從也」。委從，指無為而順從自然。㉚慶賞　原文為「慶賀」，依陳觀樓校改。㉛威　同「畏」。使人害怕。㉜仁鄙　仁愛、貪鄙。㉝混冥　大冥。指道。㉞力勞　奮力而勞苦。

㉟養　給養。指生活資源。㊱比周　結夥；聯合。㊲朋黨　為營私而勾結同夥。㊳諝　智謀。㊴機械巧故　機械，機巧。巧故，偽詐。㊵性　指純樸之本性。㊶陰陽之情　指人由於陰陽二氣交互作用所產生的感情。㊷血氣之感　猶言血氣的感發或觸動。陰陽陶化人，「九竅、五臟、十二節皆通乎天氣」（《黃帝內經・素問・陰陽離合論》）。「人有精、氣、津、液、血、脈，余意以為一氣耳」（《黃帝內經・靈樞・決氣》）。是氣之活動與人體各部位之活動相通。㊸禮　舊注言「禮以別也」，謂以禮將男女從「群居雜處」中分開。㊹性命之情　指人的性、命之實情。或謂性、命之自然特徵。㊺脅　舊注謂「迫」。㊻和　平和澹慮。此亦為「性、命之情」。㊼樂　指樂教。舊注謂「樂以和之」。即以樂使人性、命復歸平和澹慮。㊽敗　敗壞。指浮薄放縱的社會風氣。㊾通治之至　可釋為通向社會治理得最好的境界——至德之世。通治，猶言無所不治。

【語　譯】天地之氣的交會、融合，陰氣陽氣的陶冶、化育萬物，都是憑用一種氣——元氣。因此上下之心不協調，氣就往上升；君臣之間不協調，五穀就不能成熟。在冬至日之前四十六天，天所含有的陽氣未下降，地所懷有的陰氣未上揚。陰氣、陽氣飄蕩不定，相互呼吸、浸潤，範圍逐漸擴大。把人類社會的各種風俗習慣都包容在內。考慮到多式多樣的形態、性質，以及和眾物適合的種種特點，用來相互培育、調和，而生成、化育眾多的生物。因此春天萬物衰落、萎縮，秋天草木繁榮，冬天打雷，夏天降霜，都是妖氣所產生的不正常現象。從這些情況可以看出，天地、宇宙，就像一個人的身子；天地、四方之內，就像一個人的形體。因此，懂得人的本性的人，天地便不能使他恐懼；明白祥瑞之兆應驗之理的人，那些怪物便不能使他疑惑。所以聖人能由近而知遠，把萬般不同的事物當作一樣相同的東西；當氣在天地之間升騰，他卻能無所用心地順從整個世局。在這個時候，沒有賞獎一類的好處，也沒有刑罰使人畏懼。禮義廉恥這「四維」還未張設，毀謗、稱譽、仁愛、貪鄙的觀念還未建立。可是天下萬民卻沒有相互侵犯、欺凌、凶惡殘虐的舉動，都還處在大道之中。到了世道衰落的時代，人口多了，財物少了，人們做事很勞苦而生活資源卻不夠。在這種情況下，憤怒爭執的事產生了，因此就崇尚仁愛。人們的行為有的仁愛有的貪鄙，並不相同。有些人便為了私利而結成一夥，設詐謀，內懷機巧、偽詐之心，而把純樸的自然本性丟失了，所以就崇尚義。人由於陰陽二氣交互作用所產生的感情，沒有不受到血氣的感發的，致使男女群居混雜在一起而沒有區別。因此崇尚禮。性、命的實情在情志放縱時受到逼迫，因為這種逼迫不能停止，致使它不能平和澹慮，因此就崇尚樂。所以仁義禮樂，可以用來挽救敗壞的社會風氣，卻不是無所不治的最好辦法。

夫仁者所以救爭❶也，義者所以救失❷也，禮者所以救淫❸也，樂者所以救憂也。神明❹定於天下而心反其初❺，心反其初而民性善，民性善而天地陰陽從而包之，則財足而人澹❻矣，貪鄙、忿爭不得生焉。由此觀之，則仁義不用矣。道德定於天下而民純樸，則目不營❼於色，耳不淫於聲，坐俳❽而歌謠，被髮❾而浮游，雖有毛嬙、西施之色，不知說也❿，〈掉羽〉⓫、〈武象〉⓬，不知樂⓭也，淫泆⓮無別⓯，不得生焉。由此觀之，禮樂不用也。是故德⓰衰然後仁生，行沮⓱然後義立，和失然後聲調，禮淫然後容飾⓲。是故知神明然後知道德之不足為也，知道德然後知仁義之不足行也⓳，知仁義然後知禮樂之不足脩⓴也。今背其本而求其末，釋㉑其要㉒而索之於詳㉓，未可與言至㉔也。

【章旨】這一章承上一章而來，繼續說仁義禮樂只能療治某種社會弊病，認為只有讓人恢復純樸的自然本性才能從根本上解決問題。文中既說人心反於純樸之性就能「性善」而「仁義不用」，又說「德衰」、「行沮」然後仁義出現。見得崇行仁義者是捨本求末，未能了解淳樸寧靜無好惡之欲的至德之道。本章文字有一些來自《文子・下德》，觀點仍本於《老子》、《莊子》。

【注　釋】❶爭　指上章所言「忿爭」事。❷失　指上章所言「性失」。❸淫　指淫放。放蕩不羈的行為。❹神明　指大自然的運轉規律和化育萬物的作用。亦即道高妙神奇的造化之功。❺初　指人之初。舊注謂「始也，未有情也」。人之初未有情欲，故下句云「心反其初而民性善」。❻澹　通「贍」。足。❼營　迷惑。❽俳　徘徊。❾被髮　披散頭髮。❿雖有毛嬙西施之色二句　舊注謂「言尚德也」。說，通「悅」。⓫掉羽　古羽舞名。⓬武象　周公所用的樂曲名。一說武象為二樂名，武為武王之樂，象為周公之樂。⓭樂　快樂。⓮淫泆　縱欲放蕩。⓯別　區別。此指上章所云「男女群居雜處而無別」而言。⓰德　得其天性謂之德。指純樸無欲的天性。下句「道德」亦指無為之道、不言之德。⓱沮　敗壞。⓲容飾　容儀裝飾。此謂禮之「相偽」。⓳知道德然後句　舊注謂「道德，本；仁義，末」。⓴不足脩　不值得學習。㉑釋　放棄。㉒其要　指治國、修身之道的要旨。㉓詳　詳節；細節。指仁義禮樂等治政措施。《荀子・王霸》：「明主好要，而闇主好詳。主好要則百事詳，主好詳則百事荒。」㉔至　舊注謂「至德之道也」。

【語　譯】仁是用來療救社會上憤怒爭執的弊病的，義是用來補救人們喪失純樸之性的，禮是用來約束人們放縱不羈的行為的，樂是用來解除人們的憂愁的。天下的人普遍認識道化育萬物的神奇作用，就會使自己的心回到人生之初純樸無欲的境地；能夠使他的心回復到人生之初的純樸無欲，就能使老百姓的人性善良；老百姓人性善良而天地間的陰陽之氣就隨著把一切都包容進去了。這樣便財物充足而人們滿足，貪鄙、忿爭的現象就無從產生了。從這些情況看來，那仁義就用不著了。無為之道、不言之德一旦在天下安頓下來，老百姓就會純樸，那樣眼睛就不會被美色所迷惑，耳朵也不會過分地迷戀音樂，他坐著或者漫步時便唱唱歌謠，披散著頭髮四處行遊，即使有毛嬙、西施那樣的美女，也不知道喜歡她們，有〈掉羽〉那樣的羽舞、〈武象〉那樣的樂曲，也不知道沉醉享樂，那種男女混雜不分、縱欲放蕩的現象，也不可能產生。從這些情況看來，禮法、樂教就用不著了。所以純樸的德性衰落，然後仁就產生了；行為敗壞，然後義就設立了；心情失去了平和，然後美妙的樂聲就被創作演奏了；禮儀用得過分，然後便開始裝飾作偽。因此懂得了大自然高妙難測的造化之功，就會明白用不著刻意追求道德了；懂得了道德不為、不言的特質以後，就會明白仁義是不值得推行的；懂得了仁義的道理以後，就會明白禮法、樂教是不值得研究的。現在背離治國、修身之道的根本而探求它的枝末，放棄它的要旨而求取它詳盡的細節，這樣的人，是不能夠和他談論「至德」之道的。

天地之大，可以矩表❶識❷也；星月之行，可以歷❸推❹得也；雷霆❺之聲，可以鼓鐘寫❻也；風雨之變，可以音律知❼也。是故大可覩❽者，可得而量也；明可見者，可得而蔽❾也；聲可聞者，可得而調❿也；色可察⓫者，可得而別也。夫至大，天地弗能含也；至微，神明弗能領也⓬。及至建律曆⓭、別五色⓮、異清濁⓯、味⓰甘苦，則樸散而為器⓱矣。立仁義，脩⓲禮樂，則德遷⓳而為偽矣。及偽之生也，飾智以驚愚，設詐以巧上⓴，天下有能持之者㉑，未㉒有能治之者㉓也。昔者蒼頡作書而天雨粟㉔，鬼夜哭㉕；伯益作井㉖，而龍登玄雲㉗，神棲昆侖㉘，智㉙能愈多而德㉚愈㉛薄㉜矣。故周鼎著倕，使銜其指，以明大巧之不可為也㉝。

【章旨】這一章說「大可覩者」、「明可見者」、「聲可聞者」、「色可察者」以及另外一些事物是可以認識的。但「至大」、「至微」的道卻「天地弗能含」、「神明弗能領」。而人們對某些事物的處理實際上是使道破散成萬物，以至於「立仁義，脩禮樂」將使德轉變成詐偽。並且是「智能愈多而德愈薄」，所以力主「大巧之不可為」。本章文字有些出自《文子・下德》，觀點仍本於《老子》、《莊子》。

【注釋】❶矩表　矩為畫直角或方形用的儀器，表即測量日影用的標竿。❷識　知。❸歷　通「曆」。推算日月星辰的運行以定歲時節氣的方法。❹推　求。❺雷霆　原文作「雷震」，依王念孫校改。❻寫　仿效。❼以音律知　古人把樂律和曆法聯繫在一起，律管用來定音，亦可用來測氣以定月份氣候，故云以音律知風雨之變。舊注謂「律知陰陽」。❽覩　同「睹」。見。❾蔽　遮蓋。舊注謂「或作察」。❿調　調和：使之協調、和諧。⓫察　看得清楚。⓬至微二句　謂至微之道連神明也不能清楚地了解。⓭律曆　樂律和曆法。⓮五色　指青、黃、赤、白、黑五色。⓯清濁　古代五聲（宮、商、角、徵、羽）皆分清音、濁音兩類，如言清商、濁宮。⓰味　辨別味道。楊樹達謂「味」當為「殊」之誤，亦為一說。⓱樸散則為器　謂原木成了器物。樸為未加工過的木材，器指器物。⓲脩　舊注謂「設」。⓳遷　移。⓴巧上　欺上。舊注謂「巧，欺（欺下有「上」字，為衍文）也」。㉑有能持之者　王念孫謂「言詐偽並起，天下有能以法持（控制）之者」。㉒未　原文無此字，依王念孫校補。㉓能治之者　指能以道治國者。㉔昔者蒼頡句　舊注謂「蒼頡始視鳥跡而造書契，有書契則詐偽萌生。詐偽萌生，則去本趨末，棄耕作之業而務錐刀之利。天知其將餓，故為雨粟」。蒼頡，相傳為黃帝的史臣。漢字的創始人。雨粟，落下粟米。㉕鬼夜哭　舊注謂「鬼恐為書文所劾，故夜哭也。鬼或作兔，兔恐見取豪作筆，害及其軀，故夜哭」。又《意林》引許慎注云：「造文字則詐偽生，故鬼哭也」。㉖伯益作井　《呂氏春秋・勿躬》言為「盡其巧」。伯益，一作「伯翳」。佐舜調馴鳥獸，又佐禹治水。㉗玄雲　黑雲；烏雲。㉘神棲昆侖　舊注謂「伯益佐舜，初作井，鑿地而求水。龍知將決川谷，漉陂池，恐見害，故登雲而去，棲其神於昆侖之山也」。神，龍神。劉文典引《論衡・感虛》以為神當為百神。可從。㉙智　原文無此字，依王念孫校補。㉚德　指人的純樸天性。㉛愈　舊注訓為「益」。㉜薄　不淳厚。㉝周鼎著倕三句　出自《呂氏春秋・離謂》。舊注謂「倕，堯之巧工也。周鑄鼎，著倕像於鼎，使銜其指。假令倕在見之，伎巧不能復踰，但當銜齧其指，故曰以明巧之不可為也」。一說：周人鑄鼎畫象，鏤倕身於鼎，使自銜其指，以戒後世，明不當大巧為也」。倕為堯時巧工，一說其為黃帝時巧人。傳說他是準繩、鐘、銚、耜耒的發明者，其手指特別靈巧。

【語譯】天地的大小，可以用矩和表來測知；日月星辰運行的情況，可以透過曆法的推算以求得；雷霆的響聲，可以用鐘聲、鼓聲來加以模仿；風雨的變化，可以從音律的變化看出。所以大得能夠見到的東西，是可以測量的；明顯得能夠看到的東西是可以遮蓋的；能夠聽得見的聲音，都可加以調和；可以看得清楚的色彩，都可以區別開來。但大到極點的東西，天地是不能包含的；小到極點的東西，精神清明也是不能清楚地了解的。等到設立樂律和曆法、區別五種色彩、分出清音、濁聲的不同、品出味道的甜和苦，那原木便變成各種器物了。設立仁義，制定禮樂，那自然純樸的德就會轉移而變得虛偽了。當虛偽產生以後，有些人就會用智巧來驚嚇愚笨的人，設計詐謀來欺騙上級。天下有能用法來控制國家的，卻沒有用道來治理國家的。從前蒼頡創造文字而天上落下了粟米，鬼在夜裡哭泣；伯益掘地淘井，而龍飛入烏雲之上，百神轉移到崑崙山棲息。所以一個人智能越多，他的德便越不淳厚。所以周代鑄鼎就把倕的像附在鼎上，像上讓倕咬著自己的指頭，表明十分巧妙的事情是不能做的。

故至人❶之治也，心與神處❷，形與性調，靜而體德❸，動而理通❹，隨自然之性而緣❺不得已❻之化，洞然❼無為而天下自和❽，憺然❾無欲而民自樸，無機祥❿而民不夭，不忿爭而養足，兼包海內，澤及後世，不知為之者誰何⓫。是故生無號，死無諡，實不聚而名不立⓬，施者不德，受者不讓⓭，德交歸焉而莫之充忍⓮也。故德之所總，道弗能害也，智之所不知，辯弗能解也⓯。不言之辯，不道之道，若或通焉，謂之天府⓰。取焉而不損，酌焉而不竭，莫知其所由出，是謂瑤光⓱。瑤光者，資糧⓲萬物者也。

【章　旨】這一章說「至人」治國，修身處事皆以無為、自然之道為準，使得舉國和諧、民性素樸，「無機祥而民不夭，不忿爭而養足」。財物不聚於一人而施者不以為德，受者亦不辭讓，世風淳厚之至。作者稱至人通「不言之辯，不道之道」，其心靈涵量廣大猶如「天府」。又謂至人心與神處、形與性調，依道而治，漠然無為而天下和。如同北斗柄端之星瑤光，隨天左旋而為萬物提供長養之糧。本章字句多來自《文子・下德》，而本於《莊子》之〈齊物論〉及〈徐無鬼〉等。

【注　釋】❶至人　至德之人。體道而行達到最高境界者。此處指道家理想的君王。❷處　同居於一處。❸體德　謂依恬靜無欲的德行事。❹理通　指通於無為之道。❺緣　遵循。❻不得已　不能停止。即客觀形勢之必然，亦即自然。《莊子・庚桑楚》云：「欲靜則平氣，欲神則順心，有為也。欲當則緣於不得已，不得已之類，聖人之道。」❼洞然　空的樣子。❽和諧。❾憺然　安然。心地澹泊的樣子。❿機祥　吉凶之事。⓫兼包海內三句　出自《莊子・徐無鬼》。誰何，誰。猶言哪個。舊注謂「道無姓名，自當然也，故曰不知誰何也」。⓬生無號三句　本自《莊子・徐無鬼》。號，指爵位封號。謚，帝王、大臣等死後所加的含有褒貶用意的稱號。案：「實不聚」承上至人之治「兼包海內，澤及後世，不知為之者誰何」言，謂至人不以善歸於己。實，舊注謂「財也」。名不立，聲名不立。舊注謂「道不名，故名不立」。案：此句實承上「生無號，死無謚」而言。⓭施者不德二句　舊注謂「施者不以為恩德，振（賑）不足而已。受者不讓之，則受之不飾辭讓也」。德，恩惠。讓，辭讓。⓮充忍　充滿。忍，通「牣」。盈滿。王念孫釋謂「德交歸焉而莫之充滿，所謂『大盈若虛』也」。馬宗霍謂「充忍」為「勝容」之意。言「莫之勝容」「即德如不勝之意。亦即老子所謂『廣德若不足也』」。⓯德之所總四句　本於《莊子・徐無鬼》。道為萬物之所宗，德為一物之所得故言「德之所總，道弗能害」。總，一；聚合。解，舊注謂「有智謀者尚不能知，但口辯者何能解也」⓰不言之辯四句　本於《莊子・齊物論》。天府，自然的府庫。形容至人胸懷涵量廣大。⓱取焉而不損四句　出自《莊子・齊物論》。酌，取。瑤光，即「搖光」。北斗柄端之星名。舊注謂「謂北斗杓第七星也，居中而運，歷指十二辰，擿起陰陽，以殺生萬物也」。一說：瑤光，和氣之見者也」。⓲資糧　猶言供給食糧。

【語　譯】所以至人治理天下，他的心和精神同居一處。他的形體和性情是相互協調的。靜的時候而能按恬靜無欲的德行事，行動起來和大道之理相通。隨順自然本性而依順客觀形勢的變化，空空的沒有做什麼事情而天下卻自然和諧。心中澹泊無欲而老百姓卻自然淳厚樸質，沒有吉凶之事而人民不至於夭折，人們之間沒有憤怒爭執而生活所需充足。至人胸懷並包海內，德澤延及後代，可是大家卻不知道給自己帶來好處的是誰。所以他活著的時候沒有封號，死了以後也沒有謚號。財物不聚在一人手中而聲名不立，給人好處的人不認為是施恩於人，接受好處的人也不推讓。淳厚之德交相歸附卻並不顯得充足。所以德聚合在一起，道是不能傷害它的；有智謀的人所不懂的道理，善於言辯的人也不能解釋清楚。對不用言說的論辯、不煩訴說的道，如果有人與之相通，那這個人的胸懷就可稱作天然的府庫。取出來一些不會減少，舀也舀不盡。沒有誰知道它是從哪裡出來的，這就稱為瑤光。所謂瑤光，是供給萬物食糧的。

振❶困窮，補不足，則名❷生；興利除害，伐亂禁暴，則功❸成。世無災害，雖神無所施其德；上下和輯❹，雖賢無所立其功。

昔容成氏❺之時，道路鴈行❻列處，託嬰兒於巢上，置餘糧於晦首❼，虎豹可尾❽，虺蛇可蹍❾，而不知其所由然❿。逮至堯之時，十日竝出⓫，焦禾稼⓬，殺草木，而民無所食。猰貐⓭、鑿齒⓮、九嬰⓯、大風⓰、封豨⓱、脩蛇⓲皆為民害。堯乃使羿誅鑿齒於疇華⓳之野，殺九嬰於凶水⓴之上，繳㉑大風於青丘㉒之澤，上射十日而下殺猰貐，斷脩蛇於洞庭㉓，禽㉔封豨於桑林㉕，萬民皆喜，置堯以為天子。於是天下廣陜㉖險易遠近始有道里㉗。舜之時，共工㉘振滔㉙洪水，以薄空桑㉚，龍門㉛未開，呂梁㉜未發㉝，江、淮通流㉞，四海溟涬㉟，民皆上丘陵，赴樹木。舜乃使禹疏三江、五湖㊱，闢伊闕㊲，導廛、澗㊳，平通㊴溝陸㊵，流注東海，鴻水㊶漏㊷，九州乾，萬民皆寧其性，是以稱堯、舜以為聖。

晚世之時，帝有桀、紂，為琁室、瑤臺、象廊、玉床㊸。紂為肉圃、酒池㊹，撩聚㊺天下之財，罷苦㊻萬民之力，刳諫者㊼，剔孕婦㊽，攘㊾天下，虐百姓。於是湯乃以革車[50]三百乘伐桀於南巢[51]，放之夏臺[52]；武王甲卒三千破紂牧野[53]，殺之於宣室[54]。天下寧定，百姓和集[55]，是以稱湯、武之賢。由此觀之，有賢聖之名者，必遭亂世之患也。

【章　旨】這一章主要是講帝王聲名、功業的建立主要來自於他們「振困窮，補不足」、「興利除害，伐亂禁暴」的作為。並進一步推斷：「有賢聖之名者，必遭亂世之患」。文中採用回顧歷代聖賢成名事跡的方法來論說。首先說堯、舜為民消除自然界的禍害，得以稱聖。是印證作者講的「世無災害，雖神無所施其德」；說湯、武王伐桀、破紂，為民除去暴君，得以稱賢。是印證作者講的「上下和輯，雖賢無所立其功」。而講容成氏時代民風淳樸，民亦不知何故如此，實與下說堯、舜、湯、武之大有為形成對比。也是對作者上述看法的一種論證。

【注　釋】❶振　同「賑」。救濟。❷名　聲名。舊注謂「仁名也」。❸功　功業。❹和輯　和協輯睦。輯，和睦。❺容成氏　相傳為黃帝之臣。曆法的發明者。❻鴈行　鴈行斜步，故以「鴈行」形容人側身而行。鴈行係對尊者之禮，故舊注謂「鴈行，長幼有差也」。❼畮首　田頭。畮，「畝」之本字。❽虎豹可尾　舊注謂「虎豹擾人，無害人之心，故可牽尾」。尾，牽尾。❾虺蛇可蹍　猶言人踩踏毒蛇亦平安無事。舊注謂「虺蛇不螫毒，故可蹍履也」。虺蛇，毒蛇。虺，毒蛇名。❿所由然　指出現上述現象的根本原因。作者認為此乃容成氏治世之所致，但由於世無大害，容成氏無為而為，故無聲名為民所知。如舊注所言「時人謂自當然耳」。⓫十日竝出　本於《莊子・齊物論》：「昔者十日並出，萬物皆照。」林希逸說：「十日並出，亦見《淮南子》，此蓋莊子寓言，《淮南子》又因之而粧撰也。」案：《山海經・大荒南經》言「羲和者，帝俊之妻，生十日」。又《山海經・海外東經》言「湯谷上有扶桑，十日所浴，在黑齒北。居水中，有大木，九日居下枝，一日居上枝」。《山海經・大荒東經》言「湯谷上有扶木，一日方至，一日方出，皆載於烏」。可見天有十日，正常情況乃十日依序輪流出行，十日並出即為妖災。⓬禾稼　泛指農作物。禾本為穀連藁秸之總名，禾之秀實而在野為稼。⓭猰貐　傳說中的食人怪獸名。⓮鑿齒　舊注調「獸名，齒長三尺，其狀如鑿，下徹頷下，而持戈盾」。[15]九嬰　舊注謂「水火之怪，為人害」。[16]大風　風伯。鷙鳥名。飛翔則天大風，毀人屋宇。[17]封豨　舊注謂「大豕。楚人謂豕為豨也」。[18]脩蛇　舊注謂「大蛇，吞象三年而出其骨之類」。[19]疇華　南方澤名。[20]凶水　舊注謂「北狄之地有凶水」。[21]繳　射鳥時繫在箭上的生絲繩。此處作動詞，即射殺之意。[22]青丘　東方之澤名。[23]洞庭　南方澤名。即今湖南省岳陽市之洞庭。南朝庾仲雍《江源記》謂「羿屠巴蛇於洞庭，其骨若陵，曰巴陵也」。岳陽舊為巴陵。[24]禽　同「擒」。[25]桑林　古地名。傳說湯時七年大旱，曾禱於桑林。[26]陜　「狹」之本字。狹隘。[27]道里　道路、村里。[28]共工　舊注謂「水官名也，伯有（當為『者』）之後」。[29]振滔　猶言激蕩、動盪。舊注謂「振，動也。滔，蕩也。欲雍防百川，滔高堙庳，以害天下者」。[30]薄空桑　迫近空桑。薄，迫。舊注謂「空桑，地名，在魯也」。[31]龍門　此指位於今陝西省韓城縣與山西省河津縣之間的龍門。舊注謂「河之隘也，在左馮翊夏陽北，禹所鑿也」。[32]呂梁　有兩說：一說在今山西省西部，黃河與汾河之間。《水經注．河水》云：「河水左合一水，出善無縣故城西南八十里，其水西流，歷於呂梁之山，而為呂梁洪……。昔呂梁未闢，河出孟門之上，蓋大禹所闢以通河也。」二說在今江蘇省銅山縣東南。舊注即云：「呂梁在彭城呂縣。石生水中，禹決而通之，民所由得度也，故曰呂梁也。」[33]發　開掘；開闢。[34]通流　合流。[35]溟涬　茫茫無際之狀。[36]三江五湖　三江之說甚多，其一謂松江、婁江、東江為三江。五湖之說亦多，其一謂太湖及其附近四湖為五湖。[37]伊闕　位於今河南省洛陽市南，亦稱龍門。此地東為香山，西為龍門山，兩山相對，望之若闕，伊水從中北流。[38]廛澗　二水名。廛水，即瀍水。源出河南省洛陽市西北谷城山，經洛陽城東流入洛水。澗水，源出河南省澠池縣東北白石山，經洛陽流入洛水。[39]平通　平整、通暢。[40]溝陸　溝渠、陸地。[41]鴻水　洪水。鴻，通「洪」。[42]漏　排泄。[43]琁室瑤臺象廊玉床　舊注謂「琁、瑤，石之似玉，以飾室、臺也。用象牙飾廊殿，以玉為床。言淫役也。琁或作旋，瑤或作搖。言室施機關，可轉旋也；臺可搖動，極土木之巧也」。[44]肉圃酒池　舊注謂「紂積肉以為園圃，積酒以為淵池」。《韓非子．喻老》云：「紂為肉圃、設炮格、登糟丘、臨酒池，紂遂以亡。」[45]撩聚　撩取。撩，取。原文作「燎焚」，依俞樾校改。[46]罷苦　疲困、痛苦。[47]刳諫者　舊注謂「王子比干，紂之諸父也，數諫紂之無道，紂剖其心而觀之，故曰刳諫者」。[48]剔孕婦　舊注謂「孕婦，妊身將就草之婦也。紂解剔觀其胞裹，故曰剔孕婦也」。[49]攘　侵奪。[50]革車　兵車。[51]南巢　位於春秋時巢國地，漢為居巢縣地，在今安徽省巢縣西南。[52]夏臺　大臺。為桀之故宮。[53]牧野　地名。在今河南省淇縣南。《書．牧誓》：「武王戎車三百兩，虎賁三百人，與受戰於牧野。」[54]宣室　舊注謂「殷宮名。一曰：宣室，獄也」。[55]和集　同「和輯」。

【語　譯】救濟處於艱難境遇中的人，為生活資源不足的人提供補助，就會產生仁愛的聲名；推展有利於民的事，去除弊害，討伐作亂的壞人，禁止暴虐之事，這樣就會建立功業。天下沒有災害，即使是神也無法給人民施予恩德；上下和睦協調，即使是賢人也無法建立功業。

從前容成氏在世的時代，路上的行人見到長者都會側身讓路，嬰兒寄放在樹上巢中，多餘的糧食就放在田頭，虎豹可以牽牠們的尾巴，腳踩到了毒蛇也沒有事，老百姓不知道為何會如此。到了堯的時候，十個太陽同時出現，把農作物都烤焦了，草木也全曬死了，老百姓沒有東西可吃。猰貐、鑿齒、九嬰、大風、大野豬、長蛇都成了人民的禍害。堯便命羿在疇華郊野殺死了鑿齒，在凶水旁殺死了九嬰，在青丘澤射死了大風，上面射掉了十個太陽，下面射死了猰貐，在洞庭澤畔把長蛇砍斷為幾截，在桑林捕捉了大野豬。萬民都很高興，立堯為天子。這時在天下廣闊、狹隘、險要、平易之處和遠方、近地才開始有道路、村莊。在舜的時候，共工激蕩洪水，使大水逼近空桑。這時龍門尚未鑿開，呂梁還沒挖通。長江、淮河的水合在一起奔流，天下一片汪洋，茫茫無際。老百姓都跑上丘陵、攀上樹木以求生。舜便要禹疏通三江、五湖。開闢伊闕，疏導廛水、澗水，把陸地上的溝渠整治通暢，使洪水流入東海。這樣洪水排泄完了，九州大地乾了，萬民都能心性安定地生活，因此稱堯和舜為聖人。

到了夏代末年和商代末年，帝王中出現了夏桀和商紂王。他們起造琁室、瑤臺、象廊、玉床。紂王積肉成為園圃，積酒作成酒池。搜取天下的財物，使萬民體力耗盡而疲困勞苦不堪。又剖開進諫者的胸膛，剔出孕婦腹中的胎兒。侵奪天下之物，殘害百姓。在這種情況下，商湯帶領三百輛戰車到南巢討伐夏桀，把他放逐到夏臺；周武王便率領三千士兵在牧野打敗了紂王，並在宣室殺死了他。於是天下安定，百姓和睦協調，因此稱商湯、周武王為賢人。從這些事情看來，凡有聖賢名號的人，一定是遭受過亂世的災禍。

今至人生亂世之中，含德懷道，抱❶無窮之智，鉗口寢❷說，遂不言而死者眾矣，然天下莫知貴其不言也❸。故，道，可道，非常道；名，可名，非常名❹。著於竹帛❺，鏤於金石❻，可傳於人者，其粗也。五帝三王❼，殊事而同指❽，異路而同歸❾。晚世學者不知道之所一體❿，德之所總要⓫，取成事⓬之跡，相與危坐⓭而說之，鼓舞而歌之⓮，故博學多聞，而不免於惑。《詩》云：「不敢暴虎，不敢馮河。人知其一，莫知其他⓯。」此之謂也。

【章旨】這一章圍繞道德不可言說的特點說了幾層意思。一是至人處於亂世，含德懷道而不言，他是知道德者，但「天下莫知貴其不言」。二是說可以說出的道不是永恆不變的道；可以叫出的名稱不是永恆不變的稱呼。三是由五帝三王的「殊事而同指，異路而同歸」，說到「道之所一體，德之所總要」，晚世學者只是取成事之跡坐而論道，不得道德之真髓，故不免於惑。本章文字多出自《文子・精誠》。

【注釋】❶抱　懷抱。原文作「拘」，依王念孫校改。❷寢　息；止。❸天下莫知句　舊注謂「無有貴鉗口不言而死也」。❹道六句　出自《老子》第一章。常道，永恆不變的規律。「可道」之「道」是「言說」、「解說」之意。舊注則謂「至道無名，不可道，故曰可道者非常道也」。常名，永恆的稱呼。自然界的事物是沒有名相可稱呼的，「可名」之「名」當然不能永恆不變。舊注則謂「真人之名不可得名也」。❺竹帛　竹簡和白絹。古代兩種書寫材料。後以竹帛指代書冊。❻金石　指鐘鼎、石碑。古代常鐫刻文字於其上，以頌揚某人行跡或功德。❼五帝三王　五帝，指黃帝、顓頊、帝嚳、帝堯、帝舜。三王，指夏禹、商湯、周文王。❽同指　旨趣相同。❾同歸　同返。或謂同一歸向。舊注謂「同歸修仁義也」。❿一體　一之體。全部事物的原則。一，全。體，為體要之體。大體，原則。⓫總要　眾多事物各自的要點（旨）。總，凡；多。要，為體要之要。⓬事　原文無此字，依陳觀樓校補。⓭危坐　端坐。古人兩膝著地而坐（跪坐），危坐即挺直膝蓋以上部分而跪。⓮鼓舞而歌之　原文為「鼓歌而舞之」，依楊樹達校改。⓯不敢暴虎四句　出自《詩經・小雅・小旻》。舊注謂「言小人而為政，不可不敬，不敬則危，猶暴虎、馮河之必死。人皆知暴虎、馮河立至（當有「之」字）害也，故曰「知其一」；而不知當畏慎小人危亡也，故曰：「莫知其他」。此不免於惑，此之謂也」。暴虎，徒手打虎。暴，通「搏」。舊注謂「無兵搏虎曰暴虎」。馮河，不用船而徒步渡河。馮，「淜」之假借字。無舟渡河曰淜。其他，指寵信任用佞臣將有亡國之危。

【語譯】現在至德之人生活在亂世中，含有至德，懷有大道，懷抱無窮的智慧，卻緊閉嘴巴停止說話。於是不說話而死去的人很多，但是天下卻沒有人知道他們不說話的可貴。所以，道，若可以用言語解說的，便不是永恆不變的道；名，若可以因約定俗成而稱呼的，就不是永恆不變的名稱。那些寫在竹簡、白絹上面、鐫刻在金鼎、石碑上面，可以傳達給人的內容，都只是道和名的粗略概況。五帝三王的事功不同，但旨趣一致；走的路不同但到達的目的地相同。末世的一些學者不懂得道是所有事物的法則，德是眾多事物各自的綱要。而將前人成功的事跡拿來，一起端端正正地坐著談論，情不自禁地歡躍歌唱。所以即使博學多聞，仍然難免有疑惑。《詩經》上說：「不敢徒手和老虎搏鬥，不敢徒步渡河。人們知道這樣做危險，卻沒有誰知道其他的危險還有很多。」就是說這樣的事啊。

帝者體❶太一❷，王者法陰陽，霸者則❸四時，君者❹用六律❺。太一者，牢籠❻天地，彈壓山川❼，含吐陰陽，伸曳❽四時，紀綱❾八極❿，經緯⓫六合。覆露⓬照導⓭，普氾⓮無私。蠉飛蠕動⓯，莫不仰德而生。陰陽者，承⓰天地之和⓱，形萬殊⓲之體，含氣化物，以成埒類⓳；贏縮⓴卷舒㉑，淪㉒於不測㉓；終始虛滿，轉於無原㉔。四時者，春生夏長，秋收冬藏；取予有節㉕，出入有量㉖；開闔張歙㉗，不失其敘㉘；喜怒剛柔，不離其理㉙。六律者，生之與殺也，賞之與罰也，予㉚之與奪[31]也，非此無道[32]也。故謹於權衡準繩[33]，審乎輕重，足以治其境內矣。

是故體太一者，明於天地之情[34]，通於道德之倫[35]，聰明燿於日月，精神通於萬物，動靜調於陰陽，喜怒和[36]於四時，德澤施[37]於方外[38]，名聲傳於後世。法陰陽者，德與天地參[39]，明與日月竝[40]，精與鬼神總[41]，戴圓履方[42]，抱表[43]懷繩[44]，內能治身，外能得人[45]，發號施令，天下莫不從風[46]。則四時者，柔而不脆，剛而不鞼[47]，寬而不肆[48]，肅而不悖[49]，優柔[50]委從，以養群類[51]，其德含愚而容不肖，無所私[52]愛。用六律者，伐亂禁暴，進賢而退不肖，扶撥[53]以為正，壞險[54]以為平，矯枉[55]以為直，明於禁舍開閉之道，乘時因勢以服役[56]人心也。帝者體陰陽則侵[57]，王者法四時則削[58]，霸者節六律則辱[59]，君者失準繩則廢[60]。故小而行大，則滔窕[61]而不親；大而行小，則狹隘而不容[62]。貴賤不失其體[63]，而天下治矣。

【章旨】這一章將人主分為帝、王、霸、君四等，說四類人物治政乃「帝者體太一，王者法陰陽，霸者則四時，君者用六律」。然後先說太一的特點是「牢籠天地，彈壓山川」等，陰陽的特點是「承天地之和，形萬殊之體」等，四時的特點是「春生夏長，秋收冬藏」等，六律的特點是生殺賞罰予奪、「非此無道」。再說「體太一者」的特點是「明於天地之情，通於道德之倫」等，「法陰陽者」的特點是「德與天地參，明與日月竝」等，「則四時者」的特點是「柔而不脆，剛而不鞼」等，「用六律者」的特點是「伐亂禁暴，進賢而退不肖」等。並說到帝、王、霸、君只能分別為體太一、法陰陽、則四時和用六律，方能立於不敗之地。捨此而及其他必敗。這就是所謂「貴賤不失其體，而天下治矣」。此章文字多出自《文子·下德》。

【注釋】❶體　法。照著實行。❷太一　形成天地萬物的元氣。即「道」。❸則　效法。❹君者　此與「帝者」、「王者」、「霸者」皆指人主。帝、王皆為天下萬民之君主。霸者，諸侯之長。凡天子、諸侯、卿、大夫有人民、土地者，皆可稱君。文中君者當指諸侯國之君主。❺六律　治道中關於生、殺、賞、罰、予、奪六方面的規則。一說指候氣用的六律。原文以下「太一者」前面有「秉」字，依王念孫校刪。❻牢籠　包羅。❼彈壓山川　制服、鎮壓山川。舊注謂「彈山川，令出雲雨，復能壓止之也」。❽伸曳　舊注謂「猶伸引，和調之也」。❾紀綱　統領；治理。❿八極　八方極遠處。⓫經緯　規畫治理。⓬覆露　霑潤。使之沾染潤澤。⓭照導　照耀、引導。⓮普氾　普遍。舊注謂「普，太也。氾，眾也」。⓯蠉飛蠕動　係泛指昆蟲飛翔和爬行。蠉飛，猶言蟲飛。蠉，井中小赤蟲。劉文典謂當作「翾」，小飛也。蠕動，蟲爬行之狀。⓰承　接受。⓱和　陰陽合和之氣。⓲萬殊　萬般不同。⓳埒類　猶言形類、物類。舊注謂「埒，形也」。⓴贏縮　舊注謂「贏，長也。縮，短也」。㉑卷舒　舊注謂「卷，屈也。舒，散也」。㉒淪　入。㉓不測　不可測度。㉔轉於無原　王念孫云：「原，度也，量也。言陰陽之化轉於無量也。」㉕節　節制。㉖量　限度。原文作「時」，依王念孫校改。㉗歙　通「翕」。收縮。㉘敘　次。㉙理　道。㉚予　給予。㉛奪　收取。㉜非此無道　指除上述六事外，別無他道。㉝權衡準繩　標準；法則。舊注謂「權衡，平也。準，法也。繩，直也」。㉞情　實情。㉟倫　條理。㊱和　協調。㊲施　延。㊳方外　遠方之外。㊴參　參同；相合為一。㊵竝　併。合併。㊶總　合。㊷戴圓履方　猶言頂天立地。古人認為天是圓的，地是方的，故云。㊸表　正。㊹繩　直。㊺能得人　能得人之歡心。㊻從風　如草從風而偃。比喻人順從其令。舊注訓風為「化」。㊼鞼　折。㊽肆　緩。㊾肅而不悖　峻急而不逆亂。㊿優柔　優柔二字俱有安意，組詞訓為寬容。(51)群類　物類。指各種生物。(52)私　邪。(53)扶撥　矯正曲邪。扶，整治。撥，枉曲不正。(54)壞險　除去險阻之地。壞，毀。險，阻難。此指地勢不平坦。(55)矯枉　矯正不直之物。(56)服役　役使。(57)侵　為諸夏所侵陵。(58)削　舊注謂「為諸夏所侵削。《傳》曰『諸侯侵犯王略』也」。(59)辱　為鄰國所侮辱。(60)廢　舊注謂「為臣所廢絀，更立賢君」。(61)滔窕　舊注謂「不滿密也。不為下所親附也」。(62)大而行小二句　舊注謂「行小則政狹隘，而不容包臣下」。(63)不失其體　舊注謂「大行大，小行小也」。

【語譯】稱帝的人是效法太一之道治國的，稱王的人是效法陰陽治國的，諸侯中的霸主是效法四季特徵以處理政事的，諸侯國的君主是用生殺、賞罰、予奪六種規則治理國家的。太一之道，包羅天地，能控制、鎮壓山川，含吐陰陽二氣，能使春夏秋冬四時和諧，能治理八方極遠處、規畫整治六合。它能使萬物霑潤，照耀它們、引導它們，普遍施予而公正無私。那些飛翔、爬行的昆蟲，沒有不是仰仗它的德澤而生長。陰陽二氣，承受天地的和氣，形成萬般不同的形體；內含和氣而化育萬物，而形成各種有形之物；時而變長，時而變短，時而捲屈，時而舒展，達到不可測度的境地。終而復始，空而復滿，其變化轉入不可度量的境地。四時，春天是生，夏天是長；秋天是收，冬天是藏；收取和給予都有節制，付出和收入都有限量；開或閉、張大或縮小，不會不合次序；喜怒剛柔，都不會背離道理。六律，就是掌管人的生存和殺戮、賞賜和處罰、給予和收取，除了這些就沒有別的辦法了。所以謹慎地權衡使之平正，謹慎地使用準繩使之正直，審察用刑的輕重，這樣就足夠治理好他的境內之地了。

所以效法太一之道的人，明白天地的實情，精通道德的條理。明智、聰察比日月還要明亮，精神與萬物相通。一動一靜都和陰陽協調，一喜一怒都與四時的變化一致。他的德澤延及遠方之外，名聲一直流傳到後世。效法陰陽的人，他的德與天地相合為一，明智和日月相合，精神與鬼神相合。頂天立地，懷抱正直的原則。內能修養自己的心性，外能得到他人的信任。他一發號施令，天下沒有人不像草隨風而倒般順從他的教化。效法四時的人，柔軟而不脆弱，剛彊而不會折斷，寬和而不鬆緩，峻急而不逆亂，寬容而順從自然，來生養各種生物。他的德能包涵愚昧的人且容納不正派的人，而沒有私心偏愛。用六律治理國家的人，能討伐作亂的人、禁止暴虐現象，能進用賢人而黜退不正派的人；端正不正之事，把險阻之事治得平順，把枉曲之事治得平直，懂得禁止、捨棄、開張、閉合的道理，趁著時機，依順形勢來役使人心，使之信服。稱帝的人如果效法陰陽治理國家，就會受到他國的侵陵；稱王的人如果效法四時來治理國家，就會遭到別國的侵削；稱霸的人用符合六律規則的辦法來治理國家，就會受到鄰國的侮辱；諸侯國的君王如果不用準繩治理國家，就會被臣下廢黜。所以小國如果實行大國的治理方法，那樣政策就會顯得不滿不密而臣下不會親附君主；大國如果行使小國的治理辦法，那樣政策就會顯得狹隘而不能包容臣下。君王貴賤不同而採用相應的治國辦法，天下就會治理得很好。

天愛其精❶，地愛其平❷，人愛其情❸。天之精，日月星辰雷電風雨也；地之平，水火金木土也；人之情，思慮聰明喜怒也。故閉四關❹、止五遁❺，則與道淪❻。是故神明藏於無形，精氣❼反於至真❽，則目明而不以視，耳聽而不以聽，口當而不以言❾，心條達❿而不以思慮，委⓫而弗為，和而弗矜⓬，冥性命之情⓭，而智故⓮不得襍⓯焉。精泄⓰於目則其視明，在於耳則其聽聰，留於口則其言當，集於心則其慮通。故閉四關則終⓱身無患，百節莫苑⓲，莫死莫生，莫虛莫盈，是謂真人⓳。

【章旨】這一章由「天愛其精，地愛其平」說到「人愛其情」。中言人之「情」為「思慮聰明喜怒」，故愛其情當閉耳目心口「四關」、當止「五遁（指對金木水火土五種物質享受的過分追求）」。這樣方與道相合。而使神明藏於無形、精氣返歸一身，使目耳口心功能健全而不用，「冥性命之情，而智故不得襍」，就能使精氣注於目耳口心中的一處，那這一處就會有不凡的作用。能閉「四關」的人不但終身無患，而且能「莫死莫生，莫虛莫盈」，進入「真人」的境界。本章出自《文子・下德》。

【注釋】❶天愛其精　指天愛其章光、神明。本書〈精神〉：「夫天地之道至紘以大，尚猶節其章光、愛其神明。」本章舊注即謂「精，光明也」。❷平　舊注謂「正也」。正指水火金木土五正。五正為殷代五行官之長。即木正曰句芒、火正曰祝融、金正曰蓐收、水正曰玄冥、土正曰后土。❸情　舊注謂「性也」。❹四關　指耳、目、心、口。❺五遁　指對木、水、土、金、火五種物質享受的過分追求。一說指喜、怒、哀、樂、怨五情離本之事。舊注謂「遁，逸也」。❻與道淪　謂與道相合，或謂入於道中。淪，陷；入。❼精氣　原文作「精神」，依王念孫校改。❽真　身。❾口當而不以言　原文無此句，依馬宗霍校補。當，指說話合適、恰當。❿條達　條理通達。⓫委　捨棄。⓬矜　誇耀。⓭冥性命之情　蓋謂上述行為暗合性命之情。冥，暗昧，此「乃相合而無相合之跡的意思」（參見徐復觀《中國藝術精神》）。⓮智故　巧詐。⓯襍　同「雜」。糅；錯雜。⓰泄　通。⓱終　原文無此字，依王念孫校補。⓲苑　枯病。⓳真人　能完全體道而行的人。

【語　譯】天愛惜它的光明、神明，地愛惜它的五行官長，人愛惜他的本性。天的光明、神明，表現為日月、星辰、雷電、風雨；地的五行長官，就是水正、火正、金正、木正、土正；人的自然本性，表現為思慮、聰明和喜怒。所以關閉耳、目、心、口這四道門，禁止對木、水、土、金、火五種物質享受的過分追求，那就與道相合了。因此精神就會隱藏到無形之中，精氣就會返回到體內，那樣眼睛明亮，視力清楚，卻不用它來看東西；耳朵聽力很好，卻不用它來聽聲音；嘴巴說得恰當，卻不用它來說話；心裡琢磨事務條理通達，卻不用它來思慮問題；捨棄它們而不用，內心圓滿和諧而不加以誇耀；能暗合生命的真義，而巧詐不能混雜在中間。這樣精氣通向雙眼，看東西就會很清楚；精氣在雙耳，聽覺就會很靈敏；精氣留在口中，說的話就會很合適；精氣聚集在心裡，思慮事務就會條理通達。所以關閉耳、目、心、口四道門就會終身沒有禍患，身上百節都不會生病，沒有什麼死，也沒有什麼生；沒有什麼空，也沒有什麼滿，這樣的人稱為真人。

凡亂之所由生者，皆在流遁❶。流遁之所生者五。大構駕❷，興宮室；延樓❸棧道❹，雞棲井幹❺；標株❻欂櫨❼，以相支持；木巧之飾，盤紆❽刻儼❾；贏鏤❿雕琢⓫，詭文⓬回波⓭；淌游瀷淢⓮，菱杼⓯紾抱⓰；芒繁亂澤，巧偽紛挐，以相摧錯⓱。此遁於木也。

鑿汙池[18]之深，肆[19]畛崖[20]之遠；來谿谷之流，飾[21]曲岸之際[22]，積牒[23]旋石[24]，以純[25]脩碕[26]；抑減[27]怒瀨[28]，以揚激波；曲拂[29]邅迴[30]，以像湡、浯[31]；益樹[32]蓮菱，以食[33]鼈魚；鴻鵠鷫鷞[34]，稻粱饒餘；龍舟鷁首[35]，浮吹以娛[36]。此遁於水也。

高築城郭，設樹[37]險阻，崇臺榭[38]之隆[39]，侈[40]苑囿[41]之大，以窮要妙[42]之望；魏闕[43]之高，上際[44]青雲，大廈曾加[45]，擬[46]於昆侖；脩為牆垣，甬道[47]相連；殘[48]高增[49]下，積土為山；直道夷險[50]，接徑[51]歷遠；終日馳騖而亡[52]蹪陷[53]之患。此遁於土也。

大鐘[54]鼎，美重器[55]，華蟲[56]疏鏤[57]，以相繆紾[58]；寢兕伏虎[59]，蟠龍連組[60]，焜昱[61]錯眩[62]，照燿煇煌[63]；偃蹇[64]寥糾[65]，曲成文章[66]。雕琢之飾，鍛錫文鐃[67]；乍晦乍明，抑微[68]滅瑕；霜文沉居，若簟籧篨；纏錦經冗，似數而疏[69]。此遁於金也。

煎熬焚炙[70]，調齊和[71]之適[72]，以窮荊、吳甘酸之變[73]；焚林而獵，燒燎[74]大木，鼓橐[75]吹埵[76]，以銷銅鐵；靡流[77]堅鍛，無猒[78]足日[79]；山無峻幹[80]，林無柘梓[81]；燎木以為炭，燔草而為灰；野莽[82]白素[83]，不得其時。上掩天光[84]，下殄[85]地財，此遁於火也。

此五者一[86]，足以亡天下矣。

【章旨】這一章說明人遭到禍亂皆因逐物忘反，並細說人逐物忘反的五種情況。中言大興土木，起造樓閣宮室，極盡雕梁畫棟之能事，為「遁於木也」；鑿池引流，作浪激波，樹蓮植菱，然後龍舟鷁首，浮吹以娛，為「遁於水也」；高築城郭，興造臺榭苑囿，魏闕入於青雲，大廈高擬昆侖，直道夷險，終日馳騖，為「遁於土也」；鑄大鐘大鼎，巧於雕飾，曲成文卓，鍛錫文鐃，乍晦乍明，為「遁於金也」；煎熬焚炙以求美味，焚毀森林以獵禽獸，燒大樹以熔銅鐵，又燎木為炭，燔草為灰，此為「遁於火也」。凡有這五者之一，皆足以亡國。再聯繫到他所說的逐物忘反的具體內容，可見其所謂逐物忘反者實指君主而言。本篇立意本於《莊子・外物》。

【注釋】❶流遁　逐物忘反。或謂流蕩逐物，逃遁不反。舊注謂「流，放也。遁，逸也」。❷構駕　指用木材營建房屋。駕，加。文中有架構之義。舊注謂「構，連也。駕，材木相乘駕也」。❸延樓　高樓。❹棧道　連接樓閣的複道。舊注謂「飛閣複道相通」。❺雞棲井幹　指在形如井宿的殿堂四周雕有雞棲的圖案。井幹，指形如井宿的殿堂四周的木頭。舊注謂「雞棲井幹，復屋甇井也，刻花置其中也」。一說雞棲即雞舍，井幹即井欄，皆為宮室之譬喻。❻標株　柱子之類。標，高柱。株，支柱。❼欂櫨　柱上承梁的方形短木。俗稱斗拱。❽盤紆　舊注謂「盤，盤龍也。紆，曲屈」。❾刻儼　謂刻出昂首之狀。舊注謂所刻乃「浮首虎頭之屬」。儼，昂首貌。❿嬴鏤　精巧的雕飾。刻木謂之刻，刻金屬謂之鏤。⓫雕琢　雕，畫。刻玉謂之琢。⓬詭文　奇異之文（紋）。⓭回波　指「詭文」若水波回旋。⓮淌游瀷淢　淌游，水流之態。瀷淢，水面波紋。舊注謂「皆文畫，擬象水勢之貌」。⓯菱杼　菱、杼皆水草名。杼，通「芧」。⓰紾抱　謂相互環繞縈抱。舊注謂「紾，戾（意為『扭轉』）也。抱，轉也。皆狀采相銜持貌也」。王夫之說「畫為菱杼在水波之中，故曰淌游瀷淢，菱杼紾抱」。⓱芒繁亂澤三句　舊注謂所寫「皆采色形象文章貌」。芒繁，細而繁密。巧偽，巧妙虛構。紛拏，牽持雜亂。摧錯，交錯。⓲汙池　蓄水池。汙，蓄水。⓳肆　極。⓴畛崖　邊界。畛，界限。崖，垠；邊際。㉑飾　整治。㉒際　邊緣處。㉓牒　通「疊」。累積；重疊。㉔旋石　美玉之一種。旋，通「璇」。㉕純　邊緣。㉖脩碕　舊注謂「以玉石致之水邊，為脩碕。或作旋石，旋石切以牒累流水邊，為倚碕。倚碕，曲中水所當處也」。一說碕，即「埼」。長邊。㉗抑減　抑止急流之水。抑，止。減，《說文》釋為「疾流」。舊注釋為「怒水」。㉘怒瀨　與「抑減」為對文。怒，有激怒之意，指使水流更為洶湧。瀨，急流。舊注謂「瀨，急流也，而抑止（當有『之』），故激揚之波起也」。㉙曲拂　彎曲、轉動。㉚邅迴　徘徊；周旋不進。㉛渪涾　舊注釋為二地名。言「渪，番隅；涾，蒼梧。之二國多水，江湖環之，故多象渠池以自邅迴，故法而象之也」。一說指二水名，莊逵吉言「錢別駕云：涾，靈門水名。渪，邢國水名。亦通」。㉜樹　種。㉝食　供養。㉞鷫鷞　水鳥名。屬雁一類。㉟鷁首　船頭。指船。鷁，水鳥名。形如鷺而大。古畫鷁首於船頭，故船稱鷁或鷁首。㊱浮吹以娛　舊注謂「於舟中吹籟與竽以為樂，故曰浮吹以娛」。浮，漂流。㊲設樹　舊注謂「設，施也。樹，立也」。一說：種樹木以為險阻，令難攻易守也」。㊳臺榭　舊注謂「積土高丈曰臺，加木曰榭也」。㊴隆　高。㊵侈　廣。作動詞用。擴大。㊶苑囿　舊注謂「有牆曰苑，無牆曰囿，所以畜禽獸也」。㊷要妙　美好的樣子。㊸魏闕　巍巍高大之門闕。闕，皇宮前之樓臺。㊹際　接。㊺曾加　猶「層架」。謂樓閣重重。㊻擬　比；類似。㊼甬道　舊注謂「飛閣複道也」。複道，樓閣之間架空而設的通道。㊽殘　墮；削掉。㊾增　益；加。㊿直道夷險　原在「接徑歷遠」後，依王念孫校改。直道，使道路平直。舊注謂「道路阨者正直之」。夷險，削平不平坦處。(51)接徑　舊注謂「接，疾也。徑，行也」。(52)亡　同「忘」。原文為「無」，依楊樹達校改。(53)蹪陷　絆倒陷落。蹪，同「隤」。原文為「蹟」，依王念孫校改。(54)鐘　古樂器名。銅製而中空，有特鐘、編鐘之分。舊注謂「音之君也」。(55)重器　寶器。古用以象徵國家、社稷。舊注謂「大器，蓋鐘鼎也」。(56)華蟲　一說指草之花和雉的圖像，一說單指雉。揣摩文意，此處似指草木之花及各種動物的圖案，非單指一物。蟲，為動物之總稱。(57)疏鏤　猶言雕鏤。(58)繆紾　纏結。(59)寢兕伏虎　舊注謂「寢伏各有形也」。寢兕，猶言臥兕。兕，獸名。(60)蟠龍連組　舊注謂「蟠龍詰屈相連，文（當為『交』）錯如織組文也」。組，絲帶。(61)焜昱　鮮明狀；光彩煥發。昱，通「煜」。燿。(62)錯眩　錯雜眩目。(63)照燿煇煌　舊注謂「焜光澤色貌也」。(64)偃蹇　夭矯；屈伸自如。(65)寥糾　繚繞糾結。(66)文章　此指錯雜的花紋。(67)鐃　樂器名。即小鉦。舊注解為紋理，莊逵吉據以「鐃（鐵文）」訓「鐃」。且從莊說。(68)抑微　抑杜其隙。(69)霜文沉居四句　舊注謂寫劍，非是，實仍寫鐘鼎重器之精美。霜文，謂如霜光亮之紋。沉居，陷沒。簟，竹席。籧篨，粗竹席。上以竹席斜紋形容鐃文。纏錦，指鐃紋連纏若錦。楊樹達疑「錦」為「綿」。經穴，織布的縱線稱經。穴，同「冗」。繁多。數，細密。(70)煎熬焚炙　四種烹製食物的方法。焚，燒。炙，烤。(71)齊和　猶調調和。(72)適　適口；適合口味。(73)以窮荊吳句　舊注謂「言二國善酸鹹之和而窮盡之」。荊，楚國。甘酸之變，甜酸調和所生的各種滋味。(74)燎　燒。(75)鼓橐　拉動風箱。(76)吹埵　舊注謂「埵，銅橐口鐵筩，埵入火中吹火也，故曰吹埵」。

埵，治爐的吹風鐵管。77靡流　散流；湧流。78無猒　不滿足。79足日　整天。原文作「足目」，依莊逵吉校改。80峻幹　高大的樹幹。舊注釋為「長枝」。81柘梓　柘，樹名。其葉可養蠶。梓，當為「榟」，古「蘖」字。舊注謂「滋生也」。82野莽　野草。83白素　白色。84天光　日光。85殄　盡。86一　其一。指五者之中有其一。

【語　譯】所有禍亂之所以產生，都在於人的逐物忘返。人的逐物忘返表現在五個方面。大興土木，起造宮室；高樓並立，棧道相連，在形如井宿的殿堂四周木頭上雕有雞棲的圖案；各種柱頭和梁上斗拱相互支撐；木頭上巧妙雕飾，刻有盤龍和昂揚有神的虎頭；精巧的刻鏤雕琢，刻出的花紋就像回旋的奇異水波；在流動的水波中，菱、杼相互環繞、旋轉；紋路細密，色澤混雜，通過巧妙的虛構，使各種線條相互牽持、彼此交錯。這是在木的方面逐物忘返。

把水池鑿得深深的，將其邊界擴展得遠遠的；引來谿流、河谷的流水，把彎彎曲曲的池岸整治好，用璇石重重疊疊地把池的長岸砌好；抑止、激怒疾流急水，用來激揚水波；讓水流彎轉徘徊，使它們像湡水、浯水的流勢一樣；水中又多種蓮、菱以供養鱉魚；鴻鵠、鸕鷀，有吃不完的糧食；乘坐龍舟大船，一邊讓船在水上漂流，一邊在船上奏樂取樂。這是在水的方面逐物忘返。

築起高高的城郭，施設險阻，增高臺榭的高度，擴大苑囿的面積，以極盡對美好景象的觀望；宮前樓臺高聳，上與青雲相接，大廈樓簷重重，可與崑崙山相比；房屋周圍砌起長長的牆垣，高樓之間有複道相連；削去高坡，填高低地，堆土成山；削平險阻之地使道路平直，快步行走可以走得很遠很遠；整天奔馳而忘了被絆倒的憂患。這是在土的方面逐物忘返。

把鐘、鼎鑄得大大的，把國家的珍貴器物造得十分華美，上面雕有各種花草和動物的圖案，眾多形象相互交織在一起；其中有睡著的兕、趴著的老虎，盤屈的龍詰屈相連如同一條絲帶，光彩煥發、照耀輝煌，使人感到光色錯雜而為之目眩；線條繚繞糾結，屈伸自如，彎彎曲曲形成花紋。雕琢後加以裝飾，煉錫以錯嵌在銅中作為紋路，使其表面忽暗忽明，上面的縫隙都塞平了，瑕疵都磨光了；陷沒下去的紋理白亮如霜，就像竹席上的斜紋那樣井然有序；紋理連纏如錦，又如繁多的經線，看似細密卻又顯得稀疏。這是在金的方面逐物忘返。

煎、熬、燒、烤，調和出合意的美味，用以吃盡荊楚、吳地酸甜調和所生的各種滋味；燒毀森林，為打獵提供方便；燃燒大樹，拉動風箱把風鼓進風管，用來銷鎔銅鐵；鐵水湧流，冷卻一會兒又把它打成堅固的用具，打一整天也不感到滿足；這樣，山上沒有高大的樹幹，林中沒有柘樹生長，又伐木用來燒炭，把草燒成灰；無邊的野草被燒成一片白色，使它們不能應時生長。像這樣燒火，上面有煙火遮蔽住了日光，下面耗盡了地上的資財，這就是在火的方面逐物忘返。

這五方面的逐物忘返只要有其中一項，就足夠使天下滅亡。

是故古者明堂❶之制❷，下之潤溼弗能及，上之霧露弗能入，四方之風弗能襲。土事不文❸，木工不斲❹，金器不鏤❺，衣無隅差❻之削❼，冠無觚蠃之理❽，堂大足以周旋❾理文❿，靜潔足以享上帝⓫、禮鬼神，以示⓬民知儉節。

夫聲、色、五味、遠國珍怪、瓌異⓭奇物，足以變心易志、搖蕩精神、感動血氣者，不可勝計也。夫天地之生財也，本不過五⓮。聖人節五行⓯，則治不荒⓰。凡人之性，心和欲得⓱則樂，樂斯動，動斯蹈，蹈斯蕩，蕩斯歌，歌斯⓲舞，舞則禽獸跳⓳矣。人之性，心有憂喪則悲⓴，悲則哀，哀斯憤，憤斯怒，怒斯動，動則手足不靜㉑。人之性，有侵犯則怒，怒則血充㉒，血充則氣激，氣激則發怒，發怒則有所釋憾㉓矣。故鍾鼓管簫，干鏚羽旄㉔，所以飾喜㉕也。衰絰㉖苴杖㉗，哭踊㉘有節，所以飾哀也。兵革羽旄，金鼓㉙斧鉞㉚，所以飾怒㉛也。必有其質㉜，乃為之文㉝。

【章旨】這一章承上章內容而言，論「五遁」之為非。始以古代明堂之制為例，言帝營明堂，「土事不文，木工不斲，金器不鏤，衣無隅差之削，冠無觚蠃之理」。這是由肯定古代帝王「示民知儉節」來論「五遁」不可為。繼而直言「聖人節五行，則治不荒」，再次否定「五遁」。最後由人的樂、悲、怒各有所「飾」，得出「必有其質，乃為之文」的結論，則已論及如何糾正「五遁」之弊。此外，文中對「人之性」的論述，言樂、言悲、言怒的產生和人在這種情感支配下的表現，也很有特點。

【注釋】❶明堂　舊注謂「王者布政之堂。上圓下方，堂四出，各有左右房，謂之个，凡十二所。王者月居其房，告朔朝歷，頒宣其令，謂之明堂。其中可以序昭穆，謂之太廟。其上可以望氛祥，書雲物，謂之靈臺。其外圓，似辟雍。諸侯之制半天子，謂之泮宮，《詩》云『矯矯虎臣，在泮獻馘』是也」。❷制　準則。❸土事不文　指土建方面的工事不加以文飾，保持質樸原貌。❹木工不斲　舊注謂「樸而已。斲或作琢，不雕畫也」。❺金器不鏤　舊注謂「不錯鏤設文飾也」。金器，泛指各種金屬器物。❻隅差　舊注謂「隅，角也。差，邪也。古者質，皆全幅為衣裳，無有邪角」。❼削　剪削。❽冠無觚蠃之理　舊注謂「觚蠃之理，謂若馬目籠相連干也。言『無』者，冠文取平直而已也」。觚，為古代酒器。此處指多角棱形的器物。蠃，通「螺」。其殼可作酒杯。❾堂大足以周旋　舊注謂「堂，明堂。所以升降揖讓脩禮容，故曰周旋」。周旋，應酬。此處指各種政事禮儀活動。❿理文　處理政事、文書。⓫上帝　指天帝。《孝經》云：「宗祀文王於明堂，以配上帝。」⓬示　以事告人。⓭瓌異　珍奇；奇異。⓮五　指五行之數。⓯五行　舊注謂「金、木、水、火、土也。水屬陰（當為『雨』）行，火為陽（當為『暘』）行，木為燠行，金為寒行，土為風行。五氣常行，故曰五行」。⓰荒　指政事荒廢，國家治理得不好。⓱心和欲得　心境平和，欲望得到滿足。舊注謂「心和，不喜不怒。欲得，無違耳」。⓲斯　助詞。相當於乃、則。⓳舞則禽獸跳　原文作「歌舞節則禽獸跳」，依俞樾校改。楊樹達說：「『禽獸跳』謂如禽獸之跳。」⓴人之性二句　舊注謂「憂，艱難也。喪，亡也。亡失所離（當為『親』），愛則悲，悲則傷」。㉑靜　舊注謂「寧也。擗踊哭泣，哀以送之也」。㉒血充舊注謂「人性有侵犯則怒盛，氣血充盈，以成其勢」。㉓釋憾　解除遺恨。㉔干鏚羽旄　干鏚，盾與斧。古代跳武舞時操之而舞。羽旄，雉羽與旄牛尾。古代跳文舞時操之而舞。㉕飾喜　謂修飾其動作儀節於外以示喜悅。飾，修飾。㉖衰絰　古代居喪之服。衰為披在胸前的麻布條，絰為結在頭上或腰間的麻帶。㉗苴杖　古人居父母喪所用的竹杖。苴，舊注謂「麻之有實者」。㉘踊　喪葬時號哭跳躍。㉙金鼓　軍中用器。金，即金鉦。用以表示停止前進，鼓用以表示前進。㉚斧鉞　兩種兵器。此指大刑。《國語・魯語上》：「大刑用甲兵，其次用斧鉞。」《禮記・樂記》謂「軍旅鈇鉞者，先王之所以飾怒也」。一說斧鉞指軍禮。㉛飾怒　借禮制以節其怒。㉜質　實質。㉝文　文飾。

【語譯】所以古代建造明堂的制度是：下面的土氣潮溼影響不到它，上面的霧露不能進入裡面，四方的風不能侵襲它。土建工事不用文飾，木料工事也不用雕畫，金屬器物不用刻鏤。衣服沒有剪削出邪角，帽子平直而無觚、贏那樣的棱角。明堂的大小足夠舉行各種儀式、進行各種活動，以及處理公文政事。堂內寧靜、潔淨足夠供奉天帝、禮敬鬼神。用這來告訴人民要知道節儉。

五聲、五色、五味、遠方國家的珍貴奇怪、瓌異稀有之物，它們中足以使人改變心志、搖蕩精神、感發激動血氣的東西，是無法計算清楚的。天地出產的物資，原本不超過五行之數。聖人對五行之物能加以節制，就不會使政務荒廢。大概人的本性，心中不喜不怒而心想事成，人就會快樂，快樂就會動，動就會頓腳，頓腳就會心情激蕩，心情激蕩就會歌唱，歌唱就會跳起舞來，一舞動起來就會像禽獸一樣跳躍了。人的本性，凡是遇到艱難的事和親人死了，就會悲傷，悲傷就會哀痛，哀痛就會憤恨，憤恨就會惱怒，惱怒就會動，動就會手腳不得寧靜。人的本性，受人侵犯，就會產生怒氣，一產生怒氣就會血氣充盈，血氣充盈就會氣血激動，氣血激動就會發出怒氣，一發出怒氣就可解除一些遺恨了。所以鐘、鼓、管、簫、干鏚、羽旄是用來修飾人的喜悅之情的。衰絰、苴杖、一些喪禮的儀節是用來修飾人的悲哀感情的。兵革、羽旄、金鼓、斧鉞，是用來修飾人的憤怒感情的。總之，一定要具備某種實質，才可對它進行文飾。

古者聖人在上，政教平[1]，仁愛洽[2]，上下同心，君臣輯睦[3]；衣食有餘，家給人足；父慈[4]子孝，兄良[5]弟順；生者不怨，死者不恨[6]；天下和洽[7]，人得其願。夫人相樂，無所發貺[8]，故聖人為之作樂以和節之[9]。末世之政，田漁重稅，關市急征[10]，澤梁[11]畢禁，網罟[12]無所布，耒耜無所設，民力竭於徭役，財用殫於會賦[13]；居者無食，行者無糧；老者不養，死者不葬；贅妻[14]鬻子[15]，以給上求[16]，猶弗能澹[17]。愚夫惷婦[18]皆有流連[19]之心、悽愴[20]之志。乃始[21]為之撞大鐘、擊鳴鼓、吹竽笙、彈琴瑟，失樂之本矣。

古者上求薄而民用給[22]，君施其德，臣盡其忠，父行其慈，子竭[23]其孝，各致其愛而無憾恨[24]其間。夫三年之喪[25]，非強而致之[26]，聽樂不樂，食旨[27]不甘，思慕之心未能絕[28]也。晚世風流俗敗[29]，嗜欲多，禮義廢，君臣相欺，父子相疑，怨尤[30]充胸，思心盡亡[31]。被衰戴絰，戲笑其中，雖致之三年，失喪之本[32]也。

古者天子一畿[33]，諸侯一同[34]，各守其分[35]，不得相侵。有不行王道[36]者，暴虐萬民，爭地侵壤，亂政犯禁，召之不至，令之不行[37]，禁之不止，誨[38]之不變[39]，乃舉兵而伐之。戮其君，易其黨，封其墓[40]，類[41]其社，卜[42]其子孫以代之。晚世務廣地侵壤，并兼無已，舉不義之兵，伐無罪之國，殺不辜之民，絕先聖之後[43]。

大國出攻，小國城守；驅人之牛馬，傒(44)人之子女，毀人之宗廟(45)，遷人之重寶(46)，血流千里，暴骸滿野，以澹貪主之欲，非兵之所為生也(47)。

故兵者所以討暴，非所以為暴也(48)。樂者所以致和，非所以為淫也(49)。喪者所以盡哀，非所以為偽也(50)。故事親有道(51)矣，而愛為務(52)；朝廷有容(53)矣，而敬為上(54)；處喪有禮(55)矣，而哀為主(56)；用兵有術(57)矣，而義為本(58)。本立(59)而道行，本傷而道廢(60)。

【章旨】這一章先用對比手法敘說古代聖明之世和後世作樂、服喪、用兵之不同，讚揚聖世而否定後世。作者的褒貶雖對作樂、服喪、用兵之事而發，實是對聖世、末世治政優劣作一評判。論「作樂」之事，即言聖世上下同心，政教平和，天下和洽，「夫人相樂，無所發貺，故聖人為之作樂以和節之」。末世則稅重、傜役重，人民贅妻鬻子尚不能滿足官府所需，即使愚夫惷婦皆有淒愴之心。而為之撞大鐘、彈琴瑟以作樂，自是「失樂之本」。論「服喪」之事，即言古時「上求薄而民用給，君施其德，臣盡其忠」，父慈子孝，三年喪期不是強迫規定的，服喪者哀傷之情出於自然。後世風流俗敗，君臣相欺，父子相疑，所以服喪者思心盡無，「被衰戴絰，戲笑其中」，這是「失喪之本」。論「用兵」之事，即謂古代天子、諸侯各守其分，不得相侵，有不行王道者，方舉兵而伐之。後世兼併無已，舉不義之兵、伐無罪之國、殺不辜之民，「以澹貪主之欲」，自「非兵之所為生也」。文中對比之後即作結論，謂「兵者所以討暴，非所以為暴也。樂者所以致和，非所以為淫也。喪者所以盡哀，非所以為偽也」。並說諸事皆有本，且「本立而道行，本傷而道廢」。

【注釋】❶平　平和。❷洽　廣博；普遍。❸輯睦　和睦。❹慈　愛。舊注謂「柔」。吳承仕謂「本作哀，哀即愛也。疑柔字誤」。❺良　善良。❻生者不怨二句　舊注謂「有道之世，人得其志，故生者不怨也。皆終其天命，故死者不恨」。❼和洽　和合。調和；協調。❽發貺　楊樹達釋為「發皇」。即啟發、開擴之意。貺，通「況」、「兄」、「皇」。皇，明。舊注釋為「發其恩賜」，說不可通。❾以和節之　謂以和諧之境界節制其情緒。❿急征　緊急徵稅。⓫澤梁　在沼澤河流中攔水捕魚的設備。《孟子・梁惠王下》：「澤梁無禁。」趙岐注謂「陂池魚梁不設禁，與民共之也」。⓬網罟　即網。罟，網的通稱。⓭財用殫於會賦　說民之財（錢穀）用（貨賄）為各種賦（田地稅）稅所耗盡。舊注謂「會，計。計人口數，責其稅斂也」。楊樹達謂「會者，頭會之類。頭會，漢世所謂口錢。今他國有名人頭稅者，即頭會也」。楊說為是。⓮贅妻　謂以妻作抵押以借錢，逾時不贖，妻即為人奴婢。贅，以物質錢。《漢書・嚴助傳》載淮南王安〈諫誅閩越疏〉云：「閒者數年歲比不登，民待賣爵贅子以接衣食。」如淳曰：「淮南俗：賣子與人作奴婢，名為贅子。三年不能贖，遂為奴婢。」此「贅妻」與「贅子」同。舊注謂「贅，從嫁也。或作賃妻」，言「從嫁」，非是。⓯鬻子　賣子。鬻，賣。⓰上求　指君王之徵求。⓱澹　同「贍」。充足；滿足。⓲惷婦　即「蠢婦」。⓳流連　流離；離散。舊注謂「猶瀾漫，失其職業也」。⓴悽愴　舊注謂「傷悼之貌」。㉑乃始　猶然後。原文中有「使」字，依劉文典校刪。㉒給　足。㉓竭　盡。㉔無憾恨　舊注謂「各得其願也」。㉕三年之喪　父母死，子服喪三年。㉖非強而致之　舊注謂「非強行（意為強求）致孝子之情也，情自發於中」。㉗旨　美味。㉘絕　舊注謂「三年之思，思慕之心未能自絕於哀戚也」。㉙風流俗敗　風俗敗壞。㉚怨尤　不滿；埋怨。㉛思心盡亡　舊注謂「盡喪其忠孝思慕之心也」。㉜本　舊注謂「本在哀戚」。㉝畿　國都周圍地區。舊注謂「方千里為畿」。㉞同　舊注謂「方百里為同」。㉟分　舊注謂「猶界也」。㊱王道　此指先王所行之正道。㊲不行　指不執行上令者。㊳誨　教導。㊴變　更改。㊵封其墓　增土於墳謂之封墓。表示加禮於死者。㊶類　古祭名。祭天。舊注謂「祭社曰類。以事類祭之也。《詩》云『是類是禡』也」。㊷卜　擇。㊸先聖之後　指民眾。舊注謂「民皆帝王之後，故曰絕先聖之後」。㊹傒　楊樹達謂「蓋『媄』之異文」。媄，女隸。舊注則謂「傒，繫囚之繫，讀曰雞」。㊺宗廟　天子、諸侯祭祀祖先的處所。㊻重寶　珍貴的器物。㊼非兵之所為生也　舊注謂「言兵為禁暴整亂設，不為作亂生也」。馬宗霍謂「本文『生』猶『出』也，與上文『舉不義之兵』相應。不義之兵所不當舉者也，故曰非兵之所為也」。亦為一說。㊽兵者所以討暴二句　舊注謂「言兵討人之暴亂，非所以自為暴亂也」。㊾樂者所以致和二句　舊注謂「樂蕩人之邪志、存人之正性，致其中和而已，非所為自淫過也」。㊿喪者所以盡哀二句　舊注謂「喪踴哭泣，所以盡孝子之哀情也，非所以為詐偽、佯哀戚而已也」。(51)有道　有孝道。善事父母謂之孝。(52)愛為務　舊注謂「務在愛敬其親」。務，必須。53有容　指朝臣儀容威盛。容，儀容。54敬為上　舊注謂「父子主愛，君臣主敬，故以敬為上也」。55處喪有禮　舊注謂「處，居也。喪禮，三年之禮也」。56哀為主　舊注謂《論語》曰『喪與其易也，寧戚』，故曰以哀為主也」。57術　此處指策略、戰術。舊注謂「數也，陰陽天生（當為『地』字）虛實之數也」。58義為本　舊注謂「《傳》曰：『天生五材，民並用之，廢一不可，誰能去兵。兵之所由來久矣，聖人以興，亂人以亡。廢興存亡，昏明之術也。』故曰以義為本」。59本立　指事物的根本得以建立。舊注以此句直承上句言，釋為「義立」。60本傷而道廢　舊注單指用兵言，釋謂「本傷，義喪也。故曰道廢」。道廢，指行事原則被廢。

【語　譯】古代聖人居於上位，政治教化平和，對人民普遍施以仁愛，上下同心，君臣和睦；人們吃穿有餘，每家每人都很富足；父親慈愛，兒子孝順，兄長良善，弟弟和順；活著的人沒有怨尤，死去的人也沒有遺憾；天下協調融洽，人人都能實現願望。眾人心中快樂，但沒有辦法抒發出來，所以聖人就為他們創造了音樂，用音樂的和諧境界來節制他們的情緒。行將衰亡時期的政治是這樣的：種田的人、打魚的人都要交很重的稅；在關哨站的出入口、市場等人員和物資的集聚地，很急迫地徵稅；池澤和捕魚用的魚梁都被圍封禁止捕魚，魚網沒有地方可以撒開，種田用的耒耜沒有人可使用，老百姓的力量已被徭役消耗完了，家中的錢穀、財貨已為繳納人頭稅、田地稅花光了；居家的人沒有飯吃，奔走在外的人也沒有糧食；老人無人奉養，死了的人不能安葬；人們用妻子作抵押借錢、或者賣掉兒子，來應付君王徵稅的數額，這樣還是不能滿足他的需要。就是愚笨的男女也都有失業離散的痛苦和悽愴悲傷的心情。然後才為他們撞大鐘、擂響鼓、吹竽笙、彈琴瑟，這樣做實際上已失去了作樂的根本意義。

古代君王徵的稅少而老百姓資財充足，君王施加恩惠給人民，臣子為君王、國家盡忠，做父親的以慈愛之心對待子女，做兒子的盡他的孝心，君臣父子各自表達他們的愛心而彼此沒有遺憾和怨恨。為父母服喪三年，並不是勉強完成的。服喪期間，耳聽音樂而不感到快樂，吃美味的食物也不感到甜美，這是因為他對父母的思念之心總是不能斷絕。後世風俗散亂敗壞，人們的嗜好、欲望很多，禮義廢棄，君臣之間相互欺騙，父子之間相互懷疑，各自滿懷怨恨，忠孝思念之心全都喪失了。在這種情況下，孝子為父母服喪，即使穿著孝服、繫著喪帶，卻嬉戲玩笑，雖然服喪三年，已失去了服喪的根本意義。

古代天子有一千平方里的土地作為他的領土，諸侯有一百平方里的土地作為他的領土。他們各自守衛領地的疆界，不能相互侵犯。如果出現了不實行先王正道的人，殘害萬民百姓，爭奪、侵佔別國的土地。擾亂政治、冒犯禁令。召喚他不來，命令他不執行。禁止他行動他偏偏不停止，教導他卻不改正。這樣才發動士兵來討伐他。殺掉他們的君王，把君王的黨羽更換下來，為國內賢人的墳墓加土，祭祀他們國家的社稷之神，選擇君王的子孫來代替他。至於後世的君王則一心追求擴大土地、侵佔別國的國土，不停地兼併。用不應有的名義發動士兵，攻打沒有罪過的國家。殺害無辜的人民，滅絕先聖的後人。大國出兵攻打，小國就據城防守；趕走別人的牛馬，把別人的子女抓來作奴婢，毀滅別國君主的宗廟，搬走別國的珍貴器物，使得血流千里，暴露在外的屍骸布滿原野。用這種做法來滿足貪婪君主的欲望，並不符合設置兵備的根本原因。

所以軍隊是用來討伐並平息暴亂，而不是用來製造暴亂的。音樂是用來使人產生和諧心境的，而不是用來使人放縱無度的。服喪是用來使人充分抒發哀思的，而不是用來使人做假的。所以侍奉父母有孝道，而愛敬之心是必不可少的；朝廷裡的臣子儀容威盛，而對君王的敬重是第一位的；在親長喪期中有一定的禮儀，而心情悲哀是主要的；用兵打仗有一定的策略、戰術，但合於正義才是根本。根本的東西確立了，那麼原則就能夠實行；根本的東西破壞了，那麼原則也就廢棄了。

卷九

主術

【題解】〈主術〉闡說君主治國的策略和方法。其主導思想是道家的無為而治，但也吸收了法家、儒家的一些主張。作者寫此文的目的，是要君主明白「攝權操柄以制臣下」、「秉數持要、不妄喜怒」的道理，而「因任督責，使群臣各盡其能」（〈要略〉）。

本卷多取自《文子》之〈上仁〉、〈上義〉、〈微明〉等篇。不少觀點和材料出自《韓非子》。

人主之術❶，處❷無為之事，而行不言之教❸；清靜而不動，一度❹而不搖；因循而任下，責成❺而不勞❻。是故心知規❼而師傅諭道❽，口能言而行人❾稱辭❿，足能行而相者⓫先導，耳能聽而執正⓬進諫⓭。是故慮無失策，舉⓮無過事⓯；言為文章⓰，行為儀表⓱；進退應時，動靜循理；不為醜美好憎，不為賞罰怒喜⓲；名各自名，類各自類，事猶⓳自然，莫出於己。故古之王者，冕⓴而前旒㉑，所以蔽明㉒也；黈纊㉓塞耳，所以掩聰㉔；天子外屏，所以自障㉕。故所理者遠則所在者邇㉖，所治者大則所守者小㉗。夫目妄視則淫，耳妄聽則惑，口妄言則亂。夫三關者，不可不慎守也。若欲規之，乃是離之㉘；若欲飾㉙之，乃是賊㉚之。

天氣㉛為魂，地氣㉜為魄，反之玄房㉝，各處其宅。守而勿失，上通太一㉞。太一之精㉟，通合於天㊱。天道㊲玄默㊳，無容無則㊴；大不可極，深不可測㊵；尚與人化㊶，知不能得㊷。

【章　旨】這一章有兩個重點。一是先概括指明人主治國之術乃是「處無為之事，而行不言之教；清靜而不動，一度而不搖；因循而任下，責成而不勞」。繼而細述人主如何棄置知規之心、能言之口、能行之足、能聽之耳而不用，以發揮臣下的作用，使得自己動靜適宜，「事猶自然，莫出於己」。最後又借帝王之冕、住所之屏為例，再說明帝王無為而治當慎守「三關」（指目、耳、口）。二是從理論上說人應使魂魄（即陽氣、陰氣）返回身內以「各處其宅」。能守而勿失，就可與太一之精相通，而合於天道。天道主玄默，「無容無則」。其大、深不可測，與人為化，非智慮所能得。

【注　釋】❶人主之術　指國君治國、控制和使用群臣的策略和方法。實指道。舊注謂「主，君也。術，道也。君之宰國統御臣下，五帝三王以來，無不用道而興，故曰『主術』也」。❷處　處理。❸不言之教　舊注謂「教，令也。謂不言而事辦也」。❹一度　統一法度。即堅持一定的原則（指合於道者）。❺責成　督責臣下完成任務。❻不勞　舊注謂「成辦而不自勞」。❼規謀劃。❽師傅諭道　謂太師、太傅告知以道。舊注謂「師者，所從取法則者也。傅，相也。諭導以正道也」。原文「道」作「導」，依劉文典校改。❾行人　官名。有大行人、小行人之分，掌朝覲聘問之事。又使者稱行人。❿稱辭　陳辭、說話。⓫相者贊禮的人。即今之司儀。舊注謂「相，儀也」。《周禮・秋官・司儀》「掌九儀之賓客擯相之禮」，注謂「出接賓曰擯，入贊禮曰相」。⑫執正　即「執政」。主持政務者。⑬進謀　原文作「進諫」，舊注謂「諫，或作謀」，楊樹達謂「此文以道導為韻、辭謀為韻，作諫則失其韻矣」。今從其說。⑭舉　動。原文作「謀」，依王念孫校改。⑮過事　猶言誤事。指做錯事。⑯文章　指禮樂法度。⑰行為儀表　舊注謂「為天下人所法則也」。儀表，立木以示人謂之儀或表。引申為法度。原文下有「於天下」三字，依俞樾校刪。⑱怒喜　原文作「喜怒」，依楊樹達校改。⑲猶　通「由」。⑳冕　帝王、諸侯、卿大夫所戴的禮帽。後專指皇冠。㉑前旒　皇冠上前後垂掛的玉串。舊注謂「前後垂珠飾邃綖也」。㉒蔽明　遮蔽視線。玉串下垂至目，故言蔽明。㉓黈纊　黃綿。古冕制，以黃綿為丸，懸於冕側，垂兩耳旁，以示不聽無益之言。㉔掩聰　遮掩聽聞。舊注謂「不欲其妄聞也」。㉕自障　遮蔽自身。舊注謂「屏，樹垣也。門內之垣謂之樹。《論語》曰：『國君樹塞門。』諸侯在內，天子在外，故曰所以自障也」。屏為對著門的小牆，俗稱照壁。㉖在者邇　猶言所察者近。在，觀察。楊樹達疑「在」作「任」。㉗小　原文作「少」，依王念孫校改。㉘離之　舊注謂「言嗜欲有所規合，乃是離散也」。㉙飾　巧；好。㉚賊　毀壞。㉛天氣　指陽氣。㉜地氣　指陰氣。㉝玄房　指生命賦形之處。與「玄牝」同。《老子》第六章謂「谷神不死，是謂玄牝。玄牝之門，是謂天地根」。玄牝是人的生命之根、胎息所由，即生命賦形之處。㉞太一　指道。或謂元氣。㉟太一之精　指元氣中極精微的物質之氣。黃老道學認為道（元氣）生天地，天地生陰陽，陰陽化而為精氣，精氣集而形成萬物。㊱通合於天　原文作「通於天道」，依王念孫校改。㊲天道　同地道、人道對應的概念，指道在自然界的屬性和表現形式。㊳玄默　沉靜無言。㊴無容無則　謂無一定的容貌、無一定的法則。㊵測　盡。㊶尚與人化　謂主於與人為化。尚，猶主、掌。㊷知不能得　舊注謂「天道至大，非人智慮所能得」。實指天道與人為化，其變莫測，非人智慮所能得。

【語　譯】國君治理國家的辦法，應該是依純任自然的原則處理事情，按純任自然的原則實行教令；清靜而不隨意行動，保持一定的原則而不動搖；沿襲成規而任用屬下，督責屬下把事做好而自己並不勞動。因此國君心裡知道如何謀劃事情，卻讓太師、太傅告訴他謀劃事情的正確方法；口能說話卻讓行人去陳辭，兩腳能走路卻讓贊禮的人在前引導，兩耳能聽卻讓主持政務的臣子進獻謀略。所以他考慮事情沒有失誤過，做事也沒有出錯的情況；一說話就可成為禮樂法度，一行動就可成為天下人效法的標準；一進一退都與時令相應，一動一靜都遵循一定的道理；不判別美麗和醜陋，也沒有喜好與憎惡。不做賞賜之事，也不處罰什麼人，不發怒也不流露喜悅之情；萬物各自有名分，萬類各自有類別，事事都出於自然，沒有一樣是出自自己的想法。所以古代的君王，在皇冠前垂下玉串是為了遮蔽視線，拿黈纊塞住耳朵是為了掩蔽聽覺，天子在門外樹立垣牆是用來阻隔自己的。所以他治理的地方很遠而所察之處很近，處理的事情很大而持守的地方很小。眼睛亂看就會貪色，耳朵亂聽就會被迷惑，口隨便說話就會出亂子。這三道關口，不能不謹慎地守住。如果要使嗜欲和這三道門相合，便要讓它們離開；如果要使它們精巧美好，實際上便是毀壞它們。

天的陽氣成為人的魂，地的陰氣成為人的魄，讓魂魄返歸人的生命賦形之處，各自居於它們的處所。守住它們而不讓其散失，就可以上通太一之道。太一元氣中的精氣是與天相合的。而天道沉默無言，沒有一定的容貌、變化也沒有一定的準則；大得沒有邊際可尋，深得沒有盡頭可量；主掌和人一起使事物變化的事，那是人的智慮所不能實現的。

昔者神農之治天下也，神不馳於胸中❶，智不出於四域❷，懷❸其仁誠之心；甘雨❹時降❺，五穀蕃植❻；春生夏長，秋收冬藏。月省時考❼，歲終獻功❽；以時嘗穀❾，祀於明堂。明堂之制，有蓋而無四方❿，風雨不能襲，寒暑不能傷。遷延⓫而入之，養民以公。其民樸重端愨⓬，不忿爭而財足，不勞形而成功⓭。因天地之資，而與之和同⓮，是故威厲而不試⓯，刑錯⓰而不用，法省⓱而不煩⓲，故其化⓳如神。其地南至交阯⓴，北至幽都㉑，東至暘谷㉒，西至三危㉓，莫不聽從。當此之時，法寬刑緩，囹圄空虛，而天下一俗㉔，莫懷姦心㉕。

末世之政則不然。上好取而無量，下貪狼㉖而無讓；民貧苦而忿爭，事力勞㉗而無功，智詐㉘萌興，盜賊滋彰㉙，上下相怨，號令不行。執政㉚有司㉛，不務反道，矯拂㉜其本㉝，而事㉞修其末，削薄㉟其德，曾累㊱其刑，而欲以為治，無以異於執彈而來㊲鳥，捭棁㊳而狎㊴犬也，亂乃逾㊵甚。夫水濁則魚噞，政苛則民亂㊶。故夫養虎豹犀象者，為之圈檻，供其嗜欲，適其飢飽，違其怒恚㊷，然而不能終其天年者，形有所劫㊸也。是以上多故則下多詐㊹，上多事則下多態㊺，上煩擾則下不定㊻，上多求則下交爭。不直之於本，而事之於末㊼，譬猶揚堁㊽而弭㊾塵，抱薪以救火也。

【章　旨】這一章通過肯定神農之治，和否定末世之政，說明人主治國當以無為為本；若有意而為、矯拂其本，不但徒勞無益，還會造成國家更大的混亂。所肯定的神農氏的治國之道，主要是不用神、智而內懷仁誠之心，養民以公而使民性樸重端愨，因而「威厲而不試，刑錯而不用，法省而不煩，故其化如神」，使天下大治。否定末世之政，主要指斥「上好取而無量，下貪狼而無讓；民貧苦而忿爭，事力勞而無功」等現象，而歸咎於上下「不務反道，矯拂其本，而事修其末，削薄其德，曾累其刑」。並指出人主不以無為為本正是社會不治的主要原因。所謂「上多故則下多詐，上多事則下多態，上煩擾則下不定，上多求則下交爭」。

【注　釋】❶神不馳於胸中　舊注謂「言釋神安靜，不躁動也」。❷智不出於四域　舊注謂「信身在中」。四域，指心內。❸懷抱。舊注訓為「思」。❹甘雨　及時雨。❺時降　猶謂適時而降。❻蕃植　蕃，茂。植，長。❼月省時考　每月按時考察。❽獻功　獻考績之功。❾嘗穀　薦嘗新穀。舊注謂「穀，新穀也。薦之明堂，嘗之也」。❿有蓋而無四方　神農的明堂簡陋，故稱之。四方，當指四方之門。或謂方即方圓之方。古明堂上圓下方，堂四出，有四門八窗。⓫遷延　倘佯；徘徊；逍遙。⓬樸重端愨　樸實、厚重、端直、誠實。⓭成功　原文作「功成」，依楊樹達校改。⓮和同　和睦同心。⓯試　用。原文作「殺」，依王念孫校改。⓰錯　擱置。⓱省　約。簡要。⓲煩　多；煩瑣。⓳化　教化。⓴交阯　古地名。指五嶺以南一帶地方。相傳其地之人臥時頭外向，足在內而相交，故又稱交趾。㉑幽都　傳說中北方山名。《山海經・海內經》：「北海之內有山，名曰幽都之山，黑水出焉。」㉒暘谷　傳說中東方日出之處。㉓三危　傳說中西極之山。《山海經・西山經》：「又西二百二十里，曰三危之山，三青鳥居之。是山也，廣員百里。」㉔一俗　統一習俗。㉕姦心　狡詐之心。㉖貪狼　貪狠如狼。㉗力勞　猶言勤勞。㉘智詐　智巧偽詐。㉙盜賊滋彰　指盜賊更多更囂張。滋彰，益彰；更加顯著。㉚執政　主持政務者。㉛有司　官吏。㉜矯拂　造作、拂戾（違背）。㉝本　根本。指無為之道。㉞事　治。㉟削薄　猶言刻薄、減薄。㊱曾累　層層積累。曾，重。㊲來　即「徠」。招來；使之來。㊳捭梲　猶謂揮擊木棒。一作「袖梲」。捭，兩手排擊。梲，杖；木棒。㊴狎　親近；戲弄。㊵逾　益；更加。㊶夫水濁則魚噞二句　舊注謂「言無聊也」。與劉安同時之韓嬰所撰《韓詩外傳》亦云「水濁則魚喁（魚口上見狀），政苛則民亂」。噞，魚出於水面呼吸。舊注謂「魚短氣，出口於水。喘息之喻也」。㊷怒恚　怒恨。㊸劫　劫制；為外力所控制。㊹上多故則下多詐　猶《戰國策》所謂「科條既備民多偽態」。故，巧。㊺多態　多偽態。態為心意之形諸外者，亦可言凡飾於外謂之態，則態猶巧。偽態即偽巧。㊻不定　舊注謂「不知所從也」。㊼不直之於本二句　以樹木作比，以明君王治國之捨本逐末。直，使正直。作動詞用。㊽堁　塵土。楚人方言。㊾弭　消除；停止。

【語　譯】從前神農治理天下的時候，他的精神不在胸中奔馳，他的智慧不越出內心，時時抱持仁愛、誠實的心意；甘雨及時降落，五穀生長茂盛；春天生出芽苗，夏天成長，秋天收穫，冬天儲藏。對官吏每月按時考察，年底獻上考績之功；按時讓先祖品嘗新收的糧食，在明堂裡舉行祭祀。明堂的規模，有圓蓋而沒有四方之門，但風雨不能侵襲，寒暑不能損害。神農自由自在地進入裡面，決策施政，用公正之心養育他的人民。民眾樸實、厚重、正直、誠實，不必憤怒地爭鬥而財物充足，不用勞累身體而能把事情辦成功。神農憑藉天地的資助，而和廣大人民和睦同心，所以威猛不曾使用，刑法也被擱置而不需執行，法律簡約而不煩瑣，所以他對人民的教化就像神一樣。他治理的地域，南到交阯，北到幽都山，東到暘谷，西到三危山，沒有誰不聽從他的教化的。在這個時候，法令寬大、刑罰鬆緩，監牢虛空無人，而天下習俗相同，沒有誰抱有狡詐的心思。

在將要衰亡的時期，政治就不是這樣了。君主喜歡取用民物而沒有限量，下面的官員貪狠如狼而從不相讓，民眾貧窮痛苦而憤怒地爭鬥，做事費力勤勞卻沒有功效。於是智巧、偽詐便產生了，盜賊越來越多而且更加猖狂，上下相互怨恨，號令不能執行。主持政務的要員和官吏，不致力返回到無為之道，反而雕琢情性、違反根本，而去整治枝末，減少對人民的恩德，層層加重刑法。這樣做卻想把國家治理好，這和手拿彈弓而召喚鳥兒飛來、揮擊棍棒而想親近狗是沒有區別的。這樣做只會使國家更加混亂。水渾濁了，魚就要伸出頭來在水面呼吸；政治苛刻，民眾就會出現動亂。所以飼養虎、豹、犀、象的人，為這些野獸做好了柵欄，滿足牠們的嗜好、欲望，按照牠們飢飽的情形來餵食，避免牠們發怒。這樣做卻不能使牠們活到自然應有的年壽，原因就是牠們的形體受到了人的控制。因此上位的人多用巧智，下面的人就多用狡詐；上面的人插手太多的事，下面的人就會多做些假樣子；上面的政策冗雜繁亂，下面的人就不知所從；上面多斂求財物，下面的人就會相互爭奪。不去扶正扶直根本，卻去整治枝末，這就好比用手揚起塵土來想止住灰塵，好比抱著柴禾來救火。

故聖人事省而易治，求寡而易澹❶，不施而仁，不言而信，不求而得，不為而成。塊然❷保真❸，抱德推誠❹，天下從之，如響之應聲、景❺之像形，其所修者本也❻。刑罰不足以移風，殺戮不足以禁姦，唯神化❼為貴。至精❽為神。

夫疾呼不過聞百步，志之所在，逾❾於千里。冬日之陽，夏日之陰，萬物歸之，而莫使之然⑩。故至精之像⑪，弗招而自來，不麾⑫而自往，窈窈冥冥⑬，不知為之者誰，而功自成。智者弗能誦⑭，辯者弗能形⑮。

【章旨】這一章一在闡明聖人修本治國的特徵及其功效。所謂「事省而易治，求寡而易澹，不施而仁，不言而信，不求而得，不為而成」，「塊然保真，抱德推誠，天下從之，如響之應聲」。二在說明「至精」的神妙作用，言其如「冬日之陽，夏日之陰，萬物歸之，而莫使之然」，「弗招而自來，不麾而自往」，「不知為之者誰，而功自成」。此處所謂至精神妙，實即無為無不為之理。

【注釋】❶澹　舊注訓為「給」。❷塊然　安然自得。❸保真　保持純真的本性。❹誠　舊注訓為「實」。❺景　同「影」。❻其所修者本也　舊注謂「詹何曰『未聞身治而國亂。』」(見《呂氏春秋・執一》)故曰其所修者本也」。舊注實以用道治身為本。❼神化　神而化之。指以道治國所產生的神妙變化。❽至精　精微之氣。屬元氣，亦即至道之精。《莊子・在宥》謂「至道之精，窈窈冥冥」。《呂氏春秋・大樂》亦謂「道也者，至精也」。❾逾　超過。❿冬日之陽四句　舊注謂「冬日仁物歸陽，夏日猛物歸陰。莫使之，自然如是也」。莫使之然，沒有誰使其如此。⓫像　像貌；形狀。至為精微之氣本來「無形」，所謂「精至於無倫」(《莊子・秋水》)，而此言「像」，則是一種形象性的說法。⓬麾　通「揮」。指揮。⓭窈窈冥冥　深遠暗昧。《老子》第二十一章：「道之為物，惟恍惟惚。……窈兮冥兮，其中有精。」⓮誦　言。述說。⓯形　見；顯現；形容。

【語譯】所以聖人辦的事少而容易處理好，徵求的財物少而容易供給，行動上不施予恩惠卻顯得仁愛，不用說話卻令人覺得真實，不用徵求卻能得到，不用行動卻會成功。他安然自在地保守住純真的本性，懷抱德性而以誠實之心處事待人。天下所有的人都服從他，就像回響和聲音相回應、影子和物形相像一樣。這是因為他掌握住了以道治身這個根本。使用刑罰是不能夠轉變社會風氣的，靠殺戮也不能夠禁止邪惡、狡詐，只有用道治國所產生的神妙變化最為可貴。至為精微之氣就可產生神妙的變化。

大聲呼喊，只能使百步以內的人聽得見。但人心志所在之處，其影響力卻能超過千里。冬天裡的陽光、夏天裡的陰涼，萬物都會歸向它們，而沒有任何人要它們那樣做。所以至為精微之氣的形像，不用招引便自己會來，不用指揮便自己會返回，深遠暗昧，不知道是誰使它們會這樣做的，而事功自然完成。其神妙連有智慧的人也說不清楚，很有口才的人也無法加以形容。

昔孫叔敖恬臥，而郢人無所害其鋒❶；市南宜遼弄丸，而兩家之難無所關其辭❷。鞅鞈鐵鎧❸，瞋目❹扼掔❺，其於以御兵刃，縣❻矣！券契❼束帛❽，刑罰斧鉞，其於以解難❾，薄❿矣！待目而照見，待言而使令，其於為治，難矣！

蘧伯玉⓫為相，子貢⓬往觀之，曰：「何以治國？」曰：「以弗治治之。」簡子⓭欲伐衛，使史黯⓮往覿⓯焉。還報曰：「蘧伯玉為相，未可以加兵⓰。固塞險阻，何足以致⓱之？」故皋陶⓲瘖⓳而為大理⓴，天下無虐刑，有貴於言者㉑也；師曠㉒瞽㉓而為太宰㉔，晉無亂政，有貴於見者㉕也。故不言之令㉖、不視之見㉗，此伏犧、神農之所以為師也。故民之化上㉘也，不從其所言而從所行。故齊莊公㉙好勇，不使諫爭㉚，而國家多難，其漸至於崔杼之亂㉛。頃襄㉜好色，不使風議㉝，而民多昏亂，其積至昭奇之難㉞。

【章旨】這一章用三類人物的故事說明三層意思，而總的觀點是要無為，言無為方能無不為。

其中孫叔敖恬臥而使敵國不敢來犯，熊宜遼弄丸不與兩家難而兩家不怨宜遼，正是「無為而治」之例。而在二例之後則從反面說三「有為」之事不足「以御兵刃」、「以解難」、以「為治」。

至於蘧伯玉「以弗治治之」、皋陶「瘖而為大理」而天下無虐刑和師曠「瞽而為太宰」而使晉無亂政，皆是印證弗治之治、不言之令、不視之見的例子。並由此說明民之化於上，不從其所言而從所行。而齊莊公好勇至於崔杼之難和頃襄王好色至於昭奇之難，則從另一面說明無為可貴、有為反至於難。故本章不外乎是以正、反兩面的例證來闡明「無為」之功。

【注釋】❶昔孫叔敖恬臥二句　舊注謂「孫叔敖，楚大夫也。蓋乘馬三年，不知其牝牡，言其賢也。但恬臥養德，折衝千里之外，敵國不敢犯害，故郢人不舉兵出伐，無所害其鋒於四方也」。孫叔敖，春秋楚國令尹。傳說他三為令尹而不喜，三次去職而不憂，輔佐楚莊王建立霸業。郢人，指楚人。郢為楚國都，舊址在今湖北省江陵縣西北。害，犯害。馬宗霍訓為「損」，謂二句「言孫叔敖秉楚國之政，德足服遠，雖恬臥無為，而郢人之聲威固無所損也」。又說可訓為「遏（止絕）」。王念孫則以為「害」當為「用」，俞樾以為當為「容（意為用）」。❷市南宜遼弄丸二句　舊注釋曰：「楚平王太子建為費無忌所逐，奔鄭，鄭人殺之。其子勝在吳，令尹子西召之，以為白公。請伐鄭以報讎，子西許之，而未出師。晉人伐鄭，子西救之。勝怒曰：『鄭人在此，讎不遠矣。』欲殺子西。其臣石乞曰：『市南熊宜遼，得之可以當五百人。』乃往視之，告其故，不從。舉之以劍而不動，而弄丸不輟，心志不懼，曰：『不能從子為亂，亦不泄子之事。』白公遂殺子西。故兩家雖有難，不怨宜遼。故曰無所關其辭也。」宜遼，楚國勇士。姓熊，字宜遼，居於楚市南，故又號市南子。其人善弄丸鈴，常八個在空中，一個在手。無所關其辭，猶謂無所言其辭。關，白；稟報；陳述。❸鞅鞈鐵鎧　即穿著鐵甲，騎著快馬。鞅，套在馬頸上用以負軛的皮帶。鞈，用以護胸的革甲。鐵鎧，戰士護身的鐵甲。❹瞋目　怒張其目。❺扼掔　即「扼腕」。手握其腕，表示激怒的表情。❻縣　距離遠。舊注謂「比於德，不及之遠」。❼券契　契據。即今之契約。❽束帛　古代聘問的禮物。古以帛（布帛）五匹（每匹兩端，一端長一丈八尺）為一束，故稱束帛。❾難　危難。❿薄　舊注謂「薄於德也」。⓫蘧伯玉　即蘧瑗。字伯玉，春秋衛國人，孔子在衛曾住其家。⓬子貢　姓端木，名賜。孔子弟子。⓭簡子　即晉卿趙鞅。⓮史黯　即晉太史蔡墨。⓯覿　見。舊注訓為「觀」。王念孫謂「覿」當為「靚」，不訓為觀。⓰未可以加兵　舊注謂「以其賢也」。加兵，謂用兵攻打其國。事見《呂氏春秋・召類》。⓱致　舊注謂「猶勝也」。⓲皋陶　即咎繇，偃姓。傳說為舜之臣，掌刑獄之事。⓳瘖　啞。句中當指因喉疾暫時不能說話。⓴大理　掌刑法之官。㉑貴於言者　謂比多言者可貴。舊注則謂「雖瘖，平獄理訟能得人之情，故貴於多言者也」。㉒師曠　春秋時晉國樂師。生而目盲，善辨聲樂。㉓瞽　目盲。㉔太宰　百官之長，輔佐君王治國。㉕貴於見者　謂比見者可貴。㉖不言之令　指皋陶瘖而治政。㉗不視之見　指師曠瞽而治政。㉘化上　化於上。為上位者所化。原文無「上」字，依王念孫校補。㉙齊莊公　齊靈公之子。名光，因淫亂為崔杼所殺，在位六年。㉚諫爭　原文作「鬥爭」，依蔣禮鴻校改。㉛崔杼之亂　杼為齊大夫，棠公死，娶其妻（棠姜）。棠姜美，齊莊公與之通，杼弒莊公，立景公，己為相。㉜頃襄　即楚頃襄王。懷王之子，名橫，在位三十六年。㉝風議　即「諷議」。諷諫；議論。㉞昭奇之難　其事不詳。舊注謂「召奇，楚大夫也」。楚懷王死於秦，頃襄王七年，王娶秦婦。襄王之相昭子執政期間，即襄王十九年秦伐楚，楚割上庸、漢北地給秦。二十年秦將白起拔楚西陵。二十一年白起拔郢都，燒楚先王墓夷陵。文中所言或指上述之事。

【語　譯】從前孫叔敖在楚國為相，很安靜地躺著，卻沒有一個國家能危害楚人的軍隊；楚國國都市南的熊宜遼只專心地抛接丸鈴，而對構難雙方都不說什麼話。套戰馬、戴護胸、披鐵甲，怒目圓睜、以手握腕，用這種辦法來抵禦刀兵，就和用德來制止刀兵之禍相距太遠了。用契約、束帛、刑罰、斧鉞來解除危難，那就顯得德性不淳厚了。必須用眼看才能察看清楚，必須說出話來才能發出命令，要用這種辦法把國家治理好，是很困難的。

蘧伯玉在衛國作相的時候，端木子貢前去參觀，問他說：「你用什麼方法治理國家？」伯玉回答說：「我用『不治』的方法治理國家。」趙簡子想要攻打衛國，派史黯前往衛國觀察情況。史黯回來報告說：「蘧伯玉作相，我們不可對衛國用兵。即使我們的要塞堅固、地勢險要多阻，又哪能戰勝他們呢？」所以皋陶患喉病不能說話卻擔任主持刑法的大理，使天下沒有殘酷的刑法，這就比多言者擔任大理有更可貴的地方；師曠是個瞎子卻當百官之長太宰，使得晉國沒有混亂的政治，而比雙目能看得見的人作太宰有更可貴的地方。所以不用自己說話而行使命令，不用自己看而察清情況，這就是伏羲、神農能成為百代君王治國之師的原因。所以老百姓順從君王的教化，不是順從他的言論而是順從他的行動。

所以齊莊公喜好勇猛，不讓臣下規勸他，致使國家發生許多亂事，以致慢慢演變出崔杼殺死莊公那樣的亂事。楚頃襄王貪愛女色，不准臣下規勸、議論，致使民眾中發生許多昏亂之事，這種昏亂之事慢慢積累，終於釀成了昭奇之難。

故至精之所動，若春氣之生❶、秋氣之殺❷也，雖馳傳❸騖置❹，不若此其亟❺。故君人者，其猶射者乎！於此豪末❻，於彼尋常❼矣。故慎所以感之也。

夫榮啟期❽一彈，而孔子三日樂，感於和。鄒忌❾一徽❿，而威王⓫終夕悲，感於憂。動諸琴瑟，形諸音聲，而能使人為之哀樂。縣法⓬設賞，而不能移風易俗者，其誠心弗施也。甯戚商歌⓭車下，桓公⓮喟然⓯而寤，至精入人深矣！故曰：樂，聽其音則知其俗，見其俗則知其化。孔子學鼓琴於師襄⓰，而諭⓱文王之志，見微以知明矣。延陵季子⓲聽魯樂而知殷、夏之風，論近以識遠也。作之上古⓳，施及千歲而文⓴不滅，況於竝世㉑化民乎！

湯之時，七年旱，以身禱於桑林之際，而四海之雲湊，千里之雨至。抱質效誠，感動天地，神諭方外㉒，令行禁止，豈足為哉！古聖王至精形㉓於內，而好憎㉔忘於外，出言以副情㉕，發號以明旨，陳之以禮樂，風㉖之以歌謠，葉貫㉗萬世而不壅㉘，橫扃㉙四方而不窮，禽獸昆蟲與之陶化㉚，又況於執法施令乎！

故太上神化，其次使不得為非，其次賞賢而罰暴㉛。衡㉜之於左右，無私輕重，故可以為平。繩㉝之於內外，無私曲直，故可以為正。人主之於用法，無私好憎，故可以為命。夫權㉞輕重不差蟁首㉟，扶撥㊱枉橈㊲不失鍼鋒，直施矯邪㊳不私辟㊴險，姦不能枉，讒不能亂，德無所立㊵，怨無所藏，是任術而釋人心者也，故為治者，智不與焉㊶。

【章 旨】這一章論及人主治國之術，兼取道、儒、法三家而言之。文中闡述了三個觀點。一由「至精」「所動」迅疾的特徵，得出君人者當「慎所以感之」的結論。二由孔子、齊威王為樂所感，說明人主縣法設賞，欲以移風易俗，須施以誠心。並謂古代聖王乃至精形於內而好憎忘於外，但並非無言以教。只是「出言以副情，發號以明旨，陳之以禮樂，風之以歌謠」，這樣就能陶化萬物。結論是「執法施令」亦應如此。三是標出人主治國之術的三個層次，所謂「太上神化，其次使不得為非，其次賞賢而罰暴」。並謂君主治國的最高境界為「任術而釋人心者」，總結論是「故為治者，智不與焉」。

【注 釋】❶生 萌生。指春氣萌生。或謂春氣使萬物生長。❷殺 衰退。指秋氣衰退。或謂秋氣使百物衰敗。❸馳傳 古代驛站用的車馬。❹騖置 謂以良馬拉傳車。騖，奔馳。漢律以四馬高足為置傳，四馬中足為馳傳，四馬下足為乘傳。❺亟 疾；急速。❻豪末 即「毫末」。毛髮之末端。喻極細微。❼尋常 古以八尺為尋，十六尺為常。❽榮啟期 春秋時代的隱士。❾鄒忌 即田忌。忌以鼓琴干謁威王，得以主國政，封為成侯。忌以善諫者稱。❿徽 通「揮」。彈奏。⓫威王 即田齊。戰國時齊國國君。⓬縣法 即「懸法」。頒訂法令。古代公布法令，懸於闕下，故云。⓭甯戚商歌 甯戚，春秋衛人。《呂氏春秋・舉難》：「甯戚欲干齊桓公，窮困無以自進，於是為商旅將任車以至齊，暮宿於郭門之外。公郊迎客，夜開門，辟任車，爝火甚盛，從者甚眾。甯戚飯牛居車下，望桓公而悲，擊牛角疾歌。桓公聞之。撫其僕之手曰：『異哉！之歌者非常人也。』命後車載之。」桓公歸，舉甯戚為客卿。商歌，低沉悲涼之歌。一說為商旅之歌。⓮桓公 齊桓公。名小白，春秋時五霸之一。⓯喟然 歎息的樣子。⓰師襄 春秋時衛樂官，又稱師襄子。又有魯樂官擊磬襄，前人多混二人為一人，故舊注亦謂「師襄魯樂太師也」。孔子學鼓琴於師襄，《史記・孔子世家》記述較詳。⑰諭　明白。孔子學琴而諭文王之志事見上注。舊注謂「諭，教。教之鼓文王操」，則以師襄子為諭之主體。揣摩句意孔子當為主體，諭當訓為明白。⑱延陵季子　即吳季札。春秋時吳國公子，吳王壽夢之季子，壽夢欲傳位季子，辭不受，封於延陵，故稱延陵季子。曾聘問多國。至魯，聽周以前之古樂而知上古社會政治並加以評論。事在魯襄公二十九年（西元前五四四年）。⑲上古　遠古。季札在魯所聽音樂為周及周以前作品，故云。⑳文　此處指音樂演奏的形式、技法方面的要求。㉑竝世　同一時代。㉒湯之時八句　本於《呂氏春秋・順民》。桑林，桑山之林。或謂即大林之名。湯以盛樂禱旱於桑林，故又有桑林之樂。《左傳・昭公二十一年》謂「宋城舊鄘及桑林之門」，當即湯祀桑林之處。湊，會合。舊注謂「湊，會也。或作蒸。蒸，升也」。效誠，表示忠誠。諭，猶行。方外，世俗之外。此指鬼神世界。㉓形　見；現。㉔好憎　喜好與憎惡。舊注謂「情欲以充」。㉕副情　符合實際情形。㉖風同「諷」。諷諭，用微言勸告。㉗葉貫　葉，聚；集。原文作「業」，依王念孫校改。貫，累。㉘壅　堵塞。㉙扃　門上閂為扃。此為貫通之意。㉚陶化　陶冶化育。㉛暴　舊注謂「虐亂也」。㉜衡　秤桿；秤。㉝繩　繩墨。量曲直的工具。㉞權秤錘。引申為稱量。㉟蟁首　即蚊首。比喻細微。㊱扶撥　扶，治。撥，枉。㊲枉橈　枉謂違法曲斷，橈謂有理不申。㊳直施矯邪　均含糾正邪惡之意。直施，謂端直邪行。使斜曲者端直之意。施，假借為迆。迆，邪（斜）行貌。矯邪，使斜為直。㊴辟　同「避」。㊵立　見；顯現。㊶智不與焉　舊注謂「治在道，不在智，故曰不與」。《管子・心術上》嘗謂君子「恬愉無為，去智與故」。原文無「智」字，依王念孫校補。

【語　譯】所以至為精微之氣的活動，就像春氣使萬物生長、秋氣使萬物衰敗一樣，即使是很會奔跑的馬拉的傳車，也比不上它這樣快。所以君王治理民眾，大概就像射箭吧。在這裡只有毫末的小差距，在那裡就會有一尋一常那樣大的出入了。所以君王要慎重地對待那些會令自己感動的事。

榮啟期彈一次琴，孔子聽後快樂了三天，他是受到了音樂和諧之美的感動。鄒忌撫絃彈了一曲，齊威王聽後悲痛了一晚上，他是受到了音樂憂傷情調的感動。一個人的情感，藉著撥動琴瑟，通過樂音聲調表現出來，而能使人感到悲哀或快樂。那麼頒訂法令、實行獎賞，卻不能移風易俗，其原因便是君王沒有把他的誠摯之心用到上面。甯戚在車下唱出悲涼、低沉的歌聲，齊桓公聽到後歎息不已而被感悟。可見至為精微之氣所產生的情感，滲入他人之心是很深的。所以說音樂這個東西，聽到它的音調就能知道其流行之地的風俗，看到這個地方的風俗便知道這裡推行教化的情況。孔子向師襄學習彈琴，而能明白周文王的心志，這是從細微處了解顯著的大道理。延陵季子在魯國聽音樂而能知道殷、夏時代的社會風氣，這是經由評論近的事物而認識遙遠時代的事物。這些作於上古時代的樂曲，延續千年以後，其精神風韻尚且還未失傳，何況在流傳過程中對同時代的民眾所起的教化作用之深，那就更不用說了。

在商湯的時候，曾經連續七年發生旱災。當時商湯用自己的身體作祭品，在桑林邊向天帝祈禱，於是四處的雲聚集過來，千里外的雨都降落在湯的國土上。商湯懷抱純樸之性而獻出誠意，感動了天地，他的誠摯精神能通向世俗之外的神仙世界。若只靠發令就前進、發禁令就停止這種辦法來治理國家，哪裡能夠做到他這樣呢！古代的聖王，他的至為精微之氣所形成的情感是顯現在體內的，而在形體之外則忘掉了喜好和憎惡。說出話來符合實際情形，發出號令能表明旨意。陳設禮樂教化民眾，讓民眾用歌謠諷諭朝政。即使累積萬世也不會上下壅塞，橫貫四方也不會窮盡。連禽獸、昆蟲都和他一道接受天地的陶冶化育，更何況在執行法律、發號施令而治理民眾方面呢！

所以治理國家，最上等的辦法是用至精之氣神而化之，第二等的辦法是使人民不能做不合理的事，第三等的辦法是獎賞賢明之人而懲罰暴虐之徒。秤在稱東西的時候，要權衡左右，不憑自己的意思來決定輕重，所以能成為體現公平的工具。繩墨在取直線的時候，要衡量內外，不會憑它的私意來決定物體的曲直，所以能成為體現正直的工具。國君在使用法令時，不憑個人的喜好和憎惡，所以他的話能夠成為命令。稱量輕重不會有蚊子頭那樣輕的誤差。矯正曲屈之物，沒有針尖那樣細小的差距。為使邪行之人歸於正直之道，自己不暗自逃避危險。邪惡不能使他屈服，讒言不能攪亂他的心志，恩德無所顯現，怨恨無所隱藏。這便是使用策略方法而放下人的人智不用。所以國君治理國家，是不讓智巧參與其中的。

夫舟浮於水，車轉於陸，此勢之自然也。木擊折轊❶，石戾❷破舟，不怨木石而罪巧拙者❸，知故❹不載焉。是故道有智則惑❺，德❻有心則險，心有目則眩❼。兵莫憯於志而莫邪為下，寇莫大於陰陽而枹鼓為小❽。今夫權衡規矩，一定❾而不易，不為秦、楚變節❿，不為胡、越⓫改容，常一而不邪，方行⓬而不流⓭，一日刑⓮之，萬世傳之，而以無為為之⓯。故國有亡主，而世無廢道⓰；人有困窮，而理⓱無不通。由此觀之，無為者，道之宗⓲。故得道之宗，應物⓳無窮；任⓴人之才㉑，難以至治。

【章　旨】這一章先以車船為木石所破而不怨木石、只怨駕車駛船的人為例，說明「道有智則惑，德有心則險，心有目則眩」。主張以道德治國而棄智巧不用。並以「兵莫憯於志」、「寇莫大於陰陽」為喻，強調任何智巧的作用都不如道。接著又用權衡規矩「一定而不易」、「以無為為之」的特點，說明「國有亡主，而世無廢道；人有困窮，而理無不通」。並強調「無為者，道之宗」，而「得道之宗，應物無窮」；反之，用人之智，國家便難以治好。

【注　釋】❶轊　車軸頭。❷石戾　礁石險惡。原文作「水戾」，依王念孫校改。❸不怨木石句　舊注謂「言木石無巧詐，故不怨也」。罪巧拙者，謂歸罪於駕車、駛船的人技術的巧拙。舊注謂「罪御者、刺舟者之巧拙也」。❹知故　即「智故」。巧飾；巧詐。❺惑　熒惑；迷惑。❻德　義同「道」。即不言之德。❼眩　迷亂。舊注謂「眩於物也」。❽兵莫憯於志二句　本於《莊子・庚桑楚》：「兵莫憯於志，鏌鋣為下；寇莫大於陰陽，無所逃於天地之間。非陰陽賊之，心則使之也。」林雲銘說：「志之為兵，傷人之心。鏌鋣，則傷人之形而已。」憯，銳利；鋒利。舊注謂「以智（當為志）意精誠伐人為利」。莫邪，美劍名。傳說吳王闔閭令干將鑄劍，鐵汁不出，干將之妻莫邪自投爐中，鐵汁乃出，於是鑄雄劍名曰干將，雌劍名曰莫邪。寇，兵；兵器。枹鼓，鼓槌和鼓。枹，同「桴」。❾一定　謂已成為定制。一，有唯一、不可變易之義。定，成。❿不為秦楚

變節　謂不因面對強大的秦楚而變易節操。秦楚，同屬戰國七雄。⓫胡越　胡在北，越在南，二國常與中原爭戰，故胡越常用以指代禍患。⓬方行　旁行；普遍行遠。方，通「旁」。溥，普遍。⓭流　流蕩。⓮刑　本作「㓝」，通作「型」。鑄造器物的模範，引申為典型、儀型。⓯以無為為之　舊注謂「言無所為為之，為自為之」。⓰故國有亡主二句　舊注謂「亡主，桀、紂是也。湯、武以其民王，故曰無廢道也」。⓱理　道。⓲宗　本。《老子》第三十七章謂「道恆（一作常）無為而無不為」（帛書甲、乙本並作『道恆無名』，疑『無名』涉下文而誤）。諸家皆以無為為道之特點，《淮南子》謂無為為道之本，亦當從這個角度理解。⓳應物　適應事物變化。⓴任　任用。㉑才　智。

【語　譯】船浮在水面前進，車在陸地上轉動輪子前進，這在客觀的形勢上是自然而然的。車子撞擊木頭而折斷了車軸，船觸到礁石而撞出了窟窿，人們不埋怨木頭和礁石，而歸罪於駕車人和舵手技術的笨拙，這是因為木頭和礁石是並不具備巧詐之心。所以依道行事而夾雜智謀在內就會迷惑，遵德行事而動用心智就會危險，心中有了成見就會為外物所迷亂。說到傷人，兵器不比心志更為銳利，就是利劍莫邪也不如心志；說到對人的危害，兵器比不上陰陽變化對人危害大，那鼓槌和戰鼓的危害就顯得更小了。如今權衡規矩，有明確固定的量度而不會變動。不因秦、楚強大就改變節操，不因胡、越好戰而改變容顏。永遠一致而不偏斜，普遍行於遠處而不會流蕩。一日成了典範，就會流傳萬世，而用「無為」的辦法運用它。所以國家有亡國的君主，而世上沒有廢棄不用的治國之道；人有困頓窮窘的時候，而道理沒有不通之時。由此看來，「無為」是道的本質特性。所以掌握了道的本質特性就可以無窮盡地適應事物的變化而沒有困窘的時候；而使用人的智謀，是很難把國家治理好的。

湯、武，聖主也，而不能與越人乘舲舟❶而浮於江湖。伊尹❷，賢相也，而不能與胡人騎騵馬❸而服駒騟❹。孔、墨❺博通❻，而不能與山居者入榛薄❼出❽險阻❾也。由此觀之，則人知之於物也，淺矣。而欲以照❿海內，存⓫萬方，不因道理⓬之數⓭，而專己之能，則其窮不遠⓮矣。故智不足以治天下也。桀之力，制觡⓯伸鉤⓰，索鐵⓱歙金⓲；推移⓳、大犧⓴，水殺黿鼉，陸捕熊羆，然湯革車㉑三百乘，困之鳴條㉒，擒之焦門㉓。由此觀之，勇㉔不足以持天下矣。智不足以為治，勇不足以為強，則人材㉕不足以㉖任，明也。而君人者不下廟堂㉗之上，而知四海之外者，因物以識物，因人以知人也。故積力之所舉，則無不勝也；眾智之所為，則無不成也。埳井㉘之無黿鼉，隘㉙也。園中之無脩木，小也。夫舉重鼎者，力少而不能勝也，及至其移徙之，不待其多力者。故千人之群㉚無絕業㉛，萬人之聚無廢功㉜。

【章　旨】這一章先以聖主、賢相、博通之士皆有所短為例，說明人的智慧比起萬物的豐富多變來是很淺薄的。因而憑淺智而欲以照海內、存萬方，「不因道理之數，而專己之能」，就會陷入困窮境地。所以結論是「智不足以治天下」。接著又舉例說明「勇不足以持天下」。最後論及君主無為而使天下治，是由於他善於「因物以識物，因人以知人」，善於用眾人之力、眾人之智。這種「貴因」論，是《淮南子》無為說的一個重要觀點。雖本於《管子》、《呂氏春秋》卻有它的特點。

【注　釋】❶舲舟　有窗的小船，一說為有屋的小船。原文作「幹舟」，依王念孫校改。❷伊尹　名摯。原為湯妻陪嫁的奴隸，後佐湯伐夏桀，被尊為阿衡（宰相）。湯歿，其孫太甲壞湯法制，伊尹將太甲放逐到桐宮，三年後迎之復位。❸騵馬　駿馬，黃毛白腹。騵，一說原為國名，在益州西南，騵馬為此地所出之千里馬。❹騊駼　野馬之類。❺孔墨　孔指孔丘，儒家的代表人物。墨指墨翟，墨家的代表人物。❻博通　謂學識廣博通達。❼榛薄　叢深草。聚木為榛，深草為薄。❽出　原文無此字，依王念孫校補。❾阻　舊注謂「或作塗」。❿照　察看。原文照上有「偏」字，依劉文典校刪。⓫存　意近於「照」。省視。⓬理　原文無此字，依王念孫校補。⓭數　規律；必然性。⓮其窮不遠　謂其困窮的窘境即將到來。遠，原文作「達」，依王念孫校改。⓯制觡　猶謂折觡。觡，骨角。一說有分枝的角為觡。⓰伸鉤　猶言拉直鐵鉤。⓱索鐵　揉搓鐵絲。索之用法與《詩經・豳風・七月》「宵爾索綯」之索字用法同。皆為揉搓之義。⓲歙金　使金相互歙合。歙，通「翕」。合。⓳推移　人名。桀之臣，即推侈、推哆、侯侈。⓴大犧　人名。桀之臣，即大戲。㉑革車　兵車。古有馳車、革車之分，馳車為輕車。馳車一乘，甲士步卒二十五人。革車為重車。革車一乘，甲士步卒七十五人。㉒鳴條　古地名。又名高侯原，伊尹佐湯敗桀於鳴條之野。其地所在，說法甚多，一說在今山西省安邑縣北。㉓焦門　即譙門。城樓，又謂巢門。㉔勇　原文作「勇力」，依王念孫校刪「力」字。㉕人材　即「人才」。人之才智。㉖以　原文無此字，依劉文典校補。㉗廟堂　宗廟、明堂。指朝廷。㉘埳井　同「坎井」。淺井。或謂為壞井、廢井。埳，凹地。㉙隘　狹窄；狹小。㉚群　會合；聚集。㉛絕業　使事業中斷。原文為「絕梁」，依蔣禮鴻校改。㉜廢功　廢棄功業。

【語譯】商湯和周武王，都是聖明的君主，卻不能和南方越地的人一樣乘坐有窗的小船在江面、湖上行進。伊尹，是一位賢明的宰相，卻不能和北方胡人一樣騎上黃毛白腹的駿馬以及駕馭野馬。孔丘、墨翟，都是學識廣博通達的人物，卻不能和住在山裡的人一樣隨意地進入深草、叢林之中而出入險阻之地。從這些情況看來，人的智慧和萬物的複雜多變相比，就顯得太淺薄了。人們想用這淺薄的智慧去察看天下的事情，省視萬方的人、物，不因循道的規律，而完全依靠自己的才能，那麼，他離陷入困窮境地的距離就不遠了。所以說靠一個人的智慧是不能夠治理天下的。夏桀的力氣能夠折斷動物的骨角，拉直彎鉤，能夠搓揉鐵條，使金相互歙合；而他的臣子推移和大犧，能入水殺死黿鼉，在陸地捕捉熊羆。但是湯用三百輛戰車攻打他，卻把他圍困在鳴條，在譙門上把他活捉了。從這看來，靠一個人的勇力是不能夠保持天下的。既然靠一個人的智慧不能夠治理好國家，靠一個人的勇氣不能夠強大，那麼人的才智不足以憑藉、運用，是很明顯的了。而君主不走出朝廷，卻能知道天下以外的事情，他是借助外物來認識外物，借助人來了解人。所以積聚眾人之力所做的事情，就沒有不獲得勝利的；集合眾人之智所做的事情，就沒有不成功的。淺井中沒有黿鼉在那裡生活，是因為太狹小了。園圃中沒有高大的樹生長，是因為太小。把一隻重鼎舉起來，力氣小的人是不能夠勝任的。至於要把重鼎遷移一下，那就不必依靠力氣很大的人。所以千人合起來做事就不會使事業中斷，萬人聚在一起做事就不會使事業廢棄。

夫華騮、綠耳❶，一日而至千里，然其使之搏❷兔，不如狼、契❸，伎❹能殊❺也。鴟❻夜撮❼蚤蚊，察分秋豪，晝日瞋目❽，不能見丘山，形性詭❾也。夫螣蛇❿游霧而騰⓫，應龍⓬乘雲而舉，猨得木而捷⓭，魚得水而騖⓮。故古之為車也，漆者不畫，鑿者不斲。工無二伎，士不兼官；各守其職，不得相姦⓯；人得其宜，物得其安，是以器械不苦⓰，而職事⓱不嫚⓲。夫責⓳少者易償，職寡⓴者易守，任輕者易勸㉑。上操㉒約省之分㉓，下效㉔易為之功，是以君臣彌㉕久而不相猒㉖。

【章　旨】這一章開始即說華騮、綠耳一日行千里，卻不像狼、契那麼善於搏兔，是因為二者「伎能殊」；貓頭鷹夜能察秋毫之末，而晝不見丘山，是其「形性詭」。舉此二例，意在說明人亦各有專長，形性非一。接著又以螣蛇、應龍、猿魚為例，說明人施展才能，有一定的條件，只適應於一定的範圍。繼而又由古代製造車子的各類工匠分工明確的事例，說明古代「士不兼官；各守其職」。進一步推出結論：「上操約省之分，下效易為之功」。

【注釋】❶華騮綠耳　古駿馬名。傳說二馬均屬周穆王「八駿」之列。《列子・周穆王》謂「(王)肆意遠游，命駕八駿之乘，右服驊騮而左綠耳」。❷搏　撲；抓。❸狼契　均為犬名。契，通「猰」。雜犬。原文作「豺狼」，依王引之校改。❹伎　同「技」。❺殊　異。❻鴟　鴟鵂。即貓頭鷹。❼撮　用爪抓取。❽瞋目　張目；瞪大眼睛。原文作「顛越」，依王引之校改。❾形性詭　謂天性奇異。舊注謂「鴟，鴟鵂也，謂之老菟，夜鳴人屋上也。夜則目明，合聚人爪以著其巢中，故曰察分秋豪，晝則無所見，故曰形性詭也」。❿螣蛇　傳說中的神蛇。《荀子・勸學》謂「螣蛇無足而飛」。⓫騰　騰飛；向上飛越。⓬應龍　有翼之龍。傳說龍五百年為角龍，又千年為應龍。⓭捷　敏捷。⓮鶩　舊注訓為「疾」。⓯姦　楊樹達謂「姦當讀為干，犯也」。舊注則訓為「亂」。⓰苦　同「盬」。粗劣；濫惡。與精好相對。⓱職事　官事。⓲嫚　懈怠。⓳責　同「債」。⓴寡　少。㉑任輕者易勸　言任輕則易舉，故人皆相勸而為之。勸，原文作「權」，舊注訓為「謀」，依俞樾校改。㉒操　掌握。㉓分　職分。即身任其職所應盡的本分。㉔效　獻出。㉕彌　長；久。㉖貤　欺騙。

【語譯】駿馬華騮、綠耳，一天能跑一千里，但是如果讓牠們捕捉兔子，則比不上狼、契一類犬狗。這是因為駿馬和狗的技能不一樣。貓頭鷹在黑夜中能抓取跳蚤、蚊子，清楚地分辨鳥獸秋天新長的細毛，而在大白天，瞪大眼睛卻連小土山、大石山都看不見。這是因為牠的天性奇特。螣蛇浮游霧中而能騰飛，應龍乘雲而能飛起，猿有樹木而顯得動作敏捷，魚得到水而游得很快。所以古代製造車輛，油漆工匠不做繪畫的事，鑿孔的工匠不做砍削木頭的事。一位工匠沒有兩種技能，一位吏士不兼任兩項官職；各人奉行他的職責，不能相互干預；人能處於合適的地位，物能處於安穩的狀態中，因此器械不會變得粗劣，而官事也不會懈怠。債務少的容易償還，職責少的容易奉行，責任輕的事容易勸人完成。居上位的君主只掌管簡約、省略的職分，而下面的人則獻出容易建立的功業，因此君臣相處很久而不會相互欺騙。

君人之道，其猶零星之尸❶也，儼然❷玄默❸，而吉祥受福❹。是故得道者不偽❺醜飾，不偽善極❻，一人被❼之而不褒❽，萬人蒙❾之而不褊❿。是故重為惠若重為暴⓫，則治道通矣。為惠者，尚布施⓬也。無功而厚賞，無勞而高爵，則守職者懈於官，而游居者⓭亟⓮於進⓯矣。為暴者，妄誅也。無罪者而死亡，行直而被刑，則修身者不勸善，而為邪者輕犯上矣⓰。故為惠者生姦，而為暴者生亂。姦亂之俗，亡國之風⓱。

【章　旨】這一章論君主治國之道，中心思想仍是無為而為。文中既以零星之尸玄默而吉祥受福為喻，說明君主無為的好處。又就此比喻發揮，言君主「得道者不偽醜飾，不偽善極」。並闡發君主「重為惠若重為暴，則治道通矣」的道理。既細言為惠者、為暴者之弊，又總結為「為惠者生姦，而為暴者生亂」。且兩者均可導致亡國，可見無為真乃治道之要。

【注　釋】❶零星之尸　指祭祀時代表靈星受祭的人。零星，即「靈星」。又名天田星，主稼穡，古以辰日祀於東南。漢高祖嘗詔御史，令郡國縣立靈星祠，常依歲時祀以牛。❷儼然　矜持莊重的樣子。❸玄默　沉靜無為。或謂沉靜無言，舊注即謂「尸不言語，故曰玄默」。❹吉祥受福　尸代神受祭，以尸食酒肉之飽，而知神之食亦飽，故言。福，祭神的酒肉。❺偽　即「為」。原文作「為」，依王念孫校改。❻不偽善極　謂不為極善之事。原文作「不為偽善」，依王念孫校改。❼被　加於其上。❽褒　寬大；廣大。❾蒙　冒；覆蓋。❿褊　狹小；狹窄。⓫是故重為惠句　言不輕易為惠及不輕易為暴，即既不可為惠又不可為暴。或謂難為惠若難為暴，即不肯為惠同於不肯為暴。若，與；及。重，難；慎重。猶謂不輕易。⓬布施　將財物施捨予人。⓭游居者　不從事生產的人。⓮亟　急。⓯進　出來做官。⓰無罪者而死亡四句　舊注謂「言不可不慎也」。⓱風　與上句中「俗」皆指風俗（風尚、習慣）。舊注則謂「風，化」。

【語　譯】國君治理國家的道理，大概就像祭祀零星時代表零星受祭的人。他面容莊重，沉靜無言，卻很吉祥地享用祭神的酒肉。所以掌握了道的人，不將醜惡裝飾為美好，也不盡力去做善良的事，他這樣做，加於一個人的身上並不顯得廣大，覆蓋在萬人身上也不顯得狹小。所以不肯做仁愛之事也不肯做殘暴之事，那麼對於治國之道就精通了。做仁愛之事，就是很重視把財物施捨予人。沒有功績的人，卻給予他豐厚的獎賞；沒有功勞的人，卻授予他很高的爵位。那麼本來忠於職守的人就會對官事懈怠，而那些不從事生產的閒人就會急急忙忙鑽出來做官。做殘暴之事，就是隨便殺人。沒有罪惡的人而使他死亡，行為正直的人卻受到處罰，那麼修養身心的人就不會勉勵自己做好事，而行為邪惡的人就會輕視、冒犯上司。所以施行仁愛就會產生姦邪，而施行暴政就會出現混亂。而姦邪、混亂這樣的風俗，正是亡國的風俗。

是故明主❶之治，國有誅者而主無怒❷焉，朝有賞者而君無與❸焉。誅者不怨君，罪之所當也；賞者不德❹上，功之所致也。民知誅賞之來，皆在於身❺也，故務功脩業，不受贛❻於君。是故朝廷蕪而無跡❼，田野辟❽而無草，故太上❾，下知❿有之。橋植直立⓫而不動，俛仰取制⓬焉。人主靜漠⓭而不躁⓮，百官得脩⓯焉。譬而⓰軍之持麾⓱者，妄指則亂矣。慧不足以大寧，智不足以安危。與其譽堯而毀桀也，不如掩聰明而反脩其道也⓲。清靜無為，則天與之時；廉儉守節，則地生之財⓳；處愚稱德⓴，則聖人為之謀㉑。是故下者萬物歸之，虛者天下遺㉒之。

【章　旨】這一章承上章而立論，主要闡述君主無為而治的方法和好處。方法方面則謂「國有誅者而主無怒」，「朝有賞者而君無與」；「與其譽堯而毀桀也，不如掩聰明而反脩其道也」。論及好處則謂能使「民知誅賞之來，皆在於身也，故務功脩業，不受贛於君」；「人主靜漠而不躁，百官得脩焉」；「清靜無為，則天與之時」，「處愚稱德，則聖人為之謀」。並進而得出「下者萬物歸之，虛者天下遺之」的結論。

【注　釋】❶明主　賢明之主。❷主無怒　舊注謂「因法而行，故不怒也」。❸君無與　舊注謂「因功而行，故不與也」。❹德　感激。❺身　自身；自己。❻贛　通「貢」。賜予。❼蕪而無跡　言朝中荒蕪而無人跡。形容君主無為。❽辟　開墾。❾太上　指最高明的君主。❿下知　有下等才智者。指民眾。⓫橋植直立　原文作「橋直植立」，依楊樹達校改。橋植，井上桔槔上所生草木。橋，井上桔槔。⓬俛仰取制　謂桔槔上所生草木其俛仰均取決受制於桔槔的動向。⓭靜漠　寂靜無聲。⓮躁　動。⓯脩　治；整飭。⓰而　通「如」。⓱麾　指揮作戰用的旗子。⓲慧不足以大寧四句　舊注謂「不足以大寧者，小惠也。不足以安危者，小智也。如此人者，欲譽堯而毀桀，以成善善惡惡之名，人猶有強知之人爾，不如掩聰明而本脩大道，成名之速也。人君之道亦如此也」。⓳清靜無為四句　舊注謂「人君德行如此，故天與之時，地生之財。天與之時，湯、武是也。地生之財，神農、后稷也」。⓴處愚稱德　馬宗霍說處愚者，猶言以愚自居也。稱德者，猶言惟有德者是舉也。㉑聖人為之謀　舊注謂「若伊尹為湯謀、傅說為高宗謀是。《孟子》曰『伊尹，聖之任』；《國語》曰『武丁以象旁求聖人，得傅說於傅巖』也」。㉒遺　與；給予。

【語　譯】所以賢明之主治理國家，國內有人受懲罰而君主並不對他發怒；國內有人受到獎賞而君主不參與決定獎賞之事。這樣受懲罰的人就不會怨恨君主，因為這是他的罪行所應當承擔的；受到獎賞的人也不會感激君主，因為這是他的功勞所取得的。民眾都知道受懲罰、受獎賞的由來，都在於自己，所以都致力於建功立業，不把希望寄託在接受君王個人的賞賜上。所以朝廷裡荒蕪一片而沒有人行的蹤跡，田野經過開墾而沒有雜草。所以最高明的君主無為而治，下等智慧的民眾只知道有他而已。井上桔槔上生長的草木直直地立著而不動，它的一俯一仰都受到桔槔的制約。君主寂靜無言而不動，百官就能自我整飭。譬如軍中手握指揮旗子的人，如果隨便指揮，就會使軍隊混亂不堪。聰明才智不能使國家大安，也不能使國家轉危為安。與其讚美唐堯而指責夏桀，不如掩蔽自己的聰明而回過頭來修治大道。君主清靜而無所為，那麼上天就會提供成事的自然條件給他；君主生活儉約而堅守志節，那麼土地就會為他出產許多財物；君主以愚自居而惟德是舉，那麼聖賢之臣就會為他謀劃。因此能處於下位的，萬物都會歸向他；空虛清簡的，天下的人都會將物給他。

夫人主之聽治❶也，清明❷而不闇❸，虛心而弱志，是故群臣輻湊❹竝進，無愚智、賢不肖，莫不盡其能。於是乃始陳❺其禮，建❻以為基❼。是乘❽眾勢❾以為車，御眾智以為馬，雖幽❿野險塗⓫，則無由惑矣。人主深居隱處⓬以避燥溼，閨門重襲⓭以備⓮姦賊，內不知閭里⓯之情⓰，外不知山澤之形，帷幕之外，目不能見十里之前，耳不能聞百步之外，天下之物無不通⓱者，其灌輸之者⓲大，而斟酌之者⓳眾也。是故「不出戶而知天下，不窺牖而知天道」⓴。乘眾人之智，則天下㉑不足有也。專用其心，則獨身不能保㉒也。

是故人主覆之以德，不行其智，而因萬人之所利。夫舉踵㉓而㉔天下得所利，故百姓載之上㉕，弗重也，錯㉖之前，弗害也，舉之而弗高㉗也，推㉘之而弗厭。主道㉙員㉚者，運轉而無端㉛，化育如神，虛無因循，常後而不先㉜也。臣道方㉝者，論是而處當，為事先倡，守職分明，以立成功也。是故君臣異道則治㉞，同道則亂㉟，各得其宜㊱，處其當，則上下有以相使也。

【章　旨】這一章先論人主聽治當如何才能「乘眾勢」、「御眾智」，和「乘眾人之智」。是對無為而治理論中貴因論的具體闡發。文中認為君主清明不闇、虛心弱志始能用眾人之所長，使治國如駕車遠行，總不會迷路。唯其能用眾智，故人主深居隱處，於天下之物卻無所不知。而專用其心，不但國不能治，自身亦不能保。其次論君臣之道。文中以運轉無端、化育如神、虛無因循、常後不先等特性闡釋主「員」之君道；以論是處當、為事先倡、守職分明、以立成功等特性闡釋主「方」之臣道。並推言君臣異道則天下治，同道則天下亂，而各得其宜則上下有以相使。

【注　釋】❶聽治　猶言處理政治。聽，治理。人主為政，須聽聞臣下表奏職事，以行裁決號令，故「聽」字有治理之意。❷清明　謂神志清靜澄明。❸闇　昏昧。❹輻湊　本指車輻集中於軸心，此指眾臣聚集一處。❺陳　陳設；陳列設置。❻建立。❼基　業。❽乘　利用。❾勢　威力。❿幽　深。⓫險塗　遠途。舊注釋「險」為「遠」。塗，同「途」。道路。⓬深居隱處　猶言藏身於深密之處、隱身而居。⓭閨門重襲　指內室之門重複。⓮備　防備。原文作「避」，依王念孫校改。⓯閭里　鄉里。指民間。⓰情　實際情況。⓱通　知。⓲灌輸之者　此以河水的灌注輸送比喻人主了解國情的管道暢通、聽到的意見很多。⓳斟酌之者　此指為君主衡量考慮國策的人。⓴不出戶而知天下二句　出自《老子》第四十七章。今本《老子》作「不出戶，知天下；不窺牖，見天道」。帛書甲、乙本《老子》並作「不出於戶，以知天下；不窺於牖，以知天道」。句中戶、牖指人身之孔竅（視、聽等感官）。天道，指自然法則。㉑天下　原文下有「之」字，依馬宗霍校刪。㉒保　舊注謂「猶守也」。㉓舉踵　踮起腳跟。表示期望殷切。此指天下之人而言。㉔而　原文此字在本句「天下」後，依楊樹達校移於「天下」之上。㉕載之上　謂戴於頭上。載，同「戴」。㉖錯　通「措」。放置。㉗弗高　舊注謂「尊重，舉之不自覺高也」。㉘推　舊注謂「求也，奉也」。㉙主道　指人主治國之道。㉚員　同「圓」。㉛端　舊注謂「厓也」。㉜後而不先　無為的一種表現形式。本書〈原道〉嘗言：「所謂無為者，不先物為也」，「因循應變，常後而不先。」又說：「先唱者，窮之路也；後動者，達之原也。」〈詮言〉亦謂「執後之制先，數也」。「聖人內藏，不為物先倡。事來而制，物至而應」。這種後而勿先的思想和《管子・心術》所謂「毋先物動，以觀其則」、《呂氏春秋・審應》所謂「凡主有識，言不欲先。人唱我和，人先我隨」是一致的。㉝臣道方　謂為臣之道的特點是「方」。案：言主道員、臣道方者，實以形狀比喻君臣之理。《呂氏春秋・圜道》：「天道圓，地道方，聖王法之，所以立上下。何以說天道之圓也？精氣一上一下，圓周復雜，無所稽留，故曰天道圓。何以說地道之方也？萬物殊類殊形，皆有分職，不能相為，故曰地道方。主執圓，臣處方。方圓不易，其國乃昌。」㉞君臣異道則治　謂君臣各守其道，不相混同，則天下治。㉟同道則亂　《管子・明法解》謂「主行臣道則亂，臣行主道則危，故上下無分，君臣共道，亂之本也」。㊱各得其宜　舊注謂「君得君道，臣得臣道，故曰得其宜也」。

【語譯】國君處理政務的時候，神志清靜澄明而不昏昧，虛空其心、弱小其志，因此所有臣子都像輻條一樣聚集並進。無論是愚笨一些的或聰明一些的，還是賢良的或不賢良的，沒有人不充分發揮他的能力。在這種情況下，國君才開始陳列設置他的一套禮節儀式，立下它們作為建立功業的基礎。這樣利用眾人的威力作為車，駕馭眾人的智慧作為馬，即使行駛在幽深的郊外或遙遠的道路上，也無從產生疑惑。國君藏身於深密之處而隱遁不出，以避開燥熱和潮溼，住在設有重重大門的內室中，以防備姦賊。內不知道民間的實際情況，外不知道山巒湖澤的情形。在帷幕外面，他的眼睛不能夠看見十里以前的物體，耳朵不能夠聽見百步以外的聲音，但對天下的事物卻沒有不通曉的。原因就是向他反映情況的人很多，而為他衡量、考慮的人也很多。因此他的精神不出耳目一類的門戶卻能知道天下的事物，他的精神不越出耳目一類的窗戶卻能知道自然法則。國君利用眾人的智慧治國，那麼天下也不足夠為他所佔有。而專門用他自己的心思治國，那就連他獨自一人也無法保得住。

因此國君治國對國人普遍施予恩德，並不運用他的智能，而是依循對萬民有利的原則做事。天下人踮起腳跟來期待，就能各自得到好處，所以百姓即使把他戴在頭上也不感到重，把他安放在面前也不感到有害處，把他舉起來而不覺得過高，尊奉他而不覺得厭倦。為君之道是「圓」的，運轉不已而沒有邊際，化育萬物如神一般奇妙難測。胸懷虛無，做事因順應變，經常處於後面而不爭先。為臣之道是「方」的，論事正確而處事恰當。做事首先帶頭，忠於職守而且職責分明，用以成就功業。因此君主、臣下所行之道不一樣，那麼國家就能治理好；所行之道相同，那麼國家就會混亂。君臣各自遵循適宜自己之道，處於恰當的位置，那麼上下就足以相互使用了。

夫人主之聽治也，虛心而弱志，清明而不闇，是故群臣輻湊並進，無愚智、賢不肖，莫不盡其能者，則君得所以制臣，臣得所以事❶君，治國之道明矣。文王智而好問❷，故聖。武王勇而好問，故勝❸。夫乘眾人之智，則無不任❹也；用眾人之力，則無不勝❺也。千鈞❻之重，烏獲❼不能舉也；眾人相❽一，則百人有餘力矣。是故任一人之力者，則烏獲不足恃❾，乘眾人之智❿者，則天下不足有也。

【章旨】這一章重申人主聽治，虛心弱志，清明不闇，使得眾臣各盡其能，而「君得所以制臣，臣得所以事君」。謂如此則「治國之道明矣」。又舉文王智而好問、武王勇而好問為例，再次說明「乘眾人之智，則無不任也；用眾人之力，則無不勝也」的道理。

【注釋】❶事　奉事；侍奉。❷好問　舊注謂「欲與人同其功」。❸勝　舊注謂「殷也」。❹任　勝任之任。❺勝　勝任之勝。❻千鈞　三萬斤。古以三十斤為一鈞。❼烏獲　舊注謂「秦武王之力士也。武王試其力，使舉大鼎，腕脫而不任，故曰不能舉也」。❽相　輔助；幫助。❾恃　依賴。舊注謂「不能勝，故不恃也」。❿智　原文作「制」，依楊樹達、蔣禮鴻校改。案：此「智」與上句「力」為對文，乃承前句「乘眾人之智，則無不任也；用眾人之力，則無不勝也」而言。

【語譯】國君處理政務的時候，虛空其心、弱小其志，神志清靜澄明而不昏昧，因此眾位臣子都像輻條一樣聚集並進。無論是愚笨一些的或是聰明一些的，還是賢良的或是不賢良的，沒有人不充分發揮他的能力。那麼君主就有了制約臣子的方法，臣子也有了奉事君主的方法，治理國家的方法已經很清楚了。周文王很有智慧而喜歡向人請教，所以能成為聖人。周武王勇猛而喜歡向人請教，所以能勝過殷人。利用眾臣的智慧，那就沒有什麼事不可勝任；利用眾人的力量，那就沒有什麼事不能成功。千鈞重的東西，連大力士烏獲也舉不起來；眾人幫助一個人，那被幫助者的力氣便比百人的力量還要大。因此只任用一個人的力量，即使像大力士烏獲那樣有力氣也不能依賴，而利用眾人的智慧，那麼天下也不夠他所佔有。

禹決江疏河，以為天下興利，而不能使水西流。稷❶辟土墾草，以為百姓力農❷，然不能使禾冬生。豈其人事不至哉？其勢❸不可也。夫推❹不可為之勢，而不修道理之數，雖神聖人不能以成其功，而況當世之主乎！夫載重而馬羸❺，雖造父❻不能以致遠。車輕而❼馬良，雖中工❽可使追速❾。是故聖人之❿舉事也，豈能拂⓫道理之數、詭⓬自然之性、以曲為直、以屈為伸哉？未嘗不因其資⓭而用之也。是以積力之所舉，無不勝也；而眾智之所為，無不成也。聾者可令嚼筋⓮，而不可使有聞⓯也；瘖者可使守圉⓰，而不可使通語⓱也。形有所不周，而能有所不容也⓲。是故有一形者處一位，有一能者服⓳一事。力勝其任，則舉之者不重也；能稱其事，則為之者不難也。毋⓴小大、脩短，各得其宜，則天下一齊㉑，無以相過㉒也。聖人兼而用之，故無棄才。

【章旨】這一章先以禹能疏河決江而不能使水西流、稷能辟土墾草而不能使禾冬生為例，說明聖明之人不能「推不可為之勢，而不修道理之數」。強調做事務必配合事物的客觀形勢，不能「拂道理之數、詭自然之性」，而要「因其資而用之」。並就此引出積力所舉無不勝、眾智所為無不成的結論。接著論及不同的人有不同的才能，即使聾子、啞子亦有可為之事。而為人主者，在於使人才之小大、脩短各得其宜。聖人治世無棄才之事，就因為他能兼而用之。

【注釋】❶稷　后稷。周的先祖，名棄，號后稷，別姓姬氏，為舜的農官。❷力農　致力農事。❸勢　形勢；趨勢。❹推　行。❺羸　瘦弱。❻造父　舊注謂「周穆王之善御臣也」。❼而　原文無此字，依劉文典校補。❽中工　這裡指技能中等的馭手。❾追速　即疾速之意。❿之　原文無此字，依劉文典校補。⓫拂　戾；違背。⓬詭　違反。⓭資　指天賦之材質、特性。⓮嚼筋　漢時口語。指搥打皮筋使之柔熟，用來纏繞弓弩。原文作「嗺筋」，依王紹蘭校改。⓯有聞　為聞。⓰守圉　守衛防禦。⓱通語　猶如言語、說話。通，陳述。⓲形有所不周二句　馬宗霍謂「『形有所不周』，承上文『聾者』、『瘖者』言；『能有所不容』，承上文『不可使有聞』、『不可使通語』言。本文『容』與『周』對，『容』猶『周』也」。周，周全。能，能力。⓳服　從事；做。⓴毋　同「無」。此處有無論之義。㉑一齊　同樣。㉒過　責備。

【語譯】大禹能夠疏通長江、黃河，而為天下人民謀取利益，卻不能使水由東向西流。后稷能開墾荒地，而為百姓致力於農業生產，卻不能使禾苗在冬天生長。這難道是人為的努力不夠嗎？其實是事物的客觀形勢不能改變。做客觀形勢上不可能做到的事，而不去研究、掌握事物發展道理的內在規律，即使是聖明之主也不能夠把事情辦成功，又何況當代的君主呢！承載很重的貨物而馬卻瘦弱得很，即使是造父那樣的馭手也不能使馬車走得很遠。車上貨物輕而馬又很精良，即使是技能中等的馭手也可以使馬車快速奔馳。因此聖人做事情，怎麼能夠違背事物道理的內在規律、違反事物的自然本性、把彎曲當作端直、把屈曲當作伸直呢？他們未曾不按照事物天賦的材質、稟性而加以使用的。因此積聚眾人之力做事，沒有不能勝任的；而用眾人的智慧做事，也沒有不能成功的。耳聾的人，可以讓他搥打皮筋，而不能讓他聽見人說話；啞巴，可以讓他守衛防禦，而不能讓他說話。人的形體結構有不周全的，而能力也就有欠缺。因此具有某種形體的人就可處於某種崗位，具有某種能力的人就可從事某種工作。如果一個人的力量能勝任他的負荷，那麼他將那東西舉起來就不覺得重；如果一個人的能力和他所要做的事情相當，那麼他做起來就不會感到困難。無論才能小的、大的、短的、長的，各自都能處於合適的地位，那麼天下人各盡其才的機遇就相同了，人們也沒有理由相互責備了。聖人能同時任用這些才智大小不同的人，因而世上就沒有被遺棄的人才。

人主貴正而尚忠，忠正在上位，執正❶管事❷，則讒佞姦邪無由進矣。譬猶方員之不相蓋、而曲直之不相入❸。夫鳥獸之不❹同群者，其類異也；虎鹿之不同游者，力不敵❺也。是故聖人得志❻而在上位，讒佞姦邪而欲犯主者，譬猶雀之見鸇❼而鼠之遇狸❽也，亦必無餘命矣。是故人主之舉❾也，不可不慎也。所任者得其人，則國家治、上下和、群臣親、百姓附❿。所任非其人，則國家危、上下乖、群臣怨、百姓亂。故一舉而不當，終身傷⓫。得失之道，權要⓬在主。是故繩正於上，木直於下，非有事⓭焉，所緣以修者然也。故人主誠正，則直士任事，而姦人伏匿矣。人主不正，則邪人得志，忠者隱蔽矣。夫人之所以莫振玉石而振瓜瓠者⓮，何也？無得於玉石，弗犯也。使人主執正持平，如從繩準⓯高下，則群臣以邪來者，猶以卵投石，以火投水。故靈王⓰好細要，而民有殺食⓱自飢也；越王好勇，而民皆處危爭死⓲。由此觀之，權勢之柄，其以移風易俗，易⓳矣。堯為匹夫⓴，不能仁化一里；桀在上位，令行禁止。由此觀之，賢不足以為治，而勢可以易俗，明矣。《書》曰：「一人有慶㉑，萬民㉒賴㉓之。」此之謂也。

【章旨】這一章說明人主掌握權勢之柄的重要，並在論述中提及其他重要觀點。本章開篇就講人主崇尚正直、忠誠之士，讓其居於高位，就會堵塞讒佞姦邪之徒的進身之路。因此人主舉用人才必須慎重。用人得當，則國家治、上下和、群臣親、百姓附，反之則危害無窮。而能否起用正忠之士，關鍵又在於人主的正與不正。正則直士任事，姦人伏匿；不正則邪人得志，忠者隱蔽。人主的好惡影響深遠，故靈王好細腰而民有殺食自飢者，越王好勇而民皆處危爭死。所以只要權勢在握，移風易俗自屬易事。堯為匹夫，不能仁化一里；桀居上位，令行禁止。可見人主之勢至為重要，故文章最後得出結論：「賢不足以為治，而勢可以易俗，明矣。」

【注釋】❶執正　即「執政」。主持政務。❷管事　原文作「營事」，依王引之校改。❸入　中；適合。與句中「相蓋」之「蓋」(意為合)」相對。❹不　原文下有「可」字，依王念孫校刪。❺敵　相當。❻得志　償其心願。此指「貴正而尚忠」而言。❼鸇　猛禽之一。一名晨風。❽狸　獸名。似狐而小，身肥而短。《莊子・秋水》云：「騏驥、驊騮，一日而馳千里，捕鼠不如狸狌。」❾舉　指舉賢。原文上有「一」字，依王念孫校刪。❿附　從。⓫傷　舊注謂「病也，亦敗也」。⓬權要　掌握權力而居於樞要地位。有關鍵之意。⓭非有事　舊注謂「事，治也。非治之使直」。⓮夫人之所以句　舊注謂「玉石堅，㧓（當為振，下同）不耐入，故不㧓」。振，撕裂；劈開。原文為「㧓」，依王念孫校改。瓜瓠，瓜與瓠（一種葫蘆名）。⓯繩準　以水平為準的測量器。⓰靈王　楚靈王。楚康王之寵弟，名圍，後改名熊虔。⓱殺食　省食。殺，減少。靈王好細腰而民減食事，見《管子・七臣七主》、《戰國策・楚策》、《墨子・兼愛中》、《荀子・君道》以及《韓非子・二柄》。⓲越王好勇二句　見《管子・七臣七主》、《墨子・兼愛中》以及《呂氏春秋・用民》。越王，指越王句踐。⓳易　原文無此字，依王念孫校補。⓴匹夫　庶人；平民。㉑慶　善。㉒萬民　原文作「兆民」。兆民，就天子言；萬民，就諸侯言。㉓賴　依靠。

【語譯】國君重視正直而又忠誠的臣子，忠誠正直的人居於高位，主管政事，那麼那些讒佞、姦邪之徒就沒有機會向上鑽營了。這就好像方的和圓的不能相合、而彎曲和端直不相適應一樣。鳥和獸不能合為一群，是因為牠們種類不同；虎和鹿不在一起活動，是因為牠們的力量不相當。因此聖人得其所願而居於高位，那些讒佞、姦邪而想冒犯國君之徒，就會像雀兒見到鸇鳥和鼠見到狸一樣，必定不能活命。因此國君選用人材，不能夠不慎重。所任命的是真正稱職的人，那國家就會太平，上下就會關係和諧、群臣就會與君主親近，百姓就會順從朝廷。所任命的不是稱職的人，那國家就會危險，上下就會不協調，群臣就會埋怨君上，百姓就會作亂。所以人只要有一個舉動不恰當，便會終身遭病。治國之道是成功還是失敗，關鍵就在於君主。因此，上面繩子牽得正，下面木頭就會直，並不需要特別加以處理，因為著鋸所依的線條原本就是直的。所以國君確實很正直，那麼就會由正直之士擔任公務，而姦邪之徒就會躲藏起來。國君不正直，那麼姦邪之人就能得志如意，而忠誠正直之士則會隱遁掩蔽起來。人之所以不劈玉石而劈瓜和葫蘆，是什麼原因呢？因為玉石無法劈開，所以就不觸犯它了。假設國君主持政務能堅持公平的原則，如同依從水平儀以決定高下，那麼群臣中用姦邪手段做事的人，就如同拿蛋投向石頭、把火扔進水中一樣自尋毀滅。所以楚靈王喜歡細腰，而老百姓中就出現了自我減食、挨餓的人；越王句踐喜歡勇士，而老百姓都處身於危險境地，爭相效死。從這些情況看來，掌握權勢之柄以移風易俗，是很容易的事。堯身為普通百姓時，無法以仁德教化一里的範圍；桀處身於帝位，命令能被奉行，禁令能產生扼阻作用。由此看來，賢明並不能夠把國家治理好，而權勢卻可以改變風俗，這是很明白的道理。《尚書》中說：「一人有美好的德行，萬民都會依靠他。」就是說的這種情況。

天下多眩❶於名聲，而寡察其實❷。是故處人❸以譽尊❹，而游者以辯顯❺。察其所尊顯，無他故焉，人主不明分數❻利害之地，而賢眾口之辯也。治國❼則不然❽。言事者必究於法，而為行者必治於官。上操其名以責❾其實，臣守其業❿以效⓫其功；言不得過其實，行不得踰其法，群臣輻湊，莫敢專⓬君。事不在法律中，而可以便國佐治，必參五⑬行之；陰考以觀其歸，並用周聽⑭，以察其化；不偏一曲，不黨⑮一事。是以中⑯立而徧，運照海內；群臣公正⑰，莫敢為邪。百官述職⑱，務致其功績⑲也。主精明於上，官勸力⑳於下，姦邪滅跡，庶㉑功日進，是以勇者盡於軍㉒。

亂國則不然，有眾咸譽者無功而賞，守職者無罪而誅。主上闇而不明，群臣黨而不忠，說談者游於辯，脩行者競於往㉓。主上出令，則非之以與㉔；法令所禁，則犯之以邪㉕。為智者務於巧詐，為勇者務於鬥爭；大臣專權，下吏持勢；朋黨周比㉖，以弄㉗其上，國雖若存，古之人曰亡矣。且夫不治官職、不被甲兵㉘、不隨㉙南畝㉚，而有賢聖之聲者，非所以教㉛於國也。騏驥、騄駬，天下之疾馬也，驅之不前，引之不止，雖愚者不加體焉㉜。今治亂之機㉝，轍跡㉞可見也，而世主㉟莫之能察，此治道之所以塞㊱。

【章　旨】這一章由社會上「多眩於名聲，而寡察其實」係因「人主不明分數利害之地，而賢眾口之辯」的現象說起，論及治世、亂世的不同政治現象。目的在於使人主通過對治世、亂世之政的比較，領悟「治道」之所在。文中論「治國」之政，一主張持法而治，所謂「言事者必究於法，而為行者必治於官」、「行不得踰其法」。二主張求實，所謂「上操其名以責其實」，「言不得過其實」。論「亂國」之政則謂其與「治國」之政相反：既不持法而治，「有眾咸譽者無功而賞，守職者無罪而誅」；又不求實，所謂「說談者游於辯，脩行者競於往」，「為智者務於巧詐」。最後說到人主洞察治亂之機的重要，認為能洞察始能明「治道」。

【注　釋】❶眩　迷惑。❷寡察其實　舊注謂「寡，少也。察，明也。實，真偽之實」。❸處人　此處指隱士。舊注謂為「隱居也」。❹譽尊　舊注謂「以名譽見尊也」。❺游者以辯顯　舊注謂「游行之人以辯辭自顯達」。❻分數　分而數之。有分辨細數之意。❼治國　為名詞。指治理得好的國家。❽然　舊注謂「如是也」。❾責　要求。❿業　事。⓫效　致。⓬專　制。⓭參五　即「三五」。或三或五，錯綜比較。⓮並用周聽　謂一起採用，普遍聽取。⓯黨　偏袒；袒護。⓰中　正。⓱公正　公，方。正，直。⓲述職　述所職。陳述職守。⓳功績　原文作「公迹」，依楊樹達校改。⓴勸力　猶言努力。㉑庶　眾。㉒盡於軍　舊注謂「盡力於軍功也」。㉓往　往返之往。舊注謂「自益也」。㉔非之以與　舊注謂「與，黨與（同黨之人）也。以黨與非謗上令」。㉕邪　姦。㉖朋黨周比　結黨營私，排斥異己。㉗弄　欺侮；作弄。㉘不被甲兵　不披甲執兵。即不參與征戰之事。原文「不」作「而」，依王念孫校改。㉙隨　循；巡。㉚南畝　即農田。㉛教　原文作「都」，依王念孫校改。㉜騏驥騄駬五句　本於《韓非子．外儲說右上》。騏驥，良馬。能日行千里。騄駬，即騄耳。良馬名。傳說為周穆王八駿之一。加，猶言駕。乘；登；上。舊注謂「猶止（為『上』之誤）也」。㉝機　事物的樞要和關鍵。㉞轍跡　車輪行跡。此處指痕跡。㉟世主　國君。㊱塞　猶閉也。

【語　譯】天下的人大多都被名聲所迷惑，而很少洞察實際情況。因此隱居的人因為清高的稱譽而受尊重，而遊說之士因為擅長辯說而地位顯達。考察他們之所以受到尊重和顯達，並沒有別的原因，就在於國君不明白分辨出徒有其名還是名實相副的利害之所在，而把眾口巧辯所稱美的人當作有道德有才能的人。治理得很好的國家便不是這樣，臣下和國君談論政事一定合於法律，而在行動時一定由官員加以管理。國君掌握臣子的名分而要求他們做出與名分相副的實效，臣子則要守住他的事業而去獻出成績。談論事情不能超出事情的實際情況，行動起來不能超出法律規定的範圍，群臣會集，沒有誰敢控制君主。事情不在法律規定的範圍之內，但能有利於國家、幫助政務的，一定會經過多方比較而把它做好；還會暗中考察以了解民心的歸向，同時採用、普遍聽取各種意見，用來觀察民心的變化；不偏向某一方面，也不袒護某一件事。因此他處處都能正直而立，如同太陽運轉而遍照天下；群臣公正，沒有誰敢做邪惡之事。百官陳述他們的職守時，一定要獻出他們的功績。國君在上精細明察，官員在下努力而為，姦邪之徒行蹤消失，多種功業日漸進步，因此勇敢的人都盡力於建立軍功。

政治混亂的國家便不是這樣，有眾人都稱美的人，沒有功績卻受到賞賜；有堅守職責的人，沒有罪過卻受到懲罰。國君昏昧而不英明，眾臣結成集團而對君主不忠誠；談說之士四處遊說，修身實踐之人爭著為自己謀利益。國君一發出命令，就有人站在黨派、集團的立場加以誹謗；法令所禁止的事，就用不正當的手段加以違反。有智謀的人致力於巧詐活動，有勇氣的人致力於鬥爭；大臣專權在手，下面的官吏仗勢而為；群臣結黨營私，排斥異己，來欺侮他們的國君。國家雖然好像還存在，但按古代人的說法，這國家已經滅亡了。況且一些人不擔任官職理事、不披甲執兵打仗、不種田生產，卻有賢人、聖人的名聲。這些情況並不是教化國人的辦法。騏驥、騄駬，是天下跑得很快的馬，但驅趕牠們時又不讓牠們向前走，拉住牠們時又不讓牠停下來，即使是很愚蠢的人也不會騎牠們的。現在決定國家太平或是混亂的關鍵，已經明白可見了，而君主卻不能洞察，這就是治國之道閉塞不通的原因。

權勢者，人主之車輿❶；爵祿者，人臣之轡銜❷也。是故人主處權勢之要，而持爵祿之柄；審緩急之度，而適取予之節，是以天下盡力而不倦。夫臣主之相與❸也，非有父子之厚❹、骨肉之親也，而竭力殊死❺、不辭其軀者，何也？勢有使之然也。

昔者豫讓❻，中行文子❼之臣。智伯❽伐中行氏，并吞其地，豫讓背其主而臣智伯。智伯與趙襄子❾戰於晉陽❿之下，身死為戮⓫，國分為三⓬。豫讓欲報趙襄子⓭，漆身為厲⓮，吞炭變音，擿⓯齒易貌。夫以一人之心而事兩主，或背而去，或欲身徇之，豈其趨捨⓰厚薄之勢異哉？人之恩澤使之然也。紂兼天下，朝諸侯⓱，人跡所及，舟檝⓲所通，莫不賓服⓳。然而武王甲卒三千人，擒之於牧野。豈周民死節、而殷民背叛哉？其主之德義厚而號令行也。夫風疾⓴而波興，木茂而鳥集，相生之氣也。是故臣不得其所欲於君者，君亦不能得其所求於臣也。君臣之施者，相報之勢也。是故臣盡力死節以與君市，君計功垂爵以與臣市㉑。是故君不能賞無功之臣，臣亦不能死無德之君。君德不下流㉒於民，而欲用之，如鞭蹏馬㉓矣。是猶不待㉔雨而求熟稼，入不可之數㉕也。

【章旨】這一章先將權勢比為「人主之車輿」，將爵祿比為「人臣之轡銜」，說明天下人盡力而不倦，是因為「人主處權勢之要，而持爵祿之柄」。臣與主交接，本無骨肉之親，而能為之竭力殊死，亦為彼此所處形勢所致。接著以豫讓背叛中行文子而臣於智伯，智伯死而豫讓不惜毀身為之謀復仇之事為例，說明人臣事兩主，或背而去、或欲身殉之，乃「人之恩澤使之然也」。又以紂兼天下，人跡所及，莫不賓服，而武王擒之於牧野為例，說明此事非「周民死節、而殷民背叛」而是周「主之德義厚而號令行」。最後得出結論：「臣不得其所欲於君者，君亦不能得其所求於臣」；「臣盡力死節以與君市，君計功垂爵以與臣市」；「君不能賞無功之臣，臣亦不能死無德之君」。總之，必須君德先下施於臣民，臣民方能為其所用。

【注釋】❶車輿　即車。輿，車箱。泛指車。❷轡銜　韁繩和馬嚼子。❸相與　相互交接。即相處、相對待。❹厚　指親情深厚。❺殊死　猶言拼死、決死。❻豫讓　春秋末、戰國初刺客，晉畢陽之孫。其事見《戰國策・趙策一》。❼中行文子　晉大夫中行穆子之子荀寅。❽智伯　即知伯、知氏。春秋晉六卿之一，嘗伐趙襄子，趙襄子與韓、魏聯合滅知氏，而三分其地。❾趙襄子　即趙無恤。春秋晉大夫，襄子為其謚號。素怨知伯。知伯向韓、魏請求土地，韓、魏皆與之，獨趙弗與。知伯怒，率韓、魏攻趙，無恤奔晉陽，幾為三家所滅。後無恤私與韓、魏約，共滅知伯而分其地，無恤終於殺死知氏。❿晉陽　故城址在今山西省太原市南。無恤奔晉陽，知氏與韓、魏圍城，嘗遏晉水（汾水）以灌晉陽。⓫戮　斬殺死者屍體。一說陳尸示眾為戮。⓬國分為三　舊注謂「韓、魏、趙三分而有之」。⓭欲報趙襄子　舊注謂「欲為智伯報讎，殺趙襄子」。⓮厲　癩瘡。⓯擿　除。⓰趨捨　歸附和離棄。⓱朝諸侯　指接受諸侯的朝見。⓲檝　船槳。⓳賓服　歸順；臣服。⓴風疾　原文作「疾風」，依王念孫校改。㉑是故臣盡力二句　本於《韓非子・難一》。市，交易。此處用以比喻君臣之義。此二句原文均無「市」字，依蔣禮鴻校補。垂爵，下授爵祿。㉒下流　下注。㉓蹏馬　奔跑著的馬。蹏，古「蹄」字。㉔待　須；等待。㉕數　術。

【語譯】權力勢位，在君主就像駕馭的車子；爵位俸祿，在臣子就像韁繩和馬嚼子被駕馭車馬者所控制。因此國君處於權力勢位的重要部位，而握持爵位、俸祿的權柄；明辨該緩該急的法度，而恰當地掌握是取是給的分際，因而天下的人盡力為國家服務而不感到厭倦。臣子和君主相互接處，他們之間並沒有父子那樣深厚的感情、沒有骨肉般的親密關係，但臣子卻為君主竭力拼死、連捐軀也在所不辭，這是為什麼呢？是君和臣所處的勢位使得臣子這樣做的。

從前有個豫讓，他本來是中行文子的臣子。當智伯攻打中行氏，併吞了他的國土，豫讓便背叛他的國主而做了智伯的臣子。後來智伯和趙襄子在晉陽城下打仗，結果身死而屍體被砍殺，國土被分為三份。豫讓打算殺死趙襄子為智伯報仇，於是在身上塗漆以長出癩瘡，吞下煤炭以改變聲音，拔除牙齒以改換相貌。用同一個人的心意而侍奉兩位君主，有的是背叛離去，有的卻為他獻出身軀，難道他所歸順和離棄、尊重和鄙薄的君主的勢位有不同嗎？是君主給予的恩澤不同使他這樣做的。紂王兼有天下，諸侯都來朝拜他，凡是人跡到達、船隻通行之地，沒有不歸順他的。然而武王用了士兵三千人，就在牧野把他捉住了。這難道是周的百姓能為節義而死、而殷的百姓卻背叛君王嗎？是周民的君主德義深厚而號令能夠執行。風吹得快就會使水產生波浪，樹木長得茂盛就會引來鳥兒聚集，這是因為彼此有互生之氣存在。因此臣子如果從君主那裡不能得到所需要的東西，君主也不能從臣子那裡得到要求的東西。君給予臣以恩，臣給予君以義，是由他們所處的勢位決定的。因此臣子盡力為守節義而死，用這來和君主作交易；君主則計算功績下授爵祿，以此和臣子作交易。因此君主不能犒賞那些沒有功勞的臣子，臣子也不能為不施恩德的君主效死。君主不下施恩德於民眾，而想派用民眾，就像要騎馬，卻用鞭子抽打奔跑著的馬一樣。這好比不等待下雨而要求莊稼成熟一樣，肯定是行不通的辦法。

君人之道，處靜以修身，儉約以率下。靜則下不擾矣，儉則民不怨矣。下擾則政亂，民怨則德薄。政亂則賢者不為謀，德薄則勇者不為死。是故人主好鷙鳥猛獸、珍怪奇物❶，狡躁康荒❷，不愛民力，馳騁田獵，出入不時，如此則百官務❸亂，事勤財匱❹，萬民愁苦，生業❺不脩❻矣。人主好高臺深池、雕琢刻鏤、黼黻文章❼、絺綌綺繡❽、寶玩❾珠玉，則賦斂❿無度，而萬民力竭矣。

堯之有天下也，非貪萬民之富而安人主之位也，以為百姓力征⓫，強凌弱，眾暴⓬寡，於是堯乃身服⓭節儉之行，而明相愛之仁，以和輯⓮之。是故茅茨⓯不翦、采椽⑯不斲⑰、大路不畫⑱、越席不緣⑲、大羹不和⑳、粢食不毇㉑，巡狩㉒行教、勤勞天下、周流㉓五嶽㉔。豈其奉養㉕不足樂哉？以為社稷，非有利焉㉖。年衰志憫㉗，舉天下而傳之舜，猶卻行㉘而脫蹝㉙也。

衰世㉚則不然。一日而有天下之富、處人主之勢，則竭百姓之力，以奉耳目之欲。志專在於宮室臺榭、陂池㉛苑囿、猛獸熊羆、玩好㉜珍怪。是故貧民糟糠㉝不接於口，而虎狼熊羆猒芻豢㉞；百姓短褐㉟不完，而宮室衣㊱錦繡。人主急茲無用之功，百姓黎民㊲顦顇於天下，是故使天下不安其性㊳。

【章旨】這一章的主旨在於「君人之道，處靜以修身，儉約以率下」。先概括地說明人主靜以修身、儉以率下的好處和不這樣做的壞處，即所謂「靜則下不擾矣，儉則民不怨矣」，「下擾則政亂，民怨則德薄」等等。其中特別強調君主耽於玩樂、貪圖享受，就會「百官務亂，事勤財匱，萬民愁苦，生業不脩」、「賦斂無度，而萬民力竭」。接著舉堯為例，說明他為人主，「非貪萬民之富而安人主之位」，所以生活儉樸而勤於政事，及至年衰授位予舜，猶卻行而脫蹝。又舉衰世之主為例，言其「竭百姓之力，以奉耳目之欲」，使得「貧民糟糠不接於口」、「短褐不完」、「百姓黎民顦顇於天下」、「使天下不安其性」。兩相對照，意在證明人主靜以修身、儉以率下的道理正確無疑。

【注釋】❶珍怪奇物　舊注謂「金、玉為珍，詭異為怪，非常為奇」。❷狡躁康荒　四字平列，皆謂人君之失德。狡，即凶暴。躁，即急躁、不沉穩。康，即穅。空；虛。荒，即蕪。丘墟空無為荒，故荒通康。康（穅）、荒均為好樂怠政君主之惡諡。❸務　「騖」之假借字。亂馳為騖。❹事勤財匱　舊注謂「勤，勞。匱，乏也」。❺生業　產業。❻脩　治理。❼黼黻

文章　黼黻，古代禮服上繪繡的花紋。舊注謂「白與黑為黼，青與赤為黻」。文章，錯雜的色彩或花紋。青與赤相配合為文，赤與白相配合為章。❽絺綌綺繡　絺為細葛布，綌為粗葛布。織素為文曰綺，即細綾。繡，通「綃」。生絲織成的薄紗、薄絹。❾寶玩　珍貴的玩物。❿賦斂　即田賦。⓫力征　用武力征伐。⓬暴　欺淩；損害。⓭服　從事。⓮和輯　和諧輯睦。⓯茅茨　茅草屋頂。⓰采椽　采，通「棌」。柞木。椽，檁子上架屋瓦的木條。⓱斲　砍削。原文作「斷」，依王念孫校改。⓲大路不畫　舊注謂「大路，上路，四馬車也。天子駕六馬。不畫，不文飾也」。⓳越席不緣　謂所用蒲席不修邊飾。舊注謂「越，結蒲為席也」。緣，衣物之邊飾。⓴大羹不和　指肉汁中不和鹽梅作調料。舊注謂「不致五味」。㉑粢食不毇　粢食，稷（穀子）所為之食。毇，舂米使精。《說文》：「毇，米一斛，舂為八斗也。」是故句本於《韓非子．五蠹》。㉒巡狩　即巡守。天子巡行境內。《孟子．梁惠王下》：「天子適諸侯曰巡狩。巡狩者，巡所守也。」㉓周流　周行各地。㉔五嶽　我國五大名山。即嵩山（中嶽）、泰山（東嶽）、華山（西嶽）、衡山（南嶽）和恆山（北嶽）。㉕奉養　侍奉和贍養。㉖以為社稷二句　謂皆以為社稷，而非自以為利。原文上有「舉天下而」四字，依俞樾校刪。㉗年衰志憫　楊樹達謂「憫」通「惛」。言「文謂堯年衰老，神志惛忘，故舉天下傳之於舜耳」。舊注謂「衰，老也。憫，憂也」，釋「憫」為「憂」，非是。㉘卻行　倒退而行。㉙脫蹝　脫鞋。比喻把某件事物看得很輕。蹝，同「屣」。㉚衰世　實指衰世之主。㉛陂池　池塘。㉜玩好　賞玩嗜好之物。㉝糟糠　糟即酒渣，糠即穀皮。㉞芻豢　芻指草食類家畜如牛、羊等，豢指穀食類家畜如犬豕等。㉟短褐　粗布衣服。短，「裋」之假借字。㊱衣　覆蓋。㊲黎民　民眾。舊注謂「黎，齊」。齊民即平民。㊳性　生；生命。

【語　譯】領導人民、治理國家的原則，應該是自己保持寧靜的狀態來修養身心，生活節儉簡樸以為臣下之表率。保持寧靜則下屬不會受干擾，生活節儉則民眾不會有怨尤。下屬受干擾，政治就會混亂；民眾有怨氣，君主的恩德就顯得淡薄。政治混亂，賢明的人就不會替他謀劃；恩德淡薄，勇敢的人就不會為他效死。因此君主喜好凶鳥猛獸、珍貴怪異奇特之物，凶暴、急躁、享樂、懈怠，不愛惜民眾的力量，整日馳騁在外打獵，出入朝廷沒有固定的時間。像這樣，百官處理政事就會混亂，使得工作費力而財物匱乏，百姓憂愁、痛苦，產業也不能治理好了。君主喜好高臺深池，在亭臺樓閣上雕琢刻鏤各種圖案花紋；喜好穿精細葛布和綾、綃做的衣服，喜好珍奇的玩物和珠玉。那樣就會沒有限度地徵求田賦，而百姓的財力也就枯竭了。

堯在治理天下的時候，並不是貪圖廣大民眾的財富而安心坐在君主的位子上。而是因為百姓用武力相互征伐，強大的欺侮弱小的，人數多的欺凌人數少的，因此堯便親自實踐節儉的生活，而闡明相互友愛的仁愛之心，以使百姓和諧輯睦。因此他住的房屋，屋頂茅草不加剪修，柞木椽子也不砍削；車子不加雕畫，蒲草席子的邊沿不加修飾；肉湯不加鹽、梅之類的調味品，米也不要求舂細；巡行天下推行教化，為國家勤苦操勞，足跡遍及五嶽。難道是他得到的侍奉、贍養還不夠使他快樂嗎？其實他做那些事都是為了國家，而不是為了個人的私利。所以他到了年老、神志惛忘之時，把整個天下傳給舜，就像倒退而行、脫掉鞋子一樣。

衰落時代的君主就不是這樣。他們只要擁有天下的財富、處於國君的勢位一天，就竭盡百姓的力量，來滿足耳目的欲望。心思專門集中在宮室臺榭、池塘苑囿、猛獸熊羆和賞玩嗜好之物以及種種珍奇東西上。因此貧苦的民眾連糟糠都吃不上，可是虎狼熊羆卻連牛羊豬狗一類的牲畜都吃厭了；老百姓穿的粗布衣服破敗不完整，可是宮中室內卻鋪著錦繡。君主急於做這類於國於民沒有用處的事情，致使黎民百姓面容顑頷，因而使得天下人民不能安然保有生命。

人主之居❶也，如日月之明也，天下之所同側目❷而視、側耳❸而聽、延頸舉踵❹而望也。是故非澹漠❺無以明德，非寧靜無以致遠❻，非寬大無以兼覆❼，非慈厚無以懷❽眾，非平正無以制斷❾。是故賢主之用人也，猶巧工之制❿木也，大者以為舟航⓫柱梁，小者以為椄槢⓬，脩者以為櫚榱⓭，短者以為朱儒⓮枅櫨⓯。無小大脩短，各得其所宜；規矩方圓，各有所施。殊形異材，莫不可得而用也⓰。天下之物，莫凶於奚毒⓱，然而良醫橐⓲而藏之，有所用也。是故林莽⓳之材，猶無可棄者，而況人乎！今夫朝廷之所不舉、鄉曲⓴之所不譽，非其人不肖也，其所以官之者㉑非其職㉒也。鹿之上山，獐不能跂㉓也，及其下，牧豎㉔能追之。才有所脩短也。是故有大略㉕者，不可責以捷巧㉖；有小智㉗者，不可任以大功㉘。人有其才，物有其形。有任一而太重，或任百而尚輕。是故審㉙豪氂㉚之計者，必遺㉛天下之數㉜。不失小物之選者，惑於大數㉝之舉。譬猶狸之不可使搏牛，虎之不可使捕鼠㉞也。今人之才，或欲平九州、從方外㉟、存危國、繼絕世㊱，志在直道正邪、決煩理挐㊲，而乃責之以閨閤之禮㊳、奧窔㊴之間。或佞巧㊵小具㊶，諂進愉說㊷，隨鄉曲之卑俗㊸，下眾人之耳目㊹，而乃任之以天下之權、治亂之機㊺。是猶以斧劗㊻毛、以刀伐木㊼也。皆失其宜矣。

【章　旨】這一章內容有兩個重點，一是揭示君主為人為政的五個要領。即「非澹漠無以明德，非寧靜無以致遠，非寬大無以兼覆，非慈厚無以懷眾，非平正無以制斷」。二是論君主的用人原則。以眾多比喻為例，說明賢主用人一要量才而用，使「無小大脩短，各得其所宜；規矩方圓，各有所施」。二要如同良醫聚奚毒而藏之一般網羅各種人物，不可棄才。三是對有經國治世之才者，不能要求他精通某種具體知識或技能。同理，對小有智巧、譁眾取寵者，不能「任之以天下之權、治亂之機」。本章以巧工「制木」比喻賢主量才適任這一段文字，後來為韓愈〈進學解〉所用。

【注　釋】❶居　指居於人主之位。❷側目　不敢正視、顯得敬畏的樣子。❸側耳　傾耳細聽的樣子。《太平御覽》卷七七引文即作「傾耳」。❹延頸舉踵　伸長頸子、踮起腳跟。期望殷切的樣子。❺澹漠　恬靜寡欲。原文為「澹薄」，依劉文典校改。❻致遠　指思慮達於遠處。❼兼覆　廣為覆蓋。❽懷　安撫。❾制斷　裁決判斷。❿制　舊注訓為「裁」。⓫舟航　舊注謂「舟，船也。方兩小舡並與共濟為航也」。航，即方舟（兩船相並）。⓬椄槢　連接桎梏兩孔的木梁。原文作「揖楔」，依王念孫校改。⓭櫚榱　屋簷和椽子。⓮朱儒　即「侏儒」。梁上短柱。舊注謂「梁上戴蹲跪人也」。⓯枅櫨　枅，柱上的方木。櫨，為薄櫨、斗栱。即大柱柱頭承托棟梁的方木。⓰殊形異材二句　原文均無，依王念孫校補。⓱奚毒　毒草名。即附子。可入藥，又名烏頭。《廣雅・釋草》謂其「一歲為萴子，二歲為烏喙，三歲為附子，四歲為烏頭，五歲為天雄」。本書原文作「雞頭」，依王念孫校改。⓲橐　盛物的袋子。此處作動詞用。⓳林莽　森林、草叢。⓴鄉曲　鄉里；鄉下。以其偏處一隅，故稱鄉曲。㉑官之者　指委任的官職。㉒非其職　謂非其適任之職。㉓跂　踮起腳跟。此處有追趕之意。㉔牧豎　牧童。㉕大略　遠大的謀略。㉖捷巧　敏捷、聰慧。㉗小智　小智巧。言「小智」多含貶意。㉘大功　猶言大事業。㉙審　審察；弄清楚。㉚豪釐　即「毫釐」。比喻極輕微的重量或細微的事物。十絲為毫，十毫為釐。㉛遺　失。㉜數　原文作「大數」，依劉文典校刪。㉝大數　大局；大計。㉞捕鼠　原文作「搏鼠」，依劉文典校改。㉟從方外　從，服從。此處作使動詞用。為「使服從」之意。原文作「并」，依王念孫校改。方外，指邊遠地區。㊱絕世　斷絕祿位的世家（世代顯貴的家族）。㊲決煩理挐　決斷、治理紛繁雜亂之事。煩挐，紛亂。㊳閨閣之禮　皇宮內廷的禮儀。閨閣，本為宮中小門，借指皇帝內廷深密之處。㊴奧突　室內的深暗角落。西南隅謂之奧，東南隅謂之突。㊵佞巧　逢迎討好，姦詐機巧。㊶小具　小才能。㊷愉說　愉悅；歡喜。㊸卑俗　低下的風俗。原文作「俗卑」，依馬宗霍校改。㊹下眾人之耳目　馬宗霍說：「『耳目』猶視聽，『下眾人之耳目』者，猶言使眾人之視聽為之下也。即譁眾取悅之意。」㊺機　樞要；關鍵。舊注謂「機，理」。㊻劗　剪；斷。㊼伐木　原文作「抵木」。本書〈說山〉言「刀便剃毛。至伐大木，非斧不剋」，故依王念孫校改。

【語　譯】國君處於上位，就像太陽、月亮放出光亮一樣明顯醒目，是天下人所共同側目而看、傾耳聆聽、伸長頸子、踮起腳跟而望的對象。因此國君不恬靜寡欲就無法顯明他的德性，不寧靜就無法使思慮統攝遠方，不寬容大度就無法覆蓋、包容天下，不仁慈厚道就無法安撫眾人，不公平正直就無法裁決、判斷是非、功過。因此賢明的君主使用人才，就像手藝巧妙的工匠分裁木料一樣，大木頭用做船隻、方舟、柱子、屋梁，小木頭用做連接桎梏兩孔的木梁，長的用做屋簷和椽子，短的用做梁上的短柱、柱上的方木、大柱頭上的斗栱。無論小的、大的、長的、短的，都能獲得適宜的發揮。用規畫出圓形、用矩畫出方形，各有各的用途。就是形狀奇異、質地特殊的材料，也沒有一樣不能使用的。天下的物品中，沒有比奚毒的毒性更猛烈的，然而優秀的醫生卻把它裝好收藏起來，因為有使用它的時候。因此草木一類的材料，尚且沒有可拋棄的，更何況人呢！現在有的人，朝廷沒有舉薦他，鄉里也不讚美他，並不是這個人不賢良，而是他所擔任的官職並不是他所適宜擔任的。小鹿跑上山，連獐子也追趕不上，可是等牠下了山，連牧童也能追上。人的才能各有長短不同。因此具有遠大謀略的人，不能要求他敏捷、聰慧；有小才能的人，不能任用他辦大事情。每個人有他獨具的才能，每件物體有它特有的形狀。有的擔負一個任務而感到太沉重，有的擔負百個任務尚且感到很輕鬆。因此耗費精力審察對微小事物的計算情況，一定會丟失國家這個大數。對小東西選擇很恰當的人，在治國大計方面往往很糊塗。就像狸，不能讓牠和牛搏鬥；老虎，不能用牠捕老鼠。現在有些人的才能，也許將要平定九州、使邊遠地區服從、使危險的國家存續下來、使斷絕祿位的世家能把祿位傳繼下去，志在把「道」理直、把「邪」矯正，決斷治理紛繁雜亂之事，而竟然要他負責掌管皇帝內室的禮儀、掌管內室中各個角落該陳放什麼東西。也許有的人善於逢迎討好、為人姦詐機巧而有些小才能，善於奉承求進而博得君王的歡喜，依順鄉里低下的風俗習慣，支配眾人的視聽，而竟然要委任他掌管天下的大權、控制國家治亂的關鍵，這就像用斧頭來砍毛、用小刀來砍伐樹木一樣。都沒有適切地發揮它們的作用。

人主者，以天下之目視❶，以天下之耳聽，以天下之智慮，以天下之力爭。

是故號令能下究❷，而臣情得上聞❸。百官條通❹，群臣輻湊。喜不以賞賜，怒不以罪誅❺。是故威厲❻立而不廢，聰明光❼而不蔽❽，法令察❾而不苛❿，耳目達而不闇，善否之情⓫，日陳於前而無所逆。是故賢者盡其智，而不肖者竭其力，德澤兼覆而不偏，群臣勸務[12]而不怠[13]；近者安其性[14]，遠者懷[15]其德。所以然者，何也？得用人之道，而不任己之才者也。故假[16]輿馬者，足不勞而致千里；乘舟檝者，不能游而絕[17]江海。

夫人主之情[18]，莫不欲總[19]海內之智、盡眾人之力，然而群臣達志[20]效忠者，希不困[21]其身。使言之而是，雖在褐夫芻蕘[22]，猶不可棄[23]也。使言之而非也，雖在卿相人君，揄策[24]於廟堂[25]之上，未必可用。是非之所在，不可以貴賤尊卑論也。是明主之聽於群臣，其計乃可用，不羞其位[26]；其言而[27]可行，不責其辯[28]。闇主則不然，所愛習[29]親近者，雖邪枉不正，不能見也；疏遠卑賤者，雖[30]竭力盡忠，不能知也。有言者窮之以辭[31]，有諫者誅之以罪。如此而欲照海內[32]、存[33]萬方，是猶塞耳而聽清濁[34]、掩目而視青黃也，其離[35]聰明則亦遠矣。

【章　旨】這一章仍然闡述人主用人的原則和方法。開篇即言人主當「以天下之目視，以天下之耳聽，以天下之智慮，以天下之力爭」。總之，做任何事都不能背離天下人的意願。用人自不例外。所謂對眾臣「喜不以賞賜，怒不以罪誅」，「善否之情，日陳於前而無所逆」。亦即不以個人喜怒取代法律制度，一切以事實為根據。這種用人之道的特點就是人主「不任己之才」。能如此用人，賢不肖皆會竭力盡智，人主則如「假輿馬者，足不勞而致千里」。之後，又從人主欲用天下才力，而人臣達志效忠「希不困其身」的心理說起，論及明主、闇主用人之言的不同。提出人主於言，必須以客觀態度聆聽並加以辨識。

只要說得正確，即使出於下層平民也應採用；說得不正確，出自卿相人君之口也未必可用。並說「是非之所在，不可以貴賤尊卑論也」。本章本於《文子・上仁》。

【注釋】❶人主者二句　指人君當善用天下人的眼睛觀察事物。天下之目，天下人的眼睛。❷下究　如言貫徹到底。究，終極。❸聞　聲所至。舊注謂「猶達也」。❹條通　條理通達。原文作「脩同」，依王念孫校改，「同」為「通」，依蔣禮鴻校改「脩」為「條」。❺喜不以賞賜二句　舊注謂「懼失當也」。❻厲　猛；嚴。原文無此字，依莊逵吉校補。❼光　通「廣」。原文作「先」，依王念孫校改。❽弊　同「蔽」。楊樹達謂「聰明廣而不蔽，謂聰明廣遠而不為人所蔽也」。舊注訓為「闇」，非是。❾察　明。❿苛　煩。⓫情　實情；情形。⓬勸務　勉力。⓭怠　解（懈）也。⓮性　生。⓯懷　歸。⓰假　借助。舊注謂「或作駕」。⓱絕　猶過也。⓲情　指心情。⓳總　聚合。⓴達志　原文作「志達」，依王念孫校改。㉑困　舊注謂猶危也。㉒褐夫芻蕘　褐夫，指穿粗布衣者。即平民。芻蕘，指割草（芻）、打柴（蕘）的人。㉓不可棄　舊注謂「言雖賤，當也，故曰『不可棄』也」。㉔揄策　揄，出。策，謀。㉕廟堂　指朝廷。㉖不羞其位　舊注謂「不羞其位卑而不用」。㉗而　原文此字在下句句首，依王念孫校改。㉘不責其辯　舊注謂「不責其辯口美辭也」。㉙愛習　寵愛親幸。㉚雖　原文無此字，依劉文典校補。㉛窮之以辭　謂以其言詞不美而加以懲罰。窮，罰。㉜照海內　是以日月之光喻君主之明。照，明照。㉝存　撫慰。㉞清濁　音之清濁。舊注謂「商音清，宮音濁」。㉟離　去。

【語　譯】做國君的人，要用天下人的眼睛觀察萬事萬物，要用天下人的耳朵聽取各種議論，要用天下人的智慧考慮問題，要用天下人的力量去爭取。因此他的號令才能貫徹到底，而臣子們的情況才能反映上來。百官條理通達，群臣歸聚於君主。高興的時候不把財物賞賜給人，發怒的時候不以罪名懲罰人。因此他威猛的聲名能夠建立而不衰敗，聰明廣遠而不被人所蒙蔽，法令明確而不繁瑣，耳目明達而不昏闇，好壞的實際情況每天陳列在面前而不違背它們的真實性。因此賢能的人充分發揮他們的才智，而不賢之人也能竭盡力量，君主的德澤廣為覆蓋而不偏私，群臣勉力做事而不懈怠；近處的人能安心於君主的厚生之道，遠處的人感念他的德政。之所以會這樣，是什麼原因呢？是他掌握了用人的正確原則，而不一味使用自己個人的才智。所以借助車馬前進的人，兩腳不辛勞而能到達千里以外的地方；坐船的人，自己不會游水卻能夠渡過長江和大海。

君主的心情，沒有誰不想集中天下人的智慧、充分任用眾人的力量來治理國家的，但是群臣實現自己的志願、奉獻忠誠，都希望不會因此而危害自身。假使進言說得對，即使是割草打柴的平民，他的話仍然不能廢棄。假使進言說得不正確，即使是卿相、國君在朝廷裡所提出的謀劃策略，也不一定能夠採用。是非在哪裡，不能夠依身分的貴賤和地位的尊卑來判斷。所以英明的君主聽取群臣的意見，臣下的計謀如果可以採用，也不能因為地位卑下而覺得可羞，不予採用；他們說的如果是可以實行的，也不能因為善於辯說、言辭很美而責怪他。昏昧的君主就不是這樣，所寵愛親幸的身邊人，即使邪惡而不正直，他也看不出來；所疏遠的地位卑賤的人，雖然竭盡力量進獻忠心，他也不能知道。有人進言，他就用言辭不美為理由來懲罰對方，有人勸諫他，他就用一些罪名來懲罰對方。像這樣處理政事，而想明照海內、撫慰萬方的百姓，這就如同塞住耳朵而傾聽音樂是清音還是濁音、如同遮蔽眼睛而看顏色是青的還是黃的，這樣距離耳聰目明就太遠了。

法者，天下之度量❶，而人主之準繩❷也。縣法❸者，法❹不法❺也。法定之後❻，中程者❼賞，缺繩者❽誅。尊貴者不輕其罰，而卑賤者不重其刑❾。犯法者雖賢必誅，中度者雖不肖必無罪，是故公道❿通而私道塞⓫矣。古之置有司⓬也，所以禁民使不得自恣⓭也；其立君也，所以剬⓮有司、使無專⓯行也。法籍⓰禮義者，所以禁君使無擅斷也。人莫得自恣，則道勝，道勝而理達矣，故反於無為。無為者，非謂其凝滯⓱而不動也，以言其⓲莫從己出也。

【章旨】這一章論立法的目的、行法的原則，以及以法治國和無為而治的關係。先說法是「天下之度量，而人主之準繩」，立法的目的就是「法不法」。再說量刑只能以法為準，而不能以人的尊貴卑賤、賢不肖來決定。論及「法治」和「無為」的關係則說：古代設置官司是禁民「自恣」的，立君主是制約百官的，而建立法律禮義是用來禁止君主擅斷其事的。人莫得自恣則道勝理達，而返於無為。最後並進一步指出：「無為者，非謂其凝滯而不動也，以言其莫從己出也。」本章出於《文子・上義》。

【注　釋】❶度量　測量長短（度）多少（量）的器具。有法度、標準之意。❷準繩　有標準之意。準為測定平面的水準器，繩為測定直線的墨線。❸縣法　即「懸法」。公布法令。古代公布法令，都懸掛在宮闕，故稱懸法。❹法　作動詞用。以法治罪之意。❺不法　違法。作名詞用，指違法者。❻法定之後　法令確定之後。原文前有「設賞者，賞當賞也」七字，依俞樾校刪。❼中程者　符合法規的人。中，切中；符合。程，法規。❽缺繩者　即不合法、違法之人。❾尊貴者二句　舊注謂「言平也」。❿公道　即公正之道。公，正。⓫私道塞　偏邪之道被堵塞。舊注謂「私，邪也。塞，閉也」。⓬有司　此處指司法之官。即理官、主獄者。舊注謂「有司，蓋有理官，士也」。⓭自恣　自我放縱，無所拘束。恣，放恣。⓮制　通「制」。控制；制約。⓯專　專斷。⓰法籍　記載法令的書籍。即法典。句中指代法律。⓱凝滯　凝固、停滯而不動。⓲言其　原文作「其言」，依王念孫校改。

【語　譯】法律是天下的度量標準，是君主裁斷事物的準繩。公布法令的目的，是要依法懲治違法之人。法律制定以後，行動符合法律的人要給予獎賞，違反法律的人要予以懲罰。地位尊貴的人不能減輕處罰，地位卑賤的人不能加重刑罰。犯法的人，即使很賢能也一定要懲罰；守法的人，即使無才德也必定無罪，因此公正之道通行無阻而偏邪之道便被堵塞。古代設置司法官員，是用來禁止百姓使他們不能自我放縱的；而設立君主，是用來制約司法官員，使他們不能擅自行事的。法律、禮義的建立，是用來禁止君主，使他不能獨斷的。人不能自我放縱，道就勝利了；道一勝利，事理就通達無礙，所以就能返回到「無為」的境地。所謂「無為」，並不是說君主凝固、停滯而不動，而是說他處理政事不出於個人的想法。

夫寸生於⿰禾票❶，⿰禾票生於形❷，形生於景❸，景生於日❹，此度之本也。樂生於音，音生於律❺，律生於風❻，此聲之宗❼也。法生於義❽，義生於眾適，眾適合於人心，此治❾之要❿也。故通於本者不亂於末，覩於要者不惑⓫於詳。法者，非天墮，非地生，發⓬於人間而反⓭以自正⓮，是故有諸己⓯不非諸人⓰，無諸己不求諸人⓱。所立於下者不廢於上⓲，所禁於民者不行於身⓳。所謂亡國，非無君也，無法也；變法者，非無法也，有法者而不用，與無法等。是故人主之立法，先自為檢式儀表⓴，故令行於天下。孔子曰：「其身正，不令而行。其身不正，雖令不從㉑。」故禁勝於身，則令行於民矣㉒。

【章　旨】這一章由法的產生說到君主怎樣才能切實執行其法。文章先由度量和音樂的由來說到「法生於義，義生於眾適，眾適合於人心」。後又說到「法者，非天墮，非地生，發於人間而反以自正」。繼而說到法及正確推行法的重要性，所謂法為「治之要」。「有法者而不用，與無法等」。論及君主推行法治則強調以法律己的重要性。所謂「所立於下者不廢於上，所禁於民者不行於身」。所謂「人主之立法，先自為檢式儀表，故令行於天下」。「禁勝於身，則令行於民矣」。此章本於《文子・上義》。

【注　釋】❶⿰禾票　古「秒」字。禾穗芒。原文作「⿰禾樂」，依王引之校改。舊注謂「⿰禾樂，禾穗⿰禾樂孚榆頭芒也（本書〈天文〉注為『蔈，禾穗、粟孚甲之芒也』）。十⿰禾票為一分，十分為一寸，十寸為一尺，十尺為一丈」。❷⿰禾票生於形　原文作「⿰禾票生於日，日生於形」，依俞樾校改。形，指禾的形體。❸形生於景　似指禾受陽光照射而生長。景，日光。或釋為影。❹景生於日　原文無此句，依俞樾校補。❺律　十二律（即黃鐘、大呂、太蔟、夾鐘、姑洗、中呂、蕤賓、林鐘、夷則、南呂、無射、應鐘）。

古以十二根長短不一的竹管（稱為律管）吹出十二個高度不同的標準音以定樂音的高低。這十二個標準音就是十二律。❻律生於風　風吹律管而發出音響，故言。❼宗　本。❽義　適宜。凡事合理、適宜稱為義。❾治　治理國家。❿要　要領；關鍵。舊注謂「約也」。⓫惑　眩。⓬發　產生。⓭反　同「返」。還。⓮自正　謂以法自我約束。正，使之正。⓯有諸己　舊注謂「謂己有聰明」。⓰不非諸人　謂他人不具備我所具有的長處，也不加以非議。舊注謂「恕人行也」。⓱不求諸人　舊注謂「言己雖無獨見之明，不求加罪於人也」。⓲所立於下者句　舊注謂「人主所立法禁於民，亦自脩之。不廢於上，言以法也」。⓳所禁於民者句　舊注謂「不正之事，不獨（當為敢）行之於身。言其正己以正人也」。馬宗霍釋謂「本文之意，蓋謂所禁於民之事，己身亦不得行之」。⓴先自為檢式儀表　楊樹達說「即先以身為檢式儀表也」。檢式，法式；法度；標準。儀表，立木示人謂之儀，也稱為表。轉為榜樣、表率。舊注謂「表，正」。㉑其身正四句　出自《論語・子路》。㉒故禁勝於身二句　舊注謂「禁勝於身，不敢自犯禁也。故耐（通『能』）令行於民也」。

【語　譯】寸產生於禾穗的芒，禾穗的芒產生於禾的形體，禾的形體產生於日光，日光產生於太陽，這是長度標準產生的根本。音樂產生於樂音，樂音產生於十二律，十二律產生於風，這是聲音產生的根本。法律產生於事之合理，事之合理產生於眾人適切的感覺，眾人適切的感覺合乎眾人之心，這是治理國家的關鍵。所以通達根本的人不會為枝末所擾亂；能認清要領的人，不會為詳情細節所迷惑。法令這個東西，不是天上掉下來的，也不是地裡長出來的。它產生於人間而又回過來約束人們自身的行動，使之符合於正道。因此君主自己有某種長處，也不對別人沒有這種長處加以非議；自己沒有某種長處，也不要求別人有這種長處。用來約束老百姓的法令在君主身上不會荒廢，凡是禁止老百姓做的事情，自己也不做。人們說的國家滅亡，並不是沒有君主，而是沒有法律了；改變法律的，並不是沒有法律存在，而是有法律卻不加以應用，這和沒有法律一樣。因此君主設立法制，自己先作出了標準、表率，所以他的政令能在天下實行。孔子說：「君主自己的行為正當，不必發出命令，事情也行得通。他自己的行為不正當，即使發出命令，人們也不會聽從。」所以法令能約束君主自己，他的命令就能在老百姓中實行。

聖主之治也，其猶造父之御，齊輯之於轡銜之際❶，而急緩之於唇吻❷之和❸，正度❹於胸臆之中，而執節❺於掌握之間，內得於中心❻，外合於馬志，是故能進退履繩❼而旋曲❽中規❾，取道致遠而氣力有餘，誠得其術也。是故權勢者，人主之車輿也；大臣者，人主之駟馬❿也。體離車輿之安，而手失駟馬之心，而能不危者，古今未有也。是故輿馬不調，王良⓫不足以取道⓬；君臣不和，唐、虞⓭不能以為治。執術⓮而御之，則管、晏⓯之智盡矣；明分⓰以示之，則蹠、蹻⓱之姦止矣。夫據幹⓲而窺井底，雖達視⓳猶不能見其睛⓴；借明於鑑㉑以照之，則寸分㉒可得而察也。是故明主之耳目不勞，精神不竭，物至而觀其變㉓，事來而應其化，近者㉔不亂，遠者㉕治也。是故不用適然之數㉖，而行必然之道，故萬舉㉗而無遺策㉘矣。

【章　旨】這一章先用造父駕馭車馬的得心應手來形容聖明之主的治理天下。繼而把權勢比為「人主之車輿」，把大臣比為「人主之駟馬」。言人主「體離車輿之安，而手失駟馬之心，而能不危者，古今未有也」。因而強調「輿馬」之調、君臣之和，要對眾臣「執術而御之」、「明分以示之」。然後論及君主當行必然之道，而不用偶然產生的方法。其言君主「耳目不勞，精神不竭，物至而觀其變，事來而應其化」，實是對「無為而治」的闡釋。此章本於《文子・上義》。

【注釋】❶齊輯之於句　見於《列子・湯問》。注謂「此言造父善御，得車輿之齊整，在於轡銜之際，喻人君得民心則國安矣」。齊輯，整齊其車輿。輯，車廂。泛指車子。❷唇吻　口；嘴。❸和　合。❹正度　正其法度。此處當指駕車的方法及行車規則等而言。❺節　指竹製馬鞭。舊注謂「策也」。❻中心　指造父的內心。原文作「心中」，依王念孫校改。❼履繩　遵循正直的路線。履，踏；實踐。即遵循之意。繩，畫直線的標準。舊注謂「直正也」。此指正直的路線。❽旋曲　旋轉屈曲。曲，屈。❾規　圓規。❿駟馬　同駕一輛車的四匹馬。⓫王良　戰國時趙簡子屬下之善御馬者。⓬取道　即擇取道路。指出行。⓭唐虞　唐堯和虞舜。傳說中的聖明君主。⓮術　君主控制和使用群臣的策略、手段。⓯管晏　管仲和晏嬰。春秋齊國的兩位賢臣。管仲相桓公，使之成為春秋五霸之首；晏嬰相景公，使之名顯諸侯。⓰明分　明確職分。⓱蹠蹻　蹠，即盜跖。蹻，即莊蹻。楚威王時之大盜，與頃襄王時伐夜郎、留王滇池之莊蹻殆非一人。⓲榦　井上圍欄。原文作「除」，依王引之校改。⓳達視　決眥（使勁張眼）而視。達，決。⓴睛　瞳孔。㉑借明於鑑　指借助於鏡子的明亮。鑑，鏡子。㉒分　舊注謂「毛也。一曰疵」。㉓變　原文作「象」，依王念孫校改。㉔近者　指君主自身。㉕遠者　指人民。㉖適然之數　偶然可行的方法。㉗萬舉　諸多的事務都能順利進行。舉，作動詞用。有振興、完成之意。㉘遺策　失算。

【語譯】聖明的君主治理國家，大概就像造父駕馭車馬一樣。拉拉轠繩、馬嚼子，就能使馬車步調齊整，嘴巴一合就能決定馬車的快慢。在胸中確定行車的法度，在手中控制馬鞭。車馬的駕馭，內出於自己心中的想法，外又符合馬的意志。因此進退往來都能像墨繩一般直，而轉彎則如同圓規一般圓，選擇適宜的路線到達遠方而氣力還綽綽有餘。這確實是掌握了駕馭車馬的方法。因此權柄勢力，就是君主的車子；大臣，就是為君主拉車的駟馬。人的身體在車上不安穩，而用手駕馭又不符合馬的心意，而能夠沒有危險，是古今沒有的事。因此車馬不協調，即使是王良那樣的能手也不能駕車出行；君臣關係不和洽，就是唐堯、虞舜那樣的聖明君主也不能治理好國家。君主用策略來控制臣下，那麼像管仲、晏嬰那樣的臣子會充分奉獻他們的才智；明辨各自的職分並告訴大家，那麼像盜跖、莊蹻那樣的姦邪行為便會停止。靠在井邊的圍欄朝井底觀看，即使睜大眼睛也不可能見到自己的瞳孔；但是借助於鏡子的明亮來自照，那麼臉上寸把長的毛鬚也可以看得清清楚楚。因此英明的君主，他的耳目不辛勞，他的精神不用盡。事物出現了，就觀察它的變化而採用相應的措施。自身不忙亂，身外的事情也治理得好。因此君主不用偶然可行的方法，而照必然的規律治理國事，所以千萬件事都能順利進行而沒有失算的情況。

今夫御者，馬體調❶於車，御心❷和❸於馬，則歷險致遠，進退周游，莫不如志。雖有騏驥、騄駬之良，臧獲❹御之，則馬反自恣❺，而人弗能制矣。故治者不貴其自是，而貴其不得為非也。故曰：「勿使可欲，毋曰弗求。勿使可奪，毋曰不爭。」如此，則人材釋❻而公道行矣。羨者止於度，而不足者逮於用❼，故海內可一❽也。

夫釋❾職事❿而聽非⓫譽，棄公勞⓬而用朋黨，則奇材⓭佻長⓮而干次⓯，守官者⓰雍遏⓱而不進⓲。如此，則民俗亂於國，而功臣爭於朝⓳。故法律度量者，人主之所以執⓴下，釋之而不用㉑，是猶無轡銜而馳也，群臣百姓反弄㉒其上。是故有術則制人，無術則制於人㉓。吞舟之魚㉔，蕩㉕而失水，則制於螻蟻㉖，離其居㉗也。猨狖㉘失木，而擒於狐狸，非其處㉙也。君人者，釋所守㉚而與臣下爭事㉛，則有司以無為持位㉜，守職者以從君取容㉝。是以人臣藏智而弗用㉞，反以事轉任其上矣㉟。

【章　旨】這一章先用御者駕車，要調理好車馬關係以及御者之心與馬之志意的關係，方能致遠歷險為喻，說明君主治國的方法要得當。而所謂方法就是「不貴其自是，而貴其不得為非」。具體說就是造成一種風氣、形成一種局面，使事物不能「可欲」、「可奪」，則人們自然不會想「欲」、想「奪」，故不用呼籲「弗求」、「不爭」。這樣才能大的自會約束自己，才能小的亦合於用，天下就可統一。接著，敘述相反的情況。即人主釋法律度量不用，而「聽非譽」、「用朋黨」，甚或與臣下爭事，那樣就會民俗亂、功臣爭，臣下將諸事推給君主做，甚或有意作弄君主。這都是君主治國「無術」所致。此章亦本於《文子・上義》。

【注　釋】❶調　協調。❷御心　對駕馭的看法。❸和　和洽；協調。❹臧獲　舊注謂「古之不能御者，魯人也」。❺恣　放肆；任性而為。《太平御覽》引舊注謂「恣，卻行也」。❻人材釋　謂人材能加以辨別（何事為直）。《說文解字・采部》：「釋，解也，從采。采，取其分別。」引申則釋有辨別之義。❼羨者止於度二句　王念孫說「謂人主有一定之法，則才之有餘者，止於法度之中，而不得過；其不足者，亦可逮於用，而不患其不及也」。羨，有餘。此處指才能有餘。原文作「美」，依王念孫校改。止，原文作「正」，依王念孫校改。逮，及。原文作「建」，依王念孫校改。❽一　統一。❾釋　捨。❿職事　官事。⓫非　通「誹」。誹謗。⓬公勞　指為正事而辛勞的官員。公，正。⓭奇材　舊注謂「非常之材」。⓮佻長　輕疾速進。佻，疾；輕疾。⓯干次　此處指超越功勞之次。⓰守官者　守其官職者。即盡職的人。⓱雍遏　即壅遏、阻塞。⓲進　此處指官位升遷。⓳功臣爭於朝　舊注謂「奇材佻長之人干超其次，功勞之臣反不顯列，故爭於朝」。⓴執　制。㉑釋之而不用　舊注謂「不用法律度量也」。㉒弄　作弄。㉓制於人　舊注謂「為人所禽制也」。㉔吞舟之魚　舊注謂「魚能吞舟，言其大也」。㉕蕩　指魚搖動。㉖螻蟻　螻蛄和螞蟻。㉗其居　舊注謂「水也」。㉘猨狖　泛指猿猴。㉙其處　舊注謂「茂木」。㉚所守　此處指「法律度量」。㉛事　原文無此字，依王念孫校補。㉜以無為持位　舊注謂「無所為以持其位也」。㉝從君取容　舊注謂「隨君之欲，以取容媚」。㉞藏智而弗用　舊注謂「不用智謀贊佐其上也」。㉟反以事轉句　舊注謂「賢臣見其不肯為謀，故轉任其上，令自制之。《詩》云：仲山甫『既明且哲，以保其身』。」

【語　譯】現在車夫駕車行進時，總是使馬的身體和車子協調一致，使他駕馭車馬的意念和馬的心志契和無間。

那樣，無論是經歷險阻之地到達遠處，或是車馬的前進、後退、周遊各地，沒有不如意的。但是，即使有騏驥、騄駬那樣的良馬，讓不善於駕馭的臧獲來駕馭牠，那樣，馬反要自己任性而為，而人便不能控制牠了。所以治理國家的人，不能看重他的自以為是，而要重視他的不能做不合理的事。所以說：「不要使人有可以滿足貪欲的可能，而不要對人說不要追求。不要使人有可以爭奪到手的可能，而不要對人說不要去爭。」像這樣的話，那麼人才就能辨別清楚為人的道理，而正道就能夠通行了。才能有餘的人能夠按照法度的要求做事，而才能不足的人也能夠合於實用，所以天下就可以得到統一。

放下官事不做，而只聽誹謗或讚美的言辭；拋棄那些為正事而辛勞的官員，而任用那些結黨營私的人。那樣才智奇特的人就會輕疾速進，而超越正常的次序，盡職的官員卻仕途受阻而不能升遷。像這樣的話，那國內就會民風大亂，而有功之臣就會在朝廷裡爭應有的地位。所以法律規矩是君主用來控制臣下的，放棄它而不加以應用，這就好像馬沒有絡上馬嚼子和繫上韁繩而疾行一樣，群臣、百姓反而要作弄他們的君主。因此君主有一套用人的策略就能控制人，沒有這策略就會被人控制。能夠吞下船隻的大魚，如果搖動身軀而失去了水，就會被螻蛄和螞蟻制服，原因就是離開了牠居住的地方——水。猿猴離開了樹，而被狐狸捉住，原因就是到了不適宜牠活動的地方。君主捨棄他應當堅守的原則而和臣下爭做具體的事，那麼官員們就會無所作為以保持職位，忠於職守的人也會隨順君主、奉承諂媚、取得君主的歡心。因此，臣子們都隱藏自己的智慧而不用，反而把許多事轉推給君主去做。

夫富貴者之於勞也，達事者之於察也，驕恣者之於恭也，勢不及君❶。君人者不任能❷，而好自為之，則智日困❸而自負其責也。數❹窮於下則不能伸理❺，行墮❻於國則不能專制❼。智不足以為治，威不足以行誅，則無以與下❽交也。喜怒形於心，嗜欲❾見於外，則守職者離正而阿❿上，有司枉法而從風⓫，賞不當⓬功，誅不應罪，上下離心，而君臣相怨也。是以執政阿主而有過，則無以責之。有罪而不誅，則百官煩亂，智弗能解也；毀譽萌生，而明⓭不能照⓮也。不正本而反自然，則人主逾勞，人臣逾逸。是猶代庖宰⓯剝牲，而為大匠⓰斲也。與馬競走⓱，筋⓲絕⓳而弗能及；上車執轡，則馬服⓴於衡㉑下，故伯樂相之、王良御之、明主乘之，無御、相之勞而致千里者，乘㉒於人資㉓以為羽翼㉔也。

【章　旨】這一章主要講君主要利用人才治理政事，而不要「好自為之」。君主不任有才之士而自為之，就會「智日困而自負其責」。而一旦「數窮於下」、「行墮於國」，就不能「伸理」、不能「專制」。而且自為之必然「喜怒形於心，嗜欲見於外」，如此則會出現官風不正、君臣相怨、百官煩亂的現象，用君主的智慧也無法去掉這些亂象。作者說「不正本而反自然，則人主逾勞，人臣逾逸」，就好比代替廚師殺牲畜和替大匠砍木，以致勞累受傷而功效甚差。至於正確的方法則應如英明的君主乘車一樣，「乘於人資以為羽翼」，「無御、相之勞而致千里」。此章本於《文子・上仁》。

【注　釋】❶夫富貴者四句　富貴者是不必親自為勞作之事的，達事者也不一定躬自洞察其事，驕恣者更不會謙遜有禮，但是他們的不必親自勞作奔走、他們的傲岸高踞，勢必都比不上君主。言下之意是，君主更應比富貴者、達事者、驕恣者還不必勞、察、恭。亦即不要「好自為之」。達事者，通達事理的人。驕恣者，驕傲放縱的人。恭，恭敬。謙遜有禮。❷不任能　指臣子的才能。舊注謂「不任用臣智能也」。❸困　困窘。❹數　術。辦法；手段。❺伸理　即「申理」。申張道理。有治理之義。❻墮　失。❼專制　獨制。獨斷行事。❽下　指群臣。原文作「天下」，依王念孫校刪。❾嗜欲　原文作「者欲」，依王念孫校改。⑩阿　曲從；迎合。⑪枉法而從風　猶言違法而風從。風從即順風而從，形容跟隨得快。⑫當　適合。⑬明　本指目之明。此處與上句中「智」同義，聰明。⑭照　察看。⑮庖宰　廚師。《莊子．逍遙遊》嘗言「庖人雖不治庖，尸祝不越樽俎而代之矣」。⑯大匠　手藝高超的木工。《老子》第七十四章：「夫代司殺者殺，是謂代大匠斲。夫代大匠斲者，希有不傷其手矣。」⑰走　跑。⑱䈥　同「筋」。肌腱或骨節上的韌帶。⑲絕　斷。⑳服　駕；拉車。原文作「夗」，依陳觀樓校改。㉑衡　車轅頭上的橫木。㉒乘　因；用。㉓資　才智。㉔羽翼　輔佐。

【語譯】富貴者的不勞動，通達事理者的不親自觀察事物，驕傲放縱者的不謙遜有禮，勢必都比不上君主。但是君主老不用臣子們的才能，而喜歡親自勞動奔忙，他的才智就會一天天陷入困窘的境地而須自己負擔責任。控制群臣的辦法用盡了，就不能治理他們了；自己的行為在國內出了問題，就不能獨斷行事了。自己的智慧不能夠治理好國家，自己的威勢不能夠實行懲罰，那就沒有辦法和群臣交往相處了。喜怒在心中形成，嗜欲表現在外面，那忠於職守的臣子也會背離正道而迎合君主，官員們就會違反法令而迅速隨順君主；賞賜和功勞不相當，懲罰和罪行不相應，上下之心相互背離，而君臣之間便互相怨恨。因此執政的大臣迎合君主而有了過錯，就沒有辦法指責他。有罪而不懲處，那麼百官就會混亂不堪，君主用他的智慧也解決不了；毀謗、讚美的現象紛紛產生，君主用他的聰明才智也不能察看清楚。如果不扶正根本而返回自然，那麼君主就會越發辛勞，臣子就會越發安閑。君主這樣做就像代替廚師剝去牲畜的皮和代替手藝高明的木工去砍削木頭一樣。人和馬比賽跑步，人的腳筋跑斷了也不能趕上馬；但是上車握住韁繩，那麼馬就會乖乖地在車轅頭橫木下拉車。所以有伯樂來相馬，有王良來駕馭馬，英明的君主坐在車上，他沒有駕馭車馬和品評馬的辛勞，卻能到達千里以外的地方。這是因為他能借用別人的才智來作自己的翅膀。

是故君人者，無為而有守也，有守①而無好②也。有為則讒生，有好則諛起③。

昔者齊桓公④好味而易牙⑤亨其首子⑥而餌⑦之，虞君⑧好寶而晉獻⑨以璧馬釣⑩

之，胡王⑪好音而秦穆公⑫以女樂⑬誘⑭之，是皆以利見制⑮於人也。故「善建者不拔⑯」，言建之無形也⑰。夫火熱而水滅之，金剛而火銷之，木強⑱而斧伐之，水流而土遏之，唯造化者，物莫能勝也。故中欲⑲不出謂之扃⑳，外邪不入謂之塞。中扃外閉，何事之不節㉑！外閉中扃，何事之不成！弗用而後㉒能用之，弗為而後能為之。精神勞則越㉓，耳目淫㉔則竭㉕。故有道之主，滅想去意，清虛㉖以待；不伐㉗之言，不奮㉘之事；循名責實，官使自司㉙。任而弗詔㉚，責而弗教。以不知為道，以奈何為寶㉛。如此，則百官之事各有所守矣㉜。

【章旨】這一章由君主的「無為而有守」、「有守而無好」，說到如何「無為」。先舉例說明「有為則讒生，有好則諛起」，致使君主「以利見制於人」。並由此得出「善建者不拔」的結論。繼而由火、金、木、水特性顯著而為他物所制服為例，說明人主如何無為，方能取勝。其要點為「中欲不出」、「外邪不入」、「中扃外閉」；「滅想去意，清虛以待；不伐之言，不奮之事；循名責實，官使自司」。「以不知為道，以奈何為寶」。此章本於《文子．上仁》。

【注釋】❶有守　原文作「有為」，依馬宗霍校改。馬氏謂「『有為』當作『有守』，即承上句『無為而有守也』來。兩句一氣遞貫。守猶執也。所守者何，即上文所謂術也」。王念孫則謂「有為」當作「有立」。❷無好　舊注謂「無所私好」。❸有為則讒生二句　舊注謂「讒諛之人乘志而起」。❹齊桓公　春秋齊侯，襄公之弟，名小白。初用管仲，得為霸主，後用豎刁、易牙等，國勢日衰。❺易牙　齊桓公幸臣之一。雍人，名巫，一稱雍巫。易牙善於調味，又工於逢迎，傳說他蒸其子以進桓公。❻首子　長子。但《韓非子》中〈二柄〉、〈十過〉、〈難一〉諸篇均言「易牙蒸其子首而進之」。❼餌　利誘。❽虞君春秋虞國國君。乃西周虞仲的後人。❾晉獻　即晉獻公。晉武公之子，名詭諸。獻公伐虢，嘗以「屈產之乘、垂棘之璧」借道於虞。虞君貪其寶而許之。獻公滅虢之後，借住於虞，竟襲而滅之。獻公之臣荀息牽馬操璧對他說：「璧則猶是也，而馬齒加長矣。」事見《春秋穀梁傳．僖公二年》。❿釣　取。⓫胡王　此處指春秋時西戎之一王。⓬秦穆公　名任好，春秋時五霸之一。西戎的由余，其人賢聖，出使秦國，穆公欲得之，遂送給戎王之女樂十六人，請求讓由余延期歸國。事見《韓非子．十過》。後由余出謀，穆公滅西戎十二國。⓭女樂　歌舞伎。⓮誘　惑。⓯制　舊注謂「猶禽（擒）也」。⓰善建者不拔　出自《老子》第五十四章。其下續言「善抱者不脫」。《韓非子．解老》謂「一建其趨舍，雖見所好之物不能引，不能引之謂『不拔』。一於其情，雖有可欲之類，神不為動，神不為動之謂『不脫』」。⓱言建之無形也　此句本為正文，原文誤入注中，依王念孫校補正。⓲強　強硬。文中言火之所以熱、金之所以剛、木之所以強、水之所以流，皆「有為」也，皆為物所制，意在說明人主當無欲無為。⓳中欲　心中之欲。⓴扃　閉。㉑節　節制。㉒而後　然後。㉓越　散。㉔淫　此處指過分地視聽。㉕竭　滅。㉖清虛　清靜虛空。㉗不伐　不自矜伐（居功自誇）。㉘不奮　不自矜奮（奮勉）。原文作「不奪」，依楊樹達校改。㉙官使自司　王念孫說「謂使百官自司其事而君不與也」。官，原文無此字，依王氏校補。㉚詔　告誡；教誨。㉛以不知為道二句　楊樹達說「奈何者，己無所主叩人之辭。『以不知為道，以奈何為寶』，二句相承，謂人主當託於不知而以叩人也」。楊說是，今從之。以不知為道，舊注謂「道常（當為『尚』）未（當作『無』）知」。以奈何為寶，舊注謂「道貴無形，無形不可奈何，道之所以為貴也」。案：本章自「故有道之主」至此句，皆出自《呂氏春秋．知度》。㉜則百官之事句　舊注謂「有所守，言不離扃（當為『局』）。離局為漢人常語，猶言離去職守）也」。

【語　譯】所以做君主的，要無所作為而又能把握住一定的策略，能把握住一定的策略而又要沒有個人的喜好。君主若自有作為，讒言就會產生；君主若有個人的喜好，奉承的現象就會出現。從前齊桓公喜歡吃美味的食物，而易牙就蒸煮自己的大兒子送給他吃，用「美味」來引誘他；虞國的國君喜歡寶物而晉獻公就用玉璧、良馬來誘取虞國；戎王喜歡音樂而秦穆公就用歌女來迷惑他，這些人都是因為貪圖所好之利而被制服了。所以「善於建樹的人所作的建樹是無法移動的」，這是說他的建樹是無形的。火燒得很熱而水能澆滅它，金屬堅固而火能熔化它，木頭強硬而斧頭能砍斷它，水流不止而土能阻攔它，只有創造化育萬物的大自然，沒有一種東西能夠勝過它。所以內心的欲望不表現出來就叫做關閉，外物的誘惑不進入內心就叫做堵塞。內心的欲望被鎖住而外物的誘惑被關在外面，還有什麼事情不能夠節制！邪氣被關在外面而內心的欲望被鎖住，還有什麼事情辦不成功！萬物不用然後才能使用它，萬事不做然後才能做好它。人的精神勞累就會散失，耳目過分地使用就會使聽力和視力消失。所以有德政的君主，總是停止思考，去除意念，用清靜、虛空之心對待事物。不用言語自誇，不奮力做事，按名號而要求他的實際表現，讓百官各自掌理自己的事務。君主任用他們而不要告誡，提出要求而不要加以教誨。以不知作為道，把自己沒有主張而向人請教當作寶，那樣，百官主管的事情就各自都有人負責了。

攝❶權勢之柄，其於化民❷易矣。衛君❸役❹子路❺，權重也；景、桓❻臣管、晏❼，位尊❽也。怯服勇而愚制智，其所託勢者勝也。故枝不得大於榦，末不得強於本，言❾輕重大小有以相制也。若五指之屬於臂，搏援攫捷❿，莫不如志，言以小屬於大也。是故得勢之利者，所持甚小，所任甚大⓫；所守甚約⓬，所制甚廣，是故十圍之木，持千鈞之屋；五寸之鍵，制開闔之門。豈其材之巨小足哉？所居要也。孔丘、墨翟，脩先聖之術，通六藝⓭之論，口道其言，身行其志，慕義從風⓮而為之服役⓯者不過數十人。使居天子之位，則天子徧⓰為儒墨矣。楚莊王⓱傷文無畏⓲之死於宋也，奮袂⓳而起，衣冠⓴相連於道，遂成軍宋城之下，權柄重也。楚文王㉑好服獬冠㉒，楚國效之。趙武靈王㉓貝帶㉔鵔鸃㉕而朝，趙國化之。使在匹夫布衣，雖冠獬冠、帶貝帶，鵕鸃而朝，則不免為人笑也。

【章旨】這一章的主旨全在「攝權勢之柄，其於化民易矣」一句。文中先說君能以賢人為臣，在於其「位尊」，猶如怯者能服於勇者而愚者能制於智者，正因「其所託勢者勝」；猶如末不得大於本，臂使五指莫不如志，是因小屬於大；而後以木持千鈞之屋、鍵制開闔之門為喻，說明「所居要」者以及「得勢之利者」所持小而所任大，所守約而所制廣，此為「攝權勢之柄」的功效。接著則以史實證明「攝權勢之柄」的重要：孔、墨修先聖之術，但追隨他們的不超過數十人，是因他們未「居天子之位」；而楚莊王為文無畏報讎，舉手一呼，即「成軍宋城之下」，是因其「權柄重也」。至於述及楚人效文王服獬冠和趙臣效武靈王貝帶鵕鸃而朝，則是進一步證明「攝權勢之柄」還有「化民易矣」的大功能。

【注釋】❶攝　執持；掌握。❷化民　教化民眾。❸衛君　春秋衛國之君。即衛出公，名輒。靈公之孫，蒯聵之子。❹役　使。❺子路　即仲由。子路為其字號。卞人，孔子弟子，小孔子九歲。子路為衛大夫孔悝邑宰，孔悝與衛出公之父蒯聵（出公即位前即流亡在外）聯合作亂攻出公，出公奔魯。時子路在外。子路入城責問蒯聵，並請殺孔悝，蒯聵不聽。當時蒯聵正與孔悝登臺，子路欲燒臺，蒯聵恐懼，扔石投壺攻打子路，擊斷子路之纓。子路結纓整冠而死。❻景桓　即齊景公、齊桓公。原文「桓」為「桓公」，依王念孫校刪「公」字。❼管晏　即管仲和晏嬰。❽位尊　舊注謂「管仲輔相桓公，晏嬰相景公，二君位尊故也」。❾言　原文作「則」，依王念孫校改。❿搏援攫捷　搏，即捕捉。援，即攀援。攫，即抓取。捷，同「接」。即接受。⓫所持甚小二句　王念孫謂「即下文所謂『十圍之木，持千鈞之屋』也」。所任，原文作「其存」，依王氏校改。⓬約　舊注謂「要也；少也」。⓭六藝　指禮、樂、射、御、書、數六種科目。⓮風　化。⓯服役　供奔走勞役；伺候。役，事。⓰偏　舊注謂「猶盡也」。⓱楚莊王　春秋楚國國君。穆王之子，名旅（一作呂、侶）。嘗觀兵於周王朝，問九鼎之大小輕重。春秋五霸之一。⓲文無畏　即申舟。名文，字無畏，楚大夫。楚莊王使無畏聘於齊，經宋而不向宋借道。無畏說「宋必襲殺我」，莊王說「殺汝，伐宋」。於是經宋而不借道。宋人果殺無畏。「楚子聞之，投袂而起，屨及於窒皇，劍及於寢門之外，車及於蒲胥之市。秋九月，楚子圍宋」，事見《左傳・宣公十四年》。⓳奮袂　揮動衣袖。情緒激動的樣子。⓴衣冠　指士大夫。

㉑楚文王　舊注謂「楚武王熊達之子熊庇（當為『疵』）也」。㉒獬冠　獬豸冠。執法者所戴之冠。《後漢書・輿服志下》：「獬豸、神羊，能別曲直。楚王嘗獲之，故以為冠。」㉓趙武靈王　戰國趙國國君。肅侯之子，名雍，武靈為其諡號。趙東鄰有胡，西鄰有樓煩，為其強敵。武靈王以國中車戰之制不利於衝突，博衣褒帶不適於用武，於是命士卒改穿胡服，悉習騎射。後滅中山、略狄、破林胡、樓煩諸國，疆土大拓。㉔貝帶　舊注謂「以大貝飾帶，胡服」。貝，貝殼。㉕鵕鸃　用鵕鸃羽毛所飾之胡服。一說為冠名。鵕，即鵕鸃。錦雞。似山雞而冠小，背毛黃，腹下赤，項綠色，尾毛紅赤，光采鮮明。鸃，南方雉名。

【語譯】君主掌握了權勢之柄，教化民眾就容易了。衛國國君能夠役使子路，是因為權勢威重；齊景公、齊桓公能夠使晏嬰、管仲成為他們的臣子，是因為地位尊貴。膽怯的人能夠制服勇敢的人而愚笨的人能夠制服聰明的人，是因為他們所依靠的權力勝過了對方。所以樹枝無法比樹幹粗大，樹的末梢無法比根部強盛。這說明事物的輕重、大小之間有相互制約的關係。就像五根手指屬於胳臂，無論捕捉、攀援、抓取和接受，都依照胳臂的意志來行動。這說明小者隸屬於大者。因此掌握了權力這一有利條件的人，所握持的東西很小，但作用卻很大；所堅守的很簡約，但控制的範圍卻很廣。因此十人合抱的樹木可以支撐三萬斤重的大屋；五寸長的門閂，可以控制能開能闔的大門。難道是它們材料的大小足夠了嗎？其實是它們所處的位置非常重要。孔丘、墨翟，研究古代聖人的思想，通曉禮、樂、射、御、書、數的理論，口說古代聖人的言論，親身實行他們的理想。可是仰慕孔、墨的高義、順從他們的教化而為他們奔走服役的人不超過幾十人。假使讓孔丘、墨翟處於天子的地位，那麼天下就會盡是儒家、墨家的信徒了。楚莊王悲傷文無畏死在宋國，揮袖起身，於是路上士大夫前後相連，很快組成軍隊打到了宋國都城。這是因為莊王權勢很重。楚文王喜歡戴獬豸冠，於是楚國的人都加以仿效。趙武靈王繫著大貝作飾的衣帶、穿著以鵕鸃羽毛作飾的胡服上朝，於是趙國的臣子都照著做。假使楚文王和趙武靈王都是普通老百姓，頭戴獬豸冠、腰繫貝帶，身穿以鵕鸃羽毛為飾的胡服上朝，那就不免為人所笑了。

夫民之好善樂正，不待禁誅而自中法度者，萬無一也。下必行之令，從之者利，逆之者凶，日陰未移，而海內莫不被繩❶矣。故握劍鋒，雖以❷北宮子❸、司馬蒯蕢❹不可使應敵❺；操其觚❻，招❼其末❽，則庸人能以制勝。今使烏獲、藉蕃❾從後牽牛尾，尾絕❿而不從者，逆也；若指之桑條以貫其鼻⓫，則五尺童子牽而周四海者，順也。夫七尺之橈⓬而制船之左右者，以水為資⓭；天子發號，令行禁止，以眾為勢也。

【章　旨】這一章主要論君主掌握權勢之柄的重要和如何發揮權力的作用。因為「民之好善樂正，不待禁誅而自中法度者，萬無一也」，因此以權行令必不可少。其次以揮劍須握劍柄而不可握劍鋒，牽牛須牽牛鼻而不可牽牛尾為喻，說明治國要掌握權勢之柄。至於橈制船之左右必以水為資的比喻，及天子發號，令行禁止，以眾為勢之論，則是說明如何發揮權力的作用。其「勢治」說本於慎到。

【注　釋】❶被繩　中繩；合於法度。繩，正。❷雖以　原文為「以離」，依王念孫、王紹蘭校改。❸北宮子　古代勇士。舊注謂「齊人，《孟子》所謂北宮黝也」。❹司馬蒯蕢　戰國趙國善擊劍者。舊注謂「其先程伯休父，宣王命以為司馬，因為司馬氏，蒯蕢其後也。周衰，適他國。蒯蕢在趙，以善擊劍聞」。❺可使應敵　原文無「可」字，依王念孫校補。又舊注謂「應，猶擊也」。❻觚　劍柄。❼招　舉。❽末　這裡指劍之尖端。❾烏獲藉蕃　舊注謂「皆多力人」。❿絕　斷。⓫若指之桑條句　馬宗霍謂「『之』字為語助，在句中不為義。『指』者，《說文》訓『手指也』。引申之，則以手指執物亦謂之指。此蓋謂若執桑條以貫牛鼻也」。又謂「一說『若指之桑條』，若猶如也。謂桑條大如指者。猶下文『七尺之橈而制船之左右』，謂橈之長七尺也。亦通」。⓬橈　船槳。舊注謂「刺船櫂也」。⓭資　用。

【語譯】老百姓中喜歡行為美好、端正，而不依靠禁令和懲罰便能自合法度的，一萬個人中沒有一個。但是國君下達一定要執行的命令，如果順從有利，違反就遭受災禍，那麼，太陽的陰影還未移動，天下人的行為就全都合於法度了。所以握住劍的鋒刃，即使是北宮子、司馬蒯蕢那樣的勇士，也不能讓他去擊殺敵人；握住劍柄，舉起劍的尖端，就是劍術不高明的人也能制服對方取得勝利。現在讓烏獲、藉蕃從後面牽住牛的尾巴，牛尾巴被拉斷了也不跟著他走，這是因為背離了牛前行的方向；如果用一根桑條穿過牛的鼻子，那麼五尺高的童子也能牽著牛走遍天下，這是因為他順應了牛前行的方向。七尺長的船槳能夠控制船向左或向右，是借助於水的力量；天子發出號令，能做到有令就行，有禁就止，是他借助眾人形成了權勢。

夫防民之所害，開民之所利，威之❶行也，若發堿❷決唐❸。故循流而下易以至，背風而馳易以遠❹。桓公立政❺，去食肉之獸、食粟之鳥，係罝❻之網，三舉而百姓說❼。紂殺王子比干❽而骨肉怨，斮朝涉者之脛❾而萬民叛，再舉而天下失矣。故義者，非能徧利天下之民也，利一人而天下從風；暴者，非盡害海內之眾也，害一人而天下離叛。故桓公三舉❿而九合諸侯⓫，紂再舉⓬而不得為匹夫。故舉錯⓭不可不審⓮。人主租斂於民也，必先計歲收，量民積聚，知饑饉⓯有餘不足之數，然後取車輿衣食供養其欲。高臺層榭，接屋連閣，非不麗也，然民有無⓰掘室⓱狹廬所以託身者，明主弗樂也。肥醲⓲甘脆，非不美也，然民有糟糠菽粟不接於口者，則明主弗甘⓳也。匡床⓴蒻席㉑，非不寧㉒也，然民有處邊城、犯危難、澤死暴㉓骸者，明主弗安㉔也。故古之君人者，其慘怛㉕於民也：國有飢者，食不重味；民有寒者，而冬不被裘㉖。歲登民豐，乃始縣鐘鼓，陳干戚，君臣上下同心而樂之，國無哀人㉗。故古之為金石管絃㉘者，所以宣樂也；兵革斧鉞㉙者，所以飾怒㉚也；觴酌俎豆㉛，酬酢㉜之禮，所以效㉝喜㉞也；衰絰菅屨㉟，辟踊㊱哭泣，所以諭㊲哀也。此皆有充於內㊳，而成像於外。及至亂主，取民則不裁㊴其力，求於下則不量其積，男女不得事㊵耕織之業㊶以供上之求，力勤財匱，君臣相疾也。故民至於焦脣沸肝㊷，有今無儲㊸，而乃始撞大鐘，擊鳴鼓，吹竽笙，彈琴瑟，是猶貫甲冑而入宗廟，被羅紈而從軍旅㊹，失樂之所由生矣。

【章旨】這一章承上一章順逆之說，講君主須順民心民情，如桓公施政，「三舉而百姓說」，而不可像紂王倒行逆施，使「骨肉怨」、「萬民叛」而「天下失」。所謂「舉錯不可不審」者，主要是審於順逆之辨。本章後幅從正反兩面稱揚「明主」之「順」、貶斥「亂主」之「逆」。稱明主之順，謂其租斂於民，必以民衣食為慮。民無住所，明主居高臺層榭亦不樂；民無食物，明主食肥醲甘脆亦不甘；民有澤死暴骸，明主臥匡床蒻席亦不安。國有飢者，明主食不重味；民有寒者，明主冬不被裘。行樂必待歲登民豐，君臣同樂。「亂主」之「逆」則事事與「明主」相反。本章內容、語句多出自《文子．上仁》。

【注釋】❶之 原文無此字，依楊樹達校補。❷城 貯水池。❸唐 同「塘」。舊注謂為「隄」，與城「皆所以畜水」。❹故循流而下二句 舊注謂「因其勢也」。背風，以背向風。即人面對的方向與風向一致。❺立政 推行政事。楊樹達謂「立當讀為莅」。莅政，即臨政。亦通。❻罝　捕兔的網。此處泛指捕鳥獸的網。❼說　同「悅」。❽比干　紂王的叔父。官少師。紂王淫亂，比干犯顏強諫，被紂王剖心而死。❾斮朝涉者之脛　紂王冬月見人早上涉水而過，認為其脛耐寒，就砍斷他的小腿來觀察。事見《尚書・周書・泰誓下》。斮，斬。脛，小腿。❿三舉　舊注謂「去食肉之獸、食粟之鳥、係罝之網」。⓫九合諸侯　謂多次主持諸侯間的盟會。九為虛數，言次數之多。一說九通「糾」。督的意思。齊桓公糾合諸侯實有十一次。⓬再舉　舊注謂「殺比干、斮朝涉之脛也」。⓭舉錯　即「舉措」。措施；舉而安置之。⓮審　慎重。⓯饒饘　原文作「饑饘」，依王念孫校改。⓰有無　原文或有「無」無「有」（道藏本），或有「有」無「無」（劉績本），今依楊樹達校改正。⓱堀室　窟室；土室；土房子。原文作「掘穴」，依王念孫校改。⓲肥醲　肥，指肥美之肉。醲，味厚之酒。⓳弗甘　舊注謂「不甘其肥醲也」。⓴匡床　方正安適的床。匡，安。床，為坐臥之具。㉑蒻席　細蒲蓆。蒻，嫩香蒲。舊注謂「蒻，細也」。㉒寧　平安。㉓暴　「暴」之本字。暴，即暴露。㉔弗安　舊注謂「不安其匡床蒻席也」。㉕憯怛　憂傷；悲痛。㉖國有飢者四句　舊注謂「與同飢寒」。重味，多種菜肴。被裘，穿上皮衣。㉗歲登民豐五句　舊注謂「言皆樂也」。歲登，年穀豐熟。舊注謂「登，成也，年穀豐熟也」。縣，同「懸」。干戚，盾與斧。古兵器名。古武舞者執干戚而舞。㉘金石管絃　舊注謂「金，鐘。石，磬。管，簫也。絃，琴瑟也」。㉙兵革斧鉞　軍禮所設之物。兵，指戈、矛、刀、箭等武器。革，即甲冑。斧鉞，為二兵器名，鉞形似斧。㉚飾怒　修飾其怒。指因禮制而節制其怒。《禮記・樂記》：「軍旅鈇（斧）鉞者，先王之所以飾怒也。」《集解》謂「天子之於天下，喜怒節之以禮樂」。㉛觴酌俎豆　觴酌，飲酒的器具。俎，置肉的几。豆，盛乾肉一類食物的器皿。㉜酬酢　指朝聘應享之時主客相互敬酒的禮節。主酌酒以敬客為獻，客還答為酢，主復答敬為酬。㉝效　獻出；表達。㉞喜　原文作「善」，依王念孫校改。㉟衰絰菅屨　古代喪服。衰，通「縗」。被於胸前的麻布條。絰，喪期中結在頭上或腰間的麻帶。菅屨，草鞋。菅，草名。即菅茅、苞子草。㊱辟踊　捶胸頓足。極為哀痛之狀。辟，通「擗」。拊心。踊，往上跳。㊲諭　表明。㊳充於內　充滿心中。充，實。㊴裁　度。㊵事　治。㊶業　事。㊷焦脣沸肝　嘴唇為火燒焦，心肝為沸水所煮。形容人極端痛苦。㊸有今無儲　舊注謂「有今日之食，而無明日之儲也」。㊹從軍旅　指隨軍隊去作戰。軍旅，軍隊。

【語　譯】防止危害人民的事情發生，開發對人民有利益的事，君主的威勢便能通行無阻，就像挖開了蓄水池、沖決了池塘的流水一樣。所以順著水流而下容易到達目的地，背對著風而奔馳容易走得很遠。齊桓公推行政事時，除去那些吃肉的野獸、吃糧食的鳥，並收起捕獵的網子，這三件事一做，老百姓都很高興。紂王殺死王子比干而招來骨肉至親的怨恨，砍斷早上涉水人的小腿骨而引起萬民的叛離，兩次行動就丟失了天下。所以所謂的義，並不能使天下的人民都得到利益，但是使一個人得到利益而天下的人就會對行義的君主順風而從；所謂的暴虐，也不能害盡天下的民眾，而是危害一個人就會使天下的人叛離暴虐的君主。所以齊桓公實行三個措施就能多次擔任諸侯盟會的盟主，商紂王兩個舉動就使他連平民百姓也做不成了。所以君主的行動不能不慎重。君主向老百姓徵收租稅，一定要預先計算好一年的收成，衡量民眾的積聚。要知道糧食豐饒有餘和饑荒不夠的數目，然後才取用車輛、衣食以供給他的生活需求。高臺上聳立著層層重疊的樓房，屋宇相接，閣樓相連，並非不華美，但是老百姓中卻有人沒有土房子、狹窄的小屋可託身的，所以英明的君主不感到快樂。肥美的肉塊、醇濃的酒和各種甜脆的食物，並非味不美，但是老百姓中卻有連糟糠、豆粟都吃不到的，那麼英明的君主吃起來就不感到香甜了。坐臥在鋪有細蒲蓆的方正舒服的床上，並非不安適，但是老百姓中卻有身處邊城、冒著危險困難、死在草澤而屍骸暴露在野外的，所以英明的君主並不感到安寧。所以古代做君主的，他為人民的痛苦遭遇而悲痛：國內有挨餓的人，他就不食用多種菜肴；老百姓中有受凍的人，而冬天他就不穿皮衣。年成豐收，人民富足，才開始懸掛鐘、鼓，陳列盾和斧，君臣上下懷著同樣的心情共享歡樂，國內沒有哀傷的人。所以古代演奏金、石、管、絃一類樂器的目的，是用來宣洩快樂的心情的；軍禮設備如戈、矛、刀、劍、甲冑、斧、鉞一類兵器，是用來節制他的憤怒心情的；置備酒器、肉具，規定主客酬酢之禮，是用來表達喜悅心情的；製作麻布條、麻布帶和草鞋，捶胸頓足、傷心地哭泣，是用來表明心情的悲痛的。這些都是有情感充滿胸中，而成為形像顯現在外。到了昏庸無道的君主執政時，他向人民索取時不度量人民的財力，向下索取時不度量人民的積蓄，使得男女不能從事耕種、紡織的工作而要去滿足君主的要求，勤勉勞作卻財物匱乏，於是君臣相互憎恨。所以老百姓到了嘴唇如火燒焦、肝如沸水煮爛、有今日之食而無明日之儲的痛苦境地，君主卻開始撞大鐘、擊鳴鼓、吹竽笙、彈琴瑟，這就如同穿著甲冑而進入宗廟祭祖；如同穿著羅、紈隨著軍隊去打仗，完全失去了產生歡樂的根源。

夫民之為生也，一人蹠❶耒❷而耕，不過十畝，中田❸卒歲之收，不過畝四石，妻子老弱仰❹而食之。時有涔❺旱災害之患，有以❻給上之徵賦、車馬、兵革之費。由此觀之，則人之生❼憫❽矣！夫天地之大，計三年耕而餘一年之食，率❾九年而有三年之畜，十八年而有六年之積❿，二十七年而有九年之儲，雖涔旱災害之殃，民莫困窮流亡也。故國無九年之畜⓫，謂之不足；無六年之積，謂之憫急⓬；無三年之畜，謂之窮乏。故有仁君明主，其取下有節，自養有度，則得承受於天地⓭、而不離⓮飢寒之患矣。若貪主暴君，撓⓯於其下，侵漁⓰其民，以適無窮之欲，則百姓無以被⓱天和⓲而履⓳地德⓴矣。

【章　旨】這一章用詳細列賬的方式說明：老百姓一年辛勤耕作所得十分有限，平常年景養家尚且有困難，遑論災年。更何況還要供給君主的需要呢？因此要有積蓄，而積蓄是很難的。面對這種情況，仁君明王「取下有節，自養有度」，能使民眾免除飢寒之患。貪主暴君則侵漁其民以適無窮之欲，使民眾難以為生。兩類君主，兩種作法，作者肯定的是前者。此章出自《文子・上仁》。

【注　釋】❶蹠　踐；踩；蹈。❷耒　翻土工具。❸中田　中等田地。原文後有「之獲」二字，依俞樾校刪。❹仰　依賴。❺涔　連續下雨，積水成澇。舊注謂「涔，久而（當為『雨』）水潦也」。❻有以　即「又以」。原文作「無以」，依王念孫校改。❼生　指生存、生活。❽憫　憂愁。舊注謂「憂無樂」。❾率　大致；一般。❿積　舊注謂「委（積聚）也」。⓫九年之畜　指足夠吃九年的儲備糧。⓬憫急　憂病。舊注謂「憫，憂。急，病也」。⓭天地　即下文所言「天和、地德」。⓮離　通「罹」。被；遭受。⓯撓　擾亂；騷擾。⓰侵漁　侵奪吞沒。指掠奪他人財物。⓱被　承受。⓲天和　自然的和氣。⓳履踐踏。這裡有領受之意。⑳地德　地之恩德。指地所產五穀和其他莊稼。

【語譯】老百姓維持生活的情況是這樣的，一個人踩耒以翻耕田地，所耕不會超過十畝。中等田地年終的收入，一畝田不超過四石。妻子、兒女、老弱，一家人都依靠這點收入吃飯。還時常會遇到水、旱災害帶來的禍患，又要用它來供給君主所徵賦稅、車馬、軍備之類的費用。從這些情況看來，人民的生活實在是憂愁很深啊！天地很遼闊，算一算，全國農民耕種三年可以結餘足供一年生活的糧食，大約九年而有足夠生活三年的積蓄，十八年而能有六年的積蓄，二十七年而能有九年的儲備，即使遭到水旱災害的禍殃，老百姓不至於生活艱難而出外流亡。所以國家沒有可供全國人民吃上九年的積蓄，就叫做不足；沒有可供全國人民吃上六年的積蓄，就稱為憂病；沒有可供全國人民吃上三年的積蓄，就稱為窮乏。所以有了仁慈、英明的君王，他對下面的索取有節制，供養自己有一定的限度，老百姓就能受用天地所產之物而不會遭到飢、寒一類的禍患。如果是貪婪、暴虐的君主，經常騷擾他的臣下，掠奪老百姓的財物，用來滿足他無窮的欲望，那老百姓便無法領受自然的和氣和大地所賜的物產了。

食者，民之本也；民者，國之本也；國者，君之本也。是故君人者❶，上因天時，下盡地財，中用人力，是以群生遂長❷，五穀蕃植❸。教民養育六畜❹，以時❺種樹、務❻脩田疇❼、滋植❽桑麻，肥墝❾高下，各因其宜。丘陵阪險❿不生五穀者，以樹⓫竹木。春伐枯槁，夏取果蓏⓬，秋畜疏食⓭，冬伐薪蒸⓮，以為民資⓯。是故生無乏用，死無轉尸⓰。故先王之法，畋⓱不掩⓲群，不取麛夭⓳，不涸澤⑳而漁，不焚林而獵。豺未祭獸㉑，罝罦㉒不得布於野；獺未祭魚㉓，網罟㉔不得入於水；鷹隼未摯㉕，羅網不得張於谿谷；草木未落，斤斧不得入山林㉖；昆蟲未蟄㉗，不得以火田㉘。孕育不得殺，鷇卵㉙不得探，魚不長尺不得取，彘不期年㉚不得食。是故草木之發㉛若蒸氣，禽獸之歸若流泉，飛鳥之歸若煙雲㉜，有所以致之也。

故先王之政，四海之雲至㉝而脩封疆㉞，蝦蟇㉟鳴、燕降㊱而達路除道，陰降百泉㊲則脩橋梁，昏㊳張㊴中㊵則務種穀，大火㊶中則種黍菽，虛㊷中則種宿麥㊸，昴中則收斂畜積㊹，伐薪木。上告於天㊺，下布之民。先王之所以應時脩備，富國利民，實曠㊻來㊼遠者，其道備矣。非能目見而足行之也，欲利之也。欲利之也，不忘於心，則官㊽自備矣。心之於九竅四支也，不能一事焉，然而動靜聽視皆以為主者，不忘於欲利之也。故堯為善而眾善至矣，桀為非而眾非來矣㊾。善積則功成，非積則禍極㊿。

【章　旨】這一章有兩個重點。第一個重點是由食為民之本、民為國之本、國為君之本說到君主如何固本。其原則為「上因天時，下盡地財，中用人力」，以使「群生遂長，五穀蕃植」。具體的方法則是「教民養育六畜，以時種樹」，春夏秋冬各有所為，使百姓「生無乏用，死無轉尸」；且「畋不掩群，不取麛夭」，「草木未落，斤斧不得入山林」。以保護動植物的正常生長，使得「草木之發若蒸氣，禽獸之歸若流泉，飛鳥之歸若煙雲」。第二個重點是講「先王之政」皆因天時而為，「應時脩備，富國利民，實曠來遠」，「其道備矣」。但君王並非事事「目見而足行之」，只是有「欲利」的動機。作者強調君王當有欲利民眾之心，然後事事有利於民，而「善積則功成」。見解是深刻的。

【注釋】❶君人者　即為人君、君主。君人，治理人民；領導人民。君，為動詞。即領導、治理之意。原文作「人君」，依王念孫校改。❷遂長　順利地生長。❸蕃植　繁育增長。❹六畜　牛、馬、羊、豕、雞、犬。❺以時　按時。❻務　致力；從事。❼田疇　已耕植的田地。穀地為田，麻地為疇。❽滋植　栽種。滋，培植。植，栽種。❾墝　瘠薄的土地。❿阪險　阪，山坡。險，通「巖」。高峻的山崖。⓫樹　種。⓬果蓏　果實。舊注謂「有核曰果，無核曰蓏」。一說木實為果，草實為蓏。⓭疏食　舊注謂「菜蔬曰疏，穀食曰食」。⓮薪蒸　柴木。舊注謂「大者曰薪，小者曰蒸」。一說薪為粗木，蒸為柴草。⓯資　用。⓰轉尸　棄尸。⓱畋　打獵。⓲掩　舊注謂「猶盡也」。⓳麛夭　舊注謂「鹿子曰麛，麋子曰夭」。⓴涸澤　舊注謂「漉池（使池水乾涸）也」。涸，動詞。使乾涸。㉑祭獸　舊注謂「十月之時，豺殺獸，四面陳之，世謂之祭獸也」。㉒罝罦　捕捉鳥獸的網。㉓祭魚　舊注謂「獺，獱也。〈明堂月令〉：『孟春之月，獺祭魚。』取鯉四面陳之水邊也，世謂之祭魚」。㉔網罟　即網。取獸曰網，取魚曰罟。㉕摯　攫取；用爪抓取。舊注謂「立秋鷹摯矣」。㉖草木未落二句　舊注謂「九月草木節解。未解不得伐山林也」。未落，指草木葉尚未凋落。㉗蟄　昆蟲伏藏穴中。㉘火田　指打獵時用火焚燒草木。原文作「火燒田」，依王念孫校刪「燒」字。㉙㲉卵　泛指剛生待哺的幼鳥。細分則生而自食曰雛，待哺曰㲉，未生曰卵。㉚期年　週年。㉛發　生。㉜煙雲　此與蒸氣、流泉分別形容草木之生、禽獸之歸、飛鳥之歸，不但言其多，而且寫出其自然而然、不受任何干擾的神態。㉝雲至　舊注謂「立春之後，四海出雲」。㉞封疆　疆界；界上封記。封，聚土。疆，界。㉟蝦蟇　即「蝦蟆」。蛙和蟾蜍的統稱。㊱燕降　燕子降臨。舊注謂「三月之時」。㊲陰降百泉　陰氣降落百泉，指水位退落之時。舊注謂為「十月之時」。㊳昬　「昏」的本字。㊴張　星名。二十八宿之一，屬南方朱鳥星座。㊵中　謂中於南方。舊注謂「三月昬，張星中於南方。張，南方朱鳥之宿也」。㊶大火　星名。心宿中央的紅色大星，即熒惑星。舊注謂「東方蒼龍之宿（包括角、亢、氐、房、心、尾、箕七宿），在四月建巳中南方」。㊷虛　星宿名。又名玄枵，二十八宿之一，為北方玄武之第四宿。舊注謂「北方玄武之宿，八月建酉中於南方也」。㊸宿麥　隔年才熟之麥。㊹昴中則收斂句　舊注謂「昴星，西方白虎宿也。季秋之月，收斂畜積也」。昴，星宿名。二十八宿之一，西方白虎星座第七宿，有星四顆。㊺上告於天　指君王向天祭祀禱告。

㊻實曠　充實空虛的倉庫。舊注謂「實，漢也。曠，空也」。㊼來　招致。㊽官　官能。指人身器官的功用。《管子・心術上》：「心之在體，君之位也；九竅之有職，官之分也。」㊾故堯為善二句　出自《呂氏春秋・應同》。㊿極　至。

【語　譯】糧食是老百姓生存的根本，老百姓是國家的根本，國家是君主的根本。所以君主治國，向上順合於農時，向下充分利用地裡所產的財物，中間發揮人的作用，因此各種生物順利地生長，五穀繁育增長。教導老百姓養育六畜，按時種樹，致力於修整穀田疄疇，栽種桑麻，按照土質肥沃、貧瘠和地勢的高低種植適宜的莊稼。在丘陵、山坡、山崖等不長五穀的地方，種上竹和樹。春天砍伐枯萎的草木，夏天摘取果實，秋天積蓄蔬菜和糧食，冬天砍伐柴火，用它們來作老百姓的生活資源。所以老百姓活著不缺乏生活所需，死了也不會棄屍在外。所以先聖之王的法規是：打獵時不准殺盡獸群，不准獵取小鹿、小麋，不准抽乾水塘捕魚，不准焚燒森林來打獵。豺狼在殺獸陳列之前，不准在田野裡鋪開捕捉鳥獸的網；獺在捕魚陳列之前，不准將捕魚的網放入水中；鷹隼在伸爪抓取鳥獸之前，不准把羅網張掛在谿谷；在草木葉子凋落之前，不准拿斧頭到山林中去砍樹；在昆蟲伏藏穴中之前，不准焚燒草木而打獵。正在懷孕、哺育幼仔的動物不能殺，剛出生的小鳥和鳥蛋不能掏取，魚不到一尺長不能捉來吃，豬不滿一歲不能殺了吃。因此草木生長就像蒸騰的氣一樣蓬蓬勃勃，禽獸歸來就像流動的泉水，飛鳥歸來就像瀰漫的煙雲一樣，這都是因為採用了使這類現象出現的措施。

所以先聖之王的政策是：當天下出現雲氣時就修整疆界。當蝦蟆鳴叫、燕子來臨時就清除路障，使路通達無阻。當陰氣降臨百泉時就修建橋梁。當黃昏張星出現在南天正中時便致力於種穀子。當大火星出現在南天正中時便種黍和豆。當虛星出現在南天正中時便種隔年才收的麥子。當昴星出現在南天正中時便收穫莊稼，積蓄糧食，砍伐柴木。君主上祭蒼天，向天禱告，下向民眾宣布這些政策。先聖之王之所以能順應四時的特點將各種事物修治完備，使國家富強而有利於民，使空虛的倉庫裝得滿滿的，招來遠方之人歸附自己，都是他具備了治國之道。並不是先聖之王能親眼去看，親自邁開雙腳去行動，而是有要為天下人民謀利益的想法。

想為天下人民謀利益，心中不忘記這一點，那麼人的官能便自然具備了。心對於人的九竅、四肢來說，不能侍奉其中的一個，但是它們的動靜、聽看都視心為主人，就是因為心沒有忘記要為它們謀利益的想法。所以堯做好事而眾多的好事都出現了，桀做壞事而眾多的壞事都出現了。好事積聚便能成就功業，壞事積聚就會使災禍達到極點。

凡人之論，心欲小而志欲大，智欲員❶而行欲方，能欲多而事欲鮮❷。所以心欲小者，慮患未生，備禍未發，戒過慎微，不敢縱其欲也❸。志欲大者，兼包❹萬國，一齊❺殊俗❻，并覆❼百姓，若合一族，是非輻湊而為之轂❽。智欲員者，環復運轉❾，終始無端❿，旁流⓫四達，淵泉而不竭，萬物竝興，莫不響應⓬也。行欲方者，直立而不撓⓭，素白而不汙，窮不易操⓮，通不肆⓯志。能欲多者，文武備具，動靜中儀，舉動廢置，曲得其宜，無所擊戾⓰，無不畢宜也。事欲鮮者，執柄持術，得要以應眾，執約以治廣，處靜以持躁⓱，運於璇樞⓲，以一合萬，若合符⓳者也。故心小者禁於微也，志大者無不懷⓴也，智員者無不知也，行方者有不為㉑也，能多者無不治㉒也，事鮮者約所持㉓也。

【章　旨】這一章把人（實指人主）應具備的特點歸納為六點，即「心欲小而志欲大，智欲員而行欲方，能欲多而事欲鮮」。並逐一解釋如何做到這六點，把六點的本質特徵概括為：「心小者禁於微也，志大者無不懷也，智員者無不知也，行方者有不為也，能多者無不治也，事鮮者約所持也」。本章出自《文子・微明》。

【注　釋】❶員　同「圓」。❷鮮　少。❸所以心欲小者五句　舊注謂「《詩》云：『惟此文王，小心翼翼，昭事上帝，聿懷多福。』此之謂也」。❹兼包　同時包容。❺一齊　使相同；使整齊劃一。❻殊俗　不同的習俗。❼并覆　廣為覆蓋。❽轂　車輪中心的圓木，眾輻的一端集中其上。舊注謂「轂，以諭王」。古人常以轂與輻比喻君與臣的關係。❾運轉　原文作「轉運」，依楊樹達校改。本書本卷嘗言「主道員者，運轉而無端」。❿終始無端　猶言無始無終。舊注謂「若順連環，故曰無端」。⓫旁流　遍流。旁，廣；遍。⓬應　和。⓭撓　弱曲。⓮操　操守。⓯肆　放。⓰無所擊戾　馬宗霍謂「本文之『擊戾』，蓋當取義於乖隔。『無所擊戾』者，猶言無所乖隔也。乖隔則不相入。無所乖隔，亦即無所不合也」。吳承仕謂「擊戾」當為「繫戾」，「蓋繫戾云者，拘牽乖刺之稱」，亦為一說。⓱靜以持躁　謂以虛靜制約浮躁。持，執；握。引申為控制、制約。原文作「靜持中」，依俞樾校改。⓲璇樞　代指北斗星。樞，即天樞，為北斗第一星；璇，即天璇，為北斗第二星。北斗星因季節的不同和夜晚時間的不同出現在天空不同的方位，它圍繞著北極星轉動。古人根據初昏時斗柄所指方位來決定季節：斗柄指東為春，斗柄指南為夏，斗柄指西為秋，斗柄指北為冬。⓳符　古代朝廷傳達命令或調兵遣將用的憑證，雙方各執一半，合之以驗真假。舊注謂「符，約也」。⓴無不懷　舊注謂「多所容也」。㉑有不為　舊注謂「非正道不為也」。㉒治　舊注謂「猶作也」。㉓約所持　即所持甚簡要。約，舊注謂「要也」。

【語　譯】人們評論做人的要領都認為：心思要精密細小而志向要宏大，智慧要圓轉而行為要方正，才能要多而做事要簡約扼要。心思要精密細小的方法是：在禍患未產生前就要考慮到，在禍患未發生前就要防備好，時時警戒不要犯錯，對細節也十分謹慎，不敢放縱自己的欲望。做到志向宏大的方法是：要能同時胸懷萬國，使各種習俗統一；恩德施及廣大的百姓，使百姓團結如同一個家族；無論是非，都像輻條集中於車轂上那樣歸心於君主。智慧圓轉的方法是：使它循環往復地運轉，沒有終結、沒有起始；如同水遍流而四方通達，像深深的泉水永不枯竭；萬物同時興起，沒有哪一個不回響應和的。行為要方正的方法是：端直立著而不彎曲，樸素純白而沒有汙跡；窮困的時候不改變操守，得志通達的時候也不放縱心志。才能要多的方法是：要具備文才武略，動、靜都能符合法度；一舉一動，一廢一置，都能周到而恰當；沒有乖隔不合的地方，無不完全合宜。做事要簡要的方法是：要掌握權力和駕馭臣下的策略、方法，把握住要領以適應眾事；掌握簡約的要領來處理廣大的問題，處身寧靜以控制急躁；像北斗星圍繞北極星運轉，能以一人之身和萬物相合，就像合符一樣。所以心思精密細小的人在問題隱微時就加以禁止，志向宏大的人沒有什麼不能包容；智慧圓轉的人要無所不知，行為方正的人有些事情不願作；才能很多的人沒有處理不了的問題，做事簡要的人掌握簡略的要領。

古者天子聽朝❶，公卿正諫❷，博士❸誦詩，瞽箴❹師誦❺，庶人傳語❻，史❼書其過，宰❽徹❾其膳，猶以為未足也，故堯置敢諫之鼓❿，舜立誹謗之木⓫，湯有司直⓬之人，武王立戒慎之鞀⓭，過若豪釐，而既已備⓮之也。夫聖人之於善也，無小而不舉⓯；其於過也，無微而不改⓰。堯、舜、禹、湯、文、武，皆坦然⓱南面而王天下焉⓲。當此之時，伐鼛而食，奏〈雍〉而徹，已飯而祭竈，行不用巫祝⓳，鬼神弗敢祟⓴，山川弗敢禍，可謂至貴㉑矣。然而戰戰慄慄㉒日慎一日。由此觀之，則聖人之心小矣。《詩》云：「惟此文王，小心翼翼，昭事上帝，聿懷多福。」㉓其斯之謂歟！武王克殷㉔，發鉅橋㉕之粟，散鹿臺㉖之錢，封比干之墓㉗，表㉘商容㉙之閭，朝成湯之廟㉚，解箕子㉛之囚，使各處其宅，田㉜其田，無故無新㉝，惟賢是親，用非其有，使非其人，晏然㉞若故有之。由此觀之，則聖人之志大矣㉟。文王周觀得失，偏覽是非，堯、舜所以昌，桀、紂所以亡者，皆著㊱於明堂。於是略智㊲博問㊳，以應無方㊴。由此觀之，則聖人之智員矣。成㊵、康㊶繼文、武之業，守明堂之制，觀存亡之跡，見成敗之變，非道不言㊷，非義不行㊸，言不苟出，行不苟為，擇善而後從事焉。由此觀之，則聖人之行方矣。孔子之通㊹，智過於萇弘㊺，勇服於孟賁㊻，足躡郊菟㊼，力招城關㊽，能亦多矣。然而勇力不聞㊾，伎巧不知㊿，專行教道(51)，以成素王(52)，事亦鮮矣。春秋(53)二百四十二年，亡國五十二，弒君三十六，采善鉏醜(54)，以成王道(55)，論亦博矣。然而圍於匡(56)，顏色不變，絃歌(57)不輟，臨死亡之地，犯(58)患難之危，據義行理而志不懾(59)，分亦明矣。然為魯司寇，聽獄必為師斷(60)。作為《春秋》，不道鬼神(61)，不敢專己(62)。

夫聖人之智，固已多矣，其所守者有約，故舉而必榮。愚人之智，固已少矣，其所事者有多(63)，故動而必窮矣。吳起(64)、張儀(65)，智不若孔、墨，而爭萬乘之君(66)，此其所以車裂支解(67)也。夫以正教化者，易而必成；以邪巧世(68)者，難而必敗。

凡將設行立趣(69)於天下，捨其易而必(70)成者而從事難而必敗者，愚惑之所致也。

凡此六反(71)者，不可不察也。

【章旨】這一章緊承上一章而言，列舉眾多例子以說明「聖人之心小矣」、「聖人之志大矣」、「聖人之智員矣」、「聖人之行方矣」，聖人「能亦多矣」、「事亦鮮矣」。實是上一章「心欲小而志欲大」等六點的例證。它們一則說明君主當具備六個特點的重要性，所謂「不可不察」；二則通過細言聖人在各方面的行為，為君主具備上述特點提供可效法的榜樣。

【注釋】❶聽朝　君主主持朝會以聽政。❷正諫　正言勸諫。❸博士　官名。掌通古今。春秋戰國時即設有博士。❹瞽箴　謂瞽師（樂官）獻曲以勸告。箴，勸戒。❺師誦　少師誦讀勸戒的文章。少師為王者師傅之一。❻庶人傳語　指平民的意見被傳達給君主。庶人，平民。傳語，傳達其言。❼史　官名。春秋有左史、右史。左史記行，右史記言。❽宰　宰人。掌管膳食的官。❾徹　通「撤」。除去。❿敢諫之鼓　舊注謂「欲諫者，擊其鼓」。⓫誹謗之木　舊注謂「書其善否於表木也」。堯時立表木於橋梁邊。一說設謗木於闕，使誹謗者擊之。⓬司直　官名。漢武帝時司直幫助丞相檢舉不法，位在司隸校尉上。湯設司直，職能亦當如是。⓭戒慎之鞀　舊注謂「欲戒君令慎疑者，搖鞀鼓」。鞀，同「鼗」。有柄的小鼓。⓮備　具備。⓯舉用。⓰改　更。⓱坦然　心裡平靜、沒有顧慮的樣子。⓲南面而王天下焉　原文作「天下而南面焉」，依王念孫校改。南面，坐北而面朝南。古以坐北朝南為尊位。舊注謂「背屏而朝諸侯」。⓳當此之時五句　舊注謂「言其率德蹈政（正），無求於神」。伐鼛，敲擊大鼓。鼛，大鼓。長一丈二尺。原文作「鼛鼓」，依王念孫校改。舊注謂「鼛鼓，王者之食樂也」。雍，樂名。為古時撤膳時所奏。舊注謂「巳時之樂也」。巫祝，古代替人向鬼神祈禱祝告的人。⓴祟　鬼神作怪。㉑至貴　舊注謂「至德之可貴也」。㉒戰戰慄慄　恐懼發抖的樣子。㉓惟此文王四句　出自《詩經・大雅・大明》。昭，明白。事，服侍。聿，語助詞。懷，來；招來。㉔克殷　原文作「伐紂」，依王念孫校改。㉕鉅橋　商代糧倉所在地。故址在今河北省曲周縣東北，一說在今河南省浚縣西。舊注謂「紂倉名也。一說：鉅鹿漕運之橋」。㉖鹿臺　古臺名。相傳為殷紂王所築，故址在今河南省湯陰縣朝歌鎮南。舊注謂「紂錢（府），藏府所積也，武王發散以振疲民」。㉗封比干之墓　舊注謂「比干，紂諸父也。諫紂之非，紂殺之。故武王封崇其墓，以旌仁也」。封，聚土築墳。㉘表　即表閭。刻石於里門，表彰其功德。㉙商容　殷人。嘗為紂之大夫，以直諫被貶。舊注謂「殷之賢人，老子師，故表顯其里」。㉚朝成湯之廟　舊注謂「成湯，殷受命之王。言聖人以類相宗」。成湯，商開國之君。契的後代，子姓，名履，又稱天乙。㉛箕子　商紂王的叔父。封國於箕，故稱箕子。紂無道，箕子諫不聽，乃被髮佯狂為奴，為紂所囚。武王滅商，釋箕子之囚，箕子為武王作〈洪範〉，後被封於朝鮮。舊注則謂「箕子，紂之庶兄。《論語》云『箕子為之奴』（見《論語・微子》）。武王伐紂，赦其囚執，問以〈洪範〉，封之於朝鮮也」。事見《尚書・周書》、《尚書・武成》。㉜田　耕種。㉝無故無新　指用人不分新交（如克殷所得之人）或故友（如周之故人）。㉞晏然　安逸的樣子。㉟大矣　原文作「大也」，依劉文典校改。㊱著　記載。舊注謂「猶圖也」。㊲略智　與「博問」相對，猶言廣求其知。略，求取。智，《墨子・經說上》：「智也者，所以知也。」㊳博問　多問。㊴無方　無常。沒有固定的法度。㊵成　周成王。武王之子，名誦，在位三十七年。㊶康　周康王。成王之子，名釗，在位二十六年。成王、康王修禮樂，建文武之業，國家富強，史稱成康之治。㊷非道不言　舊注謂「非聖人之意不敢言」。㊸非義不行　舊注謂「非仁義不敢履行也」。㊹通　淵博。㊺萇弘　春秋周敬王的大夫。孔子嘗就其問樂。舊注謂「周大夫，敬王臣也，號知大（或作天）道」。㊻孟賁　古勇士名。《史記・帝王世家》云：「秦武王好多力之人，齊孟賁之徒並歸焉。孟賁生拔牛角，是為之勇士也。」㊼郊菟　楊樹達釋為「狡兔」。言郊，通「狡」。吳承仕釋郊兔為良馬之名，所謂「草駒」是也。並謂「足躡郊菟者，蓋言孔子善走，奔及良馬也」，亦為一說。㊽力招城關　力舉城門之關。招，舉。關，扃門橫木，類似門閂。舊注謂「招，舉也。以一手招城門關端，能舉之」。《呂氏春秋・慎大覽》嘗云「孔子之勁，舉國門之關，而不肯以力聞」。㊾勇力不聞　舊注謂「人不聞其為勇力也」。㊿伎巧不知　舊注謂「人不知其有伎巧也」。(51)教道　即教導。教誨開導。(52)素王　有帝王之德而未居其位者。(53)春秋　時代名。史書《春秋》記事從魯隱公元年到哀公十四年（西元前七二二～前四八一年），故稱這段時間為春秋時期。這個時期共二百四十二年。(54)采善鉏醜　猶言取善去惡。鉏，同「鋤」。誅除。醜，惡；不好。此句蓋言《春秋》取材和敘事的褒貶原則。(55)王道　指儒家提倡的以仁義治天下。(56)匡　地名。蓋即今河南省長垣縣西南十五里之匡城。孔子離開衛國，準備到陳國去，行經匡地。匡人受過魯人陽貨的掠奪和殘殺，而孔子與陽貨面貌相像，於是匡人包圍、拘禁孔子。孔子嘗云：「文王既沒，文不在茲乎？天之將喪斯文也，後死者不得與於斯文也；天之未喪斯文也，匡人其如予何？」（《論語・子罕》）(57)絃歌　古以琴瑟等樂器配樂誦讀、歌詠古詩稱為絃歌。舊注則謂「匡，宋邑也。今陳留襄邑西匡亭是也。孔子曰：『天生德於予，匡人其如予何！』故顏色不變，絃歌不止也」。(58)犯　舊注謂「猶遭也」。(59)懾　舊注謂「猶懼也」。(60)為師斷　原文無「師」字，依劉台拱校補。《說苑・至公》謂「孔子為魯司寇（孔子嘗為魯定公的司寇。司寇聽獄訟、掌刑獄，所謂正刑明辟），聽獄必師斷」。師斷，謂與眾共商而不獨斷。師，眾。(61)不道鬼神　《論語・述而》：「子不語怪、力、亂、神。」(62)不敢專己　不敢專執己所偏見。此指孔子修《春秋》秉筆直書，所謂實錄而言。(63)有多　與上句「有約」句式同，二「有」均作「又」解。原文此處無「有」字，依王念孫校補。(64)吳起　戰國衛國人。初仕魯，後仕魏，又由魏奔楚，楚悼王用為令尹。吳起在楚執法嚴明，為楚宗室所怨，悼王死，宗室貴戚作亂而攻吳起。吳起跑近悼王之屍而伏，被亂箭射死。[65]張儀　戰國時魏人。縱橫家。曾相秦惠王，以連橫之術說六國，使六國背縱約而共事秦。惠王死，張儀不為秦武王所信任，六國亦復合縱以抗秦。張儀離秦入魏，為魏相一年而卒。文中張儀當為蘇秦，張儀無車裂支解之事。[66]萬乘之君　周制：天子地方千里，出兵車萬乘，故稱天子為萬乘之君。乘，古時一車四馬為乘。[67]車裂支解　古代兩種酷刑。車裂，以車撕裂人體。支解，即「肢解」。分解四肢。[68]巧世　欺世。巧，技也。引申為詐、欺。[69]設行立趣　指君主施政、推行教化。設行，施行；施行其政。立趣，推行教化，樹立風氣。趣，意旨。[70]而必　原文無此二字，依王念孫校補。[71]六反　俞樾謂「即上文所謂『心欲小而志欲大，智欲員而行欲方，能欲多而事欲鮮』也。小與大反，員與方反，多與鮮反，是謂六反」。

【語譯】古代天子主持朝會聽政，有公卿正言勸諫、博士誦讀詩歌以諷諭、瞽師進獻勸戒的話、少師誦讀勸戒的文章、平民的意見被傳達給君主、史官把他的過錯記下來、宰人撤去他的膳食，還認為不足以警戒自己。所以堯設置了敢於進諫而敲擊的鼓、舜設立了用來揭露他的過失而敲擊的木頭、湯設立了檢舉不法的司直、武王設置了警戒自己處事要謹慎的小鼓。即使像一毫一釐那樣小的過錯，也已有了戒備。聖人對於好事，無論多麼小也沒有不做的；他對於過錯，無論多麼輕微也沒有不更改的。堯、舜、禹、湯、文王、武王都很坦然地面朝南方而在天下稱王。在這個時候，吃飯的時候敲打大鼓，撤席的時候演奏〈雍〉樂，吃罷飯後再祭祀灶神。做事不用巫祝祈禱祝告，而鬼神不敢作怪，山河也不會帶來禍患。這種情形可以說很可貴。但是他卻戰戰慄慄，一天比一天謹慎。從這些情況看來，那麼聖人的心思是精細入微的。《詩經》裡說：「就是這個周文王，遇事小心翼翼多思量，明白如何侍奉天帝，招來許多幸福和吉祥。」大概說的就是這樣的事吧！周武王攻破殷商，散發鉅橋倉裡的糧食和鹿臺的錢財。聚土築好比干的墳墓，在里門上刻石表彰商容的功德，朝拜殷商開國君主成湯的宗廟，把箕子從囚禁中釋放出來。使人民各自安心住在自己的家裡，耕種自己的田地。無論是故人，是新交的朋友，誰有德有才就親近誰。用的並不是他原有的東西，使用的也不是他原有的人。使用時自在從容，就像都是他原有的一樣。從這些情況看來，聖人的志向是很大的了。周文王很廣泛地觀察事情成敗的原因，全面地考察是和非是如何產生的。堯、舜之所以昌盛和桀、紂之所以滅亡的原因，都記載在明堂裡。還廣泛地求取知識，多方向人詢問，用來回應事情的千變萬化。從這些看來，那麼聖人的智慧夠圓轉的了。周成王、周康王繼承文王、武王的事業，堅持明堂規定的制度。觀察國家存續或滅亡的跡象，見到成功和失敗的變化，不合於道的話不說，不合於義的事不做。不隨便說話，也不隨便行動，選擇到好的然後才說才做。從這些情況看來，聖人的行為是方正的。孔子的淵博，他的智慧超過萇弘，勇力可以制服孟賁，跑起來可以踩住狡猾的兔子，手的力氣可以舉起門住城門的橫木，他的才能也夠多的了。但是人們卻未聽說過他很有勇力，也不知道他有這麼多的技巧。他只是專門行使教誨開導之事，而成為有德無位的素王。他做的具體事情可以說是很少的了。春秋時期共有二百四十二年，滅亡的國家有五十二個，被臣下弒殺的君主有三十六個。而孔子修《春秋》，採用、肯定美好的事情而除去、貶斥壞的事物，以成就仁義治國的王道。他的論述也夠廣博的了。但是當他被圍困在匡地時，臉色不變，不斷地和著琴瑟之音歌詠詩歌。面臨死亡之地，冒著災難、禍患臨頭的危險，卻依恃大義、實踐正理而志意不害怕屈服。他對事理的分辨是很明白的。但是他在做魯國的司寇時，聽理訴訟總是一定要和眾人商議共同決斷。他寫作《春秋》，不說鬼神方面的事，不敢專一堅持自己的觀點。聖人的智慧，本來已經很多，而他所堅守的又很簡約，所以他興辦的事業總是欣欣向榮。愚鈍之人的智慧，本來就很少，而他所做的事情又很多，所以一行動就必定困窘難行。吳起、張儀，他們的智慧不如孔子、墨子，卻和擁有萬乘兵車的君王鬥爭，這就是他們被車裂、被肢解的原因。用正道教化民眾，是很容易而且一定會成功的；用不正當的辦法來欺騙世人，是很困難而且一定會失敗的。凡是將要在天下施行政事、推行教化的人，如果捨棄容易而且一定會成功的做法，而採用困難而且一定會失敗的辦法，那是他的愚鈍、惑亂所造成的。所以這六個兩兩相反的特點不能不考察清楚。

偏知萬物而不知人道❶，不可謂智。偏愛群生而不愛人類，不可謂仁。仁者，愛其類也；智者，不可惑也。仁者雖在斷割❷之中，其不忍之色❸可見也。智者，雖煩難❹之事，其不闇之效❺可見也。內恕反情❻，心之所不❼欲，其不加諸人，由近知遠，由己知人，此仁智之所合而行也。小有教而大有存也❽，小有誅而大有寧也❾。唯惻隱❿推而行之，此智者之所獨斷⓫也。故仁智有時⓬錯⓭，有時合。合者為正，錯者為權⓮，其義⓯一也。

【章旨】這一章說明「智」的特點是不單「偏知萬物」還要「知人道」；「仁」的特點是不單「偏愛群生」還要「愛人類」。還說到「仁者」、「智者」的特點，以及仁智相合、相錯（不合）時所出現的情況。

【注釋】❶人道　指人事、人倫、為人之道。或謂人類的社會道德規範。道在自然界者謂之天道，在人間社會者謂之人道。黃老道學認為人道是效法天道的。❷斷割　即割斷、割絕。此處指割絕私情。或謂斷案而施以刑罰。❸不忍之色　舊注謂「不忍智（智字疑衍）斷割之色見於顏色也」。原文上有「所」字，依楊樹達校刪。❹煩難　繁雜不易。❺不闇之效　不愚昧的效驗。❻內恕反情　謂內心恕（寬容）人而能返歸人的天性。❼不　原文無此字，依楊樹達校補。❽小有教句　舊注謂「小教之以正，故大有存也」。❾小有誅句　舊注謂「小責之以義，故大有寧也。非正則不存，非義則不寧」。❿惻隱　同情。⓫獨斷　獨自決斷。⓬有時　原文無此二字，依王念孫校補。⓭錯　不合。⓮權　權謀；隨機應變的謀略。⓯義　理；道理。

【語譯】對萬物的活動規律全都了解卻不知道人類社會的道德規範，這不能稱為智。對各種生物全都愛護卻不愛護人類，這不能稱為仁。所謂「仁」，就是愛護他的同類；所謂「智」，就是不產生疑惑。具備仁的品性的人，即使在割斷私情的時候，他那種不忍心割斷的臉色總是可以看得出來。具備智慧的人，即使是處理繁雜不易解決的事情，他不愚昧的效驗也可以見得到。內心能寬容人而返回到人的天性。自己心中所不想做的事，他便不強加到他人身上。從近處的事情推知遠處的事情，從自己而了解他人。這是仁智相合而行。在小的方面能用正道加以教誨，就會使大的東西能夠存在；在小的方面能用大義來提出要求，就能在大的方面得到安寧。只是本著同情之心來辦事情。這就是有智慧的人的獨自決斷。所以仁和智有時不合，有時會合在一起。合在一起就是正道，不合就是權謀，兩種情形的道理是一樣的。

府史❶守法，君子制義❷。法而無義，亦府史也，不足以為政。耕之為事也勞，織之為事也擾❸。擾勞之事而民不舍者，知其可以衣食也。人之情❹不能無衣食，衣食之道❺必始於耕織，萬民之所公❻見也。物之若耕織者，始初甚勞，終必利也❼。物之可備者眾，愚人之所備❽者寡；事之❾可權者多，愚人❿之所權者少，此愚者之所以⓫多患也。物之可備者，智者盡備之；可權者，盡權之，此智者所以寡患也。故智者先忤⓬而後合，愚者始於樂而終於哀。今日何為而榮⓭乎？旦日⓮何為而義⓯乎？此易言也。今日何為而義？旦日何為而榮？此難知也。問瞽師⓰曰：「白素⓱何如？」曰：「縞然⓲。」曰：「黑何若？」曰：「黮然⓳。」援白黑而示之，則不處⓴焉。人之視白黑以目，言白黑以口。瞽師有以言白黑，無以知白黑，故言白黑與人同，其別白黑與人異。入孝於親，出忠於君，無愚智、賢不肖皆知其為義也，使陳忠孝行㉑而知所出者，鮮矣。凡人思慮，莫不先以為可而後行之，其是或非，此愚智之所以異。

【章　旨】這一章仍講智者、愚者的特點，及其不同之處，大致包含兩層意思。一是舉例說明物之可備者眾，事之可權者多，但愚人卻「所備者寡」、「所權者少」，故其「多患」、「始於樂而終於哀」。智者不然，物之可備者，「盡備之」；可權者，「盡權之」，故其「寡患」、「先忤而後合」。二是以瞽師辨色只能口說白黑而不能實際辨別白黑為例，說明凡人思慮，「莫不先以為可而後行之」，而所行之事的是或非正反映出人的智和愚。由此可見，作者判斷愚和智，是以客觀事物的是非作標準的。

【注　釋】❶府史　收藏財物、文書之處為府；史為掌書者，猶書記者。原文作「府吏」，依孫詒讓校改。下句「府史」，原文亦作「府吏」。❷制義　制斷事宜。指裁斷事理合宜。制，裁斷。義，宜。❸擾　煩擾。❹人之情　指人之實情。❺衣食之道　此處指謀取衣食的途徑。❻公　共同。❼利也　原文下有「眾」字，依俞樾校刪。而下句「物之可備者眾」，原文無此句，依俞樾校補。❽所備　原文作「所見」，依俞樾校改。❾之　原文無此字，依俞樾校補。❿人　原文無此字，依俞樾校補。⓫以　原文無此字，依俞樾校補。⓬忤　違反；抵觸。⓭榮　茂盛；興旺。⓮旦日　即明日。⓯義　斷割為義。在此可作衰敗解。⓰瞽師　目盲之樂師。⓱白素　白色的絲綢。⓲縞然　白色的樣子。縞，細白生絹。⓳黮然　黑色的樣子。⓴處　決斷；分辨。㉑陳忠孝行　此承上句而言，謂「無愚智、賢不肖」之能陳說忠孝行為者。陳，陳述。或謂作「列」解，「陳忠孝行」即有忠孝行為者。

【語　譯】府史恪守法律條文，君子裁決事理恰當。恪守法律條文而裁決事理不當，也還是只能做一個府史，不能夠讓他處理政事。耕種田地這件事十分辛勞，紡織這件事十分煩擾。這樣煩擾、辛勞之事農民並不會放下不做，是他們知道耕作、紡織可以解決穿衣、吃飯的問題。人的實際情況是不能沒有衣裳和食物，而謀取衣食的方法必然要從耕種紡織開始。這是萬民所共同看見的。事物就像耕田織布一樣，剛開始的時候很辛勞，但最終一定會得到利益。事物中可以加以防備的很多，但愚鈍的人具備得少；事情中可以謀劃而辦好的很多，但愚鈍的人所謀劃的事情少，這就是愚鈍的人之所以多禍患的原因。事物中可以加以防備的，聰明的人全都加以防備；事情中可以謀劃而辦好的，聰明的人全都加以謀劃而將它們做好，這就是聰明人之所以禍患少的原因。所以聰明人做事，總是先有些抵觸不順，而後來便圓滿成功；愚鈍的人總是開始快樂而結束悲哀。今天為什麼而興旺呢？明天又為什麼而衰敗呢？這是很容易說明白的。今天為什麼會衰敗？而明天又為什麼會興旺？這就難以明白了。如果問瞎眼的樂師，說：「白色的絲綢是什麼樣子？」他回答說：「是白色的。」又問他：「黑色的絲綢是什麼樣的？」他回答說：「是黑色的。」但拿過白色絲綢和黑色絲綢給他看，他卻分辨不清哪是白的，哪是黑的。人們用眼睛分辨白色黑色，用嘴巴說明白色黑色。瞎眼的樂師有口可以說明白和黑，但卻沒有視力分辨哪是白的、哪是黑的。所以他說明白和黑與正常人說的相同，但他對白和黑的區別卻與正常人的區別不同。在家孝順父母，出門對君王盡忠，無論是愚鈍、聰明、賢良和不賢的人都知道這樣做是適宜的。但是在那些有忠孝行為的人當中，能知道為什麼要有忠孝行為的，那就太少了。人們凡是思索考慮問題，沒有誰不是先認為是對的，然後才去做那件事，而那件事究竟是正確的或者是不對的，這正反映出愚鈍之人和聰明人的不同。

凡人之性，莫貴於仁，莫急❶於智。仁以為質❷，智以行之。兩者為本，而加之以勇力、辯慧❸、捷疾❹、劬錄❺，巧敏犀利❻、聰明、審察❼，盡眾益也。身材❽未脩，伎藝曲備❾，而無仁智以為表幹❿，而加之以眾美，則益其損。故不仁而有勇力果敢，則狂⓫而操利劍。不智而辯慧、懁給，則乘驥而或⓬。雖有材能，其施之不當，其處之不宜，適足以輔偽飾非。伎藝之眾，不如其寡也。故有野⓭心者，不可借便勢⓮；有愚質者，不可與利器⓯。

【章　旨】這一章論仁智在人的情性中的相互關係和它們的重要作用。兩者關係是「仁以為質，智以行之」。講重要性則謂若以「兩者為本」，加之以勇力等其他特長，皆為有益。若無仁智作表幹，雖加之以眾美，只能增添對性情的損害。故說不仁、不智而有其他專長，均不足以成事。並由此推言：「有野心者，不可借便勢；有愚質者，不可與利器」。再次表明文中論愚論智皆就帝王而發。

【注釋】❶急　急切。❷質　本體；實體。或釋為「原則」，亦通。❸辯慧　口有辯才。❹捷疾　迅速；敏捷。❺劬錄　辛苦勞累。劬，辛勤。錄，與「勞」為雙聲假借字，義亦同勞。❻犀利　原文作「遲利」，依王念孫校改。❼審察　猶言明察。❽身材　才能。❾曲備　皆備；盡備。❿表幹　正幹；主幹。⓫狂　舊注謂「猶亂也」。⓬不智而辯慧二句　舊注謂「不智之人，辯慧、懷（當為懁）給，不知所裁之，猶棄（當為乘）驥而或，不知所詣也。懷（當為懁），佞也」。懁給，口才伶俐，能言善辯。懁，佞；花言巧語。原文作「懷」，依王念孫校改。乘驥而或，謂騎馬而生疑惑，不知走向何處。或，通「惑」。原文作「棄驥而不式」，依王念孫校改。⓭野　外。⓮便勢　有利的形勢。⓯利器　指治國之權。即帝王之權柄。

【語譯】在人的情性中，沒有比仁更可貴的，沒有比智更切要的。人以仁愛為原則，用智慧來實踐。用仁和智作為根本，而加上勇氣、力量、口有辯才、行動迅速、辛勤勞累、靈巧敏捷、器物犀利、耳聰目明、察看清楚，就能充分發揮它們的好處。如果對自己的才能不加以修治，又具備了所有的技藝，卻沒有仁和智作為主幹，而加上眾多的長處，那就會增大他的損失。所以不具備仁而有勇氣、力量且能當機立斷、敢作敢為的人，就像一個神志狂亂而手握利劍的人一樣。沒有智慧而口有辯才、善於花言巧語，就像一個騎馬而不知走向何處的人一樣。這些人雖然有才能，但施行的方法不恰當，應用的地方不適宜，恰好能夠用來輔助虛偽掩飾錯誤。像這樣技藝很多，還不如少一點好。所以心性放縱的人，不能提供他們便利的形勢；具有愚鈍特質的人，不能給他們治國的權柄。

魚得水而游焉則樂，塘決水涸，則為螻蟻所食。有掌❶脩其隄防，補其缺漏，則魚得而利之。國有以存，人有以生❷。國之所以存者，仁義是也；人之所以生者，行善是也。國無義，雖大必亡❸；人無善志❹，雖勇必傷❺。治國非上使不得與焉❻。孝於父母，弟❼於兄嫂，信於朋友，不得上令而可得為也。釋❽己之所得為，而責❾於其所不得制❿，悖矣！士處卑隱⓫，欲上達⓬，必先反諸己⓭。上達有道：名譽不起，而不能上達矣。取譽有道：不信於友，不能得譽。信於友有道：事親不說，不信於友⓮。說親有道：脩身⓯不誠，不能事親矣。誠身⓰有道：心不專一，不能誠身⓱。道在易而求之難⓲，驗在近而求之遠，故弗得也⓳。

【章　旨】這一章先以魚得水則樂、失水則為螻蟻所食為喻，說明國家的生存離不開仁義和人的生存離不開「行善」。「國無義，雖大必亡；人無善志，雖勇必傷」。然後著重講士人如何「行善」。總的說法是「治國非上使不得與焉」，而「孝於父母，弟於兄嫂，信於朋友，不得上令而可得為也」。並具體介紹了士人「上達」之道、「取譽」之道、「信於友」之道、「說親」之道和「誠身」之道。可見本章強調的是士人「反諸己」的修養之功。

【注　釋】❶掌　主管。❷國有以存二句　實為發端起下之語。舊注則謂「國有人存（當作『國存人生』）若魚得水也。國厚（當作『存』）故人道（當為『遂』）生也」。❸雖大必亡　舊注謂「桀、紂是也」。❹善志　美好的志向。❺雖勇必傷　舊注謂「《論語》曰：『勇而無禮則亂。』（見〈泰伯〉）亂則傷也」。❻治國非上使句　俞樾謂「治國之事，非上使我為之，我不得與焉」。非，原文無此字，依俞樾校補。上使，君上所使。❼弟　同「悌」。弟弟順從兄嫂為弟。❽釋　放棄。❾責　要求。❿制　制約；支配。⓫卑隱　指隱蔽不顯之處。⓬上達　上進。一說指通達仁義（或德義）。本為上，指仁義。⓭反諸己　與「反躬」義同，謂反求諸己。即反過來要求自己。⓮事親不說二句　舊注謂「不能說親，朋友不信之也」。事親，侍奉父母。說，同「悅」。⓯脩身　修養身心。⓰誠身　求身以誠。⓱誠身　原文作「專誠」，依王念孫校改。⓲道在易句　舊注謂「易，謂反己，先脩其本也。不脩其本，而欲得說親、誠身之名，皆難也，故曰道在易而求之難」。⓳驗在近二句　舊注謂「驗，效也。近謂本，遠謂末也。故不能得之也」。

【語譯】魚得到水而游動就會感到快樂，如果水塘決口而乾了，魚就會被螻蛄和螞蟻吃掉。有人來主持修復隄防，補好缺口漏洞，魚就會得到益處。(和魚一樣)國家有賴以生存的要素，人也有賴以生存的要素。使國家得以生存的，就是仁義；使人能夠生存的，就是做好事。國家不講「義」，即使是大國也必定會滅亡；人沒有好的志向，即使很勇敢也一定會受到傷害。治理國家的事，若不是君主派遣，你是不能參與的。但孝敬父母，順從兄嫂，對朋友講信用，則不需要君主吩咐就可以做。放棄自己能做的事不做，而要求做自己不能做的事，這就違背常理了！士人處在隱蔽卑下的地位而想上進，一定先要對自己提出要求。上進是有方法的：聲名沒有建立，是不能上進的。獲得聲名是有方法的：得不到朋友的信任，是不能獲得聲名的。得到朋友的信任是有方法的：侍奉父母而不能使他們高興，是不能獲得朋友信任的。使雙親高興是有方法的：修養身心而無誠意，是不能侍奉好父母的。真誠修養身心是有方法的：心不能專一於身心的修養，是不能真誠地修養的。方法就在修養自己根本的德性等容易做到的地方，可是卻到困難的地方去追求；效驗就在近處，可是卻到很遠的地方去尋求，所以得不到。

卷一〇

繆稱

【題解】〈繆稱〉可謂道德仁義之散論。本書〈要略〉言其「破碎道德之論、差次仁義之分、略雜人間之事，總同乎神明之德。假象取耦，以相譬喻；斷短為節，以應小具」，準確地概括出本卷內容和表現形式上的特點。由於寫法上「假象取耦」、「斷短為節」，因而文中系統論述者少，片斷議論者多。三言兩語，即作一論。乍出乍入，不乏格言警句。梳理整合，本卷論道德仁義，主要談到道德仁義的特點及相互關係、君主治國之道和君子修身、為人之道三個問題。

道至高無上，至深無下，平乎準❶，直乎繩❷，圓乎規❸，方乎矩❹，包裹宇宙而無表裡，洞同❺覆載❻而無所礙❼。是故體道❽者，不哀不樂，不喜不怒，其坐無慮，其寢無夢❾，物來而名，事來而應。

主者❿國之心。心治⓫則百節⓬皆安，心擾則百節皆亂。故其心治者，支體相遺⑬也；其國治者，君臣相忘⑭也。黃帝曰：「芒芒⑮昧昧⑯，從天之威⑰，與元⑱同氣。」故至德⑲者，言同略⑳，事同指㉑，上下一心，無岐道旁見㉒者，遏障㉓之於邪，開道㉔之於善，而民鄉方㉕矣。故《易》曰：「同人於野，利涉大川㉖。」

【章　旨】這一章先由道的「至高」、「至深」、平、直、圓、方等特質說到「體道者」「不哀不樂」、「其坐無慮」、「物來而名」等等特點。然後以心為人身百節之主比喻人主和國家的關係，謂「主者國之心」。而國家治理得好，君臣就會各得其所。而有「至德」之君，執政言之則要略同，行事則指歸無異；上下同心，塞邪導善，故能使民眾走入正道。本章語句多出自《文子・符言》。

【注　釋】❶準　測量水平的儀器。❷繩　木工取直所用的墨線。❸規　畫圓形的工具。❹矩　畫方形的工具。❺洞同　猶言混同。洞，通暢；透徹。❻覆載　覆蓋、承載。❼礙　牽阻；阻礙。舊注謂「挂也」，即牽阻之義。❽體道　以身行道。體，身體力行。❾㝱　「夢」的本字。❿主者　指為君主者。⓫治　治理。⓬百節　本指人的眾多骨節。比喻眾事。⓭遺　忘。⓮君臣相忘　謂君臣各得其所，渾然自在。忘，指忘其統治、臣服之地位。⓯芒芒　廣大之貌。⓰昧昧　純厚之貌。⓱威　德。原文作「道」，依王念孫校改。⓲元　元氣；氣之始。⓳至德　指至德之君。或謂至德之世。⓴略　要；要旨。㉑指　指歸。上二句均指君主言。㉒岐道旁見　猶言岔路旁現，指出現不同的主張。一說「旁見」為偏見。㉓遏障　阻遏隔斷。㉔開道　即開導。啟發誘導。㉕鄉方　即向方。趨向正道。方，道。㉖同人於野二句　舊注謂「言能同人道（當為遠）至於野，則可以濟大川。大川，大難也」。案：上二句為《周易・同人》卦辭。原文為「同人於野。亨。利涉大川。利君子貞」。《易》正義謂「野是廣遠之處……言和同於人，必須寬廣，無所不同，用心無私，處非近狹，遠至於野，乃得亨進。故云同人於野，亨。與人同心，足以涉難，故曰利涉大川也」。一說同人為「聚眾」義。

【語　譯】道是至高無上、至深無下的，它比水平儀量出來的平面還平，比墨線畫出來的直線還直，比圓規畫出來的圓形還圓，比矩畫出來的方形還方。它把宇宙包裹起來而沒有裡外的分別，它與宇宙混同而又覆蓋、承載萬物而沒有阻礙。所以依道而實踐的人，不哀傷不快樂，不歡喜不憤怒；他坐著的時候無所考慮，睡著的時候不會做夢；事物出現了給它一個名稱，事情發生了就加以處理。

君主是國家的心。心治理得好那這個人全身的骨節都會安定，心受到煩擾那全身的骨節都會不安定。所以心治理得好的人，他的肢體各自安好而不會相互牽制；國家治理得好的，君臣之間各得其所，渾然自在。黃帝說：「多麼地廣大、純厚哇！我們順從天德，和元氣同氣。」所以具有至高之德的君主說的話要旨相同，做的事指歸相同。在他們的治理下，君臣上下一心，沒有不同的主張出現，把邪道阻遏隔斷，對於善道加以啟發誘導，而民眾便會奔向正道了。所以《周易》上說：「和人們同心到達遼遠的野外，就有利於渡過大河。」

道者，物之所導❶也；德者，性之所扶❷也；仁者，積恩之見證❸也；義者，比❹於人心而合於眾適❺者也。故道滅而德用，德衰而仁義生❻。故上世❼體道而不德❽，中世守德而弗懷❾也，末世繩繩❿乎唯恐失仁義。君子非⓫義無以生，失⓬義則失其所以生；小人非嗜欲無以活，失嗜欲則失其所以活；故君子懼失義⓭，小人懼失利。觀其所懼，知各殊矣。

【章旨】這一章一對道、德、仁、義作解釋；二論道德仁義的消長關係，所謂「道滅而德用，德衰而仁義生」；三述上世體道，中世守德，末世唯恐失仁義，以見道德可貴；四說君子重義，小人重利。

【注釋】❶導　引導。道為萬物運行的普遍規律，故稱其為「物之所導（引到某一路向，即遵循一定的規律）」。❷扶　扶持。德本通於道，所謂「德之中有道，道之中有德」（《文子・微明》）。有時道指萬物的普遍規律，而道在具體事物中的體現被稱為德，所謂「得其天性謂之德」（《文子・上禮》），故言德為物「性之所扶」。❸見證　明顯的效驗。❹比　從；和順。❺眾

適　眾人之所適。❻故道滅而德用二句　本於《老子》「失道而後德，失德而後仁，失仁而後義，失義而後禮」。❼上世　指上古時代。❽不德　不用德。❾懷　懷來；招來。俞樾謂「懷即懷來之懷，言中世（中古時代）守德，未知仁義之為美，猶無意乎懷來之也」。原文作「壞」，依俞樾校改。❿繩繩　小心戒慎的樣子。⓫非　原文下有「仁」字，依王念孫校刪。⓬失　原文下有「仁」字，依王念孫校刪。⓭失義　原文作「失仁義」，「仁」字依王念孫校刪。

【語　譯】道，是萬物運行所遵循的至高原理；德，是萬物生命的扶持者；仁，是恩惠累積的明顯效驗；義，是順從人心而符合眾人要求的行為。所以道消亡後而德為人所用，德衰亡後仁義便產生了。所以上古時代的君主是依道治政而不用德的，中古時代的君主堅持用德治政而無意招來民眾，衰落時代的君主則小心戒慎唯恐治政中失去了仁義。君子的行為不合乎義就無法生存，失去了義，也就失去了他生活的目標；小人沒有嗜欲就無法生存，失去了嗜欲也就失去了他生活的目標。所以君子害怕失去義，小人害怕失去利。看看他們所擔心的內容，就知道各人是不同的了。

《易》曰：「即鹿無虞，惟入於林中，君子幾不如舍，往吝❶。」其施厚者其報美，其怨大者其禍深。薄施而厚望、畜怨而無患者古今未之有也。是故聖人察其所以往，則知其所以來者。聖人之道，猶中衢❷而致尊❸邪？過者❹斟酌❺，多少不同，各得其所宜。是故得一人，所以得百人也❻。人以其所願於上以交其下，誰弗戴❼？以其所欲於下以事其上，誰弗喜？《詩》云：「媚茲一人，應侯慎德❽。」慎德大矣，一人小矣。能善小，斯❾能善大矣。

【章　旨】這一章先論為政的因果關係，即「其施厚者其報美，其怨大者其禍深」，所以察聖人往日之表現就可知他來日之遭遇。繼而說「聖人之道」貴在使人「各得其所宜」。並從分析一般人心理及推己及人的道理，論及聖人順從人心以得到人們擁護的重大意義。

【注　釋】❶即鹿無虞四句　為《易・屯卦》六三（第三爻）爻辭。舊注謂「就民欺之，即入林中，幾終不如舍之，使之不終，如其吝也」。即鹿無虞，謂接近鹿不可採取欺騙手段。舊注謂「即，就也。鹿以諭民。虞，欺也」。幾不如舍，謂終不如捨之。幾，終。往吝，謂吝於往。吝惜於往，即難於前往或不往。❷中衢　道路交會之處。衢，舊注謂「道六通謂之衢」。❸致尊　設置酒器。致，通「置」。尊，同「樽」。酒器。❹過者　指從「中衢」經過的人。❺斟酌　酌酒。細言則篩酒不滿叫斟，深叫酌。❻是故得一人二句　舊注謂「一人來得其心，百人來亦得其心」。❼戴　愛戴。❽媚茲一人二句　出自《詩經・大雅・下武》。媚茲一人，謂愛戴這一人。媚，喜愛；愛戴。一人，原詩指周成王。應，當。侯，乃。一說應侯為周武王之子。慎德，順從其德。❾斯　連詞。相當於那麼、就。

【語　譯】《周易》上說：「接近鹿不可用欺騙的手段，想要進入山林，君子最後不如放棄這種打算，不去好了。」一個人給予他人的恩惠多，得到的報償就美好；招致的怨恨深，遭到的禍患就大。給予人的恩惠少而希望得到很大的報償、積蓄他人對自己的怨恨而沒有禍患，這是古今未曾有過的事。因此對聖人來說，觀察他往日的作為，就知道他來日會怎麼樣。聖人的處事之道，就像在道路的交會處放置酒杯讓人飲酒吧？過路的人把酒倒進杯中，分量不同，按各人的酒量而得到適量的酒。所以得到一人之心，就可用來得到百人之心。一個人用他對在上位者的要求來對待在下位的人，那麼在下位的人誰不愛戴他？一個人用他對在下位者的要求來對待在上位的人，那麼在上位者誰不喜歡他？《詩經》上說：「愛戴這一個人，應當是順從他的德政。」順從他的德政是一件大事，愛戴一個人是小事。但能在受擁戴方面做好，才能讓百姓順從他的德政。

君子見過忘罰，故能諫；見賢忘賤，故能讓；見不足忘貧，故能施。情繫於中，行形❶於外。凡行戴情❷，雖過❸無怨；不戴其情，雖忠來❹惡❺。后稷❻廣利天下，猶不自矜❼。禹無廢功❽，無廢財❾，自視猶觖如❿也。滿如陷⓫，實如虛，盡之者也。

凡人各賢⓬其所說⓭，而說其所快⓮。世莫不舉賢⓯，或以治，或以亂。非自遁⓰，求同乎己者也。己未必賢⓱，而求與己同者，而欲得賢，亦不幾⓲矣！使堯度舜則可，使桀度堯，是猶以升量石也。今謂狐狸⓳，則必不知狐，又不知狸。非未嘗見狐者，必未嘗見狸也。狐、狸非異，同類也，而謂狐狸，則不知狐、狸。是故謂不肖⓴者賢，則必不知賢；謂賢者不肖，則必不知不肖者矣。

【章旨】這一章有兩層意思。一講君子「情繫於中，行形於外」，凡形戴情皆能成事：能見過忘罰而諫，見賢忘賤而讓等等。並謂后稷廣利天下而不自矜，禹無廢功、廢財而自視猶不滿意，皆因情繫心中。二講君主舉賢而以「求與己同者」為原則，未必真能舉賢，因為「己未必賢」。己不賢必以不肖者為賢，那他必定不知道真正的賢人是誰。

【注釋】❶形 表現。❷戴情 有誠意。或謂充滿誠意。戴，通「載」。情，誠。❸過 指過失。❹來 招來。❺惡 討厭。❻后稷 名棄。周的先祖，傳為舜的農官。❼自矜 自我誇耀。❽廢功 敗壞事功。❾廢財 廢棄有才之士。財，同「才」。❿觖如 觖然。不滿的樣子。⓫陷 少；短缺。⓬賢 善。動詞。意謂認為是好的。下文諸「賢」則指賢人。⓭所說 所喜歡的人。說，同「悅」。⓮所快 指使人感到通暢順爽的行為，係「所說」所為。⓯莫不舉賢 《群書治要》所引本文舊注謂「人無不舉與己同者，以為賢也」。⓰自遁 自欺。舊注謂「遁，欺」。一謂「遁，失」。⓱賢 原文上有「得」字，依王念孫校刪。⓲幾　近；接近。⓳狐狸　狐和狸。二獸名，後以狐狸單指狐。狐，形似狗而瘦，體長四、五尺，毛色黃赤，口吻尖突，耳呈三角形，四肢細，尾長。狸似狐而小，身肥而短。⓴不肖　不賢。

【語　譯】君子見到君主的過錯而沒想到受懲罰，所以能規勸君主；君子見到賢人的才德而未想到他的卑賤，所以能讓位給他；君子見到他人衣食不夠而忘記自己貧窮，所以能把僅有的財物施捨給人。一個人心懷誠意，就會有行動表現在外面。凡是行動而有誠意，即使有了過失也不會招來怨恨；如果沒有誠意，即使盡心竭力也會招來人的厭惡。后稷為天下人民帶來很大的利益，還是不自我誇耀。禹沒有敗壞事功，沒有廢棄人才，他對自己還是不滿。把充滿看得和欠缺一樣，把充實看得和虛空一樣，才能充分發揮能力。

人們都各自認為自己所喜歡的人是好的，而喜愛使自己感到痛快的行為。世上君主沒有不舉用賢人的，結果有的用他們把國家治理好了，有的卻使國家動亂不已。這不是君主自我欺騙，而是他總是用和自己相同的人。自己不一定就是有才德的賢人，而求用和自己相同的人，卻想要得到賢人，那恐怕不能達到目的吧！讓唐堯來衡量虞舜是可以的，而讓夏桀來衡量唐堯，就像用升來量石。現在說狐狸的人，一定不知道什麼是狐，又不知道什麼是狸。他不是未曾見過狐，就一定是未曾見過狸。狐、狸沒有太大的差異，是同類野獸，而說狐狸，那就說明他不知道什麼是狐、什麼是狸。所以把不賢之人稱為賢人，他一定不知道什麼是賢人；把賢人當作不賢之人，他一定不知道什麼是不賢之人。

聖人在上，則民樂其治；在下，則民慕❶其意❷。小人在上位，如寢關❸、曝纊❹，不得須臾寧。故《易》曰：「乘馬班如，泣血漣如❺。」言小人處非其位，不可長也。

物莫無所❻用。天雄❼、烏喙❽，藥之凶毒❾也，良醫以活人。侏儒❿、瞽師⓫，人之困慰⑫者也，人主以備樂。是故聖人制其剟材⑬，無所不用矣。

勇士一呼，三軍⑭皆辟⑮，其出之也誠。故倡而不和，意而不戴，中心必有不合者也⑯。故舜不降席而匡⑰天下者，求諸己⑱也。故上多故⑲則民多詐矣。身曲而景直者，未之聞也。說⑳之所不至者，容貌至焉㉑。容貌之所不至者，感忽㉒至焉。感乎心，明乎智，發而成形，精㉓之至也。可以形勢㉔接，而不可以照誋㉕。

【章旨】這一章有三層意思。一說聖人居於上位則民樂其治，小人居於上位則民不得安寧。二說聖人能鑑別「剟材」之才而「無所不用」。三說聖人治國要以誠待人，要「求諸己」。「上多故則民多詐」，欲得影直必須身不曲。還說人之動人有三種境界，即說之以言、以「容貌」感化、以精誠動人。而後者是不用明言告誡的。

【注釋】❶慕　敬仰。❷意　志向。❸寢關　臥於關口。關口為稽查行旅處，臥於關口自不得安然。舊注謂「寢（下脫「關」字）謂臥關上之不安」。馬宗霍則謂關為墓門，言「墓門非可寢之地，寢於墓門，則近死之身也」。❹曝纊　即曬繭。舊注謂「纊，繭也。曝繭，蛹動搖不休，死乃止也」。馬宗霍則謂曝為「暴」之俗字，意為置。曝纊，即「屬（置）纊」。今從舊注。❺乘馬班如二句　為《周易・屯卦》上六（第六爻）爻辭，本寫劫奪婚事，謂一女子被劫，她不願意，哭得非常悲慘。舊注謂「諭乘馬班如，難也，故有泣血之憂」。班如，回旋不進的樣子。班，同「旋」。泣血漣如，謂淚盡而流血，血淚不斷地流。漣如，水面泛起微波的樣子。❻無所　原文下有「不」字，依楊樹達校刪。❼天雄　藥名。有毒。《本草綱目・十七下・天雄》：「天雄乃種附子而生出或變出，其形長而不生子，故曰天雄。其長而尖者謂之天錐，象形也。」❽烏喙　藥名。又名烏頭、土附子、奚毒。莖、葉、根均有毒。❾凶毒　惡毒；劇毒。❿侏儒　藝人；優伶。或謂單指身材矮小的雜伎藝人。⓫瞽師　盲人樂師。⓬困慰　困怨、困病。困，悴（悲傷）於心。慰，怨。⓭制其剟材　謂對「剟材」之才加以鑑別、裁斷。剟材，短材。指才能較低下者。劙，短。⓮三軍　指眾軍。周代兵制以一萬二千五百人為軍。⓯辟　同「僻」。避。⓰意而不戴二句　王念孫謂「言上有意而不行於下者，誠不足以動之也」。洪頤煊亦云「『意而不戴』，謂上有意，民不載而行之，是必中心之不合也」。戴，通「載」。行。⓱匡　正。原文作「王」，依王念孫校改。⓲求諸己　指正己之行、正己之心。因為正己方能正人、正天下，故云。⓳故　巧。⓴說　指言說之教。㉑容貌至焉　舊注謂「說之粗，不如容貌精微入人深也」。㉒感忽　倏忽之間。句中指精誠之感倏忽之間產生、完成。王念孫謂「感忽者，精誠之動人者也」。㉓精　精誠。㉔形勢　指人的形體。㉕照詔　告誡。照，意亦同「詔」。告。詔，誡。

【語　譯】聖人如果處在君主的地位，老百姓就會樂於接受他的管理；如果處在卑下的地位，老百姓就會仰慕他的志向。小人如果處在君主的地位，老百姓就像臥在關口、又像被曝曬的蠶蛹，得不到片刻的安寧，所以《周易》上說：「騎著馬回旋而不前進，血淚濟濟如同水流。」這是說小人處在他不適當的地位，是不可能長久的。

萬物中沒有一種東西是沒有用處的。天雄、烏喙是藥物中毒性很強的，但高明的醫生卻用它們救活人命。矮個子藝人、盲人樂師，是人類中悲怨的人，但君主卻利用他們來娛樂。所以聖人能鑑別出才智低下者的才能，沒有一個不加以任用的。

勇士一聲呼叫，三軍全都躲避起來，這是因為他的聲音出自真心誠意。所以君主倡導而無人響應，有意圖而民眾卻不行動，君主的心中一定有與民眾意願不合的地方。所以虞舜不離開坐席而能匡正天下的原因，是他能要求自己言行端正。所以君主多施智巧，老百姓就會多欺詐。身體彎曲而影子直立的情況，沒有聽說過。用言語之教所達不到的境地，可以用容貌表情去達到。用容貌表情所達不到的境地，精誠感化卻能在倏忽之間達到。心有所感通，智有所明白，兩者表現為具體的形象，精誠也就具備了。精誠產生後只能用形體去承接，而不能加以告誡。

戎、翟❶之馬，皆可以馳驅，或近或遠，唯造父能盡其力；三苗❷之民，皆可使忠信，或賢或不肖，唯唐、虞❸能齊❹其美，必有不傳❺者。中行繆伯❻手搏虎而不能生也，蓋力優❼而德❽不能服❾也。用百人之所能，則得百人之力；舉千人之所愛，則得千人之心。辟若伐樹而引❿其本，千枝萬葉則莫得弗從也。

慈父之愛子，非為報也，不可內解於心⓫；聖人之養民⓬，非求用也，性不能已。若火之自熱、冰之自寒，夫有⓭何脩焉？及恃其力、賴其功者，若失火舟中⓮。故君子見始，斯⓯知終矣。媒妁⓰譽人，而莫之德⓱也；取庸⓲而強⓳飯之，莫之愛也。雖親父慈母不加於此⓴，有以為，則恩不接矣。故送往者，非所以迎來㉑也，施㉒死者非專為生也。誠出於己，則所動者遠矣。

錦繡登㉓廟，貴文㉔也；圭璋㉕在前，尚質㉖也。文不勝質，之㉗謂君子。故終年為車，無三寸之鎋㉘，不可以驅馳；匠人斲戶，無一尺之楗㉙，不可以閉藏㉚。故君子行期乎其所結㉛。

【章　旨】這一章有三層意思。一由只有造父能盡馬之力、唯有唐虞能化三苗之民，其中必有不可傳授的奧妙，論及得百人之力的奧妙在於用百人之能，得千人之心的奧妙在於舉千人之所愛。二由慈父愛子、聖人養民的出自自然；由父對子、君對民想「恃其力、賴其功」而愛之養之，如同舟中失火，同心相救而互不為惠；並由媒妁譽人、取庸而強飯之非德非愛，論及人與人之間不可「有以為」，而「誠出於己，則所動者遠」。三由「文不勝質，之謂君子」，論及君子行事必期其所終。

【注　釋】❶戎翟　戎為我國古代西部少數民族的統稱。翟，通「狄」。我國古代北方的一個少數民族。❷三苗　古代部族名。原在洞庭湖、彭蠡湖一帶，後虞舜「竄（安置）三苗於三危」。❸唐虞　即唐堯、虞舜。❹齊　齊全。❺不傳　不可傳授。舊注謂「心教之微眇，不可傳也」。❻中行繆伯　春秋晉臣，力能與活虎搏鬥。❼優　充足。❽德　原文作「克」，依俞樾校改。❾服　原文作「及」，依俞樾校改。❿引　拉；牽。⓫內解於心　謂內心消解愛子之情。⓬養民　養育其人民。⓭有　同「又」。⓮失火舟中　舊注謂「言舟中之人同心救火，不相為賜也」。案：此句為比喻之言，言父、君於子、民若「恃其力、賴其功」而愛而養，則談不上施予惠愛，直如舟中失火，同心救火，不相為賜一樣。⓯斯　連詞。那麼。⓰媒妁　婚姻介紹者。媒，指謀合二姓。妁，指斟酌二姓。一說媒指男性媒人，妁指女性媒人。⓱德　作動詞用。施予恩惠。⓲庸　被雇用的人。⓳強　盡力。⓴不加於此　指不能超越上述情況。㉑迎來　迎接人的到來。㉒施　給予恩惠。㉓登　進；送入。㉔文　文采。或謂色彩華美。與「質」相對。㉕圭璋　即珪璋。兩種貴重的玉器。㉖質　樸質。舊注謂「以玉祭之者，質也」。㉗之　指示代詞。此；這。㉘鎋　同「轄」。插入車軸兩端，用以控制車輪的小鐵鍵。㉙楗　關門的木門。㉚閉藏　閉塞；收藏。㉛故君子行期句　王念孫謂「言君子行事必期其所終也」。期，期望。原文作「斯」，依王氏校改。結，終了；了結。

【語　譯】戎地狄地生產的馬，人人都可以用牠們拉著車奔跑。有的跑得近，有的跑得遠，只有造父能使牠們盡量使出力氣；三苗部落的百姓，君主都可以使他們成為忠誠、信義的人。有的賢明，有的不賢，只有唐堯、虞舜才能使他們具有齊全的美德。其中一定有不可傳授的奧妙。中行繆伯能用手捉住老虎卻不能使老虎存活，大概是因為力氣充足而德行不能馴服老虎吧。任用百人的才能，就能得到百人的力量；舉用千人所愛戴的人，就能得到千人的擁護。就像砍樹而拉牽著樹幹，千枝萬葉就不得不順著樹幹移動一樣。

慈祥的父親疼愛兒子不是為了求得報答，而是內心不能消解愛子之情；聖人養育人民不是為了任用他們，而是本性使他不能停止這樣做。就像火的自然發熱、冰的自然寒冷一樣，又有什麼修練呢？等到要仗恃他們的力量、依賴他們的才能而疼愛、養育他們，大家的關係就像船中失火，都同心救火而談不上施予恩惠了。

所以君子見到事物的開始，就會知道結局。媒妁說人的好話，並不是要給予恩惠；雇用人幹活而盡力讓他吃飽，並不是真心疼愛他。即使是親愛的父親、慈愛的母親也不會超越這種情況：有目的地愛護兒子，恩情就無法接續了。所以送人到別處去，不是為了迎接他再到來；對死去的人施予恩惠不是專門為了活著的人。真誠出自自己的內心，那感動人的時間就長了。

把錦繡送進宗廟以供祭祀，這是重視文采；把圭璋放在祭品前面，這是重視樸質。一個人文采不超越樸質，這就稱為君子。所以一整年造車，而沒有做出三寸長的車鎋，車子還是不能用來驅逐奔馳；工匠砍木頭做門板，沒有做那一尺長的門閂，門板還是不能用來關閉收藏。所以君子做事一定會對結果抱持希望。

心之精者，可以神化❶，而不可以導人❷；目之精者，可以消澤❸，而不可以昭誋❹。在混冥❺之中，不可諭❻於人。故舜不降席而天下治，桀不下陛❼而天下亂，蓋情甚❽乎叫呼也。無諸己，求諸人，古今未之聞也。同言而民信，信在言前也。同令而民化，誠在令外也❾。聖人在上，民遷而化❿，情以先之也。動於上，不應於下者，情與令殊也。故《易》曰：「亢龍有悔⓫。」三月嬰兒，未知利害也，而慈母之愛諭焉者，情也。故言之用者，昭昭⓬乎小哉！不言之用⓭者，曠曠⓮乎大哉！身君子之言⓯，信也；中君子之意，忠也。忠信形於內，感動應於外。故禹執干戚舞於兩階之間，而三苗服⓰。鷹翔川⓱，魚鼈沉⓲，飛鳥揚⓳，必遠害⓴也。子之死父也，臣之死君也，世有行之者矣，非出死以要㉑名也，恩心㉒之藏於中，而不能違其難㉓也。故人之甘甘，非正為蹠也，而蹠焉往㉔。君子之慘怛㉕，非正為形㉖也，諭㉗乎人心。非從外入，自中出者也。

【章　旨】這一章用諸多例證說明「情（指誠意）」之所以能動人的道理，實際上是對聖人的不言之教、無為而治作了新的解釋。文章先由心之精可以神化而不可導人、目之精可以消澤而不可告誡，以說明神化作用的存在，而「神化」的內驅力是情。文中列舉日常生活和物理現象說明這一點，但更多是論政事。如說聖人使「民遷而化，情以先之也」，禹執干戚舞於兩階而使三苗服是「忠信形於內，感動應於外」，還說「臣之死君」是「恩心之藏於中」。作者強調情的作用，而不大重視情之善惡的區分，所以他說舜不降席而天下治，桀不下陛而天下亂，都是「情甚乎叫呼」。大抵本章旨在要求君主懷情抱誠以行不言之教，所謂情「在混冥之中，不可諭於人」、「無諸己，求諸人，古今未之聞也」、「故言之用者，昭昭乎小哉！不言之用者，曠曠乎大哉」。本章文字多出自《文子・精誠》。

【注　釋】❶神化　神而化之，自然而化。❷導人　教導人。❸消澤　即消釋。消亡之義。澤，通「釋」。馬宗霍謂「消釋猶消亡也。消亡者無形之意，蓋言目之精者可以視於無形，故云可以消澤也」。❹昭認　告誡。舊注謂「昭，道。認，誡也。不可以教導戒人」。❺混冥　昏暗無跡。指人心中。❻諭　告訴。❼陛　皇宮的臺階。❽甚　勝於。❾同言而民信四句　李賢釋謂「真偽之跡既殊，人之信否亦異。同言而信，謂體仁與利人二人同出言而人信服其真者，不信其偽者。則知信不由言，故言信在言前也。同令而行意亦同也」。❿民遷而化　謂民遷而從聖人之化。遷，遷移。⓫亢龍有悔　為《周易・乾卦》上九（第六爻）爻辭。意謂龍為水中物，居於亢（至高）位，上不能下，故凶。賈誼《新書・容經》謂「龍也者，人主之辟也。亢龍往而不返，故《易》曰有悔。悔者，凶也」。聞一多則謂「亢龍」為直龍，龍欲曲不欲直。曲龍則吉，而直龍凶。⓬昭昭　耿耿。小明之狀，引申為狹小之貌。⓭不言之用　不說話而發揮出來的作用。⓮曠曠　廣大的樣子。⓯身君子之言　舊注謂「身君子之言，體行君子之言也」。楊樹達謂此句連同下句釋「信」、釋「忠」乃「身、信，中、忠，皆以聲為訓。信古音與身同」。⑯三苗服　舊注謂「三苗畔禹，禹風以禮樂而服之也」。⑰川　指水的上空。⑱魚鼈沉　舊注謂「禹以德服三苗，猶鷹翔川上，魚鼈恐，皆潛」。⑲飛鳥揚　舊注謂「鳥見鷹而揚去」。⑳遠害　舊注謂「鷹懷欲害之心，故鳥魚知其情實，故遠之」。㉑要　求；取。㉒恩心　恩愛之心。㉓違其難　指避開禍難。違，避開。㉔故人之甘甘三句　舊注謂「人之甘甘，猶樂樂而為之。臣之死君，子之死父，非以求蹠蹠（意為冀幸或願望）也」。馬宗霍則釋謂「本文之意，蓋言子之死父、臣之死君，皆心以為甘而赴之若甘，非必定為願得忠孝之名也，而忠孝之名自隨之而至，即行不與名期而名從之也」。甘甘，甘其所甘。猶言樂其所樂。正，猶「定」。凡事預為之定謂之正。蹠，願。焉，乃。㉕慘怛　悲傷。㉖形　原文作「偽形」，依劉文典校刪「偽」字。㉗諭　導。

【語譯】人心的至精至誠，能夠用來神妙地感化人，卻不能用來教導人；人目光的精明能用來看見無形之物，卻不能用來告誡人。它們處在昏暗無跡的心中，是不能向人說明白的。所以虞舜不離開坐席卻把天下治理好了，夏桀不走下臺階而使得天下大亂。這說明誠意的力量勝過大聲呼叫。自己沒有至精至誠之心，卻要求別人有，從古至今未聽說過這樣的事。相同的言語而老百姓相信其中的真話，是因為誠信之意在說話之前就存在了。相同的政令而老百姓接受其中一些政令的教育感化，是因為政令之外有著君主的誠意。聖人處於君主的地位，能使老百姓改變人心風俗，是他先發出誠意所致。君主在上面行動，下面的臣民不響應，是因為他的誠意和命令不相同。所以《周易》上說：「處於至高地位的龍是不吉利的。」出生三個月的嬰兒，還不知道利與害，但慈母之愛，他卻能明白領會，是母愛的真情所致。所以透過言語所產生的作用，是很小的呀！而不說話所發揮的作用，卻是很廣大的呀！按君子的話身體力行，就是守信用；符合君子的意旨，就是忠誠。忠誠、守信用的意念、情感形成於心中，被感動的事就會相應出現在外面。所以大禹手握干戚在兩個臺階之間舞蹈，就能使三苗順服。鶬鷹在河流上空盤旋，魚鱉便潛入水底，飛鳥便騰空高去，一定是為了遠避禍害。兒子為父親而死，臣子為君主而死，世上有這樣做的人，他們不是用死來求得名聲，而是恩愛之心藏在胸中，使他們不能夠避開危難。所以一些人樂於做他們所樂於做的事，並非必然是為了實現願望，但願望卻隨著實現了。君子的悲傷，並非一定要表現在形貌上，而人們的心卻能感受到。這些都說明人的真誠不是從外面進入的，而是發自內心的。

義正❶乎君，仁親乎父，故君之於臣也，能死生之，不能使為苟易❷；父之於子也，能發起❸之，不能使無憂尋❹。故義勝君，仁勝父，則君尊而臣忠，父慈而子孝。

聖人在上，化育❺如神。太上❻曰：「我其性與❼！」其次❽曰：「微彼，其如此乎❾！」故《詩》曰「執轡如組❿」，《易》曰「含章可貞⓫」，動於近，成文於遠⓬。夫察所夜行，周公不慙乎景⓭，故君子慎其獨⓮也。釋近期遠，塞⓯矣。聞善易，以正身⓰難。夫子見禾之三變也⓱，滔滔然⓲曰：「狐鄉丘而死⓳，我其首禾⓴乎！」故君子見善則痛其身㉑焉。身苟正，懷遠㉒易矣。故《詩》曰：「弗躬弗親㉓，庶民弗信。」

小人之從事也曰苟得㉔，君子曰苟義㉕。所求者同，所期者異乎！擊舟水中，魚沉而鳥揚，同聞而殊事，其情㉖一也。

【章旨】這一章有四層意思。一論仁義的重要。因為仁義為處理君臣、父子關係的原則，所以文中提出了「義正乎君，仁親乎父」、「義勝君，仁勝父」的觀點。二由聖人在上而化育如神，為其本性自然所致，說到君主應「慎其獨」，從近處（指自身修養）做起。因為「動於近，成文於遠」，「釋近期遠」是行不通的。三說君子「正身難」，但又要「見善則痛其身」，因為君子身正則「懷遠易」，而「弗躬弗親，庶民弗信」。四論小人、君子做事有「苟得」、「苟義」之別，是情（實）同事異。

【注釋】❶正　長（首長之長）。此處有尊貴之義。❷不能使為苟易　舊注謂「君不能使臣為苟合易行之義」。苟易，原文作「苟簡易」，依王念孫校刪「簡」字。❸發起　生長；產生。❹憂尋　深憂。舊注謂「憂長也。仁念也。仁念，父母不樂子之如此，然不能止」。❺化育　此指聖人使民自然生成和長育其民。❻太上　指德性最好的君王。舊注謂「皇（大）德之君也」。❼我其性與　意謂大概是由我的天性造成的吧。與，通「歟」。表示感歎的句末語氣詞。❽其次　指德性略次於「太上」的君主。舊注謂「五帝時（疑時為衍字）也」。❾微彼二句　舊注謂「其民如此，故我治之如彼」。微，意為如果不是。❿執轡如組　出自《詩經・邶風・簡兮》。意謂舞者手中所握韁繩如同絲帶。組，用絲線編織的寬帶子。⓫含章可貞　為《周易・坤卦》六三（第三爻）爻辭。謂大地充滿文彩（指山河秀美、物產豐富），很好。章，文章；文彩。貞，卜問。⓬動於近二句　總括上引《詩》、《易》涵義，謂聖人神化之功動於近而成於遠。⓭不慙乎景　謂周公為人正直，連夜行都無愧於影。不慙，無愧。原文無「不」字，依王念孫校補。景，同「影」。⓮慎其獨　謂獨處時能謹慎不苟。⓯塞　閉塞不通。⓰正身　修身。此處指用善行使自己言行端正。⓱夫子見禾之三變也　舊注謂「夫子，孔子也。三變，始於粟，粟生於苗，苗成於穗也」。三變，指禾之三變。⓲滔滔然　本為水流之狀，此指歎息良久的樣子。⓳狐鄉丘而死　傳說狐狸將死，頭必朝向出生的山丘，成語有狐死首丘之說，後人多用此比喻不忘本，或對故鄉的思念。鄉，同「向」。⓴首禾　指穗子下垂之稻禾，謂不忘根本。舊注謂「禾穗垂而向根，君子不忘本也」。㉑痛其身　舊注謂「痛己身善惡自在也」。痛，恨。㉒懷遠　謂使遠方之人歸附。懷，來。㉓弗躬弗親　出自《詩經・小雅・節南山》。詩是諷刺太師尹氏的，此句言其不親身管理國事。躬，親自。㉔苟得　謂急於求得。苟，亟；急。㉕苟義　以義為急。㉖情　實情。此指避害之心。

【語譯】「義」比君王還要尊貴，「仁」比父親還要親，所以君王對於臣子，能夠使他們活或死，卻不能夠使他們做苟合的易行之事；父親對於兒子，能夠使他們出生、長大，卻不能夠使他們沒有很深的憂愁。所以對「義」的尊崇能超過對君主的尊重，親近「仁」能超過親近父親，那麼君主就會受到尊重而臣子就會盡忠，父親慈愛而兒子孝順。

聖人處於君主的地位，能像神一般使老百姓自然生長。德性最高的君主說：「這大概是我的本性自然形成的吧！」德性其次的五帝說：「如果不是老百姓有那樣的特性，我們怎麼能把他們治理成這樣呢！」所以《詩經》上說：「手裡握著的韁繩就像用絲線編織的帶子一樣。」《周易》上說：「內含文彩是可以卜問的。」這都是說動在近處，而能使文彩出現在遠處。考察一下夜裡走路的人，周公對他的影子都可以不感到慚愧，所以君子獨處時，仍能謹慎地言行。如果不從近處做起卻要期待遠的效果，那是行不通的。

聽美好的言行很容易，但要用好的言行來修養身心卻很困難。孔夫子見到穀子從粟粒、禾苗到穀穗這三次變化的情況，歎息良久，說道：「狐狸向著牠出生的山丘而死，我大概也會像穗頭下垂的穀子一樣不忘記根本吧！」所以君子見到好的行為就會痛恨自身還未修養完善。君主自身如果正直，那麼遠方的人來歸附就很容易了。所以《詩經》上說：「不親自去做，老百姓就不會信賴你。」

小人做事可以說是急於求得，君子做事是急於求義。兩者同樣都有所求，但所期望求得的卻不同！在水面敲擊船舷，魚便潛入水底，鳥便飛上空中，牠們聽見了相同的聲響反應卻不相同，但避開禍害的心情是一樣的。

僖負羈❶以壺飧❷表❸其閭，趙宣孟❹以束脯❺免其軀，禮不隆❻而德❼有餘。仁心之感，恩接而憯怛❽生，故其入人深。俱之❾叫呼也，在家老❿則為恩厚，其在責人則生爭鬥。故曰：「兵莫憯於意志，莫邪為下；寇莫大於陰陽⓫，枹鼓⓬為小。」

聖人為善，非以求名，而名從之；名不與利期，而利歸之。故人之憂喜，非為蹠蹠⑬焉往生也。故至至⑭不容⑮。故若眯⑯而撫⑰，若跌⑱而據。聖人之為治，漠然不見賢⑲焉，終而後知其可大⑳也。若日之行，騏驥不能與之爭遠。今夫夜有求，與瞽師併㉑，東方開，斯照㉒矣。

動而有益，則損隨之㉓，故《易》曰：「剝之不可遂盡也，故受之以復㉔。」

【章旨】這一章有三層意思。一說「仁心之感」因為內含恩愛之情，所以感人至深。重耳因僖負羈壺飧之遺而使兵不入其閭，靈輒因趙宣孟束脯之贈而使其免難，都證明了這一點。文章還用情深感人亦深的道理解說了《莊子》裡講的「兵莫憯於意志」。二由聖人為善，不求名而名至，不求利而利至，說明至道之人為人不加容飾，並進一步論及聖人為治漠然為之而其用甚大。三引《周易・序卦傳》中語以證「動而有益，則損隨之」。

【注釋】❶僖負羈　春秋曹國曹共公的臣子。❷壺飧　用壺裝盛之水泡飯。原文作「壺餐」，依楊樹達校改。❸表　標幟；標記。此處作動詞用。重耳逃亡入曹，曹共公聞其駢脅（肋骨相連如一骨），欲觀其裸，乘其浴而偷視。僖負羈妻勸夫禮敬重耳，於是僖負羈饋重耳以盤飧，且置璧其下。重耳受飧而送回璧。故晉文公五年，晉兵伐曹，重耳令軍毋入僖負羈宗家以報其德。其事見《左傳・僖公二十三年》、《史記・晉世家》。❹趙宣孟　即趙盾。晉靈公之臣。盾在首山打獵，見靈輒三日未食，以飯食之，又贈以簞食與肉予其母。後靈公欲殺趙盾，靈輒以死護衛，盾得以免禍。事見《左傳・宣公二年》、《史記・晉世家》。❺束脯　十條乾肉。一條脯稱一脡，十脡稱一束。❻隆　盛多。❼德　恩惠。❽憯怛　即慘怛。憂傷；悲痛。❾俱之　都是。之，通「是」。為判斷詞「是」的假借字。❿家老　家族中之長者。⓫兵莫憯於意志三句　出自《莊子・庚桑楚》。林雲銘謂「志之為兵，傷人之心。莫邪，則傷人之形而已」。王先謙謂「慘毒莫甚於心，而兵次之」。林希逸說「陰陽之氣能傷人，猶寇也」。兵，指兵器。憯，利；銳利。借為「兓」，《說文》言「兓，銳意也」。憯，亦可訓為慘、毒。莫邪，利劍名。寇，即「兵」。指兵器。陰陽，陰陽之氣。⑫枹鼓　鼓槌和鼓。古時作戰擊鼓以示進軍，故以枹鼓指代戰爭。⑬蹠蹠　冀幸；願望。原文作「蹠蹠」，依馬宗霍校改。⑭至至　至道。謂體道達到最高境界者。原文作「至人」，依王念孫校改。⑮不容　不修飾儀容。指樸素自然。⑯眯　物入目中。⑰撫　摸；摩挲。⑱跌　失足摔倒。舊注謂「仆（向前倒）也」。⑲漠然不見賢　謂聖人治國寂漠不動，未顯露其賢。漠然，寂靜的樣子。⑳可大　可光大之。㉑併　並列。即情況相同。㉒照　日光。句中指日光照耀。㉓則損隨之　舊注謂「益所以為損也」。㉔剝之不可遂盡也二句　出自《周易・序卦傳》。剝，剝落；損害。為《周易》卦名。復，恢復；復生。為《周易》卦名。

【語　譯】僖負羈因為送過一壺水泡飯給重耳，因此重耳特意標記他的里巷，不准晉軍攻打那里巷；趙盾因為送給靈輒十條乾肉，以致因靈輒而保住了性命。他們送出的禮物不多，但恩惠卻很厚重。仁愛之心感動人的情況是：恩愛之情一接觸就會產生憂傷，所以能深深地進入人心。同樣是喊叫，出自家族中的老者，就顯得恩情深厚；出自責備人，就會發生爭鬥。所以說：「兵器沒有比意志更鋒利的，連利劍莫邪也在它之下；兵器傷害人沒有比陰陽危害更大的，鼓槌和戰鼓的危害就顯得更小了。」

聖人做好事，並非為了求得名聲，但名聲自然跟著來了；名聲並不和利益相約，但利益也跟著歸於他。所以人的憂傷、喜悅不是由人的願望所產生的。所以達到最高境界的人是不修飾儀容的。因此他的舉動自然，就像眼中進了東西就用手去摩挲，要跌倒就找個東西靠著一樣。聖人治理國家，漠然無為而顯露不出他的賢良，但終結以後就知道他的做法是可以發揚光大的。就好像太陽在天空運行，連良馬騏驥也不能和它競爭走遠。現在人在夜裡尋找東西，就和盲人樂師一樣，等到東方一發亮，就能看見日光照耀下的萬物了。

如果一行動就會增加什麼，那麼減少就會跟著來，所以《周易》上說：「損害是不可能終盡的，所以用復生來繼續。」

積薄為厚，積卑為高，故君子日孳孳❶以成煇❷，小人日怏怏❸以至辱。其消息❹也，離朱❺弗能見也。文王聞善如不及❻，宿不善如不祥❼，非為日不足也，其憂尋❽推之也。故《詩》曰：「周雖舊邦，其命維新❾。」懷情抱質，天弗能殺、地弗能薶❿也。聲⓫揚天地之間，配日月之光，甘樂之者也。苟鄉善，雖過⓬無怨；苟不鄉善，雖忠來患。故怨人不如自怨、求諸人不如求諸己得也⓭。聲自召⓮也，貌自示⓯也，名自命也，人自官⓰也，無非己者。操銳⓱以刺，操刃以擊，何怨乎人？故筦子，文錦也，雖醜登廟⓲；子產，練染⓳也，美而不尊。虛而能滿，淡而有味，被褐懷玉⓴者。故兩心不可以得一人，一心可以得百人㉑。

【章旨】這一章講人的修養。一論人的修養能「積薄為厚，積卑為高」，而修養的結果又有君子、小人之分。二論人的修養操在自己手中，而「求諸人不如求諸己得也」。三論聖人、君子修養的要點在於懷情抱質，有向善之心，而且要有「聞善如不及，宿不善如不祥」那樣的迫切感受。

【注釋】❶孳孳　同「孜孜」。勤勉不懈的樣子。❷煇　光輝。❸怏怏　不服氣；不樂意。❹消息　一消一長。息，增長。❺離朱　古之明目人。傳說為黃帝時人。❻不及　趕不上。❼宿不善如不祥　馬宗霍謂「即不欲使不善之事一宿止於其身也，亦即《論語》『見不善如探湯』之意」。宿，此處兼一宿、止二義。❽憂尋　憂深；憂重。❾周雖舊邦二句　出自《詩經・大雅・文王》。周文王（姬昌）之祖古公亶父將周從豳遷至岐地，文王在岐山下得到諸侯擁戴，故云。周，指岐周。命，指周興之天命。維，是。❿薶　「埋」的本字。埋藏。⓫聲　名聲。⓬過　指過錯。⓭得也　得宜也。合適。馬宗霍謂「本文『得也』二字雙承上兩句，言怨人不如自怨之為得，求諸人不如求諸己之為得也」。⓮召　呼叫。⓯示　顯示。⓰人自官　謂人自我作主。人，原文作「文」，依楊樹達校改。⓱銳　矛一類的利器。⓲故筦子三句　舊注謂「筦仲相齊，明法度，審國刑，不能及聖，猶文錦雖惡，宜以升廟也」。筦子，即管仲。文錦，即織紋之錦。此處指其所穿之衣。醜，惡；不好。廟，宗廟。⓳子產二句　謂子產治政如同塗染絲帛為衣。舊注謂「子產相鄭，先恩而後法，猶練染為衣，溫厚而非宗廟服也」。⓴被褐懷玉　穿粗布衣服而內懷美玉。比喻人有美德而不顯露，《老子》第七十章言「聖人被褐懷玉」。㉑故兩心不可以二句　本於《子思子》：「百心不可得一人，一心可得百人。」見《太平御覽》卷三七六引文。

【語譯】累積薄的可以成為厚的，積累低的可以成為高的。所以君子每天勤勉奮鬥而成就光輝的業績，小人天天憤懣不平而招致恥辱。裡面的消長情形，就是離朱也沒有辦法看見。周文王聽到別人的美好行為，就像自己趕不上別人那樣著急；不好的事在身上停留一夜也好像遇到了不吉利那樣不安。並不是因為努力的時日不夠，而是被他深重的憂思推引出來的。所以《詩經》上說：「岐周雖然是個舊國，但文王領受的天命是新的。」一個人懷抱樸質、真誠之心，老天就不能殺死他，地也不能埋藏他。名聲在天地之間傳揚，和日月的光輝相配，這是人們甘心樂意的事情。如果是向為善的方向努力，即使犯錯也沒有人怨恨；如果不是向為善的方向努力，即使忠誠也會招來患禍。所以怨恨別人不如怨恨自己、責求別人不如責求自己來得合適。聲音是自己呼叫出來的，容貌是自己顯示出來的，名字是自己取定的，人是自己作主的，沒有一件事不是出於自己。手握利器刺傷了自己、拿著刀砍傷了自己，為什麼要怨恨別人呢？所以管仲治政，就像穿著織錦衣服，雖然不好也可以進入宗廟；子產治政，就像染色的絲帛衣服，雖然很美，卻不尊貴。虛空而能感到充實，清淡而感到有味，這就像穿著粗布衣裳而懷藏有美玉一樣。所以胸懷兩種心意就不能得到一個人的信任，而一心一意卻能得到百人的信任。

男子樹蘭，美而不芳❶，繼子❷得食，肥而不澤，情不相與往來也。生所假也❸，死所歸也，故弘演❹直仁❺而立死，王子閭❻張掖❼而受刃，不以所託❽害所歸⑨也。故世治則以義衛身，世亂則以身衛義。死之日，行之終也，故君子慎一⑩用之。

無勇者，非先懾也，難至而失其守⑪也；貪婪者，非先欲也，見利而忘其害也。虞公⑫見垂棘之璧⑬，而不知虢禍之及己也。故至道之人，不可遏奪⑭也。人之欲榮也，以為己也，於彼何益！聖人之行義也，其憂尋出乎中也，於己何以利！故帝王者多矣，而三王⑮獨稱⑯；貧賤者多矣，而伯夷⑰獨舉⑱。以貴為聖乎？則貴⑲者眾矣。以賤為仁乎？則賤者多矣。何聖、仁之寡也！獨專之意⑳樂哉，忽乎日滔滔以自新㉑、忘老之及己也。始乎叔季㉒，歸乎伯孟㉓，必此積也。不自遁㉔，斯亦不遁人。故若行獨梁㉕，不為無人不兢其容㉖。故使人信己者易，而蒙衣㉗自信者難。情先動㉘，動無不得㉙，無不得則無莙㉚，發莙而後快㉛。故唐、虞㉜之舉措㉝也，非以偕情㉞也，快己而天下治；桀、紂非正賊㉟之也，快己而百事廢。喜憎議㊱而治亂分矣。

【章　旨】這一章有三層意思。一由事成必須情至的生活實例，說明人要慎重對待生死。提出「世治則以義衛身，世亂則以身衛義」的原則。二由無勇、貪婪之人皆非先有其弊，而是臨事生變，襯說至道之人的意志「不可遏奪」。三說聖人之所以為聖、仁人之所以為仁，皆出自內心。聖人、仁人少，是因為為聖為仁的修養不容易。故要求人自幼及老，日日「自新」。由此還說到人不自欺，方能不欺人。而聖君治政先以情導民，則盡得人心，「快己而天下治」，一舉兩得。暴君則相反，是「快己而百事廢」。

【注　釋】❶男子樹蘭二句　舊注謂「蘭，芳草。艾（當為『女蓺』二字）之，美芳也。男子樹之，蓋不芳」。樹，種植。芳，花草的香味。❷繼子　俗稱過房之子。舊注謂「繼子有假母也」。❸生所假也　謂生為人借寓於世之形式。假，借。❹弘演　衛懿公之臣。事見《呂氏春秋·忠廉》。❺直仁　伸仁。猶謂發揚仁愛精神。❻王子閭　春秋楚國人。為楚白公所殺，事見《左傳·哀公十六年》。❼張掖　即「張腋」。伸出胳膊。❽所託　指生。❾所歸　指死。❿慎一　謹慎。一為語中助詞，無義。慎一即誠一，不三心二意。⓫守　所守者。指不懾之志。⓬虞公　春秋虞國國君。⓭垂棘之璧　垂棘所產之美玉。垂棘為晉地名。晉欲滅虢，以垂棘之璧等為禮物，借道於虞，虞公許之。晉滅虢，還師途中遂滅虞。⓮遏奪　指迫使改變意志。舊注謂「言至道之人，其心先定，不可臨以利，奪其志也」。⓯三王　夏禹、商湯、周文王。⓰稱　稱頌。⓱伯夷　商孤竹君之子。相傳其父遺命傳位於其弟叔齊，叔齊讓位給伯夷，伯夷不受。兄弟倆先後逃入周國。武王伐紂，二人叩馬諫阻。商亡，因恥食周粟，遂隱首陽山，採薇而食，最後餓死山中。⓲舉　抬舉；稱揚。⓳貴　尊貴。原文作「聖」，依楊樹達校改。⓴獨專之意　謂獨有一種意願，或只追求一種意願。專，獨佔；獨有。㉑自新　自己改過更新。㉒叔季　指幼年。㉓伯孟　指老年。伯仲叔季，古人用以指代兄弟之間的順序。又古人五十歲即以伯仲相稱。㉔自遁　自欺。原文作「身遁」，依王念孫校改。㉕獨梁　獨木橋。㉖兢其容　指顯出謹慎小心的樣子。㉗蒙衣　以領巾蒙頭。㉘情先動　情以先之。指有真情先發動，才行動。舊注謂「人君以情動導民也」。㉙動無不得　舊注謂「動盡得人心也」。㉚著　水藻名。葉好聚生，有聚藻、蘊藻之名。故著訓為蘊結。憂鬱不解為蘊結。㉛發著而後快　謂散解民心蘊結之憂，能使之高興。舊注謂「無（衍文）著，結；發，動也。雖（當為『發』）著結快民心」。㉜唐虞　唐堯、虞舜。㉝舉措　舉止；動作。㉞偕情　符合自己的感情。偕，偕合；契合。㉟賊　害。㊱議　通「儀」。儀與「形」同，訓為「見（現）」。

【語　譯】男子種植蘭花，花兒很美卻沒有芳香；過繼的孩子有食物，可以長胖而臉上沒有光澤，這是因為彼此之間沒有感情上的交流。活著是人寄託在世間的一種形式，死是人最後的歸宿。所以弘演能發揚仁愛精神站著死去，王子閭能伸出胳膊讓人砍殺，他們都不為了想活著而妨害死的真義。所以在世道太平時就要用「義」

來護衛自身，世道混亂就要用自身來護衛「義」。死的那一天，就是走完人生旅程的時候，所以君子要很慎重地對待死。

沒有勇氣的人，並不是事先就害怕的，而是禍難一來就使他失去了勇氣；貪婪的人，並不是事先就有貪財的欲望，而是見到利益就忘掉了它的害處。虞國君主見到垂棘所產的美玉就愛上了，卻不知道虢國滅亡的災禍會降臨到自己頭上。因此掌握道達到最高境界的人，是不可能迫使他改變意志的。

人想要獲得榮耀，是為了自己，對於別人有什麼好處！聖人實踐道義，他們的深重憂思是出自心中，對於自己又有什麼好處呢！所以歷來帝王有很多，卻只有「三王」受到人們的稱頌；貧賤的人很多，卻只有伯夷受到人們的稱揚。把地位尊貴的人當作聖人嗎？那地位尊貴的人太多了。把地位卑賤的人當作仁人嗎？那地位卑賤的人太多了。為什麼聖人、仁人那樣少呢！人只有一種志願是快樂的，倏忽之間，日子像流水般迅速消逝，而自我也隨之不斷更新，以致忘記了衰老將要來到。從幼年開始，而歸向老年，一定是這樣積累起來的。不欺騙自己，那也就不欺騙別人。因此就像走在獨木橋上，不會因為沒有別人就不露出戰戰兢兢的樣子。所以讓人相信自己是容易的，而蒙上領巾相信自己就難了。君主引導民眾先發出真情，真情一動就沒有不成功的，沒有不成功的那內心就沒有鬱結了，蘊結之愁發散後，就會感到暢快高興。所以唐堯、虞舜的舉止行動，並不是只為了符合自己的感情，行動時自己感到高興而天下就治理好了；夏桀、商紂並不是有意危害國家，而是為了使自己感到高興卻使得百事荒廢了。他們的喜好、憎惡一顯現出來，那國家是太平還是混亂就可以分得清楚了。

聖人之行，無所合，無所離。譬若鼓，無所與調❶，無所不比❷。絲筦金石❸，小大、脩短有敘，異聲而和。君臣上下，官職有差❹，殊事而調❺。夫織者日以進❻，耕者日以卻❼，事相反，成功一也。申喜聞乞人之歌而悲，出而視之，其母也❽。艾陵❾之戰也，夫差曰：「夷❿聲陽⓫，句吳其庶乎⓬！」同是聲，而取信焉⓭異，有諸情也。故心哀而歌不樂，心樂而哭不哀⓮。閔子騫⓯三年之喪⓰畢，援琴而彈。夫子⓱曰：「絃則是也，其聲非也⓲。」文者⓳所以接物也；情⓴，繫於中而欲發外者也。以文滅情，則失情；以情滅文，則失文。文情理通㉑，則鳳麟極㉒矣，言至德之懷遠也。輸子陽㉓謂其子曰：「良工漸㉔乎矩鑿之中㉕。」矩鑿之中，固無物而不周㉖。聖王以治民，造父以治馬，醫駱㉗以治病，同材而各自取焉㉘。上意而民載，誠中者也㉙。未言而信，弗召而至，或先之也。忣㉚於不己知者，不自知也。矜怚㉛生於不足㉜，華誣㉝生於矜。誠中之人，樂而不忣，如鴞好聲㉞、熊之好經㉟，夫有誰為矜㊱！

【章旨】這一章兩個重點，一說聖人治政，一說由治政引出的藝術觀點。論聖人治政，謂其行事無所趨合，也無所偏離，因而「君臣上下，官職有差，殊事而調」。又至德之人能「懷遠」，乃因他「文情理通」。能做到「上意而民載」，就能收到無為之治的效果。由聖人治政而引出的藝術觀點，一說同是聲音，打動人的情況卻不同，這是聲中情感不一樣。所謂「同是聲，而取信焉（乃）異，有諸情也」。並進一步指出「心哀而歌不樂，心樂而哭不哀」。二說音樂中的文情關係。提出「以文（音，宮商上下相應之音）滅情，則失情（聲中之情）；以情滅文，則失文」，而「文情理通（即情文交至），則鳳麟極（至）

矣」。

【注　釋】❶調　音調。❷比　從。指合拍。❸絲筦金石　即絃樂器、管樂器以及鐘（金）、磬（石）等樂器。❹差　差別。❺調　協調。❻進　指織者隨布帛而延伸前行。舊注謂「織帛者進」。❼卻　退。舊注謂「卻，謂耕者卻行」。耕，指翻土播種，故云卻。❽申喜聞乞人之歌而悲三句　《呂氏春秋・精通》謂「周有申喜者，亡其母，聞乞人歌於門下而悲之，動於顏色，謂門者內（接納之意）乞人之歌者，自覺而問焉，曰：『何故而乞？』與之語，蓋其母也」。❾艾陵　地名。當今山東省萊蕪縣東北。吳王夫差曾與齊戰於艾陵。❿夷　指吳。⓫陽　吉。⓬句吳其庶乎　此處謂「吳國將要勝利了吧」。句吳，同「勾吳」。吳國。句為句首發語詞，無義。舊注則謂「句吳，夷語，不正言吳，加以『句』也」。庶，庶幾；將近。⓭焉　同「乃」。⓮故心哀而歌不樂二句　本於《子思子》所云「情哀而歌，歌弗信矣」。見《北堂書鈔》百六引。⓯閔子騫　即閔損。子騫為其字號，孔子的學生，小孔子十五歲。以德行稱，孔子曰：「孝哉閔子騫，人不間於其父母昆弟之言。」本書此句連同下句原文無，依王引之校補。⓰三年之喪　古代父母亡故，守喪三年。⓱夫子　指孔子。⓲其聲非也　句中「非」與上句中「是」相對而言，指樂音悲哀。舊注謂「其絃是也，其聲切切而哀」。⓳文者　本章之文、情皆就樂音而言。文，即《詩・大序》所謂「聲成文謂之音」之「文」。聲成文，指宮商上下相應，旋律節奏變化所生之美感。文，即樂音。⓴情　即《詩・大序》「情發於聲」之「情」。指音樂所要抒發的情感。㉑文情理通　謂情與文交至，八音和諧。㉒鳳麟極　即鳳麟至。謂音樂魅力之大，如《尚書・皋陶謨》所謂「〈簫韶〉九成，鳳皇來儀，百獸率舞」。極，至。㉓輸子陽　人名。其人不詳。㉔漸　反覆練習。㉕矩鑿之中　指所為方形、所鑿圓孔符合矩、鑿的要求。矩為量方所用的曲尺；鑿為挖槽打孔用的工具。中，符合；合適。㉖周　合。㉗醫駱　其人不詳。當為駱姓名醫。舊注謂「越醫」。㉘同材而各自取焉　舊注謂「自，從也。矩鑿之中，各取法度，或以治民，或以治馬，或以治病，同材而各往從取治法之也」。㉙上意而民載二句　舊注謂「上有意而未言，則民皆載而行之。志或發中，之於大」。誠中，謂真誠之意發於心中。㉚忣　同「急」。㉛矜怚　驕傲。怚，驕。原文作「怛」，依王念孫校改。㉜不足　舊注謂「知（知識、見解）不足也」。㉝華誣　華而不實。或謂以虛華之言誣人。㉞如鴞好聲　舊注謂「忠信之人，自樂為之，非忣忣也，如鴞自好為聲耳」。鴞，通「梟」。俗稱貓頭鷹。㉟經　舊注謂「動；導引（而調整、拉長呼吸隨著屈伸手足俯仰身軀的健身方法）」。㊱有誰為矜　舊注謂「各任自性非徒矜也」。

【語　譯】聖人的行動，不刻意和什麼人相合，也不刻意和什麼人相離。就像鼓，沒有什麼樂器和它音調相同，但沒有什麼樂器不能與它合拍。絃樂器、管樂器以及鐘、磬，它們大小、長短有一定的次序，聲音不同卻能奏出和諧的樂聲。君臣之間、上下之間，官位職責各有差別，做不同的事卻能彼此協調。織帛的人一天天往前進，翻地的人一天天往後退。一進一退雖然相反，但使事情完成則是一樣的。申喜聽見討飯人的歌聲便感到悲傷，出門一看，那討飯人正是他的母親。在艾陵打仗時，夫差說：「吳國的歌聲吉祥，吳國將要勝利了吧！」同樣是歌聲，但使人感動而相信的情況卻不同，這是歌中有歌者的感情。所以心裡悲痛唱出的歌就不歡樂，心裡高興哭聲就不悲傷。閔子騫三年守喪結束，拿琴來彈。孔子聽後說：「他彈奏的方法是對的，但他的琴聲十分哀切。」音樂是用來和外物接觸的，情是牽繫在心中而要表現到外面的。因為太強調音樂的技巧而消滅情意，那歌聲就會失去情意；因為強調情意而消滅音樂的技巧，那歌聲就會失去美感。音樂和情意交相融合，則鳳凰、麒麟也會來聽。這說明最高的德行能使遠方的人歸附。輸子陽對他的兒子說：「好的工匠要反覆練習取方、打孔的技巧使其符合矩鑿法度。」掌握了符合矩鑿法度的技巧，必然沒有一件東西做起來是不合要求的。聖人用它來管理民眾，造父用它來調理馬匹，醫駱用它來治病，他們都採用相同的材料而各自從中獲取做事的方法。君主有意而民眾就能承接其意而照辦，那是君主之意出於心中。不說話而能使人相信，不召喚便來了，有的甚至在他想到以前就來了。為別人不了解自己而著急的人，是不了解自己的人。驕傲產生於知識的不足，華而不實產生於愛誇耀。誠意出自內心的人，是快樂而不著急的，就像貓頭鷹喜歡發出叫聲、熊喜歡屈伸四肢一樣，有誰是為了誇耀呢！

春女思❶，秋士悲❷，而知物化❸矣。號❹而哭，嘰❺而哀，而知聲動矣。容貌顏色，詘伸❻倨句❼，知情偽矣。故聖人栗栗❽乎其內，而至乎至極也。

功名遂成❾，天也；循理受順，人也。太公望❿、周公旦⓫，天非為武王造之也；崇侯⑫、惡來⑬，天非為紂生之也。有其世，有其人也。

教本乎君子，小人被其澤；利本乎小人，君子享其功⑭。昔東戶季子⑮之世，道路不拾遺，耒耜、餘糧宿諸晦首⑯，使君子、小人各得其宜也。故一人有慶⑰，兆民賴之。

凡高者貴其左⑱，故下之於上曰左之⑲，臣辭也。下者貴其右，故上之於下曰右之，君讓⑳也。故上左還㉑則失其所尊㉒也；臣右還則失其所貴㉓矣。小快害道，斯須㉔害儀㉕。子產騰辭㉖，獄繁而下無邪㉗。失諸情者，則塞於辭㉘矣。

成國㉙之道，工無偽事，農無遺力，士無隱行，官無失法㉚。譬若設網者，引其綱而萬目開矣。舜、禹不再受命㉛，堯、舜傳大焉，先形乎小㉜也。施㉝於寡妻㉞，至於兄弟，禪於家國，而天下從風㉟。故戎兵以大知小㊱，人以小知大㊲。

【章　旨】這一章包含六層意思。一由人的情感真偽會反映到舉動上，說到聖人總是懷著戒懼之心注重內在修養，而能達到最高境界。二說功名成就是由天決定的，人只是「循理受順」。由此提出賢人、姦臣的出現並非天所為，而是「有其世，有其人也」。三由君子勞心以「教」民、小人勞力以「利」養人的不同，說到古代賢君能使君子、小人各得其宜，因而天下大治。強調的是賢君的重要作用，所謂「一人有慶，兆民賴之」。四由「左」、「右」稱語的由來，說到君臣的關係以及君臣之間如何稱語才算恰當。五由子產作《刑書》而有人傳語詰問，說到他治政獄多而民間「無邪」。提出凡事失事之情（實）則難以為辯，即所謂「失諸情者，則塞於辭矣」。六論「成國之道」，將對工、農、士、官四類人行事的要求列為治國之綱，還說到聖君大有為須從小處做起的道理。

【注釋】❶春女思　舊注謂「春，女感陽則思」。❷秋士悲　舊注謂「秋，士見陰而悲」。案：《太平御覽》卷一九、《藝文類聚》以及《北堂書鈔》引文皆作「春女悲，秋士哀」。《御覽》且引注云：「《周禮》：『仲春之月，令媒氏會男女，女當外成於夫家，骨肉相離，故女悲。秋，金氣用事，戰士執兵，勝敗若化，故士哀也。』」❸物化　指物象變化。❹號　大聲哭。❺嘰　悲歎。❻詘伸　即屈伸。屈折；伸直、原文作「詘伸」，且上衍「理」字，依劉績、王念孫校改。❼倨句　即直曲。《樂記》謂「倨中矩，句中鉤」。原文作「倨佝」，依劉績、王念孫校改。❽栗栗　通「慄慄」。恐懼的樣子。❾遂成　完成；使之成。遂，成。❿太公望　呂尚，姜姓。相傳釣於渭濱，周文王出獵遇之，相語大悅，同車而歸，嘗語尚言「吾太公望子久矣」，因號為太公望。武王即位，尊為師尚父，繼而輔佐武王滅殷。⓫周公旦　即姬旦。周文王之子，輔武王滅殷。武王死，其子成王年幼，周公又輔成王。⓬崇侯　殷人。即崇侯虎。崇國侯爵，名虎。為紂王臣。紂王醢九侯、脯鄂侯，姬昌（西伯，後來的周文王）竊歎，崇侯乃讒之於紂，於是紂囚姬昌於羑里。⓭惡來　蜚廉之子。紂王之臣，善讒。⓮教本乎君子四句　本於《孟子・滕文公上》所云「無君子，莫治野人；無野人，莫養君子」，及「或勞心，或勞力；勞心者治人，勞力者治於人；治於人者食人，治人者食於人」。「勞心者治人」，故言「教本乎君子」；「治於人者食人」，故言「利本乎小人」；「治人者食於人」，故言「君子享其功」。蕭繹《金樓子・立言》所謂「教者生於君子，以被小人；利者興於小人，以潤君子」當從本文化出。⓯東戶季子　古之人君。⓰畮首　即「畝首」。田埂頭。⓱慶　福；幸福。⓲貴其左　舊注謂「天道左旋」。⓳左之　指輔佐君主。舊注謂「臣道左君」。⓴君讓　舊注謂「君謙讓，佑助臣」。㉑左還　謂回過來稱佐臣。原文作「左遷」，依楊樹達校改。㉒失其所尊　舊注謂「左，臣詞也。君以再還，故失其尊也」。㉓失其所貴　舊注謂「右，君詞也。而臣以再還，故失其貴也」。㉔斯須　短暫；片刻。舊注謂「近也」。㉕儀　法度。㉖騰辭　傳達言詞。句中指傳達詰問之詞。舊注謂「騰，傳也。子產作《刑書》，有人傳詞詰之」。㉗獄繁而下無邪　舊注謂「獄雖益多，而下無邪也」。繁，多。㉘塞於辭　指無言以辯。舊注謂「失事之情，則為世人辭所窮塞也」。㉙成國　使國家治理得成功。或謂成國指大國。㉚失法　失法度；不合法度。

㉛受命 指承受天命。舊注謂「受命於人，不受於天」。㉜形乎小 舊注謂「形，見也。先見微小，以知大」。㉝施 施予。原文作「刑」，依王念孫校改。㉞寡妻 嫡妻。㉟禪於家國二句 舊注謂「禪，傳也。言堯、舜、禹相傳，天下服之也」。從風，即風從。順風而從，比喻跟隨得快。㊱故戎兵以大知小 戎兵，指兵器。戎為兵器之總稱。兵器有大小，如《考工記》所載弓、劍即有上制、中制、下制之分。知上制之形，則中制、下制可知，故云「戎兵以大知小」。㊲以小知大 謂從小孩形貌可知大人形貌。

【語 譯】春天裡女子產生思戀之情，秋天裡士子產生悲哀之感，由此可知萬物有了變化。放聲而哭，悲歎而哀傷，由此知道聲音發出來了。從容貌臉色和身體屈伸的情況，可以知道他情感的真實和虛偽。所以聖人內心總是懷著戒懼，而能使他的修養達到最高境界。

使功名能夠建立，是天所完成的；遵循自然規律、依順客觀形勢，是人做出的努力。太公望呂尚、周公姬旦，不是上天為周武王創造出來的；崇侯虎、惡來，不是上天為商紂王產生出來的。而是有那樣的世道，就有那樣的人。

教化的根本出於君子，小人蒙受他的恩澤；物資利益的根源出於小人，君子享用他們的成果。從前在東戶季子的時代，遺失在道路上的東西沒有人撿拾，耒耜和餘糧就放在田埂上過夜，使得君子、小人各自處於適宜的地位。所以一人有福，萬民都可以依賴他。

凡是居於高位的人以他的左位為尊貴，所以臣下對國君是講輔「佐」他，講輔「佐」是臣子謙讓的表現。居於下位的人以他的右位為尊貴，所以國君對臣下是講佑助他，講佑助是君主謙讓的表現。所以君主回過來講輔佐，那就失去了他的尊貴；臣子回過來講佑助，那就失去了他的尊貴。

小的痛快會妨害大道，短暫的失誤會破壞法度。子產作《刑書》，有人傳達言詞詰問他，可是在他的治理下，鄭國獄多而沒有邪惡之事出現。如果他的《刑書》與國家實情不合，那別人詰問時他就會語詞阻塞，無法回答。

國家治理得好的辦法是：工匠不做詭詐之事，農民種田不遺餘力，士人沒有隱昧的行為，官員沒有不合法的舉止。就像撒網一樣，把網一拉那萬千網眼就張開了。舜、禹受命於人而不再受命於天，堯與舜的禪讓這種大的舉動，先是在小的方面表現出來的。他們把恩惠給予嫡妻，給予兄弟，後來把君主之位傳給國人，而天下的人就迅速地跟隨他們。所以認識兵器可以從大的樣子知道小的樣子，了解人可以從小孩的樣子知道大人的樣子。

君子之道，近而不可以至，卑而不可以登，無載焉而不勝❶，久❷而章❸，遠而隆❹。知此之道，不可求於人，斯得諸己也。釋己而求諸人，去之遠矣。

君子者樂有餘而名不足，小人樂不足而名有餘。觀於有餘、不足之相去，昭然遠矣。含而弗吐❺，憤而不萌❻者，未之聞也。君子思義而不慮利，小人貪利而不顧義。子❼曰：「鈞❽之哭也，曰：『子予柰何兮乘❾我何？』其哀則同，其所以哀則異。」故哀樂之襲人情也深矣。鑿地湮池❿，非正⓫於勞苦民也，各從其蹠而亂生焉。其載情一也，施人則異⓬矣。故唐、虞日孳孳以致於王，桀、紂日怏怏以致於死，不知後世之譏己也。

凡人情，說⓭其所苦即樂，失其所樂則哀，故知生之樂，必知死之哀。有義者不可欺以利，有勇者不可劫以懼，如飢渴者不可欺以虛器也。人多欲虧⓮義，多憂害智⓯，多懼害勇。嫚⓰生乎小人，蠻夷皆能之；善生乎君子，誘⓱然與日月爭光，天下弗能遏奪。故治國樂其所以存，亡國亦樂其所以亡也。金錫不消⑱釋則不流刑⑲，上憂尋不誠則不法民⑳。憂尋不在民，則是絕民之繫㉑也；君反本㉒而民繫固也。

【章旨】這一章說到君子之道和小人的差別，並由此論及明君、昏主為人、治政的不同。文中先對「君子之道」有一番描述，言其始於卑近而終於高遠，無載而不勝，因而久而彌彰，遠而彌隆。而欲得其道，必求諸己。繼而說到「君子者樂有餘而名不足」、「君子思義而不慮利」、「有義者不可欺以利」、「善生乎君子，誘然與日月爭光，天下弗能遏奪」。至於小人所為則謂「小人樂不足而名有餘」、「小人貪利而不顧義」，且「嫚生乎小人」。論及君子、小人之所以有差別的原因則歸結為二者所懷之情、所從之願的不同。兩者都出於內心真正的喜好，所謂「治國樂其所以存，亡國亦樂其所以亡」。最後還說到君主憂思須誠方能拘維百姓。

【注釋】❶無載焉而不勝　舊注謂「萬物載之，皆勝其任」。勝，堪；能。❷久　原文作「大」，依王念孫校改。❸章　顯著。❹隆　高。❺含而弗吐　指心中含情而不吐。原文句下有「在」字，依蔣禮鴻校刪。❻憤而不萌　謂情積則未有不萌發者。舊注謂「言懷其情而必萌見也」。原文「憤」作「情」，依蔣禮鴻校改。憤，積。❼子　指孔子。楊樹達謂下引文出於《子思子》。❽鈞　等。❾乘　欺凌。❿鑿地湮池　舊注謂「人或有鑿穿，或有填池。言用心異也」。湮，原文作「漂」，依王念孫校改，意為塞。⓫正　正好。原文作「止」，依王念孫校改。⓬施人則異　舊注謂「施於人有善惡」。⓭說　釋；脫；解捝(脫)。⓮虧　損。舊注謂「欲則貪，貪損義」。⓯多憂害智　舊注謂「貪憂閉塞，故害智也」。⓰嫚　輕慢。⓱誘　美。誘為「羑」之別體，「羑」以「羑」為古文，「羑」謂進善，引申之得為美稱。⓲消　同「銷」。熔化金屬。⓳流刑　猶言注入模型。刑，通「型」。鑄造器物的模子，用土做的為型。⓴法民　使民守法。或謂使民崇尚禮法。㉑繫　舊注謂「所以拘維民」。㉒反本　指回到憂尋誠而在民的根本上去。

【語譯】君子為人之道，離得近卻不可能到達，地勢低卻不可能登上去，沒有一種物體承載不了的，時間越久效果就越顯著，距離越遠就越顯得高。要了解這種為人之道，不能夠向別人求取，而要從自己身上獲得。放棄自己而到別人那裡尋求，那就離得更遠了。

君子這種人快樂有餘而名聲不足，小人則是快樂不足而名聲有餘。看一看他們在有餘、不足方面彼此的距離，很明顯是很遠的。一個人含情而不吐露，積情而不萌發，這是未聽說過的。君子思慮的是合義而不考慮如何得利，小人貪圖利益而不顧及義。孔子說：「同樣是哭，其中一個說：『你讓我怎麼辦啊！為什麼要欺凌我呢？』悲傷是相同的，但他們悲傷的原因便不一樣。」所以快樂、悲傷進入人的情感是很深的。有的人要挖地掘洞，有的人要填平水池，並非正是要民眾勞累痛苦，而是各按自己的願望做事，亂子便產生了。他們同樣都懷有情感，但各自將情感用到人事上去的情形就不同了。所以唐堯、虞舜每天都努力不懈而成為王，夏桀、商紂每天都不滿意而招致死亡，不知道後世的人會譏諷自己。

人的感情都是這樣的，脫離了使他痛苦的事情就感到快樂，失去了使他快樂的事物就感到悲傷。所以懂得活著的快樂，一定知道死去的悲哀。堅持行義的人不能用利益來欺哄他，有勇氣的人不能用恐懼來威脅他，就像飢渴的人不能用空壺來騙他一樣。人欲望一多就會損害義，憂思一多就會妨害他的智能，恐懼一多就會妨害他的勇氣。輕慢的行為產生於小人，蠻夷之人都會那樣做；好的品行產生於君子，他們品行的美好能與日月爭比光輝，天下的人也不能遏阻奪取。所以國家治理得好的人，對國家得以存續的大義是感到高興的；使國家滅亡的人，對他使國家遭致滅亡的做法也是喜愛的。金錫不熔化就不能注入模型，君主的深重憂思不真誠就不能使民眾守法。君主的深重憂思不在老百姓身上，就會斷絕和老百姓的聯繫；君主返回根本，和民眾的聯繫就牢固了。

至德，小節❶備，大節❷舉。齊桓舉而不密❸，晉文密而不舉❹。晉文得之乎閨內，失之乎境外[5]；齊桓失之乎閨內，而得之本朝[6]。水下流而廣大，君下臣[7]而聰明。君不與臣爭功[8]，而治道通矣。管夷吾[9]、百里奚[10]經[11]而成[12]之，齊桓、秦穆受而聽[13]之。照[14]惑者以東為西；惑也，見日而寤[15]矣。衛武侯[16]謂其臣曰：「小子無謂我老[17]而羸[18]我，有過必謁[19]之。」是武侯如弗羸之必得羸，故老而弗舍，通乎存亡之論者也。

人無能作[20]也，有能為[21]也；有能為也，而無能成也。人為之[22]，天成之。終身為善，非天不行[23]；終身為不善，非天不亡。故善否，我也；禍福，非我也[24]。故君子順[25]其在己者而已矣。性者，所受於天也；命者，所遭於時也。有其材不遇其世，天也。太公[26]何力？比干何罪？循性而行指[27]，或害或利。求之有道，得之在命，故君子能為善，而不能必得其福[28]；不忍為非，而未能必免其禍。

【章旨】這一章有兩層意思。一論君主治政之道，說明「至德（之君），小節備，大節舉」。「君下臣而聰明。君不與臣爭功，而治道通矣」。君主「老而弗舍，通乎存亡之論者也」。二論因果關係，涉及人與天兩個要素。提出「人為之，天成之」、「性者，所受於天也；命者，所遭於時也」。並據此論述君子行善非天不行，行不善非天不亡，而「有其材不遇其世，天也」。所以結果是君子能為善，未必得其福；不忍為非，未能必免其禍。作者揭示君子行善成否與「天（實亦包括政治等客觀形勢）」的關係，似乎仍是為了勸勉「君子順其在己者」好自為之。

【注　釋】❶小節　指細小、無關大體的行為。❷大節　此指關係國家存亡安危的重要關鍵。❸舉而不密　舊注謂「齊桓有大節，小節疏也」。❹密而不舉　舊注謂「晉文有小節，大節廢也」。❺晉文得之乎閨內二句　舊注謂「閨內脩而境外亂也」。閨內，宮內。閨，內室。❻齊桓失之乎閨內二句　舊注謂「閨內亂而朝廷治也」。本朝，指朝廷。古以朝廷為國之本，故稱。❼下臣　下於臣。指能誠懇地徵求、採用臣子的意見。❽功　此指事、工作。句中所言即〈主術〉所反對的「君人者，釋所守而與臣下爭事」。❾管夷吾　即管仲。名夷吾，字仲。相齊桓公使其得以稱霸。❿百里奚　原為虞國大夫，後為秦穆公之賢相。⓫經　治理。⓬成　即《詩經・小雅・節南山》「誰秉國成」之「成」。指治政之成規。⓭聽　聽從。舊注謂「聽用二臣之謀」。⓮照　同「詔」。告知。⓯寤　通「悟」。覺；省悟。⓰衛武侯　即衛武公。春秋衛君，康叔八世孫，名和。即位修康叔之政，百姓和集。在位五十五年。《國語》說武公年九十五猶「箴誡於國，恭恪於朝，作抑自儆，至於沒身，謂之叡聖」。⓱老　舊注謂「武侯蓋年九十五矣」。⓲羸　羸老。瘦弱衰老。舊注謂「劣也」。劣謂衰弱。⓳謁　白；下對上陳訴。⓴作　創造。㉑為　做。㉒人為之　原文作「人之為」，依楊樹達校改。㉓行　傳布；推行。㉔非我也　舊注謂「非我也，天所為也」。㉕順　楊樹達訓為「慎」。㉖太公　指太公望呂尚。㉗循性而行指　王念孫說「謂率其性而行其志也」。指，猶「志」。㉘必得其福　原文作「必其得福」，依王念孫校改。

【語　譯】具有最高德行的君主，在小節方面很完備，事關大局的重要關鍵也把握得宜。齊桓公對一些重大問題處理得好，而小事則考慮得不細密；晉文公對小事考慮得細密而重大事情卻未處理好。晉文公處理宮內之事是成功的，但境外之事的處理卻有過失；齊桓公處理宮內之事有疏失，而處理朝廷大事卻獲得了成功。水向下流因而變得廣大，君主向下聽取臣子的意見就會變得聰明。君主不和臣子爭事情做，就是精通了治政之道。管夷吾、百里奚治理國事而定出成規，齊桓公、秦穆公都接受和加以應用。為迷失方向的人指點迷津，卻把東方說成西方，可見他自己也是迷惑不清，等見到了太陽就醒悟了。衛武侯對他的臣子說：「小子們不要認為我老了就衰弱不堪了，我有過錯，你們一定要告訴我。」這樣，即使武侯不衰弱，他也肯定衰弱了。所以君主能夠年老而不放棄對自己的要求，那他便是精通國家存亡的道理。

人沒有能力創造事物，但有能力做事；有能力做事，卻沒有能力使事情成功。人做事情，天則使事情成功。一個人一生做好事，沒有天就不能使為善之舉順利進行；一生做不好的事，沒有天就不能使他滅亡。所以做好事或壞事，由我來決定；遇禍還是遇福，則不是由我決定的。所以君子不過是要謹慎自己的行為罷了。生命，是從天那裡接受來的，命運，是由所遇到的時機所造成的。有那樣的才能而遇不到那樣的時機，是天所決定的。太公呂尚有什麼力量？比干有什麼罪過？他們只是依順自己的天性而按自己的心志做事。結果有的遇害，有的得利。追求是有方法的，但獲得與否就在於命了。所以君子有能力做好事，卻沒有能力使自己必然獲得幸福；不忍心做壞事，卻不能肯定能夠免除自己的災禍。

君，根本也；臣，枝葉也。根本不美，枝葉茂者，未之聞也。有道之世，以人與國❶；無道之世，以國與人❷。堯王天下而憂不解，授舜而憂釋。憂而守之，而樂與賢終，不私其利矣。凡萬物有所施之，無小不可；為無所用之❸，碧瑜糞土❹也。人之情，於害之中爭取小焉，於利之中爭取大焉。故同味而嗜厚膊❺者，必其甘之者也；同師而超群者，必其樂之者也。弗甘、弗樂而能為表❻者，未之聞也。君子時❼則進，得之以義，何幸❽之有！不時則退，讓之以義，何不幸之有！故伯夷餓死首陽山下，猶不自悔，棄其所賤、得其所貴❾也。福之萌也緜緜❿，禍之生也介介⓫。禍福之始萌微，故民嫚之，唯聖人見其始而知其終，故《傳》⓬曰：「魯酒薄而邯鄲圍⓭，羊羹不斟⓮而宋國危⓯。」

明主之賞罰，非以為己也，以為國也。適於己而無功於國者，不施賞焉；逆於己便於國者，不加罰焉。故楚莊⑯謂共雍⑰曰：「有德者受吾爵祿，有功者受吾田宅。是二者，女⑱無一焉，吾無以與女。」可不謂諭⑲於理乎！其謝⑳之也，猶未之莫與㉑。周政至㉒，殷政善㉓，夏政行㉔。行政未必善㉕，善政㉖未必至也。至至㉗之人，不慕乎行，不慚乎善。含德履道㉘，而上下相樂也，不知其所由然。有國者多矣，而齊桓、晉文獨名；泰山之上有七十二㉙壇焉，而三王獨道㉚。君不求諸臣，臣不假之君，脩近彌㉛遠，而後世稱其大，不越鄰而成章㉜，而莫能至焉。故孝己之禮可為也，而莫能奪之名也，必不得其所懷也㉝。

【章　旨】這一章文分二段，上段論君主之道，兼及君子為人之道，下段則全論君主之道。上段論君主之道，謂君為根本，臣為枝葉，強調根本美才能使枝葉茂。還指出聖君在有道之世當如堯授國予賢，說聖人見禍福之始即能知其終。講君子為人則提出遇其時則進，不遇其時則退。此外，由於論理的需要，還說到人在利害臨頭時的一般心態。下段論君主之道，一說明主對於賞罰，均以國家利益為衡量標準，不能出於己之愛惡。二說至道之君能成就功業全在「含德履道」。

【注　釋】❶以人與國　謂因賢人而與之國。舊注謂「若堯以天下與舜也」。❷以國與人　謂把國家送給別人（實指國家滅亡）。《太平御覽》引舊注謂「以國與人，桀、紂與湯、武是也」。❸無所用之　舊注謂「不知其所用也」。❹碧瑜糞土　以碧玉為糞土。舊注謂「瑜，玉也。不知用之，則為糞土」。碧，青綠色的玉石。❺膊　厚切成塊的肉。原文作「膞」，依王念孫校改。❻為表　即謂立表以見影，比喻反應迅速，成效立見。表，測量日影以計時的標竿，立表即見日影。❼時　指遇到時機。❽幸　幸運。❾得其所貴　舊注謂「求仁而得仁也」。❿緜緜　微微；微弱。⓫介介　纖微；微小。原文作「分分」，依王念孫校改。⓬傳　書傳、記載。這裡指《莊子．胠篋》和《左傳．宣公二年》。⓭魯酒薄而邯鄲圍　舊注謂「魯與趙俱朝楚，獻酒於楚，魯酒薄而趙酒厚。楚之主酒吏求酒於趙，不與，楚吏怒，以趙所獻酒獻於楚王，易魯薄酒。楚王以為趙酒薄而圍邯鄲」。⓮斟　加。俞樾云：「《方言》曰：『斟，益也。凡相益而又少，謂之不斟。』」⓯宋國危　舊注謂「宋將華元與鄭戰，殺羊食士，不及其御。及戰，御馳馬入鄭軍，華元以獲也」。案：此事見於《左傳．宣公二年》。⓰楚莊　楚莊王，名旅。春秋五霸之一，嘗觀兵於周境，問九鼎之輕重大小。⓱共雍　楚臣名。⓲女　即「汝」。⓳可不謂諭　原文作「可謂不踰」，依蔣禮鴻校改。諭，使人明白。⓴謝　舊注言「謂遣共雍也」。㉑莫與　非與。舊注訓「莫」為「勉之」，非。㉒至　舊注謂「至於道也」。㉓善　舊注謂「善施教，未至於道也」。㉔行　不精。舊注謂「行尚麤也」。㉕未必善　原文無「未必」二字，依王念孫校補。㉖政　原文無此字，依王念孫校補。㉗至至　即至道。㉘含德履道　謂懷抱道德（指無為無言之道德）並依道德實踐。㉙七十二　舊注謂「封乎泰山，蓋七十二君也」。原文作「七十」，依劉文典校補「二」字。㉚道　稱道。㉛彌　同「瀰」。瀰漫；充滿。㉜成章　事物發展具有相當的規模。即取得一定的成就謂之成章。㉝故孝己之禮可為也三句　舊注謂「孝己，殷高宗之子也，蓋放逐而不失禮。人不能與孝己爭名者，不得孝己之所懷也」。孝己，殷高宗太子。母早死，高宗惑於後妻之言，放之而死。其人有賢孝之行。所懷，所懷之德。

【語　譯】君主是國家的根本，臣下是它的枝葉。根本長得不好而枝葉茂盛，這種事不曾聽說過。在有德政的時代，聖明的君主因為有賢人而將國家託給他治理；在沒有德政的時代，昏庸的君主只好把國家讓與他人。唐堯統治天下而憂愁不能解除，把天下交給虞舜後，憂愁才解除了。懷著憂愁而守住國家，而最後很高興地把國家交給賢人，這都是不把國家當作私利的表現。凡是萬物中有實用價值的東西，無論多麼小沒有不可以用的；倘若不知道加以運用，即使是碧瑜也會變成糞土一般。人們的常情總是這樣：在禍害之中爭取只受到小的禍害，在利益中爭取得到大的利益。所以吃同樣味道的肉塊而喜歡吃切得厚的，一定是認為厚塊的味道特別美的緣故；同向一位老師學習而學識卻超越眾人，一定是這個人樂意聽從老師的教誨。不是感到味道特別好、不是樂意聽從老師的教誨，而能獲得立竿見影的效果，這還未曾聽說過。君子遇到時機就前進，仗義獲得成功，哪裡是幸運呢！得不到時機就後退，依道義退讓，有什麼不幸呢！所以伯夷餓死在首陽山下，自己還是不後悔。這是因為他拋棄了他所鄙視的，而得到了他所珍貴的。幸福開始產生的時候是很微弱的，災禍開始形成的時候是細小的。幸福、災禍在開始萌發時很微弱，因此老百姓都不在乎，只有聖人見到它們開始形成而知道它們的結果。所以《莊子》和《左傳》中說：「魯國酒味淡薄而使趙國的邯鄲被楚國包圍了，華元因為未給駕車的人喝羊肉湯而為宋國帶來了危難。」

英明的君主實行賞罰，不是為了自己，而是為了國家。對合自己的意而對國家沒有功勞的人，不加賞賜；對不合自己的意而對國家有利的人，不加以懲罰。所以楚莊王對共雍說：「有德行的人接受我頒給的爵位、俸祿，有功勞的接受我賞給的田地、宅第。德行、功勞這兩者，你沒有任何一樣，所以我沒有什麼東西賞給你。」這能不算是楚莊王在教共雍明白道理嗎！他雖然拒絕共雍的要求，但卻不是沒有給他什麼。周朝的政治能達到合於「道」的境地，殷商的政治尚稱美善，夏朝的政治只是能夠推行而已。能推行的政治不一定美善，美善的政治不一定能合於「道」。把握道進入最高境界的人，不羨慕可推行的政治，也不對美善的政治感到慚愧。他懷抱道德並依道德實踐，而使得上下相互感到喜樂，不知道這種情境是怎麼產生的。擁有國家的君主很多，卻只有齊桓公、晉文公有名聲；泰山上有七十二座君王封山的祭壇，卻獨獨只有「三王」為人所稱道。君主不向臣下索求，臣下也不借助於君主。治理好近處的事而影響到遠處，使得後世的人稱讚他的偉大。像這樣的君王，如果他不是超出其他君主而獲得相當的成就，是不能達到這種境地的。所以孝己的禮節是人人可以遵守的，卻沒有人能奪走他孝順的名聲，這一定是因為沒有人能具備孝己所有的德行。

義載乎宜❶之謂君子，宜遺乎義之謂小人。通智❷得而不勞，其次勞而不病，其下病而不勞。古人味而弗貪❸也，今人貪而弗味❹。歌之脩其音也❺，音之不足於其美❻者也。金石絲竹，助而奏之，猶未足以至於極❼也。人能尊道行義，喜怒取予❽，欲如草之從風❾。召公❿以⓫桑蠶耕種之時弛獄⓬出拘，使百姓皆得反業脩職⓭；文王辭千里之地，而請去炮烙⓮之刑，故聖人之舉事也，進退不失時，若夏就⓯絺綌⓰、上車授綏⓱之謂也。老子學商容，見舌而知守柔矣⓲。列子⓳學壺子⓴，觀景柱而知持後矣㉑。故聖人不為物先，而常制之其類，若積薪樵㉒，後者在上。

人以義愛，以黨㉓群，以群強。是故德之所施者博，則威之所行者遠；義之所加者淺，則武之所制者小。吳鐸㉔以聲自毀㉕，膏燭㉖以明自鑠㉗，虎豹之文來㉘射，猨狖㉙之捷來措㉚，故子路㉛以勇死，萇弘㉜以智困。能以智知，而未能以智不知也㉝。故行險者不得履繩㉞，出林者不得直道，夜行瞑目而前其手，事有所宜㉟，而明有不容㊱。人能貫㊲冥冥㊳入於昭昭㊴，可與言至矣。鵲巢㊵知風之所起；獺穴㊶知水之高下，暉日㊷知晏㊸，陰諧㊹知雨，為是謂人智不如鳥獸，則不然。故通於一伎，察於一辭㊺，可與曲說㊻，未可與廣應㊼也。

【章　旨】這一章的主題是論君主於「喜怒取予」均當「尊道行義」。文中以「義」、「宜（事）」是否統一來區分君子、小人，說「通智（達道之人）得而不勞」，說音樂不能使教化之美至於極致，說聖人舉事不失於時，說德施者博則威行者遠，義所加者淺則所制者小，都是圍繞這個論點展開的。而講聖人「守柔」、「不為物先」，講物有所為而自毀，講人勇者以勇死、智者以智困，以及通一伎、察一辭之不足用，都是用「無為」而為來論述如何「尊道行義」。其中不少文辭出自《文子・上德》。

【注釋】❶宜　事。下句「宜」同。❷通智　通智之人。指掌握道、行為完全符合道的人。❸味而弗貪　舊注謂「古人知其味而不貪其食」。❹貪而弗味　舊注謂「孔子曰（原注作『魯』）：人之學也，飲之而已，莫之能味也」。❺歌之脩其音也　舊注謂「此言樂所以移風易俗。歌長其音」。脩，長。❻音之不足以其美　舊注謂「此音不足以致美化也」。❼極　舊注謂「治化之至也」。❽人能尊道行義二句　謂在喜怒取予之時皆能尊道行義，故舊注謂「如此，即其化民逾於樂也」。❾草之從風　謂草順風而倒。形容民眾皆為聖君所化。舊注謂「草上之風必偃」。❿召公　姓姬，名奭。周武王之臣，封地在召（今陝西省岐山縣西南），故稱召公、召伯。成王時，召公與周公分陝而治，自陝而西為召公所治。⓫以　在。⓬弛獄　猶謂打開監牢。弛，解；釋。⓭脩職　盡職分。即將本職工作做好。⓮炮烙　殷紂所用酷刑。用炭燒熱銅柱，令人爬行其上，墮落炭中燒死。文王事見《呂氏春秋・順民》。⓯就　近。此處指穿。⓰絺綌　絺為細葛布，綌為粗葛布。⓱綏　古時上車挽手所用的繩索。《論語・鄉黨》謂「升車，必立正，執綏」。⓲老子學商容二句　本於《文子・上德》。老子師商容事，見《說苑・敬慎》。商容，即常樅。⓳列子　即列禦寇。戰國鄭人。道家人物。⓴壺子　名林，號壺子，一稱壺丘子。鄭國人。為列子之師。㉑觀景柱而知持後矣　出自《文子・上德》，原文謂「老子學於常樅，見舌而知柔，仰視屋樹，退而因川，觀影而知持後」，並非列子事。舊注謂「先有形而後有影，形可亡而影不可傷」。持後，即守後不先。㉒薪樵　木柴。㉓黨　此指同道結合。㉔吳鐸　舊注謂「鐸，大鈴，出於吳」。原文無「吳」字而上有「矣」字，梁處素謂「矣當為吳」，從之。㉕自毀　《鹽鐵論・利議》謂「吳鐸與其舌破」正與本句義同。㉖膏燭　用油脂為燃料之照明者。即燈火。㉗鑠　指金屬熔化。此謂消損。㉘來　招來。㉙猨狖　泛指猿猴。狖，長尾猿。㉚措　同「簎」。刺。一說置之於檻曰措。㉛子路　仲由。有勇力，為衛大夫孔悝邑宰，因反對孔悝迎立蕢聵為衛公而被殺。事見《左傳・哀公十五年》。㉜萇弘　春秋周敬王大夫，事王卿士劉文公。劉氏與晉范氏世為姻親，在晉卿內鬨中幫助范氏，晉卿趙鞅以此為名責周討弘，周人遂殺萇弘。事見《左傳・哀公三年》。舊注謂其「欲以術輔周，周人殺之」。㉝能以智知二句　謂以智知之實為以智自害，以智不知則有大用，可以自存。㉞履繩　履道若繩。即行走在如繩一般直的道路上。㉟宜　適宜。原文作「至」，依俞樾校改。㊱容　通「庸」。即用。原文作「害」，依俞樾校改。

㊲貫　穿；通過。㊳冥冥　晦暗；昏暗。㊴昭昭　明亮。㊵鵲巢　指鵲築巢。鵲冬天築巢。舊注謂「歲多風，則鵲作巢卑」。㊶獺穴　獺為穴。舊注謂「水之所及，則獺避而為穴」。獺，水獺，半水棲獸類，居水邊，食魚。㊷暉日　即運日。運日為雄鴆（毒鳥名）。原文作「暉目」，依莊逵吉校改。㊸晏　天空清朗無雲謂之晏。天晏靜無雲，則暉日先鳴。㊹陰諧　雌性鴆鳥，天將陰雨即鳴。㊺一辭　一言。㊻曲說　一隅之說；一曲之說；片面之說。㊼廣應　應對廣泛。指論道而言。

【語　譯】做事充滿大義的人是君子，做事不合大義的人是小人。通達大道的人做事成功而不辛勞，次一等的是辛勞而不憂慮，再次一等的人是憂慮而不辛勞。古人知道味美卻不貪食，現在的人貪食而不知味道如何。唱歌時拉長聲音，這樣的歌是不能夠表現它的美的。用鐘、磬、管、絃等樂器來伴奏，也還是不能達到美的極限。人能夠尊崇大道、推行大義，希望在喜怒、收受、給予的行動上能像草隨風倒那樣地體現道義。召公在採桑養蠶、耕田播種的時候就打開監牢，放出拘禁的犯人，使老百姓都能回到本行做好自己的工作；周文王不接受千里封地，而請求紂王廢除炮烙之刑。所以聖人辦事情，前進後退都不失時機。就像夏天便穿粗、細葛布衣、上車時便把扶手的繩索給他一樣。老子向商容求教，見到他的舌頭就明白為人處事要秉持柔弱的道理。列子向壺子求教，觀察柱子和影子就明白為人處事要秉持後而不先的道理。所以聖人不在事物出現之前行動，卻常常能制服同類，就像堆積木柴一樣，後放的卻堆在上面。

人因為道義而愛人，因為同道結合而形成群體，因為成為群體而強大。因此恩惠施捨得多，那麼威望就傳播得遠；施加給人的義很少，那麼用武力所控制的範圍就小。吳地產的大鈴因為發出聲響而自我毀壞，膏燭因為發出光亮而自我消損，虎豹因為文彩而招來獵人的射擊，猿猴因為敏捷而招人刺殺。所以子路因為勇敢而死，萇弘因為才智而困於死境。這都是能用智慧知術，卻不能用智慧不知術的後果。所以走險途的人不可能走筆直如繩的路線，從樹林中走出的人也不可能走直路。夜裡走路閉上眼睛而伸手到前面探路，因為夜行有它合適的做法，而眼睛明亮也沒有用。人能夠從昏暗的境界進入清亮的境界，那就可以和他談論最高的道理了。鵲兒築巢知道風力的大小，水獺打洞知道水位的高低，暉日知道天空即將清朗無雲，陰諧知道天空即將陰晦降雨，因此就認為人的智慧不如鳥獸，那就不對。所以精通一種技藝、明白一種言論，只能參與片面說法的議論，而不能廣泛應對、談論大道。

甯戚❶擊牛角而歌，桓公舉以為大田❷；雍門子以哭見孟嘗君❸，孟嘗君❹涕流沾纓❺。歌、哭，眾人❻之所能為也；一發聲，入人耳，感人心，情之至者也。故唐、虞之法可效也，其諭❼人心不可及也。簡公❽以懦殺，子陽❾以猛劫，皆不得其道者也。故歌而不比❿於律⓫者，其清濁⓬一也。繩之外與繩之內，皆失直者也。紂為象箸⓭而箕子⓮嘰⓯，魯以偶人⓰葬而孔子嘆⓱，見所始則知所終。故水出於山，入於海；稼⓲生乎野，而藏乎倉；聖人見其所生，則知其所歸矣。水濁者魚噞⓳，令苛⓴者民亂，城峭㉑者必崩，岸峻㉒者必陀㉓。故商鞅立法而支解㉔，吳起刻削㉕而車裂㉖。治國譬若張瑟㉗，大絃緪㉘則小絃絕矣。故急轡數策㉙者，非千里之御也。有聲之聲，不過百里；無聲之聲，施㉚於四海。是故祿過其功者損，名過其實者蔽。情行㉛合而名副㉜之，禍福不虛至矣。身有醜夢㉝，不勝正行；國有妖祥㉞，不勝善政。是故前有軒冕㉟之賞，不可以無功取也；後有斧鉞之禁，不可以無罪蒙也。素脩正者，弗離道也。

【章旨】這一章主要有兩個觀點。一是用歌者一發聲，入人耳，感人心乃「情之至」為喻，說明唐、虞治國之道，人所不及處就在於唐、虞能以情「諭人心」。簡公以懦弱被殺、子陽以猛厲被誅，皆不得其道。因此治國者當施真情於政事。二是說明立法治政應該寬緩無為。若法政苛刻，不但「民亂」，立法施政者亦不得善終。而說寬緩無為之妙，則謂「急轡數策者，非千里之御也。有聲之聲，不過百里；無聲之聲，施於四海」。此外，還認為聖人見物之始而能知其終、人受福受禍取決於能否「情行合」，因而人當堅持「正行」、「善政」、「脩正」，不受干擾而「弗離道」。

【注　釋】❶甯戚　春秋時衛國人。其干桓公事見《呂氏春秋・舉難》。❷大田　齊國農官名。原文作「大政」，依王念孫校改。❸雍門子以哭見孟嘗君　《漢書・景十三傳》「雍門子壹微吟，孟嘗君為之於邑」，蘇林說：「（雍門子）六國時人，名周，善鼓琴。母死，無以葬，見孟嘗君而微吟也。」如淳則說：「雍門子以善鼓琴見孟嘗君，先說萬歲之後，高臺既已顛，曲池又已平，墳墓生荊棘，牧豎游其上，孟嘗君亦如是乎？孟嘗君喟然嘆息也。」❹孟嘗君　原文無此三字，依俞樾校補。楊樹達以為可不補，文當於上句「見」字斷句，亦為一說。❺纓　繫在頷下的帽帶。❻眾人　普通人。❼諭　諭導。曉諭誘導。❽簡公　舊注謂「齊君也。以柔懦，田成子殺之」。本書〈氾論〉亦謂蒙難為「柔懦所生也」。❾子陽　舊注謂「鄭相也。尚刑而刦死」。本書〈氾論〉謂「鄭子陽剛毅而好罰」，謂其被人所殺為「剛猛之所致也」。❿比　中；合。⓫律　指十二樂律。即六律（合陽聲者）、六呂（或謂六同，合陰聲者）。⓬清濁　清音、濁音。清音輕，濁音沉，兩者配合得好方為美聲。清濁失和，則不合律。⓭象箸　象牙筷子。⓮箕子　紂王的叔父。紂暴虐，箕子諫不聽。⓯嘰　悲歎。舊注謂「唬（當為「嗁」，嗁為「啼」之本字）也。知象箸必有玉杯，為杯必極滋味」。案：箕子事見《韓非子・喻老》。⓰偶人　土木等製成的人像。⓱孔子嘆　舊注謂「嘆其象人而用之也」。案：上事見《孟子・梁惠王上》。文謂「仲尼曰：『始作俑者，其無後乎。』」⓲稼　禾之秀實為稼，一說禾之秀實（開花結實）在野為稼，故稼又可泛指莊稼。⓳噞　魚在水面張口呼吸的樣子。噞常與喁連用，《玉篇》謂「噞喁，魚口上出皃」。⓴令苛　指繁碎、殘酷的政令。苛，苛刻；狠。㉑峭　同「陗」。險峻。㉒峻　原文作「峭」，依王念孫校改。㉓陀　同「阤」。小崩；落。㉔支解　肢解；分解四肢。舊注謂「商鞅為秦孝公立治法，百姓怨之，以罪支解」。案：商鞅係車裂而死。㉕刻削　刻薄。㉖車裂　用車撕裂人體。舊注謂「吳起相楚，設貴臣相坐之法，卒車裂也」。案：吳起為楚宗室貴臣「射刺」而死，無車裂事。㉗張瑟　猶謂鼓瑟、彈瑟、㉘絚　緊；急。原文作「組」，依王念孫校改。㉙急轡數策　謂緊拉韁繩、頻頻加鞭。㉚施　延；擴展。㉛情行　指心意和行為。㉜副　相稱；符合。㉝醜夢　惡夢。㉞妖祥　善惡之徵。此處指妖災之兆。㉟軒冕　卿大夫的軒車和冕（禮帽）服。指代官位爵祿。

【語　譯】甯戚敲擊牛角唱出悲涼的歌，齊桓公聽見便推舉他做大田；雍門子哭著拜見孟嘗君，孟嘗君為之流淚而浸溼了帽帶。歌唱、哭泣，這是一般人都會做的事；一發出聲音，就進入人的耳中，感動人心，這是情意誠摯至極的結果。所以堯、舜的治國方法可以效法，但他們曉諭誘導人心，卻不可能趕得上。齊簡公因為懦弱而被殺死，鄭國的子陽因為猛厲遭到劫殺，都是沒有掌握堯、舜曉諭誘導人心的至道。所以唱歌不合於樂律的，他發出的清音濁音都一樣。偏向繩外和偏向繩內，都不符合直的要求。商紂王用象牙做筷子而使箕子悲歎，魯國人用土木偶陪葬而使孔子歎息，他們見到了事情的開端就知道了結果。所以水從山裡流出，而注入海中；莊稼生長在田野裡，而收藏在倉庫中；聖人見到它的生長，便知道它的最後歸向。水渾濁魚就把嘴伸出水面呼吸，政令苛刻老百姓就會叛亂，城險峻一定會崩毀，河岸峻峭一定會坍方。所以商鞅設立殘酷的刑法而被肢解，吳起推行刻薄的法令而被人用車撕裂身體。治理國家就像彈瑟，大絃彈急了小絃就會斷。所以急拉韁繩而又頻頻加鞭，不是跑千里路的駕車方法。發出聲響的聲音，傳不過一百里；沒有聲響的聲音，可以擴展到四海。因此俸祿超過功勞的人會受到損害，名聲超過實情的人會受到蒙蔽。人的心意和行為一致而名聲就會和它相稱，災禍和幸福不會憑空降臨到人的身上。自己做了惡夢，那惡夢不會勝過正直的行為；國家出現了妖災的徵兆，那徵兆也不會勝過美善的政治。因此前面有軒車、冕服一類的獎賞，不可能沒有功勞而取得，後面有維護禁令的斧、鉞，不可能沒有罪而蒙受。平常為人處事力求正直的人，是不會背離道的。

君子不謂❶小善不足為也而舍之，小善積而為大善；不謂小不善為無傷也而為之，小不善積而為大不善。是故積羽沉舟、群輕❷折軸，故君子禁於微。壹快❸不足以成善，積快而為德❹；壹恨❺不足以成非❻，積恨而成惡❼。故三代之稱❽，千歲之積譽也；桀、紂之謗，千歲之積毀也。天有四時，人有四用。何謂四用？視而形之❾莫明於目，聽而精之❿莫聰⓫於耳；重而閉之⓬莫固於口；含而藏之莫深於心。目見其形，耳聽其聲，口言其誠，而心致之精，則萬物之化咸有極矣⓭。地以德廣⓮，君以德尊，上也；地以義廣，君以義尊，次也；地以強廣，君以強尊，下也。故粹者⓯王，駁者⓰霸，無一焉者亡。昔二皇⓱鳳⓲至於庭⓳，三代至乎門，周室至乎澤。德彌麤，所至彌遠；德彌精，所至彌近。

【章旨】這一章有三層意思。一說君子行則從「小善」做起，因為積小善可為大善；禁則「禁於微」，因為「積恨而成惡」。二說人有視、聽、言、含四種功用，就能完全認識萬物的變化。三說君主行德為上，行義其次，施強為下。治道純者為王，駁雜者為霸。德、義、強全沒有的便要滅亡。還說到君主德精者則瑞物近，反之則遠。

【注釋】❶謂 認為。❷群輕 聚集輕物。❸壹快 謂使人得到瞬間的痛快。或謂使人一舒其鬱。❹德 指善。非恩德之德。❺恨 悔；怨恨。❻非 指惡。❼惡 罪惡。原文作「怨」，依王念孫校改。❽稱 稱頌；讚許。❾形之 指看出物體的形狀。❿精之 指聽得精細。⓫聰 指聽力好。⓬重而閉之 指上下嘴唇相重而閉。言緊閉其口。重，重疊。⓭萬物之化咸有極矣 意謂萬物的變化全都能被人所認識、所掌握。有極，有極致。⓮地以德廣 舊注謂「人君以德廣益其土地也」。廣為動詞。增廣；拓展。⓯粹者 此指君主治道之純粹者。即合大道者。⓰駁者 此指君主治道之駁雜者。即不依大道而行者。⓱二皇 指伏羲氏和神農氏。⓲鳳 原文為「鳳皇」，依王念孫校刪「皇」字。⓳庭 宮中為庭。《玉海》謂「堂下至門為庭」。

【語譯】君子不認為小的善事不值得做就放棄不做，小的善事積累多了就成為大善事；不認為小的壞事不會有傷害就去做，小的壞事積累多了就成為大壞事。所以在船上積聚羽毛會把船壓沉，在車上積聚輕的物體足以把車軸壓斷，因此君子在弊病很隱微時就加以禁止。使人們得到剎那的痛快不能說是成就了善事，但使人痛快的事積累多了就成為美善之事；做一次令人悔恨的事不能夠成為罪惡，但使人悔恨的事積累多了就會成為罪惡。所以夏、商、周三代被人稱頌，是千年被人讚美所積累的結果；夏桀、商紂受人貶斥，是千年被人指責所積累的結果。天有四個季節，人有四種功用。什麼叫做四種功用呢？看東西能知道物體的形狀，沒有什麼比眼睛清楚的；聽得精細，沒有什麼能比耳朵更敏銳的；重重關閉，沒有什麼比口更牢固的；懷抱收藏，沒有什麼比心更深廣的。眼睛能看見形狀，耳朵能聽見聲音，口能說出誠意，而心能達到至精至誠，那麼萬物的變化都能充分掌握。國家的土地因為君主施行德政而擴大，君主因為施行德政而受人尊重，這是最好的；國家的土地因為君主行義而擴大，君主因為行義而受到人的尊重，這是次一等的；國家的土地因為君主強橫而擴大，君主因為強橫而受人尊重，這是下等的。所以治道純粹的君主可以稱王，治道駁雜的君主可以稱霸，一種治道也沒有的君主就會使國家滅亡。從前伏羲氏、神農氏在位的時候，鳳凰落在庭中；在三代時，鳳凰落在門前；到了周王朝的時候，鳳凰飛到了湖澤中。君主的德政越是粗疏，鳳凰就離皇宮越遠；君主的德政越是精粹，鳳凰就離皇宮越近。

君子誠仁，施亦仁，不施亦仁❶。小人誠不仁，施亦不仁，不施亦不仁。善之由我，與其由人，若仁德之盛者也。故情❷勝欲者昌，欲勝情者亡。

欲知天道察其數❸，欲知地道物其樹❹，欲知人道從其欲❺。勿驚勿駭，萬物將自理；勿撓❻勿擾❼，萬物將自清❽。察一曲❾者，不可與言化❿；審一時⓫者，不可與言大⑫。日不知夜，月不知晝，日月為明而弗能兼也，唯天地能函⑬之。能包天地，曰唯無形者⑭也。

驕溢⑮之君無忠臣，口慧⑯之人無必信。交拱⑰之木無把⑱之枝，尋常⑲之溝無吞舟之魚。根淺則末⑳短，本傷則枝枯。福生於無為，患生於多欲；害生於弗備，穢㉑生於弗耨㉒。聖人為善若恐不及，備禍若恐不免。蒙塵而欲毋眯㉓，涉水而欲無濡㉔，不可得也。是故知己者不怨人，知命者不怨天。福由己發，禍由己生。聖人不求譽，不辟㉕誹，正身直行，眾邪自息。今釋正而追曲，倍㉖是而從眾，是與俗儷走㉗而內行無繩㉘，故聖人反己而弗由㉙也。

【章　旨】這一章有三層意思。一是講人的本質不受他的舉動所影響，而是在於他的心意如何。本質「誠仁」，則施亦仁，不施亦仁；本質「誠不仁」，則施亦不仁，不施亦不仁。還講行善由我，而他人是否與我共同為善則由人。就個人而言，能使本性戰勝欲望的就昌盛，而本性被欲望戰勝就會滅亡。二說「無形」之道無所不包，而人的「察一曲」、「審一時」是不足言化、不足言大的。中間提出「勿驚勿駭，萬物將自理；勿撓勿攖，萬物將自清」，仍是本於無為之道。三說君主加強自身修養的重要性和如何修養。文中說「驕溢之君無忠臣」、「本傷則枝枯」，見得君主修身的重要。又說「福由己發，禍由己生」，且「福生於無為，患生於多欲」，可見君主以無為、無欲持己為最佳修身途徑。文中說聖人「為善」、「備禍之急切，說聖人如何「正身直行」、「反己而弗由」，以及對有些君主「釋正而追曲，倍是而從眾」的批評，均是論君主的修養問題。

【注釋】❶君子誠仁三句　舊注謂「道無為而民蒙純（指善、美），此所謂不施而仁」。❷情　情性；本性。道家認為人的本性是無欲無為的。❸數　術數。此指關於曆法的學問。❹欲知地道物其樹　舊注謂「五土之宜，各有所種生之木」。物，相；察。仔細看。❺欲　舊注謂「君子欲於道，小人欲於利」。❻撓　攪動。❼攖　擾亂。一釋為羈絡。❽萬物將自清　舊注謂「言治天下各順其情」。清，清靜。或謂澄清、使之太平。❾一曲　一隅。此指從一個角度觀察事物。❿化　指萬物變化的道理。⓫一時　一季。⓬大　指範圍大一些的事情。⓭函　「函」的本字。包含；容納。⓮無形者　指道。本書〈原道〉謂「夫道者，覆天載地，……包裹天地」。「夫無形者，物之大祖也；……所謂無形者，一（即道）之謂也」。⓯驕溢　驕盈。傲氣盈溢。⓰口慧　即「口惠」。指用口許人以恩惠而實不至。《韓詩外傳》謂「口惠之人鮮信」。⓱交拱　猶言合抱。兩手合圍。⓲把　握。⓳尋常　古以八尺為尋，十六尺為常。⓴末　指樹梢。㉑穢　蕪。指田地荒廢。㉒耨　除草的農具。此處指除草。㉓眯　眼皮微合。㉔濡　浸溼。㉕辟　駁斥。㉖倍　通「背」。違背。㉗儷走　並行。㉘內行無繩　言其私居時操行不合規矩。內行，平日家居時的操行。舊注謂「繩，所以彈曲者也」。㉙弗由　不從。指不隨從流俗。

【語　譯】君子內心確實有仁愛之德，那麼他施恩予人是有仁愛之德，不施恩予人也是有仁愛之德。小人內心確實沒有仁愛之德，那麼他施恩予人也是沒有仁德，不施恩予人也是沒有仁德。做好事是由我決定的，別人和不和我一起做則由別人來決定，就像使仁愛之德盛大一樣。所以純樸本性勝過欲望的人就會事業昌盛，欲望超過純樸本性的人就會遭到滅亡。

要知道天的運行規律就研究律曆，要知道地的道理就仔細觀察樹。要知道做人的道理就從人的欲望中去了解。不要驚動，不要騷亂，萬物將會自己治理好自己；不要攪動，不要擾亂，萬物將會自己使自己清靜。只由一個角度察看事物的人，不能和他討論萬物變化的道理；只了解短暫時間內事物變化特點的人，不能和他討論範圍更大的問題。太陽不了解黑夜、月亮不了解白天，日月都能照亮天地卻都不能兼顧晝夜，只有天地能包含它們。而能包含天地的，就只有被稱為無形的道。

傲氣盈溢的君主是沒有忠臣的，口中答應給人恩惠而不實踐的人是不會必定講信用的。只有兩手合圍那樣粗的樹木沒有盈把的樹枝，在丈把來長的水溝中沒有吞得下船的魚。根生得淺樹梢就長得短，根受到傷害樹枝就會枯萎。幸福是由無為產生的，禍患是由欲望多產生的；災害是由於不加防備出現的，田野荒蕪是由於不除草造成的。聖人做好事就像深怕來不及似的，防備災害就像深怕不能避免似的。蒙上塵土而想不眯眼，徒步涉水而想不浸溼腳板，是不可能辦到的。因此了解自己的人不埋怨別人，了解自己命運的人不怨恨上天。幸福是由自己生發出來的，禍患是由自己產生出來的。聖人不追求別人的讚美，不駁斥別人的誹謗，修身使得行為正直，許多邪惡議論自然會平息。現在拋棄正道而追求邪曲之道，背離正確的原則而尾隨一般人走，這是和平庸的人並肩前進而私下的操行沒有規矩，所以聖人努力使自己返回自己的本性而不隨從流俗。

道之有篇章❶形埒❷者，非至者也；嘗之而無味，視之而無形，不可傳於人。大戟❸去水，亭歷❹愈❺張❻，用之不節，乃反為病。物多類❼之而非，唯聖人知其微。善御者不忘其馬，善射者不忘其弩❽，善為人上者不忘其下。誠能愛而利之，天下可從❾也。弗愛弗利，親子叛父。天下有至貴而非勢位也，有至富而非金玉也，有至壽而非千歲也。原心反性則貴矣，適情知足則富矣，明死生之分❿則壽矣。言無常是、行無常宜者，小人也。察於一事、通於一伎者，中人也。兼覆⓫而并有之、伎能而裁使之⓬者，聖人也。

【章　旨】這一章文雖短而內容豐富。首先說到「至道」的若干特點，雖然它是「不可傳於人」，但卻又「物多類之而非，唯聖人知其微」。其次說到善為人主者不忘下，能對下愛而利之則天下順服。再說天下之貴在於「原心反性」、天下之富在於「適情知足」、天下之壽在於「明死生之分」。這實際上是君子修身的目標，可見作者十分重視心靈境界的涵養。最後說到小人、中人、聖人的區別，認為聖人「兼覆而并有之、伎能而裁使之」。

【注　釋】❶篇章　文字撰著。❷形埒　形跡。舊注謂「兆朕也」。此句連同下句論「道」不可言說和不可見形的特點。❸大戟　藥名。又稱下馬仙，多年生草本植物。❹亭歷　即「葶藶」。藥名。一年生草本植物。❺愈　同「癒」。病好了為愈。❻張　同「脹」。病名。❼類　類似。❽弩　用機械發射的弓。❾從　聽從；歸服。❿死生之分　指死與生的區別。⓫兼覆　廣為覆蓋。原文作「兼覆蓋」，依王念孫校刪「蓋」字。⓬伎能而裁使之　舊注謂「裁，制也。度其伎能而裁制使之」。原文上有「度」字，依王念孫校刪。

【語　譯】道如果能用文字寫成著作，能見到它的形跡，那就不是最高境界的道；道這個東西，嘗它一下沒有味道，看一看沒有形體，它的特點是不可能傳達給人的。大戟能消水腫，亭歷能治好皮肉鼓脹的毛病，但使用時不加以節制，反而會出毛病。事物中有許多表面類似而實際上不同的情況，只有聖人能知道它們之間細微的差別。擅長駕馭車馬的人不會忘記他的馬，善於射箭的人不會忘記他的弩弓，善於做君主的人不會忘記他的人民。能確實熱愛人民而給人民帶來利益，那天下的人民就會歸服他了。既不熱愛，又不帶來利益，就是親生的兒子也會叛離他的父親。天下有最尊貴的東西卻不是權勢地位，有最富裕的東西卻不是金和玉，有最長的壽命卻不是活一千歲。能夠推原本心而使回歸本性就很可貴了，切合本性而自知滿足就很富裕了，明白死活的區別就是長壽了。說話不能常常正確、行動不能常常合宜，這是小人。對一件事情很清楚，對一種技藝很精通，這是平常的人。能對天下人民廣為覆蓋而一併擁有他們、能度量人的技能而加以剪裁使用的，是聖人。

卷一一

齊俗

【題解】〈齊俗〉的主旨在於申論各地禮俗的獨特意義及其相同的存在價值。許慎釋篇名謂「四宇之風、世之眾理，皆混其俗，令為一道也，故曰齊俗」，似未得其要領。漢興不久，即藉助禮儀治國，賈誼等進治安之策，解決中央政權和諸侯王的權力衝突，策略之一便是借禮制裁抑諸侯王的勢力，以鞏固中央集權和國家的統一。這種策略實為文、景二帝所用。淮南王劉安不贊成統一禮制而削藩的做法，因此本卷所論帝王當如何對待禮俗，就隱含著他的不滿情緒。

率性❶而行謂之道，得其天性❷謂之德。德❸失然後貴仁，道失然後貴義。是故仁義立而道德遷❹矣，禮樂飾❺則純樸散❻矣，是非形❼則百姓眩❽矣，珠玉尊❾則天下爭矣。凡此四者，衰世❿之造也，末世⓫之用也。

夫禮者，所以別尊卑，異貴賤；義者，所以合君臣、父子、兄弟、夫妻、朋友之際也⑫。今世之為禮者，恭敬而忮⑬；為義者，布施⑭而德⑮；君臣以相非，骨肉以生怨，則失禮義之本也，故搆而多責⑯。夫水積則生相食之魚，土積則生自宍⑰之獸，禮義飾則生偽慝⑱之士⑲。夫吹灰而欲無眯、涉水而欲無濡，不可得也。古者，民童蒙⑳不知東西，貌不羨乎情㉑，而言不溢乎行㉒。其衣暖㉓而無文，其兵㉔銖㉕而無刃，其歌樂而無轉㉖，其哭哀而無聲。鑿井而飲，耕田而食。無所施其羨㉗，亦不求得。親戚不相毀譽，朋友不相怨德㉘。及至禮義之生，貨財㉙之貴，而詐偽萌興，非㉚譽相紛，怨德並行，於是乃有曾參㉛、孝己㉜之美，而生盜跖㉝、莊蹻㉞之邪。故有大路㉟龍旂㊱，羽蓋㊲垂緌㊳，結駟連騎㊴，則必有穿窬拊楗㊵、抇墓踰備㊶之姦。有詭文繁繡㊷，弱緆㊸羅紈㊹，必有菅屩跐踦㊺、短褐㊻不完者。故高下之相傾㊼也，短脩之相形㊽也，亦明矣。

【章　旨】這一章論仁義禮樂。先論其由來和它們給社會帶來的弊害。基本觀點與老、莊相同。不過作者所批評的是西漢前期的社會現象。文中「率性而行謂之道，得其天性謂之德。德失然後貴仁，道失然後貴義。是故仁義立而道德遷矣，禮樂飾則純樸散矣」，為一章之總綱。下言「今世」為禮為義之虛偽，及君臣相非、骨肉生怨之弊，又從古人履道踐德而民風純樸說到禮義之生而詐偽萌興、怨德並行、高下相傾、短脩相形，都是圍繞這個綱展開的。

【注釋】❶率性　依循本性而行。《禮記・中庸》：「天命之謂性，率性之謂道。」❷天性　本性。《禮記・樂記》：「德者，性之端者也。」❸德　原文作「性」，依馬宗霍校改。❹遷　有徙、去、離散之意。此處可訓為「失」。❺飾　修；治。❻純樸散　本於《老子》第二十八章所謂「樸散則為器」。蔣錫昌釋《老子》，謂「『樸散則為器』，言道散而為萬物也」。❼形　顯露；形成。❽眩　迷惑；迷亂。❾尊　貴重。❿衰世　又稱後世、季世。與「盛世」相對而言，指未能行道的衰落之世。⓫末世　近於衰亡的時期。一說即指衰世、季世。⓬義者二句　《韓非子・解老》釋「義」謂「義者，君臣上下之事，父子貴賤之差也，知交朋友之接也，親疏內外之分也。臣事君，宜；下懷上，宜；子事父，宜；賤敬貴，宜；知交友朋之相助也，宜；親者內而疏者外，宜。義者，謂其宜也」。際，彼此之間。⓭忮　嫉恨。⓮布施　以財物施捨於人。⓯德　謂顯出其恩惠。⓰搆而多責　舊注（本卷舊注為許慎所注）言「搆謂以權相交。權盡而交疏，搆，搆然（當為『怨』）也」。⓱宊　古「肉」字。原文作「宂」，依劉文典校改。⓲偽慝　偽，詐。慝，姦；邪惡。原文作「匿」，依王念孫校改。⓳士　原文作「本」，依王念孫校改。⓴童蒙　指幼童智少而不明事理。喻愚昧。㉑貌不羨乎情　謂人行禮自然，出自內心之實。《韓非子・解老》謂「禮者，外貌之所以諭內也，故曰：禮以貌情也」。貌，形貌、動作。羨，超過。情，實。指內情之實。㉒言不溢乎行　謂言行一致。溢，超過。㉓衣暖　原文作「衣致暖」，依王念孫校刪「致」字。依俞樾校，改「暖」為「緩」。緩，同「縵」。縵，本為無花紋圖案的繒帛，而凡無文飾者皆可曰縵。㉔兵　兵器。原文下有「戈」字，依王念孫校刪。㉕銖　鈍；不鋒利。舊注謂「楚人謂刃頓（同『鈍』）為銖」。㉖轉　婉轉。㉗羨　羨餘；盈餘。原文作「美」，依蔣禮鴻校改。蔣氏釋言「謂雖有羨餘，不以施人市恩也。下句云：『亦不求得』。謂自足而止，不貪多餘也」。㉘怨德　怨恨和感激。㉙貨財　錢穀之通稱。㉚非　通「誹」。毀謗。㉛曾參　名參，字子輿，孔子弟子。曾子以孝著稱，本書〈說山〉謂「曾子立孝，不過勝母之閭」。㉜孝己　殷高宗武丁的太子，有至孝之行。其母早死，高宗惑後妻之言，放之而死。㉝盜跖　傳為古時之大盜。《莊子・盜跖》言「盜跖從卒九千人，橫行天下，侵暴諸侯，穴室樞戶，驅人牛馬，取人婦女，貪得忘親，不顧父母兄弟，不祭先祖」。㉞莊蹻　楚莊王後裔。頃襄王時人，本書〈主術〉舊注謂其「能大為盜也」。㉟大路　天子車也。㊱龍旂　畫交龍圖案之旗，天子儀衛所用。㊲羽蓋　以翠羽為飾的車蓋。㊳緌　帽帶繫結所餘之下垂部分。此指羽蓋四圍散而下垂之飾物。㊴結駟連騎　指車馬接連不斷。形容喧鬧顯赫。㊵穿窬拊楗　穿窬，謂穿洞。窬，門邊小洞。拊楗，謂劈斷門閂。㊶扣墓踰備　扣墓，掘墓。原文作「抽箕」，依王引之校改。扣，發掘。踰備，謂翻越後牆。備，後垣。㊷詭文繁繡　詭文，奇異的花紋。繁繡，謂繡以繁多美色。㊸弱緆　細布。㊹羅紈　羅為稀疏而輕軟的絲織品。紈為細絹。㊺菅屩跐踦　謂草屨參差不耦。菅，草名。即菅茅，莖可作繩織屨。屩，用麻、草做的鞋。跐踦，不齊之意。跐，同「縒（通「差」）」。參縒。踦，通「奇」。不耦。㊻短褐 粗陋的衣服。短為裋之假借字，粗布衣服。舊注言「楚人謂袍為短」。褐，粗毛或粗麻織的短衣。本書〈覽冥〉舊注謂「褐，毛布，如今之馬衣也」。㊼相傾 互相超越。㊽相形 互相比較。

【語譯】依循本性行事就可說是道，能掌握自己的天生本性就可說是有德。德失去以後才崇尚仁，道失去以後才崇尚義。因此仁義一設立，道德就喪失了；禮樂一制訂好，純樸的道就離散了；是非的觀念一形成，老百姓就心思迷亂了；珠玉被看得貴重，天下的人就開始爭奪了。這一共四點，都是在衰落時代形成而為末世之人所使用的。

禮這個東西，是用來區別地位的尊貴、卑賤的；義這個東西，是用來融合君臣、父子、兄弟、夫妻、朋友之間的關係的。當今之世奉行禮儀的人，往往態度恭敬而內心嫉恨；行義的人，往往通過施捨財物而顯示他的恩德；君臣因此而相互責怪，骨肉因此而相互怨恨，這樣便失去了禮義的根本精神，因此造成怨恨而時常相互指責。水積得多就會產生相互吞食的魚，土積累多了就會出現吞吃同類的野獸，禮義制訂出來了就會產生偽詐、邪惡的人物。要這種現象不出現，就像吹灰而想不瞇眼、涉水而想不沾溼腳板一樣，是不可能做到的。在古時候，老百姓就像不懂事的兒童一樣不知道東、西方向，形貌舉止不會超出他內心的實情，而言語也不會超出他的行動。他們穿的衣裳全無花紋圖案，他們用的兵器很鈍而沒有鋒刃，他們唱的歌真心歡樂而歌聲並不婉轉，他們哭得傷心而沒有聲音。挖井飲水，種田吃飯，不把自己多餘的東西施捨給人，也不貪求人家的東西。親戚之間不互相毀謗、讚美，朋友之間也不相互怨恨、感激。等到禮義產生、錢幣穀糧受到重視，而偽詐興起，誹謗、讚美交相混雜，怨恨和感激同時存在，於是便出現了曾參、孝己那樣的美好行為，而產生了盜跖、莊蹻那樣的邪惡行為。所以有了大車龍旂、羽蓋四圍綏鬚下垂、車馬接連不斷的情況，就一定會產生鑿穿牆洞、劈斷門閂而進入人家屋內、挖掘人家的墳墓、翻越人家的後牆等姦邪行為。有人穿著繡有奇異花紋圖案和美麗色彩的細布、羅紈所做的衣服，就一定會有人連草鞋都不成雙、粗陋衣服都不完整。所以高和下會相互超越，短和長會相互比較，這也是很明白的。

夫蝦蟇為鶉❶，水蠆❷為螅❸，皆生非其類，唯聖人知其化❹。夫胡人見黂❺，不知其可以為布也；越人見毳❻，不知其可以為旃❼也。故不通於物者，難與言化。

昔太公望、周公旦受封❽而相見，太公問周公曰：「何以治魯？」周公曰：「尊尊親親❾。」太公曰：「魯從此弱❿矣！」周公問太公曰：「何以治齊？」太公曰：「舉賢⓫而上功⓬。」周公曰：「後世必有劫殺⓭之君。」其後，齊日以大，至於霸⓮，二十四世⓯而田氏代之⓰；魯日以削，至三十四世⓱而亡⓲。故《易》曰：「履霜，堅冰至⓳。」聖人之見終始微矣⓴。故糟丘生乎象櫡㉑，炮烙始於㉒熱斗㉓。子路撜溺而受牛謝㉔，孔子曰：「魯國必好救人於患矣㉕。」子贛㉖贖人而不受金於府㉗，孔子曰：「魯國不復贖人矣。」子路受而勸德㉘，子贛讓而止善。孔子之明，以小知大，以近知遠，通於論者也。

【章旨】這一章先講「與言化」者必須精通物理。聖人精通物理，所以能明白萬物變化的緣由。繼而用太公望、周公旦因互道治政方針而預言對方封國未來的政事，以及孔子對子路、子贛不同行為的議論，說明聖人能「以小知大，以近知遠」。本章講的「聖人之見終始微矣」，實是對〈繆稱〉中「唯聖人見其始而知其終」、「聖人見其所生，則知其所歸矣」論點的發揮。

【注　釋】❶蝦蟇為鶉　鶉，小鳥名。大如雞雛，頭細而無尾，毛有斑點，傳為蛙所變成。《列子》謂「蛙變為鶉，事不謬矣」。❷水蠆　水中蠆蟲。蠆，蠍子之類的毒蟲。❸蟌　蟲名。即青蛉、蜻蜓。原文作「蟌葱」，依王念孫校改。《太平御覽・蟲豸部六》引本書舊注謂「老蝦蟇化為鶉，水中蠆蟲化為蟌。蟌者，蜻蜓也」。❹化　舊注謂「其化視陰入陽，從陽入陰」。❺麤　粗麻。❻毳　鳥獸的細毛。❼旃　通「氈」。❽受封　指受封土地。周武王封太公望於齊營邱，是為齊公。武王封周公旦於少昊之虛曲阜，是為魯公。❾尊尊親親　謂尊重所當尊者，親近所當親者。❿弱　衰弱。舊注謂「尊尊親親，仁者弱也」。⓫舉賢　舉用賢才。⓬上功　崇尚有功。⓭劫殺　以武力脅而殺之。⓮霸　稱霸。齊桓公為春秋五霸主之一。⓯二十四世　自丁公呂伋至齊簡公二十四位諸侯國君在位。⓰田氏代之　指田成子（恒）殺齊簡公自代事。《韓非子・內儲說・下》謂「田恒相齊，行私惠以取其國，遂殺簡公而奪之政」。⓱三十四世　魯自伯禽至頃公讎，恰三十四世。原文作「三十二世」，依劉文典校改。⓲亡　國勢亂弱、大權旁落，人主不能行其制謂亡國。非滅亡意。⓳履霜二句　為《周易・坤卦》初六（第一爻）爻辭。意謂行於霜上而知厚實的冰塊將要出現。季秋之月霜始降，季冬之月冰始盛。霜現而冰即至矣。⓴微矣　原文作「微言」，依孫詒讓校改。微，微小。㉑故糟丘生乎象櫡　舊注謂「紂為長夜之飲，積糟成丘者，起於象櫡」。象櫡，即「象箸」。象牙製成的筷子。㉒始於　原文作「生乎」，依陶方琦校改。㉓熱斗　熨斗。《太平御覽》卷七一二引許慎注謂「熱斗，熨斗也。熱人手，遂作炮烙之刑也」。又卷八三引《帝王世紀》云：「紂欲重刑，乃先為大熨斗，以火爇之，使人舉，輒爛手不能勝。紂怒，乃更為銅柱，以膏塗之，加於爇炭之上，使有罪者緣焉，足滑跌墮火中，紂與妲己笑為樂，名曰炮烙之刑。」㉔子路撜溺而受牛謝　舊注謂「撜，舉也。拼出溺人，主謝以牛也」。撜溺，救人出水。撜，通「拯」。㉕矣　原文無此字，依劉文典校補。㉖子贛　即端木賜，與「子貢」同。㉗受金於府　舊注謂「魯國之法，贖人於他國者，受金於府」。本書〈道應〉謂「子贛贖魯人於諸侯，來，而辭不受金」。㉘勸德　謂勉勵人們行善。德，這裡有美、善之意。

【語　譯】蝦蟇變成鶉鳥，水中蠆蟲變為蜻蜓，鶉鳥、蜻蜓都不是牠們的同類產生的，只有聖人知道牠們這樣變化的奧祕。西北方的胡人見到粗麻，不知道它可以織成布，越地的人見到鳥獸的細毛，不知道它可以織出氈子。所以不精通萬物特性的人，是很難和他談論事物變化的道理的。

從前太公望和周公旦在接受封地後相見，太公問周公說：「你打算怎樣治理魯國？」周公回答說：「尊重應當尊重的人，親近應當親近的人。」太公說：「魯國從此要變得衰弱了。」周公問太公說：「你打算怎麼樣治理齊國？」太公回答說：「我打算選用賢才、崇尚功績。」周公說：「齊國後世一定會有君主被劫持、被殺死。」從那以後，齊國一天一天強大，直到齊桓公成為霸主，經過了二十四代而被田成子取代；魯國一天一天地削弱，到了第三十四代君主便大權旁落了。所以《周易》中說：「走路踩著霜，厚實的冰就要出現了。」聖人能從微小的跡象察知事情的結果。所以商紂為長夜之飲、積糟成丘，是從他用象牙筷子引出來的，他設炮烙酷刑是從用熨斗烙人開始的。子路把落水的人救出來而接受對方的謝禮——牛，孔子知道後便說：「魯國的人從此一定喜歡救助他人出於災禍。」子貢從諸侯手中把人贖回來卻不收官府給的金錢，孔子知道後便說：「魯國從此再不會有人去做贖人的事了。」子路接受謝禮而能勉勵人們做好事，子貢辭讓金錢卻使人們停止做好事。孔子的高明，表現在能從小事知道大事，能從近處之事推知遠處之事，他是很精通於論事的。

由此觀之，廉有所在❶，而不可公行❷也。故行齊❸於俗，可隨也；事周❹於能，易為也。矜偽以惑世，伉行❺以違眾，聖人不以為民俗。廣廈❻闊屋，連闥通房❼，人之所安也，鳥入之而憂。高山險阻，深林叢薄❽，虎豹之所樂也，人入之而畏。川谷通原❾，積水重泉❿，黿鼉之所便也，人入之而死。〈咸池〉、〈承雲〉⓫、〈九韶〉⓬、〈六英〉⓭，人之所樂也，鳥獸聞之而驚。深谿峭岸、峻木⓮尋枝⓯，猨狖之所樂也，人上之而慄。形殊性詭，所以為樂者乃所以為哀，所以為安者乃所以為危也。乃至天地之所覆載、日月之所照記⓰，使各便⓱其性、安其居、處其宜、為其能。

【章　旨】這一章承上章而來，就子貢辭受贖人賞金、影響魯人贖人之風，得出「廉有所在，而不可公行」的結論。並由此推言「行齊於俗，可隨也；事周於能，易為也」，而說聖人是不以「矜偽以惑世，伉行以違眾」為民俗的。文中舉出數例說明人以為樂者物未必能樂，物以為樂者人亦未必能樂；同樣的環境，人、物的安危感受也不一樣。因而理想的民俗應該是使天地間萬物「各便其性、安其居、處其宜、為其能」。文中「形殊性詭」以下各句皆出《文子・自然》。

【注　釋】❶有所在　此就上文「子贛讓而止善」言。❷公行　通行。公，廣；通。❸齊　相同。作動詞用。❹周　合。❺伉行　強伉而行。伉，通「犺」。強；健。一說：對抗而行。伉，通「抗」。敵；對。❻廣廈　大屋。❼連闥通房　連闥，門戶相連。闥，門。通房，房屋互通。❽叢薄　草木叢生的地方。叢，謂灌木。❾通原　當指通流之源頭。❿重泉　指水極深處。⓫咸池承雲　二古樂名。傳為黃帝之樂。〈咸池〉又傳為堯所增修沿用。承雲，又名〈雲門〉。《呂氏春秋・古樂》謂「黃帝又命伶倫與榮將鑄十二鐘，以和五音，以施〈英韶〉，以仲春之月，乙卯之日，日在奎，始奏之，命之曰〈咸池〉」。帝顓頊生自若水，實處空桑，乃登為帝。唯天之合，正風乃行，其音若熙熙淒淒鏘鏘。帝顓頊好其音，乃令飛龍作效八風之音，命之曰〈承雲〉」。⓬九韶　古樂名。一名〈九招〉。《呂氏春秋・古樂》既謂其乃「帝嚳命咸黑作」，又謂「帝舜乃命質修〈九招〉」。⓭六英　古樂名。舊注謂「帝顓頊樂」。《呂氏春秋・古樂》謂其乃「帝嚳命咸黑作」，「帝舜乃命質修」。⓮峻木　高大的樹木。⓯尋枝　修長的樹枝。⓰日月之所照詔　指日月用來譴告人君的物象。《鹽鐵論》謂「天設三光（指日、月、星）以照記」，與本文此句義近。照詔，告誡。照，通「詔」。告。詔，誡。⓱便　適宜。

【語　譯】從這些情況看來，廉潔是要用在適宜的地方的，不能夠通行在每一件事情上。所以行為和風俗相同，可以跟著去做；事情與人的能力一致，就容易做。用驕矜虛偽的行為來迷惑世人，用對抗的行為違背眾人，聖人是不把這些當作民眾的風俗的。高大寬敞的屋子，門戶相連，房室相通，是人安樂的住所，可是鳥進去卻感到憂愁。高山險阻，樹林深密，草木叢生，是虎豹樂於生活的地方，可是人進去後卻感到恐懼。川谷和水流共同的源頭，積水極深的淵泉，是黿鼉適宜生活的地方，可是人掉進去就會淹死。〈咸池〉、〈承雲〉、〈九韶〉、〈六英〉，是使人快樂的樂曲，可是鳥獸聽見卻受到驚嚇。幽深的谿谷、峻峭的山崖、高大的樹木、長長的樹枝，是猿猴喜歡生活的地方，可是人爬上去卻嚇得發抖。萬物形體不同，天性也不一樣，對某些「物」是快樂的，對其他的「物」卻會造成悲哀；對某些「物」是安全的，對其他的「物」卻很危險。以至天所覆蓋、地所承載以及日月用來譴告君主的種種物象，都要使萬物各自生活在適合它們的天性、使它們安心於自己的居所、處在恰當的位置、能發揮能力的環境。

故愚者有所脩❶，智者有所不足：柱不可以摘齒，筳不可以持屋❷，馬不可以服重❸，牛不可以追速，鉛不可以為刀，銅不可以為弩，鐵不可以為舟，木不可以為釜❹。各用之於其所適，施之於其所宜，即萬物一齊，而無由相過。夫明鏡便於照形，其於以承食不如竹箄❺，犧牛❻騂毛❼宜於廟牲❽，其於以致雨，不若黑蜧❾。由此觀之，物無貴賤，因其所貴而貴之，物無不貴也；因其所賤而賤之，物無不賤也❿。

夫玉璞⓫不厭厚，角觿⓬不厭薄；漆不厭黑，粉不厭白⓭。此四者相反也，所急⓮則均⓯，其用則⓰一也。今之裘與蓑⓱，孰急？見雨則裘不用，升堂⓲則蓑不御⓳，此代⓴為帝㉑者也。譬若舟、車、楯、肆、窮廬㉒，故有所宜也。故老子曰

「不上賢㉓」者，言不致魚於木、沉鳥於淵㉔。

故堯之治天下也，舜為司徒㉕，契㉖為司馬㉗，禹為司空㉘，后稷㉙為大田㉚，奚仲㉛為工師㉜。其導萬民也，水處者漁，山處者木㉝，谷㉞處者牧，陸處者農。地宜其事，事宜其械，械宜其用，用宜其人。澤皋㉟織網，陵阪㊱耕田，得以所有易所無，以所工㊲易所拙，是故離叛者寡，而聽從者眾。譬若播㊳棊丸於地，員㊴者走澤，方者處高，各從其所安，夫有何上下焉？若風之過㊵簫㊶，忽然感之，各以清濁應矣。

【章旨】這一章先闡述萬物平等之價值觀，然後以此為原則而論聖人用人、治人的方法。作者認為，萬物有所長，也有所短，人也是「愚者有所脩，智者有所不足」。但用人、用物都能使之「適」、使之「宜」，那就「萬物一齊」、「無由相過」了。即萬物的價值都平等了，不存在誰超過誰的問題。因此物本無貴賤可言，客觀上存在貴賤之分，全是人們貴其所貴、賤其所賤造成的。由於人、物各有所長、所適、所用，因此聖人用人因材，治民則因其所適而加以引導。大家都有機會顯現出自己的價值，所以天下安定。這一章文句多出自《文子・自然》。

【注釋】❶脩　長。指長處、專長。❷柱不可以摘齒二句　王念孫謂「言大材不可小用，小材不可大用，故柱可以持屋而不可以摘齒，小簪可以摘齒而不可以持屋也」。摘齒，即剔牙。摘，意如「剔」。筳，小簪子（用來綰住頭髮或將帽子別在髮上的針形飾物）。原文作「筐」，依王念孫校改。持，支撐。❸馬不可以服重　謂馬不能拉很重的車。韓愈〈試大理評事王君墓誌銘〉銘辭中「鼎也不可以柱，馬也不可使守閭」，句意句法皆與上數句同。服，駕；拉車。❹釜　無足之鍋。用金屬材料製成。❺夫明鏡便於照形二句　謂銅製圓形明鏡雖昂貴，若用以蔽甑底，則氣不上升而食不熟，還不如賤物竹箅可以蒸食。承食，即蒸食。承，通「烝」。原文作「函食」，依王念孫校改。竹箅，竹製炊具。其形圓，放在甑底以蒸煮食物，俗稱箅子。原文作「箄」，依王念孫校改。❻犧牛　古代祭祀用的毛色很純的牛。❼騂毛　指供祭祀用的純赤色的牛。騂，泛指赤色。毛，犧牲（祭祀用的牲畜）之純色者稱毛。原文作「粹毛」，依劉文典校改。❽廟牲　祭祖或祭神用的牛、羊、豬。廟，祭祖或祭神的屋舍。❾黑蜧　舊注謂「神蛇也。潛於神淵，蓋能興雲雨」。❿物無貴賤五句　參看《莊子．秋水》所云：「以道觀之，物無貴賤；以物觀之，自貴而相賤；以俗觀之，貴賤不在己；以差觀之，因其所大而大之，則萬物莫不大；因其所小而小之，則萬物莫不小。」⓫玉璞　玉石。璞，含玉之石或未琢之玉。⓬角觿　刀劍鞘上鑲的角片。舊注謂「刀劍羽（當為削，刀鞘謂削）閒之覆角也」。⓭粉不厭白　謂粉不嫌白。即越白越好。粉，米粉。古以米細末作化妝用。⓮急　指急需用之。⓯均　相同。此指急需用之的緊急程度而言。⓰則　原文無此字，依王念孫校補。⓱蓑　蓑衣。用椶毛或草製成的雨具。⓲升堂　進入正屋。⓳御　抵禦。此處指抵擋寒氣。⓴代　迭；交替；更替。㉑帝　主。原文為「常」，依陳觀樓校改。㉒譬若舟句　舊注謂「水宜舟，陸地宜車，沙地宜肆（應為『肄』），草野宜窮廬」。楯，泥濘路上的一種交通工具。肄，沙中運行的一種交通工具。原文作「肆」，依王念孫校改。窮廬，氈製的帳篷。如現在的蒙古包。㉓不上賢　謂不崇尚智能。《老子》第三章謂「不尚賢，使民不爭」。注家謂「賢」指「多財」而言，「不尚賢，猶不尚多財」，與句下「不貴難得之貨」、「不見可欲」，「皆指財物而言」（蔣錫昌說）。本文釋《老子》「不尚賢」，與《莊子．天地》謂「至德之世，不尚賢，不使能」所說義相同。㉔言不致句　謂魚應放入水，鳥應放入林，此乃使物各安其性。反之則為「上賢」。舊注謂「物各因其宜，故不須用賢」。致，送達。㉕司徒　官名。《周禮．地官》言大司徒掌管教化，為六卿之一。㉖契　人名。傳為商族始祖，帝嚳之子。㉗司馬　官名。《周禮．夏官》言夏官大司馬之屬有軍司馬、輿司馬、行司馬。㉘司空　官名。卿官，西周時掌管建築工程。㉙后稷　傳為周之先祖。其母嘗棄之不養，故名棄；因封於邰，號后稷，別姓姬氏。㉚大田　官名。主管播殖之事的農官。㉛奚仲　人名。傳為發明車的人。為夏代車正。㉜工師　官名。工官之長，主管百工之官。原文「師」字在「大田」之後，依劉文典校移此。㉝木　採木；伐木。此處以名詞作動詞用。㉞谷　山谷。㉟澤皋　湖澤岸上。㊱陵阪　土山坡。陵，土山。阪，山坡；斜坡。㊲工　擅長；善於。㊳播　撒。㊴員　同「圓」。㊵過　經過。原文作「遇」，依陳觀樓校改。㊶籥　竹製管樂器。

【語　譯】因此愚蠢的人有他的長處，聰明的人有他的不足之處：屋柱子不能用來剔牙齒，髮簪不能用來支撐房屋，馬不能用來拉很重的車，牛不能讓牠加速快跑，鉛不能用來做刀，銅不能用來做弩弓，鐵不能用來造船，木不能用來做鍋。各自用到適合的地方，安放在適當的地位，這樣萬物便同樣平等了，而沒有辦法相互超過。明亮的銅鏡便於照見形像，用它來蒸食物，就不如竹箅子；祭祀用的純赤色的牛很適合做廟裡的祭品，用牠來祈雨，就不如黑蜧。從這些情況看來，物無貴賤之分，因為它的價值所在而把它看得貴重，萬物就沒有不貴重的；因為它所欠缺的而把它看得低賤，萬物就沒有不低賤的。

玉石不嫌厚，角觿不嫌薄；漆不嫌黑，粉不嫌白。這四樣東西的特性兩兩相反，但急需用它們時，它們的重要性卻相同，都能發揮作用也是一樣的。現在皮衣和蓑衣，哪個是急需的？下雨就不用皮衣，進入正屋就不用蓑衣禦寒，這便是相互更替為主。譬如船、車、楯、肆和氈帳，本來有各自適宜的功用。所以老子說的「不崇尚智能」，講的是不把魚放到樹上，不把鳥沒入水中。

所以唐堯治理天下的時候，讓舜擔任司徒，讓契擔任司馬，讓禹擔任司空，讓后稷擔任大田，讓奚仲擔任工師。他引導百姓的方法是：讓住在水邊的人打魚，住在山中的人伐木，住在山谷的人放牧，住在陸地的人種田。地理環境適合民眾所做的事，所做的事適合他們所用的器物，器物適合民眾的用途，器物的用途適合人的需要。住在湖澤岸上的人織網，住在土山坡的人耕田，用他們所有的東西來換缺乏的東西，用他們擅長的工作來換不善於做的工作，因此叛離的人少，而聽從他的人多。譬如把棋丸撒到地上，圓的跑入窪地，方的停留在高處，各自置身於自己感到安穩的地方，哪有什麼上下之分呢？就像風吹過簫孔，剎那間震動了它們，於是各孔便發出清音或濁音來回應。

夫猨狖得茂木，不舍而穴❶；貆貉❷得埵防❸，弗去而緣❹。物莫避其所利，而就其所害。是故鄰國相望，雞狗之音相聞，而足跡不接諸侯之境，車軌不結千里之外者❺，皆各得其所安。故亂國❻若盛，治國❼若虛，存國❽若不足，亡國❾若有餘。虛者，非無人也，皆守其職也。盛者，非多人也，皆徼於末❿也。不足者，非無貨也⓫，欲節事寡⓬也。有餘者，非多財也⓭，民躁而費多也。故先王之法籍⓮，非所作也，其所因也。其禁誅⓯，非所為也，其所守也。

凡治物者⓰不以物，以睦⓱；治睦者不以睦，以人；治人者不以人，以君；治君者不以君，以欲；治欲者不以欲，以性；治性者不以⓲性，以德；治德者不以德，以道。

【章旨】這一章分為兩段。前段由「物莫避其所利，而就其所害」的特性，說到上古社會諸侯國「皆各得其所安」。並分述「亂國」、「治國」、「存國」、「亡國」的特徵。由此指出先王之「法籍」、「禁誅」，皆非憑己意而為，而是「因」、「守」所致。後一段用溯源逆推的方法講道統制德、德統制性、性統制欲、欲統制君、君統制人、人統制睦、睦統制物。此段文字本於《呂氏春秋・貴當》及《文子・下德》，文字略有出入。

【注釋】❶穴　巢穴。作動詞用。即築巢穴之意。❷狟狢　哺乳動物名。外形似狐，俗名狗獾。狟為狢之子。舊注謂「狟，狟豚也」。❸堙防　隄防。❹緣　憑藉。此處指借以作穴。❺足跡不接句　既如《老子》所言「民至老死不相往來」，亦言相鄰之國君臣不相往來。結，交；連結。❻亂國　國家不太平謂之亂國。❼治國　國家太平、治理得好謂之治國。❽存國　國家存在，君主能行其制謂之存國。原文「存」作「亡」，依陶鴻慶、楊樹達校改。❾亡國　國勢衰弱混亂、大權旁落，君主不能行其制謂之亡國。《韓非子・三守》云：「人臣有大臣之尊，外操國要以資群臣，使外內之事非己不得行，人主雖賢，不能獨計，而人臣有不敢忠主，則國為亡國矣。」本書「亡」原文作「存」，依陶鴻慶、楊樹達校改。❿徼於末　指追逐財利以及生活侈靡諸事而言。徼，通「邀」。要；求。或謂有「趨」義，皆通。⓫不足者二句　原文本為「有餘者，非多財也」，依陶鴻慶、楊樹達校改。⓬欲節事寡　謂欲望節制、事情很少。⓭有餘者二句　原文本為「不足者，非無貨也」，依陶鴻慶、楊樹達校改。⓮法籍　法典；記載法律的書籍。此處指法律。⓯禁誅　禁止、誅殺。⓰治物者　原文上有「以物」二字，依王念孫校刪。⓱睦　通「陸」。指土地。⓲不以　原文作「不於」，與上下各句句法不一，故改。

【語　譯】猿猴得到了繁盛的樹木，便捨不得離開而在樹上構築巢穴；狗獾得到隄防，就不離開而在隄上刨洞棲身。生物中沒有誰會避開利益，而去接觸禍害。因此相鄰國家的人相互眺望，雞狗的叫聲彼此都聽得見，可是人們的足跡卻不踏上鄰近的諸侯國的國境、車輪軌跡也從不伸展到千里以外的地方，各自都處於安穩的境地。所以混亂的國家好像人口眾多似的；太平的國家好像空空無人似的；得以存續的國家好像財物不足似的；大權旁落、君主不能行使權力的國家好像財物有多餘的似的。所謂空虛無人，並不是沒有人，而是大家都堅守自己的職分。所謂人很多，並不是有很多人力，而是大家都在為不重要的事奔忙。所謂財物不足，並不是財貨不夠用，而是大家的欲望節制、事情很少。所謂財物有餘，並不是有很多財物，而是老百姓浮躁而花費太多。所以先王的法典不是憑自己的意思造出來的，而是按照社會情況制定的。他定出的禁令、有關誅殺的條文，不是憑自己的意思想出來的，而是按一定的準則制定的。

一般來說，統領制約萬物不能靠萬物自身，而要靠土地；統領制約土地不能靠土地自身，而要靠人；統領制約人不能靠人自身，而要靠君王；統領制約君王不能靠君王自身，而要靠欲望；統領制約欲望不能靠欲望自身，而要靠人性；統領制約人性不能靠人性自身，而要靠德；統領制約德不能靠德自身，而是要用道。

原人之性，蕪濊❶而不得清明者，物或堁❷之也。羌、氐、僰、翟❸，嬰兒生皆同聲，及其長也，雖重象狄騠❹，不能通其言，教俗殊也。今三月嬰兒，生而徙國，則不能知其故俗。由此觀之，衣服禮俗者，非人之性也，所受於外也。夫竹之性浮，殘❺以為牒❻，束而投之水則沉，失其體❼也。金之性沉，託之於舟上則浮，勢有所支也。夫素❽之質白，染之以涅❾則黑；縑❿之性黃，染之以丹⓫則赤。人之性無邪，久湛⓬於俗則易⓭。易而忘本，合於若性⓮。故日月欲明，浮雲蓋之；河水欲清，沙石濊之；人性欲平⓯，嗜欲害之。唯聖人能遺物而反己。夫乘舟而惑者，不知東西，見斗極⓰則寤矣。夫性，亦人之斗極也。有以自見也，則不失物之情⓱；無以自見，則動而惑營⓲。譬若隴西⓳之游，愈躁愈沉⓴。孔子謂顏回曰：「吾服汝也忘，而汝服於我也亦忘。雖然，汝雖忘乎，吾猶有不忘者存㉑。」孔子知其本也。夫縱欲而失性，動未嘗正也，以治身則危，以治國則亂，以入軍㉒則破。是故不聞道者，無以反性。

【章旨】這一章談人性問題。一論人性無濊而不得清明乃在於它受到外物的影響。好比不同民族的嬰兒初生皆同聲，而長大後語言難以互通，證明衣服禮俗非人之性而是「受於外者」。又以素、縑或白或黃，而為涅為丹所染則黑則赤為例證，可見人性無邪，而「久湛於俗則易。易而忘本」。作者認為影響人性最壞的力量是嗜欲。所謂「人性欲平，嗜欲害之」。二論縱欲失性的危害和如何「反己」、「反性」。論及危害則謂「動未嘗正」、「以治身則危，以治國則亂，以入軍則破」。論「反己」、「反性」則提出「遺物」說、「自見」其性說，而總結為「不聞道者，無以反性」。

【注　釋】❶蕪濊　此與句中「清明（清淨明朗）」相對，有蕪雜汙濁之意。濊，通「薉」、「穢」。❷堁　塵土。文中作動詞用。使蒙上塵土之意。❸羌氐僰翟　古代四民族名。羌人生活在古代西部，《說文》釋謂「西戎牧羊人也」。氐人，生活在西部地區的少數民族，一說指「南夷」。僰人，生活在西南地區的少數民族。翟，通「狄」。北狄，即生活在北方的少數民族。❹重象狄騠　即重象、重狄騠。古時能輾轉翻譯不同民族語言的通譯官。《禮記・王制》：「五方之民，言語不通，嗜欲不同。達其志，通其欲，東方曰寄，南方曰象，西方曰狄鞮，北方曰譯。」狄騠，意同「狄鞮」。❺殘　毀壞。❻牒　此指竹片。❼體　本體；主體。❽素　白色生絹。或謂沒有染色之絲綢。❾涅　礬石。可作黑色染料。❿縑　雙絲織的微帶黃色的細絹。⓫丹　硃砂。可作紅色染料。⓬湛　通「漸」。浸；漬。⓭易　變更。⓮若性　其性。指俗人之性。舊注謂「若性，合於他性，自若（當作「忘」）本性也」。⓯平　平靜；平和。⓰斗極　北斗星和北極星。⓱情　實際情形。⓲惑營　迷惑昏亂。營，惑亂。⓳隴西　隴西本為秦置郡名，地當今甘肅省東南一帶。文中當指隴山（位於甘肅）之西，其地多為沙漠。⓴沉　指沉入沙中。㉑吾服汝也忘五句　本於《莊子・田子方》所說「吾服女也甚忘，女服吾也亦甚忘。雖然，女奚患焉！雖忘乎故吾，吾有不忘者存」。郭象注謂「服者，思存之謂也。甚忘，謂過去之速也。言汝去忽然，思之恆欲不及」。服，思念。㉒入軍　進入軍中。此指率軍作戰。

【語　譯】探究追溯人的本性，它之所以蕪雜汙濁而不能清淨、明朗，大概是外物像塵土那樣蒙住了它。羌、氐、僰、翟各民族的嬰兒初生時發出的聲音都是相同的，等到他們長大以後，各人說的話，即使是能輾轉譯音的象和狄騠，也不能通曉他們的言語，這是各民族教化、風俗不同的緣故。現在將三個月大的嬰孩，遷徙到別的國家，他就不會知道自己國家的風俗。從這看來，衣裳服飾、禮儀風俗等，並不是由人的本性決定的，是受外在環境影響所接受的。竹子有能浮在水面的特性，但把它劈成竹片，捆在一起投入水中，就會沉下去，這是因為竹子失去了它的本體。金屬有能沉入水中的特性，但把它寄放在船上，它就會浮起來，這是因為它處在有所支持的形勢中。沒有染色的絲綢質地是白的，但用黑色染料一染，就變成黑色了；縑的質地是黃的，但用紅色染料一染，就變成赤色了。人的本性沒有邪惡，但長久受到世俗風氣的浸染就會發生變化。一變化就忘了根本，和世俗之人的特性相合。所以日月要大放光明，飄浮的雲卻來遮蓋它；河水要清澈，沙石卻使它汙濁；人性要平靜，嗜欲卻損害它。只有聖人能夠遺棄外物的誘惑而返歸自己的本性。乘船而對方向疑惑，分不清東或西，一見到北斗星、北極星就明白了。本性，就是人的北斗星、北極星。能夠自己發現本性的人，做事就不會不合事物的實情；不能夠發現本性的人，一行動就顯得昏惑迷亂。就像在隴西的沙漠中走路，人越是急躁就越往下沉。孔子對顏回說：「我心中思念著的你會被忘記，而你心中思念著的我也會被忘記。雖然這樣，你即使忘記了思念中的我，我還是有不能忘記的你存在心中。」孔子是知道事物的根本所在的。放縱欲望而喪失本性，行動未曾正確過，用這種行動來處理自身的事情，就會處於危險之中；用這種行動來治理國家，就會使國家混亂；用這種行動率軍作戰，就會使軍隊打敗仗。因此不懂得道的人，無法返歸本性。

故古之聖王，能得諸己❶，故令行禁止，名傳後世，德施四海。是故凡將舉事，必先平意清神。神清意平，物乃可正。若璽❷之抑埴❸，正與之正❹，傾❺與之傾。故堯之舉舜也，決之於目；桓公之取甯戚也，斷之於耳而已矣❻。為是釋術數而任耳目，其亂必甚矣。夫耳目之可以斷也，反情性也❼。聽失於誹譽，而目淫於采色❽，而欲得事正，則難矣。夫載哀者聞歌聲而泣，載樂者見哭者而笑。哀可樂❾、笑可哀者，載使然也。是故貴虛❿。故水激⓫則波興，氣亂則智昏⓬。昏智⓭不可以為政，波水⓮不可以為平。故聖王執一⓯而勿失，萬物之情測⓰矣，四夷九州服矣。夫一者至貴，無適⓱於天下。聖人託於無適，故民命繫矣。

【章旨】這一章講聖王能返歸本性，「得諸己」；能把握大道，「執一而勿失」，處事治國能合萬物實情，使四夷九州賓服，因而能「名傳後世，德施四海」。主旨仍是強調人君體道反性以治國。其中說到「載哀者聞歌聲而泣，載樂者見哭者而笑」乃「載使然也」，實已涉及到藝術欣賞中的情感共鳴問題。此章連同上章多出自《文子・下德》。

【注釋】❶得諸己　得己之性。即能使自己返歸清明之本性。❷璽　印。秦以後方專指皇帝之印。❸抑埴　即按入印泥。埴，本指細密的黃黏土，此處指印泥。❹正與之正　指按印時印正而印記亦正。舊注謂「印正而封亦正」。❺傾　指印章傾斜。❻故堯之舉舜也四句　《呂氏春秋・有始覽・謹聽》言：「堯惡得賢天下而試舜？舜惡得賢天下而試禹？斷之於耳而已矣。」決，斷；決定。堯舉舜，史書皆言堯聞舜賢乃與之語而試用之。決之於目，其事不詳。斷之於耳，齊桓公聞甯戚之歌而取用之，故言。❼夫耳目二句　本於《呂氏春秋・有始覽・謹聽》所言「耳之可以斷也，反性命之情也」。作者主張明主以法用人，反對目見耳聞某人之賢即用之，故言。反，違反。❽采色　彩色。❾哀可樂　原文下有「者」字，依王念孫校刪。❿虛　舊注謂「心無所載於哀樂也」。⓫水激　水勢受到阻遏。原文作「水擊」，依王念孫校改。⓬智昏　指頭腦不清醒。昬，同「昏」。⓭昬智　即「昏智」。原文作「智昬」，依王念孫校改。⓮波水　與昬智（已昏之智）相對。指已波動之水。⓯一　指道。⓰測　盡。原文作「既」，依王念孫校改。⓱無適　即無敵、無可匹敵。適，通「敵」。

【語譯】所以古代的聖王能復歸自己的本性，因此他一發出命令人們就實行，一發出禁令人們就停止。能夠名傳後世、恩德廣施天下。所以凡是將要興辦事情，一定先要使心意平和、精神清靜，精神清靜、心意平和，才可以使外物平正。就像把印章按入印泥來蓋印，蓋得正那印記就正，蓋斜了那印記就會傾斜。所以堯推舉舜，只是靠自己的目光來作決斷；齊桓公取用甯戚，也只是憑自己的耳朵來作決斷而已。因為這是放棄法制而隨順耳目，造成的敗亂一定十分嚴重。可以用耳目來決斷事情，是違反人的情性的。聽聞會迷失在人們的毀謗、稱美中，而目光則會迷戀、沉溺在繽紛的彩色中，像這樣卻要使事情辦得正確，那就難了。胸懷悲哀的人聽見歌聲則哭泣，心中快樂的人見到人哭反而會發笑。悲哀可以使人快樂、歡笑可以使人悲哀，這是人們心中懷有情感所造成的。因此人們心中沒有哀樂最為可貴。所以水受到阻遏就會產生波浪，人的精氣一亂就會頭腦昏沉。昏沉的頭腦不能處理政事，湧波之水不能作為衡量平整的標準。所以聖王掌握「一」這個大道而不遺失，萬物的實情就都被他掌握盡了，四方的少數民族和九州的百姓就都服從他了。「一」這個大道是最為可貴的，天下沒有可以和它匹敵的。聖人託身於無可匹敵的道，因而民眾的命運就有所依託了。

為仁者必以哀樂論❶之，為義者必以取予明之。目所見不過十里，而欲遍照海內之民，哀樂弗能給也。無天下之委財❷，而欲遍澹❸萬民，利不能足也。且喜怒哀樂，有感而自然者也。故哭之發於口，涕❹之出於目，此皆憤於中而形於外者也，譬若水之下流、煙之上尋❺也，夫有孰推之者？故強哭者❻雖病❼不哀，強親者雖笑不和。情發於中而聲應於外，故釐負羈之壺飧❽，愈於晉獻公之垂棘❾；趙宣孟之束脯❿，賢於智伯之大鐘⓫。故禮豐不足以效⓬愛，而誠心可以懷遠。故公西華⓭之養親也，若與朋友處⓮；曾參之養親也，若事嚴主烈君⓯，其於養，一也。故胡人彈骨⓰、越人契臂⓱、中國歃血⓲也，所由各異，其於信，一也。三苗髽首⓳、羌人括領⓴、中國冠笄㉑、越人劗鬋㉒，其於服，一也。帝顓頊之法，婦人不辟㉓男子於路者，拂㉔之於四達之衢。今之國都，男女切踦㉕、肩摩㉖於道，其於俗，一也。故四夷之禮不同，皆尊其主而愛其親，敬其兄；獫狁㉗之俗相反，皆慈㉘其子而嚴㉙其上。夫鳥飛成行、獸處成群，有孰教之？

故魯國服儒者之禮，行孔子之術，地削㉚名卑，不能親近來㉛遠。越王句踐劗髮文身，無皮弁㉜搢笏㉝之服、拘罷拒折之容㉞，然而勝夫差㉟於五湖㊱，南面㊲而霸天下，泗上㊳十二諸侯㊴皆率九夷㊵以朝。胡、貉㊶、匈奴之國，縱體㊷拖髮㊸，箕倨㊹反言㊺，而國不亡者，未必無禮也。楚莊王裾衣㊻博袍㊼，令行乎天下，遂霸諸侯。晉文君大布㊽之衣，牂羊㊾之裘，韋以帶劍㊿，威立於海內，豈必鄒、魯之禮[51]之謂禮乎！是故入其國者從其俗，入其家者避其諱。不犯禁而入，不忤逆而進，雖之[52]夷狄徒倮[53]之國、結軌乎遠方之外，而無所困矣。

【章旨】這一章的重點有四。一是否定「為仁者必以哀樂諭之，為義者必以取予明之」的做法。認為人目所見有限而欲遍照海內之民，「哀樂弗能給」。而無天下之積財卻想遍利天下人也是做不到的。還說哀樂本出自自然，不可勉強；而「禮豐不足以效愛，而誠心可以懷遠」。可見作者主張以誠心為仁為義。二是由誠心之重要引出議論，說明許多事情表現形式有異而實質卻相同。三是說明看事情要看實質，指出非鄒魯之禮方謂禮，各時代、各地區、各民族的禮並非一樣。而魯國服儒者之禮，行孔子之術卻「地削名卑，不能親近來遠」。而不拘於儒者之禮者，反而創造了煌煌盛業。從這些論述可以看出，作者對儒者之禮是有所非議的。四是從不同國家、不同民族有不同的禮俗這一點出發，提出「入其國者從其俗，入其家者避其諱。不犯禁而入，不忤逆而進」的邦交原則。

【注釋】❶諭　使人知道。原文作「論」，依楊樹達校改。❷委財　積聚之財物。❸澹　通「贍」。滿足；充足。❹涕　此處指眼淚。言哀。❺上尋　似釋為上往、上升為宜。尋，通「覃」。延長；延伸。❻強哭者　勉強痛苦的人。❼病　勞累。

❽壺飧　以壺所盛之水泡飯。釐負羈（即僖負羈）嘗以壺飧遺落難之重耳。原文作「壺餐」，依楊樹達校改。❾垂棘　垂棘之璧。美玉名。垂棘為春秋晉地，產美玉。晉獻公嘗以垂棘之璧滅虞、虢。❿束脯　一束乾肉。或謂十條乾肉。晉卿趙宣孟（盾）嘗以束脯活靈輒（晉人，後為晉靈公甲士），後遇難為靈輒所救。⓫智伯之大鐘　晉智伯嘗鑄大鐘以賂仇由之君，藉仇由之君受鐘之機出兵滅取其國。⓬效　呈獻；表現。⓭公西華　孔子弟子。⓮與朋友處　舊注謂公西華「與朋友處，睦而少敬」。⓯烈君　猶言酷君。舊注謂「烈，酷也。曾參事親，其敬多」。⓰彈骨　舊注謂「胡人之盟約，置酒人頭骨中，飲以相詛」。⓱契臂　越人刻臂出血，相與為信。⓲歃血　飲血。⓳三苗髽首　舊注謂「三苗之國在彭蠡、洞庭之野。髽，以枲（麻）束髮也」。⓴括領　結領。㉑冠笄　指戴帽插簪。㉒劗鬋　剪斷。㉓辟　同「避」。㉔拂　放逐。㉕切踦　指腳相互接觸。切，貼近。㉖摩　接近；迫近。㉗獫狁　我國古代北方少數民族名。舊注謂「北胡也。其俗物與中國相反也」。㉘慈　慈愛。㉙嚴　嚴厲。㉚削　減少。㉛來　招來。㉜皮弁　古冠名。用白鹿皮製作，為天子視朝之常服。舊注則謂「皮弁，以為爵冠也」。㉝搢笏　謂插笏版於腰帶上。搢，插。笏，官員上朝手持之版，有事則書於其上。舊注則謂「搢，佩紟。笏，佩玉也，長三尺，抒上終葵首」。㉞拘罷拒折之容　皆形容遵行禮儀之態。拘罷，圓轉環繞之狀。拒折，方正之狀。古人認為反行宜圓，曲行宜方。容，儀容舉止。㉟夫差　春秋吳國之君。嘗征服越國，攻討齊國，與晉爭霸。後吳為越所滅，夫差自殺。㊱五湖　當指今江蘇省之太湖。㊲南面　指統治天下。古以坐北朝南為尊位，天子見群臣南面而坐，故以南面指天子君臨天下。㊳泗上　泗水之濱。泗水源於今山東省泗水縣陪尾山，因其四源合為一水，故名泗水。又孔子嘗於泗上講學授徒，故稱泗上為學術之鄉、禮儀之區。㊴十二諸侯　指春秋時魯、齊、晉、秦、楚、宋、衛、陳、蔡、鄭、燕、曹十二諸侯國。㊵九夷　泛指天下少數民族。㊶胡貉　古以胡稱西北地區的少數民族；以貉稱東北地區的少數民族。貉，通「貊」。㊷縱體　衣不約體。即身體有些部分裸露在外。㊸拖髮　即披髮。舊注謂「拖，縱也」。㊹箕倨　古時坐於席上，伸足而坐，形若箕狀，稱為箕倨。多被視為傲慢不敬之容。㊺反言　反舌而言。指語言多捲舌喉音。《呂氏春秋．功名》：「蠻夷反舌。」高誘注謂「南方有反舌國，舌本在前，末倒向喉，故曰反舌」。㊻裾衣　衣襟寬大。舊注訓裾為褒，訓衣為裾（衣襟）。㊼博袍　大袍。㊽大布　粗布。㊾牂羊　母羊。㊿韋以帶劍　謂繫劍於皮帶。韋，加工過的皮革。(51)鄒魯之禮　即孔、孟之禮。或謂儒家之禮。鄒為孟軻家鄉，魯地曲阜為孔子家鄉，故言。(52)之　到；往。(53)徒倮　即袒裸。指不穿衣裳。

【語　譯】為仁的人一定要用哀樂來讓人知道他的仁愛，行義的人一定要用給人財物的方式顯示他的仗義。但是人的眼睛所能見到的範圍不會超過十里，卻要看清海內所有民眾的情況，對每一個人的遭遇都表現出哀或樂，那是辦不到的。沒有天下積聚的財物，而想讓天下萬民都富贍，財物是不夠的。況且人的喜怒哀樂，是因為有感觸而自然表露出來的。所以歌聲從口中發出，淚水從眼中流出，這都是內心有憤悶的情感而表現出來，就像水往低處流，煙往上升一樣，有誰推著它們前進呢？所以勉強表現痛苦的人即使哭得很累也沒有悲哀的感情，勉強對人親切的人即使笑也顯得不和氣。情感從內心發出而聲音在外應和，所以釐負羈的一壺水泡飯，勝過晉獻公的垂棘之璧；趙宣孟的一捆乾肉條，勝過智伯的大鐘。所以禮物豐厚並不足以表現一個人的愛心，而誠摯的心情卻能夠安撫遠方之人。所以公西華奉養雙親，就像和朋友相處一樣；曾參奉養雙親，就像侍奉嚴酷的君主一樣。但是就奉養雙親而言，卻是一致的。所以胡人用人的頭蓋骨飲酒來發誓，越人用刻臂的形式來表示守信用，中原地區的人用殺牲喝血的方式來表示忠於盟約，他們所用的方式各自不同，但表示守信用卻是一致的。三苗用麻把頭髮束在一起，羌人把衣領結紮起來，中原地區的人戴帽插簪，南方的越人剪斷頭髮，就講究服飾而言，是一致的。帝王顓頊的法規規定，婦女如果在路上不避開男子，就把她放逐到通向四方的道路上去。而今天在都城中，男女腳挨腳、肩擦肩地走在路上，作為風俗而言，它們是一致的。所以四方少數民族的禮儀不同，卻都尊重他們的主人而愛他們的雙親，敬重他們的兄長；玁狁的禮俗則相反，都是對子弟慈愛而對長輩很嚴厲。這就像鳥飛在空中排列成行、野獸相處總是成群一樣，有誰教牠們這樣做呢？

所以魯國這樣推行儒家的禮儀，推行孔子的思想，結果土地減少、名聲降低，不能親近鄰國和招來遠方的民眾。越王句踐剪斷頭髮，在身上刺畫有色的圖案，沒有頭戴皮弁、腰插笏版那樣的服飾，也不講究反行宜圓、曲行宜方那樣走路的儀容，然而他卻在五湖戰勝了夫差，統治國家而在天下稱霸，使得泗水之濱的十二諸侯國率領天下眾少數民族來朝見他。胡、貉、匈奴等國的君主和人民，露出肢體，披著頭髮，伸腿而坐，說話帶著捲舌喉音，而國家不滅亡，不一定就是沒有禮儀。楚莊王穿著有大衣襟的衣服和寬大的袍子，他的政令通行天下，終於成了諸侯中的霸主。晉文公穿著粗布做的衣裳、母羊皮做的皮衣，用皮帶來繫劍，而在海內建立了威望，哪裡一定是流行在鄒、魯一帶的儒家之禮才稱為禮呢！因此到了那個國家就要隨順那個國家的禮俗，到了那個家族中就要迴避那個家族所忌諱的事。進入時不犯人家的禁忌，前進中不違反人家的禮俗，那樣即使到達不穿衣服的少數民族國家，即使驅車前進的軌跡延伸到遠方之外，也沒有什麼困難。

禮者，實之文也；仁者，恩之效也。故禮因人情而為之節文❶，而仁發恲以見容❷。禮不過實、仁不溢❸恩也，治世之道也。夫三年之喪❹，是強人所不及也，而以偽輔情也。三月之服❺，是絕哀而迫切之性❻也。夫儒、墨不原人情之終始，而務以行相反之制，五縗之服❼。悲哀抱於情❽，葬薶稱於養，不強人之所不能為，不絕人之所不❾能已。度量不失於適，誹譽無所由生。古者非不知繁❿升降⓫槃還⓬之禮也，蹀⓭〈采齊〉、〈肆夏〉⓮之容也，以為曠日⓯煩民而無所用，故制禮足以佐實喻意而已矣。古者，非不能陳鐘鼓、盛⓰筦簫、揚干戚⓱、奮羽旄⓲，以為費財亂政，故⓳制樂足以合歡宣意而已，喜不羨於音⓴。非不能竭國㉑麋民㉒，虛府殫財，含珠㉓鱗施㉔，綸組㉕節束㉖，追送死也，以為窮民絕業而無益於槁骨腐肉也，故葬薶足以收斂蓋藏而已。昔舜葬蒼梧，市不變其肆㉗；禹葬會稽之山㉘，農不易其畝㉙；明乎生死之分，通乎侈儉之適者也。亂國則不然，言與行相悖，情與貌相反；禮飾以煩，樂擾㉚以淫；崇死以害生，久喪以招行㉛，是以風俗濁於世，而誹譽萌於朝，是故聖人廢而不用也。

【章　旨】這一章講如何制禮施仁。文中先指出禮乃實之文、仁乃恩之效；禮因人情而加以節制、修飾，而仁心呈現於容色。因此「禮不過實、仁不溢恩」為治世之道。據此，作者對服喪三年和服喪三月加以評論，以為前者乃「強人所不及也，而以偽輔情」，後者乃「絕哀而迫切之性」，皆非因人情而節文。又借稱揚古制提出「制樂足以合歡宣意而已」、「葬薶足以收斂蓋藏而已」。而對言行相悖、情貌相反，「禮飾以煩，樂擾以淫；崇死以害生，久喪以招行」的社會現象加以責斥，稱之為「亂國之行」。

【注　釋】❶節文　節制修飾。《管子・心術》：「禮者，因人之情，緣義之理，而為之節文者也。」❷仁發恲以見容　馬宗霍釋謂「本文注以色釋恲，當亦為忼慨之色。仁者必有勇，故忼慨之色見於面矣」。恲，舊注謂「色也」。見容，現於面容。❸溢　滿而外流謂之溢。意為過分。❹三年之喪　古代子為父母、臣為君主、妻為丈夫守喪三年。❺三月之服　指服喪三月。舊注謂「夏后氏之禮」。❻迫切之性　謂急速切斷人的感情。迫切，急遽切斷。❼五縗之服　指服喪三年穿的孝服斬衰、服喪一年穿的齊衰、服喪九個月穿的大功、服喪五個月穿的小功以及服喪三個月穿的緦麻。縗，被於胸前的麻布條。❽抱於情　即為情所主持、合於情。抱，懷抱；環繞。❾不　原文無此字，依陳觀樓校補。❿繁　多。作動詞用。⓫升降　上下。《禮記・樂記》：「升降上下，周還裼襲，禮之文也。」⓬槃還　即盤旋。環繞；旋轉。⓭蹀　蹈；頓足。⓮采齊肆夏　古代二樂名。⓯曠日　空費時日。⓰盛　盛大。作動詞用。⓱干戚　盾與斧。古代樂舞中武舞者手執干戚。⓲羽旄　雉羽和旄牛尾。古代樂舞中文舞者手執羽旄。⓳故　原文無此字，依劉文典校補。⓴喜不羨於音　謂表達喜悅的音樂與喜悅的程度一致。即音樂表達喜悅之情恰到好處。羨，多餘。㉑竭國　竭盡國財。㉒靡民　靡爛其民。謂民不堪其重負。㉓含珠　指死者口含寶珠。㉔鱗施　指覆玉於死者之體，如魚鱗狀，實即漢代所用之玉衣。《漢書・霍光傳》：「光薨，賜璧珠璣玉衣。」顏師古注云：「《漢儀注》：以玉為襦，如鎧狀，連綴之，以黃金為縷。要以下玉為紮，長尺，廣尺二寸半，為甲，下至足，亦綴以黃金縷。」㉕綸組　絮和絲帶。舊注謂「綸，絮也」。粗絲棉為絮。㉖節束　束縛。㉗不變其肆　謂店鋪照樣營業。舊注謂「舜南巡狩，死蒼梧，葬泠道九疑山，不煩市井之所廢」。㉘會稽之山　會稽山位於今浙江省紹興縣東南。舊注謂「禹會群臣於會稽，葬山陰之陽，不煩農人之田畝」。㉙不易其畝　指禹葬不佔農田，農民得以耕種原有之地。㉚擾　同「擾」。煩。原文作「優」，依王念孫校改。㉛招行　馬宗霍謂猶羈行。行謂行事，久喪則廢事，即《墨子．節葬》所言「計久喪為久禁從事者也」。楊樹達則言「招當讀為翹，舉也。招行謂以孝行譁世」。連讀下二句，似以楊說為是。

【語　譯】禮是對實際內涵的文飾，仁是情義的表現。所以禮要根據人的感情而加以節制和修飾，而產生仁愛之心時，慷慨的容色就會出現在臉上。所制之禮不超過真實內涵，所施之仁不超出人的情義，這是太平時代的做法。服喪三年，這是強迫人做辦不到的事，而用虛偽的行為來掩飾感情。服喪三個月，這是斷絕人的悲哀而逼迫切斷感情。儒家、墨家不探究人情的起始和歸宿，而一定要實行和人情相反的制度，讓人們穿上各種孝服。實際上人們的悲哀是由情感發出來的，埋葬的做法和養親的態度相稱，不強迫人做辦不到的事情，不斷絕人所不能斷絕的感情，度量恰當而沒有差錯，誹謗和稱美的輿論就無從產生了。在古代，國君並不是不知道增多上下盤旋的禮節形式，不是不知道踩出合於〈采齊〉、〈肆夏〉音樂旋律的舞步姿態，只是認為那樣會荒費時日、煩擾民眾而沒有什麼用處，所以制定禮儀只要能夠幫助表達實際內容、使人明白心意就行了。在古代，國君並不是不知道陳列鐘鼓、盛設管簫、揮揚斧盾、舞動雉羽和旄牛尾來奏樂跳舞，只是認為那樣會浪費財物、擾亂政治，所以制樂只要能夠合於歡樂的心情、抒發情意就行了，使喜悅的心情不會多於音樂所表達的感情。古代的國君並不是不知道竭盡國家的財物、役使、蹂躪百姓、耗盡倉庫裡的財物，讓死人口含寶珠、身穿鱗狀玉衣，用絲帶把絲棉捆在他的身上，大家跟隨在後面送葬，只是認為這樣會使百姓窮困、中斷事業而對死人的枯骨爛肉沒有什麼益處，所以埋葬只要能將死者收殮入棺、棺蓋蓋好、棺木埋藏好就行了。從前舜葬在蒼梧山的時候，市場上店鋪照樣營業；禹葬在會稽山的時候，農民仍然耕種他們原來的田地；這些說明舜、禹時代的人懂得生和死的區別，通曉埋葬死人如何做到奢儉適當。混亂不安的國家就不是這樣，言論和行動相違背，感情和容貌相反；禮儀用煩瑣的形式來加以修飾，音樂則追求盛大的規模而徒增紛擾；重視死而妨害生，長久服喪以博取孝行，因此世間風俗混濁，而誹謗、讚美不斷在朝中產生，所以聖人要廢除繁瑣的禮樂而不用。

義者，循理而行宜也；禮者，體情制文者也。義者宜也❶，禮者體也❷。昔有扈氏❸為義而亡，知義而不知宜也；魯治禮而削，知禮而不知體也。有虞氏❹之禮❺，其社用土❻，祀中霤❼，葬成畝❽，其樂〈咸池〉、〈承雲〉、〈九韶〉❾，其服尚黃❿。夏后氏⓫之禮⓬，其社用松⓭，祀戶⓮，葬牆置翣⓯，其樂〈夏籥〉、〈九成〉、〈六佾〉、〈六列〉、〈六英〉⓰，其服尚青⓱。殷人之禮，其社用石⓲，祀門⓳，葬樹松，其樂〈大濩〉、〈晨露〉⓴，其服尚白㉑。周人之禮，其社用栗，祀竈㉒，葬樹柏，其樂〈大武〉、〈三象〉㉓、〈棘下〉，其服尚赤㉔。禮樂相詭㉕，服制相反，然而皆不失親疏之恩、上下之倫㉖。今握一君之法籍，以非傳代㉗之俗，譬由膠柱而調瑟㉘也。故明王制禮義而為衣，分節行㉙而為帶。從《典》、《墳》，虛循撓，衣足以覆形㉚，便身體，適行步，不務於奇麗之容、隅眥㉛之削。帶足以結紐收衽㉜，束牢連固，不亟於為文句㉝疏矩㉞之鞵㉟。故制禮義、行至德，而不拘於儒、墨。

【章　旨】這一章由禮、義的特點及其相互關係說到制禮義的原則。首先認為禮乃「體情制文者也」，義乃「循理而行宜也」。並強調行禮義必須兼顧名實，若行其名而失其實，就會像有扈氏和魯國那樣遭到失敗。繼而列舉有虞氏、夏后氏、殷人、周人的禮樂、服制，說明他們雖然禮樂、服制各異，但都能恰當地體現親疏之恩、上下之倫，即名實相副。由此出發，作者指出不可根據一代君主的法律來非議世代相傳的風俗，而主張明主靈活地參照典籍以定服制。並得出結論：君主制禮樂、行至德不必拘守儒家、墨家的做法。

【注　釋】❶義者宜也　《禮記·中庸》有此語，《鹽鐵論》則謂「義者，事之宜也」。❷禮者體也　《廣韻》：「《釋名》曰：禮，體也，得其事體也。」此句「體」釋為事體、本體而作動詞用，與上句「禮者，體情制文者也」之「體」釋為「因」本意同而說法異。❸有扈氏　夏啟的庶兄。以為堯、舜皆授政予賢，而禹獨與子啟，遂伐啟，後為啟所滅。❹有虞氏　為古部落名。首領為虞舜。❺禮　原文作「祀」，依王念孫校改。❻其社用土　舊注謂「封土為社」。社，此指土地之神。❼中霤　本指土屋天窗（或指室之中央）。文中指宅神。❽葬成畝　舊注謂「田畝而葬」。成畝，田畝。❾咸池承雲九韶　三古樂名。《呂氏春秋·古樂》謂黃帝作〈咸池〉，顓頊作〈承雲〉，帝嚳作〈九招〉（〈九韶〉）、〈六列〉、〈六英〉。❿尚黃　舜以土德為王，故尚黃色。⓫夏后氏　即夏王朝。始建朝者為禹。⓬之禮　原文無此二字，依劉文典校補。⓭其社用松　舊注謂「所樹之木，皆所生地之所宜也」。⓮祀戶　祭祀戶神。舊注謂「春祭先戶，夏木德也」。⓯葬牆置翣　葬牆，謂葬儀中以牆（裝飾靈柩的布帳）飾柩。置翣，謂給棺木套上飾有圖飾的棺衣。翣，棺飾，形似扇。《禮記·檀弓上》：「飾棺：牆，置翣。」⓰夏籥九成六佾六列六英　夏籥，樂頌大禹治水之功。九成，多次演奏之樂。樂每曲一終（結束）謂一成。舊注謂「九成，變也」。六佾，古代諸侯所用樂舞名。每列六人，共三十六人。六列，舊注謂「六六為行列也」。六英，舊注謂「〈六英〉，禹兼用顓頊之樂也」。⓱尚青　禹以木德稱王，故尚青色。⓲用石　舊注謂「以石為社主也」。即以石為土地之神。⓳祀門　祭祀門神。舊注謂「秋祭先門，殷金德也」。⓴大濩晨露　舊注謂「〈大濩〉、〈晨露〉，湯所作樂也」。㉑尚白　湯以金德稱王，故尚白色。㉒祀竈　祭祀灶神。舊注謂「夏祭先竈，周火德也。鄒子曰：『五德之次，從所不勝。』故虞土、夏木、殷金、周火」。㉓大武三象　周樂名。《呂氏春秋·古樂》：「武王即位，以六師伐殷。六師未至，以銳兵克之於牧野。歸乃薦俘馘於京太室，乃命周公作為〈大武〉。成王立，殷民反。王命周公踐伐之。商人服象，為虐於東夷，周公遂以師逐之，至於江南，乃為〈三象〉以嘉其德。」㉔尚赤　周為火德，故尚赤色。㉕相詭　相互變化。㉖倫　順序。㉗傳代　世代相傳。㉘膠柱而調瑟　鼓瑟者轉動絃柱來調節音的高低，以黏膠固定絃柱即不可調音。後以膠柱調瑟比喻拘泥而不知變通。㉙節行　節操品行。此與上句中「禮義」相對。賈誼〈治安策〉嘗言：「上設廉恥禮義以遇其臣，而臣不以節行報其上者，則非人類也。」㉚從典墳三句原文「從《典》、《墳》，虛循撓」數字在「衣足以覆形」之後，今從馬宗霍說移前。蔣禮鴻以為「虛循撓乃處煩撓之誤」，且六字「乃非毀儒者之辭，與上下文義不屬，明為錯簡，特不知其原處耳」。馬氏之說似可釋蔣氏之疑。典墳，即《三墳》、《五典》。古書名，後人附會稱《三墳》為伏羲、神農、黃帝之書，《五典》為少昊、顓頊、高辛、堯、舜之書。上古禮義、節行盡載其中。虛，間；間，間或。循撓，遵而行之。㉛隅些　隅，角。些，差。意為邪、斜。原文作「眥」，依洪頤煊校改。㉜衽衣服胸前叉領部分。㉝文句　圓形花紋。㉞疏矩　方形花紋。原文作「疏短」，依孫詒讓校改。㉟鞻　同「鞋」。生皮所製薄皮小鞋。孫詒讓疑鞻字有誤，謂「此上文說帶，不宜忽及鞮屨，此必有譌挩也」。其說甚是。

【語譯】義，是遵循道理而做得適宜；禮，是依照感情而制定成的儀式。義就是行為適宜，禮就是得其事體。從前有扈氏為了道義遭到滅亡，這是因為他懂得要行義卻不明白做法是否適宜；魯國修治禮樂而國勢減弱，是因為知道要修治禮樂卻不知道要合於本體。有虞氏所推行的禮是這樣的：他封土為土地神，祭祀宅神，把人葬入田地，他所用的音樂是〈咸池〉、〈承雲〉、〈九韶〉，他穿的衣服和宮室、車騎崇尚黃色。夏后氏所推行的禮是這樣的：他用松為土地神，春祭先祭祀戶神，埋葬死人時用布帳把靈柩圍起來，棺木上套著飾有圖案的棺衣，所用的音樂是〈夏籥〉、〈九成〉、〈六佾〉、〈六列〉、〈六英〉，他穿的衣服和宮室、車騎崇尚青色。殷人所推行的禮是這樣的：他們用石為土地神，秋祭先祭祀門神，埋葬死人時栽種松樹，用的音樂是〈大濩〉、〈晨露〉，君王所穿的衣服和宮室、車騎崇尚白色。周人所推行的禮是這樣的：他們用栗為土地神，夏祭先祭祀灶神，埋葬死人時栽種柏樹，用的音樂是〈大武〉、〈三象〉、〈棘下〉，君王所穿的衣服和宮室、車騎崇尚赤色。他們所推行的禮樂制度相互變化，規定的服飾、車馬制度也各自相反，但是都能恰當地表達彼此親近、疏遠的感情，以及上下的倫理關係。現在有人手拿一個君王的法典，來否定世代相傳的風俗習慣，這就好比膠黏絃柱而要調整瑟的音調一樣。所以英明的君主制定禮儀、區分節操、品行，並依其等差來做衣做帶，參照《三墳》、《五典》中的記載，間或直接加以採用，使得衣裳足以遮蔽形體，便於身體活動，適宜走路，而不追求奇麗的樣式、做出方角、斜紋等特殊花樣。帶子足夠連結紐襻、合攏衣領，繫得緊、連得牢就行，不急於製做帶有圓形花紋、方形花紋的薄皮小鞋。所以君王制定禮義、推行最高德行，並不受儒家、墨家主張的拘束。

所謂明者，非謂其見彼也，自見而已。所謂聰者，非謂聞彼也，自聞而已❶。所謂達者，非謂知彼也，自知而已。是故身者，道之所託，身得❷則道得矣。道之得也，以視則明，以聽則聰，以言則公，以行則從。故聖人裁制❸物也，猶工匠之斲削鑿枘❹也，宰庖之切割分別也，曲得其宜而不折傷。拙工則不然，大則塞而不入，小則窕❺而不周❻，動於心，枝於手❼，而愈醜❽。夫聖人之斲削物也，剖之判❾之，離之散之，已淫❿已失，復揆以一⓫；既出其根，復歸其門；已雕已琢，還反⓬於樸。合而為道德，離而為儀表⓭。其轉入玄冥⓮，其散應無形。禮義節行，又何以窮至治⓯之本哉！

【章　旨】這一章講得道的重要。所謂得道即是對道的把握並依道行事。「得道」者能「以視則明，以聽則聰，以言則公，以行則從」。而聖人之所以裁制事物得心應手，無不適宜，能做到「合而為道德，離而為儀表」，就是因為他掌握了道。可見掌握道十分重要。並由此出發，申言禮義、節行也不過是聖人得道用道的一種表現形式，是不能取代「至治之本」的「道」的。

【注　釋】❶所謂明者六句　本於《莊子·駢拇》。彼，別人。指自身以外的他人他事。自見，即返視自身。自聞，即返聽自身。❷身得　己身之得。即自得其本性。❸裁制　規劃；安排。❹鑿枘　鑿為榫卯，枘為榫頭。❺窕　有空隙；不充實。

❻周　合。❼動於心二句　謂心中想的，手做起來時卻分散了。即不能得心應手。枝，分散。❽醜　惡。指事情做得不好。❾判　分開。❿淫　放；蕩。⓫復揆以一　謂又用一樣的尺度來加以度量。揆，度；度量。⓬反　同「返」。⓭儀表　法度。《管子・形勢解》：「法度者，萬民之儀表也。」⓮玄冥　深遠幽寂，暗昧的境地。《莊子・大宗師》：「於謳聞之玄冥。」注謂「玄冥者，所以名無而非無」。⓯至治　最美好的政治。

【語譯】所謂的明察，並不是對他人他事看得很清楚，而是能返見自身罷了。所謂的聰敏，並不是能聽聞他人他事，而是能返聽自身罷了。所謂的通達，並不是了解他人他事，而是能了解自身罷了。因此自身是道所寄託的地方，能夠返歸自己的本性，也就掌握了道。一個人掌握了道，那麼他用道為指導，看事物就能明察，聽聲音就聽得清楚，談論事情就公正切當，行動起來就有人跟從。所以聖人安排事情，就像木工砍削木料、打出榫眼、做出榫頭一樣，就像大廚師分解牲畜、切割肉塊一樣，刀路曲折合宜，不會折傷刀刃。笨拙的工匠就不是這樣，打大的榫眼卻榫眼堵塞而放不進榫頭；打小的榫眼，榫頭放進去卻還有空隙，兩不相合。他心裡有想法，手卻不那樣做，東西便越做越壞。聖人砍削萬物，把它們剖開分開，使它們離散開來。已經離散的，重又用一樣的尺度來度量；已經背離了根本的，使它重又返歸根本；已經被雕刻琢磨過的，使它又返回質樸形態。合起來成為道德，離開就成為法度。它轉入暗昧的境地中，散應萬物而沒有形跡。所以講禮義、節行，又怎麼能充分把握把國家治理得最好的根本方法呢！

世之明事者，多離道德之本，曰禮義足以治天下，此未可與言術❶也。所謂禮義者，五帝三王之法籍風俗，一世之跡❷也。譬若芻狗❸土龍❹之始成，文❺以青黃，絹❻以綺繡，纏以朱絲，尸祝❼袀袨❽，大夫端冕❾，以送迎之。及其已用之後，則壤土❿草薊⓫而已，夫有孰貴之？故當舜之時，有苗⓬不服，於是舜脩政偃兵⑬，執干戚而舞之。禹之時，天下大水⑭，禹令民聚土積薪，擇丘陵而處之。武王伐紂，載尸而行⑮，海內未定，故為⑯三年之喪⑰。禹遭洪水之患、陂塘之事⑱，故朝死而暮葬。此皆聖人之所以應時耦變⑲、見形而施宜者也。今之脩干戚而笑鑃插⑳，知三年㉑非㉒一日㉓，是從牛非馬、以徵笑羽也。以此應化，無以異於彈一絃而會〈棘下〉㉔。

【章　旨】這一章批駁以禮義治天下的觀點。認為這種觀點背離道德之本，持這種觀點的人根本不懂得帝王治國之術。文中所講的禮義實即五帝三王的法典、風俗，作者言此不足以治國。因為一世有一世之禮義，時代一過，舊的禮義就棄而無用了。再者，聖人所制禮義乃應時耦變，因此後人不能因此時之禮義而非議彼時之禮義。

【注　釋】①術　指君主治國、駕馭臣下的策略、方法。②跡　事跡。③芻狗　用草紮成的狗。供祭祀用，以謝過求福。④土龍　土製的龍。古人天旱製土龍以求雨。⑤文　文飾。⑥絹　綢；被；蒙。楊樹達訓為「緣」。⑦尸祝　主祭祀者。尸，代表鬼神接受享祭的人。祝，傳告鬼神言辭的人。⑧袀袨　純黑色的祭服。舊注謂「袀，純服；袨，墨齋衣也」。⑨端冕　天子以下諸侯、大夫所穿祭服，亦作燕居之服。端，即玄端。冕，即大冠。⑩壤土　泥土。作動詞用，即化為泥土。⑪草薊　草芥。作動詞用，即化為草芥。⑫有苗　即三苗。古代部族名。⑬偃兵　偃息兵戈。即停止戰爭。⑭大水　原文作「大雨」，依王念孫校改。⑮載尸而行　此事可參看《史記・伯夷列傳》所言：「及至西伯卒，武王載木主，號為文王，東伐紂。伯夷、叔齊叩馬而諫曰：『父死不葬，爰及干戈，可謂孝乎？』」⑯故為　原文作「故不為」，依王念孫校刪「不」字。⑰之喪　原文下有「始」字，依王念孫校刪。⑱陂塘之事　舊注謂「陂，蓄水；塘，池也」。事，治。楊樹達說「陂塘之事，猶言陂塘是治耳」。⑲耦變　合於變化。⑳鑃插　鑃，大鋤。插，通「臿」。鍬。㉑三年　指服喪三年。㉒非　責怪。㉓一日　指禹治水時所實行的「朝死而暮葬」而言。㉔無以異於句　舊注謂「〈棘下〉，樂名。一絃會之，不可成（奏完一曲）也」。

【語譯】世上明達事理的人，多半都背離道德這個根本，而說用禮義就足夠治理天下了，和這種人是不能談論治國的策略和方法的。人們所說的禮義，指的是三王五帝時候的法律、風俗，那不過是一個時代的事跡罷了。就像草狗、土龍剛做成時，身上塗有黃色、青色的花紋，披上繡有花紋的絲織品，纏上紅色的絲，尸祝穿著純黑色的祭服，大夫們穿著玄端、戴著大冠來送迎它們。當它們已經用過以後，只不過化成了泥土、草芥罷了，有誰重視它們呢？所以在虞舜當政的時候，有苗不服舜的統治，舜便整飭政治、停止戰爭，讓人手持斧、盾來跳舞。在禹的時代，天下出現大水，禹便命令民眾積聚泥土、柴火，選擇丘陵居住。周武王討伐紂王的時候，用車載著文王的神主牌位行軍，天下沒有平定，所以為文王服喪三年。禹遭到洪水的災禍，忙於修塘蓄水等事，所以早上死了人，晚上就把他埋葬了。這些都是聖人順應時局變化、觀察形勢所實施的適宜的辦法。現在一些人致力於手持斧盾而舞，而譏笑人家用鋤、鍬等農具來生產，知道守喪三年的事，而用這來責怪朝死暮葬的做法，這是從牛的立場來責怪馬，用徵音作標準來取笑羽音。用這種方法來適應時代的變化，和只會彈一根絃卻要彈〈棘下〉這樣的樂曲沒有什麼不同。

夫以一世之變，欲以耦化應時，譬猶冬被葛而夏被裘。夫一儀不可以百發❶，一衣不可以出歲❷。儀必應乎高下，衣必適乎寒暑。是故世異則事變，時移則俗易。故聖人論世而立法，隨時而舉事。尚古❸之王，封於泰山，禪❹於梁父❺，七十餘聖，法度不同，非務相反也，時世異也。是故不法其已成之法，而法其所以為法。所以為法者，與化推移者也。夫能與化推移❻者，至貴在焉爾。故狐梁❼

之歌可隨也，其所以歌者不可為也；聖人之法可觀也，其所以作法不可原也；辯士之[8]言可聽也，其所以言不可形[9]也；淳均之劍[10]可貴[11]也，而歐冶[12]之巧不可受[13]也。今夫王喬[14]、赤誦子[15]，吹嘔[16]呼吸，吐故內新[17]，遺形[18]去智，抱素[19]反真[20]，以游玄眇[21]，上通雲天。今欲學其道，不得其養氣處神，而放其一吐一吸，時詘[22]時伸，其不能乘雲升假[23]亦明矣。五帝三王，輕天下，細[24]萬物，齊[25]死生，同變化，抱大聖之心，以鏡[26]萬物之情[27]，上與神明為友[28]，下與造化為人[29]。今欲學其道，不得其清明玄聖[30]，而守其法籍憲令[31]，不能為治亦明矣。故曰：「得十利劍，不若得歐冶之巧；得百走馬[32]，不若得伯樂之數[33]。」

【章　旨】這一章緊承上章而言，說拿一時之法不能對應變化了的時世。提出了「世異則事變，時移則俗易」故聖人應「論世而立法，隨時而舉事」的觀點。論述中以為上古聖人之所以「法度不同」，就因為「時世異也」。還說到君王立法「不法其已成之法，而法其所以為法」。而「所以為法者，與化推移者也」。這種強調一世有一世之事，法當因世因事而立，不可拘守先世成法的觀念是合理的。在論述法當「與化推移」和學聖人治國之道當學其「清明玄聖」時，認為許多事情的結果可以認知，但造成這結果的根源卻很難把握。還說「得十利劍，不若得歐冶之巧；得百走馬，不若得伯樂之數」，都是很發人深思的。本章文字多出自《文子・道德》。

【注　釋】[1]夫一儀不可以百發　舊注謂「儀，弩招顏（當為招質，招質為射箭的準的）也。射百發，遠近不可皆以一儀也」。

儀，儀的；射箭的標的、目標。❷出歲　超出一年。❸尚古　即上古。❹禪　封土為壇，掃地而祭。古代皇帝巡遊，封泰山而祭天，禪小丘以祭山川。❺梁父　泰山下的一座小山。位於山東省新泰縣西。❻與化推移　跟隨時代而流轉變化。化，指時局的變化。原文下有「為人」二字，依王念孫校刪。❼狐梁　即瓠梁。古代善歌之人。一說狐梁為古歌名。❽之　原文無此字，依楊樹達、蔣禮鴻校補。❾形　表現；表達。❿淳均之劍　其劍大而銳，為歐冶所造。本書〈覽冥〉：「故嶢山崩，而薄落之水涸；區冶生，而淳鈞之劍成。」原文下有「不」字，依蔣禮鴻校刪。⓫可貴　原文作「可愛」，依蔣禮鴻校改。⓬歐冶　即區冶。春秋時越人，善鑄劍。⓭不可受　原文作「可貴」，依蔣禮鴻校改。⓮王喬　即王子喬。傳說中的仙人。舊注謂「王喬，蜀武陽人也，為柏人令，得道而仙」。⓯赤誦子　即赤松子。傳說中的仙人，傳說他是神農時的雨師。舊注謂「赤誦子，上谷人也，病癘入山，導引輕舉」。⓰吹嘔　吹吐。楊樹達謂「嘔」為「欨」，吹。⓱吐故內新　為道家養生術，口吐濁氣，鼻吸清氣。內，同「納」。⓲遺形　謂忘其形體存在。⓳抱素　保守其本真之性。⓴反真　返本歸真（自然）。㉑玄眇　道家形容道的虛無渺茫，亦以指道。㉒詘　同「屈」。㉓假　舊注謂「上也」。㉔細　小。作動詞用。㉕齊　同等。㉖鏡　鑑照；明察。㉗情　實際情況。㉘友　交友；志同為友。㉙為人　為偶；為伴侶。㉚玄聖　大聖。《莊子・天道》：「夫虛靜恬淡寂漠無為者，萬物之本也。……以此處下，玄聖、素王之道也。」如此，則文中所謂「玄聖」當指大聖之堅守虛靜恬淡寂漠無為。㉛憲令　法令。㉜走馬　善跑的馬。㉝數　術。文中指相馬之術。

【語譯】想用一時的變化情況，來適應、符合時代的變化，這就好比在冬天穿上葛布衣而在夏天穿上皮衣。一個箭靶不能射一百枝箭，一件衣服也不能穿一年多。箭靶要和射箭的高低要求相應，衣服要和寒暑氣候相應。因此時代不同事情就會變化，時代變化風俗也會改變。所以聖人考量時代特點來制定法令，隨順時代的特點來興辦事業。上古時代的君王，在泰山上築壇祭天，在梁父山上闢場祭地，七十多位聖人，所立的法度都不一樣，並不是故意使其相反，而是所處的時代不同。所以不遵循前代聖人已經形成的法度，而是學習他們制定法度的原則。他們制定法度的原則，就是使法度隨著時代的變化而變化。能做到使法度隨著時代的變化而變化的人，就掌握了最可貴的東西。所以狐梁唱歌可以跟著他唱，但他唱歌的精神風格卻無法模仿；聖人制定的法令可以見到，但他們為什麼制定那樣的法律，原因卻無法探究；善辯之士說的話可以聽得見，但他們那樣說的原因是無法表述的；淳均之劍很可寶貴，可是歐冶鑄劍的技巧卻不可能承傳下來。現在王子喬、赤松子，吐納呼吸，用口吐出體內的濁氣，用鼻吸進新鮮的空氣，遺忘形體的存在，放下自己的智能，固守根本，返歸真性，而在虛無渺茫的境地中漫遊，向上直通雲天。現在有人想要學他們的道術，沒有掌握他們養氣安神的方法，只是模仿他們一吐一吸、一屈一伸的樣子，這種人不可能乘雲上升是很明顯的。五帝三王，把天下看得很輕，把萬物看得很小，把生死看成相等，把變化看成相同，懷抱大聖人的心胸，明察萬物的實際情況，上和神明做朋友，下與造化結為伴侶。現在要學他們的治國方法，如果學不到他們清靜明朗的心性和虛靜恬淡寂漠無為的做法，只一味地固守他們留下的法令，那麼不可能把國家治理好也是很明顯的。所以說：「得到十把鋒利的劍，不如掌握歐冶鑄造利劍的巧妙技術；得到一百匹善於奔跑的馬，不如掌握住伯樂相馬的方法。」

樸❶，至大者無形狀，道，至眇❷者無度量，故天之圓也不中規，地之方也不中矩❸。往古來今謂之宙，四方上下謂之宇❹，道在其間而莫知其所。故其見不遠者，不可與語大；其智不閎❺者，不可與論至。昔者馮夷❻得道以潛大川，鉗且❼得道以處崑崙。扁鵲❽以治病，造父以御馬，羿以之射，倕❾以之斲，所為者各異，而所道者❿一也。夫稟道以通物者，無以相非也，譬若同陂⓫而溉田，其受水均也。今屠牛而烹其肉，或以酸⓬，或以甘⓭，煎熬燎炙，齊和⓮萬方，其本一牛之體。伐楩⓯、柟⓰、豫樟⓱而剖梨⓲之，或為棺槨⓳，或為柱梁，披⓴斷撥遂㉑，所用萬方，然一木之樸也。故百家之言，指奏㉒相反，其合道一也㉓。譬若絲竹金石之會樂同也，其曲家異而不失於體。伯樂、韓風、秦牙、管青㉔，所相各異，其知馬一也。故三皇五帝法籍殊方㉕，其得民心均也。故湯入夏而用其法㉖，武王入殷而行其禮㉗，桀、紂之所以亡，而湯、武之所以為治。

【章　旨】這一章包含的內容為：一論道的特點，謂其至大而無形無狀，至渺而無法度量。存在於宇宙之間而莫知其所。二說馮夷潛川、鉗且居於崑崙、扁鵲治病、造父御馬等皆為得道所致。而且「稟道以通物者，無以相非也」。三以烹牛肉可得眾味而本體為一牛、木料的用途不同而本於一木之樸為例，說明百家之言指趣相反，「其合道一也」。四說三皇五帝法令殊異，但「其得民心均也」。本章語句多出自《文子・自然》。

【注　釋】❶樸　沒有加工成器的原始素材稱為樸。亦指本真、本性，用以形容道。《老子》第三十七章言「無名之樸」，河上公注謂「樸，道也」。本書〈詮言〉亦謂「渾沌謂樸」。❷至眇　極端深遠。❸故天之圓二句　言天地無限，不中規矩。不中規，謂不能用圓規測畫。不中，不符合；不適合。原文「中」作「得」，依俞樾校改。❹往古來今二句　本於《尸子》(見《世說新語・排調》引文)「天地四方曰宇，往古來今曰宙」。宇，指空間。宙，指時間。❺閎　大；高。❻馮夷　一名冰夷，一名馮遲。河神名。舊注謂「馮夷，河伯也，華陰潼鄉隄首里人，服八石，得水仙」。❼鉗且　傳說中的神人。人面獸形，得仙道，升居崑崙山。❽扁鵲　戰國時名醫。原名秦越人，勃海郡鄭人。家於盧國，又名盧醫。首創切脈醫術，精通內科、婦科、小兒科和五官科等。❾倕　一說堯之巧工，一說黃帝時巧人。傳說他始作耒耜、鐘、銚、規矩、準繩等。❿所道者　所遵循的。指道。道，通「導」。《意林》引此句即作「得道一也」。⓫陂　蓄有水的池塘。⓬以酸　原作「以為酸」，依王念孫校改。⓭以甘　原作「以為甘」，依王念孫校改。⓮齊和　即調和。此處指調味而言。原作「齊味」，依王念孫校改。《鹽鐵論・通有》：「庖宰烹殺胎卵，煎炙齊和，窮極五味。」⓯梗　樹名。即黃梗木。⓰柟　同「楠」。樹名。⓱豫樟　大樹名。一作「豫章」。樟類。⑱剖梨　猶言剖分。梨，通「剺」。剝；劃；分解。⑲棺槨　棺材和外棺。槨，外棺。⑳披　分解；解開。㉑撥遂　整理得很順。撥，析理。遂，順；如意。原文作「檖」，依王念孫校改。㉒指奏　即指趣、旨趣。㉓一也　原文作「一體也」，依王念孫校刪「體」字。㉔伯樂韓風秦牙管青　四人皆古善相馬者。㉕殊方　方向、旨趣不同。㉖其法　指夏禹所定之法。㉗其禮　指商湯所定之禮。

【語譯】樸是大到極點、沒有形狀的，道是深遠到極點、沒有辦法度量的，所以天的圓形無法用圓規測畫，地的方形不能用矩來測畫。從古時到現在稱為宙，四方上下稱為宇，道在宇宙之間卻不知道它的具體所在。所以見識不遠大的人，不能夠和他談論什麼是大；智慧不宏大的人，不能夠和他談論什麼是至極。從前馮夷掌握了道而能在大河的水面下活動；鉗且掌握了道而能在崑崙山上居住；扁鵲掌握了道，用它來替人治病；造父掌握了道，用它來駕馭馬車；羿掌握了道，用它來射箭；倕掌握了道，用它來砍削木頭，他們所做的事各不相同，但所遵循的（道）卻是一樣的。凡是掌握了道、通曉物理的人，是不能相互否定的。就好像用同一池塘的水來灌溉田地一樣，田地所受的水都是一樣的。現在殺了牛而燒煮牛肉，有的煮成酸味，有的煮成甜味，用煎炒、熬煮、燒烤等方法，調和出許多味道，但這些味道的根本都是同一條牛的身體。砍伐黃梗木、楠木和豫樟而把它們剖分開來，有的做成棺木和套棺，有的做成柱頭和屋梁，把它們鋸開、砍斷，分類整理，派用的場合很多，但是它們都出自同一樹木的原始素材。所以百家的言論，旨趣相反，但同樣都合於道。就好像管、絃樂器和鐘、磬等都同樣能合樂，雖然演奏的曲子和演奏者不同，但都能合於樂這個本體。伯樂、韓風、秦牙、管青，他們相馬的方法各自不同，但精通於馬的特性則是一樣的。所以三皇五帝的法典旨趣不同，但是能得到民心卻是相同的。所以湯進入夏地而應用夏禹所制定的法律，武王進入殷地而應用商湯所制定的禮儀，這就是夏桀、商紂之所以會滅亡，而商湯、周武王之所以會把國家治理好的原因。

故剞劂銷鋸❶陳，非良工不能以制木；鑪橐埵坊❷設，非巧冶❸不能以治金。

屠牛坦❹一朝解九牛，而刀可以剃毛❺。庖丁❻用刀十九年，而刃如新剖硎❼。何則？游乎眾虛之間。若夫規矩鉤繩者，此巧之具也，而非所以為❽巧也。故瑟無絃，雖師文❾不能以成曲；徒絃，則不能悲。故絃，悲之具也，而非所以為悲也。若夫工匠之為連鐖、運開❿，陰閉、眩錯⓫，入於冥冥⓬之眇，神調⓭之極，游乎心手⓮之閒，而莫與物為際⓯者，父不能以教子。瞽師⓰之放意⓱相物⓲，寫神⓳愈舞⓴，而形乎絃者，兄不能以喻㉑弟。今夫為平者準也，為直者繩也。若夫不在於繩準之中，可以平、直者，此不共之術㉒也。故叩宮而宮應，彈角而角動，此同音之相應也。其於五音無所比㉓，而二十五絃㉔皆應，此不傳之道㉕也。故蕭條者，形之君㉖；而寂寞者，音之主也㉗。

【章旨】孔子說過「工欲善其事，必先利其器」（《論語·衛靈公》）。意思是工匠想要做好事情，器具的精良十分重要。這一章則說到要使事情成功，使用器具的人必須具有高明的技巧，這一見解是正確的。文中讚揚屠夫、廚師、工匠、盲人音樂家施展技藝時的得心應手、出神入化，歸納出他們技藝高超的要訣。其說可從。但作者把這類技藝說成是「父不能以教子」、「兄不能以喻弟」的「不共之術」、「不傳之道」，便使他所讚揚的高超技藝塗上了神祕色彩。

【注釋】❶剞劂銷鋸　剞，雕刻用的曲刀。劂，雕刻用的曲鑿。銷，雙刃曲刀。鋸，析解木頭的工具。❷鑪橐埵坊　鑪，即冶煉之鑪。橐，即風箱。埵，冶爐口上用以吹風的鐵筩。坊，即鑄造器物的土模。❸巧冶　指冶煉技巧高明的工人。❹屠

牛垣　齊國的大屠。《管子・制分》謂「屠牛垣朝解九牛而刀可以莫（莫猶削）鐵則刃游閒也」。原文「垣」作「吐」，依莊逵吉校改。❺可以剃毛　原文無「可」字，依王念孫校補。舊注謂「剃，截髮也」。❻庖丁　廚師。此處指《莊子・養生主》所說為文惠君解牛之庖丁。舊注謂「齊屠伯也」。❼刃如新剖硎　刃如新剖於硎。意如《莊子・養生主》所說「刀刃若新發於硎」，即刀刃如同剛從磨刀石上磨出。舊注謂「新剖，始製也。硎，磨刀石」。楊樹達說「硎」乃「型」之或字，「刃如新剖硎，謂刃之鋒利如新自模型中剖出也」，亦為一說。本書原文「刃」作「刀」，依王念孫校改。❽為　原文無此字，依王念孫校補。❾師文　古樂師名。❿連鐖運開　連鐖，指機括（弩上發箭的機件）連發的弩具。舊注謂「鐖發也」。楊樹達謂「鐖與機同」。而《說文》：「機，主發謂之機。」運開，舊注謂「相通也」。相通似指機括連發而言。⓫陰閉眩錯　舊注謂「陰閉，獨閉也。眩錯（原注無「錯」字），因（當為「困」字）而相錯也」。陰閉，暗自獨閉。吳承仕說「眩錯，困而相錯。蓋言巧匠所作，足以眩耀耳目，惑亂心志也」。⓬冥冥　玄遠；深遠。⓭神調　謂心神協調。調，調和；協調。《文子・自然》即言「神和」。⓮心手　原文下有「眾虛」二字，依王念孫校刪。⓯際　交接；會合。⓰瞽師　目盲之樂師。⓱放意　指表述人之心意。⓲相物　指用音樂語言描述物象。⓳寫神　抒發精神。寫，宣洩；抒發。⓴愈舞　明瞭舞者之節。愈，通「諭」。了解。㉑喻曉。作使役動詞用。㉒不共之術　不能共有之術。馬宗霍引《說文》釋共為同，謂「言其術不與常同，亦即非常之術也。術之非常者，亦不能與人共之。與下文「不傳之道」相對為義」。㉓比　合。㉔二十五絃　古有二十五絃琴，瑟亦為二十五絃。《漢書・郊祀志》：「泰帝使素女鼓五十絃，瑟悲，帝禁不止，故破其瑟為二十五絃。」㉕不傳之道　不可言傳之道。㉖蕭條者二句　蕭條者深靜無形，言蕭條為形之君，即謂有形出自無形。形之君，即形體之主宰。形，形體。㉗寂寞者二句　寂寞則無音，言寂寞為音之主，即謂音出自無音。舊注謂「微音生於寂寞」。

【語譯】各種曲刀、曲鑿和鋸子陳列在那裡，如果不是優秀的工匠便不能用它們來做出木器；鑪子、風箱、吹風管和模子都設置好了，沒有技巧高明的冶煉工人來使用，還是製造不出金屬器具。屠牛垣一個早上分解了九條牛，他的刀還可用來剃除毛髮。庖丁一把刀用了十九年，可是刀刃卻像剛從磨刀石上磨過一樣鋒利。這是為什麼呢？是因為他們讓刀在骨骼、筋節的空隙中運行。至於量圓的規、量方的矩、量曲的鉤、量直的繩，是用來表現技巧高明的工具，但它們自己卻不能發出技巧。所以瑟沒有絃，即使是師文那樣的樂師也不可能彈出樂曲；而只有絃沒有樂師，也不能奏出悲哀的樂音。所以絃是奏出悲哀音樂的工具，卻不是形成悲哀音樂的主體。像工匠製造機括連發的弩具，機牙一扣便使機括相連而發，暗自關閉機牙，足以使人眩耀耳目，惑亂心志。技藝的巧妙達到無限深遠的境地，精神和諧到極點，運行於心和手之間，而不會和物交接，這種技巧，父親不能教會兒子。像盲人樂師用音樂表述心意、形容事物，抒發精神，合於舞蹈的節奏，而通過絲絃表現出來，這種技巧，哥哥不能教會弟弟。現在衡量水平的器具是準，衡量端直的器具是繩，至於不用準、繩來衡量，卻能定出平、直，這是大家不能同有的技藝。所以叩響宮音而所有宮音的絃便會響應，彈響角聲而所有角聲的絃就會動起來，這是音調相同便彼此相應。和五音沒有相合之處，但二十五絃都會響應，這是不可言傳的道藝。所以蕭條無形，是形體的主宰者；而寂寞無音，是聲音的主宰者。

天下是非無所定，世❶各是其所是而非其所非，所謂是與非各異，皆自是而非人。由此觀之，事有合於己者，而未始有是也；有忤於心者，而未始有非也。故求是者，非求道理也，求合於己者也；去非者，非批❷邪施❸也，去忤於心者也。忤於我，未必不合於人也；合於我，未必不非於俗也。至是之是無非，至非之非無是，此真是非也。若夫是於此而非於彼，非於此而是於彼者，此之謂一是一非也。此一是非，隅曲❹也；夫一是非，宇宙也❺。今吾欲擇是而居❻之，擇非而去之，不知世之所謂是非者，孰是❼孰非。

【章　旨】這一章說到兩種是非觀。一種是「自是而非人」，合於己者為是，忤於己者為非。全然以己意為準，故其求是實求合於己者，去非亦不是去邪行。作者稱這種是非觀是隅曲之見。乃不足取者。另一種是非觀是所謂「真是非」者，即「至是之是無非，至非之非無是」。作者稱之為「宇宙」之見，是他所肯定的。但他所謂「至是」、「至非」，並未嚴格界定，難免帶有主觀認識的色彩，所以他的「真是非」論未必全「真」。但他對於世人自以為是的是非論的批評卻是尖銳有力的。

【注釋】❶世　世人；世間的人。❷批　排除。❸邪施　邪行；不正之行。或謂邪惡行徑。施，逶迤行進。舊注謂「微曲也」。❹隅曲　偏邪；片面。句中「此一是非」指「一是一非」言，故云其隅曲。❺夫一是非二句　文中「夫一是非」指「真是非」而言，故稱其全面至大如宇宙。夫一，與「此一」相對，謂彼一。《荀子・解蔽》「不以夫一害此一」，夫即為彼。❻居　留。❼孰是　原文上有「不知」二字，依陳觀樓校刪。

【語譯】天下的是非並沒有定論，世人各自肯定他們認為是正確的，而否定他們認為是錯誤的，他們所說的是和非各自不同，都認為自己是正確的而別人是錯誤的。從這些情況看來，事情有與自己的想法相符合的，而不曾有真正確的；事情有和自己的想法相抵觸的，而不曾有真錯誤的。所以那些追求正確的人，並不是追求正確的道理，而是追求與自己想法相符合的；去掉錯誤的人，並不是要去掉邪惡的行徑，而是要去掉違背自己想法的。違背我的想法，不一定就不符合別人的想法；符合我的想法，不一定不會受到世俗輿論的責怪。正確到極點的正確是沒有錯誤的，錯誤到極點的錯誤是沒有正確的，這才是真正的是非。至於我認為是正確的而別人卻認為是錯誤的；我認為是錯誤的而別人卻認為是正確的，這都叫做一個是一個非。這一個是一個非，只是片面、偏邪的看法。真正的是非觀，是一種全面、至大如同宇宙的看法。現在我要選擇正確的看法而把它保留下來，選擇錯誤的看法而把它去掉，不知道世間的人所持的是非觀，究竟哪個是正確的，哪個是錯誤的。

老子曰：「治大國若亨小鮮❶。」為寬裕者❷曰勿數撓❸，為刻削者❹曰致其鹹酸而已矣。晉平公出言而不當，師曠舉琴而撞之，跌衽中壁❺。左右欲塗❻之，平公曰：「舍之！以此為寡人失。」孔子聞之曰：「平公非不痛其體也，欲來諫者也。」韓子❼聞之曰：「群臣失禮而弗誅，是縱過也。有以也夫，平公之不霸也！」故賓有見人於宓子❽者，賓出，宓子曰：「子之賓獨有三過：望我而笑，是攓❾也。談語而不稱師，是返❿也。交淺而言深，是亂也。」賓曰：「望君而笑，是公⓫也。談語而不稱師，是通也。交淺而言深，是忠也。」故賓之容一體也，或以為君子，或以為小人，所自視之異也。故趣合⓬即言忠而益親；身疏，即謀當而見疑。親母為其子治扢禿⓭，而血流至耳，見者以為其愛之至也；使在於繼母，則過者⓮以為嫉⓯也。事之情⓰一也，所從觀者異也。從城上視牛如羊，視羊如豚⓱，所居高也。窺面於盤水則員⓲，於杯則隋⓳。面形不變其故，有所員、有所隋者，所自窺之異也。今吾雖欲正身而待物，庸遽知世之所自窺我者乎！若轉化而與世競走，譬猶逃雨也，無之而不濡⓴。常欲在於虛，則有不能為虛矣㉑。若夫不為虛而自虛者，此所慕而無不致也㉒。故通於道者如車軸，不運於己，而與轂㉓致千里，轉無窮之原也。不通於道者，若迷惑，告以東西南北，所居聆聆㉔，一曲而辟㉕，忽然㉖不得，復迷惑也。故終身隸於人，辟若綄㉗之見風也，無須臾之間定矣。故聖人體道㉘反性㉙，不化以待化，則幾於免矣㉚。

【章 旨】這一章用不同政見的人對老子同一句話的不同理解；用孔子、韓子對晉平公處理師曠撞擊事的不同評論；用宓子和賓客對來人言談舉止的不同看法等三個例證，一則說明上章所講的「是非無所定」，二則指明這種現象產生的原因是人們看問題的角度不同，而往往各自站在自己的立場來分析問題。以致在政治生活中「趣合即言忠而益親；身疏，即謀當而見疑」，以關係親疏定是非無疑是以己意論是非的極致。對此，作者是否定的。他感慨「正身而待物」的艱難，認為躲避流俗之害「譬猶逃雨」。最後仍以無為之道自解，所謂「體道反性，不化以待化，則幾於免矣」。

【注 釋】❶小鮮 小魚。一說動物新擊殺曰鮮。老子語出自《老子》第六十章。❷為寬裕者 指為政寬緩的人。寬裕，寬緩；寬大。舊注謂「裕，饒也」。❸數撓 多次攪動。《韓非子．解老》即云：「事大眾而數搖之，則少成功；藏大器而數徙之，則多敗傷；烹小鮮而數撓之，則賊其宰；治大國而數變法，則民苦之。是以有道之君貴虛靜而重變法。故曰：『治大國者若烹小鮮。』」《文子．道德》亦云：「『治大國若烹小鮮』，勿撓而已。」❹為刻削者 指為政刻薄、苛酷的人。刻削，刻薄；苛酷。❺跌衽中壁 原文作「跌衽宮壁」，依俞樾校改。俞樾釋謂「跌，猶越也。言越過平公之衽而中於壁也」。衽，衣襟。❻塗 塗抹。舊注謂「欲塗師曠所敗壁也」。事見《韓非子．難一》。晉平公與群臣飲酣，喟然而歎，言「莫樂為人君，唯其言而莫之違」。師曠援琴以撞，平公披衽避琴，琴壞於壁。平公問撞誰，師曠說有小人言於側，故擊之。平公說是我說的，師曠說你這不是君王應說的話，於是平公止人以塗壁。❼韓子 即韓非子。文中引韓子語非《韓非子．難一》中原話。原話說師曠之舉為「大逆之術」，而「臣行大逆，平公喜而聽之，是失君道也。故平公之跡不可明也」。❽宓子 春秋魯人。孔子弟子，本名宓不齊，字子賤。嘗為單父宰，彈鳴琴，不下堂而天下治。文中所說宓子事見《戰國策．趙策四》「馮忌請見趙王」條，其事為馮忌所言。❾攓 簡慢。《戰國策》作「狎」。❿返 同「反」。違反。《戰國策》作「倍」。鮑彪注謂「言背其師」。⓫公 楊樹達說「『望君而笑』於公義不相會，公蓋假為頌耳」，「頌猶今言有禮貌」。⓬趣合 志趣相合。或釋「趣」為「趨」，即趨附偶合，亦即迎合。原文作「趣捨合」，依王念孫校刪「捨」字。⓭扢禿 突起的頭瘡。扢，通「疙」。⓮過者 指經過看見者。⑮嫉　憎恨。⑯情　實情。⑰豚　小豬。原文作「冢」，依馬宗霍校改。⑱員　同「圓」。⑲隋　通「橢」。橢圓形。⑳無之而不濡　言無往而不溼。濡，溼。㉑常欲在於虛二句　謂其意常不忘虛，是制於虛，故不能虛。舊注謂「為者失之，執者敗之」。㉒若夫不為虛二句　謂無意於虛而自虛則德盛，所欲便無不致。原文為「不能致」，依王念孫校改。㉓轂　車軸中心的圓木。中有圓孔，用以插軸。比喻通於道者處於虛，其用無窮。㉔聆聆　明瞭。㉕一曲而辟　謂走路步入彎曲處便走上邪（斜）僻小路。舊注謂「辟，小邪僻也」。㉖忽然　原文作「然忽」，依王念孫校改。㉗綄　古代測風向的一種裝置。以羽為之，楚人稱為五兩（用雞毛五兩結於高竿頂上）。原文作「俔」，依莊逵吉校改。㉘體道　行道；按道實踐。㉙反性　返歸本真之性。㉚不化以待化二句　舊注釋謂「無為以待有為，近於免世難也」。不化，指道；指無為。化，千變萬化。免，免世難。

【語　譯】老子說：「治理大國就像煮小魚一樣。」為政寬緩的人說老子講的是不要多次攪動，為政苛酷的人說老子講的不過是要使魚有鹹味酸味罷了。晉平公說話說得不得當，師曠舉起琴就朝他撞擊過去，結果琴越過平公的衣襟擊中了牆壁。平公身邊的人要把牆上的裂痕抹掉，平公說：「不要塗掉它！就當作我犯錯誤的標誌。」孔子聽到這件事以後說：「平公不是不覺得身體疼痛，而是要招來他人進諫。」韓非子聽說這件事以後說：「群臣對君王失禮節而不加以懲處，這是放縱臣子犯錯誤。晉平公在諸侯中不能稱霸，是有原因的呀！」宓子的賓客當著宓子的面會見一位客人，那位客人出去以後，宓子對賓客說：「你的那位客人有三個過錯：他望著我笑，這是態度輕慢。言談議論不說是老師的教導，這是背離老師。交情很淺而話談得很深，這是擾亂常規。」宓子的賓客回答說：「他望著您笑，這是對您有禮貌的表現。言談議論而不說是老師的教導，這是通達事理的表現。交情很淺而話談得很深，這是對人忠誠的表現。」那位客人的言談舉止是一樣的，有的認為他是君子，有的認為他是小人，這是看問題的角度不同所造成的。所以對志趣相合的人就說他忠於自己而對他更加親近；而關係疏遠的人，即使謀略恰當也對他懷疑。親生母親替她的兒子治理禿瘡，弄得血流到了耳根上，看見的人會認為這是愛的極致。假使這種情況出現在繼母身上，從旁經過的人都會認為這是憎恨。事的實情是一樣的，人們的看法不同是因為據以觀察問題的立場不同。從城上看牛就像羊一樣大，看羊就像小豬一樣大，這是因為看的人所站的地方很高。從盤裡的水看自己的臉，那臉便呈圓形，從杯裡的水看自己的臉，那臉便呈橢圓形。臉的形狀是不會改變原有的樣子的，而有的是圓形，有的是橢圓形，是因為自己用來映照的盤子、杯子的形狀不一樣。現在我雖然想要修養身心來對待外物，怎麼知道世人是如何從自我的角度來看待我的呢！如果使自己為人轉變而和世人賽跑，那就像要逃出雨網一樣，無論逃往哪裡都會被淋溼。如果常常想到使自己處於虛境，那就不能使自己處於虛境了。至於不刻意追求虛境而自然處於虛境的人，那他想要得到的東西就沒有得不到的。所以與道相通的人就如同車軸，不是靠自己運轉，卻能和車轂一起到達千里之外，運轉在無窮盡的原野上。未通達至道的人，就像對方向迷惑一樣，告訴他東西南北的所在，他坐著聽明白了，可是到了轉彎地方卻又走上一條偏僻的小斜路，忽然又辨不清方向，重又迷惑起來。所以終身附屬於人的人，就像測定風向的綄遇見風一樣，沒有片刻之間的安定。所以聖人依道行事、返歸本真之性，用無為來對待有為，那就差不多可以免除世間的禍難了。

治世之職❶易守也，其事易為也，其禮易行也，其責易償也。是以人不兼官，官不兼事，士農工商，鄉別州異。是故農與農言力，士與士言行❷，工與工言巧，商與商言數❸。是以士無遺行❹，農無廢功，工無苦事❺，商無折貨❻，各安其性，不得相干❼。故伊尹之興土功也，修脛者使之跖钁❽，強脊者使之負土❾，眇者使之準❿，傴者使之塗⓫，各有所宜，而人性齊⓬矣。胡人便於馬，越人便於舟。異形殊類，易事⓭而悖⓮，失處而賤，得勢而貴。聖人總而用之，其數一也。

夫先知遠見，達視⓯千里，人才之隆⓰也，而治世不以責於民⓱；博聞強志⓲，口辯辭給⑲，人智之美也，而明主不以求於下；敖世⑳輕物，不汙於俗，人行之伉㉑也，而治世不以為民化；神機陰閉，剞劂無跡，人巧之妙也，而治世不以為民業。故萇弘、師曠，先知禍福，言無遺策㉒，而不可與眾同職也；公孫龍㉓折辯㉔抗辭㉕，別同異，離堅白㉖，不可與眾同道也；北人無擇非舜而自投清泠之淵㉗，不可以為世儀㉘；魯般㉙、墨子以木為鳶而飛之，三日不集㉚，而不可使為工也。故高不可及者，不可以為人量；行不可逮者，不可以為國俗。

【章　旨】這一章可分為兩段。第一段說「治世」裡官員職責、民眾職業各有分工，所謂「人不兼官，官不兼事，士農工商，鄉別州異」。這樣「各安其性，不得相干」，能使諸事順遂。這實際上是講治世君王如何任官、治民。繼而特舉伊尹為例，說明聖人如何根據人之長處、習性，量才用人。第二段講治世、明主不以人才之隆責於民、不以人智之美求於下、不以人行之伉為民化、不以人巧之妙為民業。說到卓越人士可以有特殊用途，但他們的品行、才智之高卻不能成為國人的普遍標準，不能用來衡量眾人品行、才智的高下。所謂「高不可及者，不可以為人量；行不可逮者，不可以為國俗」。本章文字多出自《文子・下德》。

【注　釋】❶職　職務；分內執掌之事。原文作「體」，依王念孫校改。❷行　指道德、品行。❸數　指經營之術。❹遺行　行為失檢謂之遺行。❺苦事　為事所苦。或謂辛苦難為之事。❻折貨　折價賣貨。意謂虧損。❼相干　相犯。❽修脛者使之跖鏵　舊注謂「長脛以蹋插者，使入深」。修脛者，指腳長的人。跖鏵，踩踏鏵鍬。跖，踐踏。鏵，臿。俗稱鏵鍬。原文作「钁」，依王念孫校改。❾強脊者使之負土　舊注謂「脊強者任負重」。負土，即背土。❿眇者使之準　舊注謂「目不正，因令睎」。

睎，眄。一曰衺視（斜視）。眇者必斜視始得其平。古測水平法：「為水平槽，鑿三池，浮木立齒，注水。眇目視之，三齒齊平以為準。」（見李筌《太白陰經・水攻具》）眇者，兩眼一大一小者。《說文》：「眇，一目小也。」⑪傴者使之塗　舊注謂「傴人塗地，因其俛也」。傴者，駝背的人。⑫人性齊　指人性都得到發揮的情況是相同的。齊，相同；相等。⑬易事　指改變宜於從事的工作。⑭悖　悖亂；惑亂。⑮達視　明視。⑯隆　高。⑰而治世不以責於民　舊注謂「言民（當為『君』）不以己求備於下也」。⑱強志　強於記憶。即記憶力很強。志，通「誌」。記識之意。⑲辭給　言辭便捷。⑳敖世　即傲世。輕傲世人。㉑人行之伉　原文作「士之伉行」，依蔣禮鴻校改。伉，高。㉒遺策　失算；失計。㉓公孫龍　戰國時趙國人。字子秉，為古名家代表人物，著有〈堅白論〉、〈白馬論〉等。㉔折辯　折服辯士。㉕抗辭　高聲而言。㉖堅白　此指古代哲學命題「堅白石」而言。公孫龍認為石之堅、白屬性是脫離「石」而獨立存在的實體。㉗北人無擇句　《莊子・讓王》：「舜以天下讓其友北人無擇，北人無擇曰：『異哉后之為人也，居於畎畝之中，而游堯之門！不若是而已，又欲以其辱行漫我。吾羞見之。』因自投清泠之淵。」北人無擇，舊注謂「古隱士也。非舜，非其德之衰也」。清泠，清涼的樣子。㉘儀　標準；楷模。㉙魯般　即魯班。古代著名的巧匠。㉚集　群鳥停在樹上。

【語譯】在太平時代，各人的職責是很容易履行的，事情容易辦理，禮制容易遵行，責任也容易完成。因此人不兼任官職，官吏也不兼管事情，士、農、工、商，在各州各鄉都是各自分開做自己的事。所以農民和農民談論出力種田的事，士人和士人談論道德品行，工匠和工匠談論技藝的巧妙，商人和商人談論經營商業的方法。所以士人沒有失檢的行為，農民沒有荒廢的田事，工匠沒有很勞苦的情況，商人沒有折價賤賣的事，各自安順本性，不會相互觸犯。所以伊尹在興辦治水、築城等工程時，腳長的人就派他去踩鍬挖土，脊骨強健的人就派他去背土，眼睛一隻大一隻小的人就派他去測量土面平不平，駝背的人就派他塗抹地面，各人都有適宜的工作，每個人的特性都同樣得到了發揮。胡人熟習騎馬，越人熟習划船。不同形體、不同類型的人，改變了他們所適宜做的工作就會惑亂不堪，失去了他們所適宜的處所就卑賤，得到了他所適宜的勢位就高貴。聖人把這些情況匯集在一起而加以應用，應用的方法是一樣的。

具有先知遠見，能夠清楚地看見千里以外，這是人的才能很高的表現，但是太平時代的君主並不用這個標準來要求他的臣民；見識廣博、記憶力很好，口有辯才，言辭便捷，這是人的智慧美好的表現，但英明的君主並不要求他的臣下都有這種美好的智慧；傲視世人，輕視外物，不與流俗合汙，這是人的品行高尚的表現，但太平時代的君主並不用這個標準來教化民眾；神妙的弩機暗自獨閉，使用曲刀、曲鑿，不留下痕跡，這是人的技巧神妙的表現，但太平時代的君主並不要求民眾都有這種職業水準。所以萇弘、師曠，能事先知道禍福，議論事情沒有失算的時候，就不能讓他們和普通的人擔任同樣的職務；公孫龍能使善辯的人折服，辯論起來高聲言談，區別同和異，把堅和白的特質從石頭上分離開來，這就不能讓他和普通的人同道而行；北人無擇指責虞舜之德衰微而投入清涼的深淵之中，不能把他當作世人的楷模；魯班、墨子用木料做鷂鷹而能讓它們飛起來，三天都不停止，這樣的人就不能讓他們做工匠。所以不可能達到的高度，不能作為衡量一般人的標準；不可能企及的品行，不能拿來作為國家的風俗。

夫挈❶輕重不失銖兩❷，聖人弗用，而縣❸之乎銓衡❹；視高下不差尺寸，明主弗任，而求之乎浣準❺。何則？人才不可專用，而度量可世傳也。故國治可與愚守也，而軍制可與權用也。夫待騕褭❻飛兔❼而駕之，則世莫乘車；待西施、落慕❽而為配❾，則終身不家❿矣。然非待古之英俊，而人自足者，因所有而遂⓫用之。夫騏驥千里，一日而通⓬；駑馬十舍⓭，旬⓮亦至之。由是觀之，人才不足專恃，而道術可公行也。亂世之法，高為量而罪不及，重為任而罰不勝，危為難⓯而誅不敢。民困於三責⓰，則飾智而詐上，犯⓱邪而干⓲免。故雖峭法嚴刑，不能禁其姦。何者？力不足也。故諺曰：「鳥窮則噣⑲，獸窮則觕⑳，人窮則詐。」此之謂也。

【章旨】這一章有三個論點。一是說「人才不可專用，而度量可世傳」。論述人的才能（實是經驗）和度量規矩的關係。認為不可用人的經驗代替度量規矩，見解是深刻的。二是說求才不可專待蓋世之才，應「因所有而遂用之」，並得出結論：「人才不足專恃，而道術可公行」。這種人才觀也是很有道理的。三是通過揭示「亂世之法」的內容和它引起的惡劣的社會效應，對亂世用人之法加以否定。此章文字出自《文子・下德》。

【注釋】❶挈　同「絜」。度；衡量。❷銖兩　形容極輕微。古制二十四銖為一兩。❸縣　稱量之意。❹銓衡　衡量輕重的器具。❺浣準　古代的水平測量儀。舊注謂「水望之平」。❻騕褭　良馬名。❼飛兔　良馬名。舊注謂其為騕褭之子。一說其馳若兔之飛，因以為名。❽落慕　即洛慕。古代美女名。原文作「毛嬙」，依王念孫校改。❾配　匹配。❿家　作動詞用。娶妻；結婚成家。⓫遂　即。原文作「竝」，依王念孫校改。⓬通　通達。⓭舍　行軍三十里為一舍，或單指三十里為一舍。⓮旬　十日。⓯危為難　加深困難的程度。危，高；艱難。原文作「禁」，依王念孫校改。⓰三責　指「罪不及」、「罪不勝」、「誅不敢」三種責罰。⓱犯　作「用」解。⓲干　求。⓳噣　即啄。⓴觕　即觸。以角抵物。

【語譯】一個人掂量輕重不差一銖一兩，但聖人不任用他這種本事，而要用秤來稱量；一個人看東西高低不差一尺一寸，但英明的君主不任用他這種本事，而要用水平儀來衡量。這是為什麼呢？是因為人的才能不可能專一為人所用，但度量的標準卻可以世代相傳。所以國家治理好了可以交給愚笨的人去守住，軍隊控制住了可以交給握有軍權的人去使用。一定要等到騕褭、飛兔那樣的良馬才駕車，那世人就沒有辦法乘車了；一定要等到西施、落慕這樣的美女才和她匹配，便終身不能結婚成家了。但是有些君主，並不等待古代英雄、豪俊人物出來，便能使人才夠用，這是他只依照現有的人才加以任用的緣故。騏驥走一千里路，一天就可走完；劣馬走三千里，十天也會走到。由此看來，人才是不能夠專門依賴的，但道術可以共同使用。政治混亂時代立法、司法是這樣的：把衡量不犯法的標準抬得高高的而對那些做不到的人加上罪名，把責任加重而懲罰那些不能勝任的人，把困難的程度加深而懲處那些不敢迎接困難的人。民眾受到三種責罰的困擾，於是就弄巧來欺騙上級，用邪門歪道來求得免除責罰。所以即使實行苛刻的法律、嚴酷的刑罰，還是禁止不了他們的姦邪行為。這是為什麼呢？是因為力量不夠。所以諺語說：「鳥在困境時就會用嘴去啄，野獸在困境時就會用角去抵，人在困境時就會採用欺詐手段。」就是說的這種情況。

道德之論，譬猶日月也，江南河北，不能易其指❶；馳騖千里，不能改❷其處。趨舍禮俗，猶室宅之居也，東家謂之西家，西家謂之東家，雖臯陶❸為之理，不能定其處。故趨舍同，誹譽在俗；意行鈞❹，窮達在時。湯、武之累行積善❺，可及也。其遭桀、紂之世，天授也。今有湯、武之意，而無桀、紂之時，而欲成霸王之業，亦不幾矣。昔武王執戈秉鉞以伐紂勝殷，搢笏杖殳❻以臨朝❼。武王既沒，殷民叛之，周公踐東宮❽，履乘石❾，攝天子之位，負扆❿而朝諸侯，放蔡叔⓫，誅管叔⓬，克殷殘商⓭，祀文王於明堂，七年而致政⓮成王。夫武王先武而後文，非意變也，以應時也；周公放兄誅弟⓯，非不仁也，以匡亂⓰也。故事周⓱於世則功成，務⓲合於時則名立。

【章　旨】這一章包含三層意思。一是拿「道德之論」和「趨舍禮俗」作對比，說前者如同日月，無論在何處、無論走多遠，其指向、處所總不會變。後者則如居室宅，東家稱之為西家，西家稱之為東家，難以確指。人的趨捨相同，而「誹譽在俗」。二是論時代環境對人事業成敗至為重要，所謂「窮達在時」。有湯、武之意而無桀、紂之時，欲成霸王之業，也難以成功。三是以武王、周公的事跡為例，說明「事周於世則功成，務合於時則名立」。

【注　釋】❶指　指向；趨向。❷改　原文作「易」，依王念孫校改。❸皋陶　舜之臣。掌刑獄之事。❹意行鈞　調隨心意而為的情形是一致的。意行，隨意而行。心之所之為意。《管子・內業》：「見利不誘，見害不懼，寬舒而仁，獨樂其身，是謂雲氣，意行似天。」鈞，同「均」。❺累行積善　即累積行善。連續不斷地做好事。❻搢笏杖殳　搢笏，插笏版於腰帶上。杖殳，執持木杖。殳，木杖。❼臨朝　謂當朝處理國事。❽踐東宮　身臨東宮。武王歿，太子誦（即後來的成王）年幼，周公旦代行其政。東宮，太子所居之處。❾乘石　古代君王上車時的墊腳石。舊注謂「人君升車有乘石也」。❿扆　戶牖間畫有斧形圖案的屏風。王充《論衡・書虛》：「戶牖之間曰扆，南面之坐位也。負扆南面鄉坐，扆在後也。」⓫蔡叔　名度，周公旦之弟。周公輔成王，蔡叔與管叔疑其於成王不利，挾武庚祿父（紂王之子）作亂。周公承成王命伐誅武庚，將蔡叔從蔡（上蔡）遷走，流放於外，後死於外。⓬管叔　名鮮，周公之兄。管叔因挾武庚祿父作亂，為周公所殺。⓭殘商　指誅紂王之子武庚祿父事。殘，翦；消滅；毀滅。⓮致政　歸還政務。《禮記・明堂位》：「周公踐天子之位以治天下，……七年，致政於成王。」⓯放兄誅弟　據《史記》當為「放弟誅兄」。⓰匡亂　使混亂的政治走上正軌。匡，正；糾正。⓱周　合。⓲務　事務；事情。

【語　譯】道德方面的理論，就好比日月一般，無論在長江以南，還是在黃河以北都不能改變它們的趨向，就是奔走千里也不能改變它們的所在。趨附或捨棄禮俗，就如同住家一樣，東家說它是西家，西家說它是東家，即使是皋陶來處理，也不能夠確定它的居處。所以人對禮俗的趨附或捨棄雖然相同，但是是遭到誹謗或稱美卻由當時的世俗決定；人們同樣都是依照自己的心意行動，但是是困阨還是得志，則是由時代決定。商湯、周武王不斷地做好事，這是人們可以做得到的。但他們能分別逢遇夏桀、商紂在位的時代，卻是老天賜給他們的機會。現在人們即使有商湯、周武王那樣的心意，卻沒有夏桀、商紂在位時那樣的時代，而想建立霸王的事業，也是沒有希望的。從前周武王握著戈、拿著鉞以攻伐紂王而戰勝了殷商，腰間插著笏版，手持木杖，當朝處理政事。周武王死了以後，原屬殷商的民眾背叛了他，周公身臨東宮，腳踩乘石，代替成王暫居天子之位，背靠戶牖之間的屏風而坐，來接受諸侯的朝見，流放蔡叔，誅殺管叔，攻破殷軍，徹底消滅了商，在明堂祭祀文王，過了七年把政事歸還給成王。周武王先用武力攻伐商紂王，然後又用禮樂來治理國家，不是他有意要變化，而是為了適應時代的需要；周公放逐兄長、誅殺弟弟，並不是不仁愛，而是要平息叛亂。所以做的事情合於社會需要就會成功，做事情合於時代特點就能建立名聲。

昔齊桓公合諸侯以乘車❶，退誅於國❷以斧鉞；晉文公合諸侯以革車❸，退行於國以禮義。桓公前柔而後剛，文公前剛而後柔，然而令行乎天下、權制❹諸侯鈞者，審於勢之變也。顏闔❺，魯君欲相之而不肯，使人以幣❻先焉，鑿培❼而遁之，為天下顯武❽。使遇商鞅、申不害，刑及三族，又況身❾乎！世多稱古之人而高其行，竝世有與同者而弗知貴也，非才下也，時弗宜也。故六騏驥、四駃騠❿，以濟江河，不若窾木⓫便者，處勢⓬然也。是故立功之人，簡⓭於行而謹於時。今世俗之人，以功成為賢，以勝患為智，以遭難為愚，以死節為戇⓮，吾以為各致其所極而已。

【章　旨】這一章仍是講時代環境對於建功立業的重大影響。文中舉了三個例證。一是齊桓公的前柔後剛和晉文公的前剛後柔，都能令行天下、權制諸侯，說明其成功關鍵在於能「審於勢之變」。二是古隱士顏闔遁隱而為天下顯士，他的成名是因為未遇上商鞅、申不害施政，而今世高行之士不為人所貴乃是時代不宜。三是用六騏驥、四駃騠渡河還不如乘坐一段挖空的木頭便利，說明良馬不能發揮才力是「處勢然也」。總的結論是：立功之人須「簡於行而謹於時」，而當今世俗之人為賢、為智、為愚、為戇云云，不過是在固定的時代各致其所極而已。

【注　釋】❶乘車　乘用之車。古有乘車之會，即不用武力之會。❷退誅於國　指回國後對違法者嚴懲不貸。❸革車　與「乘車」相對而言。指兵車。❹權制　以權力制治。❺顏闔　戰國時魯國人。《莊子・讓王》：「魯君聞顏闔得道之人也，使人以幣先焉。顏闔守陋閭，苴布之衣，而自飯牛。」「使者致幣，顏闔對曰：『恐聽者謬而遺使者罪，不若審之。』使者還反，審之，復來求之，則不得已。」❻幣　本指古代作為禮物的絲織品，後泛指用作禮物的玉、馬、皮、帛等。❼培　屋後牆。❽顯武　顯士。即名士。舊注言「楚人謂士為武」。❾身　自身；自己。❿駃騠　驢騾。公馬母驢雜交所生，亦屬良馬之列。⓫窾木　挖空的木頭。即原始的船。⓬勢　處勢。即所居之地。原文作「世」，依王念孫校改。⓭簡　嚴；嚴肅。⓮戇　剛直而愚蠢。

【語　譯】從前齊桓公坐著乘車去聚會天下的諸侯，會後回到國內又用斧鉞誅殺違法的人；晉文公聚會天下諸侯是乘坐兵車去的，但會後又在國內推行禮義。齊桓公是先柔和而後剛強，晉文公是先剛強而後柔和，但是他們同樣能使自己的命令執行、能用權力制治諸侯，這是因為他們明白形勢的變化。顏闔，魯國的君主要拜他為相，他卻不肯，魯國君主先派人送幣帛等禮物給他，他卻乘機鑿開屋後牆垣逃跑，成了天下的名士。假使他遇上商鞅、申不害當政的時代，就會使三族的親戚被殺，何況是他自身呢！世間的人多半稱讚古代的人而認為他們的品行高尚，而對同時代、品行和古人同樣高尚的人卻不知道加以尊重，並不是這些品行好的人才智低下，而是時代不適宜他們才智的發揮。所以用六匹騏驥、四匹駃騠拉車渡長江、過黃河，還不如乘坐一段挖空的木頭便利，這是眼前面臨的客觀形勢所造成的。因此建立功業的人，都是行為嚴肅，而謹慎地應對時世。現在一般人，認為事情做成功了就是賢良，戰勝了禍患就是有智慧，認為遭遇災難就是愚笨，堅持節義而死就是剛直，我認為這不過是各人在所處的環境時勢中做出了最大努力罷了。

王子比干❶非不知❷被髮佯狂❸以免其身也，然而樂直行盡忠以死節，故不為也。伯夷、叔齊非不能受祿任官以致其功也，然而樂離世伉行以絕眾，故不務也。許由、善卷❹非不能撫❺天下、寧海內以德❻民也，然而羞以物滑和❼，故弗受也。豫讓、要離❽非不知樂家室、安妻子以偷生也，然而樂推誠行，必以死主，故不留也。今從箕子視比干，則愚❾矣；從比干視箕子，則卑矣；從管、晏❿視伯夷，則戇矣；從伯夷視管、晏，則貪矣。趨舍相非，嗜欲相反，而各樂其務，將誰使正之？曾子曰：「擊舟水中，鳥聞之而高翔，魚聞之而淵藏。」故所趨各異，而皆得所便。故惠子⓫從車百乘以過孟諸⓬，莊子⓭見之，棄其餘魚⓮。鵜胡⓯飲水數斗而不足，鱓鮪⓰入口若露而死；智伯⓱有三晉⓲而欲不澹⓳，林類⓴、榮啟期㉑衣若縣衰㉒而意不慊㉓。由此觀之，則趣行各異，何以相非也！夫重生者不以利害己，立節者見難不苟免，貪祿者見利不顧身，而好名者非義不苟得。此相為論，譬猶冰炭、鉤繩㉔也，何時而合！若以聖人為之中，則兼覆㉕而并之，未有可是非者也。夫飛鳥主㉖巢、狐狸主穴，巢者巢成而得棲焉，穴者穴成而得宿焉。趨舍行義，亦人之所棲宿也。各樂其所安，致其所蹠㉗，謂之成人㉘。故以道論者，總而齊之㉙。

【章旨】這一章先敘述四類人的事跡，說明他們有所為而有所不為，主要是秉持各自的理想而努力。繼而又舉與前二類人行為不同者為例，使他們兩兩互相批判對方，得出不同的評價。由此慨歎人們嗜欲、趨捨相反而各樂其務，很難有人能糾正這種現象。接著又引曾子語說明人的行為「所趨各異，而皆得所便」。又連舉六事說明人「趣行各異，何以相非」。連說四種人的特點，謂其相互作論，實難相合。最後說到「以聖人為之中，則兼覆而并之，未有可是非者也」。實際上本章是從相對論的角度來揭示事物的特點以及有關事物之間的相對性。同時又用萬物統一於道這個理論來消弭對立、泯滅是非，所以本章篇末即云：「以道論者，總而齊之。」

【注釋】❶比干　紂王的叔父。紂王淫亂不止，比干苦諫三日不去，紂王怒剖其心。❷不知　原文下有「箕子」二字，依王念孫校刪。❸被髮佯狂　指箕子事。箕子亦為紂王叔父，紂王暴虐，箕子諫不聽，乃披髮佯狂為奴。❹許由善卷　《莊子・讓王》謂「堯以天下讓許由，許由不受」。「舜以天下讓善卷，善卷曰：『余立於宇宙之中，冬日衣皮衣，夏日衣葛絺；春耕種，形足以勞動；秋收斂，身足以休食；日出而作，日入而息，逍遙於天地之間而心意自得，吾何以天下為哉！悲夫，子不知余也！』遂不受。於是去而入深山，莫知其處」。❺撫　撫有；據有；擁有。❻德　恩德。句中作動詞用。施恩。❼滑和　汩亂天和。得性之極調之和。馬宗霍說：「天和者，即自然稟受之純氣也。此蓋言許由、善卷視天下為外物，養其天和，不欲以天下之事亂之也。」❽豫讓要離　豫讓為戰國晉畢陽之孫，為知伯所寵。知伯死，豫讓始變姓名，為刑人，入宮塗廁以刺趙襄子，為襄子所釋。又漆身為厲滅鬚去眉，自刑以變其容，為乞人以行乞，其妻能識其音而不識其容。豫讓又吞炭為啞，變其音。後伏橋下欲襲襄子，又為襄子所識。結果得擊襄子衣而自刎。其事見《戰國策・趙策一》。要離，為吳王臣。吳王欲殺王子慶忌，要離請求讓他執行此任務。他先要吳王加其罪，「執其妻子，焚之而揚其灰」，以取得王子慶忌信任。後乘機殺慶忌，未果。要離得歸吳，吳王請與之分國，要離拒受，伏劍而死。事見《呂氏春秋．忠廉》。❾愚　《韓詩外傳》六：「比干諫而死。箕子曰：『知不用而言，愚也。』」❿管晏　即管仲、晏嬰。管仲相齊桓公，晏嬰相齊景公，皆齊之名相。⓫惠子　即惠施。宋國人，與莊子為友，嘗任魏相（《莊子．秋水》言為梁王相，魏遷都大梁後稱梁）。⓬孟諸　古澤藪名。在今河南省商丘縣東北。⓭莊子　名周，宋國蒙（今河南省商丘縣東北）人。⓮棄其餘魚　舊注謂莊子「隱而不仕，見惠施之不足，放棄餘魚」。⓯鵜胡　即「鵜鶘」。亦稱塘鵝，大型鳥類，體長可達二公尺，羽多白色，翼大而闊，四趾間有全蹼相連。⓰鱓鮪　鱓，即鱔魚。鮪，即鱘魚。⓱智伯　即知伯。春秋晉六卿之一。⓲三晉　春秋末，晉國為韓、趙、魏三家卿大夫所分，各立為國，史稱三晉。⓳澹　滿足。⓴林類　古隱士。《列子．天瑞》謂其「年且百歲，底春被裘拾遺穗於故畦，竝歌竝進」。㉑榮啟期　古隱士。《列子．天瑞》謂「孔子遊於太山，見榮啟期行乎郕之野，鹿裘帶索，鼓琴而歌」。㉒縣衰　形容衣著襤褸，形如簡陋的喪服。衰，同「縗」。一說當為「蓑」，指蓑衣。㉓慊　不滿足。舊注釋為「恨」。㉔冰炭鉤繩　冰寒炭熱、鉤曲繩直，兩兩相對立而無時相合。㉕兼覆　廣為覆蓋。㉖主　居。㉗致其所蹠　即達其所願。與文中「樂其所安」文義相對。蹠，願。舊注釋為「至，非」。㉘成人　德才兼備的完人。㉙總而齊之　總合而使之平等。齊，齊一；平等。

【語譯】王子比干並不是不知道披散頭髮假裝發狂以免遭受殺身之禍，但是他卻樂意行為正直、竭盡忠心為節義而死，所以他不那樣做。伯夷、叔齊並不是不能接受俸祿、擔任官職而建立他們的功業，但是他們樂意用脫離世俗的高尚行為來超越一般的人，所以不那樣做。許由、善卷並不是不能據有天下、安定海內而為人民帶來恩惠，但是他們羞於用天下之事來攪亂自己稟受的自然之氣，所以不接受帝王之位。豫讓、要離並不是不知道使家庭和樂、讓妻子兒女安全而苟且活下去，但是他們樂意推崇忠誠的品行，一定要為君主而死，所以不留在世上。現在從箕子的角度來看比干，比干就顯得愚蠢了；從比干的角度來看箕子，箕子就顯得卑下了；從管仲、晏嬰的角度來看伯夷，伯夷就顯得剛直了；從伯夷的角度來看管仲、晏嬰，管仲、晏嬰就顯得貪婪了。各人所追求、捨棄的互不相同，嗜欲相反，而各自都樂意按自己的意志去做，那將由誰來糾正他們呢？曾子說：「在水上敲打船舷，鳥聽見了就高高飛翔，魚聽見了就躲入深淵。」所以各自奔赴的方向不同，但都到達有利的地方。所以惠子帶著百多輛車從孟諸經過，莊子見到了，就把他多餘的魚扔掉。鵜鶘鳥喝好幾斗的水還嫌不夠，而鱓鮪只要有像露珠那樣少的水進入口中就會死去；智伯擁有三晉的國土，但他的欲望還不滿足；而林類、榮啟期穿著簡陋得像喪服一般的衣服卻很滿足。從這些情況看來，那志趣、行為各自不同，又怎麼能相互否定呢！重視生存的人，不會求利而傷害自己；要樹立節操的人，見到危難不會隨隨便便地避開；貪圖俸祿的人，見到利益就不顧自己的生命，而喜好名聲的人，不合於義的行為是不隨便做的。讓這些人來相互評論，就好比寒冰和熱炭、曲鉤和直繩一樣，什麼時候能彼此相合呢！如果讓聖人處於他們中間，就能廣為覆蓋而將他們合併攏來，沒有可以肯定和否定的事。飛鳥住在巢中，狐狸住在洞裡。住在巢中的，巢築好了就能棲息，住在洞裡的，洞打成後就能住宿了。追求或捨棄都能合於義，這也是人棲息、住宿的所在。各自樂意做他們安心做的事，各自實現他們的願望，這樣的人稱為德才兼備的人。所以用道來加以評論，就能把所有的情況總合在一起而使它們處於平等地位。

治國之道，上無苛令，官無煩治，士無偽行，工無淫巧，其事經❶而不擾，其器完而不飾。亂世則不然。為行者相揭❷以高，為禮者相矜以偽，車輿極於雕琢，器用逐於刻鏤，求貨者爭難得以為寶，詆文❸者處煩撓以為慧，爭為佹辯❹，久稽❺而不訣❻，無益於治。工為奇器，歷歲而後成，不周❼於用。故神農之法曰：「丈夫❽丁壯❾而不耕，天下有受其飢者。婦人當年❿而不織，天下有受其寒者。」故身自耕，妻親織，以為天下先。其導民也，不貴難得之貨，不器⓫無用之物。是故其耕不強⓬者，無以養生；其織不強者，無以揜形⓭；有餘、不足，各歸其身。衣食饒溢，姦邪不生，安樂無事而天下均平，故孔丘、曾參無所施其善，孟賁、成荊⓮無所行其威。

【章　旨】這一章一論治國之道，謂其「上無苛令，官無煩治，士無偽行，工無淫巧」。二論亂世之道，謂其「為行者」、「為禮者」、「求貨者」、「詆文者」之所為皆「無益於治」。三說神農氏如何身體力行「導民」以耕織，以及在他治理下，國家如何安定、民眾如何安樂無事。從敘說中可以看出，作者反對侈靡浮華的社會風氣，而對務實的素樸之風持肯定態度。

【注　釋】❶經　治理。❷揭　高舉。❸詆文　詆欺文致。詆欺即誣詐。文致即舞文弄法，陷人於罪。《漢書．景帝紀》中五年九月詔：「諸獄疑，若雖文致於法而於人心不厭者，輒讞之。」又《漢書．刑法志》：「詆欺文致微細之法悉蠲除。」❹佹辯　同「詭辯」。❺稽　考核。❻訣　同「決」。裁決。❼周　合。❽丈夫　成年男子的通稱。❾丁壯　壯丁。血氣強盛的男子。丁，盛；強；旺。❿當年　壯年。⓫器　用具。句中作動詞用。即製造器物之意。⓬強　盡力。⓭揜形　猶言遮體。⓮成荊　古代勇士。《呂氏春秋．論威》：「成荊致死於韓主，而周人皆畏。」

【語　譯】國家治理得好的情況是這樣的：上面沒有苛刻的命令，官府沒有煩瑣的管理，士人沒有虛偽的品行，工匠不追求過分的巧妙，國家的事務處理完善而不混亂，器具完備而不加以裝飾。政治混亂的時代就不是這樣子：講究品行的人用高尚來相互標榜，講究禮儀的人用虛偽的行徑來相互誇耀，車輛盡量地雕琢，器具追求華麗的刻鏤，尋求財物的人爭著把難以得到的東西當作寶貝，用誣詐手段、舞文弄法、陷人於罪的人身處冗雜煩亂的事務之中還自以為很聰明，爭著詭辯，長久地考核而不作出裁決，這些對治理國家都沒有益處。工匠製作奇特的用具，花費一年多才做成，成品卻不符合實際的需要。所以神農的法律中說：「成年男子正當壯年而不耕種，那天下就會有人挨餓。婦女正當壯年而不紡織，天下就會有人受凍。」因而神農親自耕種，妻子親自紡織，率先為天下人做出榜樣。他在教導民眾的時候，不把難以得到的財物看得很貴重，不把器物做成沒有用的東西。因此耕種不盡力的人，沒有辦法養活生命；紡織不盡力的人，無法遮蔽身體；因此衣食有餘還是不足，都由各人勤勞或懶惰來決定。人民衣食豐饒富足，沒有姦邪的事情發生，大家安樂無事而人民都均富太平，所以孔丘、曾參那樣的人在那時也無法施行他們的美好主張，孟賁、成荊那樣的勇士在那時也沒有地方可以施展他們的威力。

衰世之俗，以其知巧❶詐偽，飾眾無用，貴遠方之貨、珍難得之財，不積於養生之具。澆❷天下之淳❸，析天下之樸，牿服馬牛❹以為牢❺。滑亂❻萬民，以清為濁，性命❼飛揚，皆亂以營❽。貞信漫瀾❾，人失其情性。於是，乃有翡翠犀象、黼黻❿文章⓫以亂其目，芻豢⓬黍粱、荊吳芬馨⓭以嚂⓮其口，鐘鼓管簫、絲竹金石以淫其耳，趨舍行義、禮節謗議以營其心。於是，百姓糜沸⓯豪亂⓰，暮行逐利，煩挐⓱澆淺⓲。法與義相非，行與利相反。雖十管仲，弗能治也。

且富人則車輿衣纂⓳錦，馬飾傅⓴旄象㉑，帷幕茵席，綺繡絛組㉒，青黃相錯，不可為象。貧人則夏被褐帶索，含菽飲水以充腸，以支㉓暑熱；冬則羊裘解札㉔，短褐不掩形，而煬㉕竈口。故其為編戶、齊民㉖無以異。然貧富之相去也，猶人君與僕虜㉗，不足以諭㉘之。夫乘㉙奇技、偽邪施者，自足乎一世之間；守正脩理、不苟得者，不免乎飢寒之患。而欲民之去末反本，是由㉚發其原㉛而壅其流也。

夫雕琢刻鏤，傷農事者也；錦繡纂組，害女工㉜者也。農事廢，女工傷，則飢之本而寒之原也。夫飢寒竝至，能不犯法干誅㉝者，古今之㉞未聞也。

【章　旨】這一章論衰世之俗及其引發的社會弊端。論衰世之俗主要是說人們以知巧、詐偽飾眾無用，而不積養生之具。這種風氣使得天下日漸澆薄，人們的本真之性為之消失。於是耳、目、口、心皆為外物所擾，百姓暮行逐利，以至糜沸豪亂，難以為治。由於時風尚巧尚利，便帶來兩極化，貧富懸殊，「猶人君與僕虜，不足以諭之」。而「乘奇技、偽邪施者，自足乎一世之閒；守正脩理、不苟得者，不免乎飢寒之患」。作者說在這種人欲橫流、巧偽盛行之時，「欲民之去末反本」是很困難的。最後特別說到雕琢刻鏤會「傷農事」、錦繡纂組會「害女工」，而農事廢、女工傷為飢寒之原，而飢寒又引起民眾的「犯法干誅」。文中把上層人物追求奢侈的物質生活，和民眾生活的痛苦、民眾犯法的原因聯繫在一起，見解是深刻的。

【注　釋】❶知巧　智巧。智謀和巧詐。❷澆　薄。作動詞用。❸淳　厚。❹牿服馬牛　牿牛服馬。牿，加於牛角上以防牛觸人的橫木。服，馴服馬性。❺牢　養牛馬的圈欄。❻滑亂　猶言攪亂。滑，亂。❼性命　此指受於天而人所固有的性。即人的本真之性。❽營　迷惑。❾貞信漫瀾　謂忠誠守信之心離散。❿黼黻　古代禮服上繪繡的花紋。⓫文章　錯雜的色彩或花紋。⓬芻豢　牛羊、犬豕之類的家畜。草食家畜稱芻，如牛羊。穀食家畜稱豢，如犬豕。⓭芬馨　此指香氣傳播很遠的美味佳肴。⓮嚂　貪食。⓯糜沸　如糜粥沸騰於鍋中。比喻動亂不安。⓰豪亂　如細毛相亂。豪，通「毫」。長而尖的細毛。⓱煩挐　紛亂；紛雜。⓲澆淺　舊注謂「淺，薄也。既薄尚澆也」。⓳纂　繪。⓴傅　通「附」。㉑旄象　旄牛尾和象牙。㉒絛組　絲帶。㉓支　分散。㉔解札　指裘毛敗壞散落。㉕煬　炙；烤火。㉖編戶齊民　編戶，指編入戶籍的平民。齊民，亦即平民。㉗僕虜　即奴僕。古以俘虜為奴。㉘諭　同「喻」。相比擬。㉙乘　利用。㉚是由　即「是猶」。原文作「由是」，依王念孫校改。㉛發其原　猶謂掘開其源。㉜女工　即女功、女紅。指婦女的工作，如紡織、刺繡、縫紉等。㉝干誅　意謂觸犯懲罰條例。㉞之 馬宗霍謂猶「所」也。

【語 譯】政治衰敗時代的風俗是這樣的：人們用智謀、巧詐、虛偽的行為來文飾眾多無用的東西，把來自遠方的、很難得到的財物當作珍貴之物，而不積聚生活所需的資源。使天下的淳厚風氣變得澆薄，把天下的樸素民風破壞無遺，就像在牛角上綁橫木、馴服馬性而把牠們關進圈欄裡一樣。攪亂萬民之心，把清淨澄澈當作渾濁不堪，使人們本性飛揚，都處在混亂和迷惑之中。忠誠守信的觀念喪失了，人失去了固有的情性。在這種情況下，便出現了用翡翠鳥的羽毛、犀牛角、象牙以及各種彩色花紋、圖案來擾亂人們眼睛，用各種牲畜的肉、各種糧食做的食品以及吳、楚一帶的美味佳肴來使人們貪吃；用鐘鼓管簫、絲竹金石等樂器來使人們的耳朵過分逸樂；用趨附或捨棄道義以及禮節、誹謗、議論來迷惑人心。在這種情況下，老百姓如糜粥沸騰、細毛相亂，晚上還奔逐求利，到處都亂紛紛地，民風澆薄。法令和道義不一致，人們的品行和追求的利益相反。即使有十個管仲出現，也不能把這個社會治理好。

而且富人連車子也套上彩繪的錦繡，馬身上還繫著旄牛尾和象牙為裝飾，他們張掛帷幕、鋪上褥子，繡有圖案的細綾上繫著絲帶，各種顏色相互交錯，不能描摹出它們的形狀。貧窮的人則是夏天穿著粗布衣裳、腰裡繫著草索子做的帶子，靠吃豆子和喝水來填飽肚子，用這來驅散暑天的酷熱；到了冬天，皮衣的毛便敗壞散落了，粗布衣服遮蔽不了形體，只好在灶口烤火。這些人是作為編戶或齊民沒有什麼不同，而貧窮和富裕之間的差距之大，就是君王和奴僕之間的距離也無法相比。那些利用奇特的技巧、使用偽詐和邪惡手段的人，一生中卻衣食自得滿足；而那些堅守正道、修養很好、不取非分之物的人，卻不能避免飢寒的禍患。像這樣卻想要人民去掉末行而返歸本性，這就好比掘開了河水的源頭卻堵塞住河中的水流一樣。對器物雕琢刻鏤，會妨害農業生產，錦上刺繡、編織絲帶，會妨害婦女的工作。農業生產停止，紡織工作受到妨害，就是飢寒的根源。飢寒同時來臨，老百姓能不違犯法律禁令、觸犯懲罰條例，這是古今未聽說過的事情。

故仁鄙❶在時不在行❷，利害在命不在智。夫敗軍之卒，勇武遁逃❸，將不能止也；勝軍之陳❹，怯者死行❺，懼不能走也。故江河決流❻，一鄉父子兄弟相遺而走，爭上陵阪❼、上高丘，輕足者先❽，不能相顧也。世樂志平，見鄰國之人溺，尚猶哀之，又況親戚乎！故身安則恩及鄰國，志為之滅❾；身危則忘其親戚，而人不能解也。游者不能拯溺，手足有所急也；灼者不能救火，身體有所痛也。夫民有餘即讓，不足則爭。讓則禮義生，爭則暴亂起。扣門求水火❿，莫弗與者，所饒足也。林中不賣薪，湖上不鬻魚，所有餘也。故物豐則欲省，求澹⓫則爭止。秦王之時，或人⓬葅子⓭，利不足也；劉氏⓮持政⓯，獨夫收孤，財有餘也。故世治則小人守政⓰，而利不能誘也；世亂則君子為姦，而法弗能禁也。

【章　旨】這一章的宗旨不外文中「仁鄙在時不在行，利害在命不在智」二句，眾多例子都是為了說明這一點。議論中有些論點，如「身安則恩及鄰國，志為之滅；身危則忘其親戚」，「民有餘即讓，不足則爭。讓則禮義生，爭則暴亂起」，「物豐則欲省，求澹則爭止」，「世治則小人守政，而利不能誘也；世亂則君子為姦，而法弗能禁也」，雖然不一定都是在談「仁鄙」，但強調「時（指時機、時代、客觀形勢、條件等）」對於人、事的重大影響，作用卻是一致的。

【注　釋】❶仁鄙　仁愛、鄙吝（鄙嗇貪吝）。原文作「仕鄙」，依陳觀樓校改。仁與鄙意相反，王充《論衡・命祿》引本文正作「仁鄙」。❷行　作節行、行操解。❸勇武遁逃　即勇士也會逃跑。勇武，勇士。馬宗霍說「蓋言敗軍之卒，其心已怯，故健步疾奔，唯恐逃之不速也」，亦為一說。❹陳　同「陣」。交戰時的戰鬥陣列。❺死行　死於軍隊行列（行陳）之中。❻決流　決隄使水流行。原文作「決沉」，依王念孫校改。❼陵阪　陵，土山。阪，山坡；斜坡。❽輕足者先　原文作「輕足先升」，依王念孫校改。❾志為之滅　馬宗霍說「猶言志為之盡。此謂鄰國有事，盡心力以赴之也」。滅，盡。❿火　原文無此字，依王念孫校補。⓫澹　通「贍」。滿足。⓬或人　即國人。或，通「國」。邦。⓭葅子　將兒子剁成肉醬。舊注謂「生子，殺葅之」。葅，肉醬。文中作動詞用。⓮劉氏　謂漢。⓯持政　猶言執政。掌握政權。⓰守政　堅守正道。

【語　譯】所以一個人是仁愛還是鄙吝在於他所處的時機而不在於他的節行，一個人是得到利益還是遭到損害，在於他的命運而不在於他的智謀。打了敗仗的軍隊，就是勇士也會快步逃跑，將領也無法阻止；打勝仗的隊伍，膽怯的人也會戰死在陣列中，因為他雖然恐懼卻不能夠跑掉。所以長江、黃河一決口，同一鄉里的父子、兄弟都相互拋棄而各自逃走，爭著跑到山坡上去、跑上高丘去，腳步輕快的人先上去，不能相互顧及對方。世局安樂、心意平和，見到鄰國的人陷於危難之中，尚且還為他感到悲傷，又何況是親戚呢！所以自身平安就會想到鄰國，而且是盡心力而為；自身危險就會忘掉他的親戚，而使得人們無法理解。游水的人不能拯救淹水的人，因為他的手腳要急著划動；被火燒傷的人不能救火，因為他的身體疼痛。民眾物資有多餘的就會謙讓，不充足就會爭鬥。謙讓就會產生禮義，爭鬥就會引起暴亂。敲門向人求水求火，沒有人不給的，是因為水、火極多。森林中不賣柴，湖上不賣魚，是因為林中的柴很多、湖上的魚有多餘的。所以物資豐富就會使人的欲望減少，要求得到滿足就會使爭鬥停止。秦始皇在位的時候，國內有人把孩子剁成肉醬，是因為食物不夠吃；劉氏掌權時，連無妻的男子也收養孤兒，是因為財物有多餘的。所以世道太平，小人可以堅守正道，而利益也誘惑不了他；世道混亂，連君子也要做邪惡的事，而法律也禁止不了。

古籍今注新譯叢書

書種最齊全
注譯最精當

【哲學類】

新譯四書讀本	謝冰瑩等編譯
新譯學庸讀本	王澤應注譯
新譯孝經讀本	賴炎元等注譯
新譯論語新編解義	胡楚生編著
新譯易經讀本	郭建勳注譯
新譯周易六十四卦經傳通釋	黃慶萱注譯
新譯乾坤經傳通釋	黃慶萱注譯
新譯易經繫辭傳解義	吳怡著
新譯禮記讀本	姜義華注譯
新譯儀禮讀本	顧寶田等注譯
新譯孔子家語	羊春秋注譯
新譯老子讀本	余培林注譯
新譯帛書老子	趙鋒注譯
新譯老子解義	吳怡著
新譯莊子讀本	黃錦鋐注譯
新譯莊子讀本	張松輝注譯
新譯莊子本義	水渭松注譯
新譯莊子內篇解義	吳怡著
新譯列子讀本	莊萬壽注譯
新譯管子讀本	湯孝純注譯
新譯墨子讀本	李生龍注譯
新譯公孫龍子	丁成泉注譯
新譯晏子春秋	陶梅生注譯
新譯鄧析子	徐忠良注譯
新譯荀子讀本	王忠林注譯
新譯尹文子	徐忠良注譯
新譯尸子讀本	水渭松注譯
新譯鶡冠子	趙鵬團注譯
新譯鬼谷子	王德華等注譯
新譯韓非子	傅武光等注譯
新譯呂氏春秋	朱永嘉等注譯
新譯韓詩外傳	孫立堯注譯
新譯淮南子	熊禮匯注譯
新譯春秋繁露	朱永嘉等注譯
新譯新書讀本	饒東原注譯
新譯新語讀本	王毅注譯
新譯潛夫論	彭丙成注譯
新譯論衡讀本	蔡鎮楚注譯
新譯申鑒讀本	林家驪等注譯

新譯人物志　吳家駒注譯
新譯張載文選　張金泉注譯
新譯近思錄　張京華注譯
新譯傳習錄　李生龍注譯
新譯呻吟語摘　鄧子勉注譯
新譯明夷待訪錄　李廣柏注譯

【文學類】

新譯詩經讀本　滕志賢注譯
新譯楚辭讀本　林家驪注譯
新譯楚辭讀本　傅錫壬注譯
新譯文心雕龍　羅立乾注譯
新譯六朝文絜　蔣遠橋注譯
新譯世說新語　劉正浩等注譯
新譯昭明文選　周啟成等注譯
新譯古文觀止　謝冰瑩等注譯
新譯古文辭類纂　黃　鈞等注譯
新譯樂府詩選　溫洪隆注譯
新譯古詩源　馮保善注譯
新譯千家詩　邱燮友等注譯
新譯詩品讀本　成　林等注譯
新譯花間集　朱恒夫注譯
新譯南唐詞　劉慶雲注譯

新譯絕妙好詞　聶安福注譯
新譯唐詩三百首　邱燮友注譯
新譯宋詩三百首　陶文鵬注譯
新譯宋詞三百首　汪　中注譯
新譯宋詞三百首　劉慶雲注譯
新譯元曲三百首　賴橋本等注譯
新譯明詩三百首　趙伯陶注譯
新譯清詩三百首　王英志注譯
新譯清詞三百首　陳水雲等注譯
新譯唐人絕句選　卞孝萱等注譯
新譯唐才子傳　戴揚本注譯
新譯拾遺記　石　磊注譯
新譯搜神記　黃　鈞注譯
新譯唐傳奇選　束　忱等注譯
新譯宋傳奇小說選　束　忱注譯
新譯明傳奇小說選　陳美林等注譯
新譯容齋隨筆選　朱永嘉等注譯
新譯明散文選　周明初注譯
新譯明清小品文選　鄭　婷注譯
新譯人間詞話　馬自毅注譯
新譯白香詞譜　劉慶雲注譯
新譯幽夢影　馮保善注譯
新譯菜根譚　吳家駒注譯

新譯小窗幽記　馬美信注譯
新譯圍爐夜話　馬美信注譯
新譯郁離子　吳家駒注譯
新譯歷代寓言選　黃瑞雲注譯
新譯賈長沙集　林家驪注譯
新譯揚子雲集　葉幼明注譯
新譯曹子建集　曹海東注譯
新譯建安七子詩文集　韓格平注譯
新譯阮籍詩文集　林家驪注譯
新譯嵇中散集　崔富章注譯
新譯陸機詩文集　王德華注譯
新譯陶淵明集　溫洪隆注譯
新譯江淹集　羅立乾等注譯
新譯庾信詩文選　歸　青注譯
新譯初唐四傑詩集　李福標注譯
新譯駱賓王文集　黃清泉注譯
新譯王維詩文集　陳鐵民注譯
新譯孟浩然詩集　楊　軍注譯
新譯李白詩全集　郁賢皓注譯
新譯李白文集　郁賢皓注譯
新譯杜甫詩選　張忠綱等注譯
新譯杜詩菁華　林繼中注譯
新譯高適岑參詩選　孫欽善等注譯

新譯昌黎先生文集　周啟成等注譯
新譯劉禹錫詩文選　閻琦注譯
新譯柳宗元文選　卞孝萱等注譯
新譯白居易詩文選　陶敏等注譯
新譯元稹詩文選　郭自虎注譯
新譯李賀詩集　彭國忠注譯
新譯杜牧詩文集　張松輝注譯
新譯李商隱詩選　朱恒夫等注譯
新譯范文正公選集　王興華等注譯
新譯蘇洵文選　羅立剛注譯
新譯蘇軾文選　滕志賢注譯
新譯蘇軾詞選　鄧子勉注譯
新譯蘇轍文選　朱剛注譯
新譯曾鞏文選　高克勤注譯
新譯王安石文選　沈松勤注譯
新譯唐宋八大家文選　鄧子勉注譯
新譯柳永詞集　侯孝瓊注譯
新譯李清照集　姜漢椿等注譯
新譯陸游詩文集　韓立平注譯
新譯辛棄疾詞選　聶安福注譯
新譯歸有光文選　鄔國平注譯
新譯唐順之詩文選　馬美信注譯
新譯徐渭詩文選　周群等注譯
新譯薑齋文集　平慧善注譯
新譯顧亭林文集　劉九洲注譯
新譯納蘭性德詞　馮乾注譯
新譯方苞文選　鄔國平等注譯
新譯鄭板橋集　朱崇才注譯
新譯袁枚詩文選　王英志注譯
新譯李慈銘詩文選　潘靜如注譯
新譯聊齋誌異選　任篤行等注譯
新譯閱微草堂筆記　嚴文儒注譯
新譯浮生六記　馬美信注譯
新譯弘一大師詩詞全編　徐正綸編著

【歷史類】

新譯史記　韓兆琦注譯
新譯漢書　吳榮曾等注譯
新譯後漢書　魏連科等注譯
新譯三國志　吳樹平等注譯
新譯資治通鑑　張大可等注譯
新譯史記—名篇精選　韓兆琦注譯
新譯尚書讀本　吳璵注譯
新譯尚書讀本　郭建勳注譯
新譯周禮讀本　賀友齡注譯
新譯逸周書　牛鴻恩注譯
新譯左傳讀本　郁賢皓等注譯
新譯公羊傳　雪克注譯
新譯穀梁傳　顧寶田注譯
新譯春秋穀梁傳　周何注譯
新譯戰國策　溫洪隆注譯
新譯國語讀本　易中天注譯
新譯說苑讀本　左松超注譯
新譯說苑讀本　羅少卿注譯
新譯新序讀本　葉幼明注譯
新譯吳越春秋　黃仁生注譯
新譯西京雜記　曹海東注譯
新譯列女傳　黃清泉注譯
新譯越絕書　劉建國注譯
新譯燕丹子　曹海東注譯
新譯東萊博議　李振興等注譯
新譯唐六典　朱永嘉等注譯
新譯唐摭言　姜漢椿注譯

【宗教類】

新譯金剛經　徐興無注譯
新譯高僧傳　朱恒夫等注譯
新譯碧巖集　吳平注譯
新譯百喻經　顧寶田注譯

新譯楞嚴經　賴永海等注譯
新譯梵網經　王建光注譯
新譯圓覺經　商海鋒注譯
新譯法句經　劉學軍注譯
新譯六祖壇經　李中華注譯
新譯禪林寶訓　李中華注譯
新譯維摩詰經　陳引馳等注譯
新譯經律異相　顏洽茂注譯
新譯阿彌陀經　蘇樹華注譯
新譯無量壽經　邱高興注譯
新譯無量壽經　蘇樹華注譯
新譯妙法蓮華經　張松輝注譯
新譯景德傳燈錄　顧宏義注譯
新譯大乘起信論　韓廷傑注譯
新譯釋禪波羅蜜　蘇樹華注譯
新譯八識規矩頌　倪梁康注譯
新譯永嘉大師證道歌　蔣九愚注譯
新譯華嚴經入法界品　楊維中注譯
新譯地藏菩薩本願經　李承貴注譯
新譯悟真篇　劉國樑等注譯
新譯无能子　張松輝注譯
新譯坐忘論　張松輝注譯
新譯列仙傳　張金嶺注譯

新譯抱朴子　李中華注譯
新譯神仙傳　周啟成注譯
新譯性命圭旨　傅鳳英注譯
新譯老子想爾注　顧寶田等注譯
新譯周易參同契　劉國樑注譯
新譯道門觀心經　王　卡注譯
新譯養性延命錄　曾召南注譯
新譯樂育堂語錄　戈國龍注譯
新譯冲虛至德真經　張松輝注譯
新譯長春真人西遊記　顧寶田等注譯
新譯黃庭經・陰符經　劉連朋等注譯

軍事類

新譯司馬法　王雲路注譯
新譯尉繚子　張金泉注譯
新譯三略讀本　傅　傑注譯
新譯六韜讀本　鄔錫非注譯
新譯吳子讀本　王雲路注譯
新譯孫子讀本　吳仁傑注譯
新譯李衛公問對　鄔錫非注譯

教育類

新譯爾雅讀本　陳建初等注譯
新譯顏氏家訓　李振興等注譯
新譯聰訓齋語　馮保善注譯
新譯曾文正公家書　湯孝純注譯
新譯三字經　黃沛榮注譯
新譯百家姓　馬自毅等注譯
新譯幼學瓊林　馬自毅注譯
新譯增廣賢文・千字文　馬自毅注譯
新譯格言聯璧　馬自毅注譯

政事類

新譯商君書　貝遠辰注譯
新譯鹽鐵論　盧烈紅注譯
新譯貞觀政要　許道勳注譯

地志類

新譯山海經　楊錫彭注譯
新譯水經注　陳橋驛等注譯
新譯佛國記　楊維中注譯
新譯大唐西域記　陳　飛等注譯
新譯洛陽伽藍記　劉九洲注譯
新譯徐霞客遊記　黃　珅注譯
新譯東京夢華錄　嚴文儒注譯

◎新譯公孫龍子

丁成泉／注譯　黃志民／校閱

公孫龍是戰國時代一位著名的學者和出色的辯論家，他也是名家學派的創始人之一，《公孫龍子》即其傳世之作。公孫龍所創立的學說，對中國古代哲學，特別是邏輯學方面有很大的貢獻。本書在吸收現代學者研究成果的基礎上，於考訂異文、注釋、語譯皆力求曉暢易讀，書前「導讀」對公孫龍其人其書和思想特色並有詳細的介紹。想要了解名家思想，本書是最佳選擇。